한국연구재단 학술명저번역총서

● 서양편 ●

한국연구재단 학술명저번역총서

서양편 ● 88 ●

고대 러시아 문학의 시학

리하초프 지음 | 김희숙 · 변현태 옮김

한길사

Поэтика древнерусской литературы
by Д. С. Лихачев

Published by Hangilsa Publishing Co., Ltd., Korea, 2017

◆ 이 책은 (재)한국연구재단의 지원으로 (주)도서출판 한길사에서 출간·유통을 한다.

이 도서의 국립중앙도서관 출판시도서목록(CIP)은
e-CIP 홈페이지(http://www.nl.go.kr/ecip)에서 이용하실 수 있습니다.
(CIP제어번호:2017004234)

노브고로드의 건설(『라드지빌로프 연대기』, 15세기. 소비에트 학술원 도서관 소장).

키, 셰크 그리고 호리프가 도시 키예프의 기초를 세운다(『라드지빌로프 연대기』).

올렉이 신하들과 함께 차르그라드(콘스탄티노플)로 진격한다(『라드지빌로프 연대기』).

그리스인들이 올렉에게 공물을 가져온다(『라드지빌로프 연대기』).

올가의 복수. 드레블랴닌인들의 사신들을 뗏목으로 운반하여 구덩이로 던진다(『라드지빌로프 연대기』).

그리스의 황제가 사신들을 파견한다. 사신들이 키예프의 대공 스뱌토슬라프에게 칼을 선물한다(『라드지빌로프 연대기』).

벨로고로드인들이 꿀물을 끓인다. 오른편에서는 페체네크인들의 사신들이 꿀물을 먹고 있다(『라드지빌로프 연대기』).

공후 야로슬라프가 사신들을 파견한다. 사신들이 글렙에게 다가간다(『라드지빌로프 연대기』).

공후 로만을 우두머리로 하는 '검은 두건족'(고대 티키의 한 부족)이 코피레프 포돌스키 대문을 통과해서 키예프로 들어가고 있다. 그리고 류리크를 초청한다(『라드지빌로프 연대기』).

도시 폴로츠크를 '창으로' 점령하다(『라드지빌로프 연대기』).

마마이의 사신들이 드미트리 돈스코이에게 마마이가 돈 강 건너편에 와 있다는 사실을 알리고 있다.(연대기 삽화본 선집, 16세기. 소비에트 학술원 도서관 소장).

모스크바에서 드미트리 돈스코이가 러시아 군대를 소집하다(연대기 삽화본 선집).

러시아 군대의 오카 강 도강. 드미트리 돈스코이는 두 번 묘사된다(연대기 삽화본 선집).

러시아 군대가 돈 강을 건너다. 그리고 다리를 파괴하다(연대기 삽화본 선집).

드미트리 돈스코이가 전투에 앞서 군사들을 모은 다음 그들 사이를 돌아다닌다(연대기 삽화본 선집).

마마이와 드미트리의 군대의 대치(상단), 오슬랴프와 타타르의 용사의 결투(중간), 그리고 두 사람의 죽음(하단)(연대기 삽화본 선집).

러시아 군대에 내린 하늘의 도움(연대기 삽화본 선집).

마마이의 패주. 마마이의 군사들 중 일부는 무기에 의해 죽고, 다른 일부는 강에 빠져 죽는다(연대기 삽화본 선집).

마마이 패주의 두 에피소드(연대기 삽화본 선집).

돈 강 전투에서 죽은 자들을 매장하는 몇몇 순간(연대기 삽화본 선집).

Слышаша же то кнѧзь дмитреи костѧн
тинович суздальскии и кнѧ нижегопопаго
рода . и посла цариюахтамышу два сна
своиснѧза пасна іа данѧ семена . ѡ
нижешетиненеукрѣтошаего . вѣею во
рзошетиѧ его народу . ирнашапсѧкего
ни колнкодніи . недиаперенѧшадорогъ
егонамѣстинарицаемѣ
сернаꙗчъ :·

니제고로드의 공후 드미트리 콘스탄티노비치가 지신의 두 아들을 세르나치에 있는 토흐타미시로
가는 '길을 막기 위해' 보낸다. 대사들이 도시에서 나온다. 말을 타고 간다. 군대와 함께 정상에 선
다(연대기 삽화본 선집).

고대 러시아 문학의 시학

리하초프 지음 | 김희숙 · 변현태 옮김

리하초프, 고대 러시아 문학 그리고 시학

변현태 서울대학교 교수

1. 리하초프와 그의 학문적 활동

고대 러시아 문학이라는, 우리에게 그리 잘 알려지지 않은 영역으로 들어가기 위해서는 리하초프라는 이름의 수문장과 대면할 수밖에 없다. 아니 좀더 정확하게 비유해본다면, 고대 러시아 문학이라는 영역으로 들어가기 위해서는 리하초프라는 이름의 관광안내원의 도움을 받지 않을 수 없다고 말해야 할 것이다(리하초프 자신이 스스로를 고대 러시아 문학의 '관광안내원' экскурсовод에 비유한 바 있다).

리하초프(Dmitri Sergeevich Likhachev)는 1906년 당시 러시아의 수도였던 페테르부르크에서 전기 기술자였던 아버지 세르게이 미하일로비치 리하초프와 어머니 베라 세묘노브나 사이에서 태어났다. 리하초프 가문은 구귀족 출신이었다. 이 사실은 사회주의 혁명이라는 조건과 결합하면서 리하초프의 개인적 운명에 의외의 방향에서 작용한다.

1928년 레닌그라드 대학을 졸업하고 같은 해 4월 '우주 아카데미'라는 이름의 학생 그룹의 결성에 참여한 '죄'(?)로 체포되어 '반(反)혁명 활동'으로 5년의 유형(流刑)을 선고 받는다. '우주 아카데미'에서 행한 그의 활동은 "그리스도의 교회와 러시아 민중의 적들에게 짓밟히고 훼손된 구러시아 정자법"에 대한 강의였다고 알려져 있다. 체포와 유형의 좀더 본격적인 이유는 '우주 아카데미'에 참여했던 성원들 대부분이 구귀족 출신의 학생들이었다는 데에 있었다고 추측된다.

1928~31년까지 유명한 정치범 수용소인 솔로프키(정식 이름은 솔로베츠키 수용소다)에서 유형생활을 했고, 1931~32년까지 벨-발트라크(Бел-Балтраг)의 벨로모로-발틱 운하 건설현장에서 노역을 한다. 1930년 발표된 리하초프의 최초의 학술 논문인 「형사범들의 카드 놀이」(『솔로베츠키 섬』 제1호, 1930)는 그의 성격의 어떤 면을 보여주는 듯하다. 모범수로 형기가 1년 단축된 리하초프는 1932년 다시 레닌그라드로 돌아오고 한동안 출판사에서 교정 일을 하다 1938년부터 레닌그라드 러시아 문학 연구소(푸시킨 연구소)에서 활동을 시작했다. 1941년에 『12세기 노보그라드 연대기 전집』으로 칸디다트 학위를, 1947년에 『11~16세기 연대기 서술의 문학적 형식의 역사에 대한 고찰』로 독토르 학위를 수여받았다. 1953년 학술원 회원으로 선출되었고, 1954년부터 사망할 때까지(1999) 푸시킨 연구소 고대 러시아 문학 분과의 분과장으로 활동했다.

리하초프라는 개인(личность)을 이해하기 위해서, 리하초프와 함께 푸시킨 연구소에서 활동하던 동료이자 로트만의 '친구/전기기록자'였던 예고로프가 전해주는 다음과 같은 일화에서 출발해보기로 하자. "15년 전 리하초프와 로트만이 참석한 문학연구 학술회의에서 한 동료(V. A. 자레츠키)가 옆사람에게 이렇게 말했다. '여기 우리 학문의 정상 중 3분의 2가 있군. 바흐친만 빠졌어.'" 예고로프는 이에 대해서 "그의 말은 정말로 그러하다(воистино)"라고 덧붙인다.[1] 리하초프를 그의 동시대인들이자 탁월한 인문학자인 M. M. 바흐친(1895~1975), Yu. M. 로트만(1922~93)과 나란히 놓아보는 것은 여러 가지 시사점을 제공해준다(우리는 여기서 이들 세 사람의 '이론'과 '사상'을 비교하고자 하는 것은 아니다. 우리의 관심은 그들의 학문적 활동, 그 유형에 있다).

먼저 바흐친, 로트만과 마찬가지로 리하초프는 사회주의 리얼리즘이라는 공식적(동시에 일정 정도는 형식적인) 연구 독트린과 각각의 방식

---

1) B. F. 예고로프, 『호먀코프에서 로트만까지』, 모스크바, 2003, 216쪽.

으로 대립/탈주하면서 1980년대 이후 사회주의 리얼리즘이 사라진 러시아 인문학계의 공백을 메워준다. 1980년대 말, 페레스트로이카가 시작되면서 빈약한 서점의 인문학 코너를 메워주었던 책들은 이들과 이들에 대한 것들이었다. 바흐친의 '대화'와 '카니발' 범주, 로트만의 '의미장', '이질적 코드', '이항대립' 범주와 함께 리하초프의 '양식' 범주는 사회주의 리얼리즘이 바싹 말려버렸던, 그러나 절멸시킬 수는 없었던 러시아 인문학계가 부활할 수 있는 자양분이 되었다.

현재, 훨씬 풍성해진 러시아 서점의 인문학 코너에는 여전히 지속되는 바흐친, 로트만, 리하초프에 대한 책들과 함께 구조주의 이후, 혹은 포스트모더니즘의 관점, 혹은 다른 독자적인 어떤 관점에서 이들을 비판하는——때로는 격렬하게 비판하는——책들, 그럼으로써 러시아 인문학에 새로운 담론을 도입하고자 하는 책들이 등장하고 있지만 역설적으로 그 출발점이 다름 아닌 바흐친, 로트만, 리하초프에 대한 비판이라는 점에서 아직도 여전히 러시아 인문학은 이들의 시대에 머물러 있다고 말할 수 있을 것이다.[2]

그런데 1920년대에 역시 체포되어 유배된 이후 계속해서 러시아의 변방 사란스크에서 활동했던 바흐친이나 러시아가 아닌 에스토니아의 타르투에서 활동한 로트만과, 러시아 제2의 도시 페테르부르크에서, 그것도 고대 러시아 문학 분야에서는 '아카데미 학파'의 중심지인 푸시킨 연구소에서 활동한 리하초프를 나란히 놓고 비교할 수 있을까?

주지하듯이 푸시킨 연구소의 고대 러시아 문학 분과는 고대 러시아 문학 연구의 중심지다. 현재 63권까지 간행된 『고대 러시아 문학 분과 논문집』, 12권으로 이루어진 『고대 러시아 문학 기념 작품 전집』이나 지금 출간되고 있는 20권으로 이루어진 『고대 러시아 문학 도서관』 작업

---

2) 우리는 여기서 1995년 "현재 러시아 인문학계의 지배적인 파토스는 바흐친의 것이다"라고 말했던 할리제프의 말을 떠올릴 수 있을 것이다. V. E. 할리제프, 「바흐친의 가치평가적 지향과 그의 영혼의 드라마」, 『모스크바 대학 논문집(어문학)』 제6호, 1995.

을 주도하고 있는 곳도 푸시킨 연구소의 고대 러시아 문학 분과다. 단적으로 1980년 출간된 4권짜리 문학교과서 『러시아 문학사』(레닌그라드, 1980)의 첫 권, 고대 러시아 문학 분야의 집필자들은 리하초프와 그의 제자들이다. 고대 러시아 문학 분야의 아카데미 학파는 바로 푸시킨 연구소이며 그 중심이 리하초프다.[3]

그렇다면 문예학 방법론으로서의 사회주의 리얼리즘, 더욱 엄밀하게 말하자면 스탈린적 사회주의 리얼리즘과의 대립/탈주로서의 바흐친, 로트만의 학술 활동과 리하초프의 그것이 어떻게 비교될 수 있을까? 최근 러시아 문학계의 한 현상으로서의 '망명문학의 자기화'라는 관점에서 이들 세 학자의 활동은 흥미로운 유형을 보여준다. 페레스트로이카 이후, 러시아 문학의 한 특징적인 현상은 교조적 사회주의 리얼리즘을 통해 강제적으로 이루어졌던 20세기 초반의 모더니즘과의 단절을 '망명문학'을 통해 복원하고자 하는 시도다. 그 정점은 무엇보다도 나보코프와 브로드스키 같은 망명작가를 러시아 문학사 속으로 기입함으로써 20세기 초반의 모더니즘 문학과 20세기 후반, 그리고 21세기 초반의 현대 러시아 문학 사이의 가교를 건설하고자 하는 시도가 될 것이다.

러시아의 변방인 사란스크(바흐친)와 아예 국경을 넘어버린 에스토니아의 타르투(로트만)는 일종의 '망명지'였다. 바흐친과 로트만이 보

---

3) 우리의 생각으로는 고대 러시아 문학 연구 분야에서 이 '아카데미 학파'와 뚜렷하게 구별되면서 자신의 견해를 형성하고 있는 유일한 학파는 로트만을 리더로 하는 '기호학파'다. 흥미로운 사실은 리하초프 자신이 '아카데미 학파'가 가질 수도 있는 학적 보수성에서 매우 자유롭다는 것인데, 가령 바흐친과 로트만의 이론을 흡수하면서 이들의 이론과 범주, 용어 들을 구체적으로 '적용'하고 있는 『고대 러시아의 웃음 세계』(레닌그라드, 1976, 판첸코와 공저, 이후 N. V. 포니르코의 논문이 첨가되면서 『고대 러시아의 웃음』(레닌그라드, 1984]으로 재간행되었다)는 고대 러시아 문학 연구 분야의 이 '아카데미 학파'가 얼마나 학문적으로 유연한가를 잘 보여준다. 물론 이 저작을 바흐친과 로트만의 이론을 고대 러시아 문화에 단순하게 '적용한' 것으로 말하는 것은 잘못일 것이다. 이들 간의 차이에 대해서는 가령, Yu. M. 로트만, B. A. 우스펜스키, 「고대 러시아 문화 연구의 새로운 측면들」, 『문학의 문제들』 제3호, 1977을 참조할 수 있다.

여주는 공식적인 교조적 사회주의 리얼리즘과의 대립/탈주는 그들의 활동지가 가지고 있는 원거리성에 의해 담보될 수 있었다. 바흐친의 경우 1920~40년대에 씌어진 그의 대표적인 저작이 본격적으로 출간되기 위해서는 30~40년을 기다려야 했다. 로트만의 경우, 그를 리더로 하는 '모스크바-타르투 기호학파'의 저작들은 소수의 연구자들을 중심으로 소수의 부수 출판을 통해 '은밀하게' 유통되었다.[4]

사회주의 러시아로부터의 원거리라는 공간은 바흐친과 로트만의 탈주를 보장해주는 안전판이었고 그 때문에 생긴 고립성과 폐쇄성은 이 안전판을 얻기 위해 치러야 할 대가였던 셈이다. 이들의 저작들이 본격적으로 유통되고, 이들에 대한 연구서가 본격적으로 출간되기 시작한 1980~90년대는 나보코프와 브로드스키 같은 '현실 망명문학가'의 경우와는 다르지만, 그러나 본질적으로 바흐친과 로트만의 '망명문예학'이 복권되는 시기로 평가될 수 있을 것이다.

리하초프에게는 앞서 언급했던 것처럼 '원거리'라는 공간의 안전판이 없었다. 그의 활동공간이 러시아 제2의 도시 페테르부르크였던 것이다. 그의 망명지는 공간이 아니라 고대 러시아 문학이라는 대상이었다. 그리고 고대 러시아 문학을 연구하는 푸시킨 연구소의 고대 러시아 문학 분과는 일종의 디아스포라였던 것이다. 사상과 사유 체계가 아니라[5] 고대 러시아 문학이라는 질료를 '망명지'로 택함으로써 리하초프는 사회

---

4) 가령 가스파로프는 모스크바-타르투 기호학파의 지배적인 분위기를 "일탈"(отчуждение)이라고 규정하면서 1960~70년대 모스크바-타르투 기호학파의 여름학교를 "폐쇄적인 서구 세계의 공간"이라고 규정한다. B. M. 가스파로프, 「기호적 현상으로서 1960년대의 타르투 학파」, 『모스크바-타르투 기호학파』, 1998, 모스크바, 60~61쪽.

5) 바흐친은 두바킨과 나눈 대담에서 자신을 "어문학자"가 아니라 "철학자"라고 규정한다(『V. D. 두바킨과 M. M. 바흐친의 대담』, 모스크바, 1996, 42쪽). 후기 로트만의 가장 커다란 관심사는 인간의 사유 체계에 대한 것이었다. 『지(知)의 우주』(Universe of Mind, 인디애나, 1990)라는 제목으로 영어로 먼저 출간되었다가 다시 러시아어로 재편집된 그의 책 『사유하는 세계들의 내부에서』(모스크바, 1996)는 로트만의 이러한 관점을 적극적으로 보여준다.

주의 리얼리즘의 '외부'에 위치할 수 있었다(이러한 점에서 그의 최초의 저서가 『러시아 연대기들과 그 문화-역사적 의의』[모스크바-레닌그라드, 1947]이고, 그 이후 『서지학』[모스크바-레닌그라드, 1962]이 뒤따르고 있다는 사실은 매우 시사적이다). 먼 공간이 아니라 먼 시간을 택함으로써, 철학적 범주 대신 서지학을 택함으로써 리하초프는 일종의 '내부적 망명'을 감행하고 있는 것이다.

그러나 이 '내부적 망명'이 항상 성공적일 수는 없었다. 푸시킨 연구소의 고대 러시아 문학 분과는 안전한 디아스포라일 수 없었던 것이다. 교조적인 사회주의 권력은 쉽게 이 디아스포라로 침입할 수 있었다. 가령 사하로프 박사의 탄핵을 둘러싸고 제출된 학술원의 문서에 서명하기를 거부했던 리하초프가 겪었던 정부 기관으로부터의 폭력이 그것이다. 공간적으로 고립될 수도, 폐쇄될 수도 없는 '망명지'에서 리하초프는 '고대 러시아 문학의 대중화'라는 노선으로 이 상황을 돌파한다. 전문적인 연구 서적을 쓰는 것만큼이나, 아니 그것보다도 더 리하초프가 애착을 가졌던 것은 가령, 12권으로 이루어진 『고대 러시아 문학 기념 작품 전집』 같은 고대 러시아 문학의 대중화 작업이었다(이 책들은 고대 교회슬라브어 텍스트와 그의 현대 러시아어 번역 텍스트를 병치하여 고대 교회슬라브어를 모르는 독자들이 '쉽게' 읽을 수 있게 구성되어 있다).

그리고 이러한 '대중화 작업'을 통해 그는 자신의 망명지를 고립시키고 폐쇄시키는 것이 아니라 확장시키고 개방시키는 방향으로 나아간다. 바흐친과 로트만이 소수의 인문학자를 중심으로 독서되고 있다면 리하초프의 경우 폭넓은 독자층을 확보하고 있는 것은 바로 이러한 그의 노선의 결과라고 할 수 있을 것이다(이러한 차이는 무엇보다도 글쓰기에 반영된다. 리하초프의 문체는 바흐친과 로트만에 비해 훨씬 쉽게 읽힌다). 바흐친과 로트만의 '망명문예학의 복권'이 외부 조건의 변화와 함께 가능했다면 리하초프의 경우 스스로가 스스로를 '복권'시키고 있는 것이다.

2. 고대 러시아 문학과 『고대 러시아 문학의 시학』

고대 러시아 문학 연구 영역에서 리하초프의 기여는 물론 그 대중화로 한정되지 않는다. 고대 러시아 문학 연구 영역에서 리하초프가 차지하는 위치는 무엇보다도 그 방향 전환에, 진정한 의미에서 고대 러시아 문학 연구를 시작했다는 것에서 찾아야 할 것이다.

고대 러시아 문학을 바라보는 리하초프의 시선에는 언제나 지금 현재의 러시아 문학/문화에 대한 고려가 존재한다. 주지하듯이 좁은 의미의 러시아 문학사는 18세기 표트르 대제의 개혁과 함께 시작된다. 수도를 페테르부르크로 옮기면서 시작된 러시아의 서구화는 동시에 러시아 전(全) 문화의 서구화이기도 했다. 여기서 가장 인상적인 사실 중의 하나는 서구 문학의 모방에서 시작된 러시아 문학이 19세기 중반에 이르러 도스토옙스키, 톨스토이의 등장과 함께 단연 세계 문학의 중심지로, 정상으로 도약하고 있다는 사실이다.

이를 문학 발전의 불균등성으로 설명할 수도 있을 것이다. 즉 19세기 러시아의 정체된 정치적 환경(주지하듯이 유럽 사회가 근대화의 과정을 착착 진행시키고 있을 때 러시아에서는 20세기 초반 볼셰비키 혁명 이전까지 '기독교 유럽'의 수호자를 자처하고 나선 전제 군주제가 온존해 있었다)과 오로지 문학 분야에서만 가능했던 이 정치적 환경에 대한 문학적 투쟁이 비약적인 문학 발전을 가능하게 만들었다고 말할 수 있는 것이다.

리하초프가 암묵적으로 전제하듯이 이를 다르게 설명할 수도 있다. 즉 19세기 러시아는 비약적인 문학 발전을 위한 토대를 갖추고 있었고, 이 토대는 다름 아닌 11~17세기의 풍부한 고대 러시아 문학에 의해 준비된 것으로 설명할 수도 있는 것이다. 따라서 리하초프가 말하듯이, 근대 러시아 문학에 대한 풍부한 이해를 위해서는 고대 러시아 문학을 알아야 한다. 리하초프 자신의 말을 들어보자.

표트르 1세의 개혁은 옛것으로부터 새로운 것으로의 이행을 알렸다. 그러나 그것은 단절이 아니라, 선행한 시대 속에 숨어 있던 여러 경향의 영향 아래 새로운 자질들이 출현함을 의미했다. 이것은 분명하다. 10세기로부터 오늘에 이르기까지 러시아 문학의 발전이 도중에 어떤 굽이도 없었던 것 같은 하나의 통일된 전체로 나타나는 것만큼이나 이것은 분명한 사실이다. 우리는 우리 시대의 문학의 의미를 천 년에 걸친 러시아 문학의 발전 전체 속에서만 이해하고 평가할 수 있다. 이 책에서 제기된 어떤 문제도 최종적으로 해결된 것으로 간주될 수는 없다. 이 책의 과제는 연구의 길을 표시하되, 학문적 사고의 운동을 위해 그 길을 닫지 않는 데 있다. 이 책이 많은 논쟁을 야기한다면 그만큼 더 좋은 일이다. 논쟁의 필요성에 대해선 의심할 여지가 없다. 마찬가지로 고대의 연구가 현대를 위해 행해져야 한다는 것에도 의심할 여지가 있을 수 없다(이 책의 552~553쪽).

고대 러시아 문학의 역사는 988년 키예프 공국의 블라디미르 대공이 기독교를 받아들이면서 시작된다. 기독교를 수용하면서 동시에 예배에 사용되어야 할 문헌들이 필요했고 러시아는 자신보다 1세기 전에 기독교를 수용했던 불가리아를 매개로 비잔티움으로부터 '문학'을 수입하게 된다. 이 수입 과정을 리하초프는 '이식'(переплантация)의 과정으로 설명한다. 즉 초기 고대 러시아 문학은 비잔티움의 '문학'에서 영향을 받은 것이 아니라——기독교 수용 이전에 고대 러시아에서는 '문학'이 존재하지 않았고, 따라서 영향은 애초에 불가능하다——비잔티움의 문학 체계를 이식받음으로써 시작된다. 개별적인 작품의 번역, 개별적인 장르의 이식이 아니라 문학 체계 자체가, '문학'이라는 개념 자체가 비잔티움으로부터 러시아로 이식된다. 비잔티움으로부터 문학 체계를 이식받은 이후 고대 러시아는 독자적으로 자신의 문학을 발전시켰으며(가령 『원초 연대기』, 『이고리 원정기』 같은 키예프 시기의 원전 문학의 등장은 이러한 독자적인 발전의 뚜렷한 증거다), 이러한 '자신의 문학'

을 토대로 고대 러시아 문학은 비로소 비잔티움의 문학과 본격적으로 '영향' 관계로 진입한다.

여기서 리하초프가 스스로를 이론적으로 대립시키는 것은 우선 표트르 대제에 의한 러시아의 유럽화라는 신화다. 리하초프에 따르면 18세기 표트르 대제의 유럽화 이전에 고대 러시아는 이미 10~11세기 당대 유럽 문화의 정상에 있었던 비잔티움과의 교류를 통해 유럽의 일부로 자리 잡으면서 지속적으로 유럽과 문화적으로 교류했다. 18세기 이후 러시아에서 이루어진 서구 문화, 특히 문학 분야에서의 부분적으로 생산적인 수용의 원인은 바로 11~17세기 고대 러시아에서 끊임없이 이루어진 이러한 서구 문화와의 교류에서 찾을 수 있다.

다른 한편 리하초프는 11세기 이후 지속적인 서구화를 말함으로써 아시아와 유럽에 걸친 러시아의 지리적 위치로 인해 끊임없이 제기되는 '유라시아'로서의 러시아 문화, 즉 아시아와 유럽 문화의 혼혈로서의 러시아 문화라는 테제에 스스로를 이론적으로 대립시킨다. 리하초프에 따르면 러시아 문화의 특수성은 아시아적 요소의 틈입에서 기인하는 것이 아니라 비잔티움을 매개로 한 유럽 문화의 독특한 자기화에서 기인한다. 따라서 고대 러시아 문학사는 일종의 변형된 중세 유럽 문학사의 한 판본이 된다. 이러한 논리의 연장에서 고대 러시아 문학에 대한 이해는 중세 유럽 문학에 대한 더욱 풍부한 이해를 가능하게 해준다(그리고 이러한 점에서 그의 저서 『고대 러시아 문학의 시학』은 러시아라는 공간을 벗어나 중세 유럽의 문학으로 시야를 확장할 수 있게 해준다).

고대 러시아 문학 연구에서 리하초프의 방향 전환은 양식(стиль)을 중심으로 한 고대 러시아 문학 시기 구분에서 두드러진다. 전통적으로 고대 러시아 문학 시기 구분은 고대 러시아의 역사와 밀접하게 연관되어 있었다. 가령 '키예프 공국(11~13세기), 몽고-타타르의 지배(14~15세기), 모스크바 공국의 확장(16~17세기)'이라는 고대 러시아의 역사에 따라 '키예프 공국의 문학(11~13세기 중반)―봉건 내분과 북동 러시아 통합을 위한 투쟁의 시기의 문학(13세기 중반~15세기 초반)―중앙집권적 러시아 건설과 발전 시기의 문학(16~17세기)'이라는 전통적 시기 구분을 세분화하면서 발전시키고 있는 쿠스코프에 따르면 고대 러시아 문학 시기 구분은 다음과 같이 이루어질 수 있다.

1시기: 고대 러시아 문학의 발생(10세기 말~11세기 초)
2시기: 키예프 러시아의 문학(11세기 중반~12세기 후반)
3시기: 봉건 내분 시기의 문학(12세기 후반~13세기 초반)
4시기: 몽고-타타르 압제와 투쟁하는 러시아 민중의 투쟁 시기의 문학(13세기 후반~15세기)
5시기: 중앙집권적 러시아의 문학(15세기 후반~16세기)
6시기: 러시아 민족 형성기의 문학(17세기)[6]

이러한 시기 구분이 나름대로의 편리함을 제공해주면서 결국 '문학'의 역사를 민족 혹은 국가로서의 러시아의 역사로 환원시킨다는, 그럼으로써 러시아 문학 발전의 보편성을, 따라서 특수성을 증명해주기에 무능력하다면, 리하초프는 민족 혹은 국가로서의 러시아의 발전과 연결되면서도 독자적인 양식/문체의 역사로 고대 러시아 문학사를 다시 쓰고 있으며, 그럼으로써 중세 유럽 문학사 속으로 고대 러시아 문학사를 기입한다(또한 그럼으로써 고대 러시아 문학 발전의 특수성이 규명될 수 있는 가능성이 제시된다). 리하초프에 따르면 고대 러시아 문학의 시기 구분은 다음과 같다.

기념비적 역사주의 양식(10~13세기)
표현적-정서적 양식(14~15세기) ─ 전(前) 르네상스
제2차 기념비적 역사주의 양식(16세기)

---

6) V. V. 쿠스코프, 『고대 러시아 문학사』, 모스크바, 1989; L. A. 올세프스카야,
   S. N. 트라브니코프, 『고대 러시아와 19세기 문학』, 모스크바, 1996, 44~45쪽
   을 참조하라.

바로크 양식(17세기)[7]

이것이 함축하는 바는 다음과 같다. 중세—르네상스—바로크라는 서유럽 문학 발전의 변형된 노선. 실제로 리하초프의 이러한 시기 구분은 그의 제자인 스미르노프에 의해 더욱 유럽화된다.[8]

고대 러시아 문학의 시기 구분이 시대와 역사 중심에서 양식 중심으로 전환되었다는 사실이 단지 고대 러시아 문학이 중세 유럽 문학적 보편성을 획득했다는 것만을 의미하지는 않는다. 리하초프는 이러한 시대 양식들에 대한 연구를 그것들의 구성, 즉 '시학'의 관점에서 출발한다. '양식'과 '시학'의 범주를 통해 고대 러시아 문학은 '문헌'이자 '자료'에서 본격적으로 '문학'으로 전화된다. 이러한 전화는 가령 『고대 러시아 문학의 시학』 2장 「예술적 일반화의 시학」이나 3장 「문학적 기법의 시학」 같은 장을 구성하는 범주들에서 두드러지게 나타난다. 20세기 초의 모더니즘 산문을 설명하는 범주인 '장식성', 19세기 문학을 설명하는 범주인 '리얼리즘', 은유—상징, 문체적 대칭, 직유, 양식화 같은 전통 수사학의 범주들을 보라.

그런데 '양식'과 '시학'의 범주를 가지고 고대 러시아 문학에 접근하는 것은 혹시 근대 이후의 문예학의 범주를 고대 러시아 문학에 적용시키는, 일종의 아나크로니즘은 아닐까? 그렇지 않다. 리하초프의 연구 방법은 첫째, 고대 러시아 문학을 '문예학'의 대상으로 만드는 것을 목적하는 동시에, 둘째, 근대 문학과 구별되는 고대 러시아 문학(더 넓게는 중세 유럽 문학)에 고유한 시학적 범주들을 만들어내는 것을 목적한다. 그리고 셋째, 이 고유한 시학적 범주의 생산은 기존의 근대 문예학

---

7) D. S. 리하초프, 『10~17세기 러시아 문학의 발전: 시대와 양식』, 레닌그라드, 1973.

8) 스미르노프의 시기 구분은 다음과 같다. 초기 중세(10~13세기), 후기 중세(14~15세기), 르네상스(16세기), 바로크(17세기)(S. P. 스미르노프, 『대〔大〕역사』, 모스크바, 2000).

의 범주들을 재해석하는 것을 통해 이루어진다. 가령 고대 러시아 문학의 에티켓적 성격을 설명하는 다음 대목을 보라.

몇몇 연구자에게는 이러한 전통성이 '고대 러시아적 의식'의 보수성의 결과이자 새로운 것에 고무될 수 없는 무능력의 결과로 보였다. 다시 말해서 단순히 창조성이 결여된 결과로 보였던 것이다. 그러나 고대 러시아 문학의 전통성은 특정한 예술 체계의 사실이다. 즉 그것은 고대 러시아 문학작품들의 시학의 현상들과 관련된 사실이며, 예술 방법의 현상이다. 새로움에 대한 지향이나 예술적 수단의 혁신에 대한 지향, 혹은 예술적 수단을 예술의 대상에 근접시키려는 지향, 이는 전적으로 근대 문학에서 발전한 원칙들이다. 따라서 '낯설게하기'로의 지향이나 놀랍게 만들기로의 지향, 혹은 세계에 대한 지각의 혁신으로의 지향은 몇몇 문예학자가 간주하듯이 결코 문학 창조의 영원한 특징이 아닌 것이다.

문학적 기법에 대한 중세적인 태도는 달랐다. 기법의 전통성이 결함으로 간주되지 않았던 것이다. 따라서 근대 문학에 특징적인 기법을 감추거나 기법을 '노출시키려는' 지향이 존재하지 않았다. 기법은 '정상적인 것'이었다. 기법은 사건과 현상을 서술할 때 당연히 필요한 것이었다. 기법은 문학적 에티켓에 의해 요구되는 것이다. 기법은 독자들에게 특정한 반응을 야기하고 독자의 의식에 특정한 분위기를 창조하는 신호로 기능한다.

고대 러시아 문학작품에서 갑작스러움의 효과는 큰 의미를 갖지 않는다. 독자는 작품을 여러 번 읽으며 그 내용을 이미 알고 있다. 고대 러시아의 독자는 작품 전체를 포착하고 있다. 작품의 첫 부분을 읽으면서 독자는 이미 그것이 어떻게 끝나게 될 것인지를 알고 있다. 독자에게 작품은 시간에 따라 전개되어 나가는 것이 아니다. 그것은 이미 잘 알려져 있는 통일적인 총체다. 고대 러시아의 문학은 독자들이 읽어 나가면서 작품이 어떻게 끝날지를 기대하는 근대에 비해서 덜 '시간적인' 예술이다. 따라서 티냐노프가 그토록 강조하는 문학의 역동적 요소들은 중세 문학에서 근대 문학에 비해 훨씬 작은 역할을 수행한다(이 책의 169~171쪽).

리하초프의 '시학'은 따라서 아나크로니즘과는 뚜렷이 구별된다. 그것은 오히려 대상의 본모습에 충실하게, 대상의 본모습에 근거하여 범주를 재구성하는 작업이다. 리하초프의 작업은 대상의 본모습을 재구성한다는 점에서 서지학적이며(서지학이란 무엇보다 시간에 의해 씻긴 문자들, 그리하여 수수께끼가 되어버린 문자들의 원형을 복원하는 일에서 시작한다), 그 본모습에 준거하여 범주를 재구성한다는 점에서 역사적이다(문예학의 범주는 탈역사적이지 않다). 이러한 점에서 리하초프의 연구 방법론을 '서지학적 역사화'라고 부를 수도 있을 것인데, 그의 동시대 경쟁자인 바흐친과 로트만의 연구 방법론과 리하초프의 그것을 비교해보면 이러한 '서지학적 역사화'의 함의와 차이가 좀더 분명해질 수 있을 것이다.

두말할 나위 없이 강력하고 생산적인 바흐친의 '대화'와 '카니발' 범주는 그럼에도 불구하고 일정 정도 그 연구 대상 자체에 대한 왜곡을 수반한다. 가령 '카니발'의 경우 서유럽 중세사가인 구레비치가 설득력 있게 실제 자료에 근거하여 보여주듯이 바흐친의 '카니발'은 실제로 존재했던 그 '카니발'과 거리가 멀다(물론 이 사실이 바흐친의 '카니발' 범주가 갖는 사유의 생산성을 부정하는 것은 결코 아니다).[9] '대화' 범주 또한 그러하다. 바흐친의 『도스토옙스키 시학의 문제들』이 이미 도스토옙스키학(學)의, 아니 문학비평의 한 전범이 되었지만, 그리하여 새로운 도스토옙스키 연구는 바흐친 비판에서 출발할 수밖에 없지만, 바흐친 자신의 결론은 도스토옙스키의 창작은 예술이 아니라 삶의 창조라는 테제(도스토옙스키의 예술성의 부정)로 귀결되고 있다(물론 이 사실 또

---

9) A. Ya. 구레비치, 『중세 민중 문화의 제 문제』, 모스크바, 1981.

한 '대화' 범주가 갖는 사유의 생산성을 부정하는 것이 아니다).

로트만의 경우는 어떠한가? 이항대립성을 중심으로 고대 러시아 문화에서 18세기 러시아 문화를 꿰뚫는 그와 그의 동료들의 작업은 강력한 서술력을 획득하지만, '이항대립성'이라는 범주 자체의 연역성이 때로 실제적인 역사의 모습을 왜곡한다. 가령 삼항의 유럽과 이항의 러시아라는 로트만의 기본적인 태도는 기실 '러시아인의 극단적인 기질'이라는 신화를 이론적으로 언어화하고 있으며, 그런 만큼 그것은 이데올로기적이다.[10]

바흐친의 '카니발적 웃음'과 로트만의 '반(反)세계' 개념을 도입하면서 이를 실제 고대 러시아 문화에 '적용'시키고 있는 리하초프의『고대 러시아의 웃음』은 이들 세 문예학자의 이론과 실천이 교차하는 흥미로운 지점이다. 앞서 언급했듯이 이 저서는 결코 바흐친, 로트만의 범주를 고대 러시아 문화에 단순히 '적용'하고 있지 않다. '서지학적 역사화'의 관점에서 보자면 리하초프는 끊임없이 고대 러시아의 웃음 문화의 본모습을 자료를 통해 복원하면서 동시에 바흐친, 로트만의 범주를 역사화한다. 공포도 두려움도 모르는 중세의 '카니발적 웃음'은 고대 러시아의 역사적 현실과 결합하면서 두렵고 무서운 '반(反)세계'로 변화한다.

그의 '서지학적 역사화'는 결국 타자와 개성을 그 자체로 인정하면서 그 위에서 이해하고 더 나은 문화를 만드는 것을 목표로 한다.『고대 러시아 문학의 시학』의 결론을 대신하는 자리에서 그는 다음과 같이 말한다.

인간의 의식은 다른 사람들의 의식을 통찰할 수 있고, 모든 차이에도 불구하고 그것을 이해할 수 있는 비상한 능력을 지닌다. 나아가 의

---

10) 이에 대해 좀더 자세하게는 변현태, 「중세적 웃음의 이중적 의미론과 「주점에의 예배」의 희극성」, 『러시아 연구』, 제10권 제2호, 2000, 107~113쪽을 참조하라.

식은 의식이 아닌 것, 본질상 다른 것까지도 인식한다. 그러므로 반복 불가능한 것이 파악불가능한 것은 아니다. 타자의 의식에 대한 통찰은 인식하는 자를 풍요롭게 하며, 그를 전진시키고 성장시키고 발전시킨다. 인간의 의식은 타문화를 많이 습득할수록 그만큼 풍요로워지고, 유연해지고, 활동적으로 된다.

그러나 타자에 대한 이해 능력이 타자수용에서의 비선택성을 의미하지는 않는다. 타문화의 이해를 넓히는 데에는 언제나 더 나은 것의 선택이 함께한다. 미적 의식들 간의 모든 차이에도 불구하고, 거기에는 어떤 공통점이 존재하며, 이것이 그들의 평가와 이용을 가능하게 한다. 그렇지만 이 공통점은 차이의 확인이 선행될 때에만 발견 가능하다(이 책의 552쪽).

리하초프는 사회주의 러시아가 시작될 때와 끝날 때를 넘겨 살았다. 그가 대립/탈주했던 시대와 함께 그의 삶이 끝났다. 아베린체프의 말처럼 "그의 죽음, 이는 완전한 한 시대의 종결"이었다. 그러나 타자의 문화, 타자의 의식, 타자의 개성을 본모습으로 이해하고 더 나은 문화를 만들어야 한다는 그의 말, 그리고 그 실천의 전범으로서 리하초프는 현재 러시아에도, 현재의 한국에도, 여전히 유효하다.

고대 러시아 문학의 시학

일러두기

1. 이 책은 Д. С. Лихачев, *Поэтика древнерусской литературы*(Наука, 제 3판 1979)을 번역한 것이다.
2. 본문에 나오는 고대 러시아 문학 작품 중에는 동일한 작품이더라도 여러 제목 으로 언급된 경우가 있다. 이는 고대 러시아 문학이 전승되는 과정에서 발생한 특징으로 이 책에서도 이를 존중해 일괄적으로 통일하지 않았다.

　고대 러시아 문학 작품이 여러 제목을 갖는 이유는 필사로 전달되는 과정에 서 원제로 가정되는 제목을 변경하기도 하고, 이후 이를 인쇄본으로 출판하는 과정에서 연구자가 임의로 제목을 수정하기도 하기 때문이다.

　가령 13세기에 만들어진 텍스트『유폐자 다닐의 탄원』은 15~16세기에 여러 수고본으로 발견되는데, 어떤 수고본은 '유폐자 다닐의 말씀'이라는 구절로 시 작한다. 그래서 19세기에 인쇄본으로 이를 출간하면서 어떤 연구자는『유폐자 다닐의 탄원』이라는 제목을, 다른 연구자는『유폐자 다닐의 말씀』이라는 제목 을 붙인다. 이처럼 고대 러시아 문학 작품은 필사의 전통과 인쇄본 출간 때문에 작품 하나가 여러 제목을 갖는다는 사실을 유념해야 한다. 책(『　』)과 편(「　」)의 표기가 혼재된 이유도 마찬가지다.

서론 고대 러시아 문학의 경계

    고대 러시아 문학의 예술적 특수성은 점점 더 많은 문학연구자와 중세학자의 관심을 끌고 있다. 이는 당연한 일이다. 왜냐하면 11~17세기 러시아 문학이 가지고 있는 예술적 특수성을 완전히 밝혀내지 못한다면 러시아 문학사에 대한 서술도, 러시아 문학이 존재하기 시작한 이후 7세기 동안의 러시아 문학의 기념비적 작품들에 대한 미적인 평가도 불가능하기 때문이다.

    고대 러시아 문학의 예술적 특수성에 대한 개별적인 연구는 이미 부슬라예프, 네크라소프, 티호느라보프, 클류쳅스키 등의 저작들에서 이루어진 바 있다. 이들의 개별적인 연구들은 저자들이 가지고 있는 고대 러시아 문학에 대한 전체적인 생각과 저자들이 속해 있는 역사-문학적 학파와 밀접하게 연관되어 있다.

    최근에 와서야 비로소 고대 러시아 문학의 예술적 특수성과 예술 방법에 대한 저자들의 전체적인 견해를 서술하고 있는 저작들이 등장했으며, 그 수는 상대적으로 그리 많지 않다. 나는 오를로프, 아드리아노바-페레츠, 예료민, 라압 등의 저작을 염두에 두고 있는 것이다.[1]

---

1) A. S. 오를로프와 V. P. 아드리아노바-페레츠, 「러시아 중세 문예학」, 『소련 학술원 문학과 어학분과 소식지』 제6호(이후 『학술원 소식지』로 줄여 씀), 1945; A. S. 오를로프, 「중세 러시아 문학에 대한 작업 상황에 대한 생각들」, 『학술원 소식지』 제2호, 1947; V. P. 아드리아노바-페레츠, 「1917~47년의 연구에서 고대 러시아 문학 연구의 근본 과제들」, 『고대 러시아 문학 분과 연구』(이후

역사시학의 관점에서 하나의 통일체로서의 고대 러시아 문학에 대해 말할 수 있을까? 고대 문학에서 근대 문학으로의 러시아 문학의 발전에 계승이 존재하는가? 그리고 고대 문학과 근대 문학의 차이의 본질은 어디에 있는가? 이는 이 책 전체가 답변해야 할 문제들이다. 하지만 서론에서 예비적인 형태로 이 문제들을 살펴보고자 한다.

『고대 리시아 연구』로 줄여 씀), 제6권, 모스크바-레닌그라드, 1948; 같은 이, 『고대 러시아 시적 문체에 대한 고찰』, 모스크바-레닌그라드, 1947; 같은 이, 「고대 러시아 문학과 민속(문제의 설정)」, 『고대 러시아 연구』, 제7권, 모스크바-레닌그라드, 1949; 같은 이, 「11~15세기 초 역사 문학과 민중시」, 『고대 러시아 연구』, 제8권, 모스크바-레닌그라드, 1951; 같은 이, 「17세기 역사 이야기와 구어적 민중 창작」, 『고대 러시아 연구』, 제9권, 1953; 같은 이, 「고대 러시아 문학의 예술 방법의 토대에 대하여」, 『러시아 문학』 제4호, 1958; 같은 이, 「11~14세기 러시아 문학에서 '내적 인간'의 묘사에 대한 문제에 대하여」, 『11~20세기 러시아 문학 연구의 문제들』, 모스크바-레닌그라드, 1958; 같은 이, 「고대 러시아 문학에서 리얼리즘적 경향에 대하여(11~15세기)」, 『고대 러시아 연구』, 제16권, 모스크바-레닌그라드, 1960; I. P. 예료민, 「기념비적 문학으로서의 키예프 연대기」, 『고대 러시아 연구』, 제7권, 1949(또한 I. P. 예료민, 『고대 러시아 문학』, 모스크바-레닌그라드, 1966, 98~131쪽을 보라); 같은 이, 「고대 러시아 문학 작품의 예술 형식들에 대한 최근의 연구들」, 『고대 러시아 연구』, 제7권, 모스크바-레닌그라드, 1956; 같은 이, 「고대 러시아 문학의 예술적 특수성에 대하여」, 『러시아 문학』 제1호, 1958; 같은 이, 「고대 러시아 문학의 리얼리즘에 대한 논쟁에 대하여」, 『러시아 문학』 제4호, 1959; H. 라압 (Raab), *Zur Entwicklungsgeschichte der Realismus in der russischen Literatur—Wissenschaftliche Zeitschrift der Ernst Moritz Arnd-Universität Greifswald. Gesellschafts- und sprachwissenschaftliche Reihe*, Bd. 4, 1958; 같은 이, 「러시아 문학에서 리얼리즘의 원천에 대한 문제에 대하여」, 『러시아 문학』 제3호. 또한 D. S. 리하초프, 「러시아 문학의 리얼리즘의 원천에서」, 『문학의 문제들』 제1호, 1957; 같은 이, 「러시아 문학에서 문학 사조의 형성에 대한 문제에 대하여」, 『러시아 문학』 제2호, 1958; 같은 이, 『고대 러시아 문학에서의 인간』, 모스크바-레닌그라드, 1958(제2판, 모스크바, 1970); 같은 이, 「고대 러시아의 문학적 에티켓(연구 문제에 대하여)」, 『고대 러시아 연구』, 제18권, 모스크바-레닌그라드, 1961; 같은 이, 「리얼리즘의 한 특수성에 대하여」, 『문학의 문제들』 제3호, 1960.

지리적 경계

일반적으로 러시아 문학은 18세기에 유럽화되었다고 말한다. 그렇다면 어떤 의미에서 고대 러시아 문학을 '비유럽적인 것'으로 간주할 수 있는가? 일반적으로 고대 러시아 문학에 존재하는 것처럼 간주되고 있는 두 가지 특징이 이러한 판단의 근거가 되고 있는데, 고대 러시아 문학의 발전이 갖는 고립성과 폐쇄성, 그리고 동양과 서양 사이의 고대 러시아 문학의 중간적인 위치가 바로 그것이다. 그런데 정말로 고대 러시아 문학이 고립적으로 발전했는가? 고대 러시아 문학은 인접 국가들(서유럽과 남유럽 국가들)의 문학, 특히 비잔티움의 문학과 단절되지 않았다. 그뿐만 아니라 사실 17세기 이전까지 우리는 그 반대를 말할 수 있다. 즉 고대 러시아 문학에는 뚜렷한 민족적인 경계가 없는 것이다. 우리는 동슬라브와 남슬라브의 문학 발전이 가지고 있는 부분적인 공통성에 대해 충분한 근거를 가지고 말할 수 있다. 동슬라브(러시아, 우크라이나, 백러시아)와 불가리아, 세르비아, 루마니아에는 단일한 문학, 단일한 언어체(письменность),[2] 단일한 표준어(교회슬라브어)가 존재했다. 교회 문학적인 작품들의 근본자산은 공통된 것이었다. 예배 문학, 설교 문학, 종교-교훈 문학, 성자전 문학, 부분적으로 세계사(역사서), 부분적으로 서술 문학은 전체 정교적 남유럽과 동유럽에 동일한 것이었다. 또한 프롤록,[3] 미네이,[4] 축승가, 트리오지,[5] 부분적으로 역대기,[6]

---

2) 고대 러시아 문학뿐만 아니라 중세학에서는 문학 개념이 가지고 있는 근대적인 함의와 구별하기 위해 '언어체'라는 개념을 사용한다. 최근의 용법에서는 텍스트 개념에 가깝다—옮긴이.

3) 프롤록(пролог): 비잔티움의 성자전 모음집(시낙사르)에서 유래한 고대 러시아의 성자전 선집. 성자의 간결한 생애전을 교회력에 맞추어 각 날에 따라 배치하고 있다. 처음에는 비잔티움으로부터 번역되었으나 이후 러시아를 비롯한 슬라브권 성자들의 생애전 등을 포함하게 되었다. 프롤록이라는 명칭은 그리스어 성자전 모음집의 서문(πρὸλογος)을 책 제목으로 혼동한 결과 생긴 것으로 간주된다—옮긴이.

다양한 유형의 팔레야,[7] 『알렉산더 대왕 이야기』,[8] 『바를람과 이오사프 이야기』,[9] 『트로이의 역사』, 『현자 아키르 이야기』,[10] 『꿀벌』,[11] 우주서,

---

4) 미네이(минеи), 혹은 미네이-체티(минеи-четьи): '월'을 뜻하는 그리스어 (ménáios)와 '독서'를 뜻하는 고대 슬라브어(четье)가 결합되어 만들어진 이름으로, 매월의 각각의 날에 따라 성자의 생애전, 교부의 말씀 등을 배치하고 있다. 9세기경 비잔티움에서 생겨났으며 11세기에 이미 고대 러시아로 번역되었던 것으로 간주된다. 16세기 대주교 마카리의 주도하에 대(大)체티-미네이 (великий четьи-минеи)가 편집된다—옮긴이.

5) 트리오지(триоди): 그리스어로부터 번역된 일종의 예배서. 세 개의 노래로 구성된 카논 모음집이다—옮긴이.

6) 역대기(хронограф 혹은 хроника): 비잔티움으로부터 러시아로 건너온 역사서. 일반적으로 연대기(chronicle)로 번역된다. 고대 러시아 문학의 경우 역대기와 구별되는 연대기(летопись)가 존재하므로 이 책에서는 역대기로 번역할 것이다. 연대기의 경우 역사서술이 말 그대로 연대에 따라 기술된다면 역대기의 경우 역사서술은 역대의 왕 통치력(가령, 아우구스투스 황제 통치 23년)에 따라 기술된다. 역대기는 처음에 번역 문학으로서 일종의 세계 역사서의 성격을 띠었으며 이러한 점에서 러시아 역사에 중심을 두는 연대기와 구별된다. 그러나 15~16세기를 거치면서 역대기의 러시아 판본이 등장하고 세계 역사서로서의 역대기와 러시아 역사서로서의 연대기의 구별이 없어지게 된다—옮긴이.

7) 팔레야(палея, palaea): 비잔티움으로부터 고대 러시아로 건너온 언어 텍스트의 장르의 하나로 주로 구약성서의 내용에 대한 해석과 외경으로 구성되어 있다. 일반적으로 고대 러시아 문학 연구자들 사이에 팔레야는 다시 주석 팔레야(палея толковая)와 역사 팔레야(палея историческая), 연대기적 팔레야(палея хронографическая)로 나뉘어 각각 개별적인 작품 텍스트로 간주된다—옮긴이.

8) 『알렉산더 대왕 이야기』(Александрия): 비잔티움으로부터 번역된 마케도니아의 알렉산더 대왕에 대한 모험소설. 그리스어 작품은 알렉산더 대왕에 대한 전기적 서술에 기초했으나 점차로 전설과 환상이 결합되어 모험소설적인 성격을 갖게 되었다. 슬라브권에서 이 작품은 실제 역사적 배경보다는 전설적이고 환상적인 세부 묘사로 가득하다. 13세기 중반 이전에 고대 러시아로 번역되었다—옮긴이.

9) 『바를람과 이오사프 이야기』: 약 30개국의 언어로 번역된 중세에서 가장 널리 알려진 이야기의 하나. 그 기원에 대해서는 여러 견해가 엇갈리고 있으며 가장 대표적인 가설은 인도의 부처의 전설적 생애에 기초해서 만들어졌다는 견해다. 11세기 중반에서 12세기 초반에 고대 러시아로 번역되었다—옮긴이.

10) 『현자 아키르 이야기』: 기원전 5~7세기 아시리아의 이야기로 거슬러 올라가

『박물학서』,[12] 『천지창조서』,[13] 외경, 개별적인 생애전 등과 같은 기념비적인 문학작품들 또한 공통된 것이었다.[14]

그 이상이다. 문학의 공통성은 동슬라브와 남슬라브 사이에 존재했을 뿐만 아니라, 더 이전에는 서슬라브도 포괄했다(체코와 슬로바키아의 경우가 그러하며 폴란드의 경우는 논쟁의 대상이다).[15] 더 나아가 정교권의 슬라브 국가들과 루마니아에 공통된 문학도 유럽 세계로부터 고립되어 있지 않았다. 그리고 여기서 중요한 것이 비잔티움 하나의 문제만은 아닐 수 있는 것이다……

는 번역 작품. 고대 러시아로 번역된 것은 11~12세기경에 이루어졌다고 간주된다—옮긴이.

11) 『꿀벌』(пчела): 비잔티움으로부터 번역된 금언, 우화, 간결한 이야기 등의 모음집. 11세기경 비잔티움에서 만들어졌으며 '꿀벌'(μελισα)이라는 이름은 꿀벌이 꿀을 모으듯 여러 책에서 좋은 이야기를 모은다는 은유에서 유래한다. 12세기 말부터 고대 러시아로 번역되었다—옮긴이.

12) 『박물학서』(физиолог): 실제적, 환상적 동물과 광석, 식물 들의 특성에 대한 번역집. 각 항들은 대상에 대한 묘사와 그에 대한 기독교 윤리적 관점에서의 해석으로 구성된다. 그리스어 박물학서는 2~3세기경에 만들어졌으며 슬라브어 번역은 12~13세기 불가리아에서 이루어졌다고 간주된다—옮긴이.

13) 『천지창조서』(Шестодневы): 성경의 창세기에 대한 주석으로 만들어진 세계, 자연, 식물, 동물, 인간에 대한 이야기. 고대 러시아와 슬라브권에서는 불가리아의 요안의 「천지창조서」(9세기 말~10세기 초)가 가장 널리 알려져 있었다. 요안의 「천지창조서」는 비잔티움 작품의 개작이다. 「천지창조서」는 신학의 관점에서 인간과 자연, 동식물계를 파악하는 일종의 '자연과학서'다—옮긴이.

14) 동슬라브와 남슬라브의 문학 발전의 공통점과 상호작용에 대해서는 다음을 참조하라. M. N. 스페란스키, 「러시아 문학과 남슬라브 문학의 상호관계의 역사에 대하여」, 『학술원 소식지』, 제24권, 1923(같은 이, 『러시아-슬라브 문학의 연관의 역사에 대하여』, 모스크바, 1960으로 재출간됨); N. K. 구드지, 「키예프 러시아의 문학과 다른 고대 슬라브 문학」, 『제4차 슬라브학자 세계 대회. 발표 논문집』, 모스크바, 1960; D. S. 리하초프, 「러시아에서 제2차 남슬라브의 영향에 대한 연구의 몇 가지 과제」, 모스크바, 1960; V. A. 모쉰, 「10~15세기 러시아-남슬라브의 문학적 관련의 시기 구분에 대하여」, 『고대 러시아 연구』, 제19권, 모스크바-레닌그라드, 1963.

15) 이 주제를 종합하고 있는 저작은 없다. 주 14)의 V. A. 모쉰의 논문에서 언급되고 있는 참고 문헌을 참조하라.

구드지는 논문 「논쟁을 불러일으키고 있는 견해들」에서 이 점에 대한 나의 견해를 반박하면서, 내가 열거한 공통적인 작품들이 "거의 대부분 번역서"라고 주장하고 있다.[16] 그러나 결코 그렇게 말할 수 없다. 나는 그 발생으로 보면 러시아 작품이지만 동-남슬라브 문학의 공통자산으로 포함되는 작품들을 이 목록 속에 포함시켰다.[17] 더 나아가 이보다 적지 않은 수의 불가리아, 세르비아, 심지어는 체코의 문학작품들을 지적할 수도 있을 것이다. 이 작품들은 교회슬라브어라는 공통성 때문에 어떤 번역도 없는 채로 동슬라브와 남슬라브에 공통된 것이었다. 히지만 정교권의 슬라브 국가들 전체에 공통되는 작품들이 번역서였는가 원전문학이었는가는 중요하지 않다(번역서도, 원전문학도 풍부하게 존재하고 있었다). 중요한 것은 이 모든 작품이 모든 동-남슬라브 문학 전체에 걸쳐 통일된 언어로 씌어진 단일한 텍스트였으며, 이 모든 작품이 공통적인 운명을 겪었다는 사실이다. 정교권의 슬라브 국가들의 문학에서 우리는 공통의 양식 교체와 공통의 지적 흐름, 지속적인 작품과 필사본의 교류를 관찰할 수 있다. 작품들은 번역 없이 이해될 수 있었으며, 모든 정교권의 슬라브 국가에 공통되는 교회슬라브어의 존재는 의심할 여지가 없는 사실이다(교회슬라브어의 개별적인 '민족적' 변형들은 이러한 이해에 장애가 되지 않는다).

한 이탈리아 미술학자가 트레티야코프 박물관을 방문했던 이야기가 생각난다. 그는 루블료프와 디오니시[18]의 작품을 보면서 "바로 여기, 우

---

16) N. K. 구드지, 『문학의 문제들』 제7호, 1965, 158쪽.

17) 러시아에서의 프롤록의 발생의 문제와 관련해서, 이 매우 복잡한 유물에 대한 A. I. 소볼렙스키, B. 안겔로프(소피아) 그리고 V. 모쉰(벨그라드)의 결론을 참조할 수 있다. 그리스의 성자전 모음집의 고대 판본이 고대 러시아에서 번역되면서 러시아적 항목이 첨가되어 고대 러시아에서 '프롤록'이라는 이름을 얻게 되고 이로부터 발칸 지역으로 전파되었다. 따라서 프롤록은 부분적으로만 번역인 것이다.

18) 루블료프(약 1360?~1427): 러시아의 화가, 15세기 말 모스크바 학파의 창설자. 대표적인 작품으로 「성삼위일체」(트로이차)가 있다. 디오니시(약 1440~

리와 당신들 간의 친척관계가 있군요!"라고 외쳤다. 14~15세기의 많은 훌륭한 러시아의 성상화가 이탈리아-비잔티움의 성상화로 받아들여지는 것도 우연이 아니다.

나는 불가리아와 유고슬라비아의 필사본 모음집을 연구하면서 11~16세기의 불가리아와 유고슬라비아의 작품들의 토대에는 러시아의 작품들의 토대에 있는 것과 동일한 것이 존재하고 있다는 확신을 갖게 되었다. 남슬라브 국가들에서는 지역적으로 한정된 작품들의 수는 상대적으로 그리 많지 않다. 동일한 기간 러시아의 경우 지역적으로 한정된 작품들의 수가 훨씬 많다. 러시아는 러시아 역사에 대한 많은 세속적인 문학작품을 창조했으나 이 문학작품은 대부분 남슬라브 민족에 전달되지 못했다. 오직 러시아인, 우크라이나인, 백러시아인만이 그것들에 관심을 가졌다.

16세기 이전까지의 남슬라브와 동슬라브의 문학에 대한 통일적인 문학사를 서술하는 작업은 전적으로 가능하다. 그리고 이 통일적인 문학사는 이질적인 질료들과 상이한 민족 문학들을 연대에 따라 배열하는, 기계적이고 연대기적인 결합은 아닐 것이다. 그것은 통일된 전체로 이해되고 서술될 수 있다. 이러한 공통적인 작품들 위에 특정 지역 내에서만 확산되었던, 민족적인 성격을 띠는 매우 중요한 작품들이 존재한다는 사실이나, 민족 표준어들이 존재한다는 사실이 고대 러시아, 고대 세르비아, 고대 불가리아 문학사와 함께 동-남슬라브의 공통적인 문학사를 창조할 수 있다는 가능성을 닫아버리는 것은 아니다. 고대 러시아에 지역적인 다양성이나 그 지역만의 의미를 갖는 작품들이 존재한다는 사실, 혹은 노브고로드의 귀족 공화정이 모스크바의 공후 정치와 달랐다는 사실이 통일적인 고대 러시아 문학사의 창조를 방해하는 것이 결코 아니지 않은가!

1503년 이후): 성상화가. 15세기 말 모스크바 성상화 학파의 대표자. 대표적인 작품으로는 모스크바 크레믈린 궁의 우스펜스키 사원의 성상화가 있다─옮긴이.

그런데 11~16세기의 러시아 문학이 가지고 있는 고립성과 폐쇄성은 러시아 문학이 인접한 민족들로부터 그들의 작품들을 수동적으로 받기만 했고, 그 자신은 그들에게 어떠한 것도 주지 못했다는 의미로 이해되어져야만 하는 것은 아닐까? 많은 사람이 그렇게 생각하고 있지만 이 또한 전혀 현실과 일치하지 않는다.

지금 우리는 키예프 공국과 모스크바 공국에서 만들어진 작품들과 필사본들이 엄청나게 '수출'되었던 것에 대해 말할 수 있다. 키릴 투롭스키[19]의 저작들은 교부들의 저작들과 함께 전체 남동유럽으로 필사본의 형태로 유포되었다. 러시아에서 거대한 프롤록이 만들어졌는데, 그 목록은 수백을 헤아리며 우리는 그것을 가장 널리 유포된 책들 중의 하나로 간주할 수 있을 것이다. 정확하게 말해서 우리는 그것을 가장 널리 유포된 책들의 모음집의 하나라고 할 수 있을 것인데, 왜냐하면 프롤록이 하나의 선집으로는(그것도 매우 방대한 선집으로도) 집어넣을 수 없는 수백 개의 작품을 포괄하고 있기 때문이다.

러시아에서 창조된 러시아 역사서는 남슬라브 국가들의 고유한 역사 문학의 발전에 자극을 주었다. 발칸 반도에서는 러시아 성자들의 생애전과 그들에 대한 예배서, 그리고 다양한 다른 저작들이 유포되었다. 몇몇 러시아 작품은 남슬라브 국가들에서 만들어진 작품에 영향력을 발휘했다. 예를 들어 11세기 러시아의 일라리온 대주교의 「율법과 은총에 대한 말씀」 같은 작품이 세르비아와 아테네에 미친 영향에 대해서는 오래전부터 지적되어오고 있다.[20]

마지막으로 최근에 밝혀지고 있는 것처럼 14세기와 15세기에 발칸

---

19) 키릴 투롭스키(1130~82 이후): 고대 러시아의 뛰어난 학자이자 저술가. 특히 훌륭한 웅변적 장르의 작품을 남겼으며 이 때문에 러시아의 요한 금구라는 별명을 갖고 있다. 약 1169~82년 동안 투로프의 주교였다. 대표적인 작품으로는 「장님과 절름발이에 대한 이야기」 등이 있다—옮긴이.
20) 일라리온(11세기 중반): 키예프의 대주교, 작가이자 종교활동가. 「율법과 은총에 대한 말씀」은 키예프 원전 문학의 대표적인 작품으로 간주된다—옮긴이.

반도에서 발생해 확산된 '말 엮기'(плетение словес) 같은 우아한 문체는 러시아의 영향이 없이 발전한 것이 아니며 다름 아닌 러시아에서 그 최고의 절정에 다다르게 되었다.[21]

미술 연구자들은 자신들의 저작에서 이와 유사한 중세 러시아 미술의 영향력에 대해 지적하고 있다.[22]

다음과 같은 사실이 특징적이다. 남동유럽 국가들에 대한 러시아 문학의 영향은 18세기와 19세기 초까지 멈추지 않았다. 그런데 이 영향력이란 주로 고대 러시아 문학의 영향력이지 근대 러시아 문학의 영향력은 아니었다. 러시아 자체에서는 고대 러시아 문학의 전통이 정지되었을 때 불가리아와 세르비아, 루마니아에서는 고대 러시아 작품들의 영향력이 지속되고 있었다. 전체 정교적 동유럽과 남유럽에 있어서 가장 커다란 의의를 갖는 최후의 작가는 드미트리 로스톱스키였다.[23] [24] 그 이후로는 그리 크지 않은 18세기 세속적인 러시아 문학의——주로 신학교극(школьная драма)과 종교적인 성격의 몇몇 작품의——영향을 느낄 수 있을 뿐이다. 러시아로부터 또한 반(反)이교 문학이 흘러나왔다. 이 모든 것에 대해서는 필사본들이 증명해준다. 이는 의심할 여지가 없는 사실이다.

---

21) Mulić M., "Srpsko 'pletenije sloves' do 14 stoljeća," *RZSF*, Zagreb, 1963, N 5를 보라.

22) A. 그라바르는 논문 "L'Expansion de la peinture russe au XVI et au XVII siècle"(*Annales de l'Institut Kondakov. Seminarium Kondakovianum*, Beograd, 1940)에서 카프카스, 몰다비아, 남루마니아, 세르비아 그리고 불가리아에 미친 중세 러시아 미술의 영향을 지적하고 있다. 폴란드의 크라코프와 루빈의 러시아식 벽화에 대해서는 광범위한 문헌이 존재한다.

23) 동슬라브 문학과 남슬라브 문학의 유형적 유사성은 그 이후에도 지속되었다는 사실을 지적해두기로 하자(이에 대해서는 A. N. 로빈손, 「슬라브 르네상스의 역사와 파이시 힐란다르스키」, 『제5차 슬라브학자 세계 대회. 발표 논문집』, 모스크바, 1963.

24) 드미트리 로스톱스키(본명은 다닐 사비치 투프탈로, 1651~1709): 1701년부터 로스토프와 야로슬라블의 대주교. 작가이자 설교가. 체티-미네이의 성자전 항목들을 작성했다. 『그리스도 탄생극』을 비롯한 극작품을 썼다―옮긴이.

러시아 문학의 역사적 발전에서 유럽과의 연관에 대해서 말한다면 다음과 같은 사실을 지적해야 할 것이다. 러시아 문학의 유럽적 성격은 그 발생기, 즉 러시아 문학이 정교 유럽 국가들의 문학과 일종의 통일체를 형성하면서(게다가 그 작품들의 일부는 러시아에서 만들어졌다) 문학 어나 작품들의 구성에 있어서 정교 유럽 국가들의 문학과 결합되어 있을 때 매우 커졌다가 그런 다음 점차로 작아졌다. 지역적인 테마와 자신의 국가, 자신의 시대의 문제들로 가득한, 지역적으로 한정된 작품들의 숫자가 엄청나게 증가하게 된다. 17세기에는 이미 정교 유럽 국가들의 문학의 보편성과 통일성에 대해 말하는 것이 불가능하다. 18세기 문학은 완전히 민족적인 궤도로 이전하게 된다. 18세기 러시아 문학이 외국 문학에 끼친 영향은 18세기와 19세기에도 지속적으로 모스크바에서 아드리아 해안에 이르는 남동유럽에 계속해서 영향을 미치고 수출이 되었던 고대 러시아 문학의 영향과는 비교할 수 없는 것이다. 카라드지치는 모스크바에서 인쇄된 책들을 세르비아의 수도원으로 가져갔다.[25] 모스크바에서 인쇄된 책들은 슬라브의 서적 인쇄의 고향인 달마티안 연안에 19세기까지도 풍부하게 나타나고 있다.

비잔티움 연구자들이 '비잔티움 이후의 비잔티움'에 대해서 말하고 있는 것처럼(나는 비잔티움의 몰락 이후에 인접한 국가들에서 나타나는 비잔티움의 전통, 그 생명력을 염두에 두고 있다), '고대 러시아 문학 이후의 고대 러시아 문학'에 대해서 말할 수 있다(나는 남슬라브 국가들에서 나타나고 있는 고대 러시아 문학의 전통을 염두에 두고 있는 것이다).

고대 러시아 문학의 고립성은 19세기의 신화다. 물론 고대 러시아 문학이 정교와 밀접하게 연관되어 있으며 고대 러시아 문학과 비잔티움, 불가리아, 세르비아, 루마니아 문학과의 관계, 그리고 더 이전 시기의

---

25) 카라드지치(1787~1864): 세르비아의 인문학자, 역사학자, 민속학자. 민중어에 기초한 세르비아 표준어의 개혁을 실현했으며 세르비아어 문법서와 사전을 편찬했다. 세르비아 문학에서 낭만주의의 형성에 커다란 역할을 했다—옮긴이.

서슬라브 문학과의 관계는 무엇보다도 종교적인 관계로 설명될 수 있다는 사실에 주목할 수 있을 것이다. 물론 이것은 여러 가지 가능한 설명 중의 하나이지만, 그러나 종교적인 문학의 틀 내에서의 관계에 대해서만 말해서는 안 될 것이다. 왜냐하면 이들 외국 문학과의 관계가 역사서나 그리스 소설의 전통, 『알렉산더 대왕 이야기』나 '자연과학적' 문헌 등에서도 나타나기 때문이다. 아무튼 고대 러시아 문학의 종교적 성격에 대해서는 이후에 다시 살펴보게 될 것이다.

이제 18세기 러시아 문학의 '유럽화' 문제가 갖는 다른 측면에 주목해보기로 하자. 이것은 동양과 서양 사이에 고대 러시아 문학이 위치하고 있다는 관점이다.

이것은 또 하나의 신화다. 이 신화는 러시아의 지리적 위치, 즉 러시아가 아시아와 유럽 사이에 위치하고 있다는 최면의 영향하에 탄생했다. 나는 지금 동양과 서양의 영향하에서 이루어진 러시아의 정치적 발전의 문제를 건드리고자 하는 것은 아니다. 나는 단지 러시아의 지리적인 위치와 러시아에서 '동양적인 것'의 역할, 특히 '투란적인' 요소들의 역할에 대한 과장된 생각이 그 가장 일관된 신봉자들, 즉 유라시아주의자들조차도 실망시켰다는 점만을 지적하고자 한다. 최후의 유라시아주의자들은 이미 제2차 세계대전 이후 1930년대에 가졌던 자신들의 생각으로부터 멀어져갔다.

유라시아주의적 견해는 베르나츠키와 카르포비치가 쓴 『러시아사』에서도 나타나고 있다.[26] 러시아 조형미술과 건축에는 아시아 국가의 어떠한 두드러진 영향도 발견되지 않는다. 비올레 레 듀크가 자신의 시대에 그렇게 집요하게 기술했던 성 바실리 사원의 건축이 가지고 있는 아시아적 성격에 대한 생각들도 무의미한 것이다. 나는 러시아와 아랍의 건축이 가지고 있는 몇몇 유사한 특징을 아랍의 러시아에 대한 영향과

---

26) Vernadsky G., Karpovich M., *A History of Russia*, vol. I~IV, New Haven, 1943~1959. 베르나츠키는 유라시아주의의 최초의 사상가 중 한 사람이다.

관련시키고자 하는 시도가 얼마나 우스운 것인가를 지적하고 싶다.

이러한 '영향'에 대해 서술하고 있는 서양의 러시아 미술의 전문가들과 보급자들은, 러시아의 건축이 아랍 건축의 영향이 나타나기 이전에 이미 그와 '유사한' 특징들을 가지고 있었으며 이 유사성은 아랍의 건축이 비잔티움의 건축술에 기초하고 있으며, 이 비잔티움의 건축술이 러시아에 영향을 미쳤다는 사실을 고려하지 못하고 있는 것이다.[27] 16~17세기 고대 러시아에 나타나고 있는 몇몇 동양적인 장식의 흔적은 러시아 미술이 동양과 서양 중간에 위치하고 있다고 말하기에는 매우 작다.

고대 러시아 문학으로 돌아가보기로 하자. 무엇보다도 우선 아시아권 언어들로부터의 번역이 전혀 없다는 사실이 주목을 끈다. 고대 러시아는 그리스어, 라틴어, 고대 히브리어 번역을 알고 있었으며, 불가리아, 마케도니아, 세르비아에서 만들어진 작품들을 알고 있었고, 체코어, 독일어, 폴란드어 번역을 알고 있었지만 터키어, 타타르어 번역에 대해서는 전혀 모르고 있으며, 중앙아시아 혹은 카프카스어 번역에 대해서도 전혀 모르고 있다. 그루지야와 타타르로부터의 두세 가지 플롯이 구전적인 방식으로 우리에게로 침투했을 뿐이다(「왕비 디나라 이야기」,[28] 「인간의 지혜에 대한 이야기」). 폴로베츠 서사시의 흔적이 키예프 연대기와 갈릭-볼리니아 연대기에서 나타나기는 하지만 러시아와 폴로베츠인들이 정치적, 왕조적으로 매우 긴밀한 관계를 가졌었다는 사실을 생각해볼 때 그 정도의 흔적은 매우 작은 것이다.

정말로 이상한 것은 동양적인 플롯이 고대 러시아의 **서쪽** 경계를 통해서 우리에게 전달되었다는 사실이다. 예를 들어 인도의 『바를람과 이오

---

27) P. 차다예프와 P. 밀류코프의 뒤를 이어 비잔티움을 아시아적 국가로 간주하고자 하는 몇몇 미국 학자의 경향이 잘못된 것이라는 사실을 지적해두기로 하자. 비잔티움은 지리적으로나 문화적으로 유럽에 속한다.

28) 「왕비 디나라 이야기」(Повесть о царице Динаре): 16세기 고대 러시아 문학작품. 그루지야를 배경으로 하고 있다―옮긴이.

사프 이야기』와 그 발생에 있어서 인도의 작품인 「스테파니트와 이흐닐라트」(이 작품의 아랍식 변형인 「칼릴과 딤」이라는 제목으로 유명하다)가 이 길을 통해서 우리에게로 전달되었다.

아시아 언어들로 번역된 것이 없었다는 사실은 고대 러시아에 이 언어들을 알고 있었던 번역가들이 없었다는 것으로 설명되어야 하지 않을까? 만일 아시아 언어 번역가가 없었다면 그 자체가 주목할 만한 사실이 되었을 것이다. 그러나 이 번역가들은 존재했다. 라틴어와 폴란드어 문학작품에 대한 번역이 이루어졌으며 17세기 문학의 중심이었던 고대 러시아의 외무성[29]에 그들이 있었다.[30]

아시아 문학과의 문학적 연관의 부재는 고대 러시아 문학의 놀라운 특징이다. 다른 모든 유럽 국가의 문학 가운데에서 고대 러시아 문학이 동양과 가장 관계가 적었다고 단언할 수 있다. 고대 러시아 문학과 동양의 관계는 스페인, 이탈리아, 프랑스 그리고 그리스 문학과 동양의 관계보다 훨씬 적었으며 남슬라브와 서슬라브 국가들과 동양의 관계보다도 훨씬 적었다.

물론 이것은 고대 러시아가 아시아와 독특하게 대립하는 관계였다는 사실과 관련이 있다. 다음과 같은 사실에 주목해보자. 다른 동유럽 국가들과는 달리 러시아에는 '포투르첸치'[31]나 '포마키'[32] 같은 이슬람교도로 개종한 종족 혹은 이슬람교도들의 거주지역이 없었다. 지금까지도

---

29) 외무성: 16세기 중반에서 18세기 초반까지 러시아의 중심적인 정부기관의 하나. 외국 정부들과의 업무를 처리하는 기관이었다. 외교적인 실무 외에도 외국어 번역이 외무성의 주요 업무였다—옮긴이.

30) 이에 대해서는 M. D. 카간의 논문 「「두 대사 이야기」: 17세기 초의 전설적, 정치적 작품」, 『고대 러시아 연구』, 제11권, 모스크바-레닌그라드, 1955, 629~639쪽을 참조하라.

31) 포투르첸치: 동방 정교에서 이슬람교로 개종한 몬테네그로 지방의 터키인들, 혹은 그 거주지역을 지칭하는 용어—옮긴이.

32) 포마키: 불가리아 지방의 이슬람교도들 혹은 그 거주지역을 지칭하는 용어—옮긴이.

불가리아와 마케도니아, 세르비아, 보스니아에는 슬라브족 출신의 이슬람교도들이 거주하는 지역들이 있다. 이 국가들에는 아랍 문자로 기록된 슬라브어의 작품들이 남아 있다. 그 반대로 러시아에는 동양의 활자로 기록된 러시아 필사본은 하나도 알려진 바 없다. 러시아 외부에서는 몇몇 개별적인 부족이 이슬람교로 개종한 경우가 있다. 하지만 250년간의 킵차크한국의 통치가 있었음에도 불구하고 러시아는 특정 지역의 전 주민, 혹은 전 지역 자체가 이슬람교로 개종하는 경우를 알지 못한다(이는 슬라브 국가들 중에서 러시아가 유일하다).

이처럼 고대 러시아 문학에서 아시아의 영향이 약했던 것을 무엇으로 설명할 수 있을까? 이는 간단하게 답할 수 없는 매우 복잡한 문제다. 물론 여기에는 이슬람교를 받아들이기 이전의 몽골-타타르족들이 가지고 있었던 '다른 신앙에 대한 관대함'도 작용했을 것이다. 그러나 당연히 여기서 문제는 몽골-타타르족 하나에만 있는 것이 아니다. 가령 남슬라브 국가들과 마찬가지로 우크라이나에도 터키인들이 있었지만 포투르 첸치는 없었다. 게다가 다른 신앙에 대한 관대함은 종종 문화적, 종교적 영향력의 약화에 기여하는 것이 아니라 그것의 강화에 기여하기도 한다. 그와 같은 예는 무수히 많다.

이러한 사실들은 '동양과 서양 사이의' 고대 러시아 문학의 위치에 대해 말한다는 것이 불가능한 것이라는 사실을 명백하게 해준다. 그러한 것은 고대 러시아 문학에 대한 정확한 표상의 부재를 지리적인 표상으로 대체하는 것일 뿐이다.

18세기에 이르러서야 동양적인 주제, 모티프, 플롯 등이 러시아 문학에 등장한다. 18세기에 등장한 이와 같은 것들은 러시아 문학의 초기 단계의 발전이 이루어졌던 11~17세기까지의 7세기 동안 이루어진 것보다 훨씬 풍부하고 심오하다.

앞서 말한 것으로부터 일반적인 차원에서 18세기 러시아 문학의 '유럽화'에 대해서 말한다는 것이 불가능하다는 사실이 명백해졌다. 달리 말해야 할 것이다. 즉 러시아 문학의 유럽적 정향이 어떤 국가들에서 다른 어떤 국가들로 바뀌었다. 11~16세기의 러시아 문학은 비잔티움, 불가리아, 세르비아, 루마니아 같은 유럽 국가들과 유기적으로 관계하고 있었다. 16세기부터 러시아 문학은 폴란드와 체코, 세르비아와 다른 중부 유럽, 동부 유럽의 국가들과 관계하게 되었다. 이 새로운 관계는 17세기에 크게 증가했다. 18세기부터 정향이 변화한다.

프랑스와 독일의 영향력이 작용하기 시작하고 이들 국가를 통해서 다른 서유럽 국가들의 영향력이 작용하게 되었다. 여기서 표트르 대제의 의지를 볼 수 있을까? 아니다. 표트르 대제는 이미 17세기에——부분적으로는 이미 16세기에——러시아와 관계하고 있었던 네덜란드와 영국 같은 서유럽의 국가들을 향해 러시아 문화를 방향지었던 것이다. 문학의 영역에서 프랑스의 영향은 표트르 대제 이후에, 표트르 대제의 의도와는 무관하게 시작되었다. 하지만 표트르 대제의 시대에는 네덜란드 문학도 영국 문학도 러시아 작가들의 관심을 끌지 못했다.

최초의 시기 서유럽 국가들과는, 고대 러시아가 다른 동슬라브 국가들이나 남동유럽의 국가들과 맺었던 그런 동등한 관계가 만들어지지 않았다.

새로운 관계들은 매우 중요하며 이 관계들이 19세기와 20세기 러시아 문학이 가졌던 세계적인 차원의 관계들을 규정하게 된다. 바로 그렇기 때문에 이 문제는 필자가 지금 건드릴 수 없는 매우 복잡한 문제인 것이다. 하지만 18세기에 이러한 관계들이 갑자기, 오랜 전통과 상관없이 획득되었다고 말하는 것은 일면적이다. 서유럽과의 관계에서 최초의 순간 러시아는 다른 국가에 주기보다는 받기 시작했다. 18세기에 러시아 문학은 일정 기간 러시아의 경계 밖으로 나가기를 완전히 중단했다.

시간적 경계

고대 러시아 문학과 근대 러시아 문학 사이의 경계는 어디에 위치하고 있을까? 이 문제는 다른 또 하나의 문제와 분리될 수 없다. 즉 이 경계는 무엇으로 이루어지는가? 본질적으로 이 책 전체가 고대 러시아 문학을 근대 문학과 구별시켜주는 고대 러시아 문학의 예술적 특수성의 문제를 다룬다. 하지만 책의 앞머리에서 이 문제를 예비적인 형태로 해결할 필요가 있다. 즉 우선 이 두 시기를 구별할 수 있게 해주는 고대 문학과 근대 문학의 가장 커다란 차이점들이 무엇인가를 규정해야 하는 것이다.

몇몇 연구자는 고대 러시아 문학과 근대 러시아 문학의 근본적인 차이를 주로 종교적인 성격에서 보고 있다. 18세기 문학과 비교해볼 때 고대 러시아 문학이 종교적인 성격을 갖고 있다는 것은 의심할 여지가 없는 사실이다. 이 주장들로써 우리는 러시아 문학이 존재하기 시작한 최초의 7세기 동안의 러시아 문학을 전체적으로 한 덩어리로 묶어놓을 수 있다. 그러나 이 문제를 자세히 검토해본다면 상황은 매우 복잡해진다.

16세기까지 고대 러시아 문학은 다른 정교 국가들의 문학과 통일적인 문학이었다. 이 경우 종교적 공통성은 표준어의 공통성과 민족어들의 유사성보다 더 중요한 것이다. 왜냐하면 이 공통성은 다른 비(非)슬라브 민족, 즉 루마니아와 그리스를 포함하기 때문이다. 하지만 이러한 공통성이 종교 문헌의 영역에만 존재했다고 간주하는 것은 오류가 될 것이다. 이미 언급한 것처럼 『알렉산더 대왕 이야기』, 『박물학서』 같은 세속적인 작품들 또한 공통된 것이었다. 남슬라브 국가들에서 러시아의 영향력은 역사문학들과 관련되며 여러 연구자가 밝히고 있는 것처럼 이는 세르비아 역사서의 창조로 연결되었다. 더 나아가 18세기의 러시아 문학이 아니라 다른 슬라브 및 비(非)슬라브 정교 국가들의 문학과 고대 러시아 문학을 비교해보면 고대 러시아 문학이 가지고 있는 세속적인 성격이 훨씬 더 부각된다.

11~16세기 동안 어떠한 동유럽 국가의 문학에서도 러시아처럼 역사 문학이 발달한 예가 없다. 어떤 국가도 러시아처럼 발전된 사회평론적 문학을 갖지 못했다. 비록 전체적으로 종교적인 성격을 가지고 있기는 하지만 고대 러시아 문학은 다른 남동유럽 국가들의 문학들 가운데에서

세속적인 작품들이 풍부하다는 점에서 두드러진다. 17세기에 이르면 세속적인 장르가 주도적 장르가 된다. 소위 바로크 문학, 즉 시메온 폴로츠키, 실베스트르 메드베데프, 카리온 이스토민, 안드레이 벨로보츠키 등의 작품들은 세속적 성격을 갖고 있다.[33] 전통적인 방식으로 그려졌던 세속적인 요소들이 또한 발전하는데 역사문학과 여행기 문학이 그러하다. 기사도 소설과 모험소설이 등장한다. 따라서 러시아 문학의 세속적 성격은 점차로 형성되었으며 이행은 17세기 전체에 걸쳐(부분적으로는 좀더 이르게), 그리고 18세기 초반에 걸쳐 이루어졌다.

17세기 문학에 대한 18세기 문학의 관계가 반(反)종교적 작품들에서 매우 두드러지게 나타난다는 사실은 매우 놀랄 만한 것이다. 「여수도원장 추릴리야」, 「보고류보프 수도원으로부터」, 「스파스에서 오후 예배 종이 울린다」 같은 노래들은 분명히 17세기의 반종교적 작품들과 연관되어 있다. 베르코프가 지적하고 있듯이 이들 노래 중 하나에 대한 기록을 로모노소프의 작품에서 만날 수 있다("곡식창고 뒤로, 여수도원장이 걸어간다, 수녀가 검은 황소를 끌고 간다").[34] 18세기 중반에도 교회 예배에 대한 패러디인 「술주정뱅이들의 축일」은 계속해서 개작되었다.[35] 17세기의 전통이 18세기의 반교권적인 '비유적 농담'을 발전시켰다. 로모

---

33) 시메온 폴로츠키(속명, 사무일 페트롭스키, 1629~80): 시인, 극작가, 신학자. 동슬라브 바로크의 대표자. 백러시아의 폴로츠크 출신으로 1664년부터 모스크바로 이주, 황궁에서 왕자와 공주들의 가정교사로 활동하면서 많은 작품을 썼다. 대표적으로 『운을 갖춘 시편』(1680) 등의 작품이 있으며 러시아 문학에서 근대적인 시와 극 장르의 정초자로 간주된다. 실베스트르 메드베데프(속명, 세멘 아가포니코비치 메드베데프, 1641~91): 작가이자 시인. 시메온 폴로츠키의 대표적인 후계자로 간주된다. 카리온 이스토민(1640~1718 혹은 1722): 교육자, 시인, 번역가, 설교문의 저자. 시메온 폴로츠키의 제자―옮긴이.

34) M. V. 로모노소프(1711~65): 러시아 최초의 근대적 유형의 학자, 자연과학, 역사 등 다방면의 지식을 가지고 있었으며 특히 근대 러시아 표준어의 정초자이자 언어학자이자 시인이다. 러시아 고전주의의 대가―옮긴이.

35) 「술주정뱅이들의 축일」, 혹은 「주점에 대한 예배」: 17세기 웃음 문학의 대표작품으로 주기도문을 비롯한 여러 예배서에 대한 패러디로 구성된다―옮긴이.

노소프의 「수염 찬양」과 18세기의 민주적인 연극 등이 17세기의 전통과 연관되어 있다.

따라서 전통적으로 고대 러시아 문학을 18세기 문학과 구별시켜준다고 지적되어온 특징들은 매우 제한적으로만 받아들여질 수 있는 것들이다. 그럼에도 불구하고 고대 러시아 문학과 18세기 문학의 차이가 분명히 존재하기는 한다. 실제로 어떤 점에서(이 어떤 점에 대해서는 이후에 살펴볼 것이다) 근본적으로 18세기의 문학은 덜 종교적이 되었다.

18세기에 러시아 문학이 유럽의 문학을 지향하게 됨으로써 급격하게 방향 전환했다는 주장에도 일정 정도의 진실이 있다. 실제로 11~17세기 고대 러시아로 들어오거나 번역된 작품들은 그 성격상 고대 러시아 문학의 중세적 유형에 상응하는 것들이었다. 이는 특히 17세기에 와서 두드러지는 현상이다. 1등급의 작품들이 아니라 때로는 2등급으로 판명되는 작품들, 그 당시 서구에서는 이미 '지난날의 것'들, 하지만 어느 정도 고대 러시아 문학 내적인 구조, 즉 근본적으로 중세적인 구조에 부합하는 작품들이 번역되었다. 이 모든 번역 작품에 대한 태도가 또한 전형적이다. 즉 그것들에 대한 태도는 러시아의 문학작품에 대한 태도와 똑같은 것이었다. 작품들은 고대 러시아 필사가들의 전통의 정신 속에서 필사가들에 의해, 그리고 그들의 뒤를 잇는 편찬자들에 의해 개작되었다.

이로부터 다음과 같은 사실이 분명해진다. 즉 근본적인 것은 고대 러시아 문학의 내적인 구조적 특수성에 있으며 이 내적인 구조적 특수성이 또한 서유럽 문학에 대한 태도에 자신의 흔적을 남기고 있다는 사실이다.

고대 러시아 문학과 근대 러시아 문학에는 상이한 문학적 유형들과 상이한 문학 발전의 유형들이 존재한다. 한 유형에서 다른 유형으로의 이행은 긴 시간의 흐름에 걸쳐 이루어졌다.

만일 '거대한 괄호치기 방법'을 이용해서 고대 러시아 문학을 특징짓는다면, 우리는 고대 러시아 문학이 그 구조상 중세적인 유형의 문학에 속한다는 사실을 인정해야만 할 것이다(이것은 좀더 이전의 서유럽 문학에도 특징적인 것이다). 18세기 후반기와 그 이후의 문학적 구조는 이미 근대 서유럽 문학의 구조와 차이를 보이지 않는다.

고대 러시아 문학의 구조와 발전은 근대 러시아 문학의 구조와 발전과는 다른 성격을 띤다. 우리가 많은 고대 러시아의 작가들을, 특히 '고급' 장르들을 쓴 작가들을 그 이름으로 알고 있음에도 고대 러시아에서의 창작은 조금 덜 '개성적인' 성격을 띠며, 민속적 창작과 몇 가지 공통되는 특징을 가지고 있다. 가령 고대 러시아 문학에서도 개성적인 문체들이 있었지만(우리는 그것들이 존재했음을 부정해서는 안 될 것이다. 즉 모노마흐,[36] 이반 뇌제,[37] 막심 그레크,[38] 현자 예피파니[39]의 문체는 그들에게만 존재하는 고유한 특징을 가지고 있다) 그것들은 근대 러시아 문학에서보다는 약하게 표현되었다.

작품들의 문체에서는 개성적인 요소들보다는 장르적인 차이가 훨씬 더 뚜렷하다. 작가들은 문체에서 자기표현을 지향하지 않았으며 그들이 선택한 장르에 형성되어 있던 전통을 따랐다. 이로 인해 문학 자체의 발전은 지체되었다. 문체의 혁신에 대한 지향이 없었다. 작가적 고유성에

---

36) 모노마흐(1053~1125): 1113~25년까지 키예프 공국의 대공이었다. 그의 『유훈』은 초기 고대 러시아 문학의 대표적인 작품이다—옮긴이.

37) 이반 뇌제(1530~84): 러시아의 대공(1533년 이후), 최초의 러시아 황제(1547년 이후). 뇌제라는 별명이 보여주듯이 여러 폭정으로 유명하지만 뛰어난 작가였다. 그의 정적인 쿠릅스키와 주고받은 서신은 그의 대표적인 저작이다. 이 서신에서 그는 고대 러시아 문학에서는 찾아보기 어려운 개성적인 문체를 보여주고 있다—옮긴이.

38) 막심 그레크(속명은 미하일 트리볼리스, 약 1475~1556): 그레크라는 별명이 보여주듯이 그리스인 출신의 작가이자 번역가. 이탈리아에서 수학했으며 1516년 대공 바실리 3세의 초청으로 모스크바로 와서 주석 시편 번역 작업을 했다. 당대의 대표적인 지식인으로 다방면의 문학적 저술을 남겼다—옮긴이.

39) 현자 예피파니이(1420년경 사망): 트로이차-세르기예프 수도원의 수도사이자 작가. 제2차 남슬라브의 영향 시기의 '말 엮기' 문체의 대표적인 작가로 『스테판 페름스키의 생애전』과 『세르기 라도네시스키의 생애전』이 그의 대표적인 저작이다—옮긴이.

대한 뚜렷한 표상이 없었다. 어떤 작품이 어떤 작가에 속한다는 사실은 작가가 문학 외적인 권위, 즉 종교적, 혹은 세속적 권위를 갖고 있을 때에만 평가되었다.

어떤 작품이 교회의 성부나, 대주교, 성자, 공후, 주교, 황제(예컨대 이반 뇌제)에 속할 때 텍스트에 대한 필사가들의 간섭은 허용되지 않았다. 물론 우리는 전문적인 작가들의 이름도 알고 있다. 그런 작가들 중 누구보다도 현자 예피파니와 파호미 세르프[40]의 이름이 거명될 수 있을 것이다. 하지만 그들의 작품은 그들 자신의 텍스트로 보존되어 있지 않으며 개작되어버렸다. 어떤 주제를 이전의 작품을 통해 알고 있을 때 작가는 그 주제에 대한 자신의 새로운 작품을 과거 작품들을 개작함으로써 창조한다. 때로는 문체를 바꾸고, 때로는 구성을, 때로는 작품의 이념을, 때로는 과거의 작품을 보충하기도 하고, 때로는 그 반대로 그것을 축소하기도 하면서 말이다. 그 결과 작품 텍스트들은 서로서로 밀접하게 엮이게 되었다. 플롯의 유사성이 표현이나 묘사, 전체 문장에 대한 차용을 자극했다. 어떤 전투 장면에 대한 묘사는 다른 작품에서 다른 전투 장면에 대한 묘사를 위해 이용될 수도 있었다.

비문학적인 언어체 장르들에 대해 문학이 가지고 있는 더욱더 큰 '개방성'은 여러 차례에 걸쳐 연구자들이 지적한 바 있다. 근대 러시아 문학의 장르들과 비교해볼 때 고대 러시아 문학의 장르들은 훨씬 더 제의적이고 실제적인 목적에 종속되어 있다. 더욱더 분명하게 말할 수도 있다. 고대 러시아 문학에서 한 장르가 다른 장르에 대해 갖는 차별성은 그것이 어떻게 이용되는가에, 즉 그 제의적, 법적, 혹은 그 외의 다른 기능에 있다고 말할 수도 있는 것이다. 개별적인 장르들에서는 문학성이 충분히 강하게 표현되고 있음에도 문학의 경계는 분명하지 않았다.

---

40) 파호미 세르프(속명은 로고페트, 1484년경 사망): 생애전, 송가, 예배서, 카논의 편집자, 번역가이자 작가. 1429~38년 사이에 아테네에서 러시아로 왔다. 그는 주문에 따라 생애전과 송가, 예배서를 썼던 고대 러시아의 전문 작가였다─옮긴이.

그리하여 텍스트는 불안정하고 전통적이었고, 장르들은 서로서로 분명히 구별되었지만, 작품들은 서로서로 뚜렷하게 구별되지 않았고 오직 몇몇 경우에만 자신의 안정성을 보존하고 있었다. 작품의 문학적 운명은 다양했다. 어떤 텍스트는 소중히 보존되었고 어떤 텍스트는 필사가에 의해 살짝 변형되었다. 작가들의 위계와 마찬가지로 장르들에도 위계가 있었다. 문체들은 극도로 다양했고 장르에 따라 구별되었다. 하지만 전체적으로 개성적 문체는 분명하게 표현되지 않았다. 이 모든 것이 고대 러시아 문학과 근대 러시아 문학 간의 근본적인 구조적 차이를 이루고 있다.

고대 러시아와 근대의 문학 과정의 성격 자체가 다르다. 만일 우리가 『원초 연대기』,[41] 『보리스와 글렙의 생애전』,[42] 일라리온의 「율법과 은총에 대한 말씀」 같은 11세기의 작품들을 시놉시스,[43] 아바쿰의 『생애전』, 시메온 폴로츠키의 작품들과 같은 17세기의 작품들과 비교해본다

41) 『원초 연대기』: 11세기 키예프 러시아의 대표적인 원전문학작품의 하나로 원제는 '러시아가 어디서 왔으며 누가 최초로 다스리기 시작했으며 러시아는 어떻게 생겨났는가에 대한 지난 시절의 이야기'다. 고대 러시아의 역사문학의 대표적인 장르인 연대기(летопись)는 비잔티움의 역사서와 달리 황제의 통치 기간을 중심으로 사건을 서술하는 것이 아니라 연대에 따라 서술한다. 대표적인 연대기로 『라브렌티 연대기』, 『이파티예프 연대기』, 『노브고로드 연대기』 등이 있는데, 『원초 연대기』는 이러한 연대기의 앞부분에 위치하고 있다―옮긴이.

42) 『보리스와 글렙의 생애전』: 11세기 키예프 러시아의 대표적인 원전문학작품의 하나다. 보리스와 글렙은 러시아 최초의 성자인데 몇 개의 작품이 이들의 생애를 서술하고 있다. 대표적인 것으로 익명의 작가의 「보리스와 글렙에 대한 이야기」와 네스토르의 「성 수난자 보리스와 글렙의 생애와 죽음에 대한 강론」이 있다―옮긴이.

43) 시놉시스(그리스어로 개요synopsis라는 뜻): 1674년 키예프에서 간행된 러시아 최초의 인쇄 출판 작품. 1680년 판본의 제목은 '시놉시스 혹은 여러 연대기로부터의 간략한 개요. 슬라브-러시아 민족의 기원에 대하여, 키예프의 최초의 공후들부터 명예롭고 영광스러운 우리의 황제 표도르 알렉세예비치 대공에 이르기까지'다. 제목에서 알 수 있듯이 역사에 대한 일종의 교과서였다. 저자는 이노켄티 기젤(1600~83)로 알려져 있다―옮긴이.

면, 작품의 유형에서 그들 간의 차이가 몹시 커서 고대 러시아 문학이 '정체적'이며, 느리게 변화한다고 말할 수 없다는 것을 알 수 있을 것이다.

하지만 17세기에도 낡은 유형의 연대기가 계속 씌어졌으며, 새로운 생애전이 낡은 유형에 따라 씌어졌고, 이전에 창조된 작품들이 아무런 개작도 없이 읽혀졌다. 이는 문학이 발전하지만 그 발전은 매우 불균등하게 진행된다는 것으로 설명할 수 있을 것이다. 발전을 규정하는 보편적인 흐름이란 없다. 때로 어떤 장르들은 매우 특수해서 상호간의 뚜렷한 연관 없이 고립적으로 발전하기도 한다(이에 대해서는 아래를 보라).

모든 장르가 자신의 묘사 문체(역사 기록적 문체, 연대기적 문체, 성자전적 문체)와 자신의 발전의 길을 가지고 있다. 이것이 고대 문학을 근대 문학과 분명하게 구별시켜주는 점이다. 근대에 와서 문학사조는 모든 문학, 모든 장르, 때로는 비평을 포괄한다. 17세기에 이르기까지 고대 문학은 문학사조를 알지 못했다. 러시아 문학에서 말할 수 있는 최초의 문학사조는 바로크다.

고대 러시아 문학은, 특히 그 최초의 시기의 고대 러시아 문학은 그 유형이나 장르에 있어서 고립적으로 존재했던 매우 다양한 성격의 개별적인 작품들에 의해 대표된다. 독특한 위치를 차지하고 있는 것은『이고리 원정기』[44]만이 아니다(비록 최근에, 『러시아 몰락에 대한 말씀』, 『랴잔 공후들에 대한 칭송』과 같이 『이고리 원정기』와 장르적으로 유사하게 민중적 애가와 찬양을 결합시키고 있는 작품들이 발견되었지만).

일라리온의 「율법과 은총에 대한 말씀」(고대 러시아에서는 다른 유사한 작품이 없는 역사철학적 설교)이나, 블라디미르 모노마흐의 『유훈』

---

44) 『이고리 원정기』(Слово о полку Игореве): 초기 고대 러시아 문학의 대표적인 원전문학작품. 대략 12세기 말에 씌어졌다고 간주되는 작가 미상의 '서사시'. 리하초프는 이 작품이 민중적 애가와 문학적 '찬양 장르'를 결합하고 있다고 주장한다. 1185년 공후 이고리의 폴로베츠 원정을 내용으로 하는 이 '서사시'는 그 예술성 면에서 매우 탁월하여 위작 논쟁을 불러일으키기도 했다ㅡ옮긴이.

(특히 이『유훈』의 자서전적 부문과 올레그 스뱌토슬라비치에게 보내는 서한은 그 시대의 맥락에서 '떨어져나온다'), 유폐자 다닐의 「탄원」(17세기까지 고대 문학은 스코모로흐적인 익살이 문학에 침투해 있는 다른 경우를 알지 못한다)[45] 같은 작품들 또한 독특한 위치를 차지하고 있다. 키예프-페체르스키 수도원의 교부서[46] 또한 그 문학적 유형에 있어서 매우 독특하다.

이러한 사실을 11~13세기의 다른 많은, 이와 비슷한 유형의 작품이 상실되었기 때문에 이들 작품이 독특해 보이는 것이라는 식으로 설명할 수는 없다. 또한 이러한 사실이 이 문학작품들이 자신의 시대와 결합되지 않았다는 것을 의미하는 것도 아니다. 그 반대로 이 작품들이 자신의 시대와 맺고 있는 관계는 극히 밀접하고 다양하며 특히 내용과 이념에서 그러하다. 하지만 문학적 발전 자체에서 이 작품들은 모두 어느 정도 자신의 고유한, '어떤 것과도 닮지 않은' 위치를 차지하고 있다. 물론 이것은 무엇보다도 고대 러시아에서는 전체 문학을 자신의 움직임으로 포괄하는 보편적인 발전이 존재하지 않았다는 사실로 설명할 수 있다.

* * *

---

45) 유폐자 다닐의 「탄원」: 12~13세기 고대 러시아 문학의 흥미로운 원전문학. 고대 러시아 문학에 영향을 미쳤던 비잔티움 문학이나 동시대의 다른 러시아 문학에서 그 비슷한 예를 찾을 수 없다는 점에서 종종 '수수께끼 같은 작품'으로 간주된다. 최근 이 작품을 러시아의 '웃음 문학'의 전통 속에 위치짓고자 하는 연구들이 이루어졌다. 리하초프는 이 작품에 고대 러시아의 일종의 광대인 스코모로흐의 익살이 반영되어 있다고 간주한다―옮긴이.

46) 교부서(Patericon, 그리스어로 교부를 뜻하는 pater에서 유래): 수도원 수도사들의 고행에 대한 이야기와 그들의 교훈적인 이야기 모음집. 약 4세기경부터 비잔티움 문학에 확산되었으며 기독교의 수용과 함께 여러 그리스어 교부서가 고대 러시아로 번역되었다. 13세기 후반에 씌어졌다고 간주되는 키예프-페체르스키 수도원의 교부서는 그리스어 교부서를 본으로 하여 만들어졌으며 키예프-페체르스키 수도원과 그 최초의 수도사들에 대한 이야기를 서술하고 있다―옮긴이.

하나의 문학적 구조에서 다른 문학적 구조로의 재구성은 언제 발생했는가?

본질상 이러한 재구성은 항상 발생했다. 그것은 고대 러시아 문학과 함께 시작되었다. 러시아 문학에서 하나의 구조에서 다른 구조로의 최종적인 이전은 서유럽 문학들과 비교해서는 늦게, 남슬라브 문학들과 비교해서는 이르게 완성되었다(두브로브니크의 문학을 예외로 한다면). 전환은 점진적이고 긴 시간에 걸쳐 이루어졌고 그 꺾인 선은 매우 불균등하다.[47)]

어떤 현상들은 고대 러시아 문학의 전체 발전에 의해 준비되었고, 어떤 현상들은 17세기 전체에 걸쳐 완성되었고, 또 다른 어떤 현상들은 18세기 후반기, 혹은 중후반에 이르러서야 최종적으로 결정되었다. 고대 러시아 문학의 구조는 결코 안정적이지 않았다. 새로운 유형의 장르들은 낡은 장르 체계의 내부에서 발생했고 중세적 유형의 장르들과 함께 공존했다. 작가의 권위는 어떤 경우에는 강했고 어떤 경우에는 약했다. 개성적 문체는——앞서 지적한 것처럼——다양한 작가에게서 다양하게 나타났다. 고대 러시아 문학의 구조의 특수성들 중 하나는 바로 이 구조가 결코 전체적이고 안정적이지 않았다는 사실이다.

나는 앞서 17세기에 문학적 발전의 통일성이 그 당시까지는 한 영역의 문학, 즉 소위 민주적 문학이라 불리는 영역에서만 나타난다고 말했다. 통일적인 움직임은 또한 바로크 문학의 핵심에서, 즉 음절시와 연극에서 발생하고 있었다. 바로크 문학은 그 당시까지는 약했지만 이미 최초의 문학적 경향을 보여주고 있었고 통일적인 전체로 발전하고 있었다. 흐름들이 통일적인 전체로 합쳐지기 시작한다.

표트르 대제의 시대는 문학의 운동 면에서 볼 때 휴지기이자 정류장이었다. 그전에도 러시아 문학에 그와 같은 휴지기가 있었다(이반 뇌제

---

47) 표트르 대제 시대에 관한 전통적인 해석은 이미 이전부터 의심의 대상이었다. 특히 A. I. 벨레츠키의 흥미로운 논문 「새로운 문학적 시대의 경계에서」, 『러시아 문학사』, 제3권, 모스크바-레닌그라드, 1941을 보라.

통치기의 후반기). 물론 표트르 대제의 시대가 문학적 발전에 새롭고도 매우 강한 역사적 충격을 주었으며 이 사실을 잊어버려서는 안 될 것이다. 하지만 표트르 대제 시대의 문학의 발전 그 자체에서는 어떠한 새로운 것도 나타나지 않았다. 이 시기는 러시아 문학이 존재한 전 시대에 걸쳐 가장 '비문학적인' 시대였다. 이 시기에는 의미 있는 문학작품들이 등장하지 않았으며 문학의 성격도 변하지 않았다.

소위 표트르 대제 시대의 산문이라 불리는 것들은 실은 때로는 그 시대 이전에 혹은 그 시대 이후에 등장한 것들이며 주로 17세기 러시아 문학의 전통들과 연관되어 있었다. 표트르 대제 시대의 산문들에서 발견할 수 있는 '새로운 인간'의 형상은 17세기에 이루어진 러시아 문학의 전체적 발전에 의해 준비된 것이다.

스테판 야보르스키와 페오판 프로코포비치의 작품들도 17세기의 전통과 연관되어 있다. 표트르 대제 시대의 극장은 그 공연물의 성격적인 면에서 본질적인 변화를 가져오지 못했다. 타티셰프는 본질적으로 고대 러시아의 '최후의 연대기자'였다. 표트르 대제 시대의 인쇄기들은 아직 예술 문학작품들을 찍어내지 못하고 있었다.[48]

새로운 유형의 문학 발전은 18세기의 중반기 혹은 좀더 정확하게는 중후반기부터 힘을 발휘하기 시작했다. 그것은 매우 급속한 속도로 등장하고 형성되었다. 여기에는 총체적인 원인들, 즉 문학에서의 책 인쇄술(이 시기 이전까지 인쇄술은 행정적, 학문적, 종교적 목적에 종사하고 있었다)과 문학 정기간행물의 등장, 고급한 세속적 성격의 지식인 계층의 형성 등이 작용했다. 새로운 통일적인 문학적 발전은 문학의 상층부에서 발전하고 있던 흐름을 포괄한다. 그것은 바로크 시에서 시작된 발전을 지속시킨 것으로 보인다. 17세기 민주 문학에 의해 시작된 경향은

---

48) 고대 러시아 문학과 근대 러시아 문학의 관계에 대해서는 V. P. 아드리아노바-페레츠의 논문 「슬라브 문학사에서 고대 시기와 근대 시기의 관계에 대하여」, 『슬라브 문학 속의 11~17세기 러시아 문학』, 모스크바-레닌그라드, 1963, 429~447쪽(『고대 러시아 연구』, 제19권)을 참조하라.

자신의 고립성을 유지하고 있었다.

고대 러시아 문학의 개별적인 층들(가령 생애전적 장르, 연대기 등)은 계속해서 지속되고 있었다. 하지만 그들은 문학의 '일상의 층'으로부터 떠나가고 있었으며 힘을 잃고 있었다. 다른 층들, 예컨대 교회 설교는 가톨릭적 방식으로 재구성되지만 마찬가지로 '일상의 층'으로부터 떠나가고 있었다. 18세기와 19세기에도 '위대한 문학'과 함께 제의적, 교회적, 민중적 계층에서는 고대 문학의 전통이 계속해서 존재했다. 생애전도, 기사도 소설도, 문학의 전파 수단으로서의 필사적 전통도 18, 19세기까지 유물의 형태로 존재했다. 그러나 조금씩 문학의 근본적인 노선이 구조의 통일성을 획득하게 되고 장르들은 근대의 체계를——서유럽에서 그러했던 것처럼——형성했다.

이것이 서구로의 지향이었을까? 어느 정도는 그렇다. 하지만 이 현상은 단순한 방향전환보다는 복잡하다. 러시아 문학이 문학 내적인 원인으로 인해서뿐만 아니라 근본적으로는 문학의 구조를 변화시키는 문화의 사회적 발전 법칙의 영향으로 인해 전(全)유럽적인 문학 발전의 과정에 참여할 수 있을 때에만이 그와 같은 방향전환이 가능하기 때문이다.

11~17세기 러시아 문학 발전이 갖는 불균등한 성격, 보편적인 문학적 운동의 부재, 한 장르의 급속한 발전과 다른 장르들의 지체된 발전은 18세기에 이르러 새로운 문학 구조로 도약할 수 있게 해주었다. 고대 러시아 문학의 비구조성은 전진 운동의 거대한 가능성을 감추고 있었다. 고대 러시아 문학에는 수세기 동안에 걸쳐 노력해야만 비로소 극복할 수 있는 관성이 없었던 것이다. 문학 발전에서 표트르 대제의 시대가 보여주는 휴지기는 이러한 도약이 완성을 준비하고 있었다는 것을 의미한다. 쟁기는 땅을 갈아엎기를 중단했지만 땅을 갈아엎지 않고서도 거대한 이랑을 따라 그것을 끌어낼 수 있었다. 쟁기가 다시 땅에 박히기 시작했을 때 로모노소프, 폰비진, 라디셰프, 데르쟈빈이 등장했고, 마침내 개간한 자리가 평평해지고 깊숙해졌을 때 푸시킨이 등장하게 되었다.

문학이 발전하며 고대 시기와 근대 시기가 존재한다는 발전된 역사적 의식의 등장이 문학적 발전의 균등성과 '정상성'의 표지다. 사실 어떤 작품이 수백 년을 살면서 시대의 요구에 따라 헤아릴 수 없을 만큼 많이 개작되는 시대에 그에 대한 역사적인 태도를 생각하기란 불가능하다. 작품은 존재하며 독자에게는 이것으로 충분한 것이다. 단지 이 작품이 다른 역사적, 문학적 시대에 창조되었다는 사실이 제대로 인식되지 않았던 것이다. 성자의 생애전이 쓰여지고 읽혔으며 독자는 이 생애전이 성자의 삶을 목격한 자에 의해서 혹은 이러저러한 뛰어난 교회 활동가에 의해 쓰여졌다는 사실을 높이 평가한다. 하지만 동시에 생애전에 존재하는 '시대의 색채', '시간의 녹(綠)'은 독자의 관심 밖이었으며 문학적 기호의 가변성에 대한 의식이나 문학적 문체와 문학어의 가변성에 대한 의식은 존재하지 않았다.

물론 작품이 갖는 고대성은 인식되었다. 수고(手稿)가 갖는 고대성도 인식되었다('오래된' 연대기로부터 자신의 연대기를 필사하는 수도승 연대기자 라브렌티의 저 유명한 말을 상기해보라). 하지만 작품이 다른 시대에 만들어졌다는 인식으로부터 작품의 문체가 다른 시대에 속한다는 인식에 이르기까지는 많은 시간을 거쳐야만 하는 것이다. 문체의 차이도 인식되었지만 이 차이는 문체의 역사적 변화의 결과로서 받아들여진 것이 아니라 개인적, 장르적 차이로 받아들여졌다. "대체 '보얀의 오래된(старые) 말들'은 어떻게 된 것인가"라고 질문할 수 있겠다. 하지만 여기서 '오래된'이라는 말은 아직 '낡은'을 뜻하지 않는다. 『이고리 원정기』의 작가는 단지 보얀이 과거의 시인이었으며 그가 다른 방식으로 '노래했다'는 사실을 이야기하고 있을 뿐이다. 이 차이가 '장르적'인 것인지, 개인적인 것인지 혹은 문체의 역사적 발전에 따른 것인지에 대해서는 작가는 말하지 않는다. '오래된 말들'을 낡은 방식으로 쓰어진, 혹은 '낡은 것'으로 해석할 경우 우리는 문체의 발전에 대한 우리의 역사적 이해를 『이고리 원정기』의 작가에게 대입하고 있는 것이다.

자신의 독자들에게 고대 러시아 문학은 역사적 시기로 나누어지지 않는 통일적인 전체로 존재한다. 이는 일종의 작품 덩어리 혹은 분류 목록, 특히 작가 목록은 가지고 있지만 연대에 따른 목록은 없는 도서관과도 같다. 독자의 의식 속에서 작가들과 그들의 작품이 연대에 따른 순서의 형태로 배열될 때 이는 문학의 역사적 가변성에 대한 인식이 등장했음을 의미하며 문학 발전의 과정이 통일된 전선을 형성하기 시작했다는 것을 의미한다.

언제부터 이러한 문학적 기억, 문학의 가변성에 대한 이러한 인식의 등장을 관찰할 수 있을까? 바로 18세기 후반에 이러한 인식이 등장했다. 『고대 러시아의 도서관』(제목 자체가 이러한 역사적 인식을 강조해주고 있다)이라는 출판물로 고대 러시아의 기념비적 작품들을 모아서 간행했던 노비코프의 탁월한 활동이 그 시작이었다. 하지만 문체와 언어의 역사적 가변성에 대한 인식은 19세기 초반에 이르러서야 등장한다.

푸시킨은 시대, 국가 그리고 작가에 따른 문학 문체의 차이를 완전히 지각했던 최초의 사람이다. 그는 자신의 발견에 심취했고 다양한 문체들로(다양한 시대와 민족과 작가들의 문체들로) 자신의 능력을 시험해보았다.[49] 이는 도약이 끝났으며 자신의 발전과 자신의 역사적 가변성을 인식하는 정상적인 문학 발전이 시작되었다는 사실을 의미한다. 문학에 대한 역사-문학적인 자기인식이 등장했다. 문학은 통일적인 발전의 흐름 속으로 들어가게 되었고 문학의 구조는 결정적으로 변화했다.

문학의 구조는 문학 발전의 시기와 유형에 따라 연구되어야만 한다. 고대 러시아 문학과 근대 러시아 문학 사이에는 발전의 구조와 유형에서 차이가 존재한다. 고대 러시아 문학의 시학은 근대 러시아 문학의 시학과 구별된다. 바로 이러한 차이 자체가 고대 러시아 문학과 근대 러시아 문학의 경계를 규정하는 데 가장 본질적인 것이 된다. 이 책의 이후의 장들은 이에 대한 연구다.

---

49) 이에 대해서는 V. V. 비노그라도프, 『푸시킨의 문체』, 모스크바, 1941, 484쪽을 보라.

제1장 전체적 체계로서의 문학의 시학

조형예술과 관계된 고대 러시아 문학

고대 러시아에서 말과 그림은 근대에서보다 더 밀접하게 관련되어 있다. 이러한 밀접한 관계는 문학과 조형예술 모두에 자신의 흔적을 남겼다. 상호침투는 그들의 내적 구조의 사실이다. 문예학에서 이 문제는 역사-문학적 관점에서뿐만 아니라 이론적 관점에서도 연구되어야 한다.

고대 러시아의 조형예술은 매우 발전된 플롯을 가지고 있었으며, 이러한 특징은 조형예술에서 근본적인 구조적 변화가 발생한 18세기 초에 이르기까지 약화되지 않았을 뿐만 아니라 끊임없이 성장했다. 조형예술이 가지고 있는 플롯은 주로 문학적인 것이었다. 신약과 구약의 인물들과 거기서 가져온 장면들, 성자들과 그들의 생애전에서 가져온 장면들, 다양한 기독교적 상징은 때로는 크게, 때로는 작게 종교적 문헌에 근거하고 있는 것이다. 물론 대부분 종교적 문헌에 근거하고 있는 것이지만 그것만은 아니었다.

벽화의 플롯들은 문자 텍스트 원전의 플롯이었다. 성상화, 특히 가장자리 그림을 가진 성상화[1]의 내용은 문자 텍스트 원전과 연관되어 있다. 텍스트의 삽화들은 성자들의 생애전과 역대기적 팔레야, 연대기, 역

---

1) 성상화 중 어떤 것은 하나의 중심부와 그 중심부에서 묘사되고 있는 인물의 생애를 묘사하고 있는 여러 장의 가장자리 그림(small marginal pictures)으로 구성된다—옮긴이.

대기,『박물학서』, 우주서,『천지창조서』, 개별적인 역사 이야기, 전설 등을 묘사하고 있다. 삽화술은 매우 발달하여 신학적이고 신학-상징적인 내용의 저작도 묘사할 수 있었다. 종교적 성가(예컨대 찬송가), 시편, 신학적 저술 등의 주제들을 다루는 벽화들이 만들어졌다.

"만일 언어체라는 말이 감정, 사상, 지식(종교와 종교의 영원한 토대, 즉 성서에 대한 학문을 포함하는 지식)에 대한 모든 언어적인 표현을 의미하는 것이라면, 기독교 성상화가 자신의 모든 중요한 내용을 언어로 씌어진 작품들, 즉 성경 혹은 교부와 목회자들의 저작들에서 가져오고 있다는 사실이 명백해질 것이다. 카타콤에 있는 모든 오래된 기독교 미술의 기념비적인 작품은 장식물들이거나(아직까지는 이 장식물들을 성상화라고 간주할 수는 없다), 이미 기독교 교리에 의해 만들어진 상징이거나, 신구약성서의 성스러운 인물들과 사건들에 대한 묘사다." 자신의 유명한 저작『성상화와 민중적, 문어적 문자예술의 상호작용』에서 키르피츠니코프는 이렇게 말하고 있다.[2]

종종 화가란 다양한 언어 텍스트적 원전들에서 얻은 지식을 벽화나 삽화들 속에서 결합시키는 박식가로 간주되었다. 심지어는 성자들이나 공후들, 군주들, 고전 철학자들, 신구약성서의 인물들에 대한 초상화적 묘사의 토대에도 회화적 전통뿐만 아니라 문학적 전통이 위치하고 있다. 화가에게 언어적 초상은 조형적 규범만큼이나 중요했다. 화가는 마치 고대 문학이 가지고 있는 명료함의 결핍을 자신의 작품을 통해 보충하고 있는 것처럼 보인다. 화가는 고대 러시아의 언어 작품의 작가들이 자신들의 예술 방법의 조건으로 인해 볼 수 없었던 것들을 보려고 노력했다. 말은 많은 회화 작품의 토대에 놓여 있었으며, 그것의 독특한 '원화'이자 '원형'이었다. 바로 그렇기 때문에 언어 작품 텍스트의 역사를 서술하기 위해서는 조형미술 작품(특히 삽화가 들어 있는 판본들과 생애전적 가장자리 그림들)이, 또한 회화 작품의 연대 추측을 위해서는 작

---

2)『모스크바 8차 고고학 대회 논문집』, 제2권, 1890, 모스크바, 1895, 213쪽.

품 텍스트의 역사가 중요한 것이다.

삽화와 생애전적 성상화들은——특히 가장자리 그림 속에 글귀가 있는 성상화들은——어떤 언어체 판본의 개작이 있었음을 보여줄 수 있으며, 필사본의 형태로 우리에게 전해지지 않은 텍스트들의 연대 설정이나 고찰에 이용될 수 있다. 삽화가 있는 필사본이나 성상화의 가장자리 그림들은 고대 러시아의 독자들에 대한 연구에 기여할 수 있으며, 특히 그들이 번역 작품 텍스트들을 어떻게 이해했는가를 살펴볼 수 있게 해준다.

자신이 삽화하는 텍스트의 독자로서의 삽화가, 이는 많은 것을 보여줄 수 있는 연구 주제다. 이 주제는 우리로 하여금 고대의 독자들을 이해할 수 있게 해주고, 그들이 얼마나 많은 정보를 가지고 있었는가, 그들이 텍스트를 정확하게 이해했는가, 텍스트 수용의 역사적 유형 등을 이해할 수 있게 해준다. 이러한 사실은 고대 러시아에 비평과 문예학이 없었다는 사실을 고려해볼 때 특히 중요하다.

삽화는 작품에 대한 독특한 주석으로서, 그것도 해석과 설명의 모든 수단이 동원되고 있는 주석으로 기능한다.[3] 시편에 대한 고대 러시아 삽화의 경우, 그 속에서 삽화가 이 작품을 어떻게 받아들이고 있는가, 예컨대 역사적, 사실적으로 받아들이는가, 상징적으로 받아들이는가, '원형적으로' 받아들이는가 등이 드러난다. 따라서 이미 알려진 것처럼 이 삽화는 복잡하고 '다층적'이다.

매우 자주 조형예술 작품들 속에서 실제적인 관찰은 직접적이지 않으며, 문학적 원전을 통해서 혹은 문자 텍스트에 이미 반영되어 있는 플롯을 통해서 나타난다. 그것은 말에 종속되어 있었다…… 고대 러시아의 조형예술은 문자텍스트와의 관계로 인해서 많은 점에서 문자텍스트의 발달에 종속되어 있었다. 러시아의 역사를 주제로 하는 작품들, 성자들

---

3) N. N. 로조프, 「시편을 읽는 삽화가들」, 『고대 러시아 연구』, 제22권, 모스크바-레닌그라드, 1966을 보라.

에 대한 러시아의 생애전, 러시아의 세속적 이야기들이 더욱더 많이 등
장할수록 회화에서 러시아의 현실이 더욱 자주 반영되게 되었다.

심지어 건축도 언어 작품에 종속되어 있었다. 특정한 문학적 원천에
따라 건물이 지어진 경우들이 알려져 있다. 예컨대 보리스 고두노프는
성당을 짓고자 생각했는데 그것은 "그 모습과 구조가 솔로몬의 성당과
유사한 것이 될 것이다. [……] 기술자들은 그 즉시 작업에 착수했으며
종교 서적들과 이오시프 플라비와 다른 작가들의 저작을 찾아보았다."[4]

하지만 현실과의 관계가 묘사되는 플롯과 묘사되는 대상의 영역에서
만 실현된 것은 아니다. 현실과의 관계는 화가의 이념에서도 표현되었
으며, 다시 이 이념은 사회 내에서 화가가 차지하는 위치와 이 사회의
상태에 의해서 강요되었을 뿐만 아니라 문자텍스트적인 원천에 의해서
도 강제된 것이다. 예컨대 사회평론적 텍스트나 문학적 텍스트가 그러
한 원천이며, 이교적 문학이 없었더라면, 말 속에 구현된 사상이 없었더
라면 불가능했을 이교적 운동들이 바로 이러한 문자텍스트적인 원천이
된다.

모든 경우에 어떤 것이 먼저인지, 말이 회화에 선행하는지 혹은 회화
가 말에 선행하는지를 결정하기는 어렵다. 아무튼 후자의 경우도 적지
않다. 실제로 고대 러시아 문학에서 조형예술의 테마는 기이할 정도로
중요한 위치를 차지하고 있었다. 성상화들에 대한 수많은 전설에 대해
서는 거론하지 않기로 하자(이 전설들은 그 자체로 다시 몇 개의 하위
장르로 나누어지는 하나의 완전한 장르를 이룬다).

성당과 수도원의 건축에 대한 수많은 전설(이 전설들은 건축 작품과
회화 작품에 대한 묘사와 평가를 담고 있다)에 대해서도 마찬가지다. 종
종 화가들의 창작 자체 혹은 그들의 작품들 자체가 문학적 서술의 대상
이 되었다. (노브고로드의 바랴그인들의 신전에 대한 전설, 소피아 사원

---

4) 『마사와 게르크만의 이야기』, 상트페테르부르크, 1874, 270쪽; M. 마사 이삭,
『17세기 초 모스크바에 대한 소식』, 모스크바, 1937, 63쪽과 비교해보라.

지붕의 판토크라토르[만유의 지배자]의 프레스코에 대한 이야기, 시장 쉴에 대한 이야기, 「그리스의 황제 마누일의 모습으로 나타나신 구세주의 신비한 환상에 대하여」 등) 고대 러시아 문학의 가장 사랑받는 모티프 중의 하나는 살아 있는 형상의 모티프다. 그것은 말하는 형상이자 스스로 변화는 형상, 공간 속으로 이동하여 화가에게 나타나 자신의 소원을 말하며 자신의 요구를, 즉 어떻게 그려야 할 것인지를 화가에게 드러내는 형상의 모티프다. 소피아 사원 지붕의 판토크라토르의 형상은 자신을 그리고 있는 '화가'(писарь)에게 다음과 같이 말하고 있다.

"화가들이여, 화가들이여, 화가들이여! 내 손을 축복하고 있는 손으로 그리지 마시오. 내 손을 움켜쥔 손으로 그려주시오. 나는 내 이 손안에 이 위대한 노브고로드를 움켜쥐고 있으니, 내 이 손이 펴지게 되는 날, 이 도시에 종말이 올 것이오."

콘스탄티노플 기행, 노브고로드 연대기, 노브고로드 성자들의 생애전, 이야기와 전설 등과 같은 노브고로드의 문학작품들에 나타나고 있는 미술 작품들에 대한 많은 연구가 이루어지고 있다. 말의 예술은 문자 텍스트 작품을 통해서뿐만 아니라 민담 작품을 통해서 고대 러시아의 조형예술과 관계를 갖게 된다. 사건에 대한 민담적 해석들이 조형예술로 침투하게 된다(뚜렷한 예로 『라드지빌로프 연대기』에 묘사되어 있는 안드레이 보고륩스키의 살해 장면을 들 수 있다).[5]

모든 예술은, 만일 그것이 외적인 조건들의 영향 하에서뿐만 아니라 그 내부의 필연적인 법칙과 연관되어 발전한다면,[6] 어떤 거울을 통해

---

5) N. N. 보로닌, 「아르치홉스키의 『사료로서의 고대 러시아 삽화』에 대한 서평」, 『학술원 소식지』 No. 9, 1945.
6) 1893년 7월 14일 프란츠 메링에게 보내는 엥겔스의 편지에 나오는 다음과 같은 발언을 상기할 수 있다. "몇몇 사상가의 어리석은 생각이 이와 관련이 있습니다. 우리는 역사에서 자신의 역할을 수행하는 다양한 이데올로기적인 영역들의 독자적인 역사 발전을 인정하지 않음으로써 그 이데올로기들이 역사에 가하는 작용의 모든 가능성을 부정하는 것이 됩니다. 이러한 어리석은 생각의 기저에는 영원히 서로서로 대립하는 두 극단으로서의 원인과 결과라는 도식적이고 비변

'자신을 보아야' 한다. 근대의 문학은 비평과 문예학 속에서 '자신을 보고' 있다. 고대 러시아의 문학은 비평과 문예학 속에서 자신의 '안타고니스트'를 가질 수 없었다. 고대 러시아의 문학은 조형예술 속에 반영되어 있으며, 스스로가 마치 반대편에 위치하고 있는 거울처럼 조형예술을 반영했다. 문학은 온갖 종류의 회화 속에서 스스로를 검증하고 주석했던 것이다.

*　　*　　*

미술 작품 속에서 말의 역할은 특별하고도 매우 중요한 연구 주제다. 잘 알려진 바처럼 상서(上書)나 하서(下書) 그리고 그림에 동반되는 텍스트들은 끊임없이 고대 러시아의 이젤화(станковые произведения),[7] 벽화, 삽화로 도입되었다.

회화 예술은 마치 자신의 침묵을 부담스러워하여 '말하기'를 지향하고 있는 듯하다. 그리고 그것은 '말한다'. 그것도 독특한 언어로 말이다. 생애전적 성상화의 가장자리 그림에 수반되는 텍스트는 이러저러한 생애전으로부터 기계적으로 취한 것이 아니라 독특한 방법으로 만들어지고 제작된 것이다. 성상화에 발췌되어 있는 생애전 텍스트는 관람자에 의해 필사본의 독자들이 수용하는 것과는 다른 조건에서 수용되어야 했다. 그렇기 때문에 이 텍스트들은 축약되어 있거나 비종결적이며 간결하다. 이 텍스트들에서는 짧은 구절이 지배적이며 때때로 회화의 그림

<hr />

증법적인 표상이 자리잡고 있으며 그 결과 상호작용에 대해서는 완전히 놓치고 말지요. 이 양반들은 종종 다음과 같은 사실을 거의 의도적으로 잊어버리곤 합니다. 즉 역사 현상은 그것이 다른 계열의 질서들, 최종심급에서 경제적인 계열의 질서에 의해 생명력을 얻게 되자마자 주위 환경에 역작용을, 심지어 그것을 낳은 원인에 역작용을 가할 수 있다는 사실을 말합니다"(마르크스, 엥겔스, 『저작집』 제2판, 제39권, 84쪽).

7) 회화의 이젤이나 조각의 틀같이 도구를 사용해서 만드는 예술작품. 작품이 놓여 있는 장소나 어떤 목적으로부터 독자적인 성격을 갖는다—옮긴이.

언어와 이웃하기 위해서 필요하지 않은 '장식성'들이 사라지게 된다. 심지어 다음과 같은 세부사실들도 의미심장하다.

즉 성상화의 상서(上書)에서는 과거시제가 종종 현재시제가 된다. 상서는 과거가 아니라 현재를 설명해준다. 즉 언젠가 있었던 일에 대해서가 아니라 성상화의 가장자리 그림에서 지금 재현되고 있는 것을 설명하고 있는 것이다. 성상화는 과거에 일어났던 사건을 묘사하는 것이 아니라 지금 그림 속에서 일어나고 있는 것을 묘사하고 있는 것이다. 성상화는 현재 존재하는 것, 즉 기도하는 사람이 자신 앞에서 보고 있는 바로 그것을 확증해주고 있다.

생애전의 가장자리 그림뿐만 아니라 성상화의 중심부와 성당 벽의 성자들의 형상 또한 '말하기'를 지향한다. 성자들의 그림은 펼쳐진 책, 혹은 펼쳐진 두루마리를 가리키는 자세로 기도하는 사람들을 향하고 있다. 키릴 벨로제르스키(러시아 박물관 소장, 15세기 말 2741호 성상화), 알렉산드르 시비르스키(러시아 박물관 소장, 1592년 성상화)는 텍스트가 씌어 있는 두루마리를 쥐고 있다.[8] 니콜라는 보통 펼쳐지거나 말려진 복음서를 쥐고 있다.[9] 선지자들은 그리스도에 대한 자신들의 중요한 예언이 적혀 있는 두루마리를 쥐고 있다. 데이수스의 구성 속에서[10] 그리스도는 심판관들과 죄인들을 향하여 다음과 같은 복음을 들고 있다:

---

8) 키릴 벨로제르스키(속명은 코지마, 1337~1427): 교회 문학 작가, 종교 활동가. 1397년 벨로제르스크 수도원을 창설했다. 1547년 성자로 성화되었다. 알렉산드르 시비르스키(속명은 아모스, 1448~1533): 시비르 수도원의 창설자. 1547년 성자로 성화되었다―옮긴이.

9) 니콜라: 성 니콜라이. 러시아에서 가장 대중적인 성자다. '기적 창조자 니콜라'라는 이름으로 가장 많이 알려져 있으며 이외에도 여러 이름을 갖고 있다. 원래 3~4세기경 실존했던 그리스인 사제였다. 성자로 성화된 이후 많은 생애전 문학과 성상화를 통해 대중화되었으며 러시아로 전파되면서 특히 대중적인 인기를 누리는 성자가 되었다―옮긴이.

10) 데이수스: 예수 그리스도를 중심으로 양쪽에 기도하는 성모 마리아와 세례 요한을 배치시켜 그리는 성상화. 데이수스라는 용어는 기도를 뜻하는 그리스어 deesis로부터 유래한다―옮긴이.

"사람의 아들들이여, 겉모습으로 심판하지 말며 올바른 심판을 행하라. 너희는 비판하는 그 비판으로 너희가 비판을 받을 것이요 너희의 헤아리는 그 헤아림으로 너희가 헤아림을 받을 것이니라."[11] 그리스도 자신이 최후의 심판에서의 심판관이며, 그는 인간 심판관에 예를 제시해주고 있는 것이다.

때로 그와 같은 전통적인 상서는 종결되지 않으며 첫 부분만이 제시될 뿐이다. 즉 기도하는 사람들은 어떤 말이 계속되는지를 알고 있는 것이다. 어떤 경우이든 간에 데이수스에서 예수에 대한 형상은 말과 분리할 수 없다. 형상과 말이 밀접하게 연관되어 있는 것이다. 세례 요한은 보통 다음과 같은 말이 적힌 두루마리를 들고 있다: "회개하라, 천국이 가까웠느니라."

성상화 「그대를 기뻐하도다」에서 요안 다마스킨은 일반적으로 성모의 발치에 서서 자신의 손에 펼쳐진 두루마리를 쥐고 있는 모습으로 그려져 있다. 그 두루마리에는 "기뻐하는 모든 자들이 그대를 기뻐하도……"라는 노래의 첫 부분이 씌어 있다. 성 금요일의 파라스케바는 손에 「믿음의 상징」 텍스트의 첫 부분인 "유일하신 하나님 아버지를 믿사오니……"가 씌어진 두루마리를 잡고 있다. 파라스케바는 순교자다. 이 말로써 그녀는 자신이 무엇을 위해 스스로의 삶을 바쳤는지를 기도자들에게 보여주고 있다.

펼쳐진 복음서와 펼쳐진 두루마리 속에 씌어진 텍스트는 변할 수도 있었다. 예컨대 「구원자」의 구성에서 펼쳐진 복음서는 일반적으로 데이수스에 있는 텍스트인 "겉모습으로 심판하지 말며"가 씌어 있지만, 안드레이 루블료프와 디오니시의 「구원자」에서 그리스도는 다른 텍스트, 즉 "수고하고 무거운 짐 진 자들아, 다 내게로 오라"는 복음서를 들고 있다.[12] 이것은 주목할 만한 일이다. 루블료프는 자신의 선배들보다 부드러우면서 인간적인 것이다. 그는 위협이 아니라 인간에 대한 사랑으

---

11) 부분 「마태복음」 7장 2절—옮긴이.

로 가득하다.

때로 성상화가 자신에 대해 설명해주는 텍스트를 가지고 있지만 이 텍스트가 두루마리가 아닌 곳에 씌어진 식으로 구성된 경우가 있다. 이 주석 텍스트는 그림 옆에, 그림의 황금색, 황토색, 혹은 진홍색 배경 위에 위치한다. 예를 들어 트레티야코프 박물관에 보관되어 있는 14세기 말~15세기 초의 노브고로드의 포크로프〔성모승천〕성상화에는 성모의 왼편에 다음과 같은 진홍색 상서(上書)가 구성 속에 삽입되어 있다. "안드레이가 에피파니에게 성모를 가리키면서 천국의 기독교인들을 위해 기도했다."

선조들과 선지자들의 두루마리에 씌어져 있는 텍스트들은 매우 종종 신에 대한 기도와 자기묘사를 포함하고 있는데, 이 자기묘사에서 선조들과 선지자들은 자신의 '영원한' 특징과 중요한 업적에 대해 이야기하고 있다. 야곱의 두루마리에는 "나의 하나님께서 내게 나타나셨다. 이 사다리는 땅에 굳게 뿌리내리고 하나님의 천사들이 이 사다리를 따라 올라가고 내려갔다"라고 씌어져 있다. 멜기세덱의 두루마리에는 "나는 당신의 성스러운 이름의 영광을 위해 피 없는 제물을 하나님께 바치도록 했다"고 씌어져 있다. 요나의 두루마리에는 보통 "내 슬픔 가운데에서 주 하나님께 외쳤도다. '고래의 뱃속으로부터 내 호소를 들으소서.' 주 하나님께서 들어주셨도다"라고 씌어져 있다.

삽화와 성상화의 가장자리 그림에는 말하는 등장인물의 입으로부터 가벼운 구름이 떠 있고 여기에는 그들이 하고 있는 말이 씌어져 있다. 간결하게 정리되어 있는 이 말은 이 인물들의 표어와도 같은 것으로써 그것의 '소유자'로부터 결코 떨어질 수 없게 결합되어 있는 것이다. 여기서 이야기되어진 말 일반에 대한 독특한 태도가 지적되어야 할 것이다. 그러한 말은 순간적인 것이 아니며 시간에 의해 사라지지 않는다.

---

12) V. I. 아노토노바, N. E. 므네바, 『고대 러시아 회화 카탈로그』, 제1권, 모스크바, 1963, No. 227과 276. 루블료프의 상서 텍스트는 축약되어 있으며, 디오니시의 것은 전체가 수록되어 있다.

인물에 대한 표상은 삶의 가장 중요한 순간 그가 한 말로부터 결코 떨어질 수 없는 것이다. 이것은 '성구'(成句)이며, 이 '성구'는 무수한 세대의 기억 속에서 살아가고 어떤 인물에 대한 회화적인 묘사에서조차 그들로부터 떨어질 수 없는 것이다.

리얼리즘적 유파의 회화에서도 드물게 말이 도입된다. 대부분 말은 찰나적인 순간이 아니라 '영원한' 것을 묘사하는, 관습적인 그림에서 도입된다. 그림 속의 말은 시간을 정지시키는 듯하다. 말은 문장(紋章) 속에 표제로서, 즉 상징화되어지는 대상의 변화하지 않는 본질을 영원히 상기시켜주는 것으로서 위치한다. 성상화에서 말은 묘사되어진 것의 본질——여기서 이 본질은 변화하지 않는다——을 표현하기 위해 도입된다. 그 본질상 발성되어진 혹은 읽힌 말은 시간의 흐름에 따라 생겨나고 사라진다. '그려짐'으로써 말은 스스로 정지되고 그림을 정지시키는 듯하다.[13]

중세에서 말과 그림의 밀접한 관계는 말하는 그림에 대한 많은 전설을 낳았다. 이러한 말과 그림의 관계는 성상화가 갖는 의미 그 자체에 의해서도 확인된다. 성상화의 그림에서 성상화와 기도하는 사람의 신비

---

13) 말의 '묘사'는 20세기의 모든 종류의 관습적 미술에서 재생되었다. 브라크 (Braque)는 1910년대에 처음으로 분석적 입체파에 관심을 가졌다. 「포르투갈 사람」(Le Portugais)의 구성에서 그는 처음으로 인쇄된 (활자형의) 문자를 적용했다. 그 이후 모든 입체파 작품의 예술적 구성 속으로 문자와 짧은 문장이 도입되었다. 세베리니(Severini Gino)의 많은 작품은 말 그대로 끼움말로 얼룩져 있다. 알파벳과 끼움말은 대상적-관념적 세계를 상기시켜주고 있으며 작품이 갖는 순수하게 장식적인 성격을 없애버린다. 그리(Gree A. D.)는 처음으로 신문에서 오려낸 조각을 사용하고 있다(「신문 콜라주」Papiers collés에서). 이 기법은 이후 널리 확산된다(특히 팝-아트에서 그렇다). 슈비테르스의 「독일」(Deutschland)의 구성에서 달력에서 오려낸 조각은 그림을, 회상의 순간을 고정시키고자 하는 기념품으로 만들고 있다. M. 샤갈은 뚜렷한 글씨의 간판을 널리 사용하고 있으며 샤갈 이전에 M. 라리오노프, I 마시코프, D 부를류크 등이 이 기법을 사용했다. '전통적 회화'에서 말의 테마는 매우 중요하고 다면적이다. 중세 벽화 속의 언어 텍스트에 대해서는 성(聖) 라도치, 『텍스트와 프레스코』, 마티차 스프르스카, 1966을 보라.

스러운 접촉은 특별한 의미를 가진다. 기도하는 사람은 말을 가지고 그림을 대한다. 그는 자신에 대한 답변을 요구하듯이 기도하며 기적, 행동, 충고, 용서 혹은 비난을 기다리고 있다. 따라서 그는 그림이 자신에게 하는 말을 들을 준비가 되어 있다. 또한 이 성상화는 일반적으로 성자 혹은 성스러운 사건에 대한 그림이다.

성자는 어떤 특정한 순간, 그의 삶의 어떤 우연한 순간에서 형상화되는 것이 아니라 시간 외적인 본질로서 형상화된다. 따라서 그가 누구라는 것을 지적해주는 상서와 성상화의 관계는 순간의 형상화에 익숙한 우리가 상상하는 것보다 훨씬 강한 것이다(순간의 형상화가 아무리 회화에서 매우 특징적이고 전형적인 것이라 하더라도 그렇다). 현대의 경우와 비교해볼 때 성자에 대한 기억, 그의 생애에 일어난 사건에 대한 기억은 훨씬 더 큰 시간적인 지속력을 가지고 있는 사실이었다. 축제는 매년 반복된다. 성탄, 부활, 승천 등의 사건은 그것이 가진 영원성의 측면에서 지속적으로 존재하는 것이다. 축제를 다루고 있는 성상화들은 축제를 형상화하고 있을 뿐만 아니라 이러한 축제의 한 부분이다. 따라서 상서는 그림 그 자체로부터 떨어져나온 그림을 설명할 뿐만 아니라 그림 그 자체의 일부가 되었고, 이러한 형상화 규범의 일부가 되었다.

중세의 조형예술에 나타나는 상서의 미적 의의를 깊이 있게 이해하기 위해서는 중세의 심리와 이데올로기 속으로 파고들어가야 한다. 말은 그것이 가진 음성적 본질로 등장할 뿐만 아니라 가시적인 형상으로 등장하고 있다. 그리고 말 일반뿐만 아니라 특정한 텍스트의 특정한 말이 그러하다. 그것도 또한 일정 정도 '시간 외적'이다. 바로 그렇기 때문에 상서는 그토록 유기적으로 회화의 구성으로 들어가서 성상화의 장식적 채색의 요소가 되는 것이다. 또한 바로 그렇기 때문에 필사본 텍스트를 첫 문자나 표제그림으로 장식하는 일이나 아름다운 페이지를 만드는 일이나 심지어 아름다운 필체로 글을 쓰는 일이 그토록 중요했던 것이다.

기도문은 암송되고, 텍스트는 반복되고, 작품은 여러 번 읽힌다. 바로 이 때문에 또한 그것들을 아름답게 써야만 한다. 마치 언제나 필요한,

결코 떨어질 수 없으며 인간의 일상적인 행위를 방향지어주는, 사랑받는 말을 반드시 아름답게 써야 하는 것처럼 말이다.

이는 말에 대한 독특한 태도, 즉 어떤 귀하고 성스러운 것을 대하는 태도를 낳았다. 물론 이는 주로 숭고한 문체의 말, 고급한 교회 문학의 문체의 말에 관련된다. 이 말들은 일상적인 일을 할 때 입어서는 안 되는 축제의 의상이다. 이 주제에 더 이상 머무르지는 않을 것이다. 고급 문체와 그것이 그림과 필사본의 장식과 갖는 특별한 관계에 대해서는 이후에 다시 다루게 될 것이다.

*　　*　　*

문학과 조형예술의 관계에 대한 연구는 공통적인 플롯이나 주제, 모티프, 철학적 · 신학적 개념 등에 대한 탐색과 설정으로 국한되지 않는다. 중세에서 플롯, 주제, 모티프 들은 대부분 전통적인 것이다. 중요한 것은 문학과 회화에서 이러저러한 플롯과 모티프, 주제가 어떠한 양식적 관련 속에서 나타나고 있는가라는 사실이다.

페오판 그레크[14] 회화의 성격을 규정하고자 할 때 그의 작품들 속에 이러저러한 헤시카즘[15]의 주제가 나타나고 있다는 사실은 양자가 모두 공통의 양식적 체계 속에 위치하고 있다는 상황보다 덜 중요하다고 할 수 있다. 예술에서 중요한 것은 개별적인 철학적, 신학적 명제나 확신이 아니라 이러한 명제나 확신의 유형과 양식이다. 페오판 그렉의 회화가 헤시카즘적인 설교의 양식에 가깝다는 사실이 중요하다. 페오판 그렉이 헤시카즘적 저작을 읽지 못했을 수도 있다. 하지만 그럼에도 불구하고

---

14) 페오판 그레크(1330/40~1405): 비잔티움 출신의 러시아 성상화가. 데이수스, 사도 바울, 요안 즐라토우스트 등의 성상화가 유명하다―옮긴이.

15) 헤시카즘(hesychasm): 이 명칭은 '침묵'을 의미하는 그리스어에서 유래한 것으로 오랜 침묵 속에서 기도와 명상의 반복을 통해 수행하는 금욕주의적 전통을 가리킨다―옮긴이.

그의 회화 양식과 헤시카즘 이데올로기의 양식은 단일한 전(前) 르네상스적인 양식 형성 원리에 속해 있다.

예술의 발전에서 많은 현상이 동시대적이고 동종적이며 유사하다. 그들은 공통적인 근원을 가지고 공통적인 형식적 지표를 갖는다. 문학과 다른 모든 예술 종(種)은 사회적 현실의 영향에 의해 지배되며 그들 자신들끼리 밀접하게 연관되어 있고 전체적으로 문화 발전의 가장 두드러진 측면을 구성하고 있다. 그렇기 때문에 문학사를 서술할 때 다른 예술에 대한 참조가 중요한 것을 중요하지 않은 것으로부터, 특징적인 것을 특징적이지 않은 것으로부터, 법칙적인 것을 우연한 것으로부터 구별할 수 있게 도와주는 것이다.

조형예술에 대한 참조는 각각의 시대를 그것이 갖고 있는 개별성 속에서 특징지을 수 있도록 해주며 문학적 현상들의 보편적인 원천, 보편적인 이념적, 세계관적 토대를 밝혀준다. 예술들 간의 유사성과 차이를 연구함으로써 우리는 문학을 포함한 개별적인 예술을 제각기 따로따로 연구할 경우에는 밝혀내지 못하는 법칙들과 사실들을 밝혀낼 수 있다. 개별적인 현상들은 때로는 이런 예술에서 때로는 다른 예술에서 더욱 강렬하게 표현되어 있을 수 있는 것이다.

우리는 상이한 예술들 속에서 나타나고 있는 유사성에 대한 관찰의 영역의 확장에 대해서 고민해야만 할 것이다. 유사성을 찾는 것, 이는 역사–문학적, 미술학적 분석의 근본적인 방법의 하나다. 유사성은 많은 것을 밝히고 해명할 수 있다. 예컨대 특정 발전단계에서 고대 러시아의 문학과 회화와 조각이 독특한 에티켓에 종속되어 있는 것은 보편적인 현상이다. 즉 그것들은 주제와 플롯의 선택이나 형상화 수단, 묘사의 구성과 그 특징묘사의 선택에 있어서 독특한 에티켓에 종속되어 있는 것이다. 현실을 이상화하는 구조 속에서 조형예술과 문학은 예술작품이라면 반드시 갖추어야 하는 필수적인 고상함과 의전성(儀典性)에 대한 통일적인 표상들로부터 시작한다. 이 에티켓적인 표상들은 공통의 변화를 겪게 되며 그 운명은 서로서로 연관되어 있고 서로서로 종속되어 있다.

시대마다 전통성과 창조적인 원리의 결합 형식과 원칙에서, 주제와 플롯이 반복되는 형식들에서, 문학과 조형예술의 규범들에서 공통적인 발전을 볼 수 있다. 문학과 다른 예술들의 발전의 공시성을 보여주는 다른 많은 예를 들 수 있다. 이러한 기법들을 완전히 보여준다거나 체계적으로 열거하지는 않겠다. 다만 매우 시사적인 예들을 살펴보기로 하자.

예컨대 16세기에 규범의 역할과 문학적 전범, 문학적 에티켓의 강화는 그리스 성상화 원본의 도입 및 교회 의식과 벽화 체계를 발전시키고 정돈하고자 하는 시도와 함께 이루어진다. 문학과 조형예술의 교훈성이 강화되고 소위 16세기의 '보편화 기획' 속에서, 그리고 그 성격상 백과사전적인 황금방의 목록들 속에서 백과사전적인 체계를 창조하고자 하는 시도가 행해진다(대大체티 미네이, 『가훈서』, 연대기 삽화본 선집, 『황제 계보서』 등).[16] 이 백과사전적인 체계들은 성장하고 있던 자유사상과의 전체적인 투쟁 속에서 주제와 사상, 독서와 연구를 허용할 수 있는 작품의 범위를 닫아두고자 했다. 바로 이 16세기에 문학과 조형예술에서의 서사성의 성장이 관찰된다(아마도 이는 조야한 사실 기술과 비창조적인 예술 방법으로써 정신적 삶을 제한하고자 하는 지향과 관련되어 있었던 것으로 보인다).[17] 수사적 성격과 에티켓적인 공식적인 화려함이 강화되는데 이의 목적은 창조와 비판적 사유를 공허한 찬양과 정권의 역할에 대한 안일한 선험적인 인정으로 대체하고자 하는 것이었다.[18]

---

16) 『가훈서』(도모스트로이): 인간과 가족의 삶의 규범, 훈계 등을 모은 책. 물건을 다루는 법에서 육아법, 식탁 예절법 등 삶의 다양한 영역에서 지켜야 할 행위 규범을 다루고 있다. 15세기에 만들어진 다양한 판본이 16세기에 이르러 집대성된다.
『황제계보서』: 러시아의 역사에 대한 체계적인 서술을 시도한 일종의 역사서. 이반 뇌제 치세 시기 대주교 마카리가 주도했다. 키예프 공국의 대공 블라디미르에서 이반 뇌제까지 고대 러시아의 군주들의 치세를 다루고 있다.

17) 16세기 회화에서 서사성의 증가에 대해서는 N. E. 므네바야의 「16세기 모스크바 회화」, 『러시아 미술사』, 제3권(I. 그라바르, V. 케메노프, V. 라자레프 편집), 모스크바, 1955를 참조하라.

문학과 다른 예술 속에 존재하는 공통적인 지역적 색채들, 그들의 운명, 지역적이며 원심적인 경향들의 내용, 지역적인 색채들이 한편으로는 구심력을 극복하면서 다른 한편으로는 구심력과 결합하는 과정에 대한 주의 깊은 연구는 점진적인 통일적 문학의 형성 과정을 해명해줄 수 있을 것이다. 16세기에 여러 예술 문화의 영역, 즉 문학, 건축, 회화에서 지역적 색채들은 동시에 사라지기 시작한다. 개별적인 러시아 지역들을 경제적, 정치적으로 통일하는 가운데 전체 러시아 문화의 통합이 생겨났으며 그 일관성과 속도는 사회-정치적 현실 자체가 보여주었던 것과 마찬가지였다.

그러나 다양한 형태의 예술들 속에서 이루어진 보편적인 성취가 언제나 일목요연하고 '원칙적인' 것은 아니다. 문학과 다른 예술들에 공통적인 특징들 중 가장 일반적이고 이미 대표적인 예가 되어버린 노브고로드의 저 유명한 간결성의 경우, 일반적으로 이는 노브고로드 연대기, 노브고로드 건축, 노브고로드 회화에 똑같이 존재하는 것으로 간주된다. 하지만 좀더 자세하게 살펴보면 이 문제는 지난 세기 동안 노브고로드를 연구해왔던 미술학자와 문학연구자들이 생각하는 것처럼 그리 일목요연하지도, 단순하지도 않다.

때로 어떤 예술 분야는 경제적, 정치적 현실의 변화에 빠르게 반응하는 반면 다른 예술 분야는 정체하거나 이러한 경제적, 정치적 현실로부터의 영향을 다른 예술들 전체와 비교 연구하기 전에는 알아차리지 못할 정도로 변형시켜버린다. 가령 동유럽의 전(前) 르네상스라 할 수 있는 운동의 영향은 무엇보다도 회화 영역에서 뚜렷하게 드러나며 이 회화 영역이 문학에서 소위 제2차 남슬라브 영향이라 불리는 양식의 본질을 이해할 수 있게 해주며 건축에서 생겨났던 개별적인 변화의 과정을 이해할 수 있게 해준다.

---

18) D. S. 리하초프, 『고대 러시아 문학에서의 인간』(제2판), 모스크바, 1970, 97~
103쪽; Ebd., *Der Mensch in der altrussischen Literatur*, Dresden, 1975,
S. 145~152.

민족적 특징의 등장과 발현 또한 개별적인 예술들에서 불균등하게 진행되며 다양한 예술들과 문학 속에서 그 비교 연구를 요구한다. 한 민족의 예술 문화의 전체적인 발전 속에서 때로는 이런 영역이, 때로는 저런 영역이 주도적이 된다. 14~15세기의 가장 주도적인 위치에 있었던 것은 회화였다고 말할 수 있을 것이다. 그런 다음 15~16세기에 회화와 함께 러시아 문화의 성취의 절정이 되었던 건축의 차례가 등장한다. 17세기 러시아 건축은 전 세계적으로 유명한 걸작들을 창조해냄으로써 서유럽에 조금도 뒤지지 않는다. 또한 바로 17세기에 이르러 문학의 개별적인 측면들이 활발하게 발전한다.

다양한 예술들의 비교 연구, 무엇보다도 문학과 다른 예술들과 문학의 관계에 대한 비교 연구는 외국의 영향의 본질, 외국의 영향들의 교체, 이와 관련된 특정한 사회적 필요성에 대한 연구를 위해서도 커다란 의미를 갖는다.

다양한 예술들에서 나타나는 공통적인 현상을 연구해야만 하는 필요성을 보여주는 다른 예를 살펴보지는 않겠다. 다만 이 연구는 유사성으로 제한되어서는 안 되며 그 모든 차이 또한 자세하게 분석되어야 한다는 사실만 지적하겠다.

*　　*　　*

문학에서 양식 개념이 갖는 두 의미, 즉 문학어의 현상으로서의 양식과 특정한 내용과 형식의 체계로서의 양식을 구별해야만 할 것이다.

양식, 이는 언어의 형식일 뿐만 아니라 작품의 모든 내용과 모든 형식의 구조를 통합하는 미적 원칙이다. 양식을 형성하는 체계는 작품의 모든 요소 속에서 드러날 수 있다. 예술적 양식은 예술가에게 고유한 보편적인 현실 수용과 작가 자신이 설정한 과제에 따라 규정되는 작가의 예술 방법을 자기 내부에서 결합시킨다. 이러한 의미에서 양식 개념은 다양한 예술들에 적용될 수 있으며 이 예술들 간에 동시대적인 상응성이 존재할 수 있다. 특정 시대 문학과 회화 속에 동일한 묘사 기법이 나타날 수 있으며 바로 그 시대의 건축 혹은 음악의 보편적인 형식적 특징이 이 기법에 상응할 수 있는 것이다. 미적인 원리가 예술의 경계 너머로 확장될 수 있기 때문에 우리는 이러저러한 철학 체계 혹은 신학 체계의 양식에 대해 이야기할 수 있다. 가령 우리는 바로크 양식이 건축에서 나타날 뿐만 아니라 회화, 조각, 문학(특히 시와 연극), 심지어 음악과 철학을 포괄하고 있다는 사실을 알고 있다.

19세기 이전까지 '바로크' 개념은 건축에만 적용되었다.[19] 뵐플린의 저작[20]에서 이루어진 이 양식에 대한 탁월한 분석은 건축, 회화, 응용예술과 조각에서 바로크 양식의 보편성을 드러낼 수 있게 해주었으며 그의 후계자들의 저작에서는 문학과 음악으로 확장되었다.[21] 오늘날 우리는 특정한 시대적 경계와 지리적 경계 내에서 모든 예술적 활동의 영역에서 많게 혹은 적게 나타나는 하나의 시대 양식으로서의 바로크에 대해 말할 수 있다.[22]

모든 시대에 우리가 '시대 양식'이라 부를 수 있는 것이 존재하는가?[23] 바로 이 질문에 헝가리의 연구자 티보르 클라니차이가 대답하고

---

19) 그 이전에 스콜라적인 삼단논법의 용어법에서 '바로크'라는 용어는 두 번째 비유의 네 번째 종, 즉 다음과 같은 삼단논법을 가리키는 것이었다. "모든 A는 B다. 어떤 C는 B다. 따라서 어떤 C는 A가 아니다."

20) Wölflin H., *Renaissance und Barock*, München, 1888; Ebd., *Kunstge-schichtliche Grundbegriffe*, München, 1915.

21) 문학에 대해 '바로크'라는 용어를 적용시키는 것은 이미 뵐플린의 저작에서 시작되었다(그의 저서 *Renaissance und Barock*, S. 83~85). 하지만 1910~20년대에 이르러서야 바로크 문학에 대한 좀더 전문적인 연구가 시작되었다. 음악에 '바로크'라는 용어를 적용하기 시작한 것은 뵐플린의 저작이 등장하기 전이다(Ambros W. August, *Geschichte der Musik*, Bd. 4, Breslau, 1878, S. 85~86을 보라).

22) Wellek R., *Concepts of Criticism*, New Haven-London, 1963, pp.69~172 ("The Concept of Baroque in Literary Scholarship")을 보라.

23) 한편 '시대 양식' 개념을 '잘못된' 혹은 관념주의적인 것이라 할 어떠한 근거도 없다. 특정 시대 지배계급의 관념이 지배적인 관념이 된다는 사실이 그 시

있다.[24] 클라니차이는 모든 예술에 나타나는 양식들과 몇몇 예술적 활동의 형태로 제한되는 양식들을 구별한다. 가령 한편으로 클라니차이는 낭만주의는 문학, 회화, 조각, 음악, 조경술, 부분적으로 의복에서의 유행을 포괄하지만 건축과 응용 예술의 경우 아주 작은 일부만을(주로 조그마한 형태의 건축물들) 포함한다고 말한다. 다른 한편으로, 클라니차이에 따르면 19세기 리얼리즘은 오직 문학(주로 산문과 연극), 회화, 조각에서 나타날 뿐이며 건축에서 리얼리즘을 말하는 것은 다소 억지가 될 것이며, 응용 예술의 경우는 피상적인 차원에 그쳤고 음악의 경우는 더 약하며 시의 경우 제한적인 의미로 관찰할 수 있다. 20세기 초반의 양식과 사조(상징주의, 표현주의, 초현실주의 등)는 훨씬 더 작은 수의 예술 종(種)들을 포괄한다.

앞으로 더 많은 자료에 기초하여 검토해봐야 하겠지만, 우리가 '시대 양식'이라 잠정적으로 부르고 있는 그 현상이 점차 협소해지고 제한되어왔다는 인상이 만들어진다. 아마도 예술들의 발전에서 진보는 예술들의 더 많은 특수화와 성장의 내적 법칙의 심화와 연관되어 있을지도 모르겠다.

고대 러시아의 경우 과거 고대 러시아에서의 '제2차 남슬라브 영향'이라 간주되어왔던 것이 이제 문학 외적인 자료에 대한 검토를 통해 남유럽과 동유럽 전체에 걸친 전(前) 르네상스의 발현이라고 할 수 있게 되었다는 사실이 지적되어야 할 것이다. 소위 동유럽적 전 르네상스는 바로크의 경우보다 더 광범위한 문화적 삶의 영역을 포괄했다는 사실이

대의 계급 투쟁을 부정하는 것이 아닌 것처럼, '시대 양식' 개념은 특정 시대의 이념적 투쟁을 부정하는 것이 아니다. 중요한 것은 '시대 양식' 개념을 절대화하지 않는 것이다. 그리고 시대 양식이 모든 다른 양식적 가능성을 자신에게 복종시키고 압박하여 양식들 간의 투쟁을, 그 시대의 개별적인 이념적 운동과 양식들의 연관성을 배제한다고 간주하지 않는 것이다.

24) Klaniczay Tibor, *Styles et histoire du style—Etudes de littérature comparée publiées par L'Académie des sciences de Hongrie*, Budapest, 1964.

점차 더 분명해지고 있다. 그것은 예술 현상의 경계를 넘어서서 인간의 예술적 활동의 뚜렷한 경계가 없던 상황을 이용하여 자신의 '양식 형성적' 경향을 그 시대의 전체 관념적 삶으로 확장했다. 문화 현상으로서 동유럽적 전 르네상스는 바로크보다도 더 광범위했다. 그것은 전체 예술 영역 외에도 신학과 철학, 사회평론, 학문, 세태와 윤리, 도시와 수도원의 삶을 포괄했다(물론 이 모든 영역에서 전 르네상스는 주로 지식인, 문화와 도시적 삶, 종교적 삶의 고급 영역으로 제한된다).

지나가면서 지적하자면 전(前) 르네상스와 원(原) 르네상스(Proto-renaissance)를 혼동해서는 안 될 것이다. 원 르네상스, 이는 '제1의 르네상스'이고, 르네상스의 가장 빠른 발현이며, 그 본질상 르네상스 그 자체와——그 '최초성'이라는 점만 제외하면——원칙적으로 결코 구별되지 않는다. 이탈리아에서 원 르네상스와 르네상스 사이에는 후기 고딕 시기가 위치한다. 전 르네상스는 르네상스에 직접적으로 선행하지만 그 성격 자체로는 아직 르네상스가 아니다. 이탈리아에서 전 르네상스는 13세기의 원 르네상스라기보다는 원 르네상스와 르네상스 가운데 위치하는 후기 고딕이다.

러시아에서 전 르네상스는 르네상스의 요소를 갖고 있지만 그 뚜렷한 종교적 성격의 표현이라는 점에서 르네상스와 근본적으로 구별되는 후기 고딕과 가깝다.

러시아의 전 르네상스는 르네상스를 주지 않았다. 역사적 상황이 이를 불가능하게 했다. 역사는 이미 시작된 거대한 문화적 운동이 그에 적대적인 환경에 의해 외적으로 중단되는 그와 같은 경우를 적지 않게 알고 있다.

이제 '시대 양식'의 문제로 돌아가보기로 하자. 다음과 같은 문제가 제기될 수 있다. 우리가 9~13세기의 '로만 양식'이라 부르는 것이 동유럽과 남유럽뿐만 아니라 유럽 전체가 그 실현에 적지 않은 역할을 했던 시대 양식이 아닐까? 내 생각으로는 만일 이 양식에 대해 좀더 자세하고 세세한 연구가 이루어진다면 로만 양식 개념을 건축과 조각뿐만 아

니라 회화, 응용 예술, 문학, 신학 사상으로 확장할 수 있는 많은 가능성이 열릴 것이다.[25]

    11~13세기 고대 러시아의 경우 연대기에서의 인간의 묘사에서 나타나는 '기념비적 양식'과 블라디미르-수즈달의 사원들의 조각 장식, 이 시대의 회화 양식과 건축 양식 사이에서 공통점이 드러날 수 있다. 물론 이 양식은 서유럽뿐만 아니라 비잔티움, 남슬라브 국가들, 고대 러시아를 포괄한다. 이 양식의 특징들은 인간의 정신적 활동의 모든 형태를 지배했던, 기념비적 성격에 대한 지향 속에 반영되어 있으며, 세부의 '부정확함'과 다양성 속에서 주요부들의 상호 관계의 '건축학적' 구획의 정확함과 명징함에 대한 지향 속에 반영되어 있다.

    이 양식의 특징들은 또한 세계 전체를 가능한 한 넓게 포착하고 각 세부들 속에서 전 우주를 보고자 하는 시도들(이는 독특한 조망의 '보편주의'다) 속에 반영되어 있으며, 모든 현상을 이 통일적인 해명에 종속시키고 존재의 모든 형식 사이에 내적인 상징적 관계를 만들어내고자 하는 경향 속에 반영되어 있다. 이는 보편주의의 분위기에 젖어 있는 양식이자 모든 존재하는 형식, 모든 예술 종 간에 연관을 설정하고자 하는 경향을 갖는 양식이다.

    나에게 이러한 예술의 예는 11~13세기의 비잔티움, 프랑스, 이탈리아, 남슬라브 혹은 고대 러시아의 모든 사원이다. 이 사원의 각각의 부분들은 그 자체로 우주와 교회의 조직과 교회의 기구와 인간의 본성을 상징하고 있다. 사원의 벽화들은 성경의 전 역사를 포괄하고 있으며 과거, 현재 그리고 미래를 다룬다(「최후의 심판」의 구성, 데이수스). 이 사원에서 이루어지는 예배는——이 예배는 문학적, 연극적, 음악적 그리고 조형예술적 측면을 포함한다——기도하는 자들에게 전체 성경의 역사, 교회의 역사를 상기시켜준다. 이 사원에서 형식과 '설명'이 갖는 극

---

25) Mâle E., *L'Art religieux du XII s. en France*, 2ᵉ éd., Paris, 1924. 말은 이 양식의 중핵에서 이루어지는 개별적인 예술들 간의 관련을 훌륭하게 추적해나가고 있다.

단적인 보편성은 이 형식의 다양한 발현과 결합했고, 거대 차원의 보편적 균형은 부분적인 세부의 불균형과 결합했다.

앞으로의 연구 과제는 이 양식에 좀더 정확한 이름을 선택하는 것과 함께 이 양식에 대해 좀더 정확하고 세부적인 분석을 하는 일이다. 이 양식은 그것이 두 로마, 즉 동로마와 서로마의 과거 영역에서 발생했다는 의미에서만 '로만'이라 불릴 수 있을 것이다. 이는 비잔티움(두 번째 로마), 이탈리아에 공통되는 양식이었으며 여기서부터 유럽의 전 영역과 부분적으로는 소(小)아시아로 확장된 양식이었다.

바로크와 비교해볼 때 이 양식은 바로크 못지않게 확산되었다. 그것이 포괄하고 있는 것이 예술만은 아니다. 이 양식은 이후 르네상스가 그러했던 것처럼 고전 시기의 계승자였고 고전 시기와 직접적인 관계(이 관계는 '학자적'인 것 이상이다)를 유지하고 있었다. 그렇기 때문에 이 양식에서는 그리스적인 것보다는 헬레니즘이, 플라톤주의보다는 신플라톤주의가 더 강했으며 고대의 종교는 기독교에 극단적으로 적대적인 것으로 인식되었다. 르네상스처럼 고대의 종교의 '복원'이나 미학화는 존재하지 않았다.

* * *

'시대 양식'의 현상을 개별적인 지적 경향이나 이념적 흐름(그것이 얼마나 넓은 현상 영역을 포괄하든 간에)과 분명하게 구별해야 할 것이다. 가령 몽고시기 이전의 고대 러시아의 문화적 전통을 부활시키고자 하는 경향은 14세기 말에서 15세기의 건축, 회화, 문학, 민담, 사회-정치 사상을 포괄했으며 역사 사상 속에서 표현되었고 공식적 이론으로 침투했다.[26] 하지만 이 현상이 그 자체로 특정한 양식을 형성한 것은 아니다. 여러 번 고대 러시아로 침투했던 르네상스적 문화도 특정한 양식

26) Ju. N. 드미트리예프, 「노브고로드 건축사에 대하여」, 『노브고로드 역사 선

을 형성하지 못했다. 서유럽의 경우 양식의 현상이었던 르네상스는 러시아의 경우 정신적인 경향으로서만 존재했다.[27]

우리가 잠정적으로 '시대 양식'이라 부르는 것을 규정하기 위해서는 이 개념 자체와 이에 가까운 미학적 관념들을 정확하게 하는 작업, 또한 양식 분석을 위한 방법론적 기술들을 완성하는 작업, 양식과 관념 내용의 관련을 밝히는 작업, 그리고 무엇보다도 양식의 사회적 토대, 그 역사적인 규정들을 연구하는 작업이 필수적이다.

문학과 다른 예술들은 특정한 방식으로 상호작용하고 서로서로 종속되어 있으면서 일종의 균형을 이루고 있는 것이다.

고대 러시아의 조형예술에서
'서술적 시간'의 표현으로서 '서술적 공간'

고대 러시아의 문학과 미술 사이에 존재했던 관계를 살펴보고자 할 때 우리는 고대 러시아에서 문학이 매우 강렬한 시각적인 조형성을 지니고 있었다는 사실, 또한 조형예술이 끊임없이 언어 작품으로부터 자신의 플롯을 취하고 있었다는 사실 외에도 고대 러시아의 삽화가들이 문학적 서술을 전달하기 위해 매우 세련된 기법들을 계발했다는 사실을 주목해야 할 것이다.

집』, 제2권, 노브고로드, 1937; N. 보로닌, 「러시아 건축에서 블라디미르-수즈달의 유산」,『소련의 건축』, No. 2, 1940; D. 리하초프,『고대 러시아의 민족적 자의식 —11~17세기 러시아 문학 영역으로부터의 고찰』, 모스크바-레닌그라드, 1945.

27) 서유럽의 르네상스와 그리스-로마적 유산이 다양한 시기, 다양한 근거로 고대 러시아로 침투하고 있다는 사실에 대해서는 F. I. 부슬라예프, D. V. 아이날로프, V. N. 페레츠, N. K. 구드지, P. N. 사쿨린, V. F. 르지가, A. I. 벨레츠키, B. V. 미하일로프스키, B. I. 푸리세프, N. G. 포르피리도프, M. V. 알파토프, V. N. 라자레프, I. I. 이옵페, A. N. 스비린, A. L. 야콥슨, F. I. 네크라소프, I. M. 스네기레프, N. A. 카자코바, Ja. S. 루리예, A. I. 클리바노프, A. A. 지민, M. P. 알렉세예프, A. N. 예구노프 등 많은 연구자에 의해 연구된 바 있다.

조형예술은 그 본질상 정적이며 언제나 어떤 특정한, 움직임이 없는 순간을 묘사한다. 그러나 조형예술은 때로는 움직임의 가상을 창조하거나 때로는 서술성 혹은 이야기에 대한 지향을 통해 끊임없이 이 부동성의 극복을 지향했다. 이야기에 대한 지향은 삽화가들에게 필수적인 것이었으며 그들은 형상화의 공간을 이야기의 시간으로 변화시키기 위해 매우 광범위한 영역의 기법들을 이용했다. 그리고 이 기법들은 문학작품에서도 나타나고 있는데, 여기서 서술자는 장면들의 연속성, 즉 일종의 '이야기의 사슬'을 창조함으로써 삽화가를 위해 재료를 준비해주고 있는 듯하다. 아무튼 고대 삽화가들의 서술 기법을 살펴보기로 하자.

＊　　＊　　＊

　연대기를 그리고 있는 삽화가들의 서술 기법은 주로 연대기와 역사서의 내용과 관련하여 계발되었다. 원정, 승리와 패배, 적의 침입과 침략, 포로의 포획, 바다, 강, 호수를 건너는 군대의 항해, 공후의 대관, 십자가를 든 행군, 공후의 출정 등에 대한 이야기, 사신의 교환, 도시의 함락, 사신의 파견과 접견, 협상, 공물의 지불, 장례식, 결혼 축연, 살인, 명예의 찬양 등에 대한 이야기에 그림이 수반된다. 많은 경우 사건들이 묘사되어지기보다는 회화적으로 '이름 불려진다'는 점에서, 따라서 사건들을 동일한 관습적인 기법들에 의해 전달할 수 있었다는 점에서 삽화가의 작업은 비교적 손쉬운 것이었다. 반면 사건들이 자주 거대한 행위 공간을 가지고 있으며 한 장의 삽화 내에 전체 도시 혹은 심지어 여러 도시, 강, 사원 등에 대한 묘사를 요구한다는 점에서 삽화가의 작업은 다소 복잡한 것이었다.

　삽화가는 연대기에서 이야기되어지는 거의 모든 행위를 보여줄 수 있었다. 그가 묘사할 수 없는 것은 오직 시간적으로 전개되지 않는 것들이었다. 가령 삽화가는 러시아인과 그리스인 간의 조약 텍스트나 설교 텍스트, 유훈 텍스트 같은 것을 그릴 수 없었다. 전체적으로 삽화가가 전달하고자 했던 플롯의 범위는 매우 넓었으며 묘사되는 공간, 즉 행위의 영역 또한 광범위했다. 수세기에 걸쳐 계발되어온 엄청나게 큰 용량의 체계를 통해 이것이 가능했으며 삽화가는 바로 이 엄청나게 큰 용량의 체계를 이용해서 연대기의 서술 속에 들어 있는 거대한 양의 서사적 플롯들을 묘사할 수 있었다. 본질적으로 삽화가는 세계사 혹은 러시아사에 대한, 글로 쓰여진 이야기에 평행하는 두 번째 이야기를 창조한 것이다.

언어 텍스트가 중세의 회화 속에서 굴절되어지는 경우들의 다양성과 풍부함에 대해 많은 것을 이야기할 수 있을 것이다.[28] 하지만 우리의 목적은 고대 러시아의 삽화가들이 전개되고 있는 동작의 전달에서 조형예술이 갖는 서술적 정태성을 극복하고자 하면서, 회화의 서술적 가능성을 발전시키고자 하면서, 그리고 회화 속에서 일종의 '시간의 극복'을 만들어내고자 하면서 이용했던 수단들에 대한 연구에 있다. 서술의 편리를 위해 유명한 두 삽화 예술작품, 즉 15세기의 『라드지빌로프 연대기』와 16세기 이반 뇌제의 연대기 삽화본 선집을 예로 하여 이를 살펴보기로 하자.[29]

* * *

『라드지빌로프 연대기』의 삽화들은 매우 흥미롭다. 『라드지빌로프 연대기』 자체는 15세기와 연관되지만 그 삽화들의 토대의 근저에는 좀더

---

28) 러시아의 역사적 수고(手稿)에 나타나는 삽화들에 대한 문헌은 풍부하다. 가장 세세한 연구로는 O. I. 포도베도바의 『러시아 역사적 수고의 삽화들—러시아의 삽화 연대기의 역사에 대하여』, 모스크바, 1965가 있다. 이 책의 각주에는 그 이전의 문헌들이 언급되어 있다. 하지만 여기서 우리의 목적은 이미 언급한 주제, 즉 삽화들과 언어 텍스트, 삽화가의 서술적 기법으로 제한된다.

29) 『라드지빌로프 혹은 케닝스베르그 연대기』, 제1권, 수고의 사진본, 상트페테르부르크, 1902. 이반 뇌제의 연대기 삽화본 선집의 개별적인 낱권들은 모스크바와 레닌그라드의 여러 도서관에 보존되어 있으며 아직 사진본은 없다.

오래된 삽화들이 위치하고 있다. 샤흐마토프는 『라드지빌로프 연대기』의 삽화가들이 13세기의 원전 삽화를 복사하고 있다고 주장하고 있다.[30] 프리셀코프는 『라드지빌로프 연대기』의 삽화들이 1212년 블라디미르 선집본으로 거슬러올라간다고 간주함으로써 샤흐마토프의 가설을 수정하고 있다.[31]

『라드지빌로프 연대기』에는 화려한 첫 문자 그림이나 첫 문장 그림이 없다. 『라드지빌로프 연대기』는 다분히 무성의하게 씌어졌으며 그 삽화들은 비록 많으나 '급하게', 그것도 밑그림적인 방식으로 편집되어 있다. 그러나 그렇다고 해서 『라드지빌로프 연대기』가 갖는 예술적인 가치가 부정될 수는 없다.

이 연대기는 탁월한 회화적인 서술 기술을 우리에게 보여주고 있다. 거의 모든 쪽이 하나 혹은 심지어 두세 개의 삽화를 가지고 있으며 대부분의 삽화는 두 개 혹은 세 개의 플롯 혹은 긴 시간에 걸친 사건의 전개를 묘사하고 있다. 즉 각각의 묘사는 시간을 따라 전개되고 있으며 짧은 시간의 순간을 전달하지 않는다. 다시 말해서 삽화는 다소간 긴 사건의 전개를 포착하고자 한다. 삽화가는 회화적 묘사의 시간적 제한성을 극복하고자 하고 있으며 길게 늘여진 시간을 전달하고자 한다.

어떻게 이것이 이루어질 수 있을까? 무엇보다도 먼저 가능한 더욱더 커다란 시간 간격을 묘사하고자 하는 지향은 삽화가들에게서 나타나는 다른 지향, 즉 가능한 더욱 넓은 공간을 또한 포착하고자 하는 지향과 관련된다는 사실을 지적할 수 있을 것이다. 삽화가에게 시간과 공간은 어느 정도 통일되어 있는 것이다. 삽화가가 한 도시에서 다른 도시로 공후가 이동하는 것을 보여주어야만 하는 경우를 가정해보자. 이때 그는

---

30) A. A. 샤흐마토프, 「『라드지빌로프 혹은 케닝스베르그 연대기』 연구」, 『라드지빌로프 혹은 케닝스베르그 연대기』, 제2권, 『수고본 텍스트와 삽화에 대한 논문들』, 상트페테르부르크, 1902, 103쪽.

31) M. D. 프리셀코프, 「라브렌트 연대기」, 『레닌그라드 국립대학 학술지』 제32호, 1940, 121쪽.

두 도시를 그리고 이 두 도시 가운데 군대를 거느린 공후를 삽화 속에 그려 넣는다. 그럼으로써 삽화가는 자신의 독자에게 원정의 한 개별적인 순간이 아닌 전체로서의 원정을 전달할 수 있게 되는 것이다.

삽화가가 사용하는 근본적인 기법은 '서술적 축소'다. 나는 이 축소를 '서술적'이라 부르는데, 왜냐하면 축소의 원인이 다양하기 때문이다. 때로 이런저런 묘사 대상이 가지고 있는 가치의 위계를 지키기 위해 축소가 이루어진다. 예를 들어 성상화에서 성자는 일반적인 사람들보다 크다. 그럼으로써 그의 의미가 강조되는 것이다. 하지만 싱상화의 중심부에서만 그렇고 가장자리 그림들에서는 성자도 다른 사람과 똑같은 크기를 갖는다. 여기서는 사람들 일반의 가치를 강조하기 위해서, 사람이 아니라 건물, 나무, 산이 축소된다. 『라드지빌로프 연대기』에서는 사건이 발생하는 장소를 나타내기 위해 건물은 언제나 축소되어 그려진다. 도시, 사원, 성채, 이 모든 것이 거의 동일한 크기로 그려진다. 이는 묘사가 아니라 일종의 지시다. 이는 텍스트의 단어와 흡사하다. 강, 호수도 축소된 크기로 제시된다.[32] 심지어 말이나 황소도 작게 그려지는데 이는 그 당시의 소가 지금의 소보다 작아서 그런 것이 아니라(물론 이런 가능성도 배제할 수는 없겠지만) 그것들이 의미상 부차적이기 때문이다. 개별적인 묘사 대상들을 실제 크기의 비율로 그리는 것은 누구도 그것을 요구하지 않을 뿐만 아니라 더 나아가서 서술 속에서 결코 중요하

---

32) 회화의 서술 언어에 대한 우리의 이해가 얼마나 발전되지도, 계발되지도 않았는가는 다음과 같은 예를 통해 알 수 있을 것이다. 네레디츠에 있는 스파스 교회의 장로를 그리고 있는 프레스코의 그림에 대해 『러시아 예술사』(2권, 모스크바, 1954, 107쪽)에서는 다음과 같이 설명하고 있다. "그리스도에게 사원의 모형(이런!)을 바치고 있는 야로슬라프 브세볼로도비치 공. 노브고로드 근교 네레디츠에 위치한 스파스 교회의 서벽 프레스코. 1246년경." 사실 이 시기에는 '모형'이라는 개념이 존재할 수 없었다. 야로슬라프 브세볼로도비치 공(알렉산드르 넵스키의 아버지)은 사원 자체를 들고 있는 것이며, 사원의 모형이 아니라 사원 그 자체를 구세주에게 바치고 있는 것이다. 사원이 작고 그래서 공후가 그것을 손에 들 수 있는 상황은 회화의 서술 언어가 갖는 관례성일 뿐이다.

지 않은 것을 중요한 것으로 만들어 서술을 방해할 수도 있었다. 성상화 그림에서는 가치의 위계가 중요하다. 『라드지빌로프 연대기』의 삽화에 서는 위계가 아니라 '서술 용량'이 중요하다. 바로 이 때문에 『라드지빌 로프 연대기』에서 공후, 그리스의 황제, 성자는 사신, 군사들, 보통의 성 직자들과 같은 크기로 그려진다.

992년 블라디미르가 페체네그인들에 대해서 거둔 승리를 이야기해주 는 삽화(69쪽)를 통해 묘사 대상의 크기를 축소함으로써 삽화가 포괄하 는 시간을 얼마나 확장시킬 수 있는가를 알 수 있다. 삽화에는 두 군대 가 그려져 있다. 한 군대는 도망가고 다른 군대는 공격한다. 두 군대의 가운데에는 상처를 입은 페체네그 무사 위로 승리의 표시로 손을 치켜 들고 있는 젊은 제혁공이 위치하고 있다.[33]

이처럼 삽화는 결투나 그 이후의 승리의 한순간을 보여주는 것이 아 니라 에피소드 전체를 그 흐름 속에서 보여준다. 페체네그인들의 벨고 로드 공성전의 에피소드는 다음과 같이 전달된다(72쪽 뒷면). 러시아인 들은 왼편에서 꿀물을 끓이고 있고 같은 삽화의 오른편에서 페체네그인 사신들이 그것을 먹어보고 있다(그림 7). 블라디미르 1세(블라디미르 스뱌토슬라비치)의 죽음과 장례는 다음과 같은 방식으로 그려진다. 삽 화의 왼편에는 블라디미르의 시신이 줄에 묶여 내려지고 있고 오른편에 는 블라디미르의 시신이 사원에 안치되어 있다.

하나의 삽화 속에 두세 가지 에피소드를 묘사하는 것은 '서술적 시 간'의 '공간적 극복'에 기여하고 사건을 그 시간적인 흐름 속에서 이해 할 수 있도록 도와준다. 각각의 삽화들은 일련의 서술 단위로 나뉠 수 있고 각각의 삽화의 구성에는 하나, 둘 혹은 심지어 세 에피소드가 묘사 될 수 있다. 에피소드들은 건물로 나누어지거나(33쪽 뒷면, 34쪽) 단순 히 구성적으로 분리될 수도 있다. 예컨대 각각의 에피소드의 등장인물

---

33) 992년 러시아와 페체네그인들의 전투에서 블라디미르와 페체네그의 공후는 두 무사의 결투를 통해 승리를 결정하기로 약속한다. 블라디미르는 이 그림에 등장하는 제혁공의 젊은 아들을 내세우고 그가 승리한다―옮긴이.

들은 자신의 에피소드의 중심부를 향하고 있고 다른, 인접한 에피소드의 등장인물에 등을 돌리고 있다. 각각의 에피소드는 자신만의 대지선(大地線)이나 수평선 등을 가질 수 있다. 에피소드의 수에 따라 하나의 삽화에 동일한 등장인물이 몇 번 반복될 수 있다. 예컨대 28쪽 뒷면에는 드레블랸인 사신들에 대한 올가의 복수가 그려지고 있는데 드레블랸인 사신들은 처음에 배로 운반되다가(첫 번째 에피소드) 그런 다음 구덩이로 던져진다(두 번째 에피소드, 그림 5). 각각의 에피소드에 올가도 등장한다.

삽화에서 특정 행위들은 동일한 방법으로 묘사된다. 모든 언어와 마찬가지로 삽화의 언어도 '기호 체계'의 형식화와 고정화를 요구한다. 예를 들어 공물의 지불은 언제나 자루에 달린 끈을 넘겨주는 장면으로 전달된다(169쪽). 물론 이것이 공물은 언제나 자루로만 지불되었다는 것을 의미하는 것은 아니다. 이것은 단지 공물의 지불을 관례적으로 지시하는 것일 뿐이다. 하지만 이러한 회화적인 지시가 어느 정도 현실을 고려하기도 한다. 왜냐하면 그리스인들이 스뱟토슬라프에게 공물을 지불하는 장면에서 그리스인들이 자루가 아니라 은판, 즉 그리브나[34]로 공물을 지불하고 있기 때문이다(34쪽 뒷면).

삽화에는 행위가 이루어지는 장소에 대한 관례적인 지시도 존재한다. 예를 들어 식탁에 앉아 있는 공후는 일반적으로 그가 거하는 건물 앞에 위치하는 것으로 그려지는데 틀림없이 이것은 그가 바로 이 건물 안에서 식탁에 앉아 있는 것을 의미하는 것이다. 저녁 예배에 참석하고 있는 이고리 올고비치의 묘사가 재미있다(178쪽 뒷면). 이고리는 교회 문 앞에 서 있고 머리를 교회 속에 '감추고' 있다. 오직 그의 등만 보일 뿐이다. 204면에도 머리를 교회 문 속에 넣고 있는 인물이 등장한다. 안드레이 보고륩스키의 침실로 들어가고 있는 살인자들도 비슷하게 그려진다(214쪽 뒷면).

---

34) 고대 러시아의 화폐 단위—옮긴이.

텍스트에서 등장인물들의 말이 전달될 때 삽화가들은 특히 곤란했을 것이다. 말하는 것은 일반적으로 그 말에 상응하는 몸짓을 통해 전달된다. 말하는 사람은 뭔가 몸짓을 하거나 간혹 손가락으로 가리킨다. 이러한 몸짓은 특별한 연구를 요한다. 알려주는 몸짓, 가리키고 명령하는 몸짓을 구분할 수 있다. 듣는 자세, 동의의 자세 등을 분간할 수 있다. 일반적으로 두 손을 가슴에 포개고 노래하는 여인들의 서 있는 자세도 하나의 몸짓이다. 울거나 춤추는 장면에서 여인들의 소매는 내려와 있다. 여인들의 슬픔은 턱을 괴고 있는 손으로 전달된다. 춤은 위로 쳐든 두 손으로 묘사된다. 오케스트라 위에 있는 지휘자를 연상시키는 그와 같은 포즈에는 궁정 사람들과 민중의 인사에 화답하는 공후의 기쁨이 나타난다.

평화의 기호는 나팔을 불고 있는 나팔수다(207쪽). 오직 한 명의 나팔수만이 나팔을 분다면 이는 도시 함락의 상징이다. 패배한 자들이 칼자루를 앞으로 해서 승리자에게 건네는 칼 또한 도시 함락의 상징이 될 수 있다(120쪽 뒷면). 들려진 지팡이(아마도 시장의 것일 지팡이)는 민중의 소집을 의미한다. 여기서 우리는 구체적인 것도 알 수 있다. 예컨대 고대 러시아의 '입맞춤'이 무엇을 의미하는지 기호로써 상상해볼 수 있는 것이다. 이는 우리의 의미에서 입맞춤이 아니다. 두 인물이 어깨를 서로 감싸 안고 서로에게 인사한다(174쪽 뒷면). '놀이'는 음악에 맞추어 춤추는 것으로 묘사된다(6쪽 뒷면).

어떤 경우 연대기 서술의 시각적 구체화가 매우 발달되어 나타난다. 예컨대 『라드지빌로프 연대기』의 최초의 삽화들 중 하나는 「여러 민족이 러시아에게 공물을 바치다」라는 텍스트를 그리고 있는데 이 삽화에서 러시아의 공후는 털 장식이 달린 둥근 공후 모자를 쓰고 식탁에 앉아서 다섯 명의 외국인에게 가죽 자루의 끈을 받고 있다. 공후의 뒤편에는 공물을 종이에 적고 있는 수염 없는 젊은 서기가 서 있다.

삽화가에게 상징과 알레고리는 서술의 **추상화**이자 동시에 이러한 상징과 알레고리의 **구체화**다. 삽화가는 종종 상징과 알레고리를 축자적으로 이해한다. 예컨대 삽화가는 침략으로 도시를 정복하는 것을 의미하는 '창으로 도시를 취하다'라는 군사 이야기적 공식을 다음과 같이 그리고 있다.

일군의 군사들이 도시를 상징하는 성탑으로 진격한다. 군사들로부터 창이 나와 성탑으로 향하고 그 창은 성벽을 찌르고 있다(그 자체로는 무의미한 행동이다). 그리고 성탑에서 나팔수 두 명이 나팔을 불면서 항복을 나타내고 있다(129쪽 뒷면). 창으로 뱀을 찌르고 있는 말에 탄 기사는 승리의 상징이다(155쪽). 나무 위에 앉아 있는 새는 슬픔이나 죽음을 상징한다(42쪽—올가의 죽음, 43쪽 뒷면—야로폴크의 불행).

때로 삽화 전체가 다양한 상징으로 구성된다. 예를 들어 1151년 키예프 근교에서의 대전투 장면(191쪽 뒷면)은 다음과 같은 방식으로 그려진다. 전투 중에 '구부러진' 안드레이 보고륩스키의 방패와 땅에 떨어진 투구가 누워 있다. 깃발이 누워 있다, 이는 패배의 상징이다. 새가 그려져 있다, 이는 슬픔의 상징이다. 돌 언덕 뒤에서 일각수가 나타난다, 이는 『바를람과 이오사페』의 한 잠언에 근거를 두고 있는 죽음의 상징이다.[35]

시각적으로 제시된 서술은 그 '지시 방식'에 있어서 단순성을 요구한다. 예컨대 삽화가는 여러 민족에 대하여 자신의 '지시 방식'을 만들어 낸다. 무엇보다도 이는 특징적인 모자다. 폴로베츠인들이나 프랴그인 혹은 그리스인이나 다른 민족들의 모자 장식이 얼마나 실제와 상응하는지는 말하기 어렵다. 사료로서의 고대 러시아의 삽화들을 연구하고 있는 아르치홉스키[36]는 삽화의 서술 언어가 갖는 관례성을 그다지 고려하지 않고 있다. 그러나 실제적인 것을 드러내기 위해서는 무엇보다도 먼저 실제적이지 않은 것, 즉 관례적인 것을 제거해야만 하며 실제적인 것

---

35) 이 삽화는 A. V. 아르치홉스키의 『사료로서의 고대 러시아의 삽화들』에 대한 서평에서 보로닌이 처음으로 해석한 바 있다. 『학술원 소식지』 제9호, 1945, 133쪽.

36) A. V. 아르치홉스키, 『사료로서의 고대 러시아의 삽화들』, 모스크바, 1944.

과 관례적인 것의 차이를 파악하고 삽화의 조형 언어 전체를 정확하게 알아야만 한다.

삽화가들이 문학적 상징이나 은유를 따르기만 한다고 생각해서는 안 된다. 때로 삽화가들은 상징과 은유를 스스로 창조한다. 예를 들어 삽화가의 형상적이고 공상적인 사유의 성격과 관련해서 다음의 세부 묘사는 특히 흥미롭다. 여러 민족의 사신들이 블라디미르 1세에게 다가가는 것을 묘사하는 삽화에서는(48쪽 뒷면, 49쪽, 58쪽 뒷면, 59쪽) 각각의 사신들의 등 뒤에 돌 언덕과 나무가 있는 공간이 그려져 있다. 물론 이는 사신들이 어디에서부턴가 왔고 길을 걸어왔으며 다른 나라에 '소속되어 있다'는 것을 상징한다.

『라드지빌로프 연대기』의 서술은 언제나 수평선을 따라 전개된다. 여러 개의 플롯은 오직 수평선을 따라 결합되며 대부분 이 수평선은 이후의 삽화들과는 달리 하나다. 뚜렷하게 분리되어 있는 두 수평선은 119쪽 뒷면의 구성에서만 볼 수 있다. 여기서 이 삽화의 '읽기'는 책의 줄을 읽는 방식으로 진행된다. 마치 윗줄에서 그 아랫줄로 나아가듯이 왼쪽에서 오른쪽으로, 위칸에서 아래칸으로 진행되는 것이다.

서술적 운동의 방향이 매우 재미있다. 『라드지빌로프 연대기』의 삽화가 포착하고 있는 것과 같은 장면들에서는 운동의 방향이 어느 정도 당대의 지리학적 표상에 상응해야만 한다. 현대의 화가가 레닌그라드에서 출발하여 모스크바로 가는 기차를 묘사한다고 해보자. 그는 아마도 기차를 왼쪽에서 오른쪽으로 움직이는 것으로 그릴 것이다. 그 반대, 즉 모스크바에서 레닌그라드로의 방향은 오른쪽에서 왼쪽이 될 것이다. 이는 현대인이 지도에 따라 생각해서 자신의 위치를 북쪽, 즉 위쪽에 두기 때문이다. 이 때문에 레닌그라드에서 출발하는 기차는 관람자에 대해 오른쪽 방향이 되고 모스크바에서 레닌그라드로 가는 기차는 왼쪽 방향이 되는 것이다.

『라드지빌로프 연대기』의 삽화에서는 상황이 다르다. 삽화가와 그 독자는 텍스트와 동일한 방향에서 삽화들을 '읽는다'. 이 때문에 최초의 운동은 왼쪽에서 오른쪽으로의 방향이 된다. 삽화에서 여러 사건을 포괄하는 경우 시간적 연속성 또한 왼쪽에서 오른쪽으로의 방향이 된다. 즉 좀더 앞선 사건들은 왼쪽에, 좀더 이후의 사건들은 오른쪽에 위치한다. 행위가 독자의 방향을 향하거나 독자에게 등을 돌리고 있는 경우는 거의 드물다. 이 때문에 인물이나 말, 혹은 움직이는 모든 것에 대한 측면 묘사가 정면 묘사보다 훨씬 많다. 움직이지 않는 것들(건물, 나무, 언덕)은 주로 정면으로 묘사된다. 왜냐하면 정면 묘사는 움직이지 않는 묘사 대상을 가장 뚜렷하게 나타내줄 수 있기 때문이다.

인물의 얼굴들, 특히 중요한 등장인물들의 얼굴은 독자를 향해 4분의 3가량 돌려져 있다. 이는 운동은 측면 묘사를 요구하지만 '인지'(認知)라는 목적은 정면 묘사를 요구하기 때문이다. 중요한 등장인물들은 움직이지 않을 때는(탁자에 앉아 있는 공후) 완전히 독자를 향하고 있으며 움직이고 있을 때는 4분의 3가량 독자를 향한다. 부차적인 인물들이 움직이는 경우 언제나 측면으로 묘사된다(앉아 있는 공후에게 나아가고 있는 사신들[그림 4], 종, 무리를 지어 걷거나 말을 타고 가는 군사들, 악마들).

공후가 원정에서 돌아오거나 적에게 쫓기는 경우 보통 이 운동은 오른쪽에서 왼쪽 방향으로 묘사된다(203쪽 뒷면, 38쪽 뒷면 하단, 224쪽 뒷면, 236쪽 뒷면, 228쪽). 그런데 삽화가가 운동 방향에 대한 자신의 태도, 즉 그가 그것을 전진 운동으로 받아들이는지 혹은 후진 운동으로 받아들이는지를 언제나 정확하게 표현할 수 있었던 것은 아니다. 예를 들어 스뱌토슬라프의 러시아로의 귀환은 한 번은 오른쪽에서 왼쪽으로 진행되고(38쪽 뒷면 하단), 한 번은 왼쪽에서 오른쪽으로 진행된다(40쪽). 아마도 이는 삽화가의 운동에 대한 평가와 관련되어 있는 듯하다. 삽화가는 첫 번째 귀환을 패배로 받아들인 반면 두 번째 귀환을 승리로 받아들인 것이다. 어떤 경우이든 일군의 군사들이 다른 군사들을 공격할 경우 이 운동을 전진 운동으로 받아들일 것인가(왼쪽에서 오른쪽) 혹은 후진 운동으로 받아들일 것인가(오른쪽에서 왼쪽)는 삽화가가 어떤 쪽에 공감하고 있느냐와 결부되어 있다.

운동을 묘사할 때 삽화가가 정확한 지리학적 표상을 가지고 있지 않다는 사실은 다음과 같은 예가 잘 보여준다. 스뱌토슬라프에게 사신을 보내는 그리스 황제는 삽화의 왼쪽에 앉아 있다(따라서 콘스탄티노플은 왼쪽에 위치하게 된다. 88쪽 뒷면 상단, 그림 6). 스뱌토슬라프가 콘스탄티노플 원정을 나설 때 그는 왼쪽에서 오른쪽으로 움직인다(38쪽). 따라서 이 경우 콘스탄티노플은 오른쪽에 위치한다.

삽화에서는 서술 공간이 지리적 공간의 우위에 있다. 이렇게 말할 수도 있다. 삽화에서는 서술의 일관성이 현실적 일관성의 우위에 있다. 노브고로드의 건설을 묘사하는 『라드지빌로프 연대기』의 첫 번째 삽화(3쪽)는 왼쪽에서 오른쪽으로 '서술'을 진행한다. 왼쪽 끝에서 나무꾼이 도시 건설을 위해 나무를 베고 있다. 그 오른편에는 두 사람이 잘린 통나무를 옮기고 있다. 삽화의 오른쪽에는 두 사람이 도시 자체를 '베어내고'[37] 있다. 노브고로드 건설에 대한 연대기의 건조한 말들이 형상적 서술로 왼쪽에서 오른쪽으로 전개되고 있는 것이다. 건설 과정은 몇 개의 연속된 계기로 나누어진다.

『라드지빌로프 연대기』의 세 번째 삽화(4쪽)는 연대기의 서술을 축자적으로 따르고 있다. 그것이 그리고 있는 텍스트는 다음과 같다. "세 형제가 있었으니 한 명의 이름은 키고 다른 한 명은 셰크이고 나머지 한 명은 호리프였다. 그리고 그들의 누이는 이름이 리베드였다. 키는 지금 즈보리체프가 있는 산에 앉았고 셰크는 지금 셰코비차가 있는 산에, 그리고 호리프가 세 번째 산에 앉으니 그의 이름을 따서 그 산을 호리비차라고 불렀다. 도시를 만들고 맏형의 이름을 따서 키예프라 불렀다."

삽화에서 형제들의 이름의 열거는 일반적인 '시간적' 연속성에 따라, 즉 왼쪽에서 오른쪽으로 제시된다. 세 형제 모두 말 그대로 자신의 산

---

37) 연대기 텍스트에 '도시를 건설하다'는 뜻으로 '도시를 베어내다'라는 표현이 사용되고 있다. 삽화는 이 표현을 축자적으로 그리고 있다—옮긴이.

위에 앉아 있다. 왼편에 키, 가운데에 셰크, 그리고 오른편에 호리프가 위치한다. 맨 오른편에 도시가 그려져 있고 거기에는 '도시 키예프'라고 씌어 있다. 삽화 제일 왼편에 위치한 맏형 키는 두 손을 치켜든 예식적인 자세로 앉아 있다('오케스트라를 지휘하는 지휘자의 몸짓'). 키예프가 키를 위해 건설되었다는 사실을 알려주기 위해 텍스트에는 언급되지 않았던 한 사람이 키의 오른편에 서서 키를 보면서 손가락으로 키예프를 가리키고 있다. 텍스트를 읽은 현대의 독자들은 키예프가 키가 앉았던 바로 그 산에 건설되었을 것이라고 생각할 것이며 아마도 연대기자 또한 그렇게 간주했을 것이다. 그러나 삽화가에게 모든 텍스트는 왼쪽에서 오른쪽으로 가시적으로 전개되며 따라서 서술이 시작되는 키는 왼편에 앉아 있고 서술이 끝나는 키예프는 오른편 끝에 묘사된다.

운동의 방향을 결정할 수 없거나 운동 자체가 없는 드문 경우에 삽화가는 원근법으로 정면으로 기사를 그린다(187쪽. 아마도 이는 어디로 가야 할지를 고민하는 이쟈슬라프의 동요를 표현하는 것으로 보인다. 158쪽 뒷면). 특징적인 것은 성상화나 삽화가 모두 콘스탄티노플에 있는 유스티니아누스 대제의 조각을 일반적으로 정면으로 그리고 있으며[38] 그럼으로써 조각이 움직이지 않는 대상이라는 것을 나타내고 있다는 사실이다.

*   *   *

16세기 삽화본 선집의 삽화의 서술 기법들은 좀더 발달되어 있다. 니콘 연대기 선집의 리체프(즉 삽화가 있는) 판본은 소위 니콘 연대기에 대한 연대기 작업의 완성으로서 1570년대에 만들어졌다(니콘 연대기라

---

38) 이와 같은 묘사에 대해서는 러시아 박물관의 N. P. 리하초프의 수집품인 성상화 「포크로프」의 왼쪽 상단을 보라. A. I. 네크라소프, 「고대 러시아 회화에서 원근법 현상에 대하여」, 『사회과학연구소 연합 예술 분과 저작들』, 제1권, 모스크바, 1926.

는 명칭은 그 연대기 텍스트를 소장했던 총대주교 니콘의 이름을 따서 후대에 붙여진 것이다). 삽화본 선집의 텍스트는 니콘 연대기 오볼렌스키판 텍스트에 기초하고 있다. 삽화본의 첫 부분은 세계 역사를 다루고 있으며 3권으로 구성된다. 러시아의 역사는 여섯 권으로 제시되고 있다. 그 개별적인 권들은 다음과 같다.

레닌그라드 공공 도서관의 라프테프 권(상인 라프테프의 소장품), 레닌그라드에 있는 학술원 도서관에 있는 두 권의 오스테르만 권(표트르 1세의 전우 오스테르만 백작의 소장품), 19세기 초 상인 슈밀로프가 레닌그라드 공공 도서관에 기증한 슈밀로프 권, 현재 레닌그라드 공공 도서관에 있는 골리친 권(모스크바 근교의 골리친 백작의 영지 아르한겔스크에서 발견되었다) 그리고 모스크바의 역사 박물관에 있는 시노달 권(시노달 도서관이 기증함).

러시아의 역사를 다루고 있는 이 여섯 권만 해도 삽화의 전체 숫자가 1만 개가 넘는다. 삽화가 다루고 있는 주제를 계산해본다면 아마 4만 개에 이를 것이다. 우리에게 전해져오는 삽화본 선집의 부분은 1114년에서 1567년까지의 러시아 역사의 사건들을 포괄하고 있다. 이 판본의 1114년 이전 러시아 역사의 첫 번째 부분은 전해지지 않고 있다.

삽화본 선집의 삽화는 여러 명의 삽화가가 작업한 것이다. 하지만 전체적으로 그들의 작업은 같은 양식에 속하며 그 전체적인 특징에서 동일한 기법으로 완수되었다. 밑그림 구성은 납 연필로 만들어졌다. 편집자들이 이 밑그림을 검토했는데 그들은 주로 삽화의 내용 부분만 살펴보았다. 그림을 그린 다음 먹으로 칠하고 색을 입혔다. 여러 그림을 한꺼번에 채색했으며 우리는 수채화가 점차 더러워져서 새로운 색으로 다시 입힌 것을 알 수 있다. 어떤 그림들은 채색이 끝나지 않은 채로 남아 있다. 하지만 삽화본 선집에서 중요한 역할을 하는 것은 채색이나 색채가 아니라 그림, 즉 구성과 선이다. 비록 색채나 색채의 조화, 색채가 독자에게 미치는 정서적인 작용이 때로 더 커다란 시각성을 가져오긴 하지만 삽화본 선집은 예술적 과제를 회화적으로 해결하고 있다기보다는 서예적으로 해결하고 있다고 할 수 있을 것이다.

『라드지빌로프 연대기』와 마찬가지로 삽화본 선집의 삽화들은 러시아 역사의 여러 순간을 그리고 있는 것이 아니다. 그것은 조형적 수단으로 러시아 역사를 이야기하고 있는 것이다. 이는 연대기의 언어적 서술에 짝을 이루고 있는 조형적 서술이다. 게다가 『라드지빌로프 연대기』의 많은 경우와 마찬가지로 각각의 삽화들은 하나의 장면을 묘사하는 것이 아니라 한꺼번에 여러 장면을 묘사한다.

삽화가들은 회화의 정태성을 극복하여 그것을 시간에 따라 전개시키고, 여러 사건의 개별적인 요소들을 가능한 많이 보여주고, 여러 다양한 시간적인 계기 속에서 사건들의 개별적인 요소들을 제시하려고 한다. 예를 들어 군사들이 패배자들을 참살한다. 칼은 아직 적의 머리 위에 치켜든 상태일 뿐인데 적들은 이미 죽어 있다. 우리의 관점에서 보자면 이러한 묘사는 일관된 것이 아니지만 삽화가에게는 자신의 원칙에 따라 일관된 것이다. 즉 공격하는 군사의 특징은 치켜든 무기, 움직이고 있는 무기다.

연대기 텍스트에서 적들은 칼에 찔린 것으로 이야기된다. 따라서 그들은 칼에 찔려 눈을 감고 잘려진 머리와 함께 누워 있는 것이다. 삽화가는 동작을 그리기 위해 그것을 정지시키지 않는다. 그는 바로 동작을 그리고 있는 것이며 이 때문에 행위가 이루어지는 시간의 전체 간격의 행위를 포착하고자 한다. 그런데 이 시간 간격이 삽화가에는 너무나 작은 것으로 생각되었고 따라서 각각의 삽화들은 다시 몇 개의 더 작은 삽화로 나누어진다. 삽화가는 한 삽화에서 동일한 등장인물을 여러 번 보여주는 것에서 멈추지 않고 더 나아가 몇 개의 플롯 요소를 결합시킨다.

자신의 이야기를 압축하고 그것을 가능한 간결하게 하면서도 중요한 서술 요소들 중 하나도 놓치지 않기 위해서, 즉 이야기를 최소한으로, 거의 하나의 기호에 가깝게 만들어 묘사하기 위해서 삽화가들은 몇 가지 즐겨 사용하는 기법을 만들어내었다. 『라드지빌로프 연대기』의 삽화들처럼 삽화본 선집의 삽화들도 '읽을 수' 있으며 그 서술 양식에 따라

해독되어질 수 있다. 동시에 삽화본 선집은 그 서술 기법의 다양성이라는 점에서 『라드지빌로프 연대기』에 비해 훨씬 더 나아간다.

먼저 삽화본 선집에서 소위 돌 언덕과 주변 건물('건물 문자[39])의 의미가 복잡해졌다는 사실을 지적해야 할 것이다. 일반적으로 도시 외부에서 이루어지는 행위는 산지, 즉 돌과 절벽 가운데에서 전개된다. 하지만 돌 언덕은 자연의 상징이다. 삽화에서 돌 언덕의 기능은 묘사하는 것이 아니라 전적으로 '의미하는 것', 즉 행위가 도시가 아닌 '자연에서' 이루어지고 있다는 것을 '의미하는 것'이다. 연대기 텍스트에서 평야(쿨리코보 평야 혹은 쿠츠코포 평야)에서 사건이 발생했다고 서술되면 돌 언덕들은 위에서부터 하나의 유려한 선으로 연결된다.

이외의 경우 돌 언덕은 무리나 개별적인 사람이 등장하는 일종의 무대 막으로 기능한다. 그것은 여러 사건을 간결하게 묘사하는 것을 도와준다. 돌 언덕은 인물의 수를 줄일 수 있게 해준다. 그것은 무리의 일부나 인물의 일부, 심지어 머리들만 남겨둘 수 있게 해주는 일종의 '말줄임표'로 기능한다. 돌 언덕은 삽화를 개별적인 에피소드의 묘사들로 나누는 수단이자 많은 사람이 등장하는 장면 혹은 개별적인 사람의 전체 모습을 축소하는 수단이다. 삽화가는 자신이 보기에 필요 없는 것을 돌 언덕 뒤에 감춘다. 돌 언덕을 이용해서 삽화가는 사건의 '기호'만을 묘사할 수 있게 된다.

사건의 장면이 도시 내에서 전개될 경우 건물 문자가 이러한 목적을 달성하는 수단이 된다. 삽화가는 실제 건축물들을 묘사하려는 목적을 설정하지 않으며 심지어 약간의 가능성의 여지도 남겨두지 않는다. 건물의 기둥이 그 아래 서 있는 건물의 지붕 위에 서 있는 경우도 가능하다. 어떤 건물의 형태는 다른 건물과 겹치거나 심지어 다른 건물 속으로 들어가 있기도 하다.

---

39) 건물 문자: 고대 러시아 회화에서 축소해서 그리는 형식. 원래 비잔티움에서 유래했으며, 축소된 크기, 대충의 윤곽 등이 그 특징이다―옮긴이.

예컨대 성벽이 갑자기 건물의 문 속으로 불쑥 들어가 있는 것이다. 군대나 이런저런 사람들 혹은 추격자가 모스크바를 떠나거나 도착하는 것을 가리키기 위해 자주 성문이 묘사된다. 그러나 이 성문은 전적으로 관례적인 것이다. 그것이 너무 작아서 그 성문을 통해 들어오거나 나가는 사람들이 마치 성문에 잘려진 것처럼 그려진다. 성문의 반대편에서 볼 때 문이나 사람 혹은 말의 크기로 미루어보아 당연히 보여야 함에도 불구하고 보이지 않게 된다.

성벽은 도시의 근본적인 특징이다. 성벽은 주로 삽화의 하단에 위치한다. 보통 성벽의 선은 삽화의 하단부의 수평선과 어긋난다. 성벽은 삽화의 왼쪽 끝과 오른쪽 끝을 향해 약간 올라가 있으며 그럼으로써 성벽이 도시를 둘러싸고 있다는 것을 나타낸다. 그리고 그럼으로써 삽화의 전체 구성에 압축성과 폐쇄성을 부여해준다.

개별적인 장면의 전달에서 삽화가가 발생하고 있는 사건에서 가장 중요한 것을 묘사하려고 하며 삽화 전체에서 이 중요한 것을 무엇인가로 가리지 않으려 한다는 사실을 주목해야 할 것이다. 군중이나 군사 무리 혹은 건물이 주요 행위를 가리거나 부분적으로 잘라내는 경우는 결코 없다. 돌 언덕 혹은 건물들은 독자의 주의에 틀을 지워서 방향을 제시해주지만 결코 내용 자체를 가리지는 않는다. 모든 것이 명백하며 동시에 서술 외부에 위치한 것이라고는 아무것도 없다!

예술가는 연대기 텍스트에 없는 어떤 것이 독자에게 전달되지 않도록 극도로 정보를 절제한다. 모든 것은 연대기 텍스트의 이야기에 속한다. 등장인물들은 가볍게 예술가 앞에서 자세를 취한다. 이 때문에 그들의 몸짓과 그들의 행동은 마치 허공에 떠 있는 듯하다. 예술가는 사건이 가장 잘 표현되는 바로 그 순간에 등장인물들의 몸짓을 '정지시킨다'. 내려치기 위해 들어올린 칼, 축복이나 지시하기 위해 들어올린 팔 혹은 가리키는 손가락은 사람들 무리 위로 분명하게 그려진다.

삽화들에서 손은 중요한 역할을 한다. 손의 상태는 상징적이다. 인물들이 서로서로 말을 주고받을 때 우리는 벌어진 입이나 얼굴 표정이 아니라 바로 손짓을 통해 그 사실을 알 수 있다. 축복의 몸짓, 이는 이미 고대부터 웅변적 몸짓이었다. 삽화에서 축복의 몸짓은 자주 이야기하고 있다는 사실의 기호가 된다. 공후나 주교 혹은 대주교는 별로 몸짓이 없다. 그들에게는 쓸데없는 짓을 하는 것이 어울리지 않는다. 사람들은 그들에게 말을 하지만 그들 자신의 대답은 매우 빈약하다. 그들은 위엄을 갖추고 있는 것이다.

인물들의 발이 독자에게 보이는 경우, 그것은 언제나 관습적인 것이다. 그 발이 실제로 대지나 방바닥을 딛고 있다는 느낌이 느껴지지 않는다. 인물들은 서 있는 것이 아니라 마치 허공에 떠 있는 것 같다. 삽화의 전체 구성에서 일종의 '무중력 상태'가 느껴진다. 이러한 '무중력 상태'가 필요한 것은 장면들이 서로서로 겹쳐 있음에도 불구하고 위의 장면이 아래의 장면을 누르지 않도록 하기 위해서다. 동시에 이러한 '무중력 상태'는 그림에 일종의 도상적인 폐쇄성을 부여한다.

삽화에서 개별적인 장면들은 어떤 순서로 배열되는 것일까? 유럽의 삽화에서 일반적인 이야기의 순서는 아래에서 위로 나아간다. 가장 이른 사건이 아래에 배치된다. 그 위에 좀더 이후에 일어난 일들이 그려진다. 이와 함께 윗부분은 뒤의 일들의 차원이다. 부분적으로 이 때문에 삽화본 선집에서 삽화의 가장자리 틀은 아래와 옆에 위치한다. 그리고 윗부분은 열려 있는데 이는 이야기는 계속될 것이고 러시아 역사의 사건은 종결되지 않았기 때문이다. 그럼으로써 삽화가는 '다음 편에 계속됩니다'라고 말하고 있는 듯하다. 독자는 삽화에서 이야기의 순서가 아래에서 위로 나아간다는 사실을 항상 염두에 두어야 한다.

그런데 간혹 그 순서가 파괴된다. 문제는 삽화에서 하단부는 또한 행위가 이루어지는 근본 장소, 즉 일종의 '무대'라는 의미를 가지고 있다는 사실이다. 이 때문에 묘사 대상인 이야기의 중요한 에피소드는 심지어 그것이 이야기를 종결하는 것일 때에도 하단부에 위치할 수 있었다. 게다가 상단부에 행위의 동기나 역사적으로 유사한 이야기 혹은 다양한 환상을 그릴 수도 있었다. 그럼으로써 삽화가는 하나의 구성 속에 전조

(前兆)와 그 전조에 의해 예견된 사건을 결합시키거나 행위와 그에 대한 연대기자의 해석을 결합시킨다. 또한 상단부에서 등장인물의 말 속에서 언급되고 있는 사건을 묘사한다. 하늘의 계시가 이루어지고 있는 장면 또한 상단부에서만 묘사된다.

삽화의 하단부는 독자에게 가까운 차원, 즉 시간적, 공간적으로 가까운 차원이다. 무엇이 더 중요한가는 삽화가에게 달려 있다. 예를 들어 오스테르만 삽화본 첫 권의 15번째 삽화의 경우 상단부에는 프스코프에서 발생한 사건이 그려져 있고 하단부에는 그보다 더 이후에 모스크바에서 발생한 사건이 그려져 있다. 시간적인 특징으로 보자면 먼저 앞선 프스코프의 사건을 하단부에 그려야만 하겠지만 삽화가는 그럼에도 불구하고 하단부에 모스크바의 사건을 그렸다. 삽화가에게는 모스크바의 사건이 더 가깝고 더 중요했던 것이다.

하지만 이러한 개별적인 예외들이 삽화에서 보편적인 운동 방향, 즉 아래에서 위로의 방향을 변화시킬 수는 없다. 이러한 보편적인 방향 외에도 이보다는 약하지만 또 한 가지 서술 운동의 방향, 즉 수평적 운동에서의 방향이 존재한다. 일반적으로 도착, 적의 침입, 군대의 귀환은 『라드지빌로프 연대기』와 마찬가지로 왼쪽에서 오른쪽으로 묘사된다. 러시아 군대의 출정, 사신 파견, 출발은 오른쪽에서 왼쪽으로 묘사된다. 하지만 물론 예외도 있다. 특히 콘스탄티노플로 나아갈 때 그러하다.

삽화에서 개별적인 장면의 배치는 또 한 가지 흥미로운 점을 가지고 있다. 전체적으로 볼 때 연대기의 이야기와 역사적 사건의 순서는 일치한다. 하지만 연대기자가 이미 그전에 있었던 사건들, 과거의 사건들을 언급할 때 삽화가는 역사적 순서를 따르지 않고 연대기 서술의 순서를 따른다.

모든 역사적인 사건은 언제나 건물 외부에서 묘사된다. 오랫동안 고대 러시아의 화가들에게는 건물 내부를 묘사할 '능력이 없었다'고 간주되어 왔다. 하지만 그렇지 않다. 아마도 건물 내부에서 사건을 그리는 것이 외부에서 사건을 그리는 것보다 쉬울 수도 있었을 것이다. 왜냐하면

화가들은 건물 앞에서 묘사되고 있는 사건이 실은 바로 그 건물 내부에서 발생하고 있다는 사실을 보여주기 위해 다양한 기호들을 이용해야만 했는데, 건물 내부에서 사건을 그린다면 이러한 수고로움에서 벗어날 수 있었을 것이기 때문이다.

이는 세계에서 벌어지고 있는 모든 사건에 대한 화가의 독특한 관점 때문에 생겨난다. 화가는 모든 사건을 큰 단위로, 파노라마적 시각으로 본다. 화가가 포착하고 있는 공간이 매우 크기 때문에 실내 모습을 묘사하는 것은 당연히 불가능했다. 화가는 사건이 벌어지고 있는 장소를 뚜렷하게 보여주고 그 건물이 어떤 것인지를 뚜렷하게 지시해주어야만 했고 이는 건물의 외면에 대한 묘사를 통해서야 가능했다. 이것은 그의 창작이 갖는 서술성에 상응한다.

화가는 건물에 검은 구멍을 만들어 사건이 그 건물 내부에서 발생하고 있다는 것을 나타낼 준비를 갖춘다. 그리고 그 구멍을 배경으로 사건을 보여준다. 이는 단순한 '무능력'이 아니라 하나의 묘사 체계다. 만일 행위가 사원에서 이루어질 경우 화가는 이 사원을 그것의 기호와 특징을 담아 그려야만 한다.

고대 러시아 화가에게 실내는 언제나 어두움이라는 단 한 가지의 고정적인 특징을 갖는 것이었다. 만일 행위가 공후의 침실에서 이루어진다면 화가는 먼저 그의 궁을 보여주고 아치형으로 생긴 커다란 검은 구멍을 만든다. 그리고 공후의 침대를 마치 이 검은 구멍에 닿아 있는 듯이 그린다. 이로써 충분하다. 검은 아치형 구멍을 통해서 건물 내부에서 행위가 이루어지고 있다는 것을 보여주는 것은 삽화가들이 철저하게 지켰던 여러 기법 중 하나다. 이러한 검은 구멍은 삽화들 속에 매우 자주 등장한다. 이 구멍들은 또한 지시하거나 축복하는 몸짓의 치켜든 손의 훌륭한 배경이 된다.

삽화본의 각각의 권 혹은 어느 정도는 모든 권의 삽화들이 통일적인 예술적 유형을 유지하고 있다. 이 삽화들은 같은 성격, 같은 약호, 심지어 같은 리듬의 삽화들이다.

이러한 삽화들은 같은 쪽의 텍스트와 연관되어 있다. 각각의 쪽에는 삽화 외에도 텍스트의 일부분이 위치한다. 이 텍스트의 가볍게 기울어진 서예적 행서체(行書體)는 각각의 삽화에도 존재하고 있는 운동감을 만들어낸다(앞서 언급한 것처럼 삽화가는 주로 동작을 이야기하고 묘사한다).

각각의 삽화들은 그것이 다양한 장면들의 '선집'임에도 불구하고 구성에서나 이 구성을 포착하고 있는 하나의 리듬에서나 통일적이다. 인물들, 기사들, 군사 무리들은 리드미컬하게 공격하고 리드미컬하게 움직인다. 리듬은 의복의 동일성이나 얼굴의 유사성 혹은 그들이 같은 차원에 배치되어 있다는 사실에 의해 강조된다(얼굴뿐만이 아니라 몸 전체가 유사하며 같은 크기다). 의복과 투구, 모자의 동일한 리듬 또한 그림에 리듬감을 부여해준다. 고대 러시아 의복의 솔기를 연상시키는 군사들의 옷 위의 직선들이나 날아가는 화살들, 창들, 혹은 머리 위로 치켜 올라간 칼들의 평행선도 리듬을 만든다. 이 리듬은 환상적이면서도 매우 다양한 건물 문자나 돌 언덕의 리듬과 일치한다.

하지만 모든 삽화의 구성이 하나의 리듬을 유지하는 것은 아니다. 어떤 삽화 구성에서는 수평선이 지배적이며 어떤 삽화에서는 구성이 대각선에 따라 이루어지거나 8각의 형태를 취하기도 한다. 몇몇 경우 곡선이 직선과 결합하거나 대조된다. 사람들은 건물 문자의 리듬에 대립하거나 종속된다(사람들의 휘어진 등이 아치의 기울어진 선을 반복한다).

마지막으로 구성의 정서적 표현성을 언급해야 할 것이다. 죽음의 장면에서 같은 크기로 배치되어 있는 검은 아치형 구멍들에 의해 혹은 위협적인 전조의 장면에서 전체 구성이 보여주는 부동성과 정체성에 의해 정서적 내용이 전달된다. 하지만 전투 중에 발생한 군사의 죽음은 결코 우울한 인상을 만들어내지는 않는다. 전투는 그것이 러시아인들이 패배한 경우라고 할지라도 유쾌한 음조와 속도를 유지한다. 이와 반대로 러시아 군대의 파멸에 대한 소식이나 죽은 자를 애도하는 장면 혹은 죽은 자의 장례 장면은 언제나 구성이나 그 색채에 있어서 비통하다. 뚜렷한 수평적 리듬은 강한 의지라는 인상을 창조한다. 삽화의 수직적 구성은 삽화가가 사건이 갖는 예언적 의미를 독자들에게 각인시키고 '정신적인 고양'을 불러일으키려고 한다는 것을 말해준다.

삽화에서는 서예적 원리가 회화적 원리보다 우월하다. 이는 삽화의 양식이 서예적 행서체의 텍스트와 연관되어 있다는 관점에서 이해할 수도 있을 것이다. 선은 색채보다 우월하고 색채를 지배한다. 하지만 색채는 구성이나 선과 마찬가지로 분위기를 전달해준다(물론 이 분위기는 관습적이고 에티켓적이다). 세밀한 감정은 전달되지 않는다. 근본적인 분위기, 즉 승리, 슬픔, 위협적인 전조 앞에서의 공포, 당황, 경건함 등의 분위기만이 전달된다.

만일 우리가 몇 마디로 삽화본 선집의 삽화들의 중요한 예술적 본질을 정의해본다면 그것은 아마도 다음과 같은 것이 될 것이다. 이것은 러시아 역사의 의례적인 치장이자 묘사다. 혹은 독특한 '역사의 퍼레이드'다. 하나의 사건도 놓치지 않으려는 노력, 발생한 모든 것의 상징을 그리려는 노력, 일관된 '형상적 서술'을 창조하려는 노력, 모든 사건에 적절한 서술 에티켓을 유지하려는 노력도 이러한 의례성에 상응한다. 이는 눈으로 보는 독특한 역사의 수사학이다.

하지만 이것이 삽화에 15~16세기의 다양한 현실에 대한 표상을 제공해주는 풍부한 자료가 존재하지 않는다는 것을 의미하지는 않는다. 핍진한 세부들이 환상적인 건물 문자로 침입해 들어와 있다. 관습적인 건물 가운데에는 삽화가들이 자신의 눈으로 이런저런 건물을 실제로 보았다는 사실을 증명해주는 세부들이 발견된다. 예를 들어 삽화본 선집의 오스테르만 제1권(앞으로 드는 예들은 여기서 취했다)의 105번째 삽화에는 모스크바의 아르헨겔스크 사원이 그려져 있는데 여기에는 이탈리아의 건축가 신(新) 알레비즈[40]가 그 사원에 부여했던 가장 큰 특

---

40) 알레비즈: 16세기 초반 러시아에서 활동했던 이탈리아 건축가. 그보다 전에 러시아에서 활동했던 동명이인의 건축가와 구별하기 위해 신(新) 알레비즈로 불렸다—옮긴이.

징, 즉 벽 상단부의 조개 문양이 나타난다. 성자 세르기가 두벤카의 스트로민에 세울 것을 명했던 나무 교회는 14번째 삽화에 하나의 탑을 가진 천막의 모습으로 그려지고 있는데 이 나무 교회의 묘사는 유사한 형태로 19번째 삽화에서 반복된다. 관습적으로 그려진 대문과 함께 실제적인 특징을 가진 대문이 있다(16번째 삽화에 그려진 나무 대문은 기둥과 대문에 못으로 고정시킨 지붕과 함께 그려져 있다). 수도원의 나무 벽에 대한 묘사를 통해 16세기에 그 벽을 어떻게 만들었을지를 어느 정도는 짐작할 수 있다. 수직으로 서 있는 기둥들의 구멍에 맞춰진 일련의 수평의 통나무들이 그려져 있는 것이다.

하지만 삽화가들이 건물 자체를 그린 것이 아니라 그 상징, 기호를 그린 것이라는 사실을, 이 때문에 건물을 전체적으로 재현하면서도 그 건물에 특징적인 두세 가지의 세부들로 한정하고 있다는 사실을 항상 기억해야 한다. 심지어 건물의 파괴에 대해 서술할 때에도 그 건물들은 상하지 않은 상태로 온전하게 제시되며 동시에 그에 대한 파괴가 묘사된다. 예를 들어 콜로멘의 교회의 붕괴에 대한 이야기에서 교회 전체가 묘사된다. 그런데 교회의 높은 아치에서 어디서 취했는지 알 수 없는 엄청난 크기의 돌덩어리가 땅으로 떨어진다(29번째 삽화). 콜로멘의 교회의 기호와 함께 그 파괴의 기호가 그려지고 있는 것이다.

러시아인들은 기울어진 테의 모자들을 쓰고 있는 것으로, 리투아니아인들은 일직선의 테의 모자를 쓰고 있는 것으로 묘사된다(46~48번째 삽화). 공후들은 둥근 모피 모자를 쓰고 있으며 삽화가들은 타타르인과 러시아인을 형상화할 때 특별한 구별을 두지 않고 있다. 가령 킵차크한국의 전제군주가 되기 전에 마마이는 러시아의 공후들이 쓰고 있던 것과 같은 둥근 모피 모자를 쓰고 있다. 킵차크한국의 칸이 되고 나서야 마마이는 삽화가들에게서 다섯 개의 화관이 달린 왕관을 받게 된다.

훌륭한 세태적 묘사도 존재한다. 명령을 받아 적는 필사가(44번째 삽화), 뗏목을 이용한 도강(여기서 말들은 뗏목 옆에서 헤엄치고 있다. 41번째 삽화), 급조한 다리를 이용한 도강(이 다리는 강바닥에 말뚝을 박아 횡으로 절단한 나무들로 만든 것으로 난간이 없다. 135, 136번째 삽화)이 그러하다.

다음과 같은 세부 묘사도 볼 수 있다. 타타르인들이 포로를 끌고 갈 때 남자들은 뒤로 손을 묶어서 끌고 가지만 여자들은 묶지 않는다. 전투 전에 무사들이 입는 갑옷을 어떻게 상자에 넣어 운반하는가도 묘사된다 (135번째 삽화). 안장, 마구(馬具), 무기, 의복, 몇 가지 노동 도구(도끼, 석공의 연장), 나팔수의 나팔도 훌륭하게 묘사되어 있다.

삽화가들이 역사적 인물들의 실제적 특징을 얼마나 정확하게 전달하려고 했는지는 매우 어려운 문제다. 한 가지는 확실하게 말할 수 있다. 삽화가들은 역사적 인물들의 중요한 특징들을 모든 삽화에서 똑같이, 특히 수염의 형태와 관련해서 똑같이 전달하기 위해서 세심하게 주의를 기울인다. 우리는 수염의 형태로 마마이와 드미트리 이바노비치 혹은 대주교 키프리안 등을 알아볼 수 있다. 평범한 병사들의 얼굴(언제나 수염이 없다), 농민 무리의 얼굴, 의미 없는 인물들의 얼굴은 언제나 똑같이 그려진다. 블라디미르의 성모와 같은 성상화 유형이나 다른 성상화에서 얼굴의 묘사는 매우 훌륭하게 전달된다.

우리는 삽화본 선집의 삽화들 속에서 실제적 관찰을 위한 훌륭한 자료를 발견할 수 있다. 이 실제적 관찰은 미리 그에 대해 짐작하거나 완전히 그 의미를 파악하기가 불가능하다.[41] 삽화, 이는 역사를 향한 창이다. 이는 우리에게 러시아의 여러 사건의 모습을 보여주는 창이자, 그 현실의 모습을 보여주는 창이다. 그뿐만 아니라 그것은 당대의 미학적 표상, 삽화가의 세계관, 러시아 역사에 대한 그의 태도를 향한 창이기도 하다.

고대 러시아의 삽화가들의 이러한 예술적 원칙을 고려하고 그들의 눈으로 그들의 작품을 보고자 할 때에만 우리는 삽화본 선집의 가치를 완

---

41) 삽화본 선집의 삽화들의 현실에 대해서는 앞서 언급한 A. V. 아르치홉스키와 O. I. 포도베도바의 책에서 매우 훌륭하게 해명되고 있다(그러나 결코 완전하다고는 할 수 없다).

전하게 평가할 수 있을 것이다. 이것은 근대의 예술과는 거리가 먼 예술이다. 이것은 의례적인 예술이자 서술하는 예술, 관습적인 예술이다. 이것은 매우 윤리적이고, 역사적이고, 계시적인 관점에서 세계를 바라보는 예술이자 파노라마적 시각의 예술, 러시아 역사에 대한 파노라마적인 관점의 예술이다.

*   *   *

고대 러시아 연대기의 삽화가들의 서술 기법을 가령 헝가리의 라틴어 삽화본 역사서나 콘스탄틴 마나시의 불가리아어 삽화본 역사서의 바티칸 판본의 그것과 비교해보는 작업은 비록 예비적인 형태라 할지라도 흥미로운 작업이 될 것이다. 두 역사서는 사진본으로 출간되었으며 따라서 그것들을 러시아의 삽화본과 비교하는 작업은 매우 용이하다.[42]

무엇보다 먼저 두 역사서가 가진 삽화의 양이 러시아에 비해 훨씬 작다는 점을 지적해두어야 할 것이다. 이는 삽화의 목적이 달랐던 것으로 설명할 수 있다. 즉 두 역사서의 삽화는 먼저 수고를 장식하는 기능을 가지며 독자들로 하여금 텍스트를 구체화할 수 있게 하는 것은 부차적인 기능이었던 것이다.

이는 특히 헝가리의 삽화본 역사서의 화려한 필사본에서 잘 드러난다. 이 필사본에는 금박이 널리 사용되고 있으며 삽화들은 매우 세밀하고 우아하게 그려져 있다. 이 필사본의 삽화들은 화려한 첫 문자 그림과 결합되어 있으며 부분적으로 이 첫 문자 그림 속으로 들어간다. 서체는 매우 우아하고 세밀하다. '공간의 극복'을 위한 기법은 부분적으로 러시

---

42) Kepes Kronika, Hasonmas Kiadas, Maguar Helikon Konynkiado, Budapest, 1964, t. 1~2; *Die Ungarische Bilderchronik*, Budapest, 1961; Летописта на Константин Манаси. Фототипно издание на Ватиканския препис на среднобългарския превод, Увод и бележки от Иван Дуйчев, София, 1963.

아의 필사본들에서와 똑같다. 즉 도시의 묘사는 관습적이고 크지 않다. 나무도 축소되어 있으며 러시아의 돌 언덕과 유사한 관습적인 언덕이 등장한다. 하지만 몇 가지 플롯을 동시에 포함하지는 않으며 묘사 대상의 '순간성'이 훨씬 더 뚜렷하게 등장한다. 헝가리의 삽화본 역사서에서 서술 기법이나 시간의 형상적 극복 수단은 러시아 필사본에 비해 훨씬 덜 다양하다.

삽화를 위한 플롯의 선택은 거의 동일하다. 대관식, 죽음, 전투, 만남, 협상 등이 그것이다. 몸짓이나 자세의 체계도 똑같다. 하지만 얼굴의 표현, 그 리얼리즘적 전형성은 러시아의 삽화에 비해 훨씬 다양하다.

『라드지빌로프 연대기』에서 나타나는 기법, 즉 하나의 삽화 구성 속에서 몇 가지 플롯을 수평적으로 결합하는 경우는 거의 없다. 이 때문에 삽화들은 간결하다. 또한 헝가리 삽화본 역사서에서는 텍스트가 두 열로 씌어 있는데 삽화들은 자신이 그리고 있는 바로 그 열의 범위를 넘어가지 않는다.

마나시 역사서의 중세 불가리아 판본(14세기) 또한 러시아의 삽화본 연대기에 비해 삽화의 양이 훨씬 적다. 109개의 개별적인 장면을 담은 69개의 삽화가 전부다. 얼핏 보면 삽화의 체계가 러시아 연대기에 나타나 있는 것과 유사한 것처럼 보이지만 실제로는 그렇지 않다. 이것은 사건에 대한 이야기가 아니라 필사본의 장식이자 개별적인 장면이 갖는 시각적 내용을 보여주는 것이다. 삽화를 위한 플롯의 선택은 러시아의 연대기 삽화본과 마찬가지이며 개별적인 묘사 대상의 축소, 그리고 가능한 더 많은 사건의 세부 장면을 담아내려는 지향이나 사건을 전체로, 완전하게 묘사하려는 지향도 같다.

하지만 축소가 서술을 위한 것만은 아니다. 수도사들은 다른 보통의 등장인물들에 비해 크며(137쪽 뒷면 등) 여기에는 우리가 이미 알고 있는 성상화에서의 위계적 원칙, 즉 부차적인 대상을 축소 묘사하는 원칙이 반영되어 있다. 건물은 이야기를 쉽게 해주고 있을 뿐만 아니라 동시에 구성의 문제를 해결하기 위해 사용되고 있다. 즉 건물은 삽화에 틀을 부여하고 그 경계를 만들어준다. 막이 위로부터 그림에 틀을 지어주고 있다(145쪽 뒷면).

다양한 플롯의 배치는 『라드지빌로프 연대기』에서와 똑같은 원칙에 따라 수평으로 진행된다. 하지만 텍스트에서와 마찬가지의 '독서' 순서를 갖는 두 칸 혹은 세 칸의 삽화도 존재한다. 전체적으로 바티칸 판본의 삽화는 능숙한 성상화의 대가가 그렸다는 인상을 준다. 반면에 우리가 살펴본 두 러시아 연대기의 삽화들은 삽화 전문가, 특히 서술적 삽화 전문가에 의해 만들어졌다.

두 러시아 연대기(한 권짜리 『라드지빌로프 연대기』와 16세기의 10권짜리 삽화본 선집)의 삽화들은 서술적인 그림에 대한 많은 경험이 있었음을 증명해준다.

『라드지빌로프 연대기』의 삽화가들은 신속하게 작업했으며 화려한 필사본을 만들려고 하지 않았다. 16세기 삽화본 선집의 삽화들은 매우 전문적으로 그려져 있으며 예식적이다. 하지만 이 삽화들도 화려하지는 않다. 금박이 사용되지 않았다는 것뿐만 아니라 대충대충 이루어진 채색도 이를 증명해준다. 삽화가들은 낡은 색을 서둘러 바꾸려고 하지 않았으며 때로 더러운 붓으로 더러운 물감을 사용하기도 했다.

다음과 같은 질문이 가능하다. 『라드지빌로프 연대기』나 16세기 삽화본 선집이 문자를 알지 못하는 사람들을 위한 일종의 교과서는 아니었을까? 삽화를 가지고 아이들에게 역사를 읽어주었던 것은 아니었을까?

한때 삽화본 선집의 몇 권이 궁중 극장에 있었던 이유에 대해서 다음과 같은 가설이 제기되었다. 미래의 황제인 어린 표트르의 선생 조토프가 그에게 러시아의 역사를 '그림으로' 가르쳤다는 것이다.[43] 삽화본이 표트르 한 사람에게만 러시아 역사에 대한 교과서로 기능했던 것은 아닐 것이다. 『라드지빌로프 연대기』도 같은 누군가의 아이를 위해 역할

---

43) 『학술원 도서관 필사본 부서 자료에 대한 역사적 기술과 검토』, 모스크바-레닌그라드, 1956, 20쪽.

을 했을 수도 있을 것이다. 이 삽화들로 러시아 역사를 이야기하고 외워야만 했을 것이다. 바로 이 때문에 삽화의 수가 이렇게 많은 것이며 바로 이 때문에 삽화가 커다란 서술성을 가지고 있는 것이다.

형상이 이야기를 한다. 이야기는 형상이 된다.

문학 장르들 간의 관계

문학 장르의 범주는 역사적인 범주다. 문학 장르들은 언어예술 발전의 특정한 단계에서만 등장하며 그런 다음 계속해서 변화하고 교체된다. 하나의 장르들이 다른 장르들로 대체되거나 어떤 장르도 문학에 있어서 '영원한' 장르가 될 수 없다는 사실만이 중요한 것은 아니다. 개별적인 장르의 구별 원칙 자체가 변화하며 장르들의 유형과 성격, 특정한 시대에서 장르들의 기능들이 변화한다는 사실 또한 중요하다. 순수하게 문학적인 특징에 기초하고 있는 현대의 장르 구분은 비교적 늦게 등장했다.

러시아 문학의 경우 순수하게 문학적인 장르 구분의 원칙들은 주로 17세기에 작동하기 시작한다. 그전까지 문학 장르들은 일정 정도 문학적인 기능 외에 비문학적인 기능을 가지고 있다. 장르들은 그것이 어떻게 사용되는가에 의해 규정되었다. 즉 예배에 사용되는가(예배의 각 부분들에서 사용되는 장르들), 법적, 외교적 실천에 사용되는가(세목서,[44] 연대기, 공후의 범죄에 대한 이야기들), 공후적 생활 세태의 장치에 사용되는가(축승가, 찬양) 등이 그것이다.

우리는 유사한 현상을 민담에서도 볼 수 있다. 민담에서 비민담적인 장르 특징들은 매우 커다란 의미를 가지며 특히 아주 옛 시기에 그러하

---

44) 세목서(статейные списки): 15~18세기 초반의 러시아의 공식 행정 문서의 한 형태. 세목 혹은 개별 문제 항목에 따라 구성된다. 가장 널리 알려진 형태는 러시아 외교관이나 외국 외교관을 영접하는 것을 다루고 있는 외교 세목서다—옮긴이.

다(제의적 민담, 역사적 민담, 동화 등에서).

문학 발전의 모든 시대에 장르들은 변화하는 요소들 전체의 영향을 받으며 문학 내부에서 구별되고, 다양한 특징에 기초하고 있기 때문에 문학사에는 다음과 같은 특별한 과제가 제기된다. 장르들 그 자체에 대한 연구뿐만 아니라 장르 구분을 실현시키는 원칙들에 대한 연구, 개별 장르들과 그 역사에 대한 연구뿐만 아니라 모든 각각의 시대에서 장르들의 체계 자체에 대한 연구가 그것이다. 실제로 장르들은 서로서로 독립적이지 않게 존재하며 역사적으로 변화하는 특정한 체계를 구성한다. 문학사가는 개별적인 장르들에서의 변화와 새로운 장르들의 등장 혹은 낡은 장르들의 쇠퇴뿐만 아니라 장르들의 체계 자체의 변화를 알아야만 한다.

식물학에서 우리가 '식물군'을 이야기할 수 있는 것처럼 문예학에서도 특별한 연구를 요하는 장르군이 존재한다.

숲, 이는 특정 종의 관목들, 풀들, 이끼들, 포자류들을 갖추고 있는, 나무들의 유기적인 결합이다. 다양한 종의 식물들은 자의적으로 변화될 수 없는 결합 속으로 들어간다. 마찬가지로 문학과 민담에서도 장르들은 사회적 요구의 전체 복합체의 만족에 종사하고 있으며 이와 관련해서 서로서로에 대해 엄격하게 종속적인 형태로 존재하고 있다.[45] 장르들이 총체적인 보편적 원인들에 의해 생겨났기 때문에, 또한 장르들이 서로서로 상호작용하고 있으며 서로의 존재를 뒷받침해주고 동시에 서로서로 경쟁하고 있기 때문에 장르들은 특정한 체계를 구성한다.

유감스럽게도 문학 발전의 모든 특정 시대의 장르가 자신들 간의 상호관계 속에서 하나의 체계, 즉 특정한 문학적, 비문학적인 요구를 해결

---

45) 볼만은 '장르군'을 '식물군'과 '동일시'하는 것을 반박한다. 하지만 내게 중요한 것은 '동일시'가 아니라 이질적인 문학적 구조들의 상호관계와 상호종속을 더욱더 깊게 이해할 수 있게 해주는 비교인 것이다(S. F. 볼만, 「비교-역사적 문예학의 문제로서 장르 체계」, 『현대 어문학의 문제들. 아카데미회원 비노그라도프 70세 기념 논문집』, 모스크바, 1965, 347쪽을 보라).

하기 위해 소환된 체계로서, 그리고 일정한 내적인 안정성을 소유하고 있는 체계로서 연구되지 못하고 있다. 모든 시대의 문학에는 특정한 체계 내에서의 장르들의 '균형점'이 존재한다. 이 균형점은 지속적으로 내부로부터 파괴되고 지속적으로 새로운 토대 위에서 재생되며, 다시 언어체의 개별적인 종들과 독특하게 결합하고, 민속의 장르체계나 예술의 다른 종들과 결합한다. 특정 시대를 주도하는 지배적인 장르들의 존재가 이러한 균형점을 방해하지 않는다. 마치 숲에서 이러저러한 나무 종의 우세가 식물계의 균형점을 방해하지 않는 것처럼 말이다. 장르들의 '균형점'은 11~17세기 러시아 문학에서도 존재한다.

앞으로 고대 러시아의 장르 체계들이 주의 깊게 연구되었을 때, 우리는 역사−문학적인 발전의 문제들뿐만 아니라 11~17세기 러시아 문화의 역사가 갖는 문제들을 해결할 수 있을 것이다. 예컨대 고대 러시아의 문화에서 어떤 요소들――가령 세속적인 혹은 교회적인 요소들――이 주도적이었으며 이 요소들이 어떤 정도로 문학 속에 나타나고 있으며 러시아 문학에 얼마나 더 특징적이었는가, 등의 문제를 해결할 때, 고대 러시아 문학의 장르 체계에 대한 연구는 중요한 역할을 수행할 것이다.

이와 마찬가지로 중요한 문제로 11~16세기 러시아 문학에서 왜 시적 장르와 극적 장르가 미약하게 발전했던가, 그 원인의 문제를 해명할 때에도 문학적 장르와 민속 장르의 상호작용의 해명이 중요한 역할을 할 것이다(이는 앞으로 우리가 밝히고자 하는 것이기도 하다). 문학적 장르들의 체계에 대한 연구는 고대 러시아에 특징적인 문학과 다른 예술 종들의 관계의 특수성, 문학과 과학, 문학과 다양한 유형의 행정적 언어체의 관계의 특수성을 밝히는 것을 도와줄 것이다. 특정한, 복잡하게 상호작용하는 현상으로서 문학 장르들에 대한 연구와 밀접하게 관련된 다른 문제들은 열거하지 않도록 하겠다.

일반적으로 고대 러시아의 장르들은 일정 정도 현대화되어 받아들여지고 있으며 이러한 사실은 고대 러시아의 장르들에 대한 연구에 매우 해롭다. 고대 러시아의 장르 체계들에 대한 예비적인 검토로 들어가면서 우리는 무엇보다도 먼저 장르들에 대한 우리의 현대적인 관념들에서 벗어나야만 할 것이다.

먼저 중세의 언어체 자료들로부터 유추할 수 있는 장르들의 명칭 자체를 검토해야만 할 것이다. 이 과제는 물론 매우 어려운 것이며 결코 완전히, 논쟁할 여지가 없이 명백하게 해결될 수 없는 것이다.

실제로 필사본들에 나타나는 장르에 대한 지적은 매우 복잡하고 혼란스럽다. '알파벳서', '알파벳', '대담', '창조', '회고'(예컨대 「위대한 노브고로드에 있는 성모 성상화의 계시와 기적에 대한 회고」와 같이 성자에 대한 기록이나 기적에 대한 이야기), '장'(章)(「소문에 대한 장」, 「교부 닐의 장」, 「교훈적인 장」 등), '두 가지 말', '행위', '대화', '서신', '생애', '생애와 삶', '유훈'과 '유훈들'(「분노와 거짓에 대한 단Dan의 유훈」, 「지혜에 대한 요셉의 유훈」, 「열두 총대주교의 유훈들」), '선별집', '선집', '설교문', '설교', '역사', '연대기서', '연대기', '탄원', '탄원과 기도', '꾸짖음', '꾸짖는 말씀', '서술', '대답', '기억', '이야기', '구경거리', '보여주기', '편지', '찬양', '칭송', '잠언', '사유', '말씀들', '말씀', '전설', '말', '논쟁', '창조', '해석', '여행기', '강론' 등.

모든 장르 명칭을 정확하게 열거한다면 아마도 대략 백여 가지에 이를 것이다. 특징적인 것은 고대 러시아 문학에서 장르들의 숫자가 지속적으로 급격하게 증가한다는 사실이다. 이러한 과정은 17세기, 즉 중세적인 장르 체계의 원칙들이 부분적으로 사멸하기 시작하고 있지만 중세의 체계를 대체할 새로운 체계, 근대 러시아 문학의 장르 체계는 등장하지 않았던 17세기에 이르기까지 지속된다.

앞서 열거한 고대 러시아의 장르 명칭들에서 우리가 명백히 알 수 있는 것은 이 명칭들이 서로서로 뚜렷하게 구별되고 있는 것은 아니라는 사실이다. 전혀 다른 작품들이 동일한 명칭 하에 등장한다(예를 들어 『이고리 원정기』와 키릴 투롭스키의 「반(反) 부활절에 대한 말씀」, 그리고 사제 포마의 「찬양의 말씀」을 보라).[46] 이 때문에 문사들은 매우 종종 작품 제목에 동시에 두 개 혹은 그 이상의 장르 규정을 사용한다. 「지혜의 이야기와 대담」,「이야기와 환상」,「이야기와 서신」,「이야기와 설화」,「이야기와 서한」,「이야기와 교훈」,「이야기와 기록」,「이야기와 기적」,「아들에게 보내는 벌 혹은 교훈」,「미티안의 위대한 황제 드라큘라에 대한 이야기와 전설」,「유명하고 영광스러우며 현명하고 덕이 많은 지혜로운 남자, 마케도니아의 위대한 황제, 알렉산더의 생애와 활동과 여정」,「마케도니아의 황제 알렉산더의 신기하고 놀라운 생애와 이야기」,「마케도니아의 황제, 위대하고 용맹한 알렉산더의 이야기와 역사」,「성(聖) 블라디미르에서 알렉세이 미하일로비치까지 러시아의 황제와 공후들에 대한 역사 혹은 이야기」,「성자 바를람과 이오사페의 생애와 삶」,「러시아의 수도원장 다닐의 생애와 여행」,「수도사이자 고난자 아브라미가 황제에게 드리는 탄원, 탄원서」 등. 때로 동일한 작품이 여러 판본 속에서 다른 장르 규정을 갖게 되는 경우도 있다. 예컨대 일라리온의 같은 작품에 「고행자 형제에게 보내는 서한」 혹은 「고행자 형제에게 드리는 말씀」이라는 제목이 사용된다. 알렉산드르 넵스키의 생애전은 여러 판본에서 '생애전'으로 규정되기도 하고 '이야기'로 규정되기도 한다.

작품의 제목에 여러 장르 규정이 결합되고 있는 것은 어떤 규정을 선택할 것인가에 대한 문사의 동요를 드러내는 것일 뿐만 아니라 때로는 고대 러시아의 작품들이 실제로 여러 장르를 결합하고 있다는 사실의 결과이기도 하다. 하나의 작품이 여러 장르로 구성될 수 있는데, 예컨대 생애전으로 구성된 작품에 성자에 대한 예배문이 뒤따르고 그런 다음 사후 기적에 대한 이야기 등이 나온다. 개별적이고 그 장르에 있어서 상이한, 좀더 작은 작품들이 하나의 주제로 한 작품을 '꿴다'.

예를 들어 「순교자 보리스와 글렙의 이야기와 찬양」을 보면 여기에서는 실제로 생애('이야기')와 '찬양'이 결합되고 있다. 혹은 「아무것도 하지 않는 게으른 자에게 보내는 교훈과 부지런한 자에 대한 찬양」을 보

---

46) 이 작품들은 모두 '말씀'(Slovo)이라는 제목을 가지고 있다—옮긴이.

라. 많은 교회 장르도 구성적인 성격을 갖는다. 예를 들어 카논은 몇 개의 노래가 하나의 전체로 결합되어 만들어진다. 다시 이 노래들은 몇 개의 시(첫 시는 찬미가, 그다음 시는 성자 찬송가, 마지막은 찬가)가 하나의 전체로 결합되어 만들어진다.[47)]

고대 러시아 문학에서 개별적인 장르들이 혼합되고 불분명하게 구별되는 중요한 원인 중의 하나는 장르를 구별하는 토대가 서술의 문학적인 특징이 아니라 작품이 다루고 있는 대상 혹은 주제이기 때문이다. 실제로 고대 러시아에서 매우 자주 장르 규정들은 서술의 특정 대상과 결합하고 있다. 가령 '환상', '생애', '업적', '수난', '순교', '여행', '기적', '활동' 등이 그렇다(「바르바라와 율리아니의 순교」, 「엘레아자로프의 순교」, 「표도르의 고난」, 「그리고리의 환상」을 보라).

러시아의 많은 장르 명칭의 운명에서 우리는 다음과 같은 과정을 살펴볼 수 있다. 서술 대상에 대한 규정이 점차로 문학적 특징들의 총체를 획득한다(여기서 이 대상은 중세의 문학적 에티켓에 따라 이 특징들과 연관된다). 이때에서야 비로소 이것이 고유한 의미에서의 장르적 규정이 된다. '생애전'과 같이 잘 알려진 장르 명칭의 경우를 보자. 작품 제목에서 자주 등장하는 결합들——가령, '생애와 순교', '생애와 인내', '생애와 삶과 죽음' 등——에서 분명해지는 것은 고대 러시아의 문사들이 우리가 지금 '생애전'에 부여하고 있는 것과는 다른 내용을 부여하고 있다는 사실이다.

고대 러시아의 문사들에게 '생애전'이란 작품의 장르에 대한 규정이라기보다는 서술의 대상에 대한 지시다. 이후에 와서야(14세기 이후) '생애전'이라는 단어가 서술 문학의 특정 장르를 지칭하기 시작한다. 장르 규정과 서술 대상의 규정이 분리되는 과정은 매우 복잡하다. 어휘 학자들이 고대 러시아의 장르 명명법의 역사를 연구하는 문예학자들을 도

---

47) K. 니콜스키, 『정교 러시아 교회의 교회법에 대한 관계에 따른 예배서 고찰』, 상트페테르부르크, 1858, 23쪽.

와주기를 기대해야 할 것이다.

*　*　*

고대 러시아 문학작품들은 복잡하게 서로 상호 침투한다. 봉건사회에서 각각의 정치 단위가 조금 더 큰 정치 단위의 일부가 되는 것처럼 고대 러시아 문학에서도 한 작품이 다른 작품의 구성 부분이 된다. 따라서 장르들도 동등하지 않으며 동질적이지도 않다. 장르들은 독특한 위계적 체계를 이룬다. '영주-장르'가 있는가 하면 '가신-장르'가 있다.

일반적으로 학계에서는 여러 작품의 거대한 결합을 안정적 성분의 선집, 혹은 불안정적 성분의 선집이라 부른다. 다른 측면에 주목해보기로 하자. 안정적 성분의 선집이나 불안정적 성분의 선집 모두 장르에 따라 다르며 그 몇몇은 그 유형이 매우 안정적이어서 심지어 단순히 선집이라 부를 수 없다. 가령 교부서, 체티 미네이, 역사서, 프롤록, 축승가, 츠베트니크,[48] 알파벳서 등이 그렇다. 나는 각각을 특정 장르로 간주할 수도 있는 선집의 유형들을 열거했다.

이러한 선집들의 구성은 매우 다양하다. 하지만 유형은 변하지 않고 유지된다. 이러한 선집 유형들은 다시 하부유형으로 나뉠 수 있다. 체티 미네이, 교부서, 알파벳서, 팔레야, 연대기 등은 몇 가지 하부유형을 갖는다. 이러한 선집 유형과 그 하부 유형들은 장르로 간주해야 한다. 물론 이는 독특한 장르, 즉 다른 장르들을 통합시키는 '영주-장르'다. 이 통합적인 장르들의 구성 성분으로 포함된 작품들은 결코 그 장르에서는 동질적이지 않다.

---

48) 츠베트니크: 고대 러시아 문학에서 다양한 짤막한 이야기와 격언을 묶은 선집. 그리스어 명칭으로 리모니스라고 불리기도 한다. 이름은 러시아어로 꽃을 뜻하는 '츠베트'라는 단어에서 유래했다. 여러 꽃을 묶어 화환을 만들듯이 여러 이야기, 여러 격언, 여러 작품을 묶어 '책-화환'을 만든다는 은유에 기초하고 있는 이름이다—옮긴이.

선집을 구성하는 작품들의 장르들은 선집의 장르를 거의 규정하지 못한다. 만일 우리가 역사서나 체티 미네이, 연대기로 포함된 작품들의 장르적 성분을 규정하려고 한다면 아마도 고대 러시아 문학의 거의 모든 일차적인 장르들을 열거해야만 할 것이다. 때로 작품의 명칭 자체에서 이와 같은 통합적 장르들의 복잡한 구성 성분이 강조되기도 한다.

예컨대 「모넴바이시스키의 대주교 도로페이의 역사서」는 "역사에 대한 책, 혹은 역사서, 즉 간단하게 다양하고 훌륭한 역사 즉 이야기를 담고 있는 연대기"라고 규정된다.[49] 혹은 시나이 교부서의 내용에 대한 규정을 보라. "성산(聖山) 시나이의 교부서, 즉 교부에 대한 이야기: 그곳에 살고 있는 교부들의 생애와 말씀, 교훈과 기적."[50]

때로 선집들이 갖고 있는 복잡하고 혼란스러운 성격이 책 제목 자체에 반영되기도 한다. '과수원', '포도원'(즉 정원), '화관'(예컨대 「기도의 화관」), '말씀의 화환'(예컨대 「안폴로기온, 즉 말씀의 화환」), '영혼의 음식'(1661년 이베르스크 수도원에서 간행된 말씀의 선집이 이 제목으로 알려져 있다), '꿀벌' 등이 그러하다. 이 제목들 각각에 들어 있는 은유는 이 작품들이 가장 훌륭하고 유익한 것들을 모아놓은, 이러저런 것들로 구성된 작품이란 것을 보여준다.

개별적인 통합적 장르들은 일정한 비율로 일차적인 장르들을 포함하고 있다. 예를 들어 역사서나 연대기 혹은 황제 계보서 모두 연도 항목이나 역사 이야기, 생애전, 문서, 교훈 등의 장르를 포함하지만 이들의 비율은 각각의 통합적 장르들에서 특별하다. 연도 항목은 연대기 장르에서, 생애전은 왕족 계보서 장르에서, 역사적인 서술은 역사서 장르에서 특히 지배적이다. 더 나아가 일차적인 장르들이 통합적 장르내로 포함될 경우 매우 종종 전자는 후자에 맞추어 적절하게 적용한다. 때로 이

---

49) A. 보스토코프, 『루만체프 박물관의 러시아와 슬라브어 필사본에 대한 서술』, 상트페테르부르크, 1842, 167~168쪽.

50) P. M. 스트로예프, 『서지학 사전과 이를 위한 자료들』, 상트페테르부르크, 1882, 94쪽.

리한 적응이 작품의 세목의 변화에 반영되기도 하며 다른 경우 그 용량의 변화에 반영되기도 한다(생애전을 연대기 속으로 포함시킬 경우 종종 '기적'과 수사적 서두 부분 등을 삭제한다). 어떤 경우에는 작품의 문체 자체가 변화하며 또 다른 경우에는 일정한 정보만을 끌어내기도 한다. 그 결과 알아볼 수 없을 정도로 문학작품이 변화한다. 통합적 '선집'으로 작품들을 포함하는 작업은 거의 언제나 이데올로기적인 교정을 수반한다. 작품은 선집 전체의 이념적 경향성에 종속된다.

16~17세기에 장르들의 위계가 크게 변화하기 시작하고 거대한 통합적 작품들로부터 개별적인 작품들이 떨어져나와 개별적으로 다시 씌어지기 시작했다. 그러나 개별적인 작품들의 통합적인 장르에 대한 소속감은 여전히 강해 작품의 제목에 매우 종종 원래의 통합적인 장르에 대한 지시가 등장한다. 즉 '황제 계보서로부터', '창세기로부터', '성경으로부터', '리모니스로부터', '천지창조서로부터 쓰다', '알파벳서 선집으로부터', '로마인의 활동의 역사로부터 다시 쓰다', '마메르 황제에 대한 연대기의 이야기로부터'(「샤하이쉬의 꿈」), '불가리아 서적으로부터 온 부자에 대한 잠언', '키예프의 대공 블라디미르 스뱌토슬라비치가 잘레스키로 온 해의 연대기로부터 쓰다' 등. 하지만 필사본 연구자들은 이 모든 규정이 때로는 거짓일 수도 있다는 사실을 알고 있다. 왜냐하면 황제 계보서나 교부서에서 그와 같은 작품을 찾을 수 없기 때문이다. 따라서 매우 종종 이러한 지시들은 작품의 장르적 소속을 나타내는 것일 뿐이다.

장르들 간의 복잡한 구조적 상호관계는 고대 문학을 장르들의 '동등성'이 존재하는 근대 문학과 뚜렷하게 구별시켜주는 특수성이 된다. 물론 근대 문학에서도 우리는 소설 속에 삽입된 노벨라(가령 디킨스의 「피크위크 페이퍼」)나 극 속에 삽입된 서정가요를 볼 수 있다. 하지만 이는 전혀 다른 유형의 삽입이다. 이것은 체계에 의한 삽입이 아니며 작가에 의해 동기 부여된 삽입이다(소설 속에서 주인공 중 한 명이 단편소설을 이야기한다거나 극의 등장인물이 서정가요를 부른다). 중세 러시아 문학에서 한 작품을 다른 작품의 구성 성분으로 삽입하는 것은 아무런 동기부여 없이 이루어지며 이는 작품의 장르 구조 자체의 특징이다. 역사서, 교부서,[51] 축승가는 다른 일차적인 장르들을 자신의 구성 성분으로 삽입시킨다. 왜냐하면 이들 장르의 **본질** 자체가 그러하기 때문이다. 이는 고대 러시아에서의 장르적 공존의 특수성이며 장르들 사이의 독특한 '봉건적 위계'의 특수성이다.

통합적 장르와 그에 속하는 장르는 '위계적'으로 차별될 뿐만 아니라 그 내적인 구조적 특수성의 관점에서도 차별된다. 이 둘은 상이한 장르이며 개별적인 경우들에서 각각의 유형들은 자신만의 독특한 시학에 종속된다. 장르들 사이의 '위계'가 희미한 근대 러시아 문학의 관점에서도 대(大)장르와 소(小)장르는 자신의 구조적 특징에 따라 차별된다.

티냐노프는 다음과 같이 말한다. "구성의 크기가 구성의 법칙을 규정한다. 소설은 그것이 대(大)형식이라는 점에서 노벨라와 구별된다. '서사시' 또한 같은 방식으로 단순한 '시'와 구별된다. 대형식에 대한 고려는 소형식에 대한 고려와는 다르다. 구성의 크기에 따른 각각의 세부 묘사, 문체적 기법은 다른 기능을 가지고 있으며 다른 힘을 갖는다."[52]

통합적 장르와 그에 소속된 장르의 시학에서의 구조적인 차이를 연구하는 것, 이는 고대 러시아 문학 연구자들의 앞으로의 과제다. 여기서 이 문제를 다루지는 않을 것이다.

---

51) 한편 치젭스키는 고대 러시아 문학의 장르에 대한 자신의 저서에서 교부서를 생애전 선집으로 간주하는 것은 오류라는 사실을 정확하게 지적하고 있다. 실제로 교부서에는 생애전뿐만 아니라 해당 수도원의 수도사들의 삶에서 나온, 아직 장르적으로 결정되지 않은 이야기들이 포함된다(D. 치젭스키, 『고대 러시아 문학에서 장르의 문제에 대하여』, 제2권, 하버드 슬라브 연구, 케임브리지, 매사추세츠, 1954, 111~112쪽).

52) Yu. 티냐노프, 「문학적 사실에 대하여」, 『레프』 제2호, 1924, 102쪽.

고대 러시아에는 문학작품의 창작에 대한 지도가 없었다. 원래적 의미에서의 문학비평이나 문예학도 없었다. 우리는 이런저런 요소들에 대해서 이야기할 수 있을 뿐이다. 그렇다면 고대 러시아의 문사들은 어떻게 수많은 장르와 하부 장르를 분간할 수 있었을까? 그것도 이 장르들과 하부 장르들이 복잡하게 위계적으로 상호관계하고 있는 상태에서? 어떻게 해서 이러한 다양성이 혼돈이 되지 않을 수 있었을까? 고대 러시아의 문사들로 하여금 새로운 작품을 만들기 위해 필요한 장르를 쉽게 발견할 수 있게 해주거나 아니면 이미 씌어진 작품들의 장르를 규정할 수 있게 도와주었던 방향타는 어떤 것이었을까? 이 방향타는 근본적으로 문학 외적인 것이었다. 그것은 봉건사회의 세태 조직에 존재했으며 이 때문에 세태적이면서 '에티켓적인' 강제성을 갖는다.[53]

고대 러시아의 문학 장르는 근대의 장르와 근본적으로 다르다. 근대와 비교해볼 때 고대 러시아에서 장르의 존재는 실제 생활에서의 그것이 차지하는 역할에 의해 훨씬 더 크게 규정된다. 고대 러시아에서 장르는 문학적 창조의 한 형태일 뿐만 아니라 고대 러시아의 삶의 조직, 일상, 가장 넓은 의미에서의 세태의 특정한 현상인 것이다.

근대 문학에서는 단편소설과 장편소설이 그것이 일상에서 어떻게 사용되느냐에 따라 본질적인 차이를 갖는다고 할 수 없다. 단편소설이나 장편소설 모두 개인적인 독서를 위해 사용된다. 일상적 기능이라는 관점에서 보자면 근대 문학에서 더욱 본질적인 것은 서정시와 예술 산문의 차이가 될 것이다. 특히 이는 서정시에 대한 관심이 연령층에 따라 다르다는 사실에서 드러난다. 상대적으로 젊은 층이 서정시에 더 많은 관심을 보인다. 일상에서 서정시의 역할은 다른 장르들의 역할과는 다소 다르다(서정시나 시 일반은 혼자서 읽을 뿐만 아니라 낭송하기도 한

---

53) '문학적 에티켓'의 강제성에 대해서는 이 책의 '문학적 에티켓' 절을 보라.

다). 하지만 장르들의 '용도'가 아무리 다르다고 해도 이것이 그 장르의 근본적인 특수성을 규정하는 것은 아니다.

중세 러시아 문학에서의 사정은 이와 다르다. 장르는 그것이 어떤 용도인가에 따라 구분된다. 교회에서 설교문이 낭송된다. 그런데 어떤 날에 그 설교문이 낭송되는가에 따라서 우리는 그 개별적인 하부 장르들을 구별할 수 있다.

성자들의 생애전 또한 교회의 예배와 수도원의 일상과 관련이 있다. 우리는 미네이의 생애전과 프롤록의 생애전을 구별할 수 있다. 이 둘은 전자가 체티 미네이에 포함된 반면 후자는 프롤록에 포함되어 있다는 것으로 구별될 뿐만 아니라 각각이 다른 상황에서 낭송된다는 사실로도 구별된다.

성경은 예배의 어느 순간에 무엇을 읽어야 한다는 지시문과 함께 선집의 형태로 사용되었다. 성경의 완역이 15세기 말 노브고로드의 겐나디 대주교 시절에 이루어진 것도 우연이 아니다. 15세기 말 이전에 고대 러시아에서 구약은 교회에서의 낭송을 위해 개작된 형태로만 알려져 있었다(파리메이닉, 팔레야 등). 교부들의 저작 또한 선집 속에 교회력의 시기에 따라 배치되었다(「즐라토스트루이」, 「즐라타야 체프」, 「즐라토우스트」, 「축승가」 등의 선집들).

이외에도 교회 예배 선집, 기도문 선집, 찬송가 선집, 성자들의 생애전 선집(프롤록, 교부서, 다양한 유형의 미네이), 성서의 개별 장들에 대한 주석 선집, 금언집, 교회 법령 선집, 종법집, 교회 규범집, 의례서 등이 전해오는데 이 모든 것이 많게 혹은 적게 교회의 일상적 용도에 의해 규정된다.

많은 형태의 종교적 노래들은 그 형식과 내용에 따라 구분되었을 뿐만 아니라 어떤 성격의 예배에서, 그 예배의 어떤 부분에서 그것을 부르느냐에 따라 구별되었다. 또 다른 형태의 종교적 노래들은 그것을 어떻게 부르느냐에 따라 구별되었다(트로이츠니에 글라스[세 목소리]는 아침 예배에 제6성가шустопсалмие 이후에 세 번 부른다. 엑테니야, 안

티폰은 항상 두 성가대에서 부른다). 또 다른 몇 가지 종교적 노래 형태는 그것을 부를 때 어떻게 행동해야 하는가에 따라 구별된다. 세달렌(이 노래를 부를 때 앉기 시작한다)이나,[54] 카타바시(카논의 마지막 시가로 이 노래를 위해 성가대원들은 교회의 중앙으로 모인다)[55]가 그렇다. 고대 러시아에는 교회의 일상에서 어떻게 사용되느냐에 따라 다양한 형태의 사도행전이 존재했다. 교회에서 사용되는 용도에 따라 생겨난 다양한 형태의 시편도 존재했다.[56] 1) 삶의 본을 담은 시편, 2) 일반 시편, 소(小)시편 혹은 승방용 시편, 3) 점을 위한 시편.[57]

장르들의 예배서적인 성격은 주별 복음서(евангелия апракос)가 4대 복음서(тетраевангелия)보다 훨씬 많았다는 사실이 웅변적으로 보여준다. 볼코프의 계산에 따르면 1057년 오스트로미르 복음을 필두로 우리에게 전해지고 있는 거의 모든 양피지 복음서(19세기 말 그 숫자는 139개다)가 예배 낭송용 복음서, 즉 주별 복음서다. 반면 4대 복음서는 몇 개 없으며 그중 가장 오래된 것은 1144년의 갈리츠크 복음서다.[58]

세속적인 책에서도 우리는 그것이 세태, 일상, 행정적인 이해관계에 종속되어 있다는 사실을 알 수 있다. 고대 러시아의 세속적 장르의 구성은 비잔티움의 그것과 커다란 차이를 갖는다. 왜냐하면 고대 러시아의

---

54) K. 니콜스키, 『정교 러시아 교회의 교회법에 대한 관계에 따른 예배서의 고찰』, 31쪽.

55) 같은 책.

56) 「러시아 민족의 고대 풍속에서 시편의 사용」, 『정교의 대담자』, 제4권, 카잔, 1857.

57) M. 스페란스키, 「시편으로 치는 점」, 『고대 문학과 미술의 기념비』 129호, 상트페테르부르크, 1899.

58) N. V. 볼코프, 「11~14세기 고대 러시아 책들에 대한 통계학적 정보들」, 『고대 러시아 문학의 기념비』 123호, 상트페테르부르크, 1897, 41쪽; L. P. 주콥스카야, 「언어학적 자료로서 전통적 내용의 문학의 기념비(그 의미와 연구 방법)」, 『언어학 자료에 대한 연구』, 모스크바, 1963; L. P. 주콥스카야, 「소련 서적 보관소의 러시아와 슬라브 문학의 기념비」, 『소련의 슬라브학』, 제1권, 1969.

세속적 세태는 종교적 일상에 비해 훨씬 독특하기 때문이다. 고대 러시아에서, 특히 그 초기에서 새로운 장르의 형성은 근본적으로 실제적이고 행정적인 용도에 종속되어 있었다(몇몇 장르의 경우 그 형성에 대해 최근에 매우 설득력 있고 풍부하게 해명되었다). 다양한 여행기 장르가 생겨난다(여행기,[59] 조공 문서[60]). 행정 문서와 행정 서류 장르의 영향으로 독특한 장르가 형성되었다.[61] 행정 문서나 교회 예배서 등에 대한 패러디로부터 민주 풍자의 다양한 장르들이 탄생한다.[62]

연대기 장르의 발생에 대해서는 보완적 연구가 필요하다. 이와 관련해서 각각의 연대기들이 만들어지기 시작했던 상황에 대한 연구가 매우 많은 것을 줄 수 있을 것이다. 어떤 연대기들은 새로운 공후의 즉위와 관련하여 만들어졌고, 어떤 연대기들은 주교 혹은 대주교 관구의 설립과 관련해서 발생했다. 어떤 연대기들은 공후권이나 영토의 합병과 관련해서, 어떤 연대기들은 사원의 건설과 관련해서 만들어졌다. 이 모든 사실은 연대기 선집(летописный свод)의 작성이 역사적, 법적인 계기였다는 생각을 들게 해준다. 즉 연대기 선집은 과거를 이야기하면서 현재의 주요한 단계를 확인한다.

연대기에 의한 현재의 확인이 과연 무엇이었는지는 뚜렷하지 않다.

<hr>

59) V. V. 다닐로프, 「고대 러시아 '여행기'의 장르적 특수성에 대하여」, 『고대 러시아 연구』, 제18권, 모스크바-레닌그라드, 1962.

60) M. D. 카간, 「'두 대사에 대한 이야기' ─ 17세기 초의 전설적-정치적 작품」, 『고대 러시아 연구』, 제11권, 1955.

61) N. F. 드로블렌코바, 『위대한 러시아 왕국에 대한 새로운 이야기와 당대의 선동적인 애국 문학』, 모스크바-레닌그라드, 1960; M. D. 카간, 「17세기 후반기의 문학적 기념비로서의 이반 4세가 터키의 술탄에게 보내는 전설적인 서한」, 『고대 러시아 연구』, 제13권, 모스크바-레닌그라드, 1957; A. N. 로빈손, 「아조프에 대한 시적 이야기와 1642년 돈 강의 카자크인들의 정치적 투쟁」, 『고대 러시아 연구』, 제6권, 1948; A. A. 나자렙스키, 『17세기 초 모스크바 공국의 문서와 다른 서류의 문학적 측면에 대하여』, 키예프, 1961.

62) V. P. 아드리아노바-페레츠, 『17세기 러시아 풍자문학의 역사에 대한 고찰』, 모스크바-레닌그라드, 1937(「술꾼들의 축제일」, 「칼랴진 탄원서」, 「외국인을 고치기 위한 치료서」 등).

아마도 그것은 역사의식의 현상일 뿐만 아니라 동시에 법적, 예술적 의식의 현상일 것이다. 연대기 장르 자체의 역사에서 중요한 것은 어떤 상황에서 연대기 작성에 관심을 두기 시작했는지를 정확하게 밝혀내고 연대기 장르의 기능을 규정하는 작업이다.[63]

우리는 연대기자들이 주로 공식적인 인물들이었다는 사실을 알고 있다. 즉 공후나 군주의 가신들, 법령 제정자들, 프스코프의 시장들, 나중에는 서기들이 바로 그들이다. 연대기는 공후의 궁이나 주교의 관저에서, 혹은 수도원에서 만들어졌다. 나중에는 외무부(Послоьский приказ)에서 작성되었고 17세기에는 문서부(Записной приказ)가 특별히 만들어졌다. 중요한 사실은 연대기가 개인적인 독서를 위해 이용되기 시작하면서 그것의 성격이 바뀌기 시작했다는 것이다. 연대기는 좀더 문학적이고 좀더 교훈적인 것이 되었다.

또한 역사서의 용도와 연대기의 용도가 달랐다는 사실도 명백하다. 역사서들은 비공식적이고 개인적인 독서를 위한 것이었다. 따라서 연대기에 비해서 역사서에는 문학적인 요소나 흥미의 요소 혹은 철학적이고 역사적인 교훈의 요소가 훨씬 많이 들어 있다. 연대기가 개인적인 독서의 용도로 쓰이기 시작하면서 그 속에 '역사서적인' 서술 기법들이 강화된다(15~17세기).[64]

11~13세기 공후의 범죄들에 대한 연대기적 이야기 장르가 발생했던 원인을 밝히는 작업은 매우 흥미롭다. 「테레보블의 바실코의 실명에 대한 이야기」, 「이고르 올고비치의 살인에 대한 이야기」, 「갈리츠크의 블라디미르의 맹세 위반에 대한 귀족 표트르 보리슬라비치의 이야기」, 「안드레이 보고륩스키의 살인에 대한 이야기」 등이 바로 그와 같은 이야기들이다. 이 모든 이야기는 봉건적 투쟁의 필요에 따라 생겨났다. 즉 이 이야기들은 한 공후가 다른 공후에 대해서 벌인 전쟁의 윤리적, 법적

---

63) 나의 책 『러시아 연대기와 그 문화-역사적 의미』(모스크바-레닌그라드, 1947)는 특정한 문학 장르로서의 연대기의 역사를 다루고 있다.

64) D. S. 리하초프, 『러시아 연대기와 그 문화-역사적 의미』, 331~353쪽.

정당성을 증명하거나 한 공후의 죄와 다른 공후의 정의로움을 증명하기 위한 것들이다.[65]

흥미로운 것은 러시아 최초의 생애전 중의 하나인 『보리스와 글렙의 생애전』이 장르적인 관점에서 볼 때 처음부터 바로 이러한 필요 때문에 왜곡되었다는 사실이다. 『보리스와 글렙의 생애전』은 그 유형에 있어서 공후의 범죄에 대한 이야기에 가깝다. 이 생애전의 핵심 부분은 스뱌토폴크가 성자 형제들을 살해하는 장면에 대한 서술이다. 스뱌토폴크의 범죄를 서술할 때 전통적인 생애전 장르의 특징들은 배면으로 물러난다. 이후 공후의 범죄에 대한 이야기들은 완전하게 혹은 부분적으로 생애전 장르로부터 해방된다.

연대기에도 똑같은 일이 발생했다. 고대 러시아에서 연대기 장르의 첫 작품은 교부서 장르와 밀접하게 결합되어 있었다(물론 이 경우 역사적, 법적 목적에 의해 왜곡된 교부서 장르라고 해야 할 것이다).[66] 이후 이러한 왜곡이 연대기 장르의 결정화로 귀결된다. 체코 문학에서도 역사서의 등장에서 유사한 상황을 볼 수 있다.[67]

고대 러시아에서 일상적이고, '제의적이며', '행정적인' 장르들이 지배적이었다는 사실은 그들의 문체에서 뚜렷하게 드러나고 있는 한 가지 특수성에서 잘 표현된다. 즉 이 모든 장르가 낭송을 고려하고 있는 것이다.[68] 이는 노래 혹은 낭송을 고려하고 있는 리듬이나 풍부한 웅변적 표

---

65) 같은 책, 247~267쪽.
66) 같의 책, 35쪽과 그 이후를 참조하라.
67) O. 클라릭, 「원초 연대기와 성(聖) 뱌체슬라프와 류드밀라에 대한 크리스티앙 전설」, 『고대 러시아 연구』, 제19권, 모스크바-레닌그라드, 1963.
68) 요안 즐라토우스트의 설교, 「거짓 교사들에 대하여」(О лживых учителях)에는 다른 사람들을 위해 책을 낭송할 것이 권유되고 있다. "성경을 다른 자들을 위해 소리 내어 읽지 않는 자에게 불행이 있으라. 이는 곧 탈란트, 즉 주의 가르침을 감춘 유다와 같고, 책을 소유했으나 다른 사람들을 영혼의 굶주림으로 파멸시켰던 〔······〕 어리석은 아리(Arij)와 같도다"(V. A. 야코블레프, 『고대 선집의 문학적 역사에 대하여─'이즈마라그다'에 대한 연구』, 오데사, 1893, 46~47쪽.

현 혹은 독자들에 대한 웅변적인 태도 등에서 드러난다. 또한 17세기에 수사학이 시학의 기능을 수행했다는 사실도 이로써 설명할 수 있다.

비문학적인 용도와 예배적 기능으로 인해 문학 장르들은 문학의 경계를 벗어나서 다른 예술 장르들, 즉 회화나 건축, 특히 음악 장르와 밀접하게 접촉한다.

얼핏 문학 장르와 회화나 건축 형식의 접촉은 이상하게 보일 수도 있을 것이다. 하지만 나는 '성상화의 기적', '성상화에 대한 이야기'와 같은 문학적 장르, 「리모니스」와 다른 교부서의 노래나 이야기의 플롯에 등장하는 성상화와 벽화에 대한 이야기, 생애전적 가장자리 그림에 삽입된 문자 텍스트, 성당의 벽화가 전체적으로 문학적 틀에 종속되어 있다는 사실, 건물이 예배라는 예식적 틀에 종속되어 있다는 사실 등을 지적하고 싶다. 이 모든 상이한 예술 장르와 예술 종(種)의 접촉은 자세하게 연구되어야 한다.

이 문제와 관련해서 고대 러시아 분과의 저작 「문학과 예술」 항목에 상대적으로 많은 논문이 공간되어 있다. 하지만 유감스럽게도 아직 문학 장르와 음악 장르의 관계에 대해서는 그리 많은 연구가 이루어지지 않았다. 이는 고대 러시아의 시에서는 특히 중요하다. 아세예프는 자신의 저서 『왜 그리고 누구에게 시가 필요한가』에서 이 사실을 지적하고 있다.[69]

프레오브라젠스키는 음악과 언어 장르의 통일성을 지적하면서 다음과 같이 말한다. "발생기에 이 시적 자료들은 필연적으로 즉각 음악적이고 노래적인 형식을 취해야만 할 운명이었다. 왜냐하면 이것은 '노래부르기'(песно-пение)이자 송가(гимно-графия)이기 때문이었다. 여기서 찬양으로서의 송가(гимн)는 말의 조각들 속에만 머물러 있을 수 없었고 멜로디, 노래 속에서 완성되었다. 결국 그와 같은 창조의 성

---

69) N. N. 아세예프, 『왜 그리고 누구에게 시가 필요한가』, 모스크바, 1961, 94~95쪽.

격은 음악적 묘사의 근저에는 언어적 토대의 근저에 위치하고 있는 바로 그 형식이 위치하고 있다는 결론으로 귀결된다. 따라서 예컨대 시편의 구성의 근저에 위치하고 있는 언어적 대칭 전체가 음악적 형식에도 반영되어 있으며 기독교적 시 속에서도 그렇게 되어야만 했던 것이다. 보완적인 부분들이 선창과 후렴, 도입부와 종결부의 형태로 불가피한 대조의 요소들로서 등장한다."[70]

이로부터 분명한 사실은 음악과 언어 장르에 대한 연구가 그 언어적 측면으로만 제한될 수 없다는 것이다. 시 장르의 발생과 관련해서 이 사실은 특히 중요하다.

* * *

새로운 장르들의 형성과 관련해서 '실무적' 동기 외에도 인식론적인 동기가 존재했다. 인식론적인 동기는 이미 최초의 고대 러시아 문학에 어느 정도 존재하고 있었다. 이후 개인적인 독서의 발전을 가져오면서 인식론적인 동기는 점차로 더 강화되었다. 많은 장르의 인식론적 성격이나 개별 작품의 인식론적 측면에 대한 관심은 심지어 제목에서도 드러난다. 예컨대 다음과 같은 전형적인 예들을 보라. 「노브고로드의 대주교가 무엇 때문에 백두건을 쓰게 되었는가에 대한 이야기」, 「우리가 어떻게 그리고 왜 라틴어를 쓰지 않는가에 대한 간결한 설교」,[71] 「회전녹로 쥐는 법 알기」,[72] 「도시들에 대하여(어디에 위치하고 있는가?) 혹은 섬들에 대하여」.[73]

---

70) A. V. 프레오브라젠스키, 『러시아의 제의 음악』, 레닌그라드, 1924, 10쪽(강조는 리하초프).

71) A. 보스토코프, 『루먄체프 박물관의 러시아와 슬라브어 필사본에 대한 서술』, 41쪽.

72) 『레닌 명(名) 국립 도서관 필사본 박물관 자료』, 제1권, 모스크바, 1961, 160쪽.

73) 같은 책.

러시아 문학에서 인식론적 흐름은 15, 16 그리고 17세기에 급격하게 성장한다. 이는 16~17세기 소위 불안정적 내용의 선집들의 구성 성분들에서 뚜렷하게 드러난다. 이 선집들은 필사가들이 자신을 위해서 혹은 판매를 목적으로 만들었으며 어떤 경우든 이 시기에 광범위하게 유포되었던 개인적이고 비제의적인 독서를 위해 사용되었다.

다양한 자료를 통합하고 있는 이 선집들에서는 매우 종종 인식론적 계기가 주도적이다. 여러 도시의 역사나 세계사를 다루는 선집, 지리학적 논문을 모으고 있는 선집, 종교적 문제에 대한 관심을 반영하고 있는 선집 등이 등장했다.

이 선집들은 장르적인 관점에서 볼 때 매우 이질적인 자료들을 포함하고 있으며 자료들 중에서 인식적 가치가 있는 부분만을 선택하여 그 텍스트의 일부만을 제시해주는 경우도 있다. 이 불안정적 구성의 선집들의 숫자는 15~17세기에 급속도로 증가한다. 그들의 구성 성분에 반영되어 있는 것은 일상적 혹은 제의적 용도가 아니라 인식론적 관점과 그 편집자의 문학적 취향이다.

고대 러시아의 장르의 성격은 결코 '중세적 사유'의 특수성으로 해명될 수 없다. 나는 중세적 사유의 특수성에 대한 문제 설정 자체가 올바르지 않다고 생각한다. 인간의 사유는 언제나 전체적으로 동일하다. 변하는 것은 사유가 아니라 세계관이며, 정치적 견해이며, 예술적 시각의 형태이며 미적 취향이다. 여기서 우리는 중세의 기독교 미학이 미적 향유의 원천으로서의 예술을 부정했다는 사실을 기억해야 할 것이다. 이 때문에 기독교 미학은 매우 실용적이다.

중세에서 제의와 예식의 급격한 발전[74]은 장르 형성의 과정을 봉건 사회의 일상이 갖는 예식적인 측면에 종속시켰다. 또한 중세의 독자들이 가진 인식론적 관심도 언급되었다. 낡은 장르를 보존하고 새로운 장르를 형성하는 이런 동기들은 서로서로 대립하는 것이 아니라 서로서로

---

74) 이에 대해서는 '문학적 에티켓' 절을 보라.

관련되어 있다.

* * *

　고대 러시아에서 장르의 발생과 존재는 근본적으로 비문학적인 원인들에 의해 규정되었다. 그렇다면 이것은 중세 문학의 장르들 자체가 근본적으로 비문학적인 현상이라는 것을 의미하는 것이 아닐까? 만일 모든 문제가 '중세적 사유'로 귀결된다면 이에 대한 답은 다음과 같을 것이다. 문학이란 존재하지 않으며 문학성의 요소를 가지고 있는 비문학적인 현상들이 존재한다. 하지만 실제 상황은 훨씬 복잡하고 심지어 역설적이기까지 하다.

　장르 형성에 있어서 비문학적 요소들의 우위에도 불구하고 언어 장르들이 가진 특수하게 문학적인 성격은 매우 강하게 나타난다. 심지어 문학적인 성격은 커다란 의미를 가지고 있었으며 중세 러시아의 문학 발전에서 장르의 역할이나 중세 장르들 자체에서 순수하게 문학적인 특징들의 역할이 매우 컸다라고 말할 수 있다.

　이러한 나의 생각을 해명하고 거기에 근거를 부여해보기로 하겠다. 먼저 근대 문학과 비교해볼 때 고대 러시아에서 순수하게 문학적인 장르 구별이 때로는 더 강하게 나타나기도 한다는 사실을 지적해두기로 하자.

　예를 들어 근대 문학과 달리 고대 러시아에서는 장르가 작가의 형상을 규정한다. 근대 문학에서 우리는 단편소설 장르의 통일적인 작가의 형상이나 장편소설 장르의 작가의 형상, 혹은 서정시 장르의 작가의 형상을 만날 수 없다. 근대 문학은 수많은 작가의 형상을 갖는다. 이러한 작가의 형상은 개별화된 것이고 매번 소설가나 시인에 의해 새롭게 창조되며 장르로부터 매우 독자적이다. 근대의 작품은 작가가 만들어놓은 작가의 형상 속에 작가의 개성을 반영한다.

　중세의 예술은 다르다. 중세의 예술은 묘사 대상에 대한 집단적 감정,

집단적 태도를 표현하고자 한다. 이 때문에 중세 예술의 많은 부분이 작품의 창작자가 아닌 그 작품이 속해 있는 장르에 의해 결정된다. 근대와 비교해볼 때 중세 예술의 작가는 자신의 개성을 작품 속에 반영시키기 위해 애쓰지 않는다. 각각의 장르들은 자신만의 엄격하게 규정된 전통적인 작가의 형상, 저자의 형상, '연주가'의 형상을 갖고 있다. 어떤 작가의 형상은 설교문에, 다른 작가의 형상은 성자의 생애전에(이 작가의 형상은 생애전의 하부 장르에 따라 몇 차례 변화한다), 또 다른 작가의 형상은 연대기에, 또 다른 작가의 형상은 역사 이야기에 있다. 개별적인 일탈은 대부분 우연한 것이며 작품에 대한 애초의 예술적 구상에 없던 것이다. 작품의 장르가 소리를 내어 읽기를 요구하는 것이거나 낭송 혹은 노래를 고려하는 것이라면 작가의 형상은 연주가의 형상과 일치한다. 이는 민담에서의 작가의 형상이 구연가의 형상과 일치하는 것과 마찬가지다.

여기서 고대 러시아 문학에서 작가의 형상의 문제를 자세하게 다룰 수는 없다. 이 문제는 본격적인 전문적 연구의 대상이다. 여기서 나의 과제는 고대 러시아 문학에서 장르의 문제가 안정적이고 '장르적인' 작가의 형상과 밀접하게 관계한다는 사실을 지적하는 것이다.

이와 관련해서 「유폐자 다닐의 탄원」의 작가의 형상 문제를 생각해 볼 수 있다. 내 생각으로는 이 작품의 작가의 형상 속에서 실제 작가를 찾으려는 시도는 언제나 '장르적인' 작가의 형상을 내세우는 고대 러시아 문학의 예술 방법에 모순된다. 유폐자 다닐, 이는 특정한 작품 장르, 즉 민담에서 문학으로 침투한 장르의 전형적인 형상이다. 이는 스코모로흐의 형상이자 재담꾼의 형상 혹은 영리한 구걸자의 형상이다. 이러한 형상은 스코모로흐의 작품에서 전형적인 것이자[75] 비슷한 상황에서 등장했던 중세 서유럽의 가수-시인의 형상과 부분적으로 유사하다.

---

75) D. S. 리하초프, 「「유폐자 다닐의 탄원」의 문체의 사회적 토대」, 『학술원 소식지』, 제10권, 모스크바-레닌그라드, 1954.

아니츠코프(Аничков Е. В.)는 다음과 같이 말한다. "얼마나 많은 트루바두르들과 트루베르들 혹은 미네징거들[76]의 작품이 자신의 시적 영감의 파토스를 낭비하고 있는가? 애원과 위협과 아첨과 가상의 혹은 실제의 예들과 전설, 그리고 직접적인 강요로써 자신들이 의지하고 있는 '부자와 나리들'로 하여금 그들의 표현에 따르자면 '넓이', 즉 낭비야말로 지체 높은 신분의 지표이자 최고의 덕목이라는 세속적 삶의 원칙에 빠져들도록 만들기 위해서 말이다. 우리에게는 「유폐자 다닐의 탄원」이 그렇다. 특히 주인공이 라츠(Лач) 호수의 유폐자가 아니라 단지 불행한 자이자 '가난한 현자'로 등장하는 최초의 판본들이 그렇다. 이 판본들에서 그는 '구부러진 말'로 자신의 공후로 하여금 '전투에서 용맹하지 않지만' 대신 '달콤한 말'에 능한 자를 높이 사서 일자리와 돈을 주도록 만들려 한다."[77]

장르들의 문학적 구조는 다음과 같은 현상에서도 분명하게 드러난다. 근대의 장르와 비교해볼 때 고대 러시아의 장르는 특정한 문체 유형과 훨씬 더 긴밀하게 결합되어 있다.[78] 축일에 대한 설교나 송가적 생애전, 혹은 연대기나 역사서 등에서는 문체의 통일이 관찰된다. 이 때문에 '생애전적 문체'나 '역사서적 문체', 혹은 '연대기적 문체'라는 표현이 우리를 놀랍게 하지 않는다. 근대 문학에서는 극의 문체나 단편소설의 문체 혹은 장편소설의 문체 일반을 이야기할 수 없다. 따라서 이 점에서 중세의 장르는 근대의 장르에 비해 훨씬 더 뚜렷하고 순수한 문학적 차이를 갖고 있는 셈이다.

---

76) 트루바두르, 트루베르, 미네징거: 중세 유럽의 음유시인의 명칭들―옮긴이.

77) E. V. 아니츠코프, 『서유럽의 문학과 슬라브』, 제1권, 프라하, 1926, 68쪽.

78) 이에 대해서는 D. 치젭스키의 『고대 러시아 문학에서 장르의 문제에 대하여』, 제2권, 하버드 슬라브 연구, 케임브리지, 매사추세츠, 1954, 105쪽 이하를 보라. 치젭스키는 페오도시 페체르스키(Феодосий Печерский)와 루카 지댜타(Лука Жидята)의 교훈의 문체의 차이가 일반적으로 간주하듯이 지역적인 것이 아니라(한 사람은 키예프인이고 다른 한 사람은 노브고로드인이다) 장르적인 것이라는 사실을 정확하게 지적하고 있다.

중세의 장르는 근대의 장르보다 더 많은 수의 문학적 특징을 갖고 있다. 다양한 장르가 작가의 고유성의 문제에 상이한 방식으로 관계한다는 점도 중세 장르의 특징이다. '작가성의 느낌'은 설교 장르와 연대기 장르, 서한 장르와 이야기 장르에서 각각 다르다. 설교와 서한 장르는 개인적인 작가를 전제한다. 그리고 간혹 그 작가의 이름으로 쓰어지거나 작가에 대한 정보가 없을 경우 다른 좀더 권위 있는 작가의 이름으로 쓰어진다. 연대기와 이야기 장르는 작가의 이름을 갖는 경우가 드물다. 독자가 어떤 작가가 썼는지에 대해서는 관심을 두지 않는 것이다.

설교문 문학과 연대기에서 예술적 시간에 대한 태도가 다르다는 사실이나 심지어 몇몇 세계관적 문제에 대해 각각의 장르들마다 다른 태도를 갖는다는 사실도 지적할 수 있다. 때로 개별적인 장르들의 영역 내에서 문학의 발전은 다르게 이루어진다. 좀더 보수적인 장르들과 좀 덜 보수적인 장르들, 전통적 형식을 유지하려는 장르와 전통에 좀더 덜 종속적인 장르들이 존재한다.[79]

* * *

고대 러시아의 장르들은 일반적으로 작품의 제목 자체에서 웅변적으로 언급되고 있으며 이러한 점에서 잘 '조직되어 있는' 것이다. 가령 「세상에 사는 자들은 구원받을 수 없다고 말하는 이반 즐라토우스트의 말씀」, 「하늘의 힘에 대한 이야기」, 「콘스탄티노플의 대주교 니키프로의 브레멘닉 혹은 연대기」, 「대주교 필립의 유해에 바치는 용서의 말」, 「교부서, 영혼에 유익한 말씀, 이집트인 성 마카리의 가르침」, 「순교자 성 야곱 페르시야넌의 수난」 등을 보라.

때때로 독자는 작품의 장르를 도입부의 문장이나 언제 어디서 이 작

---

79) 이에 대해서는 D. S. 리하초프, 「러시아 문학에서 문학사조의 형성에 대하여」, 『러시아 문학』 제2호, 1958을 참조하라.

품을 읽어야 하는가에 대한 표시를 통해 판단할 수 있다. 「8월 3일, 노브고로드에서 기적을 행하신 로마의 성 안토니의 날」, 「사육제 주간의 알렉산드리아의 제2의 키릴의 말씀」, 「악을 잊는 성 드미트리의 날의 말씀」 등을 보라.

장르의 명칭을 작품의 제목에 포함시킨 것은 틀림없이 고대 러시아 문학의 예술 방법 자체가 갖는 특수성이 행사한 영향의 결과다.

중요한 것은 다음과 같은 사실이다. 고대 러시아 문학의 전통성은 예술 기법으로서의 갑작스러운 형상이나 갑작스러운 세부 묘사 혹은 갑작스러운 문체적 양식을 이용하기 어렵게 만들었다. 그 반대로 예술적 표현의 전통성이야말로 독자 혹은 청자를 필수적인 조화로 이끈다. 전통적 공식, 전통적 장르, 전통적 모티프, 전통적 플롯은 독자의 의식에 특정한 분위기를 만들어내는 신호로서 기능한다. 고정성은 작가의 빈약한 재능 결과나 그의 작품이 가진 예술적 결함이 아니다. 그것은 중세 문학의 예술 체계의 본질을 이룬다.

중세 예술은 익숙하지 않은 것 혹은 '낯선 것'이 아니라 '익숙한 것'을 지향한다. 고정성은 독자들로 하여금 작품 속에서 필수적인 분위기, 익숙한 모티프 그리고 익숙한 주제를 '알아볼 수 있도록' 도와준다. 이것은 유희의 예술이 아니라 제의의 예술이다. 따라서 어떤 '예술적 열쇠' 속에서 서술이 진행되고 있는지를 미리 독자들에게 알려주어야만 한다. 바로 이 때문에 제목 자체에서 독자들에 대한 정서적 '경고'가 등장하는 것이다. '영광스러운 이야기', '감동스러운 이야기', '유용한 이야기', '유익한 이야기', '영혼에 유익한 이야기', '매우 영혼에 유익한', '놀라운 이야기', '놀랍고 무서운 이야기', '훌륭한 이야기', '유명한 이야기', '유명하고도 정말로 놀라운 이야기', '끔찍한 이야기', '신기한 이야기', '재미있는 이야기', '눈물나는 이야기', '놀랍고도 슬픈, 기쁘고도 즐거운 이야기', '감동스러운 서한' 등의 제목을 보라. 이 때문에 고대 러시아 문학작품들은 마치 독자들을 그들이 알고 있는 전통의 틀 내에서 작품을 일정한 방식으로 받아들일 수 있도록 준비시켜주는 듯한 긴 제목을 갖는 것이다.

작품의 내용을 간결하게 묘사하고 있는 작품 제목들 또한 바로 그러한 '경고'로 기능하고 있는 것이다. 「눈[目]을 사오라고 명령한 어떤 악한에 대하여」, 「결혼하고 자신의 두 아이를 죽인 약혼녀에 대하여」, 「삶과 죽음과 최후의 심판에 대하여」(대주교 다닐의 말씀), 「성 조시마와 성 사바티의 동료인 성자 장로 게르만에 대한 이야기, 그가 솔로베츠키 섬에서 그들과 어떻게 살았는가에 대한 이야기」 등의 제목을 보라.

작품의 서문 또한 독자들이 작품을 일정한 방식으로 수용할 수 있도록 준비시켜주는 기능을 한다. 가령 여러 시 가운데 첫 구절을 보자. "이리로 오라, 명예롭고 성스러운 대제(大祭)의 사람들아, 이리로 오라, 아버지들과 형제들아, 이리로 오라, 축일을 사랑하는 자들아, 이리로 오라, 영혼의 양떼들이여, 이리로 오라, 그리스도를 받아들인 자들이여, 세상의 것들의 짐이 던져졌고, 흠 없는 명예가 드러났도다. 이제 저 높은 곳에서 우리를 불렀고, 영혼의 식사가 우리에게 주어졌도다."[80]

우리가 전문을 인용하지는 않았지만 이 서문에는 작품의 수신자, 즉 독자와 청자가 지칭되고 있으며, 일반적인 형식이긴 하지만 서술의 대상에 대한 언급과 그에 대한 찬양이 등장하고 있다. 하지만 가장 중요한 것은 앞으로 서술될 것들을 어떻게 받아들여야 할 것인지에 대한 정서적 열쇠가 제시되고 있다는 점이다. 독자는 이후 계속될 독서를 준비하게 된다.

고대 러시아에서 독서에 대한 준비는 진지한 문제다. 「이즈마라그드」[81]에서 독서에 대한 말 중 다음과 같은 글을 보라. "독서를 위해 자

---

80) V. 야블론스키, 『파호미 세르프와 그의 성자전 저작들』, 상트페테르부르크, 1908, 44쪽(세르기 라도네시스키 생애전에 대한 서문).

81) 「이즈마라그드」(измарагд): 안정적 성분의 선집. 대부분의 항목들은 기독교적 윤리에 대한 교훈으로 구성되어 있다. 「즐라토우스트」나 「축승가」가 전례적인 기능을 갖고 있다면 「이즈마라그드」는 개인적인 독서를 위한 것이다—옮긴이.

리를 잡고 신의 말씀을 듣는 자들은 먼저 신께 기도하라. 그런 다음 마음의 눈을 열고 그것을 읽을 뿐만 아니라 창조할 수 있도록 하라. 그럼으로써 우리는 자신의 죄로 인해 성스러운 교훈을 잃지 않게 된다."[82]

독서는 삶의 일상에 포함되어 있었으며 대부분의 경우 제의나 관습과 연관되어 있었다. 이 때문에 아무 작품이나 읽을 수 없었으며 아무 때나 책을 읽을 수도 없었다. 따라서 독자는 작품의 제목을 통해 무엇에 대한 작품인지, 작품의 장르는 어떤 것인지, 어떤 감정을 가지고 읽어야 하는지를 미리 알아야만 했다. 많은 작품은 특정한 날에 읽혔고, 어떤 작품들은 특정한 요일에 읽혔다.

고대 러시아의 독자들이 작품의 장르나 그 문체적, 플롯적 특징 혹은 작품의 정서적 분위기를 '알아낼 수 있도록' 해주는 다른 특징들도 지적할 수 있을 것이다. 장르들은 마치 성자에 대한 묘사가 그렇듯이 다양한 자신만의 특징들을 가지고 있었다.

중세의 예술은 기호의 예술이다. 중세의 예술에서 작품이 어떤 장르에 속하는가를 가리키는 기호는 중요한 역할을 했다. 나아가 장르의 기호가 그 직접적인 의미에서, 즉 독특한 형상적 부호로 사용된 경우가 있다. 예배 규칙이나 월별 미사서의 개개의 '순서집'[83]들은 그것이 어떤 범주에 속하며, 어떻게 수행되어야 하는지를 지시하는 기호('표식')들을 가지고 있다는 점을 지적할 수 있겠다(원 속의 십자가, 반원 속의 십자가, 하나의 십자가, 반원의 세 점——이 기호들은 붉은색과 검은색이다).[84]

만약 문학적 장르를 군대의 무기류와 비교한다면, 중세 문학이라는 군대는 그 무기의 풍부함과 다양성으로 두드러진다고 말할 수 있다. 모

---

82) V. A. 야코블레프, 『고대 러시아 선집의 문학적 역사에 대하여』, 42쪽.
83) '순서집'(последования)이란 일정한 순서에 따라 배열된 찬송, 기도, 찬미 등의 모음을 의미하며, 이것에 따라 예배가 이루어진다.
84) K. 니콜스키, 『정교 러시아 교회의 교회법에 대한 관계에 따른 예배서의 고찰』, 61쪽과 그 이후.

든 종류의 무기는 다양한 기호를 갖고 있다. 여기에는 교회적 장르의 십자가와 성상화를 앞에 매단 군기도 있고, 세속적 장르의 다양한 깃발과 기치도 있다. 그들 가운데『이고리 원정기』의 ˈ진홍빛(черленый) 깃발ˈ을 식별할 수 있다. 또 여기에는 통합적 장르들의 거대한 깃발도 있고, 일차적 장르와 하위 장르들의 표지도 있다. 각각의 무기류들은 자신의 제복을 입고 있다. 즉 자신만의 문체적 대열을 가지고, ˈ장르적 정복ˈ을 입고 있다. 교회 장르의 비단 법의와 군사 이야기들의 군사 갑옷은 세속적, 사무적 장르의 더 빈약하고 일상적인 제복과 뒤섞인다.

이미 앞서 지적했듯이, 고대 문학의 장르는 일정한 서열에 종속된다. 통합적 장르가 있고 일차적 장르가 있다. 따라서 비교를 계속하자면, 중세 문학은 일종의 군대처럼 구성된다고 말할 수 있을 것이다. 무기의 각 종류는 군대적 통합 속에 그룹화되어 더 큰 것의 구성요소가 된다. 이와 같이 화려한 문학이라는 군대가 예식적으로 우리 앞을 행진한다. 이 군대는 교회 법규와 중세적인 세속적 에티켓에 엄격히 종속되어 있다. 이러한 사실은 고대 러시아 문학의 다른 측면들을 설명할 때와 마찬가지로 고대 러시아의 문학 장르들의 본질을 정의할 때 커다란 의미를 갖는다.

비교는 계속될 수 있다. 문학적 군대는 엄청난 저항력을 갖는다. 그것은 고대 러시아의 문학적 관습과 관련되지 않은 외국의 번역 문학 장르의 물결로부터 자신을 보호하면서, 낯선 장르의 작품을 ˈ허용하지 않는다.ˈ

실제로 다양한 세기에 러시아 토양에서 유통되었던 것들과 닮지 않은 다른 장르의 작품은 러시아로 거의 침투하지 못했다. 이런저런 방식으로 이미 장르상 알려진 것들만이 러시아에 접목되었다.

오를로프는 번역문학에 대해 "주제와 플롯과 형식의 측면에서 익숙하고 오래된 책을 상기시키는 서적이 주로 받아들여졌음이 분명하다"[85]고

---

85) A. S. 오를로프, 「러시아 중세의 책과 그 백과사전적 형태」,『학술원 발표논문

말한다. 더 나아가 오를로프는 다음과 같은 예를 들고 있다. 연대기와 같은 종류의 '역사서'나 연감(annals), 『가훈서』와 유사한 개인과 직업과 사회제도상에 대한 규범적인 서적들이 우리에게 전해졌다. 『아리스토텔레스적 경제학, 또는 주택건설, 두 권』(폴란드에서 1603년 출판), 『어린이 관습의 시민권』, 『관리 양성과 처벌에 대한 레인가르드 로리히의 책들』(폴란드에서 1558년 출판) 등이 이에 해당한다. 설교자를 위한 자료 역할을 하는 선집의 견본에 따라 『로마인들의 공적』, 『커다란 거울』, 『찬란한 별』, 갈랴톱스키의 『새로운 하늘』 등이 전해졌다.

페투호프는 과거장(過去帳, синодик)에 대해 동일한 사실을 말하고 있다. 그는 고대 러시아의 문사들이 "새로운 외국의 자료를 취할 때, 그것이 옛 경향의 표현으로 기능할 수 있기 때문에"[86) 그것을 '열렬히 받아들일 준비'를 갖추고 있었다고 말한다.

17세기에 서유럽 문학이 새로운 모범의 형태가 아니라, 서유럽에서는 이미 진부해진 장르 형식으로 우리에게 전해졌던 상황도 장르적 체계의 자기 방어로 설명되어야만 한다. 이 진부해진 장르는 발전 단계로 볼 때 러시아 문학에 가까웠다. 기사도 소설이나 시골 극장의 이류 작품, 『로마인들의 공적』 등이 러시아에서 성공을 거두었을 때, 체코나 폴란드에서 그들의 인기는 이미 시들어버린 후였다.

고대 러시아어로 작품을 번역한다는 것은 동시에 그것을 고대 러시아 장르 체계에 적응한 것이었다. 디게니스 아크리트에 대한 서사시와 같이 걸출한 비잔틴 작품이 러시아어로 번역되었을 때(더 정확하게는 개작되었을 때), 그러한 유형의 문학이 고대 러시아 문학에 없었기 때문에, 그것은 비잔틴식의 영웅적 민중 서사시로서의 자신의 특성을 상실하고 『알렉산더 대왕 이야기』나 「예루살렘의 파멸에 관한 이야기」 같은 서술적 산문 작품의 하나로 변해버렸다. 이것은 매우 전형적인 예다.

집』, 1931, 49쪽.
86) E. V. 페투호프, 『과거장의 문학사 고찰』, 상트페테르부르크, 1895, 284쪽.

다른 나라의 중세 문학에서도 당대의 장르 체계로의 위와 같은 적응이 나타난다. 작품이 하나의 장르에서 다른 장르로 '이행'하는 예는 트리스탄과 이졸데에 관한 플롯이 민족에 따라 다양한 버전으로 나타난다는 사실에서 발견할 수 있다. 영국 문학에서 「트리스트람 경」(Sir Tristram)은 영국의 민중 발라드의 방식으로 실현되며, 아이슬란드에서는 「트리스탄과 이졸데에 대한 사가」(Cara)라는 아이슬란드의 가족 사가의 장르 속에서 실현된다. 세계문학은 서사시가 소설로, 민중 설화가 단편으로 개작되는 등의 헤아릴 수 없이 많은 개작의 예를 알고 있다. 12세기 그루지야의 중세 소설 「비스라미아니」는 구르가니[87)]의 「비스와 라민」이라는 11세기 타지크 서사시의 개작이다.

중세의 문학은 근대의 문학보다 훨씬 더 엄격하고 폐쇄적이며 '공격적인' 장르 체계를 가지고 있었다.

* * *

고대 러시아의 문학 장르 체계와 민담 장르 체계의 상호 관계의 문제는 복잡하고도 중요한 문제다. 충분한 예비적인 연구가 없다면 이 문제는 해결될 수 없을 뿐만 아니라 문제 제기 자체도 제대로 이루어지기 어렵다.

그런데도 이 문제가 가지고 있는 특히 중요한 몇 가지 측면을 지적해 보기로 하겠다. 먼저 다음과 같은 사실에 주목할 필요가 있다. 근대 문학은 장르 체계에서 민담 장르 체계로부터 자유롭다. 그러나 고대 러시아의 문학 장르 체계는 그렇지 않다. 앞서 우리는 고대 러시아의 문학 장르 체계가 대부분 종교적 혹은 세속적 일상의 용도에 의해 규정된다는 사실을 보았다.

---

87) 구르가니 또는 고르가니 파흐르 아딘 아사드: 11세기 페르시아 고르간 지역에 살았던 시인으로 「비스와 라민」의 작가—옮긴이.

그런데 문학뿐만 아니라 민담 또한 세속적 일상 속에서 기능한다. 봉건주의 시대 고대 러시아에서 사회 상층부들은 계속해서 민담을 이용했다. 그들은 이교로부터 자유롭지 않았으며[88] 부분적으로 전통적인 제의 의식에 참가하기도 했다. 그들은 서정가요를 듣거나 불렀으며 동화를 들었다. 물론 지배적인 사회 계급 속에 존재하는 동화란 특수하고 제한적이며 심지어는 변질된 것이다. 아드리아노바-페레츠는 다음과 같이 말한다. "고대 러시아에서 문학과 민담의 상호 작용의 문제, 이는 두 세계관의 상관관계의 문제이자 때로는 완전히 일치할 정도로 근접하고 때로는 양자의 화해불가능성에 따라 불일치하는 두 예술 방법의 상관관계의 문제다."[89]

문학과 민담은 독자적인 두 가지 장르 체계로서 대립할 뿐만 아니라 이질적인 두 가지 세계관, 이질적인 두 가지 예술 방법으로서 대립한다. 하지만 중세 시대에 민담과 문학이 아무리 다르다고 해도 근대와 비교해볼 때 양자 사이에는 훨씬 넓은 접촉점이 존재했다. 민담은 노동 계급층뿐만 아니라 지배 계급층에서도 확산되어 있었다(그것도 동일한 민담이 확산되어 있었다). 농부나 귀족이 똑같은 민중 서사시를 들을 수 있었으며 똑같은 동화, 똑같은 서정가요가 어디서나 구연되고 불려질 수 있었다. 반봉건적인 '민담적 세계관'을 가진 작품들은 지배 계층 속에 확산될 수 없었지만 이는 몇몇 작품으로 한정되었고 전체 민담이 그런 것은 아니었다. 봉건적인 세계관은 자신의 본질상 모순적인 것이었으며 이 때문에 민담이 지배 계층 속에서 존재하는 것은 어려운 일이 아니었다. 민담 속에는 관념주의적인 요소와 자연주의적인 요소가 함께 존재할 수 있었으며 다양한 예술 방법이 가능했다. 심지어 개별적인 하나의 민담 작품이 이러한 다양한 요소를 가지고 있는 경우도 가능했다.

---

88) 이에 대해서는 V. L. 코마로비치, 「11~13세기 공후 계층에서의 로드와 지플랴 숭배」, 『고대 러시아 연구』, 제14권, 모스크바-레닌그라드, 1960을 보라.
89) V. P. 아드리아노바-페레츠, 「고대 러시아의 문학과 민담(문제의 설정)」, 『고대 러시아 연구』, 제7권, 모스크바-레닌그라드, 1949, 5쪽.

이 때문에 몇몇 민담 작품은 지배 계층을 위해서도 구연될 수 있었던 것이다.

고대 러시아 문학에는 연애 서정시, 유희적인 장르(모험소설), 극 등의 장르가 존재하지 않았으며 이 사실은 오래전부터 학자들의 주목을 받아왔다. 나는 이 사실을 고대 러시아 문학이 종교성에 압도당했기 때문이 아니라(다른 세속적 장르들이 존재했고 성숙한 발전을 보여준다. 가령 연대기를 보라) 이들 영역에서 민담이 아직 자리를 양보하지 않았던 것으로 설명할 수 있다고 생각한다.

왜 17세기에 이르도록 고대 러시아에서는 정기적인 극 상연이 없었던 것일까? 17세기에 누군가가 서유럽으로부터 우연히 극장을 '가져왔다'거나 독자적인 방식으로 극장을 '개발했기' 때문에 극장이 생겼던 것이 아니다. 17세기에 이르러 극장에 대한 요구가 생겨난 것이다. 17세기 이전까지 극장에 대한 요구는 아직 형성되지 않았고 다른 여러 요구로부터 분리되어 독자적인 영역을 만들지 못했다. '극장성'은 많은 민담적 장르 속에 '나누어져' 있었고 그들과 혼합되어 있었다. 극장성의 요소들은 서정가요나 제의적 가요, 동화와 빌리나[90] 속에 들어 있었다. 스코모로흐의 예술도 극장성을 가지고 있었다.

17세기에 이르러 사회 계층의 차별화가 심화되고 도시들이 성장하자 민담은 사회의 지배 계층에서 물러나게 되고 도시에서 사라지게 되었다. 과거에 민담적인 장르가 담당했던 사회의 미적 삶의 측면들이 대체를 요구하게 되었다. 17세기의 새로운 장르들은 민담의 상실이 만들어낸 진공의 결과였다. 물론 새로운 장르들이 등장한 원인이 민담의 상실만은 아닐 것이다. 그것은 다양하다. 그러나 민담의 상실을 주목할 필요가 있다.

빌리나와 동화를 대체하여 기사도 소설이 들어왔다. 바로 이 때문에 기사도 소설이 이 두 민담적 장르의 특징을 받아들이고 있는 것이다. 오

---

90) 빌리나(былина): 고대 러시아의 구비적 영웅송시—옮긴이.

락 이야기인 「로마인들의 공적」이나 「찬란한 별」 등도 어느 정도 동화의 공백을 메우고 있는 것들이다.

과거에는 풍자에 대한 요구를 민담 혼자서 충족시켰다면 이제 문학 속에서 한편으로는 민주 풍자가, 다른 한편으로는 시메온 폴로츠키의 '귀족적 풍자'가 만들어진다.

17세기에 이르러 빌리나를 기록하기 시작했다. 몇몇 사회 상층부에서 빌리나를 듣지 않게 되었기 때문이다. 점차로 빌리나를 구연할 수 있는 장소가 시골과 도시 변두리로 제한되기 시작했다.

문맹의 대중, 민중의 요구를 어느 정도 완전하게 만족시켜줄 수 있었던 민담 장르들의 체계는 완전하고 폐쇄적이었다. 반면 고대 러시아의 문학 장르들의 체계는 불완전했다. 문학 장르들의 체계는 독자적으로 존재할 수 없었으며 언어예술 영역에서 사회의 모든 요구를 충족시켜줄 수 없었다. 문학 장르들의 체계는 민담에 의해 **보완되었다.** 문학은 민담 장르들, 서정 연애 가요, 동화, 역사 서사시, 스코모로흐의 공연 등과 나란히 존재하고 있었다. 바로 이 때문에 고대 러시아 문학이 전체적인 문학의 종(種)들, 특히 서정시를 갖지 못했던 것이다.

우리는 17세기에도 황제의 궁에 이야기꾼 노인이 살고 있었으며 드미트리 포자르스키(Дмитрий Пожарский)[91]가 스코모로흐의 수호자였다는 사실을 알고 있다. 이야기꾼들과 스코모로흐들은 몇몇 문학 장르의 불완전한 발전을 메워주었던 것이다.

무엇 때문에 리처드 제임스를 위해 러시아 민요를 기록해주었는지는 매우 명백하다. 그 이유는 그가 러시아 민요를 들을 수 없는 영국으로 그것을 가져갈 수 있게 해주기 위해서다. 17세기에 많은 민중 작품이 기록되었다. 리처드 제임스의 예로 미루어 이 또한 민담 작품들이 특정 계층에서 이미 듣기 어려운 것이 되어버렸고 희귀한 것이 되어버린 탓이

---

91) 드미트리 포자르스키: 16세기 말~17세기 초 러시아의 유명한 귀족이자 정치 활동가—옮긴이.

라 할 수 있지 않을까? 사람들이 어떤 대상을 기록하고 수집하기 시작하는 것은 그 기록과 수집의 대상이 일상의 영역에서 사라지고 있을 때다. 일상적이고 널리 알려진 것을 수집하지는 않는다. 일반적으로 수집가들은 예견의 재능과 역사의식을 갖고 있지 않다. 그들의 역사적 관심은 오직 과거를 향할 뿐이며 미래를 예견하지는 못한다.

민담과 연결되어 있던 도시의 민주 계층 속에 민주 문학이 등장하게 된 것은 분명히 도시의 발전과 함께 민담이 도시의 경계 밖으로 사라져버렸다는 사실과 관련이 있다. 민담을 대신할 대체물이 등장한다. 민담의 기록과 그 발생에 있어서 반(半)민담적인 민주 문학이 그것이다. 바로 이 때문에 우리는 17세기 이전의 문학 장르들의 체계를 독자적인 것으로 간주할 수 없는 것이다. 문학 장르들의 체계는 민담 장르에 의해 보완된 것이었다. 11~16세기 문학에는 연애 서정시가 없었다. 하지만 이러한 사실이 고대 러시아인들이 이러한 것을 전혀 갖지 않았다는 것을 의미하는 것은 아니다. 사회의 한 부분에서 민담적 서정시가 사라져버리자마자 크바슈닌-사마린[92]의 사랑 가요가 등장했다. 어떤 현상에 대한 기록은 그것이 떠나갈 때, 기억으로부터 사라져갈 때 시작된다.

양반이자 귀족인 크바슈닌-사마린이 민중적인 민담적 문체로 시를 썼다는 놀라운 상황은 우리의 관점에서 보자면 놀라운 일도 아니며 오히려 그 자체로 매우 시사적인 일이다. 그 성격상 민담적인 가요를 만들어야 했던 사람은 다름 아닌 화려한 귀족 저택에서 더 이상 민담 가요를 부르거나 듣기 어려워진 바로 그 사람인 것이다. 똑같은 이유로 다름 아닌 황제의 궁과 귀족 밀로슬랍스키의 저택에 극장이 설치되기 시작한다.[93]

---

92) P. A. 크바슈닌-사마린: 저명한 러시아의 귀족 가문인 크바슈닌-사마린가의 일원으로 17세기 초중반 시인으로 활동했다. 주로 사랑을 다루는 서정시를 남겼다—옮긴이.
93) 실제로 I. D. 밀로슬랍스키의 영지가 장식되었을 뿐이지 그의 집에서 공연이 있었던 것은 아니다.

물론 귀족 계층에서만 민담의 기록이나 새로운 문학 장르들로 민담을 대체하는 현상이 발생했던 것은 아니다. 우리는 이미 민주 풍자를 지적하면서 그것의 등장이 도시에서 민담이 사라진 결과라는 사실을 언급했다. 이 경우 민담의 상실 과정을 좀더 정확하게 설명할 필요가 있다. 교회가 스코모로흐들을 탄압하기 시작했다. 스코모로흐들은 대도시에서 쫓겨났다. 그럼으로써 교회 자신이 더욱더 강력한 적, 즉 극장이라는 적을 위한 토대를 마련해준 셈이었다. 스코모로흐들의 극장성은 알렉세이 미하일로비치의 극장으로 전달되었고 그들의 풍자는 도시 하층민의 문학적인 민주 풍자로 전달되었다. 전자(극장)는 민담과 관련되어 있지 않다. 후자(민주 풍자)는 민담과 관련되어 있다. 여기서 민담은 세계관으로 등장하고 있으며 오직 도시의 노동층만이 이를 간직할 수 있었다. 어떤 경우이든 민담의 상실은 여러 장르, 여러 사회 계층 속에 다양한 현상을 낳았다고 할 수 있다.

앞서 말한 모든 것에 대해서는 앞으로 더 많은 연구가 필요하다. 특히 문학 장르와 민담 장르의 상호 관계나 17세기 봉건사회 상층에서 민담이 부분적으로 '상실'됨으로써 문학적인 사랑의 서정시나 극, 민담 작품의 기록이 시작되었다는 견해는 아직 가설에 지나지 않는다. 하지만 다음과 같은 사실은 논쟁의 여지가 없는 것으로 보인다. 문학 장르들은 총체적인 체계를 구성하며 이 체계는 여러 역사적 시기에 따라 다양하다.[94]

최근 장르 체계는 고대 러시아 미술 분야에서 성공적으로 연구되기 시작했다. 바그네르(Вагнер Г. К.)의 뛰어난 저작 『고대 러시아 미술에서 장르들의 문제』(모스크바, 1974)는 이 주제를 다루고 있다. 이 책에서 고대 러시아 미술의 장르들은 체계로서 연구되고 있으며 이 체계는 고대 러시아 문학에 존재했던 장르들의 체계와 비교되고 있다. 더 나아가 매우 중요한 양자의 유사성과 차이가 드러나고 있다. 독자들에게 이 책을 권하면서 고대 러시아 미술에서도 장르 형성의 기능적 원칙이 나타난다는 사실(30쪽), 고대 러시아 미술 장르들도 미적 에티켓에 종속되어 있었다는 사실(36쪽)만을 지적해두기로 하겠다.

제2장 예술적 일반화의 시학

문학적 에티켓

발생기와 발전기의 봉건주의는 극도로 복잡한 영주-가신 관계의 위계질서와 함께 발전된 예식, 즉 종교적 혹은 세속적 예식을 만들었다. 사람들 간의 상호관계나 신과 사람들의 관계는 에티켓, 전통, 관습 및 의례에 종속되어 있었다. 에티켓, 전통, 관습 및 의례는 인간의 세계관과 사유에 스며들어, 그것을 일정 정도 사로잡을 수 있을 정도로 발전되어 있었고 지배적이었다. 에티켓적 경향은 사회에서 예술로 침투하게 된다. 회화에서 성자의 묘사는 에티켓을 따랐다. 성상화 원본은 각각의 성자들을 어떤 위치에서, 어떤 특징을 갖추도록 그려야 할지를 지시해 주고 있다. 성자들의 삶에서 벌어진 사건들 혹은 성서의 사건들에 대한 묘사 또한 에티켓을 따랐다.

비잔티움 회화의 성상화 플롯은 봉건적 궁정의 에티켓에 광범위하게 종속되어 있다. 그라바르의 저서 『비잔티움 예술 속의 황제』의 3부 전체가 궁정 예식이 성상화의 기본 유형들(가령 그리스도의 예루살렘 입성, 삼체성상, 지옥 방문, 옥좌에 앉아 있는 만유의 지배자 등)의 형성에 미친 영향을 다루고 있다.[1]

---

1) Grabar A., "L'Art impérial et l'art chrétien," *L'Empereur dans l'art byzantin*, Paris, 1936.

회화 외에도 에티켓은 중세의 건축예술과 실용예술, 의복과 신학, 자연에 대한 태도와 정치적 삶 속에 숨어 있을 수 있었다. 이는 중세의 근본적인 이데올로기적 강제의 형식 중 하나인 것이다. 에티켓적 성격은 봉건주의에 고유한 것이었고, 봉건적 삶은 에티켓적 성격으로 가득하다. 예술은 바로 이 봉건주의적 강제의 형식을 따라야만 했다. 예술은 삶을 묘사할 뿐만 아니라 삶에 에티켓적인 형식을 부여한다.

초기 봉건주의와 성숙한 봉건주의 시대의 문학과 문학어를 살펴본다면, 여기에서도 동일하게 에티켓적 경향을 발견할 수 있다. 문학적 에티켓과 그것에 의해 다듬어진 문학적 규범들, 이는 내용과 형식 간의 가장 전형적인 중세적 관례적-규범적 관계다.

실제로 클류쳅스키는 특히 생애전 장르에만 고유한 듯 보여지는 수많은 공식을 선별해내고 있다.[2] 오를로프는 군사 이야기 장르에 대해서 똑같은 작업을 수행하고 있다.[3] 이 공식들을 열거할 필요는 없을 것이다. 매우 잘 알려져 있기 때문이다. "계곡을 따라 피가 강처럼 흘렀다", "부딪치는 소리와 소란이 천둥처럼 무서웠다", "강인하고 잔인하니 땅이 신음하는 듯했다" 등을 보라.

그러나 오를로프나 클류쳅스키는 생애전적 공식이나 군사 이야기적 공식이 생애전이나 군사 이야기가 아닌 장르들, 예컨대 연대기나 세계사 혹은 역사 이야기, 심지어 웅변 작품이나 편지에서도 지속적으로 관찰된다는 사실에 대해서는 의미를 부여하지 않았다. 그런데 이 사실은 매우 중요하다. 왜냐하면 작품의 장르가 표현의 선택, 공식의 선택을 결정하는 것이 아니라 서술되고 있는 대상이 그것을 결정하는 것이기 때

---

2) V. O. 클류쳅스키, 『사료로서의 고대 러시아 성자들의 생애전』, 모스크바, 1871.

3) A. S. 오를로프, 「러시아 군사 이야기 형식의 특수성에 대하여(17세기까지)」, 『러시아 역사와 고대사 연구회에서의 강독』, 제4권, 1902, 1~50쪽; 같은 이, 「14~18세기 대러시아 역사 문학의 문체가 가진 몇 가지 특수성에 대하여」, 『학술원 러시아어 문학 분과 소식지』, 제8권 제4책.

문이다. 다름 아닌 서술 대상이 자신을 묘사하기 위해 이런저런 틀에 박힌 공식들을 요구하는 것이다. 작품이 성자전이든, 연대기이든 혹은 역사서이든 간에 만일 서술 대상이 성자에 관한 것이라면 생애전적 공식이 필수적이다. 성자에 대해서 서술되고 있는가, 작가가 어떤 종류의 사건을 서술하고 있는가에 따라서 이러한 공식들이 선택되는 것이다.

마찬가지로 작품이 군사 이야기이든, 연대기이든, 설교이든 혹은 생애전이든 군사적 사건에 대한 서술이 이루어지는 경우에는 군사 이야기적 공식이 필수적이다. 공후가 출정할 때 적용되는 공식, 적에 대한 공식, 전투에서 각각의 순간들을 규정하는 공식, 승리, 패배, 승리와 함께 도시로 돌아오는 것 등에 대한 공식이 존재한다. 군사 이야기적 공식을 생애전에서 볼 수 있으며 생애전적 공식을 군사 이야기에서 볼 수 있다.

또한 이 두 공식을 연대기나 교훈서에서 볼 수 있다. 『이파티예프 연대기』나 『라브렌티 연대기』 혹은 노브고로드 연대기들 중 어떤 하나의 연대기를 살펴보더라도 쉽게 이를 확인할 수 있다. 연대기에서 동일한 한 연대기 작가가 다양한 공식들, 즉 생애전적 공식이나 군사 이야기적 공식 혹은 추도사적 공식을 사용한다. 그뿐만 아니라 공후의 전투를 서술하느냐, 그의 죽음을 서술하느냐, 그가 맺은 협정의 내용을 서술하느냐 혹은 그의 결혼을 서술하느냐에 따라 연대기 작가는 여러 번 자신의 묘사 양식, 문체를 변화시킨다.

더 나아가 문학적 에티켓에 의해 고정적인 문체적 공식의 선택이 결정될 뿐만 아니라, 작가가 사용하는 언어 자체가 변화한다. 우리는 동일한 한 작가의 언어 속에서 쉽게 차이를 발견할 수 있다. 인간 존재의 한갓됨을 철학하고 사유하면서 그는 교회슬라브어를 사용한다. 세태적인 일들을 이야기하면서 그는 민중 구어로 달려간다. 표준어는 결코 하나가 아니었다. 모노마흐의 「유훈」(Поучение)을 읽어보면 이를 쉽게 확인할 수 있다.

이 작품의 언어는 '세 개의 층위'를 가지고 있다. 그 속에는 교회슬라브어 문체, 행정어적 문체, 민중-시적 문체가 존재한다(민중-시적 문체가 다른 두 문체에 비해 좀더 작은 규모로 존재한다). 만일 우리가 문체만으로 이 작품의 작가를 판단한다면, 아마도 세 명의 작가가 존재한다고 결론지을 수도 있을 것이다. 하지만 중요한 것은 종교적 플롯을 건드리고 있는가 아니면 자신의 원정을 서술하고 있는가, 아니면 젊은 며느리의 정신적 상태를 서술하고 있는가에 따라서 모노마흐가 각각의 양식이나 각각의 문체, 심지어 각각의 언어(모노마흐는 때로는 교회슬라브어로 때로는 러시아어로 쓰고 있다)를 중세적 관점에서 보자면 매우 적절하게 사용하고 있다는 사실이다.

야쿠빈스키는 "10~11세기 키예프 러시아의 교회슬라브어는 현실에서뿐만 아니라 사람들의 의식 속에서도 고대 러시아 민중어와 구별되었다"[4]라고 말하고 있다. 이 명제는 에티켓의 문제에서 매우 중요하다. 실제로 교회슬라브어와 고대 러시아어에 대한 무의식적인 동일화 경향과 함께 그에 대립되는 경향, 즉 비동일화 경향이 존재했다는 사실쪽 지적해야 할 것이다.

교회슬라브어가 동일화 과정에도 불구하고 20세기에 이르기까지 살아남았다는 상황은 바로 이 비동일화 경향으로 설명할 수 있다. 교회슬라브어는 언제나 고급 언어, 문어, 종교어로 받아들여졌다. 작가가 어떤 상황을 서술하기 위해 교회슬라브어나 교회슬라브어의 어휘, 형식을 선택하고, 다른 상황을 서술하기 위해서는 고대 러시아어를, 또 다른 상황을 서술하기 위해서는 민중-시적 발화를 선택하는 것은 언제나 의식적인 작업이었으며, 특정한 문학적 에티켓을 준수하는 작업이었다. 교회슬라브어는 종교적 내용과, 민중-시적 발화는 민중-시적 플롯과, 행정어적 발화는 행정적 내용과 분리될 수 없는 것이었다. 작가와 독자의 의식 속에서 교회슬라브어는 항상 민중어나 행정어와 구별되어 있었다. 바로 이러한 의식으로 인해 '특별한' 언어로서의 교회슬라브어가 살아남을 수 있었고, 교회슬라브어와 고대 러시아어의 구별 자체도 유지될

---

4) L. P. 야쿠빈스키, 『고대 러시아어의 역사』, 모스크바, 1953, 102~103쪽.

수 있었던 것이다.

　고대 러시아의 표준어 내에서 교회적-문어적 문체 혹은 좀더 신중하게는 문어적 유형을 구분하면서도(비노그라도프),[5] 그 통일성에 대해 말하는 것은 잘못된 것으로 여겨진다. 고대 러시아의 표준어는 통일적이지도 하나이지도 않았다. 고대 러시아의 표준어는 둘이었는데 그중 하나가 교회슬라브어(이는 서유럽의 라틴어, 동양의 산스크리트어, 아랍어, 페르시아어, 벤-얀어와 유사하다)이고, 다른 하나는 고대 러시아어 표준어다. 오직 고대 러시아어 표준어에서만 여러 유형과 문체를 구분할 수 있다.

　고대 슬라브어에 기초하여 발생한 교회슬라브어는 동슬라브와 남슬라브의——그리고 루마니아의——공통 표준어였다.[6] 고대 러시아, 고대 세르비아, 고대 불가리아 그리고 중세 세르비아, 중세 불가리아 표준어에 교회적-문어적 '문체'나 '유형'이 존재했다고 생각해서는 안 된다. 하지만 동시에 동슬라브와 남슬라브에서 기념비적 문학의 통일적인 토대를 가지고 있었던 통일적인 교회슬라브어에(이 통일적인 문학의 토대에 대해서는 이 책의 앞부분 43~55쪽을 보라) 다양한 민족적 변형본이 있었다는 사실을 쉽게 발견할 수 있다.[7] 동슬라브와 남슬라브 전체에 공통적인 문학작품들이 존재했고, 그 판본들이 한 나라에서 다른 나라로 옮겨 다니는 가운데 교회슬라브어는 사람들의 의식 속에서 하나의 독특한 언어로 받아들여졌다. 교회슬라브어가 다양한 민족적 변형본을 가지고 있었음에도 공통성과 안정성을 가질 수 있었던 사실은 바로 이러한 의식으로써만 설명 가능하다.

---

5) V. V. 비노그라도프, 『고대 러시아 문학어(표준어)의 형성과 발전에 대한 연구의 근본 문제들』, 모스크바, 1958, 111쪽.
6) N. I. 톨스토이, 「남슬라브와 동슬라브의 공통 표준어로서의 고대 슬라브어에 대한 문제」, 『언어학의 문제들』 제1호, 1961.
7) A. V. 이사첸코, 「러시아어 역사의 시기 구분의 문제에 대하여」, 『언어 이론과 역사의 문제들—B. A. 라린 교수 헌정 논문집』, 레닌그라드, 1963, 152~154쪽.

고대 러시아에서 이 두 표준어의 운명은 전혀 달랐다. 이 두 표준어는 다른 문체적 기능을 가지고 있었을 뿐만 아니라, 다른 존재 조건 속에 위치하고 있었다. 그 발생상 고대 불가리아어인 교회슬라브어는 고대 러시아와 끊임없이 서적 교류를 하던 많은 슬라브 국가에 공통적인 언어였다. 교회슬라브어의 러시아 판본이나, 세르비아, 불가리아, 루마니아 판본이 존재했고 시간에 따라 각각의 판본들은 변화했다.

하지만 총체로서의 교회슬라브어가 한편으로는 수직적으로, 다른 한편으로는 수평적으로 끊임없이 내저이고 집약적인 상호작용의 관계에 있었다는 사실을 잊어서는 안 될 것이다. 과거의 문학작품의 언어가 새로운 문학작품의 언어에 끊임없이 영향을 미친다. 한 슬라브 국가에서 교회슬라브어로 씌어진 작품들이 다른 국가들로 건너간다. 몇몇 작품, 특히 권위 있는 작품들은 오랜 세월 동안 자신의 언어를 간직했다. 모든 슬라브 국가에서 등장한 새로운 작품들도 언어 면에서는 그들과 동일했다. 전통적이고 안정적이며 변화가 거의 없는 교회슬라브어의 역사의 특수성이 바로 여기에 있다. 교회슬라브어는 전통적인 예배의 언어이자 전통적인 종교 서적의 언어다. 슬라브 언어체가 존재하기 시작한 첫 몇 세기 동안 예배서와 종교적 성격의 서적들은 전범이 되었다.

그 반대로 러시아어 표준어는 전범을 갖지 못했다. 그것은 관청과 사법 기관의 생생한 구어, 정치적 혹은 사회적 삶의 생생한 언어와 관련되어 있었다. 행정어는 교회슬라브어에 비해 훨씬 더 활기차게 변화했다.

러시아어 표준어에서 문어적 전통과 구어적 전통 가운데 어떤 것이 더 강력했을까? 이 문제는 매우 흥미로운 문제다.

그 유형으로 보자면 다양한 용도와 다양한 영역, 다양한 역사적 변화라는 점에서 러시아어 표준어는 교회슬라브어보다 훨씬 더 다양했으며 덜 안정적이었고 덜 폐쇄적이었다. 러시아어 표준어는 교회슬라브어가 가지고 있던 '전범'이라는 부동의 토대를 갖고 있지 않았다. 그 속에는 이질적인 형식들로부터 '스스로를 정화'하려는 지향이 없었다. 그것은 하나의 고급한 문체로 인식되지 않았다.

그 반대로 러시아어 표준어에서 문체는 다양할 수 있었다. 『1차 노브고로드 연대기』의 언어를 「러시아 법전」의 언어와 비교해보거나, 『갈리츠코-볼린스키 연대기』의 언어를 「유폐자 다닐의 탄원」의 언어와 비교해보는 것으로 충분할 것이다. 하지만 문체의 그 모든 다양성에도 불구하고 러시아어 표준어는 그 체계에 있어(문법적, 음운적, 어휘적 체계에서) 교회슬라브어와 구별되는 하나의 언어였다.

고대 러시아의 두 표준어, 러시아어와 교회슬라브어는 끊임없이 상호작용했다. 문학적 에티켓은 때때로 하나의 표준어로부터 다른 표준어로 급격하게 언어를 바꿀 것을 요구하기도 했다. 이러한 언어 전환이 때로는 한 작품 내에서 이루어지기도 했다. 두 표준어의 상호작용이 동등한 것은 아니었다. 교회슬라브어의 형식이나 어휘가 러시아어 표준어로 '영원히' 옮겨가서 러시아어 표준어 내에서 문체적 뉘앙스나 의미적 뉘앙스를 획득했고(여기서 운동은 문체에서 의미의 방향으로 이루어졌다) 그럼으로써 지속적으로 러시아어 표준어를 풍부하게 만들어주었다. 그 역방향의 작용은 이와 달랐다. 러시아어 표준어가 교회슬라브어로 개별적으로 침투하는 경우가 있었지만 이는 체계적으로 제거되었다.

중세의 문사들은 문어와 구어의 차이를 뚜렷하게 지각하고 있었다. 따라서 문어적인 러시아어 표준어를 코이네(koine), 즉 다양한 행정적 중심기관들의 공통어를 단순히 문어적으로 고착시킨 것으로 생각해서는 안 된다. 이것은 아직 우리가 명확하게 해명하지 못하고 있는 구어의 변형이며, 이 변형은 자신의 원칙, 자신의 에티켓을 가지고 있다. 한편 문어적인 러시아어 표준어 속에서 구어 문화의 영향을 볼 수 있다. 예전에 나는 11~12세기 러시아어 표준어가 갖는 구어적인 토대를 밝히고자 했었다.[8]

---

8) D. S. 리하초프, 「11~13세기 러시아의 외교적 관례」, 『역사적 기록』, 제18권, 모스크바, 1946; 같은 이 , 「『이고리 원정기』의 예술적 체계의 구어적 원천들」, 『이고리 원정기. 연구와 논문 모음집』, 아드리아노바-페레츠 편집, 모스크바-레닌그라드, 1950. 이 기회에 이 논문들에서 내가 염두에 두었던 것이 바로 교

문어적인 러시아어 표준어가 오직 고대 러시아의 중요한 행정적 중심 기관들의 코이네하고만 관련되어 있는 것은 아니다. 구어적인 민중시의 언어는 독특한 문체적 기능과 자신만의 시적 공식, 시적 어휘를 가지고 있다. 문어적인 러시아어 표준어의 한 변종에서 이 구어적인 민중시의 언어가 변형되어 문어로 포함된다. 이 변종에서 러시아어 표준어는 교회슬라브어와 마찬가지로 일상적인 언어에 대해 시적으로 고양되어 있다. 이 러시아어 표준어의 변종이 11~17세기까지 '지속적으로' 발전한 것은 아니다. 이 변종은 모노마흐의 「유훈」이나 『이파티예프 연대기』, 『러시아 몰락에 대한 말씀』, 「바투에 의한 랴잔 몰락의 이야기」에 나타나고 있으며, 무엇보다도 『이고리 원정기』와 이후 이를 반영하고 있는 『차돈시나』에 잘 나타나고 있다. 17세기에 이르러 구어적인 민중시의 언어는 「아조프에 대한 이야기」, 「수한에 대한 이야기」, 「고레 즐레차스티에 대한 이야기」 그리고 이외의 민주 문학의 시 작품들을 통해 문학 속으로 들어간다.

지금까지 언급한 사실들이 러시아어와 교회슬라브어, 두 개의 표준어를 가지고 있었던 고대 러시아에서 문학어의 발전이 보여주는 복잡함을 규정한다.[9]

흥미로운 것은 교회슬라브어의 '특수성'에 대한 인식이 매우 견고했음에도 이 인식의 내용이 변화한다는 사실이다. 17세기 이전까지 교회슬라브어는 무엇보다도 교회의 언어였다. 하지만 18세기와 19세기에 이르러 개별적인 교회슬라브어의 요소들이 '세속화'하게 되고, 이제 그것들은 고상하고 시적인 언어 일반의 특징이 된다.

회슬라브어 표준어와 구별되는 고대 러시아어 표준어(주로는 『이고리 원정기』의 언어)였다는 사실을 지적하고 싶다. V. V. 비노그라도프(『고대 러시아어 표준어의 형성과 발전에 대한 연구의 근본 문제들』, 모스크바, 1958, 3쪽)가 간주하듯이 나는 S. P. 오브노르스키의 견해의 추종자가 아니다.
9) V. V. 비노그라도프가 지적하고 있듯이 문학어(язык литературы)는 아직 표준어(литературный язык)가 아니다.

18세기 이전까지 모든 장중한 문체는 어느 정도 종교성으로 채색되어 있었다. 따라서 세속적인 장중한 플롯들도 그것이 교회슬라브어로 씌어진 고대 러시아 문학작품들 속에서 서술될 경우 이 종교적 성격을 갖게 되었다. 18세기에 교회슬라브어는 이미 순수하게 세속적인 플롯을 서술하기 위해 사용되기 시작했으며 그것을 종교성으로 채색하지도 않는다. 마찬가지로 행정어의 '특수성'에 대한 인식도 똑같이 바뀌었다. 앞으로 교회슬라브어와 행정어의 '특수성'에 대한 인식의 내용이 역사적으로 어떻게 변화해왔는가에 대한 연구는 매우 중요한 작업이 될 것이다.

중세에 교회슬라브어의 사용은 분명히 에티켓에 따라 이루어졌다. 종교적 플롯은 교회슬라브어를, 세속적인 플롯은 러시아어를 요구했다.

적절한 언어 혹은 언어 문체의 사용에 대한 중세적 에티켓이 고대 러시아에만 존재했던 것은 아니다. 중세적 에티켓은 다른 여러 나라의 중세 문학에서 더 큰 의미를 가지기도 했다. 샤흐마토프에 따르면 고대 러시아에서 교회슬라브어가 존재하기 시작한 최초의 순간부터 그것은 "불가피하게 민중어와 동화되기 시작한다. 왜냐하면 민중어로 말하는 러시아인들은 자신들의 발화 속에서 발음이나, 어휘사용이나, 어휘변화나, 그 모든 것을 자신들이 전유한 교회어와 구별할 수 없었기 때문이다."[10]

샤흐마토프의 이러한 명제는 러시아어 표준어의 발생과 발전에 대한 그의 구도에서 중심적인 위치를 차지하고 있는데, 앞서 말한 이유로 이 명제는 부정확한 것으로 생각된다. 교회슬라브어와 러시아어, 교회슬라브어적 형식과 러시아어적 형식을 구분하려는 의식적인 노력, 동화를 억제하려는 경향에 대한 예를 들 필요는 없을 것이다. 이 모든 경향의 근저에는 문체적 질서에 대한 판단을 지배하는 문학적 예식성의 요구가 자리 잡고 있다.

---

10) A. A. 샤흐마토프, 『현대 러시아어 표준어에 대한 고찰』, 모스크바, 1941, 61쪽. 강조는 리하초프.

지금까지 살펴본 것처럼 문학적 에티켓의 요구가 교회슬라브어와 여러 가지 변종의 러시아어의 사용을 구별지으려는 경향을 낳았다. 군사 이야기적 공식, 생애전적 공식 등과 같은 다양한 공식의 등장을 야기한 것도 바로 이 문학적 에티켓의 요구였다. 하지만 문학적 에티켓은 언어적 표현의 현상으로 제한되지 않는다. 실제로 오를로프가 언어적 공식으로 들고 있는 예들 모두가 언어 현상인 것은 아니다.

예를 들어 다양한 '군사 이야기적 공식' 가운데 오를로프는 러시아 군대에 주어지는 '하늘의 힘의 도움'을 언급하고 있는데, 이 도움은 다양한 방식으로 실현된다. 때로는 적들이 '신의 분노로 쫓겨간다.' 때로는 적들이 '신과 성모의 분노로 쫓겨간다.' 때로는 신은 적들의 가슴에 '공포를 심는다.' 때로는 적들이 '알 수 없는 힘에 의해' 쫓겨간다. 때로는 천사에 의해 쫓겨간다.[11] 이는 언어 표현의 틀이 아니라 상황의 틀이다. 이 상황의 틀에 대한 언어적 표현은 다양할 수 있다.

마찬가지로 군사의 소집, 군사의 출정, 혹은 군사의 공격을 서술하는 다른 상황의 다양한 틀에 대한 언어적 표현이나, 성자의 생애전 서술에서 나타나는 경건한 부모로부터의 출생, 황야로 혼자 나아감, 공적들, 수도원의 건설, 경건한 죽음과 사후 기적과 같은 상황의 틀에 대한 언어적 표현도 다양할 수 있다.

물론 특정한 표현이나 묘사의 특정한 문체가 상응하는 상황에 접근한다는 사실도 중요하다. 그러나 그뿐만 아니라 작가가 이러한 상황을 에티켓의 요구에 따라 필연적인 상황으로 만든다는 사실이 중요하다. 즉 공후는 출정에 앞서 기도한다. 그의 군사는 일반적으로 소수이며 반면에 적의 군사는 엄청나다. 적들이 '무서운 힘으로', '전투 정신으로 타

---

11) A. S. 오를로프, 『러시아 군사 이야기 형식의 특수성에 대하여(17세기까지)』, 37~49쪽.

올라' 덮친다.

상황의 문학적 규범의 예는 가령 「보리스와 글렙의 생애와 죽음에 대한 강론」을 통해서도 살펴볼 수 있다. 대부분의 중세 문학작품과 마찬가지로 「강론」은 처음부터 끝까지 에티켓에 대한 민감한 감각으로 가득하다. 작가는 보리스와 글렙의 생애를 서술하면서 그들로 하여금 성자들이 해야만 했던 바로 그 행동들을 하도록 만들려고 한다. 작가는 그들의 입에서 겸손과 경건의 장황한 표현들이 나오도록 만들고, 형인 스뱌토폴크에 대한 그들의 순종을 묘사하고, 그들이 어떻게 살인자들에게 저항하기를 거부했던가를 서술하며, 성자들에 대해 일반적으로 갖는 인식에 맞지 않는 몇 가지 행동(가령 보리스의 결혼)을 설명한다. 작가는 등장인물들에게 역할을 나누어주면서 과거 속에서 그 역할들의 전범을 찾으려고 한다. 블라디미르는 제2의 콘스탄티누스, 보리스는 요셉, 글렙은 다윗, 스뱌토폴크는 카인이다.

에티켓은 '교육'을 요구한다. 문학적 에티켓과 생활에서의 '교양'은 밀접하게 서로 관계하고 있다. 키예프인들은 세례를 받을 때 매우 '예의바르게' 행동한다. 모두가 세례를 받으러 가면서 "한 사람도 저항하지 않고 마치 오래전에 배운 것처럼 그렇게 기뻐하면서 세례를 받으러 달려갔다."[12] 이 말들은 의미심장하다. 사람들은 마치 '오래전에' 배운 것처럼 행동한다. 교양이란 교육에 의해 주어지는 법이다. 그들은 '기뻐한다.' 이 또한 교양이 요구하는 것이다. '정신을 차리게' 되자마자 보리스는 모방할 전범을 찾는다. 그는 다음과 같이 기도한다. "주 예수 그리스도여, 나를 성자들 중 한 사람처럼 만들어주소서. 내가 그들이 걸어간 발자국을 따라 갈 수 있게 하소서."[13] 이것은 에티켓에 대한 기도다. 동시에 보리스가 이렇게 기도하는 것도 에티켓적인 것이다(이것은 생애전의 에티켓이다). 따라서 에티켓의 준수에 대한 요청 자체가 또한 에티

---

12) 「성 순교자 보리스와 글렙의 생애전과 그들에 대한 예배서」, 『고대 러시아 문학의 기념비들』, 제2권, 프라하, 1916, 5쪽.
13) 같은 책, 5쪽.

켓적인 것이다!

이러한 상황의 에티켓이 어디서 왔을까? 수많은 탐색이 필요할 것이다. 어떤 에티켓적 공식은 삶의 일상으로부터, 실제적인 의례로부터 왔을 것이다. 또 어떤 에티켓적 공식은 문학으로부터 왔을 것이다. 일상적이고 실제적인 에티켓의 예는 무수히 많다. 근본적으로 이러한 에티켓은 교회적 에티켓이거나 공후적 에티켓이다(즉 봉건 사회 상층의 에티켓이다).

예를 들어 우리가 앞서 인용한 「보리스와 글렙의 생애와 죽음에 대한 강론」에서 블라디미르가 페체네그인들을 공격하기 위해 보리스를 파견할 때, 보리스는 당대의 에티켓에 따라 아버지와 작별한다. "성자는 자신의 아버지 앞에 무릎을 꿇고 엎드려 그의 명예로운 발에 입을 맞추었다. 그런 다음 일어나서 그의 뺨을 감싸 안고 눈물을 흘리며 입을 맞추었다."[14] 11세기 말의 성자전 작가가 이 장면의 목격자일 수 없다. 그는 과거의 구어 자료나 텍스트에서 이 장면을 발견할 수도 없었다. 그는 두 등장인물을 교양을 갖춘 이상적인 주인공으로 만들기 위해 주의를 기울이면서 이 장면이 어떻게 전개되어야만 할 것인지에 대한 자신의 상상으로부터 출발하여 이것을 서술한 것이다.

과거의 편집본들을 '확장'하는 대부분의 경우가 이와 유사하다. 특징적인 예를 보자. 「니콜라 자라즈스키(Никола заразский) 이야기」의 16세기 편집본에는 예브파티이 콜로브라트(Евпатий Коловрат)의 장례에 대한 서술이 등장한다. 최초의 편집본들에는 이에 대한 서술이 없었다. 몇 가지 이유로 「이야기」의 주인공을 성대한 장례식으로 명예롭게 만들어야 할 필요가 생기자 작가가 16세기의 의식(儀式)과 풍습에 따라 이 장면을 창조한 것이다.[15]

오직 이상적인 주인공들의 행동만이 생활이나 실제적 풍습에서 가져

---

14) 같은 책, 7쪽.
15) D. S. 리하초프, 「니콜라 자라즈스키 이야기」, 『고대 러시아 연구』, 제7권, 모스크바-레닌그라드, 1949, 338쪽.

온 에티켓적인 규범을 따른다는 사실에 특히 주목할 필요가 있다. 악인 이나 부정적인 등장인물의 행동은 이러한 에티켓에 종속되지 않는다. 그들의 행동은 오직 상황의 에티켓, 즉 그 발생상 순수하게 문학적인 에 티켓을 따를 뿐이다. 이 때문에 악인들의 행동은 이상적인 주인공들의 행동처럼 에티켓적인 구체화에 도달하지 못한다. 작가가 그들의 입에 자신이 상상해낸 말을 부여하는 경우는 매우 드물다. 그들은 울부짖으 며 "마치 의로운 자를 잡아먹고 싶어하는 야생 동물처럼"[16] 걸어간다. 그들은 짐승에 비유되며 짐승이 그러하듯이 실제적인 에티켓을 따르지 않는다. 하지만 그들을 짐승에 비유하는 것 자체는 문학적 규범이다. 이 는 반복되는 문학적 공식이다. 이러한 문학적 에티켓은 전적으로 문학 속에서 발생하며 실제적인 일상으로부터 가져온 것이 아니다.

중세 문학에서는 일반적으로 개별적인 묘사나 발화, 공식이 한 작품 에서 다른 작품으로 옮겨 다닌다. 이러한 것도 에티켓에 따라 묘사하려 는 경향이나 문학적 규범을 창조하려는 경향으로 설명할 수 있다. 여기 에 독자를 기만하거나 실제로는 다른 문학작품에서 가져온 것이라는 역 사적 사실을 속이고자 하는 의도가 있는 것이 아니다. 문제는 단순하다. 무엇보다도 에티켓과 관련되어 있는 것들이 한 작품에서 다른 작품으로 옮겨 다닌다.

예컨대 주어진 상황에서 반드시 해야만 하는 말, 주어진 상황에서 등 장인물이 반드시 해야만 하는 행동, 일어난 일에 대한 적절한 작가의 해 석 등이 그것이다. 당위와 실제가 혼합된다. 작가는 이상적인 주인공의 행동이 전적으로 에티켓에 의해 결정된다고 간주한다.

그리고 작가는 이 행동을 유사하게 재현한다. 예컨대 도브몬트(Дов- монт) 생애전의 작가는 알렉산드르 넵스키(Александр Невский)의 생애전을 차용하고 있는데, 이 차용은 바로 이렇게 정당화될 수 있는 것

---

16) 「성 순교자 보리스와 글렙의 생애전과 그들에 대한 예배서」, 『고대 러시아 문 학의 기념비들』, 10쪽.

이다. 이 차용은 무엇보다 에티켓의 준수라는 노선을 따라 진행된다. 적들에 대항하기 위해 군사들을 소집하는 것, 이것은 에티켓적인 순간이다. 알렉산드르 넵스키처럼 도브몬트도 원정에 나선다. 알렉산드르처럼 도브몬트도 제단 앞에 무릎을 꿇는다. 알렉산드르처럼 그도 기도한다. 알렉산드르가 대주교에게 은총을 받는 것처럼 도브몬트도 수도원장에게 은총을 받는다. 알렉산드르처럼 그도 '소수의 군사를 이끌고' 적을 향해 나아간다. 도브몬트 생애전의 작가는 알렉산드르의 생애전으로부터 이 모든 에티켓적인 순간을 차용하면서 결코 자신이 문학적 표절을 하고 있다거나, 진실을 왜곡하고 있다거나, 사실을 날조하고 있다고 생각하지 않았을 것이다.

고대 러시아 문학의 예술 방법을 규정할 때, 그것이 이상화로 경도되었다고 말하는 것으로는 불충분하다. 문학에는 다양한 형식의 이상화가 존재한다. 중세적 이상화는 대부분 에티켓에 종속된다. 여기서 에티켓은 이상화의 형식이자 본질이 된다. 한 작품에서 다른 작품으로의 차용, 공식과 상황의 고정성, 작품에 대한 '확장된' 편집의 형성 방법, 작품의 근저에 놓여 있는 사실들에 대한 해석 등 이 모든 것이 에티켓으로 설명된다.

고대 러시아의 작가는 커다란 확신을 가지고 모든 역사적 사건을 상응하는 예식적 형식 속에 집어넣으며 다양한 문학적 규범을 창조한다. 생애전적 공식들, 군사 이야기적 공식들, 그리고 그외의 다른 공식들, 작가의 에티켓적인 자기소개, 주인공을 소개하는 에티켓적인 공식들, 각각의 경우에 적절한 기도와 말, 생각들, 추도사적인 성격의 공식들, 에티켓이 요구하는 수많은 행위와 에티켓적인 상황들, 이 모든 것이 한 작품에서 다른 작품으로 반복된다. 작가들은 모든 것을 잘 알려진 규범들 속에 집어넣으려고 한다. 그들은 모든 것을 분류하고, 성서에 기술된 역사에서 비슷한 것을 찾아 비교하고, 성서에서 상응하는 인용문을 준비한다.

중세의 작가는 과거 속에서 선례를 찾는다. 그는 전범, 공식, 비슷한 예들을 세심하게 배려하고 인용문들을 모은다. 사건들, 등장인물의 행위들, 생각들, 감정들, 말들, 그리고 자기 자신의 말을 미리 설정된 '예식'에 맞춘다. 공후의 행동을 묘사할 때면 작가는 그것을 행위의 공후적 이상에 맞춘다. 그의 펜이 성자를 그릴 때면 그는 교회의 에티켓을 따른다. 적들이 러시아로 공격하는 것을 서술할 때면 그는 러시아의 적들에 대한 당대의 표상을 따른다. 군사 이야기적 에피소드는 군사 이야기적 표상에, 생애전적 에피소드는 생애전적 표상에, 공후의 세속적 삶의 에피소드는 궁정의 에티켓에 맞춘다. 작가는 자신의 창작을 문학적 틀 속에 집어넣기를 갈망한다. 모든 것을 '가장 적절하게' 서술하고자 하며 그가 쓰고 있는 모든 것을 문학적 규범에 맞추려고 한다.

하지만 작가는 이 에티켓적인 규범들을 다양한 영역으로부터, 예컨대 종교적인 표상으로부터, 무사에 대한 표상으로부터, 궁정인에 대한 표상으로부터, 신학가에 대한 표상으로부터 차용한다. 고대 러시아 문학의 작가에게 문체의 통일에 대한 요구가 없었던 것처럼 에티켓의 통일에 대한 요구도 없었다. 모든 것은 각자의 관점에 종속되어 있었다. 작가는 군사 이야기적 에피소드를 이상적인 무사에 대한 표상에 따라, 생애전적 에피소드는 성자전의 표상에 따라 서술한다. 작가는 모든 것을 '상황에 적절한' 표상에 따라 '상황에 적절한' 말들로 서술하고자 하면서 하나의 표상에서 다른 표상으로 옮겨 다닐 수 있었다.

우리는 고대 러시아의 회화에서 이와 유사한 것을 볼 수 있다. 고대 러시아 회화에서 각각의 대상들은 그것이 가장 잘 보일 수 있는 시점에서 묘사된다. 화가의 통일적인 시점은 존재하지 않았다. 존재하는 것은 각각의 묘사 대상 혹은 대상 그룹에 고유한 시점들의 집합이다.

이러한 중세 작가의 문학적 에티켓이 어디서 만들어졌을까? 사건의 진행이 어떻게 이루어져야만 할 것인가에 대한 표상, 등장인물들이 자신이 처한 상황에서 어떻게 행동해야 할 것인가에 대한 표상, 작가가 사건을 어떤 말로 서술해야 할 것인가에 대한 표상, 문학적 에티켓은 바로 이러한 표상들로부터 만들어진다. 따라서 이것은 세계질서의 에티켓이

자 행위의 에티켓, 언어의 에티켓인 것이다. 모든 것이 함께 미리 설정되어 작가 위에 서 있는 통일적인 규범적 체계로 통일된다. 이 규범적 체계는 내적인 총체성을 갖지 않는다. 왜냐하면 그것이 문학작품의 내적인 요구에 의해서 결정되는 것이 아니라 외적인 것에 의해, 즉 묘사 대상에 의해 결정되기 때문이다.

중세 러시아의 문학적 에티켓 속에서 기계적으로 반복되는 틀과 전범의 총체나, 창조적 사고의 결여 혹은 창조의 '경화'만을 보거나 문학적 에티켓을 19세기의 재능 없는 작품들이 반복했던 틀과 혼동하는 것은 잘못된 것이다. 중요한 것은 중세의 작가들이 이 모든 언어적 공식이나 문체적 특수성, 특별하게 반복되는 상황 등을 기계적으로 적용하는 것이 아니라 그것이 요구되는 바로 그 상황에 적용하고 있다는 사실이다.

작가는 선택하고, 생각하고, 세심하게 전체적인 서술의 '우아함'을 배려한다. 문학적 규범 자체가 작가에 의해 변주되고 '문학적 예의'에 대한 작가의 표상에 따라 변화한다. 다름 아닌 이러한 표상들이 그의 창조에서 중요한 것들이다. 바로 이 때문에 우리가 문학적 상투성이나 문학적 전범이 아니라 문학적 에티켓을 말하고 있는 것이다.

사실 문학적 상투성이나 문학적 전범은 창조적으로 변화할 수도 없을 뿐만 아니라 복잡한 사건의 서술에는 존재할 수도 없는 것이기 때문이다. 군사 이야기적 공식이나 반복되는 상황, 이는 문학적 에티켓의 부분일 뿐이며 때로는 가장 중요한 것도 아니다. 반복되는 공식과 상황은 문학적 에티켓의 요구에 따라 등장하는 것이며 그 자체로는 아직 상투성이 아니다. 이것은 기계적으로 이루어지는 상투적인 틀의 선택이 아니라 창조다. 이것은 작가가 새로운 것을 발명해내는 것이 아니라 과거의 것을 결합시켜 당위와 우아함에 대한 자신의 표상을 표현하려고 하는 창조다.

중세 러시아의 문학적 에티켓은 무엇보다도 이데올로기의 현상이자 세계관의 현상, 세계와 사회에 대한 이상화 경향을 갖는 표상의 현상으로서 연구되어야 한다. 만일 우리가 문학적 규범들——이 모든 군사 이야기적 공식, 생애전적 공식, 에티켓적 상황 등——을 그것을 포괄하고 있는 문학적 에티켓과 세계관을 고려하지 않고 연구하려 한다면 문학적 규범들에 대한 카드목록을 작성하는 작업 이상으로 나아갈 수 없을 것이며, 이 문학적 규범들이 겪은 변화를 포착하지 못하게 될 것이고, 결국 그러한 규범들과 관련된 문학이 가진 미적 가치를 포착하지 못하게 될 것이다.

클류쳅스키와 오를로프의 저작에서 시작된 중세 러시아의 문학적 규범들에 대한 연구는 첫째, 훨씬 확장되어야 한다(언어적 공식 외에도 플롯 구성에서 언어와 문체, 문학적 규범들을 선택하는 원칙, 개별적인 상황, 등장인물의 성격 등을 선택하는 원칙을 연구해야 한다), 둘째, 문학적 규범 자체는 중세적 세계관이 가진 에티켓적 성격의 결과로 간주되어야 한다, 그리고 문학적 규범을 당위에 대한 중세적 표상과의 관계 하에서 설명해야 한다.[17]

* * *

우리가 이미 살펴보았던 것처럼 문학적 에티켓은 독특한 전통성, 고정적인 문체 공식의 등장, 다른 작품의 일부에 대한 전체적인 차용, 형상, 상징-은유, 비유 등의 고정성 등을 야기했다.

몇몇 연구자에게는 이러한 전통성이 '고대 러시아적 의식'의 보수성의 결과이자 새로운 것에 고무될 수 없는 무능력의 결과로 보였다. 다시 말해서 단순히 창조성이 결여된 결과로 보였던 것이다. 그러나 고대 러시아 문학의 전통성은 특정한 예술 체계의 사실이다. 즉 그것은 고대 러시아 문학작품들의 시학의 현상들과 관련된 사실이며, 예술 방법의 현상이다. 새로움에 대한 지향이나 예술적 수단의 혁신에 대한 지향, 혹은 예

---

17) O. V. 트보로고프, 「고대 러시아의 고정적인 문학적 공식에 대한 연구의 과제들」, 『11~17세기 러시아 문학 연구의 당면 과제들』, 모스크바-레닌그라드, 1964(『고대 러시아 연구』, 제20권).

술적 수단을 예술의 대상에 근접시키려는 지향, 이는 전적으로 근대 문학에서 발전한 원칙들이다. 따라서 '낯설게하기'로의 지향이나 놀라게 만들기로의 지향, 혹은 세계에 대한 지각의 혁신으로의 지향은 몇몇 문예학자가 간주하듯이 결코 문학 창조의 영원한 특징이 아닌 것이다.[18]

문학적 기법에 대한 중세적인 태도는 달랐다. 기법의 전통성이 결함으로 간주되지 않았던 것이다. 따라서 근대 문학에 특징적인 기법을 감추거나 기법을 '노출시키려는' 지향이 존재하지 않았다. 기법은 '정상적인 것'이었다. 기법은 사건과 현상을 서술할 때 당연히 필요한 것이었다. 기법은 문학적 에티켓에 의해 요구되는 것이다. 기법은 독자들에게

18) 특히 B. V. 토마솁스키는 모든 문학작품 속에서 지각 가능한(잘 드러나는) 기법과 지각 불가능한(드러나지 않는) 기법을 구별하고 있다. 지각 가능한 기법에 대해서 토마솁스키는 다음과 같이 말한다. "기법에 대한 지각 가능성의 원인은 두 가지가 있을 수 있다. 기법의 지나친 노쇠화와 기법의 지나친 새로움이 그것이다. 낡고 오래된 옛 기법들은 집요한 유물로서 지각된다. 즉 그것들은 자신의 의미를 잃어버리고 관성의 힘으로 계속 존재하는 현상으로서, 생물 가운데에 위치한 죽은 몸으로서 지각된다. 그 반대로 새로운 기법들은, 특히 그것들이 지금까지 금지되었던 목록에서 가져온 것일 경우, 자신이 가진 생소함으로써 놀라게 만든다(가령 고상한 시에서의 속어가 그렇다)"(B. V. 토마솁스키, 『문학의 이론―시학』 5판, 모스크바-레닌그라드, 1930, 157쪽). 토마솁스키의 견해에 따르면 문학은 언제나 전통적인 기법들에서 해방되고자 한다. 때로 그것을 감추거나 그 반대로 드러내면서 말이다. 기법들은 탄생하고, 살고, 늙고, 죽는다(같은 책, 158쪽). 하지만 근대의 문학적 의식에서도 전통성은 고전주의와 낭만주의의 시적 체계에서 긍정적인 역할을 한다(L. Ya. 긴즈부르그, 「서정시에서 전통적, 비전통적 어휘사용에 대하여」, 『비교 어문학의 제문제―지르문스키의 70세 기념 논문집』, 모스크바-레닌그라드, 1964를 보라). 많은 예술사조가 작가로 하여금 특정한 규범에 종속시켰다는 사실은 잘 알려져 있다. 예컨대 부알로는 고전주의적 전범을 따를 것을 권한다. 긴즈부르그는 『서정시에 대하여』에서 다음과 같이 적절하게 말하고 있다. "프랑스 고전주의는 규범에 의한 문학적 사유의 절정이다. 프랑스 고전주의는 독자들이 즉각 알아볼 수 있는 시적 형식의 절대적인 유효성을 극단까지 몰고 간다. 고전주의는 종교적, 정치적, 미적 가치들의 정확한 위계 위에 자신의 잘 발달된 장르적-문체적 위계를 세웠다"(L. Ya. 긴즈부르그, 『서정시에 대하여』, 모스크바-레닌그라드, 1964, 10~11쪽).

특정한 반응을 야기하고 독자의 의식에 특정한 분위기를 창조하는 신호로 기능한다.

고대 러시아 문학작품에서 갑작스러움의 효과는 큰 의미를 갖지 않는다. 독자는 작품을 여러 번 읽으며 그 내용을 이미 알고 있다. 고대 러시아의 독자는 작품 전체를 포착하고 있다. 작품의 첫 부분을 읽으면서 독자는 이미 그것이 어떻게 끝날지를 알고 있다. 독자에게 작품은 시간에 따라 전개되어 나가는 것이 아니다. 그것은 이미 잘 알려져 있는 통일적인 총체다. 고대 러시아의 문학은 독자들이 읽어 나가면서 작품이 어떻게 끝날지를 기대하는 근대에 비해서 덜 '시간적인' 예술이다. 따라서 티냐노프가 그토록 강조하는 문학의 역동적 요소들[19]은 중세 문학에서 근대 문학에 비해 훨씬 작은 역할을 수행한다.

중세의 독자들은 마치 일종의 예식에 참가하듯이 작품을 읽는다. 그는 이 예식 속에 자신을 집어넣고 특정한 '행위', 독특한 '예배'에 참가한다. 중세의 작가는 삶을 묘사하기보다는 삶을 변형시키고 삶에 '화려한 옷을 입힌다.' 중세의 작가는 삶을 퍼레이드로, 축제적인 것으로 만든다. 작가는 의전관(儀典官)이다. 그는 자신의 공식들을 기호이자 문장(紋章)으로 사용한다. 그는 깃발을 걸어 올리고 삶에 퍼레이드적 형식을 부여하고 '우아함'으로 삶을 이끈다. 작가는 문학작품에 대한 개인적 인상을 고려하지 않는다. 많은 청자를 위해 작품을 소리 내어 낭독했을 뿐만 아니라 개별적인 독자들도 작품을 읽었다는 사실과 무관하게 고대 러시아의 문학작품은 개인적인 독자, 개별적인 독자를 고려하지 않는다.

우리에게 작품은 독서 과정에서 '살아난다.' 소리를 내어 읽든 속으로 혼자 읽든 독자가 작품을 읽고 있을 때 작품은 존재한다. 반대로 중세의 문사는 작품을 창조하거나 옮겨 쓰면서 어떤 문학적 '종교극'(действо) 혹은 '예식'을 창조한다. 이 예식은 그 자체로 존재한다. 이 때문에 작품을 아름답게 정서해야만 했고, 값비싼 표지로 장정해야만 했다. 이러한

---

19) Yu. 티냐노프, 「문학적 사실에 대하여」, 『레프』 제2호, 1924.

중세적 '현실주의〔리얼리즘〕'(유명론에 대립되는 철학적 경향)의 관점은 전적으로 관념론적인 관점, 즉 이념의 존재의 현실성을 전제하는 관점이다.

문학작품은 '이상적'이고 전적으로 독자적인 삶을 산다. 독자는 독서 과정에서 이 작품을 '재생시키는 것'이 아니다. 그는 기도하는 자가 예배에 참가하는 것처럼, 어떤 장엄한 예식에 참가하듯이 독서에 '참가한다.' 문학의 장엄함, 화려함, 예식성은 문학으로부터 떼어낼 수 없는 성질이다. 그것은 문학의 에티켓적 성격, 동일한 예식적 기법의 사용과 분리될 수 없다.

앞으로 고대 러시아 문학의 예술 방법이 가지고 있는 관념주의적 성격과 관련되어 있는 상투성(трафаретнотсь)의 문제를 여러 번 건드리게 될 것이다. 미리 밝혀두자면 이 문제는 고대 러시아 문학의 한 측면일 뿐이라는 사실을 지적해두어야 할 것이다. 고대 러시아 문학에는 에티켓적 성격과 함께 마치 균형추처럼 이에 대립되는 것이 존재한다. 이것은 구체성으로의 경향, 규범의 극복으로의 경향, 현실에 대한 리얼리즘적 묘사로의 경향이다. 앞으로 우리는 이 문제를 또한 살펴보게 될 것이다('리얼리즘적인 요소들' 절을 보라).

시학의 가장 흥미로운 과제들 중 하나는 문학에서 특정한 시적 공식이나 형상, 은유 등이 계발되는 원인들을 해명하는 것이다. '학문으로서의 문학사의 방법과 과제에 대하여'라는 강의에서 베셀롭스키는 다음과 같이 말하고 있다.

"시적 창작이란 이미 알려진 공식이나 고정된 모티프로 제한되어 있는 것이 아닐까? 한 세대가 다른 이전의 세대로 물려받는, 혹은 서사시에서, 신화에서 우리가 필연적으로 발견하게 되는 원형들로부터 물려받는 그런 공식이나 고정된 모티프로 말이다. 모든 새로운 시적 시대란 과거로부터 물려받은 형상들의 경계 내에서 빙빙 돌면서 그것들을 가지고

---

20) A. N. 베셀롭스키, 『역사 시학』, 레닌그라드, 1940, 51쪽.

작업하는 것은 아닐까? 단지 옛것의 새로운 결합만을 허용하면서, 그것들을 삶에 대한 새로운 이해로 채우면서 말이다. 이러한 것이 과거에 대한 새로운 시적 시대의 진보가 아닐까?"[20]

이 인용문에서 볼 수 있듯이 베셀롭스키는 문학적 공식이나 모티프 혹은 형상 등의 전통성이 문학 창조의 보수성에 의존하고 있다고 간주한다. 나는 여기서 문제는 보수성이 아니라 특정한 미적 체계라고 생각한다. 그리고 우리는 이 체계를 그리고 이 체계가 다른 체계에 의해 대체되면서 점차 사멸하게 되는 원인들을 연구해야 한다. 여기서 중세에서의 문학 발전이 갖는 특수성을 기억해야만 한다.

티냐노프는 「문학적 사실에 대하여」라는 논문에서 자동화와의 투쟁이라는 문학 발전의 독특한 원칙을 제시했다. "문학적 진화에 대한 분석에서 우리는 다음과 같은 단계들과 마주치게 된다. 1) 자동화된 구성 원칙에 대해 그에 대립되는 구성 원칙이 변증법적으로 등장한다. 2) 새로운 구성 원칙의 적용이 진행된다. 그것은 좀더 쉬운 적용 방법을 찾는다. 3) 그것이 최대한으로 확산된다. 4) 그것이 자동화되고 대립되는 구성 원칙을 야기한다."[21]

문학에서 자동화의 원리와 그에 대한 투쟁의 원리는 문학 독자들이 당대성에 대해 훌륭한 감각을 가지고 있다는 것을 전제한다. 고대 러시아에는 그것이 없었다. 고대 러시아에서 작품은 수세기를 산다. 때로는 옛 작품들이 지금 막 창조된 작품들보다 훨씬 더 흥미를 주었다(역사적 자료로서의 작품, 종교적인 관점에서 의미 있는 작품의 '권위'가 흥미를 주었다). 따라서 문학적 현상들의 교체 또한 의식되지 않았다.

문학에서 지금 씌어진 것이든 과거에 씌어진 것이든 그 모든 작품이 '동시간적' 혹은 더 정확하게는 비시간적이다. 역사의 운동, 문학의 운동에 대한 뚜렷한 의식이 없었다. 진보라는 개념, 동시대성이라는 개념

---

21) Yu. 티냐노프, 「문학적 사실에 대하여」, 10쪽. 또한 Yu. 티냐노프, 『전통주의자와 혁신주의자』, 레닌그라드, 1929, 17쪽을 보라.

도 없었다. 따라서 이러저러한 문학적 기법이나 장르, 이데올로기 등이 낡았다는 것에 대한 의식도 없었다.

문학이 발전했던 것은 그 속의 무엇인가가 독자들에게 '낡은 것이 되어서', '자동화되어서', 혹은 '낯설게하기'와 '기법의 노출'을 구하기 때문이 아니었다. 문학이 발전했던 것은 삶과 현실 자체, 무엇보다도 시대의 사회적 이념이 새로운 주제의 도입과 새로운 작품의 창조를 요구했기 때문이다.

근대와 비교해볼 때 문학은 아직 내적인 발전 법칙에 덜 종속되어 있었다.

중세에서 낡은 묘사 수단으로부터의 해방은 그것의 발견과 그 뒤를 잇는 사멸이라는 길을 따라 진행되지 않는다. 왜냐하면 전통적인 기법이나 공식 혹은 모티프의 발견 자체가 결코 그것의 제거를 요구하지 않기 때문이다. 낡은 묘사 수단으로부터의 해방은 그것의 지나친 '형식화', 내적인 내용의 상실을 대가로 하는 지나친 외적인 발전, 새로운 역사적, 문학적 조건 속에서 그것이 가진 의의의 약화라는 길을 따라 진행된다.

근대 문학에서는 전통적인 공식 혹은 전통적인 모티프에서 무엇보다도 공식과 모티프의 외적인 측면 자체가 활동성을 상실한다. 고대 러시아 문학에서는 내용이 사멸하고 공식과 모티프는 '화석화된다.' 공식과 모티프는 다른 내용으로 채워질 수도 있었다. 그러나 이와 함께 그것들이 가진 에티켓적 성격이 사멸한다. 그것들은 특정한 상황에서 엄격하게 사용되지 않는다. 에티켓적 공식과 모티프 그 자체가 사라지기 전에 이 공식과 모티프가 갖는 기능이 먼저 사라진다. 이제 문학작품을 '버려진' 공식들과 자신을 안정시켜주던 전통적인 '고정줄'을 상실한 전통적인 모티프들로 채우기 시작한다.

결코 상투성과 동일시해서는 안 될 문학적 에티켓과 문학적 규범의
체계는 고대 러시아 문학에서 수세기 동안 지속되었다. 이 체계가 문학
의 '다산성'을 가능하게 해주고 새로운 작품이 쉽게 등장할 수 있는 조
건을 만들어주었음에도 결국에는 전체적으로 문학이 더디게 발전하는
결과를 초래했다. 물론 이 체계가 문학의 발전을 완전히 지배한 것은 아
니었다.

특히 봉건적 범죄에 대한 이야기들(바실코 테레보블스키의 실명에 대
한 이야기, 이고르 올고비치의 살해에 대한 이야기, 블라디미르코 갈리
츠키의 범죄에 대한 이야기, 안드레이 보고룝스키의 살해에 대한 이야
기, 바실리 드미트리예비치의 실명에 대한 이야기, 드미트리 크라스니
의 죽음에 대한 이야기 등) 속에 존재하는 고대 러시아 문학의 소위 리
얼리즘적 요소들은 문학 규범의 파괴였다. 이러한 파괴는 점점 성장해
나간다. 문학 속에서 문학적 에티켓, 문학적 규범과 투쟁하는 힘이 점점
강해졌고 문학적 에티켓, 문학적 규범에 대한 파괴로 귀결되었다.

문학적 규범들의 체계는 어떻게 파괴되었을까? 이 과정은 매우 흥미
롭다. 러시아의 중앙집권화된 정부의 성립과 함께 문학적 에티켓은 약
화되지 않았을 뿐만 아니라 그 반대로 매우 화려해졌다. 예컨대 『카잔
역사』나 「왕국 시작의 연대기」, 『황제 계보서』 혹은 「스테판 바토리가
프스코프를 방문한 이야기」에 등장하는 군사 이야기적 공식들을 보라.
이 공식들은 『이파티예프 연대기』보다 훨씬 더 장황하고 훨씬 더 허식
적이다. 작가들은 간결한 공식에 만족하지 못한다. 작가들은 다양한 형
태의 '확장'을 도입하고 화려함을 명료함과 결합시키고자 한다. 하지만
이처럼 문학적 규범이 확장된 결과 그 안정성이 사라지게 된다.

여기서 다음과 같은 상황을 주목해야 할 것이다. **문학적 규범들의 파
괴는 동시에 실제적 삶에서의 에티켓의 화려한 발전과 함께 이루어진다.**
지배 계층의 실제적 삶에서 에티켓의 의미가 더 커진 것과 무관하게 문

학적 규범들의 역할은 더 작아졌다는 사실에 대한 연구는 문예학자의 관점에서는 매우 흥미로운 것이다.

실제로 16세기에 러시아 정부의 의식적(儀式的) 측면은 매우 발전했다. 문학은 관등 등급서(разрядная книга)나 대관식의 내용을 재현해야만 했고 복잡한 예식을 묘사해야만 했다. 심각한 위험이 예술로서의 문학을 위협했다. 동시에 이 때문에 작가들은 자신들의 서술이 갖는 예식적인 측면에 자신들이 실제로 관찰한 세부 묘사들을 통해 생기를 불어넣고자 했다. 에티켓의 복잡화가 문학에서의 리얼리즘적 요소들의 성장과 만나게 된다(이의 원인에 대해서는 나중에 살펴보게 될 것이다). 문학적 에티켓의 복잡화와 리얼리즘적 요소의 강화라는 이 역설적인 결합은 예컨대 『카잔 역사』에서 특히 두드러지게 나타난다.

이 작품에서 귀족 회의(боярская дума)가 시작되는 장면에 대한 서술은 다음과 같다. 귀족들은 문벌제도의 전통에 따라 배치된 자리에 앉아서 분위기에 적절한 말들을 하고 있다. 러시아 군대의 출정에 앞서 준비 상태에 대한 점검이 이루어진다. 군사들은 "자신의 시종들과 함께 화려한 옷을 입고 있다. 그들의 훌륭한 말들도 붉은 마구를 갖추고 있었다." 그리고 모두가 다름 아닌 "전투의 장수로서 합당하게 갖추고 있다"는 사실이 특별히 강조된다.[22] 다시 말해서 모든 것이 에티켓에 따라 이루어지고 있는 것이다.

그런데 다음과 같은 상황이 전개된다. 모스크바에 소집된 군사의 숫자가 너무나 많아서 도시에는 거리에도 "사람의 집"에도 그들을 수용할 장소가 없었다. 어쩔 수 없이 도시 근교의 "들판이나 평야에 각자 천막을 치고 그 속에" 군사들을 분산시켜야만 했다. 그리고 황제는 "자신의 궁궐 계단에" 서서 군사들의 이동을 지켜본다.[23] 이것은 실제의 관찰을 통해 얻어진 세부 묘사로서 어떤 에티켓으로도 미리 설정될 수 없는 것

---

22) 『카잔 역사』(G. N. 모이세예바 편집), 모스크바-레닌그라드, 1954, 117쪽.
23) 같은 책.

이다.

똑같은 방식으로 에티켓의 발전이 직접화법에서의 진술을 구체화하려는 경향의 발전과 충돌하게 된다. 『카잔 역사』에서 이반 뇌제가 자신의 장수들에게 하는 말은 러시아 공후들이 전투에 앞서 자신의 가신들에게 하는 말의 개별적인 공식들을 정확하게 재현한다. 그런데 12~13세기의 공후들의 간결한 격려의 말과는 달리 이반 뇌제의 말은 화려하고 장황하다. 그의 말 속에서 개별적인 공식들은 구체화된다. 발전된 비유들이 등장하고 그 비유들에 가시성이 부여되고 그 의미들이 충분히 설명된다.[24]

에티켓적 공식들의 혁신 또한 이 같은 방식으로 이루어진다. 예를 들어 "피가 계곡을 이루어 흘렀다"는 공식은 시각적으로 상상 가능한 특징을 획득하게 된다. "비가 온 다음의 커다란 물웅덩이처럼 피가 낮은 곳으로 흘러가 땅을 검게 물들였다."[25]

종합해보자면 다음과 같이 말할 수 있다. 16~17세기 문학적 에티켓의 현상들은 거대화와 성장을 지향했으며 그럼으로써 자신의 조직화와 차별화의 상태에서 주변 형식과의 혼합과 통일의 상태로 변화한다. 처음에는 견고하고 간결하며 압축적이었던 에티켓이 이후 점점 더 화려해지고 동시에 애매해지면서 점점 16~17세기의 새로운 문학 현상들 속으로 녹아들어간다. 그러나 이것이 결코 문학과 표준어 발전의 '내적인 법칙'의 결과는 아니다.

에티켓적 성격 자체가 붕괴되며 이는 그것을 낳았던 봉건주의의 성격의 변화와 관련되어 있다. 문제는 중앙집권화된 정부의 형성과 함께 에티켓의 화려함은 증가했지만 에티켓 자체는 봉건주의에 필수적인 이데올로기적 강제의 형식이기를 중단했다는 사실이다. 다시 말해서 중앙집권화된 정부에는 외적이고 직접적인 강제의 형식이 매우 다양했고 더

---

24) 같은 책, 137~138쪽을 보라.
25) 같은 책, 156쪽.

효과적이었다. 에티켓의 화려함은 필요하지만 그 강제성은 별로 필요하지 않았다.

이데올로기적 강제의 현상이었던 에티켓은 이제 궁정적 삶의 외형이 되었다. 문학적 에티켓의 파괴 과정은 또 다른 방식으로도 진행되었다. 에티켓적 의식(儀式)은 존재한다. 그러나 그것은 자신을 요구하는 상황에서 벗어나 있다. 에티켓적 원칙, 에티켓적 공식은 남았고 심지어 성장하기까지 했다. 하지만 에티켓의 준수는 서투르게 이루어졌다. 에티켓적 원칙, 에티켓적 공식은 '부적절'하게, 그들이 필요한 경우가 아닌 순간에 이용되었다. 에티켓적 공식들은 과거와는 달리 상황에 대한 엄격한 검토 없이 적용되었다. 적들의 행위를 묘사하는 공식이 러시아인들에게 적용되고 러시아인들을 위한 공식이 적들에게 적용된다. 상황의 에티켓 또한 동요한다. 러시아인들과 그 적들은 똑같이 행동하고 똑같은 말을 한다. 그들의 행동, 그들의 정신적 체험이 똑같이 묘사된다.

16세기의 가장 뛰어난 작품들 중 하나인 『카잔 역사』는 이러한 문학적 에티켓의 혼란에 대한 뚜렷한 예들을 제공해주고 있다. 『카잔 역사』에서 러시아 군대가 콜롬나에서 출정하는 장면에 대한 묘사는 문학적 에티켓의 놀라운 파괴의 예다. 『카잔 역사』의 작가는 과거에는 오직 적의 군대에 대해서만 적용되었던 형상들로 러시아 군대를 묘사한다. 러시아 군사의 숫자는 예루살렘을 침공했던 바빌론 황제의 군사의 숫자만큼 많다.

"바빌론의 황제가 예수살렘에 왔을 때와 비교할 수 있으니 이에 대해 선지자 예레미야가 다음과 같이 말했다. '그의 움직이는 마차들이 삐걱거리는 폭음과 그의 말들과 코끼리들이 땅을 달리는 소리로 인해 온 땅이 떤다.' 여기가 그러했다. 대공 황제가 넓고 깨끗한 들을 달려 러시아인들과 많은 외국인 군대를 이끌고 카잔으로 진격했다. 그를 따르는 많은 외국인 군대가 있었으니 타타르 군사들, 체르케스 군사들, 모르드바 군사들, 프랴그 군사들, 독일 군사들, 폴란드 군사들이 그들이다. 황제가 이 군사들과 함께 엄청나고 매우 위협적인 세력을 이루어 세 길로 나뉘어 말과 수레를 타고 진격했고 네 번째 길, 강을 따라서 배를 타고 진격하니 그가 이끌고 온 군대가 카잔 땅보다 더 넓었다."[26)]

이는 '열두 민족'을 이끌고 온 '러시아 땅'(Русская земля)의 적의 출정에 대한 묘사이지 결코 러시아 군대를 이끄는 러시아 대공의 출정에 대한 묘사가 아니다. 이러한 서술의 요소는 『이파티예프 연대기』에서 바투가 키예프를 침략하는 장면에 대한 묘사에서 가져온 것이다.[27)] 이반 뇌제는 "언젠가 예루살렘을 정복하기 위해 출정했던 안티오크에 비해 〔군사의 숫자 면에서〕 적지 않게"[28)] 카잔으로 접근한다. 물론 『카잔 역사』의 작가는 단서를 단다. "하지만 그〔즉 안티오크―리하초프〕는 이교도였다. 그리고 그는 유대인들의 율법을 근절하고 하나님의 교회를 더럽히고 파괴하고자 했지만 이〔즉 이반 뇌제―리하초프〕는 기독교도이며 이교도들이 그에게 행한 무법함과 악행을 이유로 그들을 파멸시키고자 온 것이다."[29)] 하지만 이러한 단서가 난처함을 모면시켜주지는 못한다.

그리고 이후 카잔 근처에 위치한 러시아 군대의 행군에 대한 묘사는 러시아를 공격하는 적의 군대를 떠올리게 만든다. "〔황제가―리하초프〕온 카잔 땅을 자신의 군사들, 기병들과 보병들로 가득 채웠다. 그의 군사들이 들도, 산도, 계곡도 덮어버렸다. 그들이 마치 새처럼 온 카잔 땅으로 흩어져 날아가 온 국토를 파괴하고 주민들을 포로로 잡고 거침없이 모든 곳으로 들어가니 그것이 온 카잔 땅과 그 마지막 변두리에 이르렀다. 많은 사람이 죽음을 당하니 야만의 땅은 피로 넘치고 연못과 계곡, 호수와 강이 체레미스인들의 뼈로 뒤덮였다. 카잔의 수많은 강들과

---

26) 같은 책, 124쪽.
27) 『이파티예프 연대기』 1240년 항을 보라(『러시아 연대기 전집』, 제2권, 상트페테르부르크, 1908, 784쪽). "그의 마차들이 삐걱거리는 소리와 수많은 그의 낙타의 울부짖음과 그의 말떼들의 울부짖는 소리로 인해 들을 수가 없었다. 그리하여 러시아 땅은 군사들로 가득했다."
28) 『카잔 역사』, 127쪽.
29) 같은 책.

호수들, 연못들은 홍수로 자주 범람한다. 그러나 이해에는 하나님 앞에 지은 카잔인들의 죄로 인해 하늘에서 땅으로 한 방울의 비도 내리지 않았다. 태양의 열기로 인해 걸어 다닐 수 없는 장소들, 즉 계곡과 늪과 강이 모두 말라버렸다. 그리고 러시아 군사들이 그 말라버린 곳들을 따라 전 카잔 땅으로 거침없이 흩어져서 누구든 원하는 대로 가축을 몰고 가고 싶은 곳으로 가버렸다."[30] 카잔에 대한 이 독특한 애곡은 지금까지 존재한 적이 없었던 에티켓의 파괴다. 그리고 이것이 유일한 파괴가 아니다. 그와 같은 파괴는 『카잔 역사』 곳곳에서 만날 수 있다. 군사 이야기적 공식은 보존된다. 하지만 이제 그것은 아무런 상황분석 없이 자신과 적 모두에 적용된다.

『카잔 역사』의 작가가 가진 문학적 '교양'은 그가 러시아인들에게 공감한다는 사실을 강조하는 몇 개의 단서로 제한된다. 그리고 그뿐이다. 이반 뇌제와 적들 간의 유사성은 카잔에 접근하면서, 언젠가 멘구-한이 키예프의 아름다움에 놀라워했던 것처럼 이반 뇌제도 카잔의 아름다움에 놀라워한다는 사실로 더 커진다. "〔황제가〕 높은 성벽과 사람들이 다니는 길을 보았다. 이 모든 것을 보고 그는 성벽의 커다란 아름다움과 도시의 견고함에 놀라워했다."[31] 「바투에 의한 랴잔 몰락의 이야기」에서처럼 카잔인들은 출성(出城)하여 러시아인들과 싸운다. "한 사람의 카잔인이 백 명의 러시아군과, 두 사람은 이백 명의 러시아군과 싸웠다."[32]

러시아 군대가 카잔으로 진격하는 장면에 대한 서술은 바투의 랴잔 공성전에 대한 묘사를 떠올리게 해준다. 러시아 군사들이 카잔을 밤낮

---

30) 같은 책.
31) 같은 책. 『이파티예프 연대기』의 1237년 항과 비교해보라(『러시아 연대기 전집』, 제2권, 782쪽). "도시〔즉 키예프―리하초프〕를 보고 그 아름다움과 위대함에 놀랐다."
32) 같은 책, 131쪽. 「바투에 의한 랴잔 몰락의 이야기」와 비교해보라. "한 명의 랴잔인이 천 명과 싸웠고 두 명은 만 명과 싸웠다"(『고대 러시아 연구』, 제7권, 모스크바―레닌그라드, 1949, 290쪽).

으로 40일을 공격하면서 "카잔인들이 전투 후에도 잠을 잘 수 없도록 만들었다. 성벽을 파괴하기 위해 수많은 계획을 생각해내고 때로는 이렇게, 때로는 저렇게 여러 가지 방법으로 공격했으나 어떻게 해도 도시를 파괴하는 데 성공하지 못했다. 도시는 마치 커다란 바위산처럼 굳고도 강건하게 버티고 있었으니 아무리 강한 대포를 쏘아도 흔들리거나 동요하지 않았다. 공성병(攻城兵)들은 이 도시를 어떻게 해야 할지에 대해 아무런 계획도 생각해낼 수 없었다."[33]

카잔인들의 말은 적의 말로는 예외적인 것이다. 그들의 말은 군사적 용맹과 대담함, 조국에 대한 헌신성, 조국의 풍습과 종교에 대한 헌신성으로 가득하다. 카잔인들은 전투 중에 서로서로를 격려하며 말한다. "용맹스러운 카잔인들이여, 모스크바 황제(ugaubi)의 위협에 겁내지 말고 파도로 바위를 때리는 바다와도 같고, 크게 소리 내는 거대한 숲과도 같은 그의 수많은 군사를 두려워 말라. 우리에게는 위대한 우리의 도시가 있지 않은가. 우리의 도시는 크고 강건하며 높은 성벽과 강철 대문을 갖추고 있다. 그 속에 사는 사람들은 용맹하며 우리에게는 많은 예비 식량이 갖추어져 있다. 10년을 먹을 수 있을 만큼 충분하다. 우리는 훌륭한 사라센의 신앙의 변절자가 되지 않을 것이며 자신의 피를 흘리기를 두려워하지 않을 것이다. 우리는 남의 땅에 포로로 끌려가 우리보다 비천하면서 우리의 은총을 훔쳐가려는 기독교인들을 위해 일하지 않을 것이다."[34]

「바투에 의한 랴잔 몰락의 이야기」에서 사용되었던 인그바르 인고레비치의 애가의 공식이[35] 카잔인들의 입을 통해서 나오고 있다. 과거에

---

33) 같은 책, 136~137쪽. 「바투에 의한 랴잔 몰락의 이야기」와 비교해보라. "바투가 도시[즉 랴잔—리하초프]를 둘러싸고 5일을 물러서지 않고 공격했다. 바투의 군사들은 교체되었으나 랴잔인들은 계속해서 싸웠다. 많은 랴잔인이 죽었고, 어떤 랴잔인들은 상처를 입었고, 어떤 랴잔인들은 몹시 힘들어 기진맥진한 상태였다"(『고대 러시아 연구』, 제7권, 292쪽).

34) 같은 책, 146쪽. '우가우비'(ugaubi)라는 단어는 아마도 욕설적인 표현인 듯하다.

는 오직 러시아인의 슬픔을 묘사하기 위해서 사용되던 표현들이 이제 카잔인의 슬픔을 묘사하기 위해 사용되고 있다. 카잔인들은 말한다. "이제 우리는 사악한 러시아인들을 피해 어디에 숨을 수 있을 것인가. 그들은 우리에게 무자비한 손님으로 와서 우리에게 죽음의 쓴 잔을 마시라고 부어주는구나." 물론 적들이 겪는 정신적인 고통에 대한 그와 같은 서정적인 태도가 보여주는 난처함은 언젠가 카잔인들이 '사악한 러시아인들'에게 강요했던 바로 그 '쓴 잔'에 대한 다음의 말로 다소 완화된다. "언젠가 우리가 그들에게 자주 부어주었던 이 잔으로 이제 우리 자신이 죽음의 쓴 음료를 강제로 마시게 되는구나."[36] 에티켓의 파괴가 지나치게 확장되어 러시아의 적들이 정교의 신에게 기도하고[37] 신의 계시를 보게 된다.[38]

반면 러시아인들은 마치 적이자 약탈자처럼 악행을 저지른다.[39] 이러한 기이한 에티켓의 파괴를 『카잔 역사』의 작가가 카잔에 포로로 있었던 사람이거나 심지어 비밀스러운 카잔 지지자였기 때문이라고 설명할 수도 있을 것이다. 하지만 15세기의 『콘스탄티노플 침략에 대한 이야기』(Повесть о взятии Царьграда)의 저자인 네스토르 이스칸데르(Нестор Искандер)도 터키인의 포로였지만 이 작품에서 우리는 단 한 번의 에티켓의 파괴도 발견할 수 없다. 『카잔 역사』의 저자가 러시아인과 이반 뇌제에 공감하고 있다는 사실은 의심할 여지가 없는 것이다.[40] 그리고 러시아인 독자층에 유포되었던 『카잔 역사』 사본의 많은 숫자 자체가 이 작품이 결코 러시아에 적대적인 것이 아니라는 사실을 증명

---

35) 같은 책, 152~153쪽을 보라. 인그바르 인고레비치의 애곡이 가지고 있는 몇몇 표현과 비교해보라(『고대 러시아 연구』, 제7권, 297~299쪽).
36) 같은 책, 153쪽.
37) 같은 책, 51쪽.
38) 같은 책, 130~131, 154쪽.
39) 같은 책, 155~157쪽.
40) G. N. 모이세예바, 「『카잔 역사』의 작가」, 『고대 러시아 연구』, 제9권, 모스크바-레닌그라드, 1953, 266~288쪽.

해준다.

『카잔 역사』에 나타나는 문학적 에티켓의 파괴는 역사서 1617년 항에 나타나는 등장인물에 대한 시점의 통일성의 파괴와 유사하다. 『카잔 역사』의 작가는 러시아인들과 그들의 적에 대해 적용해야 할 에티켓을 혼동하고 있다. 이와 유사하게 역사서 1617년 항의 작가는 자신이 묘사하고 있는 인물들에게 단점과 장점을 동시에 부여하고 있다.[41] 두 경우 모두 묘사 대상에 대한 원시적인 도덕적인 태도가 파괴된다. 차이가 있다면 역사서 1617년 항에서 이러한 파괴가 더욱 깊숙하고 더욱 일관되게 이루어진다는 사실이다.

얼마 전에 발표된 『카잔 역사』에 대한 논문에서 키난(Edward Keenan)은 문학적 에티켓의 파괴에 대한 나의 주장을 발전시키고 있다. 그는 『카잔 역사』에서 낡은 에티켓의 파괴 과정과 함께 새로운 문학적 에티켓, 즉 서유럽의 기사도 소설에 특징적인 에티켓을 만들고자 하는 시도가 나타나고 있다는 주장을 했다. 기사도 소설의 등장인물들은 그가 어떤 진영, 어떤 국가에 속하는지, 그의 종교가 무엇인지와 상관없이 처신한다. 기사도 소설의 등장인물들은 기사도적 자질 그 자체(충실성, 고결함, 용맹 등)로 찬양된다. 키난이 『카잔 역사』에서 들고 있는 예들은 흥미로우며 마땅히 주목받아야 할 것들이다. 왜냐하면 그 예들은 문학이 중세의 교훈주의에서 해방되는 시작 지점을 나타내주고 있기 때문이다. 플롯 발전의 내적 법칙들이 문학을 장악했고 새로운 '아름답고 달콤한 이야기'를 창조한다. 『카잔 역사』는 문학의 장르적 발전에서도 진보였던 것이다. 하지만 키난의 고찰들은 더 지속되어야 하고 더 발전되어야 한다.[42]

---

41) D. 리하초프, 『고대 러시아 문학에서의 인간』(제2판), 모스크바, 1970, 14~22쪽.

42) Keenan Edward L., "Coming to Grips with the Kazanskaya Istorya. Some Observations on Old Answers and New Questions," *The Annals of the Ukrainian Academy of Arts and Sciences in the U.S.*, vol. XI, N1~2

따라서 문학적 에티켓의 체계는 이미 16세기에 파괴되기 시작했다. 하지만 이 체계는 16세기에도, 17세기에도 완전히 파괴되지 않았고 18세기에 이르러 부분적으로 다른 체계로 대체된다. 특히 에티켓의 파괴가 세속 문학에서 먼저 이루어졌다는 사실에 주목할 필요가 있다. 교회 문학의 영역에서 문학적 에티켓은 더 필수적이었고, 따라서 이 영역에서 더 오래 유지되었다. 비록 아바쿰이 문학적 에티켓에 대한 진정한 반란을 준비하긴 했지만 그의 반란은 마치 분신(焚身)과도 같은 것이었다. 왜냐하면 문학적 에티켓에 대한 그의 반란이 갖는 문학저 효과는 아바쿰의 창조에 젖줄을 대주었던 문학적 에티켓 자체가 존재하던 바로 그동안에만 존재할 수 있었기 때문이다. 실제로 아바쿰의 파괴적인 문체는 그것이 갖는 매력에도 불구하고 계승되지 못했다……

* * *

고대 러시아의 문학적 에티켓과 그와 관련된 문학적 규범들은 좀더 자세하고 완전한 서술과 '목록화'를 요구하고 있다. 에티켓적 공식과 에티켓적 상황에 대한 흥미롭고도 유용한 사전을 편찬할 수도 있을 것이다. 이 중세에 특수한 현상을 완전하게 연구함으로써 우리는 문학 형식의 많은 문제를 해명할 수 있게 될 것이다. 이 장에서 우리는 이 주제와 관련해 생겨나는 모든 문제를 다 다루지 못했고 예비적인 문제 설정에 국한했다.

많은 부분적 혹은 전체적인 연구가 이루어져야 할 것이다. 무엇보다 먼저 문제와 연구 대상이 좀더 명확해져야 한다. 특히 문학적 에티켓에 대립되는 현상, 문학적 규범을 파괴하는 현상에 대한 자세한 연구는 매우 중요하다. 왜냐하면 중세의 예술 방법은 매우 다양하고 이상화 혹은 규범적 요구로 환원될 수 없으며, 문학적 에티켓과 문학적 규범들로는

(31~32), 1968, pp.176~182.

더더욱 환원될 수 없기 때문이다. 여기서 어떤 종류의 단언적인 판단이나 제한적인 판단은 해가 될 뿐이다. 문학적 에티켓과 문학적 규범의 현상들을 폭넓고 다양하게 보려고 해야 할 것이지만 중세 문학에서 그것들이 갖는 의미를 과장해서는 안 될 것이다. 이와 함께 문학적 에티켓에서 우리는 창조의 체계를 보아야 한다. 그것은 단순한 창조의 상투화가 아니다. 어떤 경우든 규범과 상투적인 틀을 동일시해서는 안 된다. 이것은 문학의 독특함이지 빈곤함이 아니다.

추상화

예술적 인상이 반드시 구체적으로 상상할 수 있는 형상에 의해 만들어지는 것은 아니다. 우리가 예술적 구체화에 익숙하다고 해서 이를 중세로 확장해서는 안 된다. 예술적 인상은 예술적 구체화에 정반대되는 것, 즉 의미로는 포착할 수 없는 연상이나 극단적인 이념의 일반화에 의해서도 생겨날 수 있다(극단적인 이념의 일반화의 경우 단어들의 의미는 극단적으로 보편적인 것이 되어 마치 도식적인 투사에 불과한 것이 되어버린다).

묘사대상의 예술적 추상화로의 경향은 중세 러시아 문학 전체를 관통하고 있다. 이러한 경향은 주로 고급 문학 장르에서 나타난다. 그러나 이 경향이 중세적 세계관이 가지고 있는 이상주의를 반영하기 때문에 중세 러시아 문학 전체에 매우 특징적이다.

추상화는 모든 '일시적인 것'과 '한갓된 것', 자연 현상과 인간의 삶, 역사적 사건들 속에서 영원하고 초시간적이고 '영적이고' 신성한 것의 상징과 기호를 보고자 하는 시도에 의해 만들어진다.

특정한 세계관을 반영하고 있다는 관점에서 추상화를 연구할 필요가 있다. 우선은 실천은 현실적인 것 속에서 현실적인 것을 보도록 강요하며 따라서 추상화는 결코 일관된 것이 아니었다는 사실을 지적해두기로 하자. 이 사실은 예술 창작이 발전하는 데 매우 중요하다. 여러 시대 여러 장르 속에서 추상화는 끊임없이 다른 경향들, 즉 예술적 구체화로의 경향들과 충돌하며 다양한 형태로 이러한 경향들과 결합하고 있다. 여러 시대 여러 장르 속에서 추상화는 때로는 강하게 때로는 약하게 모습을 드러낸다.

추상화 경향이 가장 강하게 나타나는 '고급' 문학의 층, 즉 성자전, 찬양가(гимнография), 역사서 그리고 부분적으로 설교 장르를 살펴보기로 하자.

고급 문체의 작품들을 쓴 자가들이 지향했던 가장 근본적인 것은 부분적이고 구체적이고 일시적인 것 속에서 보편적이고 절대적이고 영원한 것을, 물질적인 것 속에서 '비물질적인 것'을, 삶의 모든 현상 속에서 기독교적 진리들을 발견하는 것이었다. 따라서 문체의 원리는 곧 "물질적인 육체 속에서 비물질적인 것을 지닐 것"(그리고리, 5)이라는 윤리의 원리와 같은 것이었다.[43] 이 원칙은 칼라일이 예술의 영원한 토대로 간주했던, 그리고 실제로 주로 19~20세기의 예술과 관련되는 '구체성

---

43) 본문에서의 원전의 약어는 다음과 같다. 아브라아미―「성 아브라아미 스몰렌스키의 생애전과 그에 대한 예배」(S. P. 로자노프 편집), 『고대 러시아 문학의 기념비』, 제1권, 상트페테르부르크, 1912; 보리스와 글렙―「성 순교자 보리스와 글렙의 생애전과 그에 대한 예배」(D. I. 아브라모비치 편집), 같은 책, 제2권, 프라하, 1916; 그리고리―「그리고리 시나이트의 생애전」(콘스탄티노플의 총대주교 칼리스트 저작, P. A. 시르크에 바치는 사후 저작), 『고대 러시아 문학과 미술의 기념비들』, 제CLXXII권, 상트페테르부르크, 1909; 로밀―「성 로밀의 생애전(수도사 그리고리)」(푸블릭 도서관 힐퍼딩 수집관의 16세기 판본에 따라. P. A. 시르크 보고), 같은 책, 제CXXVI권, 상트페테르부르크, 1900; 세르기―「기적 창조자 세르기의 생애전과 그에 대한 찬양의 말」(15세기 그의 제자 현자 예피파니가 쓰고 수도원장 레오니드가 알려줌), 『고대 문학의 기념비들』, 상트페테르부르크, 1885; 스테판―「페름의 주교 스테판의 생애전」(현자 예피파니가 씀, V. G. 드루쥐닌 편집), 상트페테르부르크, 1897; 페오도시―『성 페오도시의 생애와 삶』(V. N. 즐라타르스키 편집, 새 판본, 제2판), 소피야, 1904; IFSIP 대공 보리스―「경건한 대공 보리스 알렉산드로비치에 대한 사제 포마의 찬양의 말」(N. P. 리하초프 편집), 상트페테르부르크, 1908; 파호미―「파호미 세르프와 그의 성자전」(자전적 전기문학적 오체르크), 상트페테르부르크, 1908. 괄호 속의 숫자는 책의 페이지를 나타낸다.

에 대한 갈망'이라는, 근대 예술에 의해 제기되었던 원칙에 정반대로 대립한다. 중세에서 우리는 그 반대로 추상성에 대한 갈망, 세계의 추상화로의 지향, 세계의 구체성과 물질성을 파괴하려는 지향, 상징적인 종교적 상관관계에 대한 탐색으로의 지향을 발견할 수 있다. 자연스러운 구체성과 서술의 역사성을 발견할 수 있는 것은 고급 문학이라고 인정되지 않았던 문학작품들 속에서뿐이다.

중세의 '고급한' 교회 문학의 언어는 일상적인 언어로부터 분리되어 있었으며 이는 결코 우연이 아니다. 이것이 '고급' 문학의 문체가 갖는 근본적인 조건이었다. 문학의 '다른' 언어는 고양되어 있고 어느 정도 추상화되어 있는 언어이어야만 했다. 중세의 고급한 문학어가 보여주는 일반적인 언어 작용은 그것이 일상어로부터 단절되어 있으며 일상어에 비해 고양되어 있고 구체적인 생활과 생활 언어로부터 분리되어 있다는 특징을 갖는다. 문학적 발화와 일상적 발화 간의 간격이 크면 클수록 문학은 세계의 추상화라는 과제를 더 완전하게 충족시킨다. 이로부터 중세 전체를 관통하는 경향, 즉 고급 문학의 언어를 복잡한 서체로 쓴 생활과 접촉하지 않는 '성스러운' 언어, 모든 사람에게 허용되는 것은 아닌 언어, 학술적인 언어로 만들려는 경향이 나온다. 일상적, 정치적, 군사적, 경제적 용어들, 지위의 명칭, 특정 국가의 구체적인 자연 현상, 시대를 추측할 수 있게 해주는 용어들 등은 가능하면 고급 문학작품에서 배제된다.

만일 불가피하게 구체적인 정치 현상을 언급해야 할 경우 작가는 당대의 정치적 용어를 사용하지 않고 보편적인 형식으로 그것들을 언급한다. 즉 구체적인 정치 현상을 우회적으로 묘사하거나, 지위의 명칭을 그리스어로 부른다거나, 풀어쓰는 등의 방식이 사용된다. 가령 '시장' (посадник) 대신에 '어떤 귀족', '대표자'(старейшина), '그 도시의 지배자' 등이 사용된다(보리스와 글렙, 17). '공후' 대신에 '그 지역의 지배자', '총독' 등이 사용된다. 등장인물이 일회적일 경우 고유명사의 사용도 회피된다. 예를 들어 '한 사람', '어떤 남자'(보리스와 글렙,

50), '어떤 여자'(보리스와 글렙, 58), '어떤 처녀'(아브라아미, 3), '어떤 도시에서'(보리스와 글렙, 59) 같은 표현을 보라. '어떤', '한' 같은 단어를 덧붙임으로써 현상은 일상적인 상황으로부터, 구체적인 역사적 환경으로부터 떨어져 나오게 된다.

등장인물들을 구체적인 역사적 상황 위로 승화시키는 것은 다른 방법을 통해서도 가능하다. 가령 아브라아미 스몰렌스키의 부모에 대한 특징적인 묘사를 보라. "성 아브라아미께서는 믿음 깊은 부모에게서 태어나셨으니 그들은 훌륭하고 경건하게 하나님의 율법을 따라 사는 분들이었도다. 그의 아버지는 모든 사람의 존경과 사랑을 받았고 공후로부터 명예를 받았으며 진정으로 모두가 그를 알았으니 그가 진리로 치장하고 불행 가운데 있는 사람들을 도와주고 모두에게 자비롭고 겸손했으며 기도와 예배에 충실했도다. 그의 어머니 또한 여러 가지 경건함으로 치장했더라"(아브라아미, 2). 이 묘사에는 성자의 부모의 이름도 그의 아버지가 갖고 있었던 지위의 명칭도 언급되지 않는다. 다만 매우 일반적인 형식으로 그들의 덕행들, '치장들'이 언급될 뿐이다.

불가피하게 일상어를 사용할 경우 작가는 그 옆에 그리스어를 병기하거나 그것이 일상어라는 단서를 달아야만 했다. "곰이라 불리며 아르쿠다라 일컬어지는 한 동물"(세르기, 55), "모든 곳에서 나무들을, 소위 말하듯이, 베어내고 있었다"(세르기, 64). 페오도시 티르놉스키(Феодосий Тырноский)는 "슬라브어로 기침이라고 불리는 질병으로 매우 고생했다"(페오도시, 35). '나쁜', '조야한' 말에 대한 걱정(스테판, 102), '수치스럽고', '지혜롭지 못하고', '조화롭지 못하고', '솜씨 없는' 말에 대한 걱정(스테판, 111)은 일상적인 것 위로 성자의 생애에서 이루어진 사건들을 승화시키고자 하는 지향, 그것들을 영원성의 기호 하에서 보려는 지향으로 인한 것이다.

축일이든, 역사적 인물의 이름이든, 도시의 이름이든, 무엇이든 잘 알려진 것을 마치 잘 알려지지 않은 것처럼 말하는 일반적인 방식도 그와 같은 추상화에 기여한다. "기독교인들이 하듯이 아이에게 이름을 주기 위해서"(아브라아미, 3). "이스트르를 향해 누워 있는 명예로운 도시 브딘"(로밀, 3). "그때 전 러시아를 지배했던 블라디미르라는 이름의 공후가 있었다. 그는 정의롭고 가난한 자들과 고아들과 과부들에게 자비로운 사람이었다. 그는 이교도였다. 하나님께서 과거에 플라키드에게 하신 것처럼 그에게 장해를 주어 기독교도가 되게 하셨다"(성聖 블라디미르에 대한 이야기다. 보리스와 글렙, 14). "야로슬라프라는 이름의" 공후(야로슬라프 현공에 대한 이야기다. 보리스와 글렙, 14) 등.

추상화는 성서로부터 인용되는 지속적인 비교에 의해 강화된다. 성자의 생애에서 벌어지는 사건들을 묘사할 때 이 비교들이 사용된다. 이 비교들은 성자의 전체 생애를 영원성의 기호 하에 보도록 만들며 모든 것 속에서 오직 가장 일반적인 것을 발견하도록, 모든 것 속에서 교훈적인 의미를 찾도록 만든다.

14~15세기의 '고급' 문체는 판에 박힌 어휘 결합, 익숙한 표현 '에티켓', 형상, 비유, 형용어구, 은유 등의 반복을 특징으로 한다. 근대의 "시적 어휘의 토대"에 "어휘의 연상작용의 혁신이 자리 잡고 있다"[44]면 중세의 시적 어휘의 토대에는 그 반대로 다름 아닌 익숙한 어휘적 연상작용이 자리 잡고 있다. 그러나 그 자체로 익숙한 것이 아니라 어떤 '고급한' 상황, 즉 예배나 신학 설교의 상황에서 익숙한 것이다.

관례적이고 문학적인 익숙함과 반복은 예술적 형상과 예술적 관념을 추상적으로 만들어준다. 반면 어떤 놀라운 예술적 형상이나 언어 결합은 그에 대한 독자들의 지각을 첨예하게 만들고 그것을 구체화시켜주고 그것을 가시적이고 물질적-구체적으로 만들어주고 그것의 유일성을 강조해준다. 잘 알다시피 문예학에서의 형식주의 학파는 문학에서 오직 두 번째 '기법'만을 주목했다. 그들은 이 '기법' 속에서 세계에 대한 지각을 첨예하게 만들고 혁신시켜주는 예술의 영원한 본질을 본다. 그러나 이 '기법'은 근대의 구체화 예술에서만 볼 수 있는 것이다. 중세의 예

---

44) B. V. 토마솁스키, 『문학의 이론—시학』, 레닌그라드, 1927, 14쪽.

술은 자신의 종교적인 장르들 속에서 현상의 구체성을 파괴하려고 한다. 중세의 예술은 추상적인 묘사에 대한 지향, 예술적인 추상화에 대한 지향이라는 특징을 갖는다.

문학적으로 익숙한 표현들과 형상들은 '고급 문학'의 문체의 가장 중요한 요소들 중 하나로 기능한다. 중세의 문학어는 관례적인 수사적 고정표현(трафарет)들로 가득하다. 이 고정표현들은 예배나 성경의 언어 혹은 교부들의 저작에 사용된 언어를 통해 독자들에게 익숙한 현상들과 밀접하게 관련되어 있다. 이 관례적인 수사적 고정 표현들은 순수한 교회 문학의 변화하지 않는 부동의 '근본 펀드'에 의해 고정되어 하나의 작품에서 다른 작품으로 옮겨 다닌다. 차용과 표절, 개성적인 문체를 회피하려는 경향은 교회 문학적 장르들의 근본적인 특징들이다.

예루살렘의 장로 이시히아(Исихиа)의 작품 「베드로와 바울에 대한 찬양의 말」에서는 자신의 작품을 창조하기 위해서 다른 작품들을 이용해야만 하는 이유가 다음과 같이 설명되고 있다. "때로 봄의 꽃들을 꺾어 가져와 향기를 맡으면 좋다. 하지만 그것들을 백합과 함께 엮으면 그 향기가 더욱 좋다. 기름과 기름이 섞여 더 진해지면 이로부터 더 많은 향기가 난다"(파호미, 277). 따라서 작가의 작업은 다른 작품들로부터 꽃을 가져와 그 꽃으로 화환을 만드는 작업에 비교된다. 작가가 자신의 문체의 '꽃들'을 더욱 권위 있는 작품들로부터 모으면 그것에 들어 있는 익숙한 수사성으로 인해 독자들은 더욱 쉽게 경건한 분위기를 만들게 되며 서술 대상에 대한 경건함과 고귀함에 대한 인식이 더욱 쉽게 만들어진다. 이 때문에 성경, 특히 시편으로부터의 인용이 많은 것이다(중세의 '고급' 문학에서 시편의 문체적 역할은 매우 크고 독특하다).

비교, 비유, 고정 형용구, 은유 등의 전통성은 또 한 가지 근거를 갖는다. 그것들의 전통성은 그것들의 토대를 이루고 있는 신학적 표상의 전통성에서 나온다. 예술적인 비유들은 독자들이 묘사 대상을 구체적이고 감각 가능하게 인식하는 것을 도와주지 않는다. 예술적인 비유들은 신학이 이미 밝혀낸 본질, 문학에서는 단지 매번 또다시 상기될 뿐인 본

질, 바로 그러한 현상의 내적이고 종교적인 본질을 지시한다.[45]

지금까지 나는 중세 러시아의 모든 교회 문학에 나타나는 현상을 매우 일반적인 형식으로 이야기해왔다. 그런데 제2차 남슬라브의 영향의 시기에 리시아 교회 문학의 문체는 이러한 추상화 경향에 매우 강한 특수성을 부여한다. 열광에 이를 정도로 고양된 감수성, 추상화와 결합되어 있는 표현성, 신학적 사유의 추상성에 적용되는 감각의 추상성이 그것이다.

추상화 경향과 고양된 정서의 결합은 다양한 시적 비유들, 무엇보다도 동의어의 사용의 특수성을 통해 쉽게 살펴볼 수 있다. 근대 문학에서 동의어가 필요한 이유는 주로 그것이 의미의 뉘앙스를 구별시켜주기 때문이다.[46] 근대 작가들은 동일한 단어의 사용을 회피하기 위해서 혹은 의미의 어떤 측면을 강조하기 위해[47] 혹은 동의어들 속에서 의미론적인 차이를 드러내기 위해 동의어를 사용한다. 러시아 민담에서 동의어가 갖는 예술적 기능은 매우 다양하다. 가장 널리 확산되어 있는 동의어적 결합의 유형은 '진실-진리', '혈족-종족', '명예-찬양' 등과 같은 유형의 유착(сращение)이다. 이 짝패적인 유착에서 각각의 단어들이 갖는 의미의 특징은 유지된다. 이와 함께 유착 자체도 독특한, 보완적인, 새로운 뉘앙스를 획득한다. 이것은 본질적으로 새로운 단어, 즉 새로운 의미의 특징들과 새로운 시적 연상 영역을 갖는, 마치 그 의미에 있어서 강화된 것 같은 새로운 단어인 것이다.

14~15세기의 '고급' 문체의 동의어적 결합 속에서 우리는 전혀 다른 것을 보게 된다. 여기서 동의어들은 일반적으로 결합되지도, 분리되지도 않은 채로 나란히 병렬되어 있다. 작가는 마치 어떤 현상을 규정하기 위해 하나의 최종적인 단어를 선택하지 못하고 동요하는 듯하며 그래서

---

45) 더 자세하게는 제3절의 '은유-상징' 절을 보라.
46) A. P. 예브게네바, 「러시아 구어 시의 언어(동의어)」, 『고대 러시아 연구』, 제7권, 모스크바-레닌그라드, 1949, 172쪽과 그 이후.
47) 같은 책.

서로서로 같은 가치를 갖는 둘 혹은 여러 동의어를 병렬하고 있는 듯하다. 그 결과 독자들은 동의어들이 갖는 의미에서의 뉘앙스나 차이에 주목하는 것이 아니라 그들 사이에 있는 가장 보편적인 것에 주목하게 된다. 동의어들의 단순한 병렬은 그들 간에 상호 경계를 만들며 그 속에 오직 근본적인 것, 추상적인 것만 남겨놓는다. "불은 타오르고 화염이 치솟았다"(스테판, 52), "이 성스러운 길과 경건한 여행"(스테판, 14).[48]

이러한 문체에 일반적인 연쇄적인 동의어적 비교 또한 근본적인 의미를 드러내고 단어를 의미의 뉘앙스로부터 해방시키는 기능을 한다. "뱃속에 아기를 마치 값비싼 보물처럼, 귀한 보석처럼, 신비로운 진주처럼, 좋은 그릇처럼 지니고 다녔다"(세르기, 12). 유사한 비유들의 결합은 그것들이 가진 구체성을 없애고 독자들이 그 비유들의 감각적인 측면에 주목하지 못하도록 만든다. 그것은 가장 보편적이고 추상적인 것만을 남기고 가시적인 차이는 제거해버린다. 동시에 독자들에게 지금 이야기되는 것이 매우 중요한 것이라는 인상을 남기고 동의어적으로 반복되고 있는 바로 그 내용에 문체적 강세를 부여한다. 남슬라브적 문체에 매우 특징적인 동의어의 집적, 유사한 비유들의 동의어적 결합의 집적은 묘사를 추상화할 뿐만 아니라 표현성을 극도로 강화시킨다.

동의어적 결합과 유사한, 비슷한 뜻의 단어의 짝패적 결합은 '말 엮기'에서 매우 확산되어 있는데 이 또한 한편으로는 묘사의 추상화라는 목적에, 다른 한편으로는 그 표현성의 강화라는 목적에 이용된다. 작가들은 하나의 개념, 하나의 형상을 사용하기를 회피한다. 그들은 유사한 개념과 형상의 연결 혹은 짝패적 개념과 형상을 창조하려고 한다.

여기서 그중 하나의 개념은 종적이며 구체적일 수 있는 반면 다른 하나(혹은 다른 것들)는 류적(類的)이고 좀더 추상적이다. 혹은 모든 개념

___

48) 한편 다양한 동의어 형식을 갖고 있는 러시아 민담에서도 14~15세기 러시아 문어에 존재하는 동의어적 결합과 문체적 기능의 관점에서 일치하는 동의어적 결합이 존재한다. "가슴 아파하고 슬퍼하다"(『키르샤 다닐로프 선집』, 셰페르 엮음, 상트페테르부르크, 1901, 21쪽), "영리하고 현명한"(같은 책, 151쪽) 등.

이 그들을 결합시키는 류적인 것에 대해 종적인 것이 될 수 있다(이 경우 이 류적인 것은 텍스트에는 존재하지 않고 단지 암시될 뿐이다). 가령 "들었고 보았다"(세르기, 12)나 "말하지 않았고 혼자 살았다"(세르기, 48, 57)와 같은 표현을 보라.

이러한 현상과 단어의 구체적, 물질적 의미의 상실이 결합된다. 단어는 그 의미에 있어서 추상화되고 우리의 관점에서 보자면 무의미한 결합을 이루게 된다. 예를 들어 스테판 페름스키의 생애전에서 마법사는 이집트의 어둠의 손자이자 파괴된 바벨탑의 증손자다(스테판, 44). 이와 같은 놀라운 추상적 형상들이 만들어지는 것은 작가들이 개념의 대부분을 '정신적인 의미'로 사용하기 때문이다. 스테판 페름스키의 생애전의 작가는 직접적으로 이러한 사실을 말하고 있다. 그는 페름 땅이 '굶주림에 사로잡혀 있다'고 말한다. 그리고 다음과 같이 설명한다. "내가 말하는 굶주림은 빵에 대한 굶주림이 아니라 하나님의 말씀을 듣지 못한 굶주림이다"(스테판, 18).

작가들은 최종적인 규정, 최종적인 묘사를 회피하려고 한다. 그들은 이미 가지고 있는 것으로 만족하지 못하고 말과 형상들을 탐색한다. 그들은 끝없이 어떤 개념과 현상을 강조하고 그것들에 주목하여 언어로는 표현될 수 없는 현상의 심오함과 비밀에 대한 인상을 창조하고 물질적인 것에 대한 정신적인 것의 우위를 만들어낸다. 발화에 독특한 경구적 성격을 부여해주는 유사음으로 이루어지는 유희는 다음과 같은 예에서도 나타난다.

"애, 티모페이야, 독서와 교육과 즐거움을 누리렴"(vnimaj chteniju i ucheniju i utesheniju)(스테판, 7). "한 수도사가, 홀로 되어 홀로 떠난 한 수도사가, 떠나가서, 홀로 떠나가서, 홀로 하나이신 하나님께 도움을 청하니, 홀로 하나이신 하나님께 기도하고 말했다"(edin inok, edin vzedinennyj i uedinennyj i uedinjajasja, edin uedinennyj, edin edinago boga na pomoshch prizyraja, edin edinomu bogu moljasja i glagolja)"(스테판, 72).

이 모든 기법들은 의미를 명료하게 해주는 것이 아니라 그것을 흐리게 만든다. 그러나 이와 함께 문체에 고양된 정서를 부여해준다. 말은 독자에게 그 논리적인 측면으로 작용하지 않는다. 말은 비밀스러운 지식이 주는 긴장과 매력적인 유사음들, 그리고 반복의 리듬으로 독자에게 작용한다. 이 시대의 생애전들은 성자의 외침과 흥분된 독백, 내적 독백으로 가득하며[49] 동의어, 고정 형용구, 성경으로부터의 인용 등의 집적, 추상화하고 표현주의적인 집적으로 가득하다.

생애전의 작가들은 항상 성자들의 성스러움을 말로 표현할 수 없는 자신의 무능함을 이야기하며, 자신의 무지,[50] 무능력, 무식에 대해 쓰고, 자신에게 말의 재능을 달라고 기도하며(세르기, 8), 자신을 말하지 못하는 아기, 눈먼 화살에 비유한다(스테판, 111). 작가들은 때로 자신의 말을 "솜씨 없고", "조화롭지 못하고", "현명하지 못한"(같은 곳) 것이라 고백하며 때로 자신의 작업을 거미의 교묘한 작업에 견준다(같은 곳). 여기서 말은 "수천의 금과 은"보다 귀하고 금과 "토파즈"보다 귀하고, "사파이어" 보석보다 귀하고 꿀보다 단 것이다(스테판, 17).

14~15세기에 특히 강화되었던 신조어 또한 그와 같은 단어의 탐색에 상응하고 있다. 신조어가 작가들에게 필요했던 이유는, 한편으로, 그와 같은 어휘는 일상적인 의미를 갖고 있지 않으며 어떤 현상의 중요함, '영적 성격', '표현 불가능성'을 강조해주기 때문이었다. 다른 한편으

---

49) 프리드만은 자신의 책(*Stream of Consciousness: A Study in literary Method*, New Haven, 1955)에서 러시아 문학에서 내적 독백의 등장은 톨스토이와 도스토옙스키의 이름과 관련 있다고 말한다. 그러나 내적 독백은 고대 러시아 문학에서 매우 발전해 있었다. 내적 독백은 이미 『보리스와 글렙의 생애전』에 존재하며 제2차 남슬라브의 영향의 시기에 크게 발전한다. 그리고 부사제 아바쿰의 창작에서 그 대표적인 전범이 나타난다.

50) 작가가 자신의 무지를 고백하는 것은 이전의 많은 문학작품 속에도 일반적으로 나타나는 현상이다. 하지만 14~15세기에 이르러 자신의 무지의 고백은 수도사적인 겸손의 표현에서 벗어나 문학적인 성격을 갖는 선언이 된다. 즉 그것은 단어 선택에서의 동요, 서술되는 성자의 성스러움을 적절하게 표현하고자 하는 지향, 성자에 대한 경건을 나타낸다.

로, 대부분 그리스어 유형을 따라 만들어진 신조어들이 발화에 '학자적인' 성격을 부여해주었기 때문이다. "악한 사유자", "악의 근원자"(세르기, 54), "빈자를 도와주는 자"(세르기, 37), "복을 받은 자처럼"(세르기, 21), "많은 슬픔"(스테판), "악마에 기도하는 자"(스테판, 63), "슬픔에 사로잡힌 자"(스테판, 87), "늑대처럼 사납게"(스테판, 87).[51] 14~15세기의 신조어들은 이 시대의 작가들이 표현의 혁신을 지향했다는 것을 의미하는 것이 결코 아니다. 신조어들은 언어에서의 어떤 새로운 것으로 받아들여지지 않았으며 학자적이고, 더욱더 복잡해지고 '숭고한' 표현으로 받아들여졌다.

현상의 추상화로의 경향은 시대의 신학적 표상에 따라 추상화를 견지했던 작가들하고만 관련 있다. 독자들로 하여금 어떤 현상의 구체성과 물질성을 뚜렷하게 느낄 수 있도록 만들어야 할 때, 14~15세기의 작가들은 이를 매우 표현적으로 해낼 수 있었다. 예를 들어 우상에는 생명이 없으며 물질적인 것이라는 사실, 우상이 "영혼이 없는 나무"라는 사실을 강조하고자 하면서 예피파니는 다음과 같이 말하고 있다.

"귀를 가지고 있으나 듣지 못하고, 눈을 가지고 있으나 보지 못하며, 코를 갖고 있으나 냄새 맡지 못하며, 손을 가지고 있으나 만지지 못하고, 발을 가지고 있으나 걷지도, 다니지도 못하며 서 있는 자리에서 움직이지도 못한다. 자신의 목청으로 외치지도 못하고 자기 코로 킁킁대지도 못하며 제물을 받아들이지도 못하며 마시지도 못하고 먹지도 못한다"(스테판, 28~29).

이러한 구체화와 '물질성'의 개진은 바로 '언어적 과식'(過食, слове-сная сытость), 즉 반복, 동의어적 결합, 열거, 유 개념을 일련의 종(種) 개념으로 분할하기 등을 통해 이루어진다. 이러한 구체화와 추상화의 차이는 추상화에서는 '정신적인 것'이 물질적인 것을 통해 묘사된

---

51) 여기서 리하초프가 예로 들고 있는 단어들은 위의 의미들을 결합해서 한 단어로 만든 신조어들이다―옮긴이.

다면 구체화에서는 반대로 물질적인 것이 '정신적인 것'을 통해 묘사된다는 사실이다. 그런데 어떤 현상이 가진 구체성과 물질성에 대한 완전한 인상을 만들어야만 할 경우 물질적인 것은 매우 물질적인 것을 통해 묘사된다. 이러한 경우는 극히 드물다. 앞서 인용한 페룬의 우상에 대한 서술은 거의 예외적인 경우라고 할 수 있다.

따라서 분명한 사실은 14세기 말~15세기의 추상화 기법들은 그 시대의 작가들이 상정했던 과제와 밀접하게 연관되어 있었다는 사실, 이 작가들이 가졌던 세계관에 완전히 종속되어 있었다는 사실이다. 따라서 그와 같은 기법들이 가졌던 필요성이 사라지자마자 그 즉시 물러난다. 추상화 기법들은 의식적이고 의도적인 것이었다.

우리는 고정 형용구(epithet)의 사용에서도 추상화 문체가 작가의 세계관에 완전히 종속되어 있다는 사실을 볼 수 있다. 이 문체에 특징적인 고정 형용구를 '장식하는 것'이라고 규정하기 힘들다. 일반적으로 고정 형용구는 기독교와 신학자의 관점에서 이상적이라 여겨지는 성질을 드러낸다. 남슬라브적 문체의 고정 형용구는 형상성이나 가시성을 지향하지 않는다. 고정 형용구 속에서 드러나는 것은 현상의 구체적인 특징들이 아니라 그 '영원한' 본질이다.

동시에 고정 형용구를 이용해서 작가들은 묘사되는 현실에 강한 정서적인 색채를 부여한다. 고정 형용구는 주로 대사의 이상적인 특징, 즉 그 '영원하고' 정신적인 의미를 구성하는 특징을 강조한다.[52] "기쁨이

---

52) 제2차 남슬라브 영향 시기의 문체에서는 예브게니예바가 민중시에서 관찰하고 있는 바로 그러한 유형의 고정 형용구가 존재한다. 이러한 유형의 고정 형용구의 토대는 다음과 같다. "1) 보통 명사적 의미의 개조, 즉 의미적 동어반복, 2) 대상의 두드러진 특징의 강조, 3) 이상적이고 바람직한 특징 혹은 가장 뛰어난 특징에 대한 지시"(A. P. 예브게니예바, 「17~19세기 러시아 구어 서사시의 몇 가지 시적 특수성에 대하여(고정 형용구)」, 『고대 러시아 연구』, 제6권, 모스크바-레닌그라드, 1948, 165~166쪽). 그러나 제2차 남슬라브 영향 시기의 문체에서 이러한 유형들은 민중시에서와는 다른 기능을 하며 따라서 본질적으로 전혀 다른 고정 형용구인 것이다.

만들어내는 눈물", "하나님이 내뿜는 분노", "하나님께 말씀 드리는 기도", "승리를 주는 성상화", "낡지 않는 은총", "썩어버릴 명예", "침묵을 지키는 수도사의 생활" 등. 때로 고정 형용구는 사물의 종교적 본질이 아니라 그 근본적인 성질("아이를 사랑하는 아버지", "빨리 달리는 종들")을 드러내거나 특정한 단어들과 함께 동의어적인 결합을 이룬다("매우 밝은 촛불", "좋은 냄새가 나는 향기" 등).

우리는 추상화라는 주제가 점점 연구자들의 관심을 끌게 됨에 따라 제기되고 또 제기되고 있는 복잡한 문제들은 조금도 다루지 않았다. 추상화라는 주제는 무엇보다 역사적으로 해결되어야만 한다. 추상화는 모든 시대, 모든 장르에서 결코 동일하지 않다. 그것은 비잔티움과 고대 불가리아, 고대 히브리 문학에 그 뿌리를 내리고 있으며, 우리에게 전해져서 이미 11세기에 우리의 토양에서 발전했으며, 특히 송가체에 풍요롭게 나타나, 14~15세기 '제2차 남슬라브 영향'의 시기에 화려한 절정을 보이고, 이후 퇴조한다.

하지만 이 퇴조도 다양한 장르에서 다양하게 전개되었다. 추상화 경향과 함께 변증법적 통일을 이루며 구체화의 경향이 공존했다. 그 상호관계는, 우리가 나중에 살펴보겠지만, 복잡하기 그지없다. 문학은 추상화 경향 하나만의 토대 위에서는 존재할 수 없다. 추상화가 문학적 일반화의 경향 중 하나에 불과하다는 사실, 이것을 항상 기억해야만 한다.

장식성

기능적으로 시적 발화와 유사한 고대 슬라브 산문의 전형적인 현상은 장식성이다. 하지만 이 장식성은 시와 마찬가지로 특정한 예술적 가치를 가지고 있다. 고대 슬라브 산문의 장식성, 이는 시적 발화다.

시적 발화(이것은 오직 시하고만 관련되는 것은 아니다)에서 단어는 일상적 발화나 학문적 발화 혹은 사무적 발화에서의 단어와 어떤 차이를 가질까? 근본적으로 다른 기능, 근본적으로 다른 의미, 시적 발화에서 형상성으로의 지향 등과 같은 근본적인 유형의 차이들을 제시할 수 있을 것이다. 실제로 그런 시도들이 있어왔다. 하지만 시적 발화에 대한 다양한 견해를 역사적으로 개괄하는 것이 나의 과제는 아니다.[53]

중요한 것은 시적 발화에서 단어가 자신의 모든 일상적인 '사전적 의미'(즉 '정상적인' 사전에서 지적되고 있는 의미)를 간직하고 있으며 간직해야만 한다는 사실이다. 이러한 '사전적 의미들' 외부에서는 단어 그 자체가 존재하지 않는다. 시적 발화의 본질은 개별적으로 떼어낸 단어 속에 존재하지 않는다. 비노그라도프는 시적 발화에 대해 올바르게 다음과 같이 지적하고 있다. "문제의 본질은 보편적 발화 요소들의 예술적 조직화에, 시적 사용에 있다."[54] 비노그라도프는 매우 정확하게 시적 발화의 '메커니즘'을 규정하고 있다. "언어의 시적 기능은 소통적 기능에 기초하여 그것에서부터 출발한다. 하지만 그 위에 새로운 발화 의미와 발화 관계의 세계(이 세계는 예술의 미적 법칙과 사회-역사적 법칙에 종속된다)를 건설한다."[55]

당연히 시적 언어에 대한 연구가 소통 언어학에만 기초하는 것은 아니다. 시적 단어는 어휘론을 수단으로 해서 기술될 수 있는 것보다 더 넓은 의미를 포함한다.

시적 발화에서 단어는 일반적으로 사전에 들어 있는 자신의 의미를 상실하지도 변화시키지도 않는다. 그 반대로 이러한 의미를 보존하는 것이 시적 발화의 맥락에 의해 창조되는 '부가적 요소'의 존재를 위한 필수 조건이다.

시적 발화에서 단어가 갖는 '부가적 요소'는 새로운 의미의 뉘앙스, 때로는 (모든 경우에 필수적이지는 않은) 새로운 표현, 정서, 단어에 의해 규정되는 현상에 대한 윤리적 가치평가의 뉘앙스 등 다양한 성분으

---

53) 이 문제에 대한 개괄에 대해서는 V. V. 비노그라도프의 여러 저작, 특히 『문체론, 시적 발화의 이론, 시학』(모스크바, 1963)을 보라.
54) 같은 책, 140쪽.
55) 같은 책, 155쪽.

로 구성된다.

단어에서 '부가적 요소', 이것이 반드시 형상(은유, 직유 등)이어야 하는 것은 아니다. 비노그라도프는 다음과 같은 오도옙스키의 말을 인용하고 있다. "자신의 작품을 채색하고 생기를 불어넣고자 하는 많은 작가가 은유에 달려든다. 이로부터 생기는 것은 오직 화려한 장식체 양식(bombast)뿐이다."[56]

비노쿠르는 다음과 같이 말한다. "예술적 단어가 반드시 은유적이라는 점에서 그것이 형상적인 것은 결코 아니다. 시적 단어나 표현, 심지어 작품 전체가 비은유적인 예는 수없이 많다. 하지만 시적 단어의 의미는 결코 그 축자적인 의미 내에 갇혀 있지 않다."[57]

시적 발화의 단어에서 '부가적 요소', 이는 단순히 단어를 새로운 의미나 새로운 의미 연상, 혹은 새로운 감정으로 풍부하게 하는 것은 아니다. 이러한 경우에는 단어에서 질적인 변화가 생겨나지 않는다. 단어가 자신의 의미나 중요성에서 뭔가 새로운 것을 얻기는 할 것이다. 하지만 이 새로운 것이 일상적 발화나 사무적 발화 혹은 학문적 발화와 비교해 볼 때 시적 발화에서 단어가 갖는 위상을 변화시켜주지는 못할 것이다.

실제로 학문적 발화에서도 어떤 단어가 용어가 되면 그것의 낡은 의미가 새롭게 정교화된다. 법적 발화나 심지어 일상적 발화에서도 우리는 동일한 것을 발견할 수 있다. 학문적 용어나 기술적 용어, 전문적 용어 또한 일종의 '부가적 의미'를 가지고 있으며 이것은 용어의 논리적인 내용을 확장해주지만 그 논리적 용량은 축소시킨다. 일상적 발화의 단어도 구체적인 상황 속에서 주변 환경에 의해 규정되는 새로운 뉘앙스를 획득한다.

시적 발화의 단어에서 '부가적 요소'는 어떤 점에서 시적 발화의 전체

---

56) V. F. 오도옙스키, 「심리학적 언급」, 『동시대인』 제27권, 1843, 310쪽. V. V. 비노그라도프, 같은 책, 123쪽에서 재인용.

57) G. O. 비노쿠르, 『러시아에 대한 논문 선집』, 모스크바, 1959, 390쪽. V. V. 비노그라도프, 같은 책, 157쪽에서 재인용.

그룹의 단어에 보편적인 것이 된다는 특징을 갖는다. '부가적 요소'는 단어가 가지고 있는 특수성, 고립성을 파괴하고 모든 단어 그룹의 '부가적 요소'와 합쳐져서 시적 발화라는 맥락 속에서 혹은 맥락 위에서 성장한다. 다시 말해서 '부가적 요소'는 개별적인 단어들과 투쟁하고 단어가 가지고 있는 의미적, 정서적 고립성을 극복한다. 그럼으로써 시적 발화 전체를 결합시켜주고, 시적 발화를 예술적 통일체로 만들어주는 '초의미'(сверхзначение)를 창조한다.

시적 발화에서는 다양한 유형의 리듬, 정서, 형상성, '시적 이념' 등, 단어의 고립성을 극복할 수 있는 모든 것이 커다란 역할을 한다. 시적 발화는 문체에 종속된다. 이때 문체 또한 언제나 개별적인 문체적 요소들의 통일체다. 하지만 시적 발화에서 창조되는 통일체는 문체의 통일체보다 더 크다.[58]

'말의 예술'로서의 문학이라는(여기에는 시도 포함되는데, 14~15세기 송가적 문체의 작품은 시와 많은 공통점을 가지고 있다) 일반적인 정의는 문학에 대한 피상적인 관점에서만 정당하다. 문학에 대해서, 특히 시에 대해서 말할 때, 문학이 '말의 극복의 예술'이라고 하는 것이 더 정확하다. 즉 그것은 말의 일상적인, '잘 팔리는' 의미를 극복하는 것이며, 말 속에 존재하는 '초의미적' 본질을 드러내는 것이다. '말의 극복'이라는 개념으로 내가 의미하고자 하는 것은 무엇보다도 시적 발화의 특징인, 단어의 의미가 갖는 고립성을 극복하는 것이다.

시클롭스키의 저작들 중 하나에 '말과의 투쟁'이라는 개념이 존재한다.[59] 하지만 시클롭스키의 투쟁 개념은 나의 '말의 극복' 개념과 다르다. 시클롭스키는 다음과 같이 말한다. "문학은 언어적이다. 하지만 문

---

58) 예술적 발화의 '부가적 요소'에 무엇이 주어질 수 있는가를 규정하는 것은 나의 과제가 아니다. 다양한 문체, 예술적 발화의 다양한 개인적 (작가적) 특수성 속에서 상황은 매우 다르게 전개될 수 있다.

59) V. 시클롭스키, 『찬성과 반대－도스토옙스키에 대한 언급』, 모스크바, 1957, 15쪽.

학 속에는 말과의 투쟁이 또한 존재한다. 이 투쟁은 말에 의미를 부여하고 개념으로 옮기기 위해서 필요할 뿐만 아니라 현실을 재현하고 현실을 완전히 느낄 수 있게 하기 위해서 필요하다."[60]

나에게 있어서 '말의 극복'의 의미는 다음과 같다. 말 속으로 어떤 '부가적 요소'가 들어오며 말이 가진 일반적인 소통적 기능에 '사전적인 의미'에는 없는 의미들이 부가된다. 심지어 그 의미들은 일반적인 의미에 대립되기도 하며 일반적인 의미에 반(反)하여 등장한다. 혹은 그 의미들이 기존에 존재하던 의미들 중 하나를 엄청나게 강조한다. 예술적 발화에서 말의 기능은 의미들의 다양함과 투쟁하는 것이며, 그 의미들을 극복하는 것이며 그것들에 반(反)해서 등장하는 것이다. 이 '반(反)해서'(вопреки) 또한 예술성의 중요한 요소다. 왜냐하면 예술적 말은 역동적이며, 이러한 역동성, 이러한 투쟁의 집중화를 필요로 하기 때문이다.

여기서 예술성은 매우 '개별적'이다. 만일 창조자가 발견한 유일성에 대한 느낌이 사라진다면 그와 함께 발화의 예술성도 사라지게 된다. 반복성은 일반적인 의미, 그것의 항상성, '기호적 성격', 비유일성이 요구되는 비예술적 발화에서 전형적이다.

앞 절에서 서술한 것처럼 고대 러시아에서는 일반적으로 개별적인 단어들의 결합이 반복되었다. 그렇다면 고대 러시아의 예술적 발화는 예외적인 것이 아닌가라는 질문이 가능하다. 아니다. 이 경우 고대 러시아의 예술적 발화는 예외가 아니다. 실제로 우리는 시 작품을 여러 번 반복해서 읽을 수 있다(가령 좋아하는 시). 하지만 이렇게 반복해서 읽는다고 해서 유일성에 대한 느낌이 사라지지는 않는다. 고대 러시아 산문에서 지속적으로 반복되는 시적 공식들은 여러 번 읽힌 작품의 역할을 한다. 그리고 이 공식들 속에도 예술적으로 발견된 유일성의 느낌이 남아 있다. 전통적 공식은 가장 작은 예술작품 같은 것이다. 고대 러시아

---

60) 같은 책.

의 예술적 발화의 심오한 특수성은 바로 여기에 있다.

'비처럼 쏟아지는 화살'이라는 '군사 이야기들'에서 자주 반복되는 표현을 보자. 이 비유는 예술적이다. 일상적인 발화, 즉 순수하게 소통적인 '일상 소통의' 발화에서는 그와 같은 표현이 존재하지 않는다. 그런데 이 비유는 마치 근대의 위대한 시인의 여러 번 반복해서 읽히는 작품에 등장하는 비유처럼 아무리 많이 '군사 이야기들' 속에서 반복되어도 일회성의 느낌을 만들어낸다.

우리는 개별적인 단어 그 자체로서 '시적인 단어'가 존재한다고 말한다. 이 다소 낡아빠진 명제는 우리가 앞서 말했던 '초의미'는 맥락에서만 등장한다는 주장에 모순되지 않는다. 쿠콜니크, 베네딕토프 혹은 나드손이 '장미', '공상', '영감', '눈', '자유', '노을', '우상', '업적' 등의 단어를 시적 단어로 느낄 때 그들은 그 단어를 어떤 시적 맥락에서 느낀다(물론 매우 넓은 맥락이다). 하지만 우리는 이 단어들에 대해 다른 맥락, 즉 그들이 느꼈던 시성이 완전히 상실되는 맥락을(가령 반어적, 풍자적 맥락에서) 상상할 수 있다. '기쁨'(radost')이라는 단어가 '유아성'(mladost')과 운을 이루는 쿠콜니크에 대한 수많은 패러디나 '이상'(ideal)이라는 단어가 '바알'(Vaal)이라는 단어와 운을 이루는 나드손에 대한 패러디를 보라. '유일성'('개별성')과 마찬가지로 맥락은 시적 발화, 혹은 더 넓게는 예술적 발화의 필수적인 조건이다.

그 이상이다. 말의 일상적인 의미의 극복, 일상적인 소통적 의미의 극복은 예술적 발화의 필수적인 조건이다. 시적 의미는 일상적인 의미를 제거하지도, 대체하지도 않는다. 시적 의미는 일상적인 의미에 어떤 것을 부가한다. 시적 의미는 일상적인 의미 위에서 구축된다. 왜냐하면 단어가 가진 한 의미를 다른 의미로 교체하는 것은 예술적인 사실이 아니기 때문이다. 예술성은 '전염적'이다. 예술성은 독자를 역동적 상황으로 끌어들인다. 이 때문에 어떤 일상적 상황과의 투쟁, 그 극복은 예술성에 필수적인 것이다.

일상적인 소통의 질료에 '부가적인 요소'는 모든 예술에 존재한다.[61]

이 '부가적인 요소'는 언제나 일상적이고 소통적인 혹은 기능적인 의미의 극복과 관련되어 있다. 이 '극복' 자체는 예술성의 체계 속으로 포함된다. 그것은 독자, 청자 혹은 관람자를 중단 없는 창조의 행위에, 예술작품의 내용에 참여하게 만든다.

이러한 점에서 조각가 헨리 무어의 작품이 특징적이다. 때로 그는 반쯤 누워 있는 거대한 인체상을 절단한다. 그럼으로써 그는 관람자로 하여금 파괴되어진 총체를 상상을 통해 재건하도록 만든다.

*   *   *

시적 발화의 가장 뛰어난 현상 중의 하나는 20세기 초 절정에 달했던 소위 '장식체 산문'이다. 그러나 러시아에서 '장식체 산문'은 그보다 훨씬 일찍 등장했다. 이미 일라리온의 「율법과 은총에 대한 말씀」에 '장식체 산문'의 전범이 나타나고 있다. 키릴 투롭스키나 세라피온 블라디미르스키(Серапион Владимирский)의 산문에서도 '장식체 산문'이 나타난다. 하지만 고대 슬라브에서 '장식체 산문'의 절정은 14세기에서 15세기 초반에 이루어진다. 이러한 절정은 티르노프 문학파의 영향과 관련이 있으며 무엇보다도 고대 러시아의 현자 예피파니의 작품에서 뚜렷하게 나타난다.

---

61) 이 용어는 화가 K. S. 말레비치에게서 빌려온 것이다. '부가적인 요소'라는 용어는 말레비치가 현대 회화의 역사에 도입한 것이다. 하지만 '부가적인 요소'라는 나의 개념은 말레비치의 개념이 갖는 내용과는 어떤 공통점도 갖지 않는다. 나는 캅툰이 소개해준 다음과 같은 자료를 통해 말레비치의 이 용어를 알게 되었다. E. F. 캅툰, 「K. S. 말레비치 – 회화에서의 부가적인 요소의 이론에 대하여」, 『국립 예술 문화 연구소 전체 회의 발표문』, 1926년 6월 16일(발표 기록문); 같은 이, 『카지미르 말레비치 – 회화에서 부가적인 요소의 이론 입문』. 이 텍스트는 1925년에 출판을 위한 교정쇄가 나왔지만 국립 예술 문화 연구소 논문집으로 공간되지 않았다. 이 텍스트는 다소 변화된 판본으로 1927년 바우하우스 출판사에서 『무대상적 세계』라는 제목으로 독일어로 출판되었다.

20년 전, 1958년 모스크바에서 열린 제5차 국제 슬라브학 대회를 위해 발표를 준비하면서 나는 소위 제2차 남슬라브의 영향이라 불리는 문체의 특징을 살펴본 적이 있다. 이 발표문에서 나는 이 문체가 가진 다음과 같은 특수성, 즉 추상화로의 지향, 정서로의 지향 그리고 언어의 '문헌학적' 측면에 대한 지향을 강조했다. 그 이후로 나의 논문들 외에 많은 저작이 출판되었다. 이 저작들 속에서 '말 엮기'의 다양한 기법이 연구되었으며 이 문체가 갖는 형식적 측면들이 자세하게 규정되었다.[62]

'티르노프 학파'의 장식적 문체의 특수성은 「세르기 라도네시스키의 생애전」에서 나타나고 있다. 이 작품을 통해 '티르노프 학파'의 장식적 문체의 특수성을 살펴보기로 하자. 단 하나의 작품을 선택하는 것은 몇 가지 장점을 갖는다. 문체, 이는 무엇보다도 예술적 특수성의 통일이

---

62) O. F. 코노발로바, 「14세기 말 작가의 문학적 입장의 문제에 대하여」, 『고대 러시아 연구』, 제14권, 1958; 같은 이, 「현자 예피파니가 쓴 스테판 페름스키의 생애전에 나타나는 문학적 기법으로서의 비교(14~15세기 송가적 문학의 문제에 대한 고찰)」, 『외국어와 문학 강의 방법론에 대한 논문집』, 제1권, 레닌그라드, 1963; 같은 이, 「스테판 페름스키의 생애전에서 찬양의 말(형식과 몇 가지 문체적 특수성)」, 같은 책, 제2권, 레닌그라드, 1965; 같은 이, 「14세기 말의 '말 엮기'와 엮어진 장식(상호관계의 문제에 대하여)」, 『고대 러시아에서 문학과 조형예술의 상호작용』, 모스크바-레닌그라드, 1966(『고대 러시아 연구』, 제22권); 같은 이, 「스테판 페름스키의 생애전에 대한 실제적 사실의 선택 원칙」, 『고대 러시아의 문학과 사회사상』, 레닌그라드, 1969(『고대 러시아 연구』, 제24권); 같은 이, 「스테판 페름스키의 생애전에서의 한 증폭의 유형에 대하여」, 『고대 러시아 연구』, 제25권, 레닌그라드, 1970; Wigzell Faith C. M., "Convention and Originality in the Life of Stefan of Perm: A Stylistic Analysis," *The Slavonic and East European Review*, London, s. a.; F. 비그젤, 「현자 예피파니의 작품들 속에서 이루어지고 있는 성서로부터의 인용에 대하여」, 『고대 러시아 연구』, 제24권, 레닌그라드, 1971; Mulić, H., "Srpsko 'pletenije sloves' do 14. stoljeća," *RZSF*, 제5호, 1963; Mulić, H., "Pletenije sloves i hesihzam," *RZSF* 1965, N 7; Mulić, H., "Srhski isvori 'pletenija sloves'," *RZSF*, Zagreb, 1963(rotapr.); H. 물리치, 「13~14세기 세르비아 성자전들」, 『고대 러시아 연구』, 제24권. 레닌그라드, 1968; Talev Ilya., *Some Problems of the Second South Slavic influence in Russia*, München, 1973.

다.[63] 통일은 무엇보다도 한 작품에서 뚜렷하게 나타난다. 문체의 통일성이라는 관점에서 여러 작품을 분석할 경우 우리는 언제나 어떤 문체의 다양한 변체를 하나로 결합시키게 되는 위험을 가지게 된다. 이외에도 문체는 무엇보다도 높은 수준의 작품에서 조화롭게 드러난다. 우리의 견해로는 「세르기 라도네시스키의 생애전」이 바로 그런 작품이다. 이 작품에는 예술적, 이념적으로 우연한 것이 존재하지 않는다.[64]

장식체 산문은 매우 집약적인 시적 발화의 현상이라고 할 수 있는데, 앞서 지적한 것처럼 '말 엮기'의 문체는 최초의 장식체 산문들 중 하나에 속한다.[65] '장식체 산문'은 시나 '장식체 산문' 모두 일종의 '초의 미'를 창조하려고 한다는 점에서 시에 가깝다. '장식체 산문'에서 단어는 '장식체 산문'의 연구자 코제브니코바가 말하듯이 "'중립적인 수단 혹은 지시체계'이기를 중단한다. 이 '중립적인 수단 혹은 지시체계'는 '일상적인 언어에서 단어가 사용되는 방법과 유사하며 우리로 하여금 단어 그 자체로부터 떨어져나온 주제적 요소들의 움직임에 주목하도록

---

63) 문체의 개별적인 요소들은 서로서로 매우 긴밀하게 연관되어 있다. 따라서 우리는 하나의 문체의 개별적인 부분을 통해 나머지 전체를 구성할 수 있다.

64) 「세르기 라도네시스키의 생애전」의 판본에 대한 연구는 아직까지 이루어지지 못하고 있다. V. P. 주보프의 논문, 「현자 예피파니와 파호미 세르프(「세르기 라도네시스키의 생애전」의 판본들의 문제에 대하여)」는 이 문제의 해결에 별로 기여하지 못하고 있다. 압펠(Appel O.)의 책(*Die Vita des hl. Sergij von Radonez*, München, 1972)은 이미 출판된 생애전 텍스트들에 대한 분석에 기반하고 있는데 충분한 근거를 갖는 완전한 텍스트를 제시해주지 못하고 있다. 따라서 나는 어느 정도 제한적으로, 부분적으로는 자의적으로 소위 E 판본(대수도원장 레오니드 판본)이라 불리는 실제 텍스트를 가지고 「세르기 라도네시스키의 생애전」을 분석하기로 하겠다. 「기적 창조자 세르기의 생애전과 그에 대한 찬양의 말(그의 제자 현자 예피파니가 씀)」(마카리의 체티-미네이의 시노달본과 비교하여 16세기 트로이차 판본에 따라 출판), 『고대 언어체의 기념비적 작품』, 상트페테르부르크, 1885. 본문에서 이 판본에 대한 인용은 괄호 속의 숫자로 나타내기로 하겠다.

65) N. A. 코제브니코바, 「비고전주의적 ('장식체') 산문에 대한 고찰로부터」, 『소련 학술원 문학과 언어학 분과 소식지』, 제35권 제1호, 1976, 55~76쪽.

만든다'."[66]

장식체 산문과 시의 근접성은 무엇보다도 단어의 특수한 성격과 서술 구성의 특수성에서 잘 드러난다. 장식체 산문에서 산문의 리듬이 시적 리듬에 근접하는 것을 볼 수 있기는 하지만 이것이 필연적인 현상은 아니다. 장식체 산문은 무엇보다도 특수한 예술적 발화 구성 방법으로서 시적 발화를 지향한다. 장식체 산문에서 텍스트 구성의 토대는 반복과 반복에 기초하여 생겨나는 일관된 주제와 라이트모티프다.[67] 코제브니코바는 다음과 같이 말하고 있다.

"장식체 산문은 시적 발화에 근접한다. 이러한 근접성은 부동성, 분해 불가능성, 대상과의 직접적인 관계와 같은 '산문적' 특징을 상실한 단어라는 양자에 공통되는 성격에 의해 만들어진다. 장식체 산문에서 단어는 언어 규범이 그에게 부여한 경계를 가볍게 넘어간다. [……] 그와 같은 경계 이탈에서 생겨나는 의미의 불안정성과 의미의 불투명성이 텍스트의 예술적인 과제가 된다. 단어와 그 주변 사이에 불안정한 가변적 관계가 생겨난다. 그것은 인력과 척력의 관계다. 단어가 언어 규범에 의해 자신에게 부여된 틀을 뛰어넘을 때 보여주는 가벼움은 역의 측면을 갖는다. 두 경향이 충돌한다. 한편으로는 합일과 분리불가능성에 대한 경향이 존재한다. 이 경향은 장식체 산문이 가지고 있는 보편적인 연상작용에 의해 야기된다. 다른 한편으로 그에 대립되는 경향이 존재한다. 그것은 단어의 고립으로의 경향, 단어의 낯설게하기로의 경향, 분리로의 경향이다. [……] 단어는 자신의 산문적 성격, 폐쇄성, 개별성을 상실하면서 맥락의 지배를 받게 된다. 단어는 고전적인 문학에 비해 훨씬 더 맥락에 종속된다. 단어는 그것이 지시하는 현실에 의해 규정될 뿐만 아니라——종종 현실에 의해 규정되기보다는——다른 단어들과의 관계에 의해 규정된다."[68]

---

66) V. M. 지르문스키, 『문학 이론의 문제들』, 레닌그라드, 1928, 156쪽(코제브니코바의 인용).

67) N. A. 코제브니코바, 같은 책, 56쪽.

14~15세기의 송가적 문체의 장식체 산문은 단순한 언어적 유희가 아니다. 그 반대로 장식체 산문의 모든 '기법'은 다양한 '의미의 합성'과 텍스트 속에서 '초의미'의 창조를 겨냥하고 있다. 이 '초의미'는 '의미'에 모순되지 않는다. '초의미'는 '의미'를 심화시키고 그것에 새로운 뉘앙스를 부여한다. '초의미'는 단어를 다양한 의미들과 결합시키고 독자들에게 더욱 심오한 의미에 대한 인식을 요구한다. 이러한 점에서 14~15세기에 일반적이었던 작가와 잠수부의 비유, 즉 진주를 캐기 위해 바다 밑바닥으로 잠수하는 잠수부의 비유는 작가의 창조의 본질에 대한 일종의 상징적 통찰이 된다.

우리가 '말 엮기'의 문체에서 근본적으로 주목해야 할 현상은 다음과 같다. 이 문체에서 사람들이 일반적으로 주목하는 동일어근의 단어들의 반복 혹은 동일한 단어들의 반복 혹은 비슷하게 발음되는 단어들의 반복은 단순한 문체적 유희나 내용 없는 장식이 아니다. 여기서 반복되고 결합되는 것은 우연한 단어들이 아니라 텍스트의 '핵심' 단어들, 그 의미가 텍스트에서 토대가 되는 단어들이다.

「세르기 라도네시스키의 생애전」의 첫 부분에서 작가는 다양한 형태로 '3'이라는 의미를 가진 단어들을 사용한다. "모든 곳에서 셋이라는 숫자는 모든 것에 대한 덕의 근원이요 세 차례 이루어진 외침의 이유다. 내가 말해주겠노라. 하나님께서 선지자 사무엘을 세 차례 불렀도다. 다윗이 던진 세 개의 돌에 골리앗이 패배했다. 일리야는 '이를 세 번 행하라'라고 말하며 장작에 세 번 물을 부으라고 명했고, 사람들이 세 번을 그렇게 했다. 또한 일리야는 소년에게 세 번을 입김을 불어넣어주어 그를 소생시켰다. 선지자 요나는 삼 일 낮, 삼 일 밤을 고래의 뱃속에 있었다. 바빌론에서는 세 명의 소년을 불구덩이에 집어넣어 태우려 했다. 세라핌을 보았던 선지자 이사야는 하늘로부터 성스러운 이름을 세 번 부르는 천사의 노래를 세 번 들었다"(17~18). 세 번의 반복의 예는 이 이

---

68) 같은 책, 58~59쪽.

후로도 텍스트에서 매우 길게 계속해서 언급된다. 중요한 것은 세계의 3회성을 강조해주는 단어들이 의도적으로 선택되었다는 인상을 만들어 낸다는 사실이다. 실제로 그 단어들은 의도적으로 선택된 것이다. 하지만 이 의도는 무엇보다도 의미를 위한 것이다. 이 단어들이 가지고 있는 유사한 소리는 자족적인 의미를 갖지 않으며 단지 독자들로 하여금 그들이 읽고 있는 텍스트의 의미에 주목하도록 만든다. 특징적인 사실은 앞서 인용한 장광설이 '성스럽도다, 성스럽도다, 성스럽도다'라는 세 번의 외침으로 끝난다는 것이다. 따라서 세르기의 생애전이 시작하고 있는 3회성에 대한 찬양은 이 '3'을 어근으로 가지고 있는 단어들의 영역을 넘어선다. 장광설의 마지막에서 단어의 영역을 넘어 순수한 의미의 영역으로 '나아가는 것'은 생애전의 다른 부분에서도 나타난다. 우리는 이를 다시 살펴보게 될 것이다.

세르기의 생애전 첫 장의 마지막에서는 그의 탄생이 서술된다. 여기서 근본적인 핵심 단어는 '신비롭게도'(чудно/추도), '신비한'(чудный/추드니), '신비'(чудо/추도-기적)다. '신비'(чуд/추드)라는 어근을 가진 단어는 여기서, 그것도 오직 단 하나의 문장에서 열 번 가량 반복된다.

단어들의 반복이나 같은 어근을 가진 단어들을 열거하는 것은 필수적이다. 왜냐하면 같은 어근을 갖는 이 단어들 혹은 단어 그룹들이 의미상 중심이 되어야 하기 때문이다. 예컨대 「세르기 라도네쥬스키의 생애전」에 대한 서문은 세르기에 대한 찬양(прославление/프로슬라블레니에)에 할애되고 있는데 따라서 'слав/슬라브'라는 어근을 가진 단어들이 다양한 형태로 등장하면서 서문의 첫 부분 전체의 토대를 형성한다. 여기에는 '영광'(слава/슬라바)과 '찬양받다'(славиться/슬라비차), '축복하다'(благославлять/블라고슬라블랴트)와 '찬양하다'(прославлять/프로슬라블랴트)가 등장한다. 작가는 여기서 이 어근을 드러내는 놀라운 어문학적인 능력을 보여준다. 그는 심지어 '찬양'이라는 의미와 직접적으로 연관되어 있지 않은 '축복하다'와 같은 단어에서처럼 'слав/슬라브'라는 어근이 즉시 눈에 들어오지 않는 경우에도 이 어근이 드러나도록 만든다.

"모든 이와 모든 일에 대해 하나님께 영광(слава/슬라바)! 영원히 찬양받을(прославляемо/프로슬라블야에모) 위대한 성부, 성자, 성신의 세 성스러운 이름(trisvqtoe/트리스뱌토예)이 이 모든 이와 이 모든 일로 언제나 찬양받도다(прославляется/프로슬라블랴에차)! 〔……〕 하나님께서는 그리스도를 영광되게 한 자들(славящая/슬라뱌샤야)을 어떻게 찬양할지(славити/슬라비티)를, 그리스도를 축복한 자들(благо-славящая/블라고슬라뱌샤야)을 어떻게 축복할지(благославити/블라고스라비티)를 아시는 도다. 하나님께서는 언제나 자신의 삶을 영광되게 만든(славящая/슬라뱌샤야) 당신의 종들을 축복하시는(просла-вляет/플로슬라블랴예트)도다"(1).

다양한 개념에 적용되는 같은 어근의 단어들은 작가로 하여금 그들 간에 의미론적인 연관을 설정할 수 있도록 도와준다. 예를 들어 작가는 세르기 자신이 다른 사람들에 의해 마땅히 기억되어야 할 여러 일을 함으로써 그의 생애전 서술을 도와주고 있다고 하면서 여기저기에 같은 어근의 형용구를 적용하고 있다. "널리 알려져 있고(пресловуща/프레슬로부샤) 찬양받는(многословуща/므노고슬로부샤) 성자 장로의 삶"(6~7). 여기서 의미의 뉘앙스는 매우 세심하고 조심스럽게 계산되고 있다. 예를 들어 예브피미(Евфимий)의 생애전과의 비교가 이루어지고 있는 부분이 바로 그러하다. 예브피미를 낳을 때 부모들은 환상을 보게 되고 환상 속에서 다음과 같은 말을 듣게 된다. "기뻐하고, 또 기뻐하라〔즉 아기를 낳게 될 것을 기뻐하라―리하초프〕. 하나님께서 그대들에게 기쁨의 이름을 가진 아기를 주셨다〔예브피미라는 이름의 그리스어 의미는 '복된 말을 가진 자'다―리하초프〕. 그의 탄생으로 하나님께서는 당신의 교회에 기쁨을 주셨도다"(21).[69]

---

69) 이 인용문에서는 '기쁨', '위로'의 뜻을 갖는 'теш'(테슈)라는 어근을 가진 단

핵심 어근은 일종의 철학적 판단으로써 서술을 통일시킬 수 있게 해주고 사실들을 그 통일 속에서 대립시킬 수 있게 해준다. 예를 들어 스테판과 그의 형제 표도르에 대한 세르기 생애전의 작가의 평가가 그러하다. "이 스테판의 혈족이자 한 어머니에서 나온 영광되고 성스러우며 경건한 소년에게로 돌아가자. 비록 그들이 한아버지에게서 나왔지만, 비록 하나의 배가 그들을 세상에 낳았지만, 그들은 하나의 지향을 갖지 않았다. 정말로 이 두 형제가 혈족인가? 정말로 이 둘이 한마음으로 그곳에서 살고자 했던가? 이 둘이 저 황무지에서 같이 살기로 했던 것이 아닌가? 이 둘이 어떻게 서로 헤어졌던가? 한 사람은 그렇게 살고자 했고 다른 한 사람은 다르게 살고자 했다. 한 사람은 도시의 수도원에서 수도하기로 했고, 다른 한 사람은 황무지를 그와 같은 도시로 만들고자 했다"(42). 두 사람의 비교는 그들이 형제라는 사실에 기초하여 만들어지고 '하나'라는 어근을 가진 단어들로 유지된다. 그런 다음 비교는 대립이 된다.

세르기와 함께 천사의 형상을 한 "신비한 남자가 성자의 뒤를 따라 들어올" 때, 이 사건에 대한 서술에서 '핵심적인' 단어는 '보다'(зре/즈레)가 되며 중요한 음은 '즈'(з)가 된다. "[이사키예는—옮긴이] 그를 볼 수 없었다. 그의 승복도 보통이 아니라 신비하고 빛나는 것이었고 그 위에 금빛의 무늬가 보였다. 이사키예가 가까이에 서 있는 사제 마카리에게 물었다. '사제님, 저기 보이는 신비한 남자가 대체 누구인가요?' 마카리도 이 밝게 빛나는 남자를 볼 수 있었다. '나도 모르겠구나, 얘야, 하지만 놀랍고도 지금까지 알지 못하는 것은 내가 보고 있구나.' 그가 대답했다"(124).[70] 같은 어근을 가진 단어의 사용은 언제나 복잡한

어들이 반복된다. 비교를 위해 본문을 인용하고 같은 어근을 가진 단어 옆에 한글 음역을 달기로 하겠다—옮긴이. "тешитась(테슈타스), и утешитась (우테슈타스), се бо дарова вама богъ отрока тешениа(테세니아), тялкоименита, яко въ родстве его тешение(테세니예), дарова богъ своим церквам."

의미, 더 중요하게는 다양하고 눈에 들어오지 않는 의미를 만들어낸다.

세르기가 어떻게 '육체의 화살들'(стрелы/스트렐리)에 맞서고 있는가에 대한 서술은 매우 우아하게 표현된다. "악마들이 죄의 화살로 화살을 쏘아 그를 패배하게 만들고자 할 때면, 성자께서는 어둠 속에서 의인들의 심장을 향해 쏘아진 화살 속으로 순수함의 화살들을 쏘았다"(яко же бесове греховьною стрелою(스트렐로유) устрелити(우스트렐리티) хотяху, противу тех преподобныи частотными стрелами(스트렐라미) стреляше(스트렐랴셰), стреляющих(스트렐랴유시호) на мраце правыя сердцемь)(62). 여기서 '심장'(сердце)이 문장의 결어로 사용된 것은 우연이 아니다. 왜냐하면 심장이 '육체의 화살'의 과녁이기 때문이다. 화살은 성자의 심장을 향한다. 이 때문에 작가는 '심장'이라는 단어를 문장의 결말부에, 즉 화살이 마지막에 도달하는 과녁으로 위치짓고 있는 것이다.

이와 같은 유형의 반복에서는 단어의 의미 자체가 중요하다. 따라서 작가가 단어를 열거하다가 핵심적인 단어를 그것과 비슷한 뜻을 갖는 단어로 대체하는 것은 규범의 파괴로 받아들여지지 않는다. "내가 이 세상의 기쁨을 조금도 기뻐하지 않도록 하시고, 주여, 나를 영혼의 기쁨(радости/라도스티)으로, 보이지 않는 기쁨으로, 신성한 달콤함(сладости/슬라도스티)으로 채워주소서"(32). 문법적으로 '달콤함'이라는 단어가 위치한 바로 그 자리는 앞서 열거되고 있는 '기쁨'이라는

---

70) 이 인용문에서는 '보다'(зре/즈레)라는 어근의 단어들 외에도 다른 '즈'(з)음을 가진 단어들이 사용되고 있다. 비교를 위해 본문을 인용하고 필요한 곳에 한글 음역을 달기로 하겠다—옮긴이. "не можаше зрети(즈레티) на ньь ризы(리지) ж его необычны, чюдны, блистающеся, в них же мечтание златостроино(즐라토스트로이노) зрися(즈리샤). И се въпрашаеть Исаалие близ стояще отца МакариаЬ что зрение(즈레니예) се чюдное, отче? кто есть зримый(즈리미이) и чюдный съи муж? Макарие же сподоблень быть сего зрениа(즈레니아), ему въ велицеи светлости делании, речеЬ не веде, чадо, ужасно бо видение и не исповедимо зрю(즈류)."

단어에 정확하게 상응한다. 따라서 독자들은 '달콤함'이라는 단어를 열거되고 있는 성분들의 자연스러운 연장이라고 받아들이게 된다.

때로 같은 어근을 가진 단어들로 이루어진 발화의 복잡한 형식이 작가로 하여금 역설적인 생각을 표현할 수 있게 해준다. "두려움으로 인해 두려움 없이 그곳에 머물렀다"(58). 반복되는 단어가 현상의 본질을 표현해야만 하는 것은 아니며 현상의 한 특징을 강조할 수도 있다. 다만 이 특징은 언제나 중요한 것이다. 예를 들어 세르기의 부모들이 가난하게 된 이유를 설명하면서 작가는 불행이 언제나 세르기의 가족을 따라다녔다는 사실을 강조한다. "어떻게 해서 그리고 왜 그가 가난하게 되었는가, 이제 이에 대해서 말하기로 하자. 그것은 공후들이 **자주**(частыми) 한국(汗國)으로 갔기 때문이며, 타타르인들이 **자주** 러시아를 침략했기 때문이며, 한국(汗國)이 **자주** 공물을 징발해 갔기 때문이며, 그리하여 **자주** 빵이 부족했기 때문이다. 그러나 이 모든 불행보다 더 나쁜 것은 이때 페도르추코프 투랄리코프를 우두머리로 하여 타타르의 거대한 군사들이 쳐들어왔다는 사실이다"(33).

때로 텍스트 속에서 같은 어근의 단어들의 결합이 상당히 멀리 떨어진 상태로 '작동하는' 경우도 있다. 예를 들어 작가는 자신이 성자의 생애전에 착수하며 얼마나 불안해하는가를 서술한다. "분명하게 말해두겠다. 비록 내가 성자의 생애전을 쓸 수 있다고 하더라도 나의 결함으로 인해……"(6), "나는 할 수 없으며, 무능력하다"(8). 그리고 그 아래에 신께 "나의 무능력에 능력을 주소서"(같은 곳)라고 기도한다. 작가는 자신에게 결여되어 있는 "말과 지혜와 기억의 재능", 자신의 "무능력"을 신이 고칠 수 있는 육체적인 결함에 비유한다. "[하나님께서는—옮긴이] 장님을 보게 하시고, 앉은뱅이를 걷게 하시고, 귀머거리를 듣게 하시고, 벙어리를 말하게 하실 수 있습니다. 마찬가지로 그는 나의 지혜의 어두움을 밝혀주실 수 있으며 나의 **무지함**에 **지혜를**(неразумие вразумити) 부여해주실 수 있으며 나의 **무능력**에 **능력을**(недоумению умение) 주실 수 있습니다"(같은 곳). 따라서 이것은 같은 어근의 단어들로 이루어진 단순한 유희가 아니라 독특한 창작 개념이다. 그리고 이 개념이 생애전에 대한 서문의 결부에 위치하고 있는 것도 우연이 아니다. 이 개념에 기대어 작가는 그런 다음 자신이 생애전을 쓸 수 있도록 신에게 기도로써 간청한다. 그런데 작가는 이 기도를 '구성적인 관점에서' 동기 부여하고 있다. 즉 신은 모든 것의 처음이자 끝이다. 작가는 '시작하다'(начати/나차티)와 '끝나다'(кончати/콘차티)라는 단어의 같은 소리를 강조하면서 그럼으로써 이 같은 소리들 속에서 자신의 창작 개념을 위한 지주를 찾고 있는 것이다.[71]

작품에서 두 다른 의미를 가진 단어들이 인접해서 열거될 때, 그것들은 다른 원칙에 따라 열거된다. "과거에 숲, 밀림, 황무지가 있던 장소에, 토끼, 여우, 늑대 들이 살고, 때로는 곰이 나오고, 때로는 악마들이 있던 장소에, 바로 이 장소에 이제 교회가 세워지고, 거대한 수도원이 들어서고, 수많은 사제가 모여들고, 교회에서, 승방에서 하나님께 바치는 찬송의 소리가 들리고, 늘 기도가 들리게 될 것이다"(79). 이 두 열거는 서로서로 대립된다. 세속적 리듬으로 이루어지는 단어만의 열거는 악(惡)을 위한 것이다. 여러 성분이 결합되어 이루어지는 열거는 느린 템포로 이루어지며 이는 선(善)을 위한 것이다. 이러한 두 리듬의 대립은 우연이 아니다. 선(善)에 대해서 말할 때에는 "잠언으로 이야기하듯이 조용하고 겸손하게"(81) 말해야 한다.

서술 속에서 몇 가지 반복되는 핵심 단어가 교차하면서 복잡한 '말 엮기'를 창조한다. "우리가 지금 말하고 있는 영광스러운(предобрый/프레도브리이) 소년, 영광스러운(предобраго/프레도브라고) 아버지의 아들, 앞으로 언제나 기억될 고행자는 고결하고(доброродных/도브로로드니흐) 독실한(благоверных/블라고베르니흐) 부모에게서 태어났다. 그는 선한(добра/도브라) 뿌리에서 선한(добра/도브라) 줄기가

_____

71) 앞서 인용되고 있는 부분 다음에 한 단락이 더해지면서 생애전의 서문이 끝난다. 마지막 단락에서 작가는 '시작하다', '끝나다'라는 단어를 반복해서 사용하고 있다. 리하초프가 언급하고 있는 것은 바로 이 마지막 단락이다—옮긴이.

이 선한(добру/도브루) 뿌리로부터 온갖 장점을 받아서 자라듯 자라났다. 어릴 때부터 그는 비옥한(добродны/도브로드니) 정원과도 같았고 풍성한(благоплодный/블라고플로드니이) 열매처럼 자랐으니 아름답고(добролепно/도브로레프노) 성정이 훌륭한(благопотребно/블라고포트레브노) 소년이었다"(35).

마지막의 짝패적 결합이 이 '말 엮기'를 엮고 있는 두 선을 통일시키는 듯하다. 한 단어('아름답고')는 'dobr/도브르'라는 어근을 가지고 있으며 다른 단어('성정이 훌륭한')는 'blago/블라고'라는 어근을 가지고 있다. 따라서 이 '말 엮기'는 단순한 장식이 아니라 '의미의 엮기'인 것이다. 때로 그 의미가 중요한 단어를 부각시키기 위해서 그것들을 반복할 필요도 없었다. 단지 그 단어를 그것이 가진 무게를 강조해주는 문법적 상황에 위치시키는 것으로 충분하다. 예를 들어 작가가 세르기 수도원에서 그의 관이 갖고 있는 중요한 가치를 말하고자 할 때 그는 다음과 같이 서술한다. "그의 관이 우리에게, 우리 앞에 존재한다"(2).

작가의 '문헌학적' 관심은 또한 같은 동사를 다른 형태로 차례차례 위치짓고 있을 때에나("세르기가 죽자 기적들이 일어났고, 일어나고 있다", 143), 혹은 동의어적인 두 대명사를 차례차례 위치짓고 있을 때에("그와 같고 그와 같은 이득", 4, 6과 7쪽과 비교해보라) 나타난다.

같은 어근을 가진 단어들의 결합은 작가에게 중요한 의미의 뉘앙스를 강조해준다. 그러나 그뿐만 아니라 그것은 어떤 복잡한 의미의 뉘앙스를 강조해주는 유사음(assonance)을 창조한다. 예를 들어보자. 작가는 성자의 일생을 잘 알지 못하기 때문에 생애전에 착수하기 어렵다는 사실을 강조하고 싶다. 그래서 그는 '이야기되어진'(исповедимый/이스포베디미이), '알다'(ведать/베다티), '이야기하다'(поведать/포베다티), '이야기'(повесть/포베스티) 같은 단어들을 하나의 계열 속에서 결합한다. "어떻게 그러한, 어렵게 들었던 이야기를 이야기해야 할지 알지 못한다"(Како убо таковую и толикую не удобь исповедимую(이스포베디무유) повемъ(포벰) повесть(포베스티), не веде(베데))(5).

여기서 작가가 이 모든 단어를 결합시킴으로써 만들어내고 있는 유사음은 결코 우연한 것이 아니다. 작가의 몇몇 생각이 이를 확신시켜준다. 이것은 작가가 '말하기'(поведание/포베다니예)와 '이야기'(повесть/포베스티)를 어떻게 이해하고 있는가를 설명해준다. 실제로 앞서 인용한 예가 들어 있던 부분 전체가 성자의 생애를 '아는 것'(ведать/베다티)이 얼마나 중요하며, 그의 생애를 '알고 있는 사람'(сведетель/스베데텔)과 '목격한 사람'(свидетель/스비데텔), '기억하고 있는 사람'이 얼마나 중요하며, "나이 많은 장로들에게 질문하고 물어보아서" 성자에 대한 '정보'(сведение/스베데니예)를 모으는 일이 얼마나 중요하며, 성자의 생애전을 통해 '하나님의 사업'을 '설교하는 것'(проповедовать/프로포베도바티)이 얼마나 중요한 일인지를 서술하고 있다(4). '알다'(ведать/베다티), '증거하다'(свидетельствовать/스베데텔스트보바티), '설교하다'(проповедовать/프로포베도바티), '이야기하다'(повествовать/포베스트보바티), '고백하다'(исповедовать/이스포베도바티), 이 모든 것은 따라서 통일적인 의미군을 이루게 된다.

유사음의 결과로 등장하고 있는 형식적인 '음성적인' 관련성만이 이 모든 행동 속에 존재하는 것이 아니다. 여기에는 언어 그 자체 속에 들어 있는 심오한 의미적 연관이 존재한다(따라서 결코 우연한 연관이 아니다). 그리고 이 의미적 연관은 애초부터 존재한 것으로서 세계의 '구조' 속으로 들어간다. 작가가 '알고 있는 사람'(сведетель/스베데텔)이라는 단어를 'и'가 아니라 'е'를 통해서 쓰고 있는 것도 우연이 아니다. 그럼으로써 이 단어는 'вед'(베드)라는 어근을 가진 단어 그룹에 포함되게 된다.[72]

---

72) 고대 러시아어에서 '알고 있는 사람'(сведетель)과 '목격한 사람'(свидетель)은 원래 같은 '목격자'를 의미하는 동일한 단어다. 리하초프는 세르기의 생애전의 작가가 'вед'(베드)라는 어근과의 뚜렷한 관계를 나타내기 위해 'свидетель' 대신 'сведетель'로 쓰고 있다고 지적하고 있다―옮긴이.

때로 세르기의 생애전의 작가는 어근의 소리가 유사하지만 그 발생상 전혀 다른 단어들을 근접시킨다. 예를 들어 "귀하고(уподоблены/우포도블레니) 훌륭한(преудобрены/프레우도브레니)" 같은 표현이 그렇다(89, 여기서 주어는 수도원에서 만들어내는, 마치 "꿀과도 같이 달콤한" 빵이다).

다양한 성격을 갖는 동어반복은 '말 엮기'에 매우 전형적인 특징이다. 이것은 의미를 강화시키고 독자들을 특정 개념에 주목하게 만들기 위해 사용된다. "환상을 보았다"(виде видение/비데 비데니예)(21), "용맹으로 용기를 부렸다"(дръзновением дръзну/드로즈노베니엠 드로즈누)(57), "최초의 시작"(начальное начало/나찰노예 나찰로)(66), "무장한 무사"(оружник въоруженъ/오루쥬니크 보오오루젠)(57) 등이 그 예다.

단지 소리가 비슷할 뿐인 단어들 또한 사용된다. "매우 열심히, 간절함과 눈물로 하나님께 기도했다"(с великымь прилежаниемь〔프릴레쟈니엠〕, и съ желаниемь〔젤라니엠〕 и съ сльзами моляшеся богу)(43). 이 구절에서 두 음이 반복되는데, 그 방향은 반대다. 즉 처음에는 '레'(ле)와 '쟈'(жа)의 소리가, 두 번째에는 '제'(же)와 '라'(ла)의 소리가 반복된다. 다른 어근을 가진 단어들의 비슷한 소리는 '니엠'(нимеь)이라는 동일한 어미에 의해 강조된다. 다음과 같은 결합도 우연한 것일 리가 없다.

"산 위 도시의 주민"(горняго града гражанинъ/고르냐고 그라다 그라쟈닌)(65), "우리에게 유혹의 힘을 넘을 수 있게 하다"(дасть нас〔다스티 나스〕 чрес силу искушеном быти)(58), "고아에게 가해진 이 폭력은 바로 그에 이웃해서 사는 사람들에 의해 저질러졌으니……" (сеи насильство сироте сътвори〔시로테 소트보리〕 от сьседствующих〔소세드스트부유시흐〕 ему сицево……)(138) 혹은 "자르고 잘라내고 운반하고 장작으로 쪼개고"(раздробляя и растесая разношаше〔라즈드로블랴야 이 라스테사야 라즈노샤셰〕 на полена

216

разсекаа〔라즈세카아〕)(64). '라즈'(раз)라는 접두사를 반복하는 기법 또한 매우 특징적이다.

작가는 대조하고 대립시키고자 했고 그 결과 유사음이 창조되었다. 그런데 이 유사음이 그 자체로 작가의 마음에 들었고 이제 유사음은 좋은 소리, 텍스트의 음악성을 위해 창조된다. "이 숲에 앉아서 〔……〕 이 자리에서 무엇을 얻고 싶었던 것인가?"(что хочеши обрести на месте сем 〔……〕 въ лесе сем седя?/메스테 세 〔……〕 보 레세 셈 세댜)(52) 세르기의 생애전에 등장하는 유사음의 특징은 그것이 개별적인 소리들의 유사음이 아니라 소리들의 결합, 즉 '음절적' 유사음이라는 사실이다. 여기에는 분명히 텍스트를 읽고 받아들이는 방식이 나타나고 있다. 즉 문자를 습득하는 고대 러시아적인 '음절적' 방식으로 인해 문자 하나하나에 따라 책을 읽는 것이 아니라 음절에 따라 책을 읽는 방식이 나타나고 있는 것이다. 앞의 예에서 하나의 음인 '스'(с)가 아니라 음절 '세'(се)가 '작동하고' 있으며 그로 인해 유사음은 좀더 뚜렷해진다. 그러나 작가는 의미가 유사한 단어로, 특히 무엇보다 인접한 의미를 가진 단어들로 유사음을 창조하려 한다. "노을을 보라"(зарю зряи/자류 즈랴이, 109), "촛대 위에서 빛나는 촛불과도 같이"(яко же светилнику на свещнице сиающу/스베틸니쿠 나 스베슈니체 시아유슈, 123)를 보라.

때로 상당히 긴 분량의 텍스트에서 유사음이 지속되면서 다른 유사음들과 교차하고, 그럼으로써 독특한 음악성을 창조한다. 하나님은 "수도원장을, 올바른 통치자(праваго правителя/프라비고 프라비텔랴)를 요청했던 바로 그 요청자를(просителя просившаго/프로시텔랴 프로시프샤고) 〔수도원장에게―옮긴이〕 주고자 하셨다. 세르기가 요청했던(просил/프로실) 바 그대로 그렇게 받았고, 얻었으니(обрел/오브렐), 진정으로 이 수도원을 다스릴 수(управити/우프라비티) 있는 올바른 통치자(праваго правителя/프라바고 프라비텔랴)를 얻게 되었다(приобрел/프리오브렐). 세르기는 그 자신이 아니라 하나님께서 주시는 다른 누군가를 요청했던 것이다(просил/프로실). 모든 것을 미리 아는 예언자(провидець/프로비데츠)이신 하나님께서는 미래를 미리 아시고(проведыи/프로베디이) 여기에 수도원을 지어 건설하고자 하셨고, 그것을 영광스럽게 하고자(прославити/프로슬라비티) 하셨다. 그리고 다른 더 좋은 사람을 발견할 수(обрете/오브레테) 없으셨고, 요청했던 바로 그 사람(просившаго/프로시브샤고)을 주셨다. 하나님께서는 그가 그의 성스러운 이름의 영광을 위해 이 일들을 잘 다스릴 수 있다는 것(управление управити/우프라블레니예 우프라비티)을 아셨던 것이다"(66).

작가는 '프로'(про), '프라'(пра), '브레'(бре), '우프라'(упра)의 유사음들을 솜씨 있게 사용하고 있는데 우리가 이 단락에서 주목해야 할 것은 이러한 작가의 기술만은 아니다. 작가는 이 유사음들을 통해서 '요청자', '통치자', '진리'(правда/프라브다), '다스리다', '영광스럽게 하다' 등과 같은 이 텍스트의 핵심적인 단어들을 부각시키고 근접시킨다. 이 모든 단어는 서로서로 관련되어 있다. 그리고 문장이 갖는 정확한 의미에 특별히 주의를 기울이지 않거나 문장의 통사 구조를 제대로 좇아가지 않는 청자들조차도 이러한 관련을 포착할 수 있다. 신은 '미래를 미리 아는' '예언자'이며 모든 일을 '잘 다스릴 수 있는' '올바른' '통치자'를 영광스럽게 하시는 분이다. 유사음들은 어떤 초의미, 어휘를 초월하는 의미를 만들어내고 상이한 개념들을 그 이상적인 의미 속에서 통일시킨다. 여기서 같은 어근의 단어들, 공통의 소리나 가까운 소리를 가진 단어들이 결합된다. 따라서 유사음은 우연이 아니며 의미적 특징을 갖는다. 유사음은 마치 텍스트 위를 미끄러지는 듯한 '초의미', 맥락에서 나오는 '초의미'를 창조한다.

작가는 예컨대 누구도 따라갈 수 없는 성자의 고행, 성자가 겪었던 고통과 괴로움, 다른 사람과 비교할 수 없는 그의 경건함 등을 보여주어야 할 때 단순한 반복을 벗어나서 장황한 열거로 나아간다. 이를 보여주고 있는 세르기의 생애전에 나오는 다음의 예를 보라. "성자의 고독과 용기와 고통, 그가 언제나 하나님께 드렸던 지속적인 기도를 어떻게 명백하게 서술할 수 있을까? 그의 따뜻한 눈물, 영혼의 애가, 가슴 저린 탄식, 온밤을 새운 기도, 온 힘을 다해 부르는 찬양, 끊임없는 기도, 쉼 없는 정진, 부지런한 독서, 수없이 이루어진 무릎 꿇는 경배, 굶주림, 목마름, 맨땅 위에 눕기, 마음의 가난함, 물질적 빈곤, 가난함, 이 모든 것을 어떻게 서술할 수 있을까? 이 모든 것에 마귀들과의 전투, 마귀들과의 보이는 혹은 보이지 않는 투쟁, 악마들과의 투쟁과 충돌, 악마들의 위협, 악마들의 유혹, 황무지의 도깨비들, 아직 시작되지 않은 불행에 대한 예감, 짐승들의 공격, 짐승들의 음험한 위협이 더해진다"(49~50). 나는 작가의 얼마나 길게 열거할 수 있는가, 그러면서도 생애전을 읽거나 듣는 사람들("읽고 듣는 자들")이 동일한 형식에 지겨워지지 않도록 한 유형의 열거에서 다른 유형의 열거로 얼마나 기술적으로 넘어가고 있는가를 보여주기 위해 이 긴 단락을 예로 들었다.

작가는 특히 세르기의 수많은 덕행과 그의 수많은 고행 혹은 그가 황무지에서 겪었던 수많은 어려움을 강조해야 할 필요가 있을 때 이러한 것들을 장황하게 열거한다. 세르기는 그를 찾아서 황무지로 온 사람들에게 그들이 만나게 될 어려움들에 대해 경고한다. "〔세르기는—옮긴이〕 그들이 함께 남는 것을 거절하면서 말했다. '여러분들은 여기서 살수 없으며 황무지에서 겪어야 할 어려움들을 참지 못합니다. 굶주림, 목마름, 수치, 불편함, 가난함, 부족함……'"(59~60). 또한 다음과 같은 서술을 보라. "하지만 여러분은 알게 될 겁니다. 만일 여러분이 이 황무지에 살러 온 것이라면, 나와 함께 여기서 살고자 하신다면, 하나님께 자신을 바치기 위해 온 것이라면, 이제 슬픔과 어려움과 애통과 온갖 불행과 결핍과 상실과 가난과 수면 부족을 준비하십시오. 만일 여러분이 하나님께 자신을 바치고 이를 위해 왔다면 음식이 아니라, 음료가 아니라, 평안이 아니라, 태평이 아니라, 모든 유혹을 참기 위한 인내를, 온갖 슬픔과 눈물을 위해 여러분의 마음을 준비하십시오. 그리고 무거운 짐과 대제기간의 금식과 정신적 단련과 많은 애통함을 준비하십시오. '수

많은 애통함으로써 우리는 하늘나라로 들어갈 수 있으리라'"(60~61).

이 '애통함'들의 열거가 마지막의 생각을 보여주고 그것을 뚜렷하고 구체적으로 만들어준다. 계속해서 세르기의 덕행들이 열거된다. "굶주림, 목마름, 밤새우기, 딱딱한 음식, 노숙, 육체적·정신적 순결, 침묵, 육체적 정욕의 억제, 육체적 노동, 거짓 없는 겸손, 끊임없는 기도, 선한 판단, 완전한 사랑, 남루한 의복, 죽음에 대한 상기, 부드러운 겸손함, 하나님에 대한 영원한 두려움"(61~62). 특징적인 것은 이러한 장황한 열기에서는 유사음이나 운 등이 필수적이지 않다는 사실이다. 때때로 우리가 볼 수 있는 것은 단어의 첫 음이 유사한 경우거나 단어의 어미가 유사한 형태론적 운이다.

일반적으로 단어를 열거하는 순서는 우연적이지 않다. 만일 어떤 행위들이 서술된다면 이 행위들은 그것이 완성되는 순서로 열거된다. 세르기가 수도원에 교회를 짓는다. 이는 다음과 같이 서술된다. "그가 그것을 세우고, 만들고, 건설하고, 완성하고, 장식했다"(158).

작가는 열거를 강조하고 그것을 읽고 듣는 사람들로 하여금 뚜렷하게 인식할 수 있게 하기 위해서 문장의 처음에 같은 단어를 사용한다. 이 또한 형식적이고 수사적인 기법이 아니라 내용적인 의미를 갖는다. 각 문장들의 처음에 반복되는 단어는 근본적인 생각을 강조해준다. 문장의 처음에 같은 단어가 지나치게 많이 사용되어 독자를 지루하게 할 수 있는 경우 작가는 그것을 동의어적인 표현으로 대체한다. 예를 들어 작가는 자신이 세르기의 생애전을 쓰게 된 이유를 설명하면서, 또한 다른 사람들이 작가가 견딜 수 없는 힘에 겨운 과제를 맡았다고 생각할 수 있는 가능성을 부정하면서 다음과 같이 쓰고 있다. "성자의 조용하고 겸손하며 온화한 생애가 잊혀지지 않도록, 그의 순결하고 흠 없으며 평온한 생애가 잊혀지지 않도록, 그의 덕스럽고, 놀라우며, 아름다운 생애가 잊혀지지 않도록, 그의 수많은 덕행과 위대한 업적들이 잊혀지지 않도록, 그의 훌륭한 모범들과 선한 본보기들이 잊혀지지 않도록, 그의 달콤한 말들과 현명한 발언들이 기억 속에서 사라지지 않도록, 하나님께서 놀라워하셨던 그의 놀라운 자비가 기억 속에서 사라지지 않도록……"(153).
'잊혀지지 않도록'(да незабвено будет)이라는 표현을 다른 표현으로
대체한 것은 단지 독자들이 지루해하지 않도록 하기 위한 것이다. 왜냐
하면 생각 자체는 계속해서 반복되고 있기 때문이다.[73] 여기서 문장의
처음에 사용되고 있는 같은 표현은 순수하게 의미적인 것이다.

'말 엮기', '말 늘리기'가 가진 목적의 하나는 독자들에게 특정한 분위
기를 만들어내는 것이다. 단어의 반복, 특히 '성자들'이나 의미 있는 인
물의 말의 반복은 독자들의 의식 속으로 파고들어간다. 심지어 문장의
구조를 좇아가지 않고 단지 핵심적인 단어만 듣고자 하는 게으른 독자
들의 의식 속으로 파고들어가 그의 의식 속에 지금 이야기되고 있는 것
에 대한 보편적인 내용을 심어준다. "무엇 때문에 다른 것을 더하여 말
하고 장황하게 말함으로써 듣는 자로 하여금 듣기에 게으르게 만들 것
인가? 지나치게 많은 음식이 육체의 적이듯 말의 과식(過食)과 장황함
은 듣기의 적이다"(21∼22). 발화의 '과식', 이는 무엇보다도 발화를 핵
심적인 단어들로 '가득 채우는 것'이다. 언어 속에서 이 단어들은 자주
반복됨으로써 가장 게으른 청자에게까지 도달하는 '초의미'를 만들어낸
다. 이것은 '말의 극복'의 한 수단이자 작품의 '초언어적인' 구조를 창
조하는 수단이다.

* * *

'말 엮기' 문체에서의 동의어적 성격에 대해서는 여러 차례 연구가 이
루어졌다. 앞 절에서도 이 문제가 검토되었다. 따라서 여기서 이 문제를
자세하게 다룰 필요는 없을 것이다. 게다가 이 현상의 의미적 특징은 매
우 명백하다. 나는 텍스트 속에 동의어를 도입하는 것이 갖는 중요한 한

---

73) 앞의 인용문에서 각각의 문장은 마지막 두 문장을 제외하고는 '잊혀지지 않도
록'(да незабвено будет)이라는 표현으로 시작된다―옮긴이.

측면에 주목하고자 한다.

'동의어'라는 말은 짝패적 결합을 이루거나 좀더 복잡하게 열거되는 단어들을 지나치게 축소시킨다. 열거되는 각각의 단어들은 선행하는 단어의 의미를 변주할 뿐만 아니라 그것을 발전시키고 그것을 보완하거나 심화시킨다(즉 선행하는 단어의 의미를 축소시키거나 그 반대로 확장시킨다). "성자의 생애를 잊어버리고, 기록하지 않고, 침묵에 맡겨버리고, 망각 속에 내버려두는 것이 얼마나 합당하지 않은가?"(3) "이로부터 작가와, 이야기하는 사람과, 듣는 사람 모두에게 커다란 이익이 있다"(3~4). 동의어적 성격을 좀더 부각시키고 더 강하게 강조하기 위해서는 유사한 의미의 단어들을 유사한 단어 결합에 위치시키면 된다. 즉 같은 전치사를 갖게 하거나, 같은 접속사를 갖게 하거나, 같은 동사를 갖게 하거나, 같은 형식의 동사들과 결합시키면 된다.

*　　*　　*

'말 엮기' 문체에서 가장 빈번한 것은 개념의 이중화, 즉 단어의 반복, 단어의 어근의 반복, 두 동의어의 결합, 두 개념의 대립 등이다.

'말 엮기' 문체에서 이중성의 원칙은 세계관적인 의미를 갖는다. 세계 전체가 선과 악, 천국과 지상, 물질적인 것과 비물질적인 것, 육체적인 것과 정신적인 것 사이에서 양분된다. 따라서 이원성은 단순히 형식적-문체적 기법의 기능, 즉 반복의 기능을 수행할 뿐만 아니라 세계 전체에서 이루어지는 두 원칙의 대립의 기능을 수행한다. 이 현상은 세계에 대한 태도, 세계에 대한 지각을 드러낸다.

복잡하고 무수히 많은 말의 이원적 결합 속에서 종종 동일한 단어들 혹은 동일한 표현들이 사용된다. 단어들의 공통성은 비교 혹은 대립을 강화시키고 그것들이 가진 의미를 더욱 명확하게 만들어준다. 단어의 열거가 전체 문장을 구성하는 경우에도 단어의 열거는 종종 짝패로 나뉘게 된다. "삶은 고달프고, 삶은 냉혹하다. 모든 곳이 어둠이고, 모든 곳이 결핍이다. 어디에서든 먹지도 못하고, 마시지도 못한다"(41).

여기서 문체적 이원성은 대립을 위해 필요할 뿐만 아니라 통합을 위해서도 필요하다. 즉 그것은 공통성을 강조하기 위해, 어떤 현상 혹은 개념이 인간의 감정과 본성의 전 영역으로, 우주 전체로 확산되었다는 것을 강조하기 위해 필요하다. 악마는 전 세계를 소유하고자 하며 이에 대해서 다음과 같이 서술된다. "악마의 버릇은 오만함이다. 악마가 누군가를 부추기거나 위협할 때 악마는 대지도 파괴해버리고 바다도 말려버리고 싶어한다"(51).

동일한 단어들은 예컨대 신의 '응답적인' 행위를 강조하기 위해 사용된다. 신에 대한 성자의 찬양은 신이 성자를 명예롭게 하는 결과를 가져온다. 기도하는 자들은 신을 찬양하며, 신은 자신의 종들을 영광스럽게 만든다(45). 대립에 기초하여 세르기는 동시에 '천국의 인간'과 '지상의 천사'에 비교된다("하나님께서 나로 하여금 오늘 천국의 인간과 지상의 천사를 볼 수 있게 해주셨다"[136]). 여기에는 본질적으로 실제적이고 언어적인 대립이 존재하지 않는다. 왜냐하면 각각 다른 단어로 표현되고 있는 것들이 동일한 것을 나타내고 있기 때문이다. 하지만 비교가 본질적인 성격 묘사의 의미를 획득하고, 그 의미가 존재의 두 측면인 하늘과 땅을 포괄하는 보편적인 것이 되기 위해서는 대립이라는 형식적 기법이 필요하다.

때로 비교 혹은 대조는 행위 혹은 발전의 연속성에 의해 대체된다. "생각하고 해석했다"(40), "교회를 완성하고 봉헌했다"(41), "황야 애호가와 황야 거주자"(41), "지나가는 사람과 방문하지 않는 사람"(41), "전체 숲, 전체 황야"(41). 마지막의 예는 단순한 발전이 아니다. 그것은 성자가 겪었던 어려움들의 강화다. 후자는 전자의 의미를 정확하게 해주고 전자의 성질을 강화한다. 황야 거주자는 황야에 대한 자신의 사랑을 구현하고 있다. 방문하는 사람, 이는 지나가는 사람보다 더 중요하다. 황야는 단순한 숲이 아니라 사람이 살지 않는 숲이다. 이중적 구성의 두 번째 성분은 첫 번째 성분이 주는 인상을 약화시키는 것이 아니라 언제나 강화시킨다. 따라서 여기에는 단순한 반복이란 없다. 첫 번째 단어의 의미에서 필수적인 뉘앙스가 두 번째 단어에서 강화되는 것이다. 때로 이중적 결합의 두 번째 성분이 첫 번째 성분의 결과일 수 있다. 세르기가 살았던 장소의 고립성을 서술하면서 작가는 다음과 같이 말한다. "어디에서 누가 오는 일(приход/프리호드)도 없었고, 뭔가를 가져오는 일(принос/프리노스)도 없었다"(41). 여기서 '오는 일'과 '가져오는 일'이 동일하게 'пр'(프르)로 시작되는 것도 우연은 아니다.

하지만 문체의 이원성은 존재의 두 본질로 제한되지 않는다. 그것은 존재의 모든 현상, 모든 행위로 확장된다. 이 때문에 작가는 모든 것에서 이원성을 찾으려 하며 현상을 두 명사와, 두 동사, 두 형용사 심지어 두 대명사로 규정하려고 한다. "시간들과 해(年)들"(2), "직접 본 사람들과 기억하는 사람들"(4), "알려주는 사람들과 이야기하는 사람들"(5), "생애와 업적"(4), "숨기지도 감추지도"(4), "물어보고 질문하고"(4), "듣고 알고"(3), "알지도 깨닫지도"(4), "명석하고 현명하고"(3), "많지도 작지도"(2) 등.

이와 같은 짝패적인 결합의 예는 수없이 많이 찾을 수 있다. 앞서 인용한 예들은 세르기 생애전의 도입부에서만 가져온 것들이다. 이 짝패적 결합은 매우 종종 두 동의어로 제한되지 않는다. 그보다는 전체 표현, 전체적인 동의어적인 단어 결합이 더 자주 만들어진다. "우리의 러시아, 한밤중의 나라에"(2), "육체적 나이로는 어린 아들이지만 영혼의 상태로는 큰 아들이다"(49). 대립은 두 대립하는 성분이 문법적으로는 똑같이 구성되었다는 사실("육체적 나이로는 어린 아들", "영혼의 상태로는 큰 아들")에 의해 강화된다.

짝패적 성격(парность)은 매우 종종 유사음에 의해 강조된다. "순종과 복종 속에서, 또한 순례와 평안 속에서"(в покорении[포코레니이] и въ послушании[포슬루샤니이], паче ж въ странничьстве[스트란니체스트베] и въ смирении[스미레니이])(77). 이보다 더 자주 짝패적 성격은 운[주로는 형태론적 운]이나 공통적인 접두사("보고 극

복하고"презрети и преодолети/프레즈레티 이 프레오돌레티)〔35〕〕
등에 의해 강조된다. 이 모든 외적 기법은 결코 의미에서 떨어져 있지
않다.

그 반대로 유사음은 통일적인 의미의 '흐름'을 강조하기 위해 선택된
다. 만일 짝패적 구성에 포함되어 있는 단어들이 의미의 공통성을 상실
하거나 형태론적, 통사론적 공통성을 갖지 못한다면 어떤 운도, 어떤 유
사음도, 어떤 리듬도 독자들은 지각하지 못한다. 간혹 작가는 운이나 유
사음 혹은 공통의 접두사 등에 의해 강조되지 않는 짝패적 결합을 제시
하기도 한다. "마지막 청빈을 위해, 그리고 최종적 비움을 위하여"(82).
이것은 모든 단어를 하나씩 대체하는 완전한 풀어쓰기다. '마지막' —
'최종적', '위해' — '위하여', '청빈' — '비움'. 이것은 순수하게 의미적인
이원성이다. 외적으로 이 이원성은 단지 두 성분의 문장 구조가 가진 평
행성에 의해 유지될 뿐이다.

이원성은 언제나 단지 '말 엮기'의 부분일 뿐이다. 그것은 때로 다른
기법들과 결합하기도 하고 때로 급작스러운 종결부(cadance)에서 '해
결되기'도 한다. 급작스러운 종결부는 이원성을 파괴하는 것이 아니라
그것을 강조시켜준다.

급작스러운 종결부에서는 어떤 일반화, 종합 혹은 결론이 제시된다.
예컨대 지금까지 그 누구도 세르기의 생애전을 쓸 엄두를 내지 못했다
고 하면서 작가는 말한다. "지금까지 그에 대해서 어느 누구도 그에 대
해서 쓸 생각을 하지 못했다. 멀리 있는 사람이든 가까이 있는 사람이
든, 뛰어난 사람이든 평범한 사람이든, 〔……〕 뛰어난 사람은 쓰려 하지
않았고, 평범한 사람은 쓸 능력이 없었다"(2).

급작스러운 종결부에서 강세는 결론에 있는 것이 아니라 그 해명에
있다. 해명은 열거로 주어진다. 작가는 왜 자신이 세르기의 생애전에 착
수하게 되었는가, 이러한 결정을 내리면서 그가 어떤 원칙을 따르고 있
는가를 설명하면서 다음과 같은 결론을 내리고 있다. "나는 그 누구에
비해서도 부족한 사람이지만 나를 위해서, 보존을 위해서, 기억을 위해

서, 유용함을 위해서 쓴다"(2).

*   *   *

고대 러시아 문학에서는 순수한 형태의 시가 결여되어 있다. 장식성은 이러한 공백을 보충하면서 고대 러시아 문학에 존재한다. 고대 러시아에서 장식성은 11세기, 대주교 일라리온의 「율법과 은총에 관한 말씀」에 이미 존재하고 있다. 하지만 장식성은 14~15세기의 경계에서 '제2차 남슬라브의 영향[74]'의 시기에 특히 발전했다. 이후 산문의 장식주의의 요소들은 고대 러시아의 개별적인 문학 장르들 속에, 그 장르들이 존재했던 전 시기에 걸쳐 존재했다.

리얼리즘적 요소들

예술이 항상 일관된 것은 아니다. 예술은 논리학도 수학도 아니다. 예술의 운동과 예술의 발전은 종종 우리를 당혹스럽게 한다. 그것은 우리에게 놀라운 현상을 보여주고 갑작스러운 상황과 마주치게 해준다.

매우 종종 관례적 예술 혹은 관례성의 예술은 구체화하는 예술, 즉 명료성과 현실의 가상의 창조를 지향하는 구체성의 예술과 결합한다. 구체화하는 예술은 현상의 실제적인 본질과 인과성을 포착해내며 전통적인 공식이나 상황에서 벗어나고자 한다. 이 예술은 예술 언어가 가지고 있는 추상성을 급격하게 낮추고 묘사 수단을 묘사 대상에 가깝게 만들고 묘사의 관례성, 묘사 대상의 양식화에 저항하며 예술적인 세부 묘사에 의존한다.

이러한 구체화하는 예술에 대해서 전 세계적으로 넓은 의미에서 '리

---

74) '제2차 남슬라브의 영향'에 대해서는 D. S. 리하초프, 『10~17세기 러시아 문학의 발전』, 레닌그라드, 1973, 75~126쪽을 보라.

얼리즘'이라는 용어가 채택되고 있다. 이러한 의미에서 '리얼리즘'이라는 용어는 이미 18세기와 19세기의 경계에, 즉 리얼리즘이라 불리는 문학사조와 회화에서 그와 유사한 경향이 등장하기 이전에 사용되었던 것이다.[75]

조형예술의 경우 '광의의 리얼리즘'의 존재는 특히 두드러진다. 나는 렘브란트나 벨라스케스의 작품 같은 '광의의 리얼리즘'의 현상들을 상기시키고 싶다. 미술학자들이 넓은 의미에서의 '리얼리즘'이라는 용어를 끊임없이 사용하는 것도 이 때문일 것이다. 예술 방법의 관점에서 렘브란트나 벨라스케스의 작품을 19세기 리얼리스트의 작품과 구별하는 것은 불가능하다. 만일 회화의 기법이나 묘사 대상에 대한 세부 묘사(옷, 집기, 건물, 세태, 플롯)에 들어 있는 시대적인 특징이나 개인적인 양식의 특징들을 배제한다면, 그들의 작품이 19세기의 것인지, 17세기의 것인지를 결정하기란 쉽지 않은 일이 될 것이다. 그들의 예술 방법은 마치 시대로부터 떨어져나와 있는 것 같다. 또한 후기 로마의 흉상들 그리고 이집트의 리얼리즘, 즉 파윰식 초상화[76]를 상기할 수 있다. 15세기 폴란드의 건축가 비타 스트보샤의 저 놀라운 리얼리즘도 생각해볼 수 있다.

이러한 리얼리즘 예술이 당대의 가장 뛰어난 예술적 성취였을까? 항상 그렇지는 않았다. 리얼리스트 샤르뎅은 로코코 회화의 대표자 부셰와 동시대인이며 리얼리스트 벨라스케스는 바로크 회화의 대표자 무릴

---

75) 실러는 1798년에, 슐레겔은 1800년에 '리얼리즘'이라는 용어를 사용하고 있다. 좀더 자세하게는 Wellek, R., *Concepts of Criticism*, New Haven-London, 1963, pp.225~226을 보라.

76) 파윰식 초상화란 고대 이집트에서 발생한 양식으로, 그 명칭은 이 초상화가 1887년 이집트의 오아시스인 파윰에서 최초로 대량 발굴된 것에서 비롯된 것이다. 파윰식 초상화가 발전한 것은 1~3세기 중반으로 거슬러 올라가며 주로 판자에 밀랍을 이용해 그려진 후 미라의 얼굴 부분에 넣어졌다. 파윰식 초상화의 스타일에는 고대 그리스나 로마 예술의 전통과 이집트적 예술의 전통이 반영되어 있는데, 특히 전자는 이 초상화에 나타나는 형상들의 강렬한 현실성에 큰 영향을 미쳤다—옮긴이.

로와 동시대인이다. 후기 로마의 흉상은 카타콤 회화의 표현주의와 함께 존재한다. 이집트 회화와 건축의 리얼리즘은 극단적으로 관례적인 작품들과 함께 존재한다.

문학의 경우는 사정이 더 복잡하다. 여기서 리얼리즘적 경향들은 한 작가의 작품 속에서 양식화 경향과 만나게 된다. 어떤 부분에서 셰익스피어의 작품은 리얼리즘적이며 우리는 셰익스피어의 리얼리즘을 말할 수 있다. 엥겔스는 1859년 라살레에게 보내는 편지에서 "이상적인 것을 위해 리얼리즘적인 것을, 실러를 위해 셰익스피어를 잊어버려서는 안 됩니다"라고 제안하고 있다.[77] 셰익스피어는 넓은 의미의 리얼리스트다. 그러나 이와 함께 셰익스피어에게는 문학사조로서의 매너리즘, 장식주의에 속하는 특징들이 존재한다. 그의 많은 희극은 결코 리얼리즘적이지 않다.

넓은 의미의 '리얼리즘'이라는 용어는 다양한 나라에서 가령 디포, 셰익스피어, 18세기 프랑스 부르주아극, 중세의 파블리오, 라블레, 페트로니야의 「사티리콘」 등에 적용되고 있다. 웰렉의 책 『문학비평의 개념들』에서 우리는 '리얼리즘'이라는 용어가 광범위하게 사용되고 있는 무수히 많은 예를 발견할 수 있으나[78] 이 문제를 자세히 살펴볼 필요는 없을 것이다. 넓은 의미의 '리얼리즘'이라는 용어의 정당성은 그것이 자주 사용되고 있다는 사실 자체에 의해 부여된다. '리얼리즘'이라는 용어의 내용이 부분적인 차이를 갖는다는 사실은 결코 넓은 의미에서 이 용어

---

77) K. 마르크스와 F. 엥겔스, 『전집』 2판 29권, 494쪽.

78) Wellek, R., *Concepts of Criticism*, pp.234 이후. 르네 웰렉 자신의 이론적 견해는 그리 설득력 있어 보이지는 않는다. 중요한 것은 여러 나라에서 먼 과거의 예술과 문학에 '리얼리즘'이라는 용어가 광범위하게 적용되고 있는 예들을 그가 풍부하게 보여주고 있다는 점이다. 또한 Yu. S. 소로킨, 「러시아 비평에서 '리얼리즘'이라는 용어의 역사에 대하여」, 『러시아 학술원 소식지—어문학 분과』 제3호, 1957을 보라. 이 논문에서 지적되고 있는 것처럼 러시아에서 예술의 특정한 사조에 대해 '리얼리즘'이라는 용어가 사용되기 시작한 것은 비교적 이후, 즉 1860년대 중반부터다.

를 사용해서는 안 된다는 것을 의미하지는 않는다. 아직 이 용어를 대체할 만한 것은 없으며 이 용어를 사용하는 것이 실제로도 편리하다.

고대 러시아 문학의 혼란스러운 예술적 다양함 속에서 일군의 현상이 존재한다. 이 현상은 고대 러시아 문학의 보편적인 '앙상블적인 구성'이라는 문학 방법 속에서 독특한 위치를 차지하고 있다. 우리는 앞서 고대 러시아 문학에서는 규범과 고정적인 단어 결합에 대한 지향, 보편적인 과제를 실현하기 위한 예술 방법에 대한 지향, 현실의 예술적 추상화에 대한 지향이 지배적이라는 사실을 살펴보았다.[79] 하지만 이러한 틀에 박힌 결합, 추상화 기법들 가운데에서 우리는 근대의 예술 기법과 유사하기 때문에 시선을 끄는 것들을 발견할 수 있다. 즉 예술적 일반화에 대한 보편적인 경향, 세부 묘사의 부재 속에서 갑자기 묘사 대상을 뚜렷하게 상상할 수 있게 해주는 예술적인 세부 묘사가 등장하는 것이다. 인

---

[79] 중세 예술가가 규범으로써 사유하려는 경향을 갖는다는 점에 대해 Ya. S. 루리예는 나를 비판하면서 다음과 같이 말한다. "현대의 위대한 문학작품들 속에도 틀에 박히고 상투적인 표현들이 수없이 사용되고 있다." 그리고 다음과 같이 덧붙이고 있다. "중요한 것은 이러한 전통성과 상투성이 예술로서의 고대 러시아 문학의 현상, 고대 러시아 미학의 현상에 관련되는 것인가라는 문제다"(「고대 러시아 문학과 '미적인 것에 대한 우리의 표상'」, 『러시아 문학』 제4호, 1965, 12쪽). 하지만 루리예는 상투성과 규범이라는 두 다른 현상을 혼동하고 있다. 리얼리즘 예술작품(혹은 루리예가 말하듯이 "현대의 위대한 문학작품")은 일상적인 습관의 결과로 상투성을 얻게 될 수 있다. 이러한 상투성은 실제로는 예술과 아무런 관계가 없다. 그것은 예술가의 창작의 결함이나 창조적인 주도력의 부족, 낮은 예술적인 안목의 결과로 예술가도 알아차리지 못하는 사이 나타난다. 규범은 전적으로 다른 것이다. 중세의 예술가는 의식적으로 규범을 이용한다. 그는 규범의 영역 내에서 창조한다. 만일 매일 한 가지 옷만 입는다면 이것 때문에 그 옷은 낡아버릴 뿐이지 결코 제복이 될 수는 없다. 반면 제복은 매일 입는 것이 아니라, 예의상 당연히 입어야 할 때만 입는다. 낡아서 반질거리는 일상복, 이것이 문학적 상투어다. 항상 똑같은 형태로 예의를 갖추어야 할 때 입게 되는 빛나는 예복, 이것이 규범이다. 중세 예술은 에티켓을 따르며 규범으로 치장한다. 중세 예술은 근사하게 차려입고 있다. 우리가 이미 이야기했던 것처럼 중세의 작가는 퍼레이드 행렬을 창조하는 예식 전문가다. 우리가 보고 있는 것은 나날의 일상적인 습관이 아니라 퍼레이드의 축제다.

간이 그 '이상적인' 모습으로만 묘사되는 것이 아니라 전적으로 현실의 인간의 모습으로 묘사된다. 우리는 때로 묘사되고 있는 주인공 속에서 생생한 인간적 결함과 장점을 갖춘 실제의 인간을 발견할 수 있다. 사건에 대한 관념주의적 설명과 함께 전적으로 실제적인 설명을 발견할 수 있다.

언젠가 네크라소프는 고대 러시아 문학 전체의 리얼리즘에 대해 말한 바 있다. "우리의 고대 작가는 완전히 리얼리스트였다. 자신의 작품들로써 그는 우리 문학의 예술작품들 중에서 자연파의 초석을 놓았다."[80] 현대의 연구자들은 그렇게 문제를 설정하지 않는다. 리얼리즘의 고유한 의미에서 고대 러시아 문학에서는 어떠한 리얼리즘에 대해서도 말할 수 없다. 이는 19세기와 20세기 초의 문예학에 비해 현대의 소비에트 문예학에서 리얼리즘(그리고 자연파)이 훨씬 더 정확한 형식과 역사적 좌표를 획득하게 되었다는 것으로 설명될 수 있다. 소비에트 문예학자가 고대 러시아 문학에 '리얼리즘'이라는 용어를 적용할 경우 그것은 항상 "중세의 리얼리즘"[81] 혹은 "자연발생적 리얼리즘"[82] 등의 단서 또는 제한을 달고 이루어진다. 대부분의 고대 러시아 문학 연구자들은 리얼리즘보다는 '리얼리즘적 경향' 혹은 '리얼리즘적 요소'라는 용어를 사용한다.[83]

---

80) N. 네크라소프, 「고대 러시아 문사」, 『제국 모스크바 대학 러시아 문학 애호가 협회에서의 대담』, 제1권, 모스크바, 1867, 48쪽.
81) I. P. 예료민, 「문학작품으로서의 키예프 연대기」, 『고대 러시아 연구』, 제7권, 모스크바-레닌그라드, 1949, 81쪽 이하.
82) G. 라압, 「러시아 문학에서 리얼리즘의 원천의 문제에 대하여」, 『러시아 문학』 제3호, 1960, 38쪽 이하.
83) V. P. 아드리아노바-페레츠, 「고대 러시아 문학의 예술 방법의 기초에 대하여」, 『러시아 문학』 제4호, 1958, 62쪽. 아드리아노바-페레츠는 다음과 같이 말하고 있다. "고대 러시아 문학 연구자들이 봉건주의 시대의 문학과 민중시의 '리얼리즘적 요소들'의 내용을 사회 발전의 역사적 발전에 따른 심오한 예술적 성과, 즉 19세기의 고전적 리얼리즘의 성과와 동일시하는 것은 아니다. 마찬가지로 러시아 중세의 문학 현상에 '상징주의적' 혹은 '상징주의'라는 용

'리얼리즘적 경향' 혹은 '리얼리즘적 요소'라는 용어에서는 고대 러시아 문학에 고유한 예술 방법들의 다양성이 고려되고 있다. 이 다양성 하에 본질적으로 결코 리얼리즘적이지 않은 작품의 예술 구조 속에 리얼리즘적 성격이 '삽입'될 수 있는 가능성이 존재한다. 이러한 리얼리즘적 요소들은 전체적인 특징으로 볼 때 실제로 리얼리즘에 근접한다. 물론 이러한 리얼리즘적 요소들은 19세기에 이르러서야 그 발생의 전제 조건들이 성숙해지는 리얼리즘 예술 방법이 아니다. 하지만 그 속에는 이후 리얼리즘 예술 방법으로 발전하게 되는 몇 가지 특징이 존재한다. 이러한 리얼리즘적 요소들 속에서 사건과 현상에 대한 중세의 관념주의적 설명은 일시적으로 퇴각하고 중세의 묘사 규범, 에티켓적인 공식은 사라진다. 묘사 수단은 묘사 대상과 유사해진다. 직접화법은 그것을 말하는 사람에게 고유한 특징을 갖게 된다. 예술적인 세부 묘사는 적절한 위치를 차지한다. 은유와 직유는 상징과 알레고리에서 떨어져나와 현실의 가상을 창조하고자 한다.

앞으로 고대 러시아 문학에서 리얼리즘적 요소들을 연구하고자 하는 연구자들은 다음과 같은 사실을 주목해야 할 것이다. 고대 러시아의 작

어를 적용할 때 그것은 블록의 상징주의와는 아무런 관계가 없다. 그런데 비평가들은 '리얼리즘적'이라는 용어를 들으면 오직 한 가지 연상만을, 즉 고전적 리얼리즘 문학만을 떠올리고 있다. 그리고 그들은 중세학 연구자들이 고대 러시아의 리얼리즘적 경향과 19세기 리얼리즘을 동일시하고 있다고 비판한다(실제로는 그렇지 않다)"(같은 글, 61~62쪽, 강조는 리하초프). 다른 논문 「고대 러시아 문학에서 리얼리즘적 경향에 대하여」에서 아드리아노바-페레츠는 '리얼리즘'이라는 용어의 사용에 대해 예료민을 비판하면서 다음과 같이 말하고 있다. "용어법의 부정확함 때문에 자주 발생하는 논쟁을 피하기 위해서 고대 러시아 문학 연구에서 '중세의 리얼리즘'이나 '자연발생적 리얼리즘' 같은 제한적인 형태로도 [리얼리즘이라는─옮긴이] 용어를 사용하지 말아야 한다"(『고대 러시아 연구』, 제16권, 1960, 5쪽). 아드리아노바-페레츠에 대한 답변에서 예료민은 객관적으로 다음과 같이 말하고 있다. "그녀[즉 아드리아노바-페레츠─리하초프]는 19세기에 존재했던 바로 그러한 형식의 리얼리즘이 고대 러시아 문학에 존재했다는 사실을 부인한다"(I. P. 예료민, 「고대 러시아 문학의 리얼리즘 논쟁에 대하여」, 『러시아 문학』 제4호, 1959, 3쪽).

품들 속에서 리얼리즘의 개별적인 특징들은 일반적으로 총체적으로 등장한다. 묘사의 구체성은 예술적인 세부 묘사와 결합되고 예술적인 세부 묘사는 리얼리즘적인 유형의 은유와 결합하며 이 모든 특징은 사건들을 결코 저 세계의 인과 관계가 아니라 현실적인 인과 관계로 설명하고자 하는 경향과 결합된다.

특히 마지막 특징은 매우 중요하다. 리얼리즘의 요소들은 서로서로 결합한다. 그러나 그뿐만 아니라 그 요소들은 바로 전달되고 있는 것에 대한 현실적인 해석의 요소들과 결합한다. 여기서 분명한 것은 이렇게 리얼리즘적인 요소들이 등장하는 것에는 문체에 대한 규범과 무관한 다른 특별한 원인이 있다는 사실이다. 실제로 리얼리즘적인 요소들은 어떤 예술적 목적의 영향 하에서 등장하게 된다. 대부분의 경우 리얼리즘적인 요소들은 현실을 개선하고 현실의 결함을 교정하고자 하는 지향과 관련되어 있다. 죽음, 범죄, 공후들 간의 내란을 서술하는 목적은 현실을 변화시키고 독자들로 하여금 공후들 간의 내란과 그 범죄에 저항하도록 각성시키고자 하는 것이다.

중세의 추상화 예술 방법들은 어느 정도 연역적이다. 그것들은 문학 창작의 대상에 영향을 미치고 그 대상을 작가가 가지고 있는 관념주의적 세계관에 종속시킨다. 하지만 중세에는 예술적 연역과 함께 예술적 귀납이 존재한다. 문학 속으로 생생한 관찰이 파고든다. 묘사의 성격과 언어의 양식은 묘사 대상이 갖고 있는 특수성에 종속된다. 이러한 현실에 대한 귀납적인 예술적 묘사는 무엇보다도 바로 그 현실에 대한 비판적인 태도와 결합되어 있다. 이는 세계에 대한 종교적인 이상화에 대립한다. 리얼리즘적인 요소들은 무엇보다도 현실에 대한 객관적인 묘사가 불가피한 경우, 현실에 대한 경험적 인식이 필요한 경우, 현실의 변화가 불가피한 경우에 나타난다.

리얼리즘적인 요소를 결코 단순한 '문서적 성격'과 동일시해서는 안 될 것이다. 문서나 서류는 현실을 묘사하는 것이 아니라, 맹목적으로 반영할 뿐이다. 즉 오직 현실의 개별적인 부분만을, 그 문서의 목적에 필요한 부분만을 반영할 뿐이다. 예술적인 묘사에 우리는 현실의 가상을 창조하고자 하는 시도, 이야기를 뚜렷하게 만들고자 하는, 쉽게 상상할 수 있고 명백하게 만들고자 하는 시도를 볼 수 있다. 공후들의 범죄에 대한 연대기의 이야기, 역사적 이야기, 세태 이야기 등, 즉 러시아에서 창작되었으며 비잔티움의 문학의 규범들과 거의 관련이 없는 장르들에서 우리는 단순한 문서적 성격이 아니라 이러한 리얼리즘적인 요소들을 발견할 수 있다.

잠시 추상화의 문제로 돌아가보기로 하자. 루리예는 중세 예술의 추상화 경향이 19~20세기 리얼리즘의 구체화 예술에 대립하지 않는다고 주장한다. 루리예는 다음과 같이 말한다. "이는 그렇지 않다. 근대의 예술은 구체화나 추상화 모두를 지향할 수 있다. 심지 굳은 납 인형, 등불, 바늘, 심지어 계단의 층계가 살아서 생각하고 말을 하는 안데르센의 동화는 '현실의 추상화'가 아닌가? 부분적인 것 속에서 보편적인 것(어떤 의미에서는 '영원한 것')을 강조하려는 경향은 많은 근대 문학작품에 고유한 것이다."[84]

우리는 이미 추상화를 살펴보면서 추상화가 보편적인 것을 강조하려는 경향으로 제한되지 않는다는 사실을 보았다. 보편적인 것을 강조하려는 경향은 모든 예술, 즉 근대의 예술이나 중세의 예술에 존재한다. 추상화 경향은 구체적인 것을 현실의 경계 밖으로 끌어낸다. 구체화 경향은 구체적인 것의 묘사에 국한되지 않는다. 그것은 비현실적인 것, 추상적인 것을 현실의 경계 내로 끌어들여 그것을 '지상화'한다. 추상화는 보편적인 것을 강조하면서 그것을 일상성 위로 승화시키려 하며 구체적인 특징들을 사라지게 만들어 소위 '탈물질화'시키고, 구체적인 역사적 상황 밖으로 끌어낸다.

루리예가 언급하고 있는 안데르센의 작품에 나타나는 현실의 추상화의 예는 추상적 일반화와 리얼리즘적 일반화의 차이를 훌륭하게 보여주

---

84) Ya. S. 루리예, 「고대 러시아 문학과 '미적인 것에 대한 우리의 표상'」, 9쪽.

고 있다. 안데르센은 심지 굳은 납 인형, 등불, 바늘, 심지어 계단의 층계에 구체적인 인간적 자질을 부여하고 있다. 그들은 마치 인간처럼 살아서 생각하고 말을 한다. 이는 추상적인 것에서 구체적인 것으로 나아가는, 관례적인 것을 파괴하고 세태와 관련시키고 그것에 인간적인 자질을 부여하기 위해서 관례적인 것을 취하는 구체화 예술이기도 하다. 안데르센의 납 인형은 일종의 관례적인 것으로 이후 안데르센은 그에게 '생기를 불어넣는다.' 안데르센의 기법은 중세에 그 '요소'에서나 '경향'에서나 전적으로 불가능한 것이다.

고대 러시아의 독자들은 안데르센보다 아마 투르게네프를 더 쉽게 이해할 수 있었을 것이다. 고대 러시아 문학은 안데르센의 경우와 정반대의 길을 간다. 그것은 구체적인 것, 유일한 것, 대부분의 경우 역사적인 것을 취해서(고대 러시아 문학의 중세적 역사성을 잊지 말아야 할 것이다)[85] 그것을 추상화하고 그것이 가진 모든 구체적인 특징을 제거한다. 구체화 예술은 납 인형으로부터 살아 있는 인간을 만든다. 추상화 예술은 구체적인 무사 공후를 '납 무사', 규범적인 도식으로 변화시킨다.

다시 고대 러시아 문학의 리얼리즘적 요소로 돌아가보기로 하자. 리얼리즘적 경향의 예로 가장 많이 언급되는 테레보블의 바실코의 실명에 대한 바실리(보통 그는 근거 없이 사제로 불린다)의 연대기 이야기를 살펴보기로 하자. 이 이야기의 두드러진 특징은 사실을 단지 알려줄 뿐인 다른 중세 러시아 문학작품들과는 달리 여기서는 사실이 묘사된다는 점이다. 작가는 범죄의 상을 제시하고 그것을 생생하게 재현하여 일어난 사건에 끔찍한 분위기를 불어넣으려 한다. 이를 위해서 작가는 현재 우리가 예술적인 세부 묘사라고 부르는 것을 광범위하게 사용한다. 작가는 전체 사건을 구성하고 있는 여러 사실 중에서 벌어지고 있는 사건의 끔찍함을 예술적으로 실감나게 해줄 수 있는 사실들을 선택한다. 작가는 능수능란한 세부적 사실의 선택과 그에 대한 예술적 재현을 능수능란한

---

85) D. S. 리하초프, 『고대 러시아 문학 속의 인간』, 모스크바, 1970, 110~111쪽.

언어적 수단, 즉 어휘, 문법적 형태 등의 선택과 결합시키고 있다.

예를 들어 바실코가 명명일 축제일을 빙자해서 그를 속이고자 하는 다비드와 스뱌토폴크와 나누는 대화는 놀랍다. 다비드와 스뱌토폴크는 바실코를 체포하고자 한다. 모두가 집 안으로 들어가 앉는다. 스뱌토폴크가 바실코에게 '축제일'이니 남으라고 설득한다. 바실코는 동의하지 않는다. 다비드는 '마치 벙어리'처럼 앉아 있다. 그러자 스뱌토폴크도 침묵한다. 스뱌토폴크가 꼭 처리해야 할 일이 있다고 말하고서는 그 자리를 떠난다. 바실코는 그와 함께 남은 다비드와 이야기를 해보려고 한다. 하지만 다비드는 말을 할 수도, 말을 들을 수도 없는 상태다. "다비드에게는 입도 귀도 없었다." 이는 두려움으로 인한 것이었다. "그의 마음은 두려움과 거짓으로 가득했다." 침묵하며 앉아 있다가 다비드는 스뱌토폴크에 대해서 사람들에게 물어본다. "내 형제는 어디 있지?" 사람들이 "그늘에 서 있다"고 대답한다. 그러자 다비드는 일어나서 말한다. "나는 그에게 가보겠네. 내 형제여, 그대는 앉아 있게."

이 모든 장면이 왜 필요했을까? 바실리가 이 모든 세부 장면을 선택한 것은 범죄자들조차 자신들의 계획에 당황하고 있다는 것을 보여주기 위한 것이다. 잡아서 눈을 멀게 만들고자 하는 손님과의 대화는 바로 그런 식으로 '어려웠을' 것이다.

이 이야기의 다른 장면, 눈을 멀게 만드는 장면을 보자. 바실코를 조그마한 오두막으로 끌고 온다. 칼을 갈고 있는 칼잡이를 보자 바실코는 자신의 눈을 실명시키고자 한다는 것을 알고서 신께 '호소했다'(기도를 시작하는 것이 아니라 신께 '호소했다'). 이 칼이 등장하는 세부 장면은 매우 중요하다. 이 장면은 범죄를 준비하고 있는 것과 바실코의 상태를 뚜렷하게 만든다. 그런 다음 다른 사람들이 오두막으로 '들어와서' 바실코를 집어넣기 위해 양탄자를 편다. 양탄자를 펼치고 나서 그들은 바실코를 잡아서 넘어뜨리려고 한다. 사로잡힌 바실코가 매우 '강건하게' 그들과 싸워서 그를 넘어뜨릴 수 없었다. 그러자 또 다른 사람들이 들어와 바실코를 넘어뜨리고 그를 묶은 다음 아궁이에서 나무판자를 꺼내어 그것을 바실코의 가슴에 대고 그 양끝에 앉아서 바실코를 누르지만, 그래도 그를 제압할 수 없었다. 다시 두 사람이 더 들어와 아궁이에서 다른 나무판자를 가져와서 바실코의 가슴에 대고 세게 누르니, 그의 가슴이 소리를 내며 갈라질 정도였다. 그런 다음에야 칼잡이 '양치기'가 칼을 들고 '가까이 와서' 칼로 눈을 찌르려고 하다가 잘못해서 바실코의 얼굴에 상처를 내었다. 자신의 이야기에 대한 증거로 "그리고 이 상처는 지금도 바실코에게 남아 있다"고 작가는 말하고 있다. 그런 다음 양치기는 다시 눈을 찔러 안구를 끄집어내고, 그런 다음 다시 다른 눈을 찔러 다른 안구를 끄집어낸다. 그리고 이 순간 바실코는 의식을 잃는다. "마치 죽은 사람 같았다." 바실코를 양탄자로 싸서 들어 수레에 싣는다.

분명한 것은 실명 과정을 서술하면서 바실리가 강렬한 세부 장면을 선택하여 이 장면을 뚜렷하게 만들고 이와 함께 벌어지고 있는 사건의 끔찍함을 강조할 수 있도록 주의를 집중하고 있다는 사실이다. 특히 칼에 대한 서술의 집중성은 매우 중요하다. 처음에는 칼을 가는 장면이 등장하고 그런 다음 그것을 들고 바실코에게 '접근하고', 그에게 상처를 입히고, 첫 번째 안구를 파내고, 그런 다음 두 번째 안구를 파낸다. 칼이 실명 장면의 일종의 중심으로 선택되고 있는 것은 우연이 아니다. 모노마흐는 스뱌토슬라프의 아들 다비드와 올렉에게 사신을 보내면서 다름 아닌 바로 칼을 상기시키고 있다. "도시로 오시오. 와서 러시아와 우리 형제들 사이에 벌어진 이 악, 우리를 찌른 칼을 바로잡읍시다." 모노마흐는 스뱌토폴크에게도 똑같은 말("우리를 칼로 찔렀다")로 사신을 보낸다. 행위의 지속을 강조하는 동사 형태의 선택도 우연이 아닌 것으로 생각된다.

아마도 전체 이야기 중에서 가장 예술적인 장면이 될, 바실코가 사제의 아내와 만나는 장면은 다루지 말기로 하자.

이외에도 고대 러시아 문학에는 그 리얼리즘적 성격을 보여주는 다른 수많은 예가 있다.

아바쿰의 작품을 보기로 하자. 옛 예식의 옹호자임에도 불구하고 작가로서 아바쿰은 문학의 예식적 측면, 온갖 종류의 관례성과 투쟁한다. 그는 폭로자다. 잘 알다시피 아바쿰은 현실을 관례적인 형식으로 재현하는 것이 아니라 가능하면 현실 자체에 가깝도록 재현하려고 하며 때로는 심지어 실제적인 원인, 동기, 원동력을 찾아보려고 한다. 이 때문에 아바쿰의 작품 속에서 리얼리즘적 성격은 일정 정도 독자성을 획득하여 작가를 '압박하고' 있으며, 작가로 하여금 자신의 신념, 자신의 지향으로부터 멀어지도록 만든다. 리얼리즘적인 것이 갖는 예술적인 힘이 작가의 예술적 목적과 경쟁하는 것이다. 아바쿰의 작품 속에서 리얼리즘적 성격은 마치 작가에 대해 독자적인 듯하다. 작가는 그것을 '통제하지' 못하는 것이다.

아바쿰의 「생애전」을 인용할 필요는 없을 것이다. 이 작품은 널리 알려져 있기 때문이다. 그의 서술에는 리얼리즘적 계기들이——비록 그것들이 현실적이기보다는 이상적이긴 하지만——매우 많다. 그의 「생애전」 어떤 장면에서도 이를 끌어낼 수 있을 것이다.

하지만 나는 하나의 에피소드를 상기시키고 싶다. 아바쿰이 퉁구스크 강을 따라 끌려가고 있었다. 폭풍우가 쳤다. 선단은 어려움을 겪고 있었다. 아바쿰은 파슈코프 대장이 강제로 결혼시키려고 끌고 가고 있던 두 과부를 데리고 있었다. 파슈코프는 선단의 불행이 모두 아바쿰 때문에 생긴 일이라고 생각한다. 그는 아바쿰을 방에서 '끌어낸다.' 「생애전」에는 이 장면이 자세하게 묘사된다. 그를 때리고 '옷을 벗긴' 다음 등에 채찍으로 일흔두 번을 때린다. 아바쿰이 용서를 빌지 않는다는 사실에 기분이 나빠진 파슈코프가 매질을 한다. 마침내 폭행이 끝난다. 아바쿰을 묶어서 빗속으로 던진다. 그러자 놀랄 만한 일이 벌어진다!

아바쿰이 다음과 같이 쓰고 있는 것이다. "가을이었지요. 비가 내게 쏟아지고 있었어요. 밤새 비를 맞으며 누워 있었지요. 두드려 맞고 있을 때에는 기도 덕택에 아프지도 않았는데 누워 있으니 이런 생각이 들더군요. '하나님의 아들이시여, 왜 그가 나를 이다지도 고통스럽게 때리도록 봐두시는 겁니까? 나는 당신의 과부들 편을 들었을 뿐인데요! 누가 나와 당신 사이를 심판해줄까요? 도둑질을 했을 때에도 당신은 나를 이리 모욕하지는 않았습니다. 그런데 지금은 내가 무슨 죄를 지었는지도 알지 못합니다!" 인용된 것으로 충분하니 더 인용하지 않겠다.

아바쿰은 신을 비난하면서 그와 논쟁한다. 그는 신에 대항하고 있는 것이다. 아바쿰이 이 모든 것을 생각했다는 사실은 놀랍지 않다. 놀라운 것은 그가 이 모든 것을 썼다는 사실이다. 아바쿰은 자신이 신에 대항하고 있다는 사실을 서술하고 있는 것이다. 그것도 자신의 「생애전」의 보편적인 경향에 반해서, 자신이 묘사하고 있을 뿐만 아니라 열심히 선전하고 있는 자신의 보편적인 종교적 신념에 반해서 말이다! 여기서 아바쿰 내부의 예술가는 신앙인보다 더 강렬하다. 예술적 진리가 그로 하여금 이 모든 것을 서술하도록 만들고 있는 것이다. 때로 현실의 논리, 실제의 논리 자체가 작가에게 받아 적도록 만들고 있는 듯하다.

인물들이 일정 정도 독자적으로 행동하기 시작하는 것, 그것이 작가에게조차도 '예기치 않게' 이루어지는 것, 이는 리얼리즘의 진정한 특징의 하나다. 푸시킨, 도스토옙스키, 톨스토이의 경우를 보라. 우리는 중세의 추상화 문체, 예식적 문체에서 그 어떤 유사한 것도 발견할 수 없다. 그렇다면 아바쿰을 고대 러시아 문학에 포함시킬 수 없는 것일까? 그를 고대 문학의 전통에 포함시키든 포함시키지 않든 간에, 우리는 리얼리즘의 요소들이 19세기 훨씬 전에 등장했다는 사실을 인정해야만 할 것이다.

좀더 앞선 예를 살펴보기로 하자. 연대기 1446년 항의 드미트리 셰먀카와 이반 모쟈이스키에 의해 이루어진 바실리 2세의 체포는 그것이 가진 리얼리즘적 요소들로 놀랍다. 여기서 흥미로운 것이 묘사의 정확성인 것만은 아니다(우리는 예를 들어 체포가 형식적으로 어떻게 이루어지는지를 알 수 있다. 니키타라는 자가 대공의 어깨를 잡고 말한다. "그대는 대공 드미트리 유리예비치에 의해 체포되었소"). 무엇보다 흥미로운 것은 체포 직전의, 그리고 체포 과정에서 바실리 2세가 겪는 심리의 정확한 재현이다.

238

바실리는 트로이차-세르기 수도원에 있다. 체포의 시간이 다가오지만 바실리는 종종 그렇듯이 어떤 것도 자신을 위협할 수 없다고 스스로 믿고자 한다. 예배 시간에 부녹(Бунок)이 "드미트리 셰먀카 공과 이반 모쟈이스키 공의 군대가 쳐들어오고 있다"는 사실을 대공에게 경고하고자 '달려' 온다. 바실리는 그를 믿지 않을 뿐만 아니라 이것으로도 모자라서 "그(부녹)를 수도원에서 쫓아내고 문을 잠가버리라고 명한다." 바실리는 그렇게 부녹에게 화를 내면서도 동시에 라도네쥬로 파수꾼들을 보내라고 명령한다. 이러한 분노와 소심함의 결합 또한 심리적으로 그럴듯하게 포착되고 있다.

파수꾼들이 어떻게 속아서 체포되는지에 대한 매우 정확한 묘사는 생략하기로 하고 다시 대공의 행동에 주목해보기로 하자. 적의 군대가 '말을 타고 달려와' 이미 가까이 접근했다는 사실을 알고 대공은 마구간으로 달려가지만 준비된 말은 없고 "사람들은 무력감과 놀라움에 망연자실해 있다." 교회 일꾼인 니키포르가 트로이차 수도원의 돌로 만든 교회 속에 대공을 감추고 문을 잠근다. 살인자들은 "말을 타고 수도원으로 쳐들어왔다. 그 누구보다도 먼저 니키타 콘스탄티노비치가 말을 타고 계단을 따라 교회 정문으로 달려 들어왔다. 그가 말에서 미끄러져 떨어지면서 문 앞 현관 계단에 놓여 있던 돌에 부딪혔다. 다른 사람들이 급히 달려와 그를 일으키니 그가 가까스로 숨을 쉬니 마치 술에 취한 사람 같았고 그의 얼굴은 시체와 같았다." 이반 공이 나타나고 그의 모든 군대가 묻기 시작한다. "대공은 어디 있는가?" 그리고 여기서 다시 체포되는 자의 독특한 심리가 나타난다.

그는 대답하지 않을 수도 있었다. 그는 교회에 숨어 있었고 그곳을 은신처로 할 수 있는 것이다. 하지만 이반의 목소리를 듣자 바실리 자신이 '크게 호소하면서' 용서를 구하기 시작한다. 그 자신이 문을 열고 언젠가 이반과 함께 평화를 맹세하며 입 맞추었던 성상을 손에 들고 자신의 적들을 맞이한다. 바실리의 희망을 꺾어버리는 두 사람 사이의 표현이 풍부한 대화가 전달된다. 바실리는 세르기 라도네시스키의 무덤에 몸을 던지고 '비명을 지르며 기도하고 흐느낀다.' 그런 다음 작가는 모든 체포 과정과 바실리를 어떻게 '빈 썰매에' 태웠는지, 그리고 '그 맞은편에 수도승을' 태운 사실을, 그런 다음 모스크바로 보냈던 것을 매우 선명하게 이야기한다. 그러나 그 이후 모스크바에서 바실리가 실명하게 되는 과정에 대한 묘사는 이러한 표현성을 상실하고 있다.

우리가 여기서 볼 수 있는 것은 체포되는 자, 자신의 적들에게 우유부단하고 공손하게 복종하는 자, 피할 수 없는 바로 그 순간에 자신의 적들에게 스스로 나아가는 자의 심리에 대한 탁월한 묘사다. 훌륭하게 표현되어 있는 세부 묘사, 표현이 풍부한 단어들을 발견할 수 있으며 사건의 연쇄와 그 원인들이 현실적으로 묘사되어 있다. 명료성의 원칙이 지켜지고 있다. 바실리 2세의 체포 장면을 『보리스와 글렙의 생애전』에서 주인공들의 살해에 대한 서술과 비교해보면 바실리의 체포에 대한 서술에서 등장하는 이러한 '리얼리즘적 요소들'이 중세의 이상화 예술에 뚜렷하게 대립하고 있다는 사실이 분명하게 드러난다.

바실리처럼 그들 또한 저항하지 않지만 여기에는 어떠한 심리도 없다. 이것은 순수한 이상화이자 기독교적 덕목, 즉 온순함, 신의 뜻에 순종함 등의 일반화다. 「보리스와 글렙에 대한 이야기」나 「보리스와 글렙에 대한 강론」에서 이 장면들은 장인의 솜씨로 서술되고 있다. 이는 진정한 예술이기는 하지만 그 속에 리얼리즘적인 것은 없다.

「보리스와 글렙에 대한 이야기」에서 글렙이 살해되는 장면을 보기로 하자. 전체적인 상황은 바실리 2세의 체포에 대한 이야기와 유사하다. 글렙은 다가오는 위험에 대한 경고를 받는다. "야로슬라프가 글렙에게 사신을 보내 말했다. '가지마라, 형제여, 그대의 아버지가 돌아가셨고 그대의 형제가 스뱌토폴크에 의해 살해되었다.'" 글렙이 사신들을 어떻게 맞았는가에 대해서는 아무런 말도 없다. 글렙은 울지만 그의 눈물은 '심리적'인 것이 아니라 '예식적'인 것이다. 어떠한 '흐느낌'도 '비명'도 없다. 모든 것이 매우 고상하며 장엄하다.

슬픔 가운데에서 글렙은 비잔티움의 웅변술의 원칙에 따라 만들어진 그 상황에 적절하고도 논리적이며 잘 구성된 발화를 한다. 그 발화 속에서 글렙은 아버지와 형제를 슬퍼하고 살인자 스뱌토폴크를 비난하며 보리스의 순종을 찬양한다. 바실리처럼 그는 자신의 적들에게서 도망가지 않는다. 하지만 이는 그가 도망갈 수 없기 때문이 아니라 자신이 가진 기독교적 신념에 따라 도망가려 하지 않기 때문이다. 살인자들이 그를 공격하자 글렙은 '온순한 두 눈으로' 그들을 바라보며 울면서 다시 한 번 길게 말을 하고, 물론 그 말들을 살인자들은 참을성 있게 다 듣고 있다.

이 말 속에서 글렙은 본질적으로 작가가 그에 대해서 해야 할 말들을 한다. "아직 어린 나를 죽이지 말아줘요. 선(善)의 우유를 머금고 있는, 아직 익지 않은 이삭을 자르지 말아줘요. 아직 자라지 않았지만 열매를 품고 있는 포도나무 가지를 자르지 말아줘요. 여러분께 간청하고 여러분의 자비에 몸을 맡깁니다. '어린아이 같은 이성으로 행하지 말라. 어린아이처럼 악한 일을 대하되 이성으로는 성인처럼 행하라'고 하신 사도의 말씀을 기억하세요. 형제들이여, 나는 아직 행동으로나 나이로나 아직 어려요. 이것은 살인이 아니라 도살이에요." 자신의 말이 살인자들을 멈추게 할 수 없다는 것을 깨닫고서 글렙은 더 길고 더 장엄한 기도를 드리기 시작한다. 그는 죽은 아버지와 야로슬라프, 스뱌토폴크에게 기도한다. 다시 한 번 살인자들은 기다리고 글렙이 "이미 시작되었으니 그대들을 보낸 자의 뜻을 행하세요"라고 말한 후에야 그를 죽인다.

이것은 살인이 아니라 살인 예식이며 살인의 '의식'이다. 그리고 이 '의식'은 그 나름대로 아름답고 효과적이다. 「보리스와 글렙에 대한 이야기」의 문학적 예식성의 아름다움, 그 종교적이고 기도문적인 분위기가 갖는 장엄한 숭고미를 포착하지 못한다면 이 작품의 예술성을 이해할 수 없다.

루리예는 두 가지 점에서 「보리스와 글렙에 대한 이야기」의 예술성을 볼 수 있다고 말한다. 그중 하나가 "글렙이 살인자들에게 하는 어린아이 같은 말, '나를 건드리지 말아요, 내 착하고 소중한 형제들이여, 나를 건드리지 말아요!'라는 말"이다. 다른 하나는 악마에게 쫓기는 스뱌토폴크의 인상 깊은 말, "도망가자, 우리를 쫓아오고 있다", "더 멀리 도망가자, 쫓아온다. 아, 이럴 수가!"라는 말이다.

루리예는 「보리스와 글렙에 대한 이야기」에서 이외의 다른 예술적인 경우를 언급하지 않았다.[86] 이 두 가지 예로만 「보리스와 글렙에 대한 이야기」를 예술작품이라고 인정하기에는 너무 빈약한 것이 아닐까? 하지만 물론 「보리스와 글렙에 대한 이야기」는 고대 러시아 문학에서 가장 훌륭한 작품 중의 하나다. 그 속에는 당대의 모든 추상화 기법이 적용되고 있으며 이는 물론 작가의 둔감이나 무능력의 결과가 아니다.

우리는 종종 고대 러시아 문학에서 사건에 대한 서술이 아니라 사건에 대한 작가의 태도의 표현, 즉 그에 대한 찬양이나 비난, 그에 대한 서정적인 해석을 볼 수 있다(『러시아 몰락에 대한 말씀』을 보라). 글렙의 살해 장면은 정확한 의미의 묘사가 아니라 추도문이자 사건을 회고하는 종교적인 강론이다.

바실리 2세의 체포에 대한 이야기는 바로 그와 같은 문학의 예식적인 형식을 배경으로 살펴보아야 한다. 바실리의 체포 장면이 그 리얼리즘적인 성격으로 뚜렷이 부각된다는 사실은 명백하다. 고대 러시아 예술과 고대 러시아 문학에는 두 경향, 즉 이상화 경향과 구체화 경향이 존재한다. 전체적으로 고대 러시아 문학은 관례적으로 세계를 묘사한다. 하지만 그 개별적인 요소들에서 이러한 관례적인 묘사는 현실적인 묘사로 대체된다. 추상화라는 보편적인 배경 위에서 리얼리즘적인 성격은 특히 효과적으로 부각된다. 중세 예술사가들은 이러한 사실을 잘 알고 있다.

고대 러시아 문학에서 리얼리즘적 성격은 앞서 우리가 지적했던 것처럼 총체적으로 드러나는 특징들과 세계에 대한 독특한 묘사 방법을 규정하는 일련의 특징들 속에서 등장한다. 여기서 작가는 사건들이 갖는

---

86) Ya. S. 루리예, 「고대 러시아 문학과 '미적인 것에 대한 우리의 표상'」, 11쪽.

실제적인 의미를 추적하고 실제적인 인과관계를 드러내며 주인공들의 심리로 파고들어가고자 한다. 작가는 사건들을 뚜렷하게, 실제 현실과 가깝게 묘사하고자 하며 특징적인 것을 드러내고 예술적인 세부 묘사를 이용한다. 그는 과장되고 숭고한 문체를 피하려고 하며 주인공의 직접 화법을 개별화된 형식 속에서 전달한다.

이러한 묘사 방법이 일정 정도 자연발생적으로 생겨났다는 점에서 그것은 19세기의 리얼리즘과 구별된다. 이러한 묘사 방법은 유일한 것에 대한 서술을 지향한다. 작가에 의해 이 유일한 것은 이미 그 시대, 현실, 환경에 특징적인 것으로 감지되지만, 이 특징적인 것은 아직 전형화되지 않았다. 바로 이 때문에, 비록 리얼리즘이라는 용어가 거부될 수는 없다 할지라도, 이러한 현실의 묘사 방법에 대해 '리얼리즘'이라는 용어보다는 '리얼리즘적 성격'이라는 용어를 사용하는 것이 좋을 것이다. 리얼리즘이라는 용어는 전 세계적으로 문학과 조형예술에 대한 연구에서 넓은 의미로 이용되고 있다.

리얼리즘적 성격이 고대 러시아 문학의 추상화 경향과 어떻게 공존하고 있는가?

고대 러시아 문학은 '통합적 성격'을 띠며 이러한 성격이 작품 속에서 현실 묘사의 다양한 방법을 결합할 수 있게 해준다. 연대기, 역사서, 체티 미네이, 교부서, 프롤록, 팔레이, 개별 선집은 자신 속에 다양하게 현실을 묘사하는 다양한 문체로 씌어진 작품들을 포함하고 있다. 때로 동일한 한 작품의 개별적인 부분들이 다른 방식으로 기술된다. 연대기나 역사서, 모노마흐의 「유훈」 혹은 이반 뇌제의 서한들은 이제 말할 것도 없다. 심지어 성자의 생애전도 여러 문체로 서술된다.

생애전의 작가는 서문에서 성자의 덕행들에 대한 자신의 태도를 밝힌다. 하지만 이 태도가 이후 작가가 성자를 묘사할 때 항상 견지되는 것은 아니다. 성자에 대한 결론부의 찬양은 완전히 독특한 문체로 서술된다. 그런 다음 성자의 사후 기적이 서술되는데 그 속에는 일반적으로 세태적인 계기들이 반영된다. 성자에 대한 예배와 기도문은 성자에 대한 묘사의 다른 차원, 즉 순수하게 추상화하는 묘사를 보여준다. 생애전의 모든 부분은 문체와 장르상으로 다양하며, 심지어 때로는 서로 다른 표준어로——때로는 러시아어 표준어로, 때로는 교회슬라브어 표준어로——씌어진다. 작품의 이와 같은 '통합적 성격'이 리얼리즘적 요소들의 침투를 용이하게 만든다.

유사한 현상들을 회화에서도 발견할 수 있다. 실제로 생애전 형식의 성상화에서 (생애전 형식의 성상화는 이미 12세기부터 출현했다—니콜라의 성상화) 중심부와 가장자리 그림에서 보여지는 성자에 대한 묘사는, 그것이 한 사람의 화가가 한 것인데도, 다르게 나타난다. 중심부가 좀더 예식적이라면, 가장자리 그림에는 리얼리즘적 요소들이 스며들어 있다. 중심부의 성자가 정적이며 '초지상적'이라면, 가장자리 그림에서 그는 좀더 일상적이며, 자신의 삶의 개별적인 구체적 계기들과 그 움직임 속에서 묘사된다.

톨그의 성모 성상화에서도 사정은 마찬가지다. 성모에 대한 주된 묘사가 추상적 성격을 띠는 반면에, 가장자리 그림의 성자의 묘사는 좀더 '리얼리즘적'이다. 이외에도 회화에 나타나는 리얼리즘적 성격의 점진적인 발전에 대해서도 주의를 기울여야 한다. 11세기와 12세기 성상화들은, 물론 온전한 것은 결코 아니지만, 이미 정신적(감정적) 상태를 전달하고 있다. 12세기에 이는 주로 놀라움과 분노, 보는 이에 대한 관심이었고, 13세기에서 14세기에는 여기에 사랑과 우정, '동정', 슬픔, 기원, 조용한 집중 등이 첨가되었다. 12세기에 주목되는 것이 주로 타자를 향한 감정적 상태라면, 그 이후 세기에는, 그것 이외에, 내면을 향한, 즉 자신 속으로 침잠하는 내적 상태에 대한 묘사가 출현하게 된다.

그렇다면 이런저런 경우에 현실을 리얼리즘적으로 묘사해야 할 필요성이 발생한 것은 무엇 때문일까? 문제는 여기서 종교적 세계인식이 별로 중요하지 않다는 점이다. 오히려 실제 세계에 살면서 그와 관계를 맺어야 한다는 필연성이 그것에 대한 실제적인 설명의 필요성을 야기했다. 작가는 그가 현실에 비판적이며, 동시대인과 상호작용하고, 세계를 변화시키기 위해 노력할 때, 현실에 대한 리얼리즘적 묘사에 특히 의존하게 된다. 작가가 공후들의 죄상을 묘사하고, 그들을 한데 묶어 사회 고위층 대표자들의 부당함을 폭로하고자 할 때 문학 속에 무엇보다 자주 리얼리즘적 성격이 나타나는 것은 바로 이 때문이다.

중세 사회에도 자연발생적 유물론처럼 자연발생적 리얼리즘이 존재할 수 있다. 일반적으로 경제적, 정치적, 문화적 모순의 비화해성이 특징적인 봉건사회에는 다양한 생활관습이 공존했다.

리얼리즘적 요소의 출현이 고대 러시아에서의 두 세계관의 싸움, 즉 이상주의와 자연발생적 유물론 간의 투쟁으로 단순하게 설명되어서는 안 된다. 고대 러시아에는 서로 날카롭게 대립하는 '두 세계관'이라는 것은 어떠한 형태로도 존재하지 않았다. 단지 다양한 세계관이 존재했고, 이 모든 것은 이런저런 형식으로, 이런저런 정도로 종교적인 성격을 띠는 것이었다. 봉건제에 대한 반대 자체도 이단의 형태, 즉 종교적 형식으로 수행되었다는 것은 우연이 아니다. 따라서 리얼리즘과 유물론이 동일시되고, 반(反)리얼리즘과 이상주의가 동일시되는, '리얼리즘-반리얼리즘'의 구도는 고대 러시아 문학에서 그 정당성을 얻을 수 없다. 그렇지만, '리얼리즘-반리얼리즘'의 구도를 거부하면서, 예술 방법과 세계관 사이의 연관까지 거부해서는 안 된다. 이 연관이 항상 직접적인 형식으로 실현되는 것은 아니지만, 그것은 리얼리즘적 요소들에 대한 물음 속에 이미 존재한다. 이 요소들은 실제와 귀납적 사고, 귀납적 경험으로 향할 것을 요구하는 현실의 영향으로 인해 강제된, 중세의 종교적 세계인식의 비일관성의 결과 나타난 것이다.

고대 러시아 문학에서 리얼리즘적 요소들이 작가들의 진보적인 관점과 직접적 관련을 갖지 못하는 경우가 존재한다. 실제로 매우 자주 리얼리즘적 요소들은 기적에 관한 이야기에서 발견되곤 한다. 독자들에게 그 현실성을 믿게 하기 위해서, 기적은 마치 눈에 보이고, 손에 만져질 수 있을 것 같은 명료함을 띤 채 묘사된다. 예를 들어 에피파니의 자서전에는 그가 꿈속에서 악마들과 어떻게 싸웠는지가 서술된다. 그에게 두 명의 악마가 나타나는데, "한 명은 벌거숭이고, 다른 한 명은 외투를 입고 있다." 에피파니가 벌거벗은 악마를 움켜쥐었을 때, 그는 손에 "마치 어떤 악마의 살덩이"를 쥔 것 같은 느낌을 받게 된다. 꿈에서 깨어나 에피파니는 그의 손이 악마의 살덩이 때문에 젖어 있는 것을 발견하게 되는데, 이것이 바로 환상의 현실성에 대한 생생한 증거가 된다.[87]

에피파니의 다른 모든 환상도 이와 같이 명료하게 묘사된다. 그들은 에피파니의 실제 오두막에서 발생하며, 일상적인 디테일에 둘러싸여 있고 (예술적 세부 묘사), 등장인물들은 그들에게 전형적인, 완전히 일상적인 언어로 말하며(묘사 수단의 묘사된 대상으로의 접근), 환상의 물질적 결과가 묘사된다. 즉 에피파니는 악마를 혼내주느라 고통과 육체적 피로를 느끼며 그의 방은 엉망이 된다.

다른 예는 12세기에 씌어진 「귀족 표트르 보리슬라비치의 이야기」에 나타난다. 여기에는 블라디미르카 갈리츠키의 죽음에 대한 훌륭한 묘사가 있다. 이 묘사에 따라 그가 걸린 병(발작)과 그 치료 방법(블라디미르카를 회향풀을 탄 따뜻한 물에 넣어 목욕을 하게 만든다)을 정확히 확인할 수 있다. 그러나 개별적인 요소들의 이와 같은 리얼리즘적 성격에도 불구하고 이 묘사는 결국 기적에 대한 묘사인 셈이다. 즉 신은 표트르 보리슬라비치를 비웃은 데 대해 블라디미르카 갈리츠키에게 병과 죽음으로 징벌을 내린다. 이렇게 '기적'은 구체화하는 기법으로 묘사된다.

고대 러시아 문학에 나타나는 리얼리즘적 요소들이 종교적 세계인식이 비(非)종교적인 것으로 대체된 결과 발생한 것이 아니라, 오히려 종교적 세계인식의 비일관성을 반영한다는 사실이 위의 예들로써 자명해진다. 게다가 이 요소들과 세계에 대한 진보적 관점 사이의 직접적인 연관은 어떤 경우에 부재할 수도 있다. 하나의 예술적 방법이 다른 하나를 대체하기보다는 이들이 서로 공존했던 러시아 중세의 7세기 동안, 발전

---

87) A. N. 로빈슨, 「교훈적 자서전의 기념비로서의 에피파니의 생애전」, 『고대 러시아 연구』, 제15권, 모스크바-레닌그라드, 1958, 213쪽 참조.

은 주로 추상화 시스템의 파괴, 개별적인 리얼리즘적 요소들을 문학작품의 복잡한 '통합적' 조직에 도입하는 것을 통해 이루어졌다. 리얼리즘적 요소들은 고유의 문체적 체계나, 어떤 독특한 예술적 방법을 형성하지 못한 채, 문학에서 발생했다가 다시 사라졌다.

일차적으로 리얼리즘적 요소들의 진보적 역할은 주로 그들이 당시 존재했던 추상화하는 문체 체계를 파괴하고, 더 넓은 범위에서의 새로운 가능성의 발생을 촉진했다는 사실에 있다. 바로 이와 같은 파괴가 고대 러시아 문학의 미래의 요소들이다. 그리고 이것을 우리는 '리얼리즘적 요소'와 '리얼리즘적 경향'이라 부를 수 있는데, 그것은 모든 현상은 그 것을 발생시킨 원인의 규명 속에서뿐만이 아니라, 그것이 미래에 어떤 것으로 귀착되는지에 대한 규정 속에서 그 최종적인 해석을 얻기 때문이다. 그렇지만 리얼리즘적 요소들의 단순한 축적을 통해 고대 러시아 문학이 근대 문학으로 접근해갈 수 있었다고 생각해서는 안 된다.

우리가 '리얼리즘적 요소들'이라 부른 현상과 이 요소들이 나타나는 작품들이 어떻게 점차적으로 그 범위를 넓혀갔는지는 미래의 연구자들의 과제가 될 것이다. 이러한 관점에서 17세기는 그 풍자적이고 민주적인 문학 때문에 특히 흥미롭다. 게다가 이 리얼리즘적 요소들이 억압받는 대다수의 이해를 반영하는 작품에서 특히 집중적으로 강화되었다는 점은 주목할 만하다. 이런 점에서 서구의 중세나 슬라브 중세 연구자들의 관찰은 고대 러시아 문학 연구자들에 의해 이루어진 관찰과 정확히 일치한다.

스페인의 문학이론가인 오르테가 이 가세트는 다음과 같이 말했다. "소수를 위한 예술과 다수를 위한 예술이라는 두 유형의 예술이 존재했던 모든 시대에 후자는 늘 리얼리즘적인 것이었다는 사실을 기억해야만 한다. 예를 들어 중세에는 귀족과 천민이라는 계급으로 나뉜 사회의 이중적 구조에 상응하여 두 종류의 예술이 존재했는데, '관례적', '이상주의적', 즉 다시 말해 예술적이라고 말할 수 있는 귀족 예술과 리얼리즘적이고 풍자적인 민중예술이 그것이다."[88]

디네코프 교수는 자신의 논문「고대 불가리아 문학에서 형상화 문체의 민주화」에서 16세기 소피아의 노비 게오르기와 노비 니콜라의 생애전에서 리얼리즘적 요소들이 문학의 보편적인 민주화와 직접적인 연관을 가진다는 사실에 주목했다.[89]

중세의 추상화 예술 방법에 대한 연구는 그것이 리얼리즘의 방법과 너무나 거리가 멀다는 결론을 내릴 수밖에 없게 한다. 그 거리는 바로크나 고전주의의 예술 방법보다 훨씬 멀고, 이미 의심할 나위 없이 낭만주의의 예술 방법보다도 멀다. 현재 일군의 문학이론가들이 고전주의나 낭만주의, 리얼리즘 같은 각각의 예술 방법을 스스로에 철저히 고립된 것으로 간주하고 낭만주의 속에서 리얼리즘이 준비되는 가능성을 부정하려 한다 해도, 예술 방법과 그들 간의 더욱 광범위한 연대기적 거리에 대한 더욱 포괄적인 연구는, 그 표면적인 고립성에도 불구하고 각각의 문학적 사조들이 서로의 출현을 준비해왔다는 사실을 틀림없이 보여주게 될 것이다.

중세의 추상화 예술 방법과 낭만주의 같은 예술 방법을 비교해보면 이것을 충분히 알 수 있다. 낭만주의는 리얼리즘적인 것이라 인정될 수는 없다 하더라도 중세적 추상화의 원칙보다는 훨씬 더 '리얼리즘적'이라 말할 수 있는 시학의 요소들을 비할 수 없이 많이 가지고 있다. 지방색(color localae)을 도입하려는 시도, 현상을 넓은 역사적 전망 속에서 고찰하는 것, 규칙이나 규범, 관습의 거부, 묘사의 상당한 명료성, 현실에 대한 가상을 창조하려는 시도 등이 그 예가 될 수 있다. 넓은 의미에서의 낭만주의는 고전주의나, 중세의 문학보다 훨씬 더 리얼리즘적이

88) 오르테가 이 가세트 호세, 「예술의 탈인문화」, 『미학에 대한 현대의 책―명시 선집』, A. 예고로프 엮음, 모스크바, 1957, 450쪽.

89) P. 디네코프, 「고대 불가리아 문학에서 형상화 문체의 민주화」, 『문학의 문제 들』, 소피야, 1963, 76~88쪽 참조. M. M. 바흐친 역시 라블레의 '그로테스크 적 리얼리즘'을 민주적 본성과 관련짓는다. (바흐친의 매우 흥미로운 저작『프 랑수아 라블레의 창작』[모스크바, 1965]을 보라.)

다. 중세 사학자에게 이것은 감춰지지 않는다.

고대 러시아 문학의 예술 방법이 갖는 기본적인 특징을 정의할 때 구체적 질료로부터 일반화로 가는 길을 따라야지, 그 반대이어서는 안 된다는 사실을 다시 한 번 지적할 필요가 있다.

고대 러시아 문학의 예술 방법에 대한 문제는 그에 대한 앞으로의 연구가 예술 창조의 개개의 현상에 대한 구체적이고 특수한 연구에 기반해서 이루어져야 할 정도로 성숙했다. 더불어 그 연구가 교과서에 실렸거나 전통적으로 모든 사람이 고찰한, 고대 러시아 문학작품의 작은 '틀'에서부터 출발해서는 안 되며, 고대 러시아 문학의 다양한 모든 장르와 질료를 가능한 넓게 포착해야 한다.

위경과 같은 기본적이고 독창적인 유형의 작품들이 전혀 연구되지 않고, 성자전 문학이 연구되지 않고, 번역 문학도 조금 연구될 뿐이며, 많은 연구자가 개개의 작품으로 번역할 수 있게 한 문학을 알지 못하여, 그 결과 비교(문학)적 질료에 숙달되지 못할 때, 고대 러시아 문학 전체에 대해 분명한 어떤 것을 우리가 말할 수 있겠는가?

예술의 발전 속에서 많은 것이 반복되거나 다양한 시대에 다양한 형식으로 등장하지만, 많은 것은 반복되지 않는, 독특한 것이다. 각각의 시대에 대하여 그만의 용어를 구사할 필요도 없고, 문학 발전의 전 과정에 걸쳐 나타나는 유사성에 대한 탐색을 거부할 필요도 없다. 따라서 예술 이론이나 문학 이론에는 유사한 현상을 규정하기 위해 다양한 시대에 적용할 수 있는 보편적인 용어가 있어야만 한다.

한 단어에 두 가지 의미를 부가하는 것은 편리하지 않을까? 19~20세기의 문학적 조류나 예술에서의 독특한 예술 방법 모두를 리얼리즘이라 부르는 것이 편리하지 않을까?

우리는 많은 단어를 좁고 넓은 의미 모두로 사용한다. 이는 특히 '표현주의'나 '상징주의', 심지어 '낭만주의'나 '고전주의' 같은 용어 사용에서 볼 수 있다. 고딕의 낭만주의에 반하여 로만 예술의 고전주의에 대해 말할 수 있고, 14~15세기 말 문체의 표현주의나 중세 예술의 상징주의 등에 대해 말할 수 있다. 어째서 이미 용어 속에 들어온 것, 그래서 예술 현상의 특징을 쉽게 설명해줄 수 있는 것을 거부해야 하는가? 우리는 19~20세기 조류로서의 리얼리즘에 대해 말할 수도 있고, 예술의 어떤 일반적 현상으로서 리얼리즘에 대해 말할 수도 있다.

'리얼리즘적 성격'이라는 용어는 고대 러시아 문학 속에서 현실을 묘사하는 방법 중 리얼리즘의 그것에 가까운 방식을 다른 것——추상화 방법——과 구별하기 위해 필수적이다.

다양한 시대의 문학 속에는 유사한 미적 특징들이 존재한다. 이 유사성은 부분적인 요소들에서 발견되며, 구조적 전체에서는 각기 다른 시대의 문학의 미적 차이가 선명하게 부각된다. 문학 이론의 과제 중의 하나는 과거와 현재의 모든 미적 체계 속에 깊숙이 침투하는 것이다. 이를 위해서는 인내와 미적인 섬세함이 필수적이다. 근대의 위대한 리얼리즘 예술에 의해 우리에게 길러진 미적 표상에서 출발하는 것뿐만 아니라, 그것이 그 동시대인들에게 지각된 바로 그 모습 속에서 미적 가치를 찾는 것이 필요하다.

나는 모든 세기의 모든 진정한 예술이 반드시 하나같이 리얼리즘적인 것이어야 한다고 생각하지 않는다. 예술성과 리얼리즘적인 것의 특성이 모든 경우에 일치하는 것은 아니다. 이런 이유로 내게는 (넓은 의미에서의) '리얼리즘'과 '리얼리즘적 성격', '리얼리즘적 요소'라는 용어가 필요하며, 이들을 '예술성'이라는 용어로 대체하거나 리얼리즘적인 성격을 예술성 일반과 동일시할 수는 없다. '리얼리즘적 성격'이라는 용어를 이 말의 넓은 의미에서 '예술성'이라는 용어로 대신하기를 주장하는 학자들은 분명히 예술성과 리얼리즘적 성격을 동일시한다.

*　　*　　*

고대 러시아 문학에서 리얼리즘적인 요소들은 근대 리얼리즘의 특성 중 하나를 더 깊이 이해하는 데 도움을 준다. 이에 대해서 지금부터 특별히 살펴볼 것이다. 소비에트 과학에는 리얼리즘이라는 이름 하에 이 해되어야만 하는 것들에 대한 규정이 적지 않았지만, 그들 중 어느 하나 도 만족스럽지 못하다.

사실상 최근 리얼리즘의 정의라고 여겨져왔던 것은 예술의 다른 모든 형태를 부정하거나 모든 좋은 것을 리얼리즘에 귀착시켜버렸다. 정의가 찬사로 탈바꿈한 것이다. 예를 들어 리얼리즘 예술의 핍진성이 끊임없 이 강조되었는데, 그렇다면 다른 모든 예술사조는 거짓된 것인가? 만약 그랬다면 그 속에 예술은 없었을 것이다. 리시킨에 의해 '리얼리즘적 개념'의 '초석'(그의 표현 그대로를 따른 것이다)이라고 제기된 정의를 예로 들어보자.

그는 리얼리즘의 본질을 "인간 삶의 여정, 그에게 특징적인 경험, 사 상, 감정, 행동, 일반민중의 삶의 역사적 조건의 상호관계에 대한 예술 적이고 객관적이며 진실한 구현"[90]이라고 썼다. 이 정의가 단지 리얼리 즘 하나에만 적용될 수 없을 정도로 지나치게 광범위하고, 리얼리즘의 내용을 전혀 밝히지 못함으로써 동시에 그것을 빈약하게 한다는 점은 명백하다. 리얼리즘의 근본 특성으로서 현실 반영의 '핍진성'을 제기하 는 사람은 특히 네도시빈,[91] 케메노프,[92] 스몰리야니노프[93]를 비롯하여 다수다.

리얼리즘 연구자의 과제는 리얼리즘의 핍진성과 다른 예술사조의 핍 진성이 어떻게 구별되는지 규정하는 것이다. 이 문제는 매우 복잡해서 일련의 구체적 연구를 통해서만이 해결될 수 있다.

엘스베르그가 "지금 과제는 이렇게 저렇게 세밀하게 연구되어 리얼리

---

90) I. 리시킨, 「양식과 리얼리즘」, 『미학의 문제들』, 제1권, 모스크바, 1958, 265쪽.
91) G. 네도시빈, 『예술 이론 개설』, 모스크바, 1953, 153쪽.
92) V. 케메노프, 「리얼리즘적 예술 법칙의 객관적 성격에 대하여」, 『마르크스-레 닌주의 미학의 몇 가지 문제』, 모스크바, 1954, 43쪽.
93) I. 스몰리야니노프, 『소비에트 예술의 창작 방법으로써의 사회주의 리얼리즘』, 레닌그라드, 1954, 6쪽.

즘에 대한 '최종적' 정의를 제공하고, 순식간에 모든 오해와 문제를 없애버릴 수 있는 어떤 새로운 공식을 제기하는 데 있지 않다. 리얼리즘에 대한 지금과 같은 연구 상태에서 그런 공식은 필연적으로 족쇄와 비슷한 것이 될 것이며, 그 속에서 상응하는 예술적 질료들은 폭력적이고 인위적인 방법으로 간신히 틀에 짜맞춰질 것이다. 우리의 과제는 리얼리즘 발전의 다양한 단계에서 나타나는 위대한 리얼리즘 문학 대표자들의 창작을 그 예술적 현상의 모든 역사적, 예술적 구체성과 반복 불가능성 속에서 이론적으로 날카롭게 연구하는 것이다"[94]라고 주장했을 때, 그는 옳다.

마코고넨코는 리얼리즘의 본성에 대한 구체적 역사적 연구를 그 개념의 형식적 정의로 대체하려는 시도에 맞서서 전적으로 정당하게 주장했다. 그는 "지극히 다양한 시대에 씌어진 많은 작품에 정말로 본질적인 개별적 특징들이 자의적으로 선별되거나 '총체'로 그룹화될 때, 중대한 문제의 **역사적 연구**라는 과제는 이론이 아니라 경험에 바탕한 적당한 정의의 탐색으로 대체되어버린다(리얼리즘에 규범적 시학의 특성을 부가해서는 안 된다)"[95]고 말하고 있다.

물론 어떤 생생한 현상 앞에 눈을 감아버리는 사람에게, 그가 그 현상을 외면하고자 하는 순간까지 정의는 부재할 수도 있다. 눈을 감고 외면해버리는 사람들에 대해 말하는 것은 결코 우연이 아니다. 내가 염두에 두는 사람들은 리얼리즘을 대할 때 "나에게는 안 보인다", "모르겠다", "정의를 보여달라"고 고집스럽게 되풀이할 뿐인 리얼리즘의 반대자들이다. 리얼리즘 형식의 다양성을 구실로 삼아, 그들은 그 존재 자체를

---

94) Ya. 엘스베르그, 「고전주의 유산의 문제와 관련된 리얼리즘 연구에서 논란이 되는 문제들」, 『리얼리즘의 제 문제』(세계문학 속의 리얼리즘이라는 주제 하에 1957년 4월 12~18일까지 이루어진 토론 자료), 모스크바, 1959, 29~30쪽.
95) G. P. 마코고넨코, 「러시아 리얼리즘은 도대체 언제 형성되었는가?」, 『문학의 문제들』, 제2권, 1965, 153쪽.

부정하곤 한다. 이 공허한 의심을 설익은 정의로 제압할 수 없다는 것은 말할 나위도 없다. 리얼리즘에 대한 심오한 묘사와 분석적 연구가 없는 한, 그 정의는 불충분할 수밖에 없다.

비노그라도프는 『예술문학의 언어에 대하여』라는 자신의 책에서 언어적 문체에서 리얼리즘의 문제를 언어학자로서 해결하고 있다. 말할 것도 없이 리얼리즘에 대한 언어학적 접근은 그것이 한 측면, 더구나 가장 중요한 것도 아닌 어느 한 측면으로부터의 접근이기에 매우 어렵지만, 오히려 바로 이것 때문에 확실한 결과를 제공해줄 수 있다. (요새가 정면공격으로 함락되는 경우는 드물지 않은가.) 이 언어학적 접근의 문예학적 의미를 보이도록 하겠다.

리얼리즘적 예술의 핍진성이 다른 예술의 그것에 대해 갖는 많은 차이 중 하나는 리얼리즘이 묘사 대상에 따라 묘사 수단을 변화시켜, 표현의 갖가지 새로운 수단을 획득하고, 문학적 규범과 싸우며, 세계와 인간, 그 행동과 심리, 주위 세계와의 연관에 대한 묘사에 있어 그 규범들로부터 자유로워질 것을 지향하는 점 등에 있다.[96] 비노그라도프는 구체적인 예를 들어가며 작가가 무엇을 묘사하는가에 따라 리얼리즘 작품의 문체가 어떻게 변화하는지를 보여준다. 리얼리즘은 묘사하고자 하는 현실에 최대한 부합하는 언어적 수단에 의한 현실 묘사를 지향한다. 비노그라도프가 지적하고 있듯이, "러시아 사회의 현대적이며 속물적인 삶을 계급적, 직업적, 기타 사회집단적 분화의 그 모든 다양성 속에서"[97] 언어적-예술적으로 반영하는 것이 리얼리즘적 체계 면에서 특징적인 것이다.

---

96) 주위 사회와 인간 사이의 관계는 정확한 형태는 아닐지라도 예술 속에 항상 묘사되어왔다. 그렇지만 왜 그런지 몇몇 이론가는 리얼리즘이 인간과 주위 환경 사이의 연관을 처음 발견했다고 말한다(예를 들어 이미 위에서 인용된, 리얼리즘의 '초석'에 대한 리쥬킨의 정의를 보라). 이것은 예술사의 구체적 사실들에 대한 부주의의 결과다.

97) V. V. 비노그라도프, 『예술문학의 언어에 대하여』, 475쪽.

리얼리즘에 있어 전형적인 것은 "묘사된 사회 층의 사회적-언어적 문체를 그 일상이나 문화, 역사와 연관된 고유한 언어적 자기 규정으로써 광범위하게 이용하고자 하는 원칙, 그리고 사회적 특성을 재현하는 데 있어 그 고유한 '목소리들'을 서술 구조 속의 대화의 형식이나, '타자'나 간접화법의 형식으로 이용하려는 원칙"[98]이다.

구콥스키가 주장하듯이 "1820년대 푸시킨에 의해 창조된 리얼리즘적 문체의 원칙에 따르면, 그 시적 발화의 구성요소는 단지 말하는 주체(시인)뿐만이 아니라 묘사되는 대상(테마)의 표현의 법칙에 종속된다."[99] 푸시킨의 리얼리즘의 점진적인 발전을 연구하면서 구콥스키는 『예브게니 오네긴』에서 "문체적 층들의 복잡한 심포니가 형성되며, 각각의 주인공은 문화의 특정한 유형의 담지자이자, 러시아의 역사적 삶의 한 시대에 국가와 민중의 일상에 대한 특정한 관계의 담지자로 등장하면서, 소설의 문체 속에 자신만의 발화적 흐름을 불어넣는다. 이것과 상응하는 몇 개의 발화적 층위가 소설 속에 존재하며, 그들은 주인공이나 작가 자신과 더불어 진화해나간다."[100]

사회적 성격을 재현하는 데 그 고유한 '목소리'를 이용한다는 원칙은, 리얼리즘이 일관되게 수행해온, 문학적 묘사의 모든 규범과의 지칠

---

98) 같은 책, 475~476쪽.
99) G. A. 구콥스키, 『푸시킨과 리얼리즘적 문체의 문제들』, 모스크바, 1957, 175쪽.
100) 같은 책, 176쪽. 푸시킨의 창작에서 묘사 수단을 묘사되는 대상에 접근시키는 다양한 방법은 비노그라도프의 『푸시킨의 문체』(모스크바, 1941)라는 책에서 자세히 연구되었다. 이 책은 푸시킨이 패러디화의 방법으로 선행 문체 체계를 파괴했다는 사실, 주인공의 구어가 그것에 특징적인 문화-세태적 다양성과 사회적 다양성에 충실하게 재현되었다는 점, 묘사의 문체적 기법이 묘사 대상에 접근하고 있다는 점 등을 보여주고 있다. 구콥스키의 『푸시킨과 리얼리즘적 문체의 문제들』이라는 책에서 푸시킨의 리얼리즘에 대한 분석의 토대가 되어준 것이 이와 같은 리얼리즘적 문체의 기본 원칙—묘사 수단의 묘사 대상으로의 접근—이다. 이와 같은 원칙적 바탕에 있어 구콥스키의 흥미롭고 내용성 있는 이 책은 비노그라도프의 뒤를 이은 것이라 할 수 있다.

줄 모르는 싸움의 본질적인 부분이다. 어떤 문학적 흐름에서도 묘사의 '신선함'에 대한 고민이 리얼리즘에서처럼 강했던 적은 없었으며, 작가적 방식의 극단적인 개인화는 바로 이 고민과 더불어 발생한 것이다.

다른 모든 사조와 달리 리얼리즘은 내용의 우위를 위하여 고정된 문체적 특징을 만들어내려는 시도와 내적으로 끊임없이 싸우고 있다. 리얼리즘 작가들의 개인적 문체가 그토록 다양한 것은 바로 이 때문이다. 비노그라도프는 "고골, 게르첸, 투르게네프, 체르니솁스키(그의 소설 작품에서), 톨스토이, 살티코프-셰드린, 우스펜스키 등과 같은 러시아 리얼리즘 문학의 대표자들"[101]의 문체의 다양성을 지적하고 있다. "우리의 위대한 작가들은 리얼리즘적 묘사라는 하나의 폐쇄된 체계에 의존하지 않았다"라고 비노그라도프는 말한다.[102]

그는 투르게네프가 톨스토이에게 쓴 편지에서 밝힌 것을 인용하고 있는데 이것은 매우 특징적이다. "진실이 손에 주어지지 않은 사람들, 그 꼬리라도 잡고 싶은 사람들만이 체계를 중요하게 생각한다. 체계란 정확히 진실의 꼬리이며, 진실은 마치 도마뱀과 같은 것이다. 꼬리를 손에 남겨 두고서도 도마뱀은 달아난다. 도마뱀은 빠른 시일 안에 다른 꼬리가 자라날 것이라는 걸 알고 있다."[103]

이와 똑같은 생각을 다른 많은 리얼리즘 작가에게서도 발견할 수 있다. 소비에트 시인인 이사콥스키에게서도 그러한 견해가 발견되는 것은 우연이 아니다. 그는 "한 사람이 쓴 시에서조차, 일단 한번 창조된 하나의 똑같은 '비밀'이 이용되어서는 안 된다. 그런 '비밀'이란 있을 수 없다. 시인의 개개의 작품마다에는——물론 그것이 진실로 훌륭한 것이라면——그것만의 고유한 '비밀'이 있다."[104]

---

101) V. V. 비노그라도프, 『예술문학의 언어에 대하여』, 437쪽.
102) 같은 책, 506쪽.
103) 톨스토이와 투르게네프, 『서간집』, 모스크바, 1928, 31쪽(비노그라도프의 인용).
104) M. 이사콥스키, 「시의 '비밀'에 대하여」, 『작가의 노동에 대하여』(소비에트

비노그라도프는 도스토옙스키의 초기 저작을 예로 들어 리얼리즘 작가가 표현의 문체적 수단을 묘사되는 대상에 맞추면서 어떻게 문체적 규범과 싸우는지를 보여준다. 그는 마카르 제부슈킨의 언어적 자기발견의 수단을 분석한다. "제부슈킨의 말은 그 사회적-표현적 뉘앙스가 '늙고 무식한' 9등관의 형상으로 직접적으로 결과짓거나, 그 구조에 모순되지 않고 그것을 망가뜨리지 않는 말이나 문장, 그 구성적 변주들 속에서 구축된다. 제부슈킨의 말의 기본은 도시의 구어적 '속어'이며, 19세기 도시의 일상어의 형성과 발전에서 중요한 역할을 해온 하급관리 계층 특유의 어법은 여기서 중요한 구성부분이 된다."[105] 더 나아가 비노그라도프는 제부슈킨 말의 각각의 단위에서 드러나는 사회적 성격이나 심리의 특성을 규명하여, 리얼리즘 작품의 구조에서 이루어지는, 이념적 요소와 발화적 요소 간의 문체적 종합을 이해하도록 해준다.

묘사 수단이 묘사 대상에 접근하는 가장 대표적인 형태는 작가의 형상이나 화자, 그의 언어적 자기규정이 작품의 주제와 상응하는 것에서 드러난다. 다른 모든 문학사조에서 작가의 형상이 별다른 움직임 없이, 작품 위에 그리고 그 테마 위에 서 있는 것처럼 나타나는 반면(여기서 작가가 가장 흔히 취하는 태도는 웅변가, 철학자, 삶의 재판관, 영감을 얻은 시인 등이다), 리얼리즘에서 작가의 형상은 작품의 주제와 등장인물에 가능한 가깝게 존재하고자 한다. 이러한 경향은 이미 푸시킨에서 명백하며, 고골, 도스토옙스키, 레스코프 등의 작품에서는 한층 더 결정적이다. 때로 이 작가의 형상은 은폐되거나(체르니솁스키에서처럼), 둘로 분열되기도 한다(도스토옙스키의 「가난한 사람들」에서처럼).

이야기를 전개시키는 마카르 데부시킨의 형상은 한편으로는 등장인물과 작가의 결합을 볼 수 있는 가난한 관리의 형상이다. 다른 한편으로 데부시킨 속의 작가는 가난한 관리의 형상에서 분리된다. 도스토옙스키

작가들의 논문과 발표문 선집), 모스크바, 1953, 77~78쪽.
105) V. V. 비노그라도프, 『예술문학의 언어에 대하여』, 478~479쪽.

는 데부시킨에게 가난한 관리에 절대로 전형적이지 않은, 벨린스키나 마이코프 식의 사고를 부여했다. 데부시킨은 '화자'이자 '작가'이며 이 두 가지 형상은 서로 다르다. 이 이원화는 서술 대상에 대해 더 잘 판단하기 위해서 필요한 것이다.

리얼리즘 작가는 다양한 관점을 가늠해 '더 잘 보이도록' 해주는 관점을 선택하는데, 전망을 허락하고 서술에 필수불가결한 '입체성'을 부여하기 위해 무엇보다 자주 두 개의 관점('두 개의 눈')을 가지는 것처럼 보인다. "실제로 작가로부터의 발화적 거리에 기반한 '화자'는 자신을 객관화하고 그것에 의해 등장인물을 무력화시키며, 주관성의 낙인을 등장인물의 발화 위에 새긴다. 그 결과 화자의 형상은 때로 '작가의 형상'의 경계까지 확장되면서 동요한다. 화자의 형상과 '작가'의 형상 사이의 상호관계는 하나의 이야기의 구성의 영역에서조차 역동적인 것이다. 이것은 가변 변수다. 이 상호관계 형식의 역동성은 스카즈의 기본적인 언어 영역의 기능을 끊임없이 변화시키고 그들을 동요하게 만들며 의미상의 다차원성을 야기한다. 화자와 작가의 얼굴은 서로가 서로를 덮고(더 정확하게는 바꾸어 덮고), 서로가 서로를 대체하면서 등장인물의 형상과 다양한 관계에 진입한다"[106]고 비노그라도프는 말한다.

그에 의해 묘사된, 화자의 형상과 작가의 형상 간의 동요하는 관계는 리얼리즘을 관통하는 역동성에 매우 특징적인 것이다. 다른 사조에서 작가의 형상은 좀 덜 동적이며, 묘사 대상과의 관련도 더 약한 반면, 리얼리즘에서는 그 동적인 특성과 기능성이 묘사 수단의 묘사 대상으로의 역동적 접근을 보여주는 가장 흥미로운 형식 중 하나가 된다.

이와 같이 리얼리즘적 작품의 문체는 작가가 무엇을 묘사하고 있는지에 따라 변화한다. 심지어 하나의 동일한 작품에서도 이 문체는 바뀌며, 더 나아가 이것은 리얼리즘 작품에서 처음으로, 현실에서 그들이 말하는 것과 똑같이 말을 하기 시작한 등장인물들의 발화에서뿐만이 아니라

---

106) 같은 책, 123쪽.

작가적 서술의 경우에서도 그러하다.

구콥스키는 푸시킨의 「청동의 기사」에 나타나는 '변신성'에 주목했다. 그는 이것을 작품의 각 부분——예브게니나 표트르, 청동의 기사에 대한 말——의 다양한 문체에서 고찰했다. 이와 관련하여 구콥스키는 심지어 이것이 "한 사람의 말이 아니라 보편적인 러시아의 발화다"[107] 라고까지 주장했다.

또 리얼리즘에는 그 문체 속에 그와 다른 문학사조의 문체적 요소들이 존재할 가능성과 같은 복잡한 현상이 존재한다(이것은 이 글의 뒷부분에서 중요한 문제가 될 것이다). 다른 사조의 문체적 요소가 리얼리즘적 작품의 내부에 존재할 수 있다는 사실은 「청동의 기사」가 증명해준다. 품판스키의 「청동의 기사」에 대한 연구에 기반해 구콥스키가 제대로 지적하고 있듯이,[108] 표트르의 주제는 '고전주의의 정신'이 깃든 서사시의 영향 속에 있다.

다양한 규범과 상투성, 문체의 고정된 특성으로부터의 리얼리즘의 자기 정화 능력은 리얼리즘 속에서 문학적 비평이 차지하는 예외적 역할로 지탱된다. 어떤 다른 문학사조에서도 비평이 리얼리즘에서만큼 그렇게 뚜렷한 자리를 차지한 것이 없었다. 다른 모든 문학적 사조에서 규범은 어느 정도 적법한 것이다. 반면 리얼리즘에서 규범은 적이다. 창조의 관성의 결과 자연발생적으로 발생한 문학적 상투어들은 감추어져야 하고, 은밀하게 침투한다. 핍진성은 단지 비밀스럽게만 진실을 대체할 수 있다. 상투성의 노출은 그 근절이나 다름없다. 비평의 과제 중 하나는 상투성의 발생과의 투쟁이자 경직화의 시작과의 싸움이다. 리얼리즘에 비평이 그렇게 중요한 이유가 바로 이것이다.

비노그라도프는 특히 체호프나 고리키 같은 리얼리즘 작가들에게서 보여지는 상투성에 대한 패러디의 풍부한 예를 들고 있다. 상투성과의

---

107) G. A. 구콥스키, 『푸시킨과 리얼리즘적 문체의 제 문제』, 410쪽.
108) 같은 책, 407쪽.

싸움은 단지 문학 속 리얼리즘의 전형적인 특징일 뿐만 아니라, 그 삶의 필연성이기도 하다. 물론 이 싸움은 언어와 문체뿐만 아니라 플롯에 나타나는 갖가지 상투성과도 관련이 있는데, 이것은 특히 쿠프린의 잘 알려진 이야기 「명령에 따라」에서 설득력 있게 입증된다.

「창작 방법과 예술적 문체에 대하여」라는 논문에서 드네프로프는 다음과 같이 말한다. "리얼리즘적 방법 이전에 **보편적 문체**가 지배적이었다면, 리얼리즘적 방법에서는 **개성적 문체**가 지배적이다."[109] 이러한 시각은 옳은 것이지만 확장할 필요가 있다. 문학적 규범 체계나 '보편적 문체'와의 싸움은 개인적 창작 내부에서도 진행된다. 리얼리즘 작가들은 자신의 고유한 문학적 규범에서조차 자유로워지기를 갈망하며, 자신의 고유한 문체를 다양하게 만들고 변화시키기를 지향한다. 『안나 카레니나』에서의 톨스토이의 문체는 「세바스토폴 이야기」에서의 문체와 다르며, 『부활』에서의 문체는 『안나 카레니나』와 또 다르다. 시대의 언어, 등장인물의 언어에 근접하려는 시도, 주인공의 직접화법에 나타나는 개성적 특성 등 이 모든 것은 작가의 개인적 문체에 대한 작은 거부의 일종으로, 이들은 자신을 반복하지 않으려는 리얼리즘 작가들의 보편적인 갈망과 결합되어 있다.

지금 이 주제를 더 논하지는 않을 것이다. 규범에 의존하는 다른 모든 사조와 리얼리즘이 갖는 날카로운 차이는 논쟁의 여지가 없다. 리얼리즘이 어떤 의미에서 '영원한' 반면, 다른 사조가 어느 정도 일시적이라 말할 수 있는 이유가 바로 여기에 있다. 비(非)리얼리즘적 체계 속에서 창조된 위대한 작품들은 불멸의 것이지만, 똑같은 형태로 결코 반복될 수 없는 사조 자체는 그렇지 않다.

반면 리얼리즘은 영원히 새롭다. 왜냐하면 리얼리즘은 현실의 묘사에 있어서 이 현실에 근접한 표현을 끊임없이 탐색하기 때문이다. 현실이

---

109) 『별』, 제2권, 1958, 220쪽. 또한 V. 드네프로프, 『리얼리즘의 문제들』, 레닌그라드, 1961, 277~280쪽 참조.

움직이기에 리얼리즘도 움직이는 것이며, 그 형식과 그 모습이 변화한다. 리얼리즘은 정말로 역동적이다. 일군의 현대 문예이론가들이 리얼리즘을 보수적이고 낡은 예술로 간주하는 것이 잘못된 이유가 여기에 있다.

리얼리즘은 그 본성상 낡은 것이 될 수 없다. 리얼리즘은 스스로를 끊임없이 갱신해나가는, 자신의 문체적 기법, 공식, 플롯의 구성 등을 반복할 수 없는 사조다. 리얼리즘의 개별적 형태나 개인적 방식, 기법 등이 낡은 것이 될 수는 있다 하더라도, 리얼리즘의 역동성 자체는 남는다. 묘사의, 묘사되는 대상으로의 움직임은 남는다. 리얼리즘 작가는 늘 묘사의 새로운 수단을 발견하고 자신의 문체적 결론을 거부하도록 강제된다. 바로 이것에 의해서 리얼리즘 자체는 낡은 것이 될 수 없다.

리얼리즘의 주된 장르는 소설이다. 소설은 다른 장르, 특히 드라마에도 영향을 미친다. 바흐친은 「서사시와 소설」이라는 매우 흥미로운 논문을 썼다. 그는 소설에 대해 그것은 "본성상 규범적이지 않으며, 스스로를 연구하고 자신의 모든 축적된 형식을 검토하는, 영원히 탐구하는 장르다. 변화하는 현실과의 직접적인 접촉의 영역에서 구성되는 장르만이 그러할 수 있다. 따라서 다른 장르의 소설화는 그것을 낯선 장르적 규범에 종속시키는 것이 아니라, 오히려 그것의 고유한 발전을 방해하는 모든 관습적이고 과장되고 비현실적이며 죽어버린 것으로부터 그들을 해방시키는 것이자, 그것을 소설과 함께 어떤 진부한 형식의 양식화로 변질시키는 모든 것으로부터 해방시킴을 의미한다"[110]고 말했다.

리얼리즘적 소설에 대해 위와 같은 규정을 내린다는 점에서 바흐친은 절대적으로 옳다. 그러나 리얼리즘의 본성을 장르로서의 소설 전체에 일반적으로 적용한다는 점에서는 그는 옳지 않다. 기사소설이나 고대 그리스 소설의 경직된 형식을 상기해보자. 바흐친은 아주 무리하게 이

---

110) M. 바흐친, 「서사시와 소설—소설 연구의 방법론에 대하여」, 『문학의 문제들』, 제1권, 1970, 121쪽.

들에게도 리얼리즘적 소설의 특성을 부가한다. 하지만 바흐친에 의해 리얼리즘적 소설의 특성으로 지적된 것은 리얼리즘에서 나온 것이지, 소설이라는 장르 자체에서 나온 것이 아니다. 소설 일반의 가변성의 불변성을 강조하는 바흐친의 개념 속에는 일정 정도의 비(非)역사성이 존재한다.

관성화된 형식이나, 일단 한번 묘사의 수단으로 선택된 것들로부터의 리얼리즘의 '자기정화', 생생하게 늘 새로워지는 내용과, 경직화되기 쉬운 형식 간의 치열한 싸움이 리얼리즘 발전의 내적인 힘을 형성한다. 새로움의 추구, 내용과 형식의 혁신을 향한 리얼리즘의 지향은 매우 자주 모든 예술의 특성으로 간주되곤 한다. 그것이 무척이나 당연하게 여겨지고 우리는 그만큼 거기에 익숙하다. 시클롭스키는 도스토옙스키에 대한 책에서 다음과 같이 썼다. "예술은 스스로 움직이면서, 대립과 변화를 통해 자신이 이해하고 연구하는 삶의 경계를 확장시킨다."[111] 실제로 '삶의 경계를 확장시키는' 이러한 속성은 압도적으로 리얼리즘에 속한 것이다.

'금지된' 주제 영역으로 점차적으로 침입하는 것은 리얼리즘적 예술의 전형적인 특징이다. 다른 모든 사조에 이런 특징은 존재하지 않는다. 예술은 새로운 영역으로, 그러나 지배적인 사조에 반(反)하여 침입해 들어간다. 새로운 주제를 도입하고 새로운 사조를 창조함과 동시에 예술은 기존의 사조와 그 문체적 체계를 파괴한다.

앞으로의 논의에서 가장 중요한 것은 현실에 대한 예술적 인식의 귀납적 방법이 리얼리즘에 고유하다는 사실이다. 구콥스키는 리얼리즘에서 "이미 고전주의 시대와 같은 추상적-연역적 분석이 아니라, 생생한 경험의 풍부한 재료들을 고찰의 대상으로 이끄는 분석, 즉 사고의 귀납적 과정이 없는 분석, 다양한 상황에서 주인공의 행동을 검토할 목적으

---

111) V. 시클롭스키, 『찬성과 반대─도스토옙스키에 대한 언급들』, 모스크바, 1957, 92~93쪽.

로 한 관찰의 총합과 실험까지를 포함하는 분석이 예술에 열렸다"[112]고 말하고 있다. 따라서 리얼리즘 작가의 창작에 있어 현실에 대한 그들의 개인적 관찰이나 일기, 일상 대화를 기록한 수첩 등이 그렇게 큰 의미를 가지는 것은 우연이 아니다. 이것이야말로 젊은 플로베르가 "더 멀리 갈수록 더 과학적이다"라고 썼던 바로 그 예술이다. 리얼리즘의 과학성에 대해서는 졸라, 텐, 생트뵈브 등 많은 사람이 논했다. 인식의 방법으로서의 예술에 대해서는 체르니솁스키도 말하고 있다. 리얼리즘의 이와 같은 과학성은 위에서 이미 언급한 리얼리즘의 지향, 즉 묘사 수단의 묘사 대상으로의 최대한의 접근에 대한 지향과 엄밀한 상응관계에 놓인다. 리얼리즘 미학에서 중요한 것은 이와 같은 '현실과의 상응'이다. 리얼리즘 미학에 있어, 현실이 예술보다 우위에 있다는 체르니솁스키의 원칙이 그토록 중요한 이유가 바로 이것이다.

리얼리즘적 예술은 아직 발견되지 않았던 것을 발견하고, 아직 묘사되지 않았던 것을 묘사하고자 하며, 가능한 깊게 현실에 침투하기를 원한다. 새로운 주제, 현실의 새로운 측면에 대한 부단한 탐색으로 결론지어질 수 있는 리얼리즘의 이러한 특징은, 새로운 묘사 수단의 지칠 줄 모르는 창조와 결합되어, 창조의 영원한 다양성과 영원한 발전의 가능성을 열어준다.

근대의 재료에만 익숙한 문학이론가들은 리얼리즘의 자기완성을 향한 이러한 독특한 능력이 중세 문학 전문가들에게는 얼마나 비범하고 풍요로운 것인지 상상조차 할 수 없다. 리얼리즘과 혁명 이데올로기 사이의 관련성에 대해 소비에트 문예학자들이 주장하는 것은 비노그라도프가 가정한 것과 같이[113] 선험적인 것이 아니라 리얼리스트의 고전에 대한 연구 경험에 기반해 도출된 귀납적인 것이며, 개별적으로 보여지는 예외들이 이 주장을 동요시킬 수는 없다. 실제로 권위를 전복시키는 혁명

---

112) G. A. 구콥스키, 『푸시킨과 리얼리즘적 문체의 제 문제』, 334쪽.
113) V. V. 비노그라도프, 『예술문학의 언어에 대하여』, 438~439쪽 참조.

적 이데올로기는, 규범과의 투쟁, 모든 새로운 것, 현실의 새로운 영역
으로의 부단한 침투를 향한 리얼리즘적 지향과 흡사하다. 리얼리즘은
모든 경직된 것과 싸우고, 현실과 결합하기 위해 용감하게 나서고, 현실
에 대한 귀납적 인식을 지향하기에 리얼리즘적 예술의 역할은 늘 혁명
적인 것이다.

리얼리즘의 예술적 본성은 리얼리즘 작가들의 세계관의 진보성과 늘
밀접하게 결합되어 있다. 잘 알려져 있듯이 모든 리얼리즘 작가가 혁명
파인 것은 아니다. 예를 들어 도스토옙스키의 리얼리즘과 그의 세계관
을 어떻게 관련지을 수 있는가? 이 문제를 직접적으로 제기한 것은 비
노그라도프다. 그는 "그렇다면 도스토옙스키의 리얼리즘이나 톨스토이
의 리얼리즘은? 투르게네프나 부닌의 리얼리즘은? 그들 모두가 세계에
대한 혁명적 관점에서 발생한 것인가?"[114]라는 질문을 던진다. 우리가
리얼리즘 작가의 세계관, 특히 도스토옙스키의 그것을 깊이 연구한다
면 이 문제는 완전히 해결될 수 있다고 생각한다. 물론 작가의 세계관은
그가 어디선가 직간접으로 밝힌 사상의 총합으로 귀착되지는 않는다.
작가의 창작과 밀접히 연관되어 그 속에 표현되는 사상이 있고, 작가에
대해 다소간 외적인 사상도 존재한다. 도스토옙스키 자신도 단순히 사
상에 대해서가 아니라 사상-감정에 대해 말했고, 후자를 전자보다 선호
했다.

그러나 잘 알려진 바와 같이 이 문제는 대단히 복잡하다. 단지 작가의
세계관을 철학자의 세계관과 똑같이 바라보아서는 안 된다는 말을 하고
싶다. 동시에 작가의 세계관에서 그 생생한 (그리고 때때로 매우 가치
있는——특히 19세기와 같은 상황에서) 모순을 제거해서는 안 된다. 시
클롭스키는 도스토옙스키에 대한 자신의 책을 『찬성과 반대』라고 명명
했다. 더불어 리얼리즘의 예술적 방법을 작가의 정치적이거나 철학적
견해와 혼동하는 것은 절대적으로 불가능하다. 이런 점에서 비노그라도

---

114) 같은 책, 443쪽.

프가 "예술의 이런저런 영역의 예술적 방법으로서의 리얼리즘을 하나의 관점으로 귀착시킬 수 없다"[115]고 주장했을 때, 그는 전적으로 옳다. 아마도 독자들은 19~20세기 리얼리즘적 문체의 특정한 속성과 관련되어 발생하는 다른 복잡한 예들을 상기할 수 있을 것이다.

내가 리얼리즘을 다른 모든 예술의 흐름과 대립시키고, 위에서 든 예들이 '리얼리즘-반(反)리얼리즘'이라는 악명 높은 이론을 뒷받침하는 것 같은 인상을 독자들이 받았을 수도 있겠다. 사실은 그렇지 않다. 우리는 위에서 문학적 규범과의 항상적인 투쟁이 리얼리즘에 고유한 것이라는 사실, 리얼리즘적 예술은 부단한 변혁을 요구한다는 사실(바로 이 때문에 리얼리즘적 예술과 진보적 이념 사이에 자연스런 연관이 만들어진다는 것)을 살펴보았다. 그러나 그렇다고 해서 규범에 기반한 문학적 흐름이 창조적 계기를 결여하고 있다고 상상하는 것은 그릇된 것이다.

규범 확립으로의 지향은 규범 보존의 지향과는 구별되어야만 한다. 비(非)리얼리즘적 문학 조류에서도 새로운 것과 낡은 것의 투쟁이 벌어지지만, 그 투쟁은 대부분 새로운 규범이 낡은 규범과 싸우는 것으로 귀결된다. 물론 이 새로운 규범은 낡은 것보다는 현실을 더 잘 '받아들인다.' 게다가 규범들의 체계 자체가 현실에 대한 예술적 인식을 도와주는 유용한 요소가 될 수 있다. 문학적 규범 확립에 대한 지향은 일반화의 도움으로 인간이 자신의 인식과 지각을 체계화하려는 시도, 창작의 효율성에 대한 지향에 부합하는 것이다. 규범은 기호이며, 일정한 감정과 표상을 불러일으키는 신호다. 고전주의와 낭만주의는 이것을 이용했다. 규범과 상투성은 항상 구별되어야 한다.[116]

나아가 문학적 조류가 역사 밖에서, 즉 그것이 대체하는 흐름과 그것을 뒤따르는 흐름 밖에서 고찰되어서는 안 된다. 문학적 규범의 낭만주의적 체계는 그것이 대체한 고전주의적 체계에 상당 부분 대립한다. 당

---

115) 같은 책, 442쪽.
116) 고전주의와 낭만주의의 규범에 대해서는 L. Ya. 긴즈부르그, 『서정시에 대하여』, 모스크바-레닌그라드, 1964, 10쪽과 그 이후를 참조하라.

시 낭만주의적 체계의 역할은 진보적인 것으로, 현실에 대한 인식, 문학적 주체의 범위, 표현 수단의 폭 등을 확대시켰다. 그러나 낭만주의의 진보성이 부정적인 것이었기에 이 체계는 통일적이지 않은 것으로 인정되었다. 낭만주의 속에 몇 가지 유사한 규범 체계가 발생하고 그 일부가 (절대적인 것이 아니라) 상대적으로 보수적인 것으로 드러날 수 있었던 이유가 바로 여기에 있다.

그러나 리얼리즘은 고전주의, 감상주의, 낭만주의, 표현주의, 상징주의 등과 같은 다른 조류와 같지 않다. 언어 자체가 이에 저항한다. 우리는 "그는 뭔가의 묘사에 있어서 대단한 리얼리즘을 이루어냈다"[117]고 말할 수는 있지만, "그는 대단한 고전주의를 달성했다"라거나 "대단한 감상주의를 이루어냈다"고 말할 수는 없다. 넓은 의미에서의 '리얼리즘'이란 단어는(예술의 사조가 아니라 그 어떤 특성으로서) 언어 속에 들어왔고, 몇몇 이론가의 지시에 의해 그것이 내몰릴 수는 없다. 아울러 문학이론가들은 넓은 의미에서의 '리얼리즘'이라는 단어가 다양한 시대에 적용되었고 예술연구가의 저작들에서 끊임없이 발견돼왔다는 사실을 고려해야만 한다. 예술의 일반적 문제와 관련된 것에 대해서는 문학이론가와 예술학자 간의 용어의 보편성이 있어야만 한다.

리얼리즘이 엄격하게 규정된 어떤 문체와 동일시될 수 없으며, 여기에 그것과 고전주의나 낭만주의 같은 다른 문학사조 사이에 큰 차이가 존재한다. 새로운 문체에 대한 부단한 탐구는 리얼리즘의 독특한 '변신성'을 형성한다. 리얼리즘은 "문체가 아니라 방법"이라고 드네프로프는 말했다. "묘사되는 대상의 본성에 적합하게"[118] 다양한 문체적 변환, 다양한 기법과 형식을 활용하면서도, 리얼리즘은 자기 자신으로 남을 수

---

117) 다음의 언급과 비교해보라. "카람진은 자신의 단편소설에서 우리의 비속한 삶의 일상적 측면에 대한 대단한 리얼리즘과 정교함을 이루어냈다"(N. 아포스톨로프, 「낭만주의자-역사가로서의 카람진」, 『인민 계몽부 잡지』, 1916년 4월호, 203쪽).

118) V. 드네프로프, 『리얼리즘의 제 문제』, 280쪽.

있는 능력을 충분히 증명해보였다.

*　　*　　*

이제 고대 러시아 문학의 리얼리즘적 요소로 돌아가자.

위에서 나는 고대 러시아 문학에서 리얼리즘적 성격이 가장 분명하게 드러나는 예만을 들었지만, 리얼리즘적 요소는 개개의 설교, 즉 사회의 나쁜 습속에 대한 시각적으로 구체적인 묘사(음주, 게으름, 사치, 여자의 사악한 성품 등)나, 연대기나 순례기의 사실 기록적 이야기, 러시아 사신의 외교문서 등에 존재한다. 이 리얼리즘적 요소는 결코 우연이 아니다. 그들은 중세 문화의 독특한 얼굴 속에 가장 중요한 특징을 도입한다.

우리가 이 현상들을 '리얼리즘적'이라 부르는 것은 타당할까? 물론 모든 용어는 조건적이다. 나는 '리얼리즘'이라는 개념에 의존하지 않았으면 했지만, 두 가지 이유로 '리얼리즘적 성격'이라는 용어를 거부할 수 없었다. 첫 번째는 정말로 중요한 현상에 대해 이 용어를 대신할 만한 것을 찾지 못했기 때문이고, 두 번째는 이 용어가 '리얼리즘'이라는 개념과 친밀하여 상황의 본질을 잘 반영해주기 때문이다.

비노그라도프가 말했던 리얼리즘의 특성 자체에 주목해보자. 리얼리즘에는 표현의 수단이 묘사 대상에 접근하려는 경향이 존재한다. 이 특성은 물론 주된 것은 아니지만 몹시 중요하고 전형적인 것이다. 중세 문학의 그 근본적인 경향은 여기에 대립적이다. 중세 문학은 고정된 문학적 규범과 '문학적 에티켓'을 지향하고, 묘사 대신 지시를, 은유 대신 상징을 지향한다. 그러나 종교적 세계관의 특성에 의해 조건지어진 중세의 이와 같은 문학적 체계는 일관된 것이 아니다. 중세 문학에서 이 체계의 파괴는 항상적이며 합법칙적인 것이라 말할 수 있다. 중세의 귀납적 사고는 끊임없이 연역적 경험, 선취된 도식과 투쟁한다. 이것은 삶과 실제의 요구이며, 다른 식으로는 존재할 수도 없다. 문학에서도 의식적으로 표현 수단을 현실과 '삶의 방식'에 근접시키는 사실기록적 묘사가 문학적 규범 체계와 끊임없이 투쟁한다.

현실에 대한 중세적 관점과 그 관계의 비일관성은 리얼리즘적 요소가 예술적 창조에 침투할 수 있는 가능성을 준다. 몇 가지 공통된 특징에 나타난 이 리얼리즘적 요소들은 정말로 리얼리즘과 닮아 있다. 그들은 묘사의 중세적 규범을 몰아내고 표현 수단을 묘사되는 주제에 접근시킨다. 그 속에서 공후는 공후처럼 말하며, 때때로 진정한 자신만의 언어로 말한다. 민회의 말들은 실제 현실에서처럼 말해지며, 자신의 모든 특색을 보존한다. 그 말들은 마치 언젠가 한 번 들었던 것이거나 삶 속에서 들을 수 있는 같은 말들이다. 사신을 통해 전해진 말에 대해서도 동일한 것을 말할 수 있다.[119] 결국 우리가 이미 살펴본 바와 같이, 이러한 리얼리즘적 요소들은 작품 속에 아무 목적 없이 도입되는 것이 아니라, 현실을 변화시키고 독자들에게 공후들의 내분에 대한 증오를 불러일으키고, 공후들의 분란을 멈추게 하고, 독자들이 죽은 공후들 중 통일의 염원을 가지고 있던 훌륭한 공후들과 그들의 유훈, 유언에 대한 존경심을 갖도록 하기 위해 도입된 것이다.

위에 열거된 고대 러시아 문학의 '리얼리즘적 요소'에 대한 모든 예는 바로 그와 같다. 그들은 명확한 목적을 가진 것이다. 중세 문학에서의 리얼리즘적 요소의 출현은 중세 문학이 다문체적이라는 상황에 의해 더욱 용이해진다. 문체들이 한 작품 안에 공존한다. 중세 문학은 비일관적이다. 이 비일관성이 문학 속에 리얼리즘적 요소가 침투하는 것을 가능하게 만들며, 더 나아가 위에서 이미 지적한 바와 같이, 최고로 발현된 리얼리즘적 성격 자체가 문체의 통일성과 싸우고 현실 묘사의 일정한 규범을 확립하려는 모든 시도와 투쟁한다. 다른 임의의 사조의 요소들을 중세에 미리 예측하는 것이 힘든 이유가 여기에 있다. 자신의 문학적

---

119) 더 자세한 사항에 대해서는 D. 리하초프, 「11~13세기 러시아 사신의 관습」, 『역사적 기록』, 제18권, 모스크바, 1946 참조.

규범 체계에 기반하는 다른 사조는, 그것이 무엇이건 간에, 바로 이러한 점에서 작품의 통일성을 요구한다. 다른 문학적 사조의 체계를 세분하는 것은 어렵다. 반면 리얼리즘적인 것은 작품 속에 조각으로, 단편으로, 부분적 요소로 침투할 수 있으며, 더구나 중세는 이미 우리가 지적한 바 있듯이 그 본성상 비일관적인 것이다.

중세의 문학적 규범 체계는 창작의 대상에 연역적으로 축적된다. 고대 러시아 문학의 묘사가 그렇게 단조로운 것은 이 때문이다. 그러나 이와 나란히 그 문학 속에는 귀납적인 예술적 창조 역시 살아 있다. 문학 속으로 생생한 관찰이 들어오고 묘사가 묘사되는 대상에 종속된다. 무엇보다 현실에 대한 귀납적인 예술적 묘사의 침투는 이 현실에 대한 비판적 관계와 결합된다. 그 관계는 세계에 대한 종교적 이상화에 대립된다.

현실에 대한 객관적 묘사와 경험적 인식이 필요한 곳, 현실의 변화가 요구되는 곳에 리얼리즘적 요소가 출현할 수 있다. 그리고 이러한 리얼리즘적 요소를 단순하게 '핍진성'이나 '문서적 성격'이라고 부를 수 없다. 서류는 리얼리즘의 요소를 갖지 않는다. 현실에 대한 최상의 묘사와 현실의 변화를 위해 노력하며, 독자들이 묘사의 수단을 묘사되는 대상에 접근시키도록 하고 현실에 대한 가상을 창조하고 문학적 규범 체계와 절연하도록 만들기 위해 노력하는, 그러한 의식적이고 합목적적인 창조가 있는 곳에 리얼리즘적인 것은 출현한다.

리얼리즘은 묘사 대상의 영역을 끊임없이 확장하는 것과 관련되지만, 이미 살펴본 바와 같이 중세에 이 영역은 아직 매우 협소하다. 부단한 규범 파괴는 아직 그 철폐에 도달하지는 못하고 있다. 리얼리즘적 요소의 '파괴적' 작업의 진보성은 아직 매우 제한적이다. 중세에 진정한 리얼리즘의 출현을 위한 토대가 부재한 이유가 여기에 있다. 리얼리즘적 요소는 아직 리얼리즘은 아니지만, 지적된 몇 가지 일반 특성은 용어들 간의 친화성에 정당성을 부여한다. 중세에 전형적인 형식으로 나타난 리얼리즘적 요소들은 문학적 사조들의 출현과 함께 사라지지만, 그 요소들의 참여 속에 창조된 중세 러시아 문학작품들은 지금까지도 그 예

술적 힘으로 우리를 감동시킨다. 이미 위에서 언급된 사제 아바쿰의 「생
애전」과 17세기의 뛰어난 서사시인 「고레-즐로차스티 이야기」가 그 예
가 될 수 있겠다.

제3장 문학적 기법의 시학

은유-상징

중세의 언어 예술과 미술은 자연현상과 역사, 글을 상징적으로 해석하고자 하는 경향으로 가득하다. 이미 헬레니즘 시기의 후기 그리스인들은 자신들의 신화를 상징적으로 해석하려는 모습을 보여준다.[1] 구약성서와 신약성서에 대한 상징적인 해석은 이미 교부들의 저작들 속에 나타나고 있으며[2] 후기 그리스 철학의 영향을 받아 알렉산드리아에서 커다란 의미를 획득하게 되는데, 여기서 상징적 해석은 구약성서의 모든 사건을 상징적으로 해석했던 오리게네스의 철학 속에서 체계가 된다.[3] 오리게네스는 「모세 5경」, 「여호수아서」, 「사사기」, 「열왕기 상」,

---

1) 고대 기독교 상징주의의 발생에 대한 문헌은 매우 방대하다. 몇몇 작품만 언급해두기로 하겠다. P. A. 프레오브라젠스키, 『고대 기독교 옹호자들의 저작―타티안』, 상트페테르부르크, 1867, 38쪽(고대의 신들에 대한 타티안의 비유적 해석), 93~101쪽(고대의 신들에 대한 아퍼노고르의 비유적 해석); Auber, *Histoire et théorie du symbolisme religieux et depuis le christianisme*, 1~4 vols., 2ed., Paris, 1884; Cope Gilbert, *Symbolism in the Bible and the Church*, London, 1959.

2) 「히브리서」(9장과 6장 3절), 「고린도전서」(10장 6절), 「갈라디아서」(4장 24절), 「베드로전서」(3장 20~21절) 등에 나타나는 구약성서와 신약성서에 대한 상징적인 해석을 보라. 복음서에서 그리스도의 3일간의 죽음은 요나가 고래 뱃속에 있던 것과 비교되며(「마태복음」, 7장 40절), 십자가에 못 박힘은 모세가 구리 뱀을 든 것과 비교된다(「요한복음」, 3장 14절).

「욥서」, 「잠언」, 선지자들의 서(書) 그리고 신약성서를 상징적으로 해석한다. 성서에 대한 이러한 상징적인 해석의 토대를 아우구스티누스는 다음과 같이 탁월하게 표현한 바 있다. "신약성서를 계시하지 않는다면 어떻게 구약성서일 것이며 구약성서의 계시가 없다면 또 어떻게 신약성서가 될 수 있을 것인가?"[4] 가령 구약성서의 불에 타지 않는 숲, 게데온의 홀장, 수산나, 유디트 등은 성모의 원형들이 된다. 러시아에서 인기를 누렸던 안드레이 크리트스키의 성모 탄생에 대한 말씀에는 성모에 대한 74가지 상징들이 등장한다.[5]

구약성서와 신약성서에 대한 상징적인 해석의 뒤를 이어 중세의 상징화 사유는 동유럽과 서유럽을 막론하고 모든 자연현상을 같은 방식으로 해석한다. 중세적인 사고에 따르면 역사적 사실이나 자연적 현상 자체는 읽어야만 하는 문자일 따름이다. 자연, 이는 제2의 계시이자 제2의 글인 것이다. 인간적 인식의 목적은 자연현상의 비밀스럽고도 상징적인 의미를 밝히는 것이 된다. 모든 것은 비밀스러운 의미와 비밀스러운 상징적인 관계로 가득하다. 가시적인 자연, 이는 "신의 펜으로 씌어진 책과도 같도다."[6]

전 세계는 상징들로 가득하며 각각의 현상은 이중적 의미를 갖고 있다. 겨울은 그리스도의 세례에 앞서는 시간을 상징한다. 봄, 이는 삶의 문턱에서 인간을 새롭게 해주는 세례의 시간이다. 이외에도 봄은 그리스도의 부활을 상징한다. 여름은 영생의 상징이다. 가을은 최후의 심판

---

3) 신약성서와 구약성서에 상징적인 해석을 부여한 최초의 기독교 작가는 순교자 유스틴(2세기)이다. P. A. 프레오브라젠스키, 『고대 기독교 옹호자들의 저작─성(聖) 유스틴의 저작』, 모스크바, 1864를 보라.
4) "Quid enim guod dicitur Testamentum Vetus nisi occultatio Novi? Et quid est aliud quod dicitur Novum nisi Veteris revelatio?" (De Civitate Dei, lib. XVI, cap. XXV). 『히포의 주교 성(聖) 아우구스티누스의 저작, 제5부』, 키예프, 1907, 188쪽.
5) 『대(大)체티 미네이』, 고고학단 출판, 1(10월), 1868, 389쪽.
6) Vincent de Beauvais, *Speculum naturale*, lib. 29, cap. 23. Mâle E., *L'Art religieux du XIII-e s*, en France, Paris, 1898, 33쪽에서 재인용.

의 상징이다. 가을은 모든 사람이 그 자신이 뿌린 대로 거두게 되는 세상의 종말에서 그리스도가 소집하는 송사의 시간이다. 전체적으로 일년의 사계는 사복음서에 상응하며 일년의 12개월은 12사도에 상응한다. 비가시적인 것을 통해서 가시적인 것이, 가시적인 것을 통해 비가시적인 것의 의미를 획득하게 된다. 가시적인 세계와 비가시적인 세계는 책을 통해 밝혀지는 상징적인 관계를 통해 통일된다. 중세의 '학문'과 중세의 예술의 주요 목적 또한 바로 이러한 상징적인 관계를 밝히는 것이다.

주변 환경이 갖는 상징의 해석이라는 관점에서 전 유럽에 널리 퍼졌던 박물학서, 천지창조서, 알파벳서 그리고 이외의 다른 선집들은 매우 흥미롭다. 중세적 사유에 따르자면 자연은 합목적적으로 구성된 대상들의 집합이다. 특히 동물의 상징학은 중세의 도덕론자들에게 풍부한 자료를 제공해주었다. 사슴이 물로 향하는 것은 물을 마시기 위해서일 뿐만 아니라 동시에 신에 대한 사랑의 예를 보여주기 위해서다. 사자가 자신의 흔적을 꼬리로 지우는 것은 사냥꾼에게서 벗어나기 위한 것일 뿐만 아니라 동시에 육화의 비밀을 인간에게 가르쳐주기 위해서다.[7] 박물학적 사담(史談, saga)은 모든 동물과 그 특징을——그것이 실제적인 것이든 상상된 것이든——그 속에 감추어진 비밀스러운 교훈적 의미의 관점에서 고찰한다. '동물들의 성스러운 역사'에 실제적인 관찰은 많지 않다. 그것은 인간으로 하여금 추상의 세계를, '영원한' 진리에 대한 탐색을 생각하게 만든다.

식물, 귀한 광석,[8] 숫자[9] 등도 마찬가지로 '영원하고', '초시간적인'

---

7) Mâle E., *L'Art réligieux du XIII-e s*, en France, pp.161~162를 보라.
8) 귀한 광석의 상징에 대한 에피파니 키프르스키의 논문은 고대 러시아 문학에 널리 확산되어 있었으며(주석 팔레야, 역사서와 연대기의 역사 부분들, 알파벳서, 성상화집 등) 심지어 1073년 스뱌토슬라프 선집에 포함되기도 했다.
9) 예를 들어 로고시 연대기의 첫 부분에서 숫자 7에 대한 해석이나 에피파니가 쓴 세르기 생애전에서 숫자 3에 대한 해석을 보라.

관계의 상징들이다. 중세는 모든 것을 통일적인 선험적 체계로 연관시키는 복잡한 상징학으로 세계를 꿰뚫는다. 서유럽이나 고대 러시아에서 중세적 상징주의의 본질은 근본적으로 동일하다. 수세기에 걸쳐 전통적으로 보존되어왔으며 문학의 예술적 형상의 젖줄이 되었던 상징들 자체도 대부분의 경우 동일하다. 바로 이 때문에 특히 13세기에 매우 풍부했던 서유럽의 거대한 백과사전들(방상 드 보베, 토마스 칸티프라테니스 Thomas Cantipratenis, 대[大]알버트 등의 백과사전들)을 통해 우리는 고대 러시아의 미술과 문학에 존재하는 많은 전통적인 형상의 의미를 밝혀낼 수 있는 것이다.[10)]

이와 함께 우리는 중세의 상징학 속에서 서유럽과 비잔티움-정교가 가지고 있는 표상의 차이를 또한 발견할 수 있다. 가령 막심 그레크는 성모에 대한 가톨릭의 상징인 장미에 대해서 논박을 가한다. "장미에는 향기가 있으며 보기에 아름답다." 그러나 '장미'는 그 자체로 죄를 상징하는 가시를 가지고 있다. 막심의 주장에 따르면 성모에게는 다른 상징인 '크린', 즉 세 장의 꽃잎과 하얀색을 가진 백합이 더 적합하다.[11)]

중세의 상징학에서 지역적인 차이들이 특히 크게 나타나는 경우는 세계에 대한 민중적 관점을 반영하고 있는 상징들이 간접적으로 상징학에 접합하는 경우다.[12)] 세계에 대한 민중적 관점 속에서 상징적 관계들은

---

10) 한 가지만 예를 들어보기로 하자. 러시아와 서유럽의 성상화에서 그리스도와 제자들은 언제나 맨발인 채로 그려져 있다. 방상 드 보베의 백과사전은 이를 다음과 같이 해명하고 있다. 그리스도의 원형은 모세이며 그는 '신발을 벗고 있다.' 그럼으로써 부유함의 한갓됨을 상징적으로 보여준다(Speculum naturale, lib. 29, cap. 23). 또한 F. I. 부슬라예프, 「비잔티움과 고대 러시아의 상징학」, 『러시아 민중문학과 미술에 대한 역사적 고찰』, 제2권, 상트페테르부르크, 1910도 참조할 수 있다.

11) 『막심 그레크의 저작, 제1부』, 카잔, 1859~60, 507~508쪽.

12) V. A. 보다르스키, 「대러시아 민중가요의 상징학(자료)」, 『러시아 어문학 소식지』 제3~4호, 1916; N. P. 콜파고바, 『러시아 민중 세태 가요』, 모스크바-레닌그라드, 1961, 202쪽과 그 이후. 민중적 상징학은 그 본질상 고대 러시아의 문어적 상징학과 커다란 차이를 갖는다. 그러나 전자는 어떤 점에서 후자에

실제적인 것으로 받아들여지고 전조(前兆), 계시, 예언이 여기에 기초하며 때로 민간요법도 여기에 기초하여 만들어진다. (예컨대 어떤 식물이나 귀한 광석이 갖는 치료 효과는 그 상징적 의미에서 나온다.[13]) 중세의 상징학에서 지역적인 차이들은 상징화 사유가 봉건 관계의 세속적 영역을 장악할 때에도 등장한다.[14]

중세의 상징주의는 수많은 모티프와 플롯의 세부 장면을 '해석해줄' 뿐만 아니라 중세 문학의 양식 그 자체에 대해서도 많은 것을 이해시켜준다. 특히 중세 문학에서 널리 퍼져 있는 소위 공통부분이란 많은 경우 중세의 상징화 세계관의 특수성을 반영하고 있다. 차용의 결과로 인해 한 작품에서 다른 작품으로 옮겨 다니는 공통부분의 경우도 마찬가지다. 공통부분은 그 자신에게 부여되어 있는 상징적인 의미에 의해 '유지되고' 있는 것이다. 가령 중세 성자전의 '문학적 전범들' 중 많은 것이 중세의 상징학으로 설명될 수 있다.

생애전의 틀은 인간의 삶에서 벌어지는 모든 사건이 갖는 상징적인 의미에 대한 표상의 영향 하에서 구성된다. 성자의 생애는 이중적인 의미를 갖는다. 성자의 생애 그 자체로서, 그리고 다른 사람에 대한 도덕적 전범으로서의 의미를 갖는 것이다. 성자전 작가들은 개인적인 것을 회피하고 보편적인 것을 찾는다. 그리고 보편적인 것은 상징적인 것 속에서 드러난다. 성자의 유년, 그의 교육, 광야에서의 악마와의 싸움, 죽음, 사후 기적에서 나타나는 '공통부분'은 무엇보다도 상징으로 가득하다. 성자전 작가들은 성자의 생애 속에 '영원한 진리들', 상징적인 관계

근거를 부여해준다.

13) 러시아에서 만들어진 치료서의 해당 부분을 참조하라(레닌 국립 도서관의 루만체프 수집관, 631, 635호 등).

14) A. V. 아르치홉스키, 『사료로서의 고대 러시아 삽화들』, 29, 33, 35, 40쪽; 같은 이, 「고대 러시아의 문장(紋章)에 대하여」, 『모스크바 대학 학술 자료—역사』 제1호, 1946; B. A. 리바코프, 「사라진 세계로의 창」, 『모스크바 대학 역사학부 발표문과 소식지』 제1호, 1946; P. 파블로프—실반스키, 「고대 러시아 법의 상징주의」, 『교육부 저널』, 1905년 6월.

들을 구현하고자 한다(오늘날 우리들은 이들을 대부분 단지 '문학적인 전범'으로 받아들일 뿐이다). 성자의 삶 자체가 때로는 대부분 상징화 사유에 의해 생겨난 종교적 규범에 따라 묘사되기도 한다.

마지막으로, 그리고 문학연구자에게 이것이 가장 중요한 것인데, 중세의 상징주의는 종종 은유를 상징으로 대체한다. 우리가 은유로 간주하는 것들은 많은 경우 숨겨진 상징으로서 물질적 세계와 '정신적' 세계의 비밀스러운 상호 연관에 대한 탐색의 결과로 생겨난 것들이다. 주로 신학적 교리 혹은 세계에 대한 전(前)과학적 체계에 기초하고 있는 상징은 문학 속에 강력한 추상성의 흐름을 도입했다. 그리고 그 본질상 상징은 예술의 근본적인 비유들, 즉 유사성이나 적절하게 포착된 동일성 혹은 주요한 것의 뚜렷한 분리, 실제적인 관찰, 생생하고도 직접적인 세계 인식에 기초하고 있는 비유들——은유, 환유, 직유 등——에 정반대로 대립된다. 은유, 직유, 환유에 대립하는 상징은 주로 관념론적이고 신학적인 추상화 사유에 의해 생명력을 갖게 된다. 상징들 속에서 현실적인 것은 신학적 추상화에 의해, 예술은 종교적 교리에 의해 밀려나게 된다. 「부활절 말씀」에서 키릴 투롭스키가 지옥의 머리나 지옥의 혀에 대해 이야기할 때 그는 문학뿐만 아니라 회화에도 뚜렷하게 반영되어 있던 바다 괴물(즉 리바이어던)로서의 지옥이라는 뚜렷한 중세적인 표상을 전제하고 있는 것이다.[15]

중세 작품들 속에서 은유 자체가 매우 자주 동시에 상징이기도 하다. 즉 은유가 이런저런 신학적 교리나 신학적 해석 혹은 상응하는 신학적 전통을 암시하고 중세의 상징화 세계관에 특징적인 '이중적' 세계 인식에서 출발하고 있는 것이다. 심지어 키릴 투롭스키가 자신의 「성부들의 회합에 대한 말씀」에서 주교들을 "시체가 아니라 그리스도의 살아 있는 육체로 모여들어 그를 먹고 영원히 사는", "높이 나는 독수리"라고 부를

---

15) 네레디차의 서벽에 있는 지옥에 대한 묘사(「네레디차의 스파스 프레스코화들」)에 대해서는 I. P. 예료민, 「키릴 투롭스키의 문학적 유산」, 『고대 러시아 연구』, 제13권, 모스크바-레닌그라드, 1957, 412쪽을 보라.

때,[16] 그가 염두에 두고 있는 것은 주교가 집전하는 예배와 주교의 법복에 반영되어 있는 지극히 신학적인 개념이다(소위 말하는 오를레츠란 예배 시간에 주교의 다리 밑에 까는, 날아다니는 독수리가 그려져 있는 양탄자다).[17]

여기서 키릴 투롭스키가 들고 있는 어떠한 비유도 순수하게 은유적이지는 않다. 모든 비유가 성찬식에 대한 교리와 독수리에 대한 박물학 텍스트에 반영되어 있는 신학적인 교리를 전제하고 있는 것이다. 키릴 투롭스키가 들고 있는 비유들은 거의 언제나 실제적인 관찰이 아니라 상징적인 비교에 근거한다. 키릴 투롭스키의 텍스트에서 실제적인 유사성에 기초하고 있는 직유나 은유는 거의 만나볼 수 없다.

형상과 중세의 신학적 교리의 이와 같은 밀접한 관계로 인해 동일한 상징들이 반복되고 익숙해지고 전통적인 것이 되는 것은 당연한 일이다. 그것들은 동일한 신학적 공동 자산으로부터 퍼올려진 것들이다. 보편적이고 '영원한 것'에 대한 탐색, 개인적인 것이 제거됨으로써 형상의 선택은 단일성을 띠게 된다. 이 때문에 작가들은 간혹 상징들로 총체적인 상을 만들어냄으로써 이를 보충하려 한다.

키릴 투롭스키는 「성(聖) 포마 주간의 말씀」에서 부활절과 봄을 복잡하게 비교하고 있는데 여기서 그는 전통적인 부활절의 상징들을 꽃이 피어나는 자연의 실제적인 상으로 통합하고 있다. "이제 죄 많은 겨울은 참회로 인해 사라졌고, 불신앙의 얼음은 지혜로 인해 녹았도다. 이교적인 우상 숭배의 겨울은 사도들의 교훈과 그리스도에 대한 믿음으로 사라졌도다. 포마의 불신앙의 얼음은 그리스도께서 늑골을 보여주심으로써 사라졌도다. 이제 봄이 아름다움을 드러내며 대지에 존재하는 것들에 생기를 준다. 강한 바람이 고요해져 열매를 풍성하게 하고 씨앗을 받아들인 대지는 푸른 풀을 낳는다."[18]

---

16) I. P. 예료민, 「키릴 투롭스키의 문학적 유산」, 같은 책, 제15권, 1957, 347쪽.
17) 오를레츠라는 말은 독수리를 뜻하는 러시아어 오룔에서 유래했다—옮긴이.
18) I. P. 예료민, 「키릴 투롭스키의 문학적 유산」, 같은 책, 제13권, 1957, 416쪽.

『원초 연대기』의 연대기자는 1037년 항에서 영혼의 양식으로서의 빵, 설교로서의 씨뿌리기라는 중세의 상징을 이와 유사하게 복잡한 농사의 상으로 발전시키고 있다.[19] 야로슬라프의 계몽적 활동을 묘사하면서 연대기자는 다음과 같이 서술한다. "마치 한 농부가 땅을 갈면 다른 농부가 씨를 뿌리고, 다른 사람들은 기다렸다가 마음껏 먹게 되는 것처럼 이 또한 그러하다. 그의 아버지 블라디미르가 땅을 갈아 부드럽게 했다. 즉 세례로 사람들을 개명시켰다. 이 야로슬라프는 신자들의 마음속에 책의 말씀을 뿌렸으니 우리는 책에 나온 교훈을 받아들이며 밥을 먹는다."[20]

상징에 기초하여 총체적인 예술적 상을 만들어내기 위해 신학적 상징들을 이용하는 경우는 고대 러시아 문학과 그 이후 거의 18세기에 이르기까지 결코 드물지 않다. 우리는 이반 뇌제가 쿠릅스키에게 보내는 첫 번째 서한의 요안 즐라토우스트의 인용에서 흥미로운 예를 발견할 수 있다.

이반 뇌제는 다음과 같이 쓰고 있다. "바다가 들끓고 날뛰어도 예수의 배는 뒤집히지 않고 마치 반석 위에 있는 듯하다. 우리에게는 조타수 대신 그리스도가, 사공들 대신에 사도들이, 선부들 대신에 선지자들이, 통치자들 대신에 순교자들과 성자들이 있도다. 우리가 이 모든 것을 가졌으니 온 세계가 혼란스러워도 죄짓기를 두려워하지 않도다."[21]

이를 17세기 프리폰 페첸그스키의 생애전에 나오는 그의 구전적 유언과 비교해보라. "세상과 세상에 있는 것들을 사랑하지 말라. 이 세상이 얼마나 저주받을 것인지를 스스로 알고 있으니, 믿을 수 없고, 난폭한

또한 V. P. 아드리아노바-폐레츠, 『고대 러시아의 시적 문체에 대한 고찰』, 모스크바-레닌그라드, 1947, 42쪽을 보라.

19) 파종-설교의 상징은 씨뿌리는 자의 비유(「마태복음」, 13장 3~23절)에 기초하고 있다. 「마가복음」, 4장 14절, "씨뿌리는 자가 말씀을 뿌린다"라는 구절을 보라.

20) 『라브렌티 연대기』, 『러시아 연대기 전집』, 제1권, 제1책, 1926, 152쪽.

21) 『이반 뇌제의 서한』(V. P. 아드리아노바-페레츠 편집), 모스크바-레닌그라드, 1951, 18쪽.

바다와도 같다. 〔……〕 바람으로 인해 파멸적으로 요동치고 거짓으로 쓰디쓰며 비방들이 악마처럼 들끓고 있으며, 죄로 난폭하게 바람을 일으키며 당황스럽게 만드니 세상을 사랑하는 자들을 침몰로 위협한다. 온 곳이 눈물이요, 자신의 파멸을 지켜보니 마침내 모두가 죽음에 처하게 된다."[22]

이처럼 친숙한 신학적 상징들을 생생하고 '시각적인' 그림 속으로 집어넣는 작업은 작가에게 순수하게 조합적인 능력을 요구했다. 이러한 조합 속에서 간혹 어떤 자연현상이 갖는 상징적인 의미가 잊혀지기도 했고 다른 성격의 과제가 등장하기도 했다. 이미 여기서 우리는 신학에서 해방되고자 하는 문학 창작의 지향을 발견할 수 있다.

신학의 권력에서의 해방에 이르는 또 하나의 길은 '함께 던져진' 두 의미를 가진 상징 속에서 그 '물질적인' 부분에 무게중심을 위치짓는 방식이다. 이로부터 상징의 물질적 육화로 귀결되는 중세의 '리얼리즘'(중세 철학의 용어)이 등장한다. 예를 들어 12세기 블라디미르의 우스펜스키 사원의 프레스코는 중세에 많은 상징과 형상이 얼마나 물질적으로 이해되었는가를 보여준다. 사원의 서쪽 편에 위치한 중앙의 아치에 그려진 최후의 심판에서 산 자와 죽은 자를 소집하기 위해 나팔을 불고 있는 천사들 위에 어린아이의 모습으로 그려진 의인들의 영혼을 쥐고 있는 거대한 손가락이 묘사되어 있다.[23] 이 손을 그린 화가는 "신의 손 안에 의인들의 영혼이"라는 성경의 표현을 축자적으로 받아들였던 것이다.[24]

때로 형상의 정신적인 부분으로 무게중심을 옮기는 경우도 마찬가지로 '물질화'로 귀결되기도 한다. 예를 들어 현자 예피파니가 쓴 스테판 페름스키의 생애전에서 주인공이 설교를 하기 위해 실제로 출발하는 것

22) 『정교의 대담자』, 제2부, 1859, 113쪽.
23) N. V. 포크롭스키, 『비잔티움과 러시아 예술에서 최후의 심판』, 오데사, 1887, 44쪽(도표 7)의 그림을 보라.
24) I. 그라바르, 『안드레이 루블료프, 복원의 문제들』 제1권, 1925, 31쪽.

은 상징적인, '정신적인' 의미를 갖는다. 이로부터 스테판의 '정신적인' 다리, 스테판의 다리에 대한 추상화가 나오게 되며 다음과 같은 놀라운 형용구가 등장한다. "진정으로 세상에 복음을 전파하는 저 다리들은 아름답도다."[25]

이러한 중세의 '리얼리즘'은 때로 독특한 '신화 창조'를 가져오기도 했다. 물질적으로 이해된 상징은 새로운 신화를 발전시킨다. 앞서 우리가 살펴보았던 '설교—교리—빵'의 상징은 세르기 라도네시스키의 생애 전에서 신화를 탄생시키고 있다(한편 이는 부분적으로 네스테로프의 그림 「소년 바르폴로메이의 환상」에 반영되어 있다). 세르기의 생애전에는 그가 책에 대한 지식을 얻게 되는 과정이 다음과 같이 서술되어 있다. 세르기-바르폴로메이는 책에 대한 지식을 지상의 스승에게서가 아니라 직접적으로 신에게서 받는다. 미래의 세르기인 소년 바르폴로메이는 한 노인을 만나서 그에게서 밀 빵의 "조그마한 조각"을 받아먹게 된다. 그리고 이 빵과 함께 책에 대한 지식이 소년에게 들어가게 된다. "그의 입에 마치 꿀과도 같은 달콤함이 가득했다. 그리고 말했다. 당신의 말이 내게 얼마나 달콤한지요." 소년은 "마치 비옥한 땅과도 같았고, 그 땅에 심겨진 좋은 씨앗과도 같았다. 그는 서서 기뻐했다."[26] 이때부터 소년은 문자를 깨우치게 되었고 문자는 그에게로 '들어갔다.'

고대 러시아 문학에서 상징의 신학적 체계와의 투쟁은 18세기에 이르기까지 지속되었다. 이 투쟁은 신학의 지배 하에서 형성되었다. 문학에서 세속적인 것이 승리하고 난 다음에야 비로소 문학은 신학적인 추상화 사유에서 해방될 수 있었다. 이 투쟁은 민주적 문학과 진보적 문학에서 더욱더 성공적이었던 반면에 교회 문학에서는 좀 덜 성공적이었다. 이 투쟁은 다양한 형태를 띠고 있었으며 다양한 시대에 다양한 결과를 가져왔다. 그것은 개별 장르들, 심지어 한 작품 속에서도 똑같이 진행되

---

25) 『스테판 페름스키의 생애전』, 18쪽.
26) 『기적 창조자 세르기의 생애전』, 26쪽.

지 않았다(가령 한 작품에서 조금 더 교회적인 사유로 가득한 부분, 혹은 조금 더 세속적인 사유로 가득한 부분에 따라서 이 투쟁은 다르게 나타났다).

고대 러시아에서 중세적 형상 체계로서의 중세적 상징주의는 11~13세기에 걸쳐 가장 뚜렷한 발전을 보여준다(서유럽에서도 마찬가지다). 14세기 말부터 이 체계의 붕괴가 시작된다. 소위 제2차 남슬라브의 영향이라 불리는 시대 양식은 중세적 형상과 중세적 은유의 토대로서의 중세적 상징주의에 적대적인 것이었다.

앞서 추상화에 대한 절에서 우리가 이미 살펴본 것처럼 이 시기는 특히 단어에 대한 새로운 태도, 새로운 표현 수단으로 특징지어진다. 복잡하고 불분명한 문장 구조를 가진 웅변술, 다른 표현으로 풀어쓰기, 동의어 혹은 의미상 비슷한 단어들, 동어반복적인 결합들을 열거하기, 복잡한 복수의 어근을 갖는 단어를 만들어내기, 신조어에 대한 선호, 리드미컬한 발화 구성 등, 이 모든 것 속에서 형상이 갖는 '이중적 의미의' 상징이 파괴된다. 정서적이고 이차적인 의미가 전면에 등장한다. 새로운 학파의 작품들은 논리적 설득이 아니라 정서적 호소력을 지향했다. 감탄, 툭툭 단절되는 묘사 그리고 작가 자신의 감정을 절제할 수 없는 것처럼 보이는 길디긴 장광설이 작품에 정서적인 성격을 부여한다.

이러한 것에 완벽하게 발맞추어 작가는 주인공의 내적인 체험들을 묘사하고 직접적으로 독자들에게 말한다. 마치 작가들이 자신의 생각을 표현하기 위해 정확한 단어를 발견하지 못하는 것처럼 보인다. 이 때문에 독자들에게 보란 듯이 이루어지는 공공연한 단어 찾기가 등장하며 한 작품에서 다른 작품으로 끊임없이 나타나는 인간 언어의 무기력함에 대한 사유가 등장하게 된다.

이 모든 것의 결과 과거 시대의 신학으로부터 문학이 점차로 해방된다. '상징'은 파괴된다. 만일 내용에서 상징이 파괴되지 않는다면 적어도 문학작품의 양식에서는 파괴된다. 인상과 유사성에 따라 새로운 형상들이 창조되고 이 형상들은 가시성을 지향하고 실재의 가상을 창조하고자 한다.

16세기 예술의 다양한 영역에서 종교적 상징주의에 대한 관심이 부활한다. 이는 특히 문학뿐만 아니라(마카리예프 학파의 작품들) 성상화에서도 나타난다(「그대를 기뻐하도다」, 「성모의 회합」, 「지혜가 사원을 건설하다」 등과 같은 복잡한 상징적인 주제에 대한 성상화들). 17세기 문학의 일부, 주로 바로크 문학에서도 상징주의는 자신의 매력을 잃지 않고 있다. 그것은 시메온 폴로츠키, 요아니키 골랴토프스키, 예피파니 슬라비네츠키, 그리고 그 이후에 스테판 야보르스키 등의 작품에서 나타난다. 하지만 다양한 시기에 상징주의가 극복되는 방식이 독특성을 가지고 있는 것처럼 이 상징주의는 매번 자신의 독특성을 가지고 있다.

고대 러시아 문학의 다양한 양식 속에서 상징주의가 점차로 극복되는 방식에 대한 연구는 근대 문학의 예술 원리의 점진적인 발전을 해명하기 위해 매우 흥미로운 작업이 될 것이다.[27]

문체적 대칭

시적 비유들은 결코 영원하거나 변하지 않는 것이 아니다. 그들은 오래 산다. 하지만 아무튼 사는 것이다. 즉 비유들은 문학 속에서 등장하여 발전하지만 어떤 경우 우리는 시적 비유의 화석화와 죽음을 또한 관찰할 수 있다. 여기서 문제는 각각의 개별적인 종의 화석화가 아니라(가령 민담에서 고정 형용구의 화석화에 대한 베셀롭스키의 고찰을 보라) 전체 종, 전체 현상 범주의 화석화와 죽음이다.

또한 시적 비유는 일반적으로 문학 이론에 대한 고등학교 교과서에 제시되는 것들로 결코 한정되지 않는다. 문학 이론 교과서에서 고려되지 않고 있는 시학의 현상들 중 하나이자 사라져버린 현상들 중의 하나

---

27) 은유-상징에 대해서는 V. P. 아드리아노바-페레츠, 『고대 러시아의 시적 문체에 대한 고찰』, 9~132쪽을 보라.

가 바로 문체적 대칭이다.

시편의 예들 속에서 우리는 쉽게 문체적 대칭의 예들을 찾아볼 수 있다. 고대 러시아 문학에서 문체적 대칭은 시편에서 그 원천을 얻는다(물론 시편에서만 얻는 것은 아니다). 문체적 대칭의 본질은 다음과 같다. 유사한 문장 구조로 동일한 것에 대해 두 번 이야기한다. 이것은 마치 서술에서 일종의 정거장과도 흡사하다. 이것은 유사한 사유, 유사한 판단의 반복이다. 혹은 새로운 판단이지만 동일한 현상에 대한 새로운 판단이다. 문체적 대칭의 두 번째 성분은 첫 번째 성분과 동일한 것을 말하지만 다른 단어, 다른 형상을 사용해서 말한다. 문체적 대칭의 예는 다음과 같다. "내 겉옷을 나누며 속옷에 대해 제비를 뽑나이다"(「시편」, 21장 19절; 22장 18절). 혹은 "그 잔해가 자신의 머리로 돌아오고 그 포학이 자기 꼭대기에 내리치도다"(「시편」, 7장 17절; 7장 16절).[28]

보통 문체적 대칭은 예술적 대조[29]나 문체적 반복과 혼동되고 있다. 하지만 문체적 대칭은 두 다른 현상을 대조하는 것이 아니라 동일한 것에 대해 두 번 말한다는 점에서 예술적 대조와 다르다. 또한 문체적 대칭이 비록 동일한 것에 대해 말하고 있지만 다른 형식, 다른 단어로 말한다는 점에서 문체적 반복(특히 민담에 일반적인 문제적 반복)과 다르다.

문체적 대칭은 매우 고대적인 현상이다. 그것은 봉건제 이전 사회와

---

28) 앞으로 「시편」에 대한 인용은 S. 세베르야노프, 『시나이 시편─11세기 글라골리차 작품』, 프라하, 1922에 따른다. (이 책의 시편 구성은 현대 러시아 성경의 시편 구성이나, 한국 성경의 시편 구성과 다소 다르다. 비교를 위해 한국의 시편의 장, 절을 뒤에 병기했다─옮긴이.)

29) 성경에 대한 연구에서 문체적 대칭은 일반적으로 대조와 동일시된다. 성경에서 문체적 대칭에 대해서는 Galliati E., Piazza A., *Mieux comprendre la Bible et ces passages difficiles. Traduit de l'italien par H. de Ganay*, Paris, 1956, 31~45쪽을 보라. 문체적 대칭은 시편 외에도 성경의 거의 모든 예술적인 장에 존재하고 있다. 또한 고대 민담 작품에서도 문체적 대칭이 나타난다(특히 그것은 '칼레발라'에서 나타난다). 성경에서의 문체적 대칭에 대해서는 Kënig Ed., *Hebräische Rhythmik*, Halle, 1914, S.11 이후를 참조하라. (칼레발라는 카렐리아로 핀란드의 고대 민중 서사시다─옮긴이.)

봉건제 사회 모두의 예술적 사유를 특징짓는다.

근대 문학에서 묘사는 끊임없는 전진 운동의 성격을 갖는다. 근대 문학작품들로 교육받은 현대의 독자가 텍스트를 읽고 이해할 때, 그는 각각의 새로운 문장에서 주제의 발전, 새로운 생각 그리고 어떤 새로운 상황을 본다. 이 때문에 현대 독자로서는 이렇게 대칭적으로 구성된 문장의 내용을 이해하기 어렵다. 즉 그는 문장의 두 번째 성분에서 뭔가 새로운 것을 기대하지만 언제나 이 새로운 것을 발견할 수 있는 것은 아니다. 게다가 문체적 대칭의 두 성분이 서로서로를 보완하고 있기 때문에 첫 번째 성분과 두 번째 성분에서 표현되고 있는 생각은 불완전하거나 불명료할 수 있다.

가령 앞서 인용한 대칭적 구성의 두 번째 성분의 '꼭대기'라는 단어는 무엇을 의미하는가? '꼭대기'라는 단어는 여러 의미를 가지고 있으며[30] 이 때문에 두 번째 성분을 첫 번째 성분과 연관시키지 말고 독자적으로 이해하고자 할 경우 이 단어의 의미는 수수께끼 같은 것이 될 수도 있다. 그러나 문체적 대칭의 두 번째 성분은 첫 번째 성분을 연장하는 것이 아니라 그것을 풀어쓸 뿐이다. 두 번째 성분의 '포학'은 첫 번째 성분의 '잔해'에, '꼭대기'는 '머리'에 상응한다. 따라서 이 경우 '꼭대기'는 머리를 의미하거나 그와 가까운 의미인 '이마'를 의미한다.

문체적 대칭의 두 성분은 동일한 것을 말하고 있으며 이 때문에 그들 각각은 서로를 이해할 수 있도록 도와준다. 문체적 대칭의 한 성분에서 이해될 수 없는 것을 다른 성분의 도움을 받아 해석할 수 있다. 가령 「시편」, 16장에 등장하는 '스쿠멘'(skumen')이라는 희귀한 단어는 무엇을 지칭하는가? 이 절은 전체적으로 다음과 같다. "나를 움켜쥐니 마치 먹이를 노리는 사자 같고, 숨어서 노리는 스쿠멘과도 같나이다"(「시편」, 16장 12절; 17장 12절). 이 대칭에서 스쿠멘은 '사자'에 대응하고 있으

---

30) 스레즈넵스키의 『고대 러시아어 사전을 위한 자료』에는 '정수리'라는 단어가 갖는 다음과 같은 의미들을 열거하고 있다. 윗부분, 꼭대기, 사원의 지붕, 머리, 승리, 강의 상류.

며 이 대응은 다음과 같은 이 단어의 분석에 의해 뒷받침된다. 스키멘, 이는 젊고 힘센 사자(ὁ σχύμνος)다.

물론 문체적 대칭의 두 성분이 절대적으로 정확하게 일치하는 것은 아니다. 때로 문체적 대칭의 성분들이 서로서로 정확하게 대응하지 않는 경우도 있다. 그러나 문체적 대칭의 성분들이 서로서로를 항상 정확하게 설명해주는 것은 아니라고 하더라도 서로서로를 이해하는 데 도움이 되는 것은 사실이다. 이 때문에 문체적 대칭은 어휘 차원에서 암시적인 의미를 갖는다. 하지만 우리가 보게 될 것처럼 어휘 차원에서만 그렇지는 않다.

예를 들어 「시편」, 17장의 "나의 하나님과 함께 벽을 긴다"라는 표현은 무엇을 의미하는 것일까? 이 표현은 다음과 같은 완전한 문체적 대칭의 한 성분이다. "당신과 함께 내가 습격으로부터 피할 것이며, 나의 하나님과 함께 벽을 긴다"(「시편」, 17장 30절; 18장 29절). 어떤 경우에 벽이 습격으로부터의 피신이 될 수 있을까? 물론 여기서 벽은 성벽, 즉 방어벽이 될 것이다. 이 「시편」은 "당신(즉 하나님)과 함께 나는 위험에서 벗어나며 나의 하나님과 함께 성벽 뒤로 숨는다"는 것을 의미한다. 이 문체적 대칭에서는 상징으로서의 벽의 의미가 드러나게 된다.

다른 예를 보기로 하자. 「시편」, 22장의 "고요한 물에서 나를 먹이시도다"라는 표현은 무엇을 의미하는가? 이 또한 전체 문체적 대칭의 맥락에서 해명된다. "풀을 뜯는 곳으로 나를 이끄시고(즉 "목장에서 나를 쉬게 하시고"), 고요한 물에서 나를 먹이시도다"(「시편」, 22장 2절; 23장 2절). 따라서 신은 목자에, 다윗 자신은 신이 물가에서 물을 먹여주고 목장에서 풀을 뜯게 해주는 양에 비유되고 있다. 이것은 성경에서 일반적인 상징적 의미다. 따라서 문체적 대칭의 의미 관계는 동의어적일 뿐만 아니라 상징적이기도 하다.

앞서 지적한 것처럼 완전한 문체적 대칭이란 존재하지 않는다. 모든 문체적 대칭은 상대적이다. 이것은 대칭의 순수하게 외적인 형식에도 적용된다. 대칭은 **거울적**일 수 있다(앞서 인용한 「시편」, 21장 19절과 7

장 17절의 경우를 보라). 그러나 대칭은 평행적일 수도 있다. 이때 대칭의 두 성분은 통사적으로 유사하게 구성되며 대칭의 두 번째 성분이 첫 번째 성분의 문장 구조를 반복한다. 이외에도 두 성분에서 반복되는 주어가 두 번째 성분에서 단지 암시되기만 할 경우 대칭은 불완전할 수 있다. 대칭의 형식적 불완전성은 다양한 방식으로 표현될 수 있다.

대칭의 의미적 불완전성은 세계관과 신앙과 미적 체계와 상징과 개별적 단어의 의미론을 이해하기 위해 매우 중요하다. 얼핏 보기에는 대칭의 의미적 불완전성이 이러한 것들에 대한 이해를 방해하는 것처럼 보인다. 하지만 대칭의 의미적 불완전성이야말로 작가의 이데올로기와 미학, 세계관의 많은 현상에 대한 열쇠로 기능한다.

접촉 영역의 축소는 부가적인 정보를 만들어낸다. 실제로 대칭의 두 성분에서 의미의 차이를 인식하게 되면서 우리는 동시에 무엇이 이 두 성분을 서로서로 결합시켜주는지를, 무엇이 우리로 하여금 대칭의 두 성분을 통일적인 것으로 간주할 수 있게 만드는지를 이해해야만 한다. 이로 인해서 우리는 '작용하고 있는' 개념들의 상관관계를 이해할 수 있고 작가에게 무엇이 가장 중요했는지를 규정할 수 있게 된다. 이러한 연관이나 상관관계가 전혀 예상치 못한 것일 수도 있다. 예컨대 대칭의 두 성분이 의미상 서로서로 대립하는 것처럼 보일 수 있으며 정반대의 대립적인 의미를 가지고 있는 것처럼 보일 수 있다.

"낮은 낮에게 그의 말을 전하고, 밤은 밤에게 지혜를 열어주도다"(「시편」, 18장 3절; 19장 2절). 대칭의 첫 번째 성분의 '낮'은 두 번째 성분의 '밤'에 대립되는 것처럼 보인다. 하지만 부주의한 독자만이 그렇게 읽을 것이다. 실제로는 여기서 '낮'과 '밤'은 동일하게 똑같은 것을 가리키고 있다. 그것들은 하루의 부분이 아니라 하루 전체를 의미한다. 낮과 밤이 그 보편적인 의미에서 동일한 경우는 「시편」, 21장에서도 관찰된다. "내 하나님이여, 내가 낮에도 부르짖고 밤에도 잠잠치 아니하오나 응답치 아니하시나이다"(「시편」, 21장 3절; 22장 2절). 이 불완전한 대칭의 의미는 다윗이 매일매일 신에게 기도하지만 매번 신이 그의 기도를 받아들이지 않는다는 것이다. 하루를 가리키기 위해서 대칭의 한 성분에서는 '낮'이라는 단어가 사용되었고, 다른 성분에서는 '밤'이라는 단어가 사용되었다.

그런데 대칭의 성분들이 실제로 다른 대상들, 다른 행위들에 대해 서술하는 경우도 있다. "주여, 당신께서는 겸손한 자들을 구원하시고, 오만한 자들의 두 눈을 겸손케 하십니다"(「시편」, 17장 28절; 18장 27절). 하지만 본질적으로 이 예에서 서술되는 것은 신의 두 행위가 아니라 하나의 행위다. 신은 겸손한 자들을 구원함으로써 오만한 자의 눈을 겸손하게 만든다. 이 행위의 통일성은 '겸손한'(съмереныя)과 '겸손케 하다'(съмериши)라는 동일한 어근의 어휘를 사용함으로써 강조되고 있다.

앞서 지적한 것처럼 대칭의 불완전성이 믿음과 그에 대한 작가의 표상을 드러내 보여줄 수도 있다. 예를 보자. "그의 영혼이 평안 속에 거하고 그의 씨는 땅을 물려받으리라"(「시편」, 24장 13절; 25장 13절). '영혼'과 '씨', '평안 속에 거함'과 '땅을 물려받음'이라는 개념의 상관관계는 인간의 영혼이 그의 후손, 즉 씨 속에서 계속 살아가게 된다는 고대 유대인들의 의식으로 설명된다.

「시편」, 71장에서 '왕'과 '왕의 아들'은 동일 인물이다. 이는 군주권의 계승에 대한 이념과 관련된 표상으로 설명할 수 있다. "주여, 왕에게 당신의 판단을 주시고 왕의 아들에게 당신의 진리를 주소서"(「시편」, 71장 1편; 72장 1편).

대칭은 문명의 사물에 대한 인식의 무기가 될 수도 있다. 예를 들어 「시편」, 32장에서 우리는 수금(gusli)과 10줄의 비파(psaltyr')가 어떤 면에서는 동일한 악기라는 사실을 알 수 있다. "수금으로 하나님을 찬양하고 10줄의 비파로 그에게 노래를 바치라"(「시편」, 32장 2절; 33장 2절).

문체적 대칭에 대한 연구에 근거해서 시에서 숫자 그 자체가 정확한 숫자적인 의미를 갖지 않는 경우도 있다고 말할 수 있을 것이다. "내가 이해할 수 없는 것이 셋이 있으며, 알 수 없는 것이 넷이 있다"(「잠언」, 30장 18절). 여기서 '셋'과 '넷'의 선택은 우연적인 것이다. 이는 어떤 일반적인 양을 나타내는 것이며 여기서는 본질적으로 같은 의미를 갖는다.

물론 '문체적 대칭'이라는 명칭은 완전하지 않은 것이다. 문체적 대칭이 가지고 있는 가장 중요한 특징 중의 하나는 대칭적 구성의 불완전성이다. 앞서 우리가 지적했던 것처럼 대칭의 두 성분은 동일한 것에 대해 서술하기는 하지만 그것을 다른 방식으로 서술한다. 대칭의 두 성분이 부정확하게 상응하는 것은 시적 서술과 학문적 서술의 차이와 관련이 있다. 첫 번째 성분은 언제나 다소 '부정확'하다. 때로는 은유가 '부정확'하며, 때로는 환유가 '부정확'하며, 때로는 어떤 예술적 형상이 '부정확'하다. 예술에서 이 '부정확성'은 특별한 성격을 갖는다. 그것은 역동적이다. 언제나 독자, 청자 혹은 관람자에 의해서 보완되어야 한다. 이 '부정확성'으로 인해 예술작품에 대한 수용은 어느 정도 공동 창작이 된다. 우리는 예술작품에 제시되어 있는 어떤 과제를 함께 해결하게 되는 것이다.[31]

문체적 대칭에는 모든 예술작품이 갖는 이러한 '영원한' 특징과 함께 근대의 예술 원칙에 정면으로 대립되는 특징들도 존재한다. 다음과 같은 사실에 주목해보자. 문체적 대칭은 넓은 의미에서 일종의 동의어적 현상이라고 볼 수 있다. 동의어는 교정, 구체화, 발전 등의 다양한 기능을 가질 수 있다. 동의어가 가진 여러 기능 중에서 문체적 대칭은 주로 의미의 구성과 추상화라는 목적을 따른다. 문체적 대칭에서 중요한 것은 대칭의 성분들 사이에서의 불일치가 아니라 그들 사이에서 공통적인

---

31) 예술적 '부정확성'은 문학에만 존재하는 것이 아니라 다른 예술류, 특히 회화와 건축에도 존재한다. 고대 러시아의 건축은 자주 이러한 예술적 '부정확성'을 드러내는데 특히 몽고 지배 이전 시기의 작품들이 그러하다. 이러한 예술적 '부정확성'의 특징은 많은 점에서 로만 양식의 건축에 나타나는 부정확성과 유사하다. 좀더 자세하게는 D. 리하초프, 「예술의 부정확성에 대한 몇 가지 생각」, 『문헌학』, 레닌그라드, 1973, 394~401쪽을 참조하라.

것이다. 따라서 어떤 개념을 구체화하는 모든 것이 두 번째 성분에 의해 폐기된다. 서로서로 대조되고 있는 대칭의 두 성분은 그들에게 공통적인 협소한 부분만을 부각시킨다. 그들은 현상을 추상화하고 그 속에서 추상적인 본질만을 강조한다. 이 추상화 경향은 근대 예술이 가지고 있는 구체화 경향에 정면으로 대립한다. 바로 이 때문에 문체적 대칭이 근대 예술에서는 사용되지 않는 것이다.

대칭은 '비파'와 '수금'을 결합시키면서 어떤 악기 일반을 말한다. 대칭 속에서 '셋'과 '넷'이 결합될 때 거기서 주어지는 것은 숫자 그 자체가 아니라 수라는 이념이다. '목장'과 '물'은 육체적 성장에 대한 추상적인 이념을 나타낸다. 이로부터 분명한 것은 부정확성이 문체적 대칭의 본질을 이룬다는 사실이다. 그것은 대칭의 각각의 성분이 가지고 있는 '개별적인' 특징을 폐기하고 두 성분 속에서 일치하는 협소한 부분만을 받아들이게 만들어준다.

*　　*　　*

문체적 대칭의 현상은 고대 러시아 문학작품들 속에서도 나타난다. 「시편」의 시와 부분적으로 성경의 다른 시적인 책들의 영향이 지속적이었고 주기적으로 강화되었으며, 특히 '고급' 문체를 가진 문학에서 뚜렷하게 나타나기 때문에 문체적 대칭의 예들은 고대 러시아 문학에 무수히 많다. 그런데 「시편」에서 나타나고 있는 문체적 대칭과 그것의 영향으로 11~17세기 고대 러시아 문학에 나타났던 현상을 비교해보면 몇 가지 차이도 관찰할 수 있다.

러시아의 대칭성이 좀더 다양하고 좀더 '장식적'이며 좀더 역동적이다. 러시아의 대칭성은 대칭의 두 성분으로 제한되지 않고 문장 전체의 반복이 된다. 점차로 그것은 시적 주제의 발전에서의 '정거장'이기를 그만둔다. 점차로 대칭의 성분들은 이질적인 현상들을 포괄하고 예술적 대조의 현상이 되어 비교의 목적으로 기능한다. 대칭의 성분들이 예술적 사유와의 연관을 상실하고 파괴되어 형식화된다.

러시아의 작가들은 「시편」의 대칭적 구성으로부터 짝패적 결합에 대한 사랑을 받아들인다. 예를 들어 즐겨 「시편」을 읽고 인용하는 블라디미르 모노마흐는 자신의 「유훈」에서 여러 번 문체적 대칭과 유사한 구성을 이용하지만 그것을 문체적 대칭이라고 할 수는 없다. "만일 이것이 생각나지 않으면 자주 다시 읽어주시오. 그러면 나는 부끄럽지 않을 것이고 여러분에게는 덕이 있을 겁니다." "덕을 행할 수 있다면 잊지 말 것이며, 행할 수 없다면 배우시오." "무엇인가 할 수 있다면 그것을 잊게 될 것이나, 할 수 없다면 배울 수 없을 겁니다."

고대 러시아에서 「시편」의 문체적 대칭이 겪었던 운명에 대해서는 무엇보다도 「유폐자 다닐의 말씀」을 통해 살펴보는 것이 좋을 것이다. 「유폐자 다닐의 말씀」에는 시편의 문체적 대칭의 영향이 매우 강하게 나타나고 있다.

이미 첫 문장에서 그것이 나타난다. "황금 나팔을 불어 울리듯이 자신의 현명함을 불어 울리자. 자신의 지혜의 은 북을 두드리자."[32] 이 행들에는 두 개의 호소가 아니라 하나의 호소가 들어 있다. '황금 나팔'과 '은 북'은 두 개의 사물이 아니라 하나의 사물이며 공통적인 것, 즉 어떤 추상화된 값비싼 악기를 지칭한다.

하지만 전체적으로 「유폐자 다닐의 말씀」에서 문체적 대칭은 시편과 달리 비교로 등장한다. "공후여, 나는 태양도 비추어주지 않고, 비도 내리지 않는 음지에 자란 시든 풀과 같습니다. 그렇게 나는 모든 것을 잃었으니, 견고한 벽처럼 당신의 분노로 포위되어 있기 때문입니다."[33] 혹은, "많은 솔기로 짠 직물은 아름답습니다. 그처럼 공후여, 온 나라에 수많은 종을 가진 그대는 명예롭고 영광스럽습니다."[34] 비교는 대칭을 파

---

32) N. N. 자루빈, 『「유폐자 다닐의 말씀」—12~13세기 편집본과 그 개작들』, 레닌그라드, 1932, 4쪽.
33) 같은 책, 7쪽.
34) 같은 책, 16~17쪽.

괴한다. 대칭의 성분들이 동등하지 않게 된다. 대칭이 대립 속에서 이루어지는 경우도 있다. "선한 군주에게 봉사하는 자는 자기 뜻으로 일하지만, 악한 군주에게 봉사하는 자는 정말 억지로 하는 법이지요."[35]

문체적 대칭의 내용뿐만 아니라 형식도 복잡해지고 문체적 대칭은 유사한 문체적 현상 속으로 사라진다. 각각이 짝패로 구성된 긴 문장의 사슬이 등장한다. 여기서 각각의 짝패들은 앞 문장의 짝패에 담긴 생각을 발전시키고 지속한다. 그리고 이 사슬은 비대칭적인 결부, 즉 종지구(cadence)로 끝난다. "자신의 궁을 황제의 궁 가까이에 두지 말며, 자신의 마을을 공후의 마을 가까이에 두지 마세요. 주인이란 가시나무에 붙은 불과 같으며, 그 신하란 불꽃과도 같지요. 불을 피할 수는 있겠지만, 불꽃을 피할 수는 없는 법이지요. 옷을 태워먹게 될 겁니다."[36]

대칭은 수사적 '진동'(balancement)이 된다. "바다가 아니라 바람이 배를 침몰시키지요. 불이 아니라 풀무가 쇠를 단련시키고요. 마찬가지로 공후 자신이 죄를 짓는 것이 아니라 가신들이 공후를 죄로 인도하지요. 선한 가신들과 함께한다면 공후는 높은 자리를 갖게 되지만, 악한 가신들과 함께한다면 낮은 자리도 잃게 됩니다."[37]

여기서 우리는 문체적 대칭이 다른 시학의 기법으로 변화되는 모든 형식을 살펴보지는 않을 것이다. 이 변화는 고대 러시아 내내 이루어졌다. 왜냐하면 고대 러시아 문학에서 「시편」과 성경의 다른 예술적 책들의 영향이 단 한 번도 약화되지 않았기 때문이다. 이것은 독특한 자기화와 투쟁이 결합되어 있는 과정이며 이에 대한 연구는 문학사적 혹은 문학 이론적 관점에서 매우 흥미로운 작업이 될 것이다. 하지만 15~17세기에 문체적 대칭은 오직 교회 문학에서만 유지되었다. 행정적인 러시아 표준어로 씌어진 세속적 작품들이나 그와 연관된 민담에서는 문체적 대칭이 비교적 이른 시기에 사라진다.

---

35) 같은 책, 19~20쪽.
36) 같은 책, 20~21쪽.
37) 같은 책, 25~26쪽.

직유

고대 러시아 문학에서 직유는 그 성격이나 내적 본질상 근대 문학에서의 직유와 뚜렷하게 구별된다.

체호프의 『갈매기』에서 트리고린은 구름을 피아노와 비교한다. 그는 이 직유를 자신의 이야기 속으로 끌어들이고자 한다. "나는 매 순간 종결되지 않은 이야기가 나를 기다린다는 사실을 기억해요. 자, 지금 난 피아노를 닮은 구름을 보고 있어요. 그리고 생각하죠. 이야기 어디선가에서 피아노를 닮은 구름이 떠갔었다는 사실을 기억해야만 해, 라고 말이죠." 트리고린은 근대의 '평균적인' 작가다. 체호프는 트리고린이 가진 전형적인 작가적 특징들을 강조하고 있다. 그리고 트리고린의 마음에 들었던 구름과 피아노의 직유 또한 근대의 평균적 작가에게 전형적인 것이다. 구름과 피아노의 직유에는 시각적 유사성(불완전한 시각적 유사성)의 경계 밖으로 벗어나는 그 어떤 것도 없다. 이는 '인상주의적' 유형의 직유다.

근대 문학과 정반대로 중세 러시아 문학에는 시각적 유사성에 기초하고 있는 직유는 그리 많지 않다. 근대 문학과 비교해볼 때 중세 러시아 문학에는 촉각적 유사성, 미각적 유사성, 후각적 유사성을 강조하는 직유나 물질에 대한 감각, 근육의 긴장감과 관련되어 있는 직유가 훨씬 많다. 『꿀벌』에 등장하는 몇 가지 예를 보자.

"가정에서 선한 처는 입 속의 꿀과 같다. 가정에서 악한 처는 이빨 속의 벌레와 같다."[38] "선한 종은 날카로운 칼과 같다. 악한 종은 무딘 칼과 같다."[39] "어떤 사람이 이렇게 물었다. 비밀을 지킬 수 있을까? 답했다. 입에 뜨거운 석탄을 집어넣고 있을 수 있을까?"[40] "벌레가 나무의

---

38) S. P. 로자노프, 『러시아 『꿀벌』의 역사에 대한 자료』, 상트페테르부르크, 1904, 62쪽.
39) 같은 책, 63쪽.
40) 같은 책, 76쪽.

썩은 부분에서 생겨나듯이, 근심은 인간의 약점을 파고들어온다."[41] "엄격한 자에게 종사하는 것은 유리병을 대리석에 보관하는 것과 같다."[42]

그런데 이렇게 미각, 촉각 등에 근거하고 있는 직유들도 고대 문학에서 그리 일반적인 것이 아니다.

근대(19, 20세기)의 직유에 전형적인 것은 비교 대상들의 외적 유사성을 전달하고 대상을 명료하고 쉽게 표상할 수 있도록 만들고 실제의 가상을 창조하고자 하는 지향이다. 근대의 직유는 대상들에 대한 다양한 인상에 기초하고 있다. 근대의 직유는 특징적인 세부들과 이차적인 특징들을 표면으로 끌어올려 그것들에 주목하도록 만들어 독자들에게 '인식의 즐거움'과 직접적인 명료함의 즐거움을 부여한다.

고대 러시아 문학에서 일반적이고 '평균적인' 직유는 이와 다른 유형이다. 그것은 주로 비교되는 대상들의 내적인 본질을 건드린다.

세르기 라도네시스키에 대한 『찬사』에서는 세르기 라도네시스키에 대한 서른네 가지 직유가 한꺼번에 제시된다. 그는 빛나는 천체이고, 아름다운 꽃이고, 사라지지 않는 별이고, 비밀스럽게 반짝이는 빛이고, 속세의 나리꽃이고, 향기로운 향로이고, 흙 속의 금이고, "교묘하게 만들어 일곱 번을 닦아낸 은"이고, 깨끗한 돌이고, 진귀한 구슬이고, 빛나는 에메랄드와 사파이어이고, 날아오르는 불사조이고, 물가에 자라난 삼나무이고, 레바논의 삼나무이고, 열매 많은 감람나무이고, 향기로운 향이고, 흘러나오는 향유이고, 꽃이 잘 자란 정원이고, 열매 달린 포도나무이고, 열매 많은 앵두나무이고, 둘러싼 담이고, 잘 가꿔진 과수원이고, 달콤한 샘이고, 좋은 그릇이고, 귀한 세계의 하얀 석고이고, 파괴되지 않는 도시이고, 움직이지 않는 벽이고, 교회의 기초이고, 흔들리지 않는 이정표이고, 빛나는 화관이고, 영혼의 부로 가득한 배이고……[43]

41) 같은 책, 81쪽.
42) 같은 책, 51쪽.

우리가 보고 있는 것은 매우 풍부한 직유들이다. 하지만 세르기의 외면을 명료하게 표상할 수 있게 해주는 직유는 하나도 없다. 이 모든 직유는 세르기의 '의미의 본질'을 드러내는 것을 지향한다. 비교되는 대상들의 외적 유사성은 무시될 뿐만 아니라 어떤 경우 고의적으로 파괴되기도 한다.

우리에게는 성모를 '기뻐하는 가옥'에 직유하는 것이 이상하게 보인다. 이 직유를 이상하게 만드는 것은 성모가 건축물(돌로 만든 집)과 비교되고 있다는 사실뿐만 아니라 이 '가옥'의 형용구, 즉 '기뻐하는'이라는 말이다. 이 형용구는 작가가 '가옥'을 물질적인 의미로 지각하는 것이 아니라 순수한 상징으로서 지각하고 있다는 사실을 뚜렷하게 보여준다. 작가는 비교 대상들을 구체적으로 표상하고자 하지 않는다. 그는 '본질'을 비교하고 있으며 그렇기 때문에 물질적인 대상에 '정신적인' 형용구를 부여하는 것(또한 그 반대 방향으로 부여하는 것)이 가능하다고 간주하고 있는 것이다.

이처럼 하나의 비교 대상에서 다른 비교 대상으로 형용구를 다시 조정하는 것은 단어들이 가진 구체적인 의미를 파괴하고 비유적 의미를 부각시킨다. 파호미 세르프가 쓴 『키릴 벨로제르스키의 생애전』을 보자. 키릴은 "형제들에게 **따뜻한** 빵들을 가져다주고, 그럼으로써 그들에게서 **따뜻한** 기도를 받았다."[44] 동일한 형용구를 사용하고 있지만 첫 번째 경우는 구체적인 의미로, 두 번째 경우는 비유적 의미로 사용한다. 이것은 구체적인 개념과 구체적인 표상의 추상화를 가능하게 해주는 기법이다.

종종 묘사 대상의 추상화는 물질적 대상을 추상적인 개념에 비교하는 방법을 통해, 그리고 그 역으로 추상적인 개념과 비물질적인 현상에 전적으로 물질적인 의미를 부여하는 방법을 통해 이루어진다. 가령 『이파

---

43) 『고대 언어체와 예술의 기념비』, 상트페테르부르크, 1885, 156~157쪽.

44) V. 야블론스키, 『파호미 세르프와 그의 생애전』, 상트페테르부르크, 1908, 부록, 10쪽.

티예프 연대기』는 용맹무쌍한 폴란드의 한 평범한 병사를 다음과 같이 묘사한다. 그는 "단단한 방패와도 같은 절망으로써 막아내면서 기억에 값하는 일을 해냈다".[45] 물론 실제 방패가 병사의 손에 들려 있었을 것이다. 하지만 연대기 작가의 생각에 따르면 이 병사는 그 방패가 아니라 자신의 절망으로써 방어한다.

직유 속에서 묘사 대상의 구체적인 유사성과 물질적 본질의 파괴는 다양한 방법으로 이루어진다. 다음과 같은 경우도 있다. 직유가 다시 직유에 근거하면서 마치 '두 번째 단계'로 올라가는 듯하다. 예를 보자. "중상모략가의 눈으로 날아 들어가느니 올무 속으로 날아 들어가는 것이 낫다."[46] 이 직유는 인간을 새에 비교하는 예비적인 비유를 전제하고 있다. 즉 사람이 중상모략가의 눈 속으로 '날아 들어가는 것'보다 새잡이 덫 속으로 날아 들어가는 것이 낫다.

외적 유사성에 대립되는 '내적 유사성'이란 대체 무엇일까. 외적 유사성의 성과는 명시성의 달성이다. '내적 유사성'의 성과는 주변 환경 속에서 대상이 갖는 의의, 대상의 역할, 기능의 발견이자 그 '정신적인' 의미의 발견이다.

고대 러시아의 작가는 대상에 대한 명시적인 묘사보다 대상의 기능, 그 역할에 훨씬 더 큰 의의를 부여한다. "가정에서 선한 처는 얼굴에서 두 눈과도 같다."[47] 이는 고대 러시아의 『꿀벌』에 등장하는 직유다. 여기에서는 두 대상이 아니라 두 위치가 비교된다. 즉 가정에서 선한 아내가 차지하는 위치와 얼굴에서 두 눈이 차지하는 위치가 비교되고 있는 것이다. 아내는 한 명이지만 눈은 둘이라는 사실은 작가를 당혹스럽게 만들지 않는다. 여기서 외적인 유사성은 완전히 무시되고 직유는, 비록 러시아의 중세에 전형적인 예술적 설득력을 가졌음에도, 표상되어질 수 없는 것이다.

---

45) 『이파티예프 연대기』, 1261년 항.
46) S. P. 로자노프, 『러시아 『꿀벌』의 역사에 대한 자료』, 48쪽.
47) 같은 책, 64쪽.

직유가 대상의 외적인, 가시적인 특성(가령 색채, 길이, 형태)을 강조하고 있는 것처럼 보이는 경우에도 우리는 그와 같은 '표상불가능성'과 만나게 된다. "살쾡이는 겉으로 얼룩이지만 사람은 속으로 교활하다."[48] 여기서는 대상의 동작, 기능이 강조되고 있다. 인간의 얼룩은 내부에서는 볼 수 없다. 가시적인 유사성이 아니라 위치의 유사성은 아브라미 스몰렌스키를 새와 비교할 때에도 강조되고 있다. "성자는 마치 새처럼 사람들의 손에 붙잡혀서 무엇을 말할지 혹은 무엇이라 대답할지 몰랐다."[49]

인간의 외면을 묘사할 때조차도 작가는 그의 내적인 특성들을 드러내 보이고자 한다. 『이파티예프 연대기』에서 세미윤코라는 어떤 사람은 얼굴의 붉은빛으로 여우와 비교된다. 그에게 대해서 다음과 같이 말하고 있다. "선홍빛으로 인해 여우와 유사하다."[50] 하지만 외적인 유사성은 단지 내적인 유사성을 강조할 뿐이다. 세미윤코, 그는 "무법자이자, 간악하다." 따라서 이 경우 외적인 유사성에 이차적인 의미가 부여된다.

때로 작가는 인간의 외모에 대한 묘사를 일종의 '이념소'로 바꾼다. 유폐자 다닐은 자신의 『탄원』에서 공후에게 "얼굴을 보여주소서"라고 탄원한 다음 그의 외모를 다음과 같이 묘사한다. 공후의 두 뺨은 마치 향기를 품은 그릇과 같으며(그릇들이 아니라 하나의 그릇이다!), 인후는 마치 '항아리'와도 같고, 전체 모습은 마치 잘 고른 레바논 삼나무 같다(즉 백리향과 같다. 공후는 좋은 향기와 비교되고 있다). 두 눈은 생명수의 원천이며, 몸통은 수수더미이고 목은 (다닐이 인후와 목을 구별하고 있다는 점에 주목하라) 진주를 입은 말과 같다(즉 진주로 장식한 말과 같다).

이 우아한 직유들이 어디서 나오는 것일까? 이 직유들은 오직 하나의

---

48) 같은 책, 40쪽.
49) S. P. 로자노프, 『『성(聖) 아브라미 스몰렌스키의 생애전』과 그에게 바치는 예배』, 상트페테르부르크, 1912. 10쪽.
50) 『이파티예프 연대기』, 1229년 항.

사실, 즉 공후의 자비와 인자함을 강조하기 위한 것이다. 오직 공후의 바로 이 자질이 다닐에게 중요하다. 이러한 관점에서 처음부터 끝까지 모든 직유를 읽어보자.

"나의 공후, 나의 주인이시여! 내게 당신의 얼굴을 보여주소서. 왜냐하면 당신의 목소리는 달콤하고 당신의 입은 꿀을 내뿜으며 당신의 모습은 아름답기 때문이지요. 당신의 편지는 마치 열매가 가득한 정원과도 같습니다. 당신의 두 손은 마치 아라비아의 황금으로 만들어낸 듯합니다. 당신의 두 뺨은 마치 향기를 품은 그릇과도 같습니다. 당신의 인후는 마치 항아리와도 같으니 기름을, 당신의 자비를 흘립니다. 당신의 모습은 마치 잘 고른 레바논 삼나무와도 같습니다. 당신의 두 눈은 마치 생명수의 원천과도 같습니다. 당신의 몸통은 마치 수수더미와도 같으니, 그것으로 많은 사람을 먹입니다. 당신의 머리는 내 머리 위에 있으며 용맹 속의 목은 마치 진주를 입은 말과도 같습니다."[51]

기능에 따른 직유는 그 본질상 동작, 행위, 과정을 자신의 대상으로 하는 직유에 가깝다. 고대 러시아의 작가는 움직임에 본질적으로 관심을 갖는다. 『이고리 원정기』에서 전투는 뇌우에 비교되고 날아가는 화살들은 비에 비교된다. 『이고리 원정기』에 나타나는 바로 그러한 직유의 '역동성'을 프레이덴베르그는 호머에게서 지적하고 있다. 프레이덴베르그는 다음과 같이 쓰고 있다.

"상세한 직유의 리얼리즘의 특징이 되는 것은 행동, 동작, 속도감이다. 상세한 직유는 무엇을 전달해주고 있는가? 격정, 소음, 비명, 온갖 종류의 동작이다. 즉 새의 비상, 맹수의 습격, 추격, 비등(沸騰), 파도, 폭풍, 눈보라, 화재와 홍수, 광폭하게 쏟아지는 폭우, 곤충들의 회전, 말의 질주 [……] 심지어 돌에서 비상(飛上)이, 별에서 활활 타오르는 불꽃의 순간이, 탑에서 붕괴가 감지된다. 직유는 자연의 소음, 물의 노호

---

51) 추돕스키 판본의 『탄원』, N. N. 자루빈, 『『유폐자 다닐의 말씀』—12~13세기 편집본과 그 개작들』, 55~56쪽.

(怒號)와 신음, 파리의 웅웅거림, 양의 울음 소리, 짐승들의 울음 소리로 가득하다. 〔……〕 모든 것이 이렇게 묘사되며 심지어 사물도 그러하다. 바퀴는 굴러가고, 피부는 팽팽하게 당겨지고, 솥은 끓는다. 이것은 과정이지 자세히 설명되고 있는 변화되는 상황이 아니다. 그리고 그 과정들 가운데 망치질, 풀무질, 추수, 사냥, 수공예와 수작업 같은 노동의 과정이 위치한다."[52]

물론 중세의 직유들에서 대상의 모든 기능이 관심의 대상이 되는 것은 아니다. 우리가 앞서 지적했던 것처럼 중세의 직유들은 '이데올로기적'이다. 중세의 직유들은 당대의 지배적 이데올로기와 밀접하게 관련되어 있으며 중세의 직유들이 갖는 전통성, 그 적은 변화, 정전성과 전형성은 이로써 설명된다.

물질적 세계와 정신적 세계의 대상들이 비교된다. 이로써 물질적 세계가 갖는 정신적 의미가 강조된다. 작가가 살았던 그 시대의 사건과 인물이 구약과 신약의 사건과 인물에 비교된다. 이로써 당대에 발생했던 사건의 의미가 사유된다. 인간 세계와 자연 세계가 비교된다. 이 직유를 통해 모든 '하나님이 만든 세계'의 내적인 연관이 설정된다. 특히 자주 인간은 짐승과 새에 비교된다. 이러한 직유들은 다양한 「박물학서」, 특히 개별 짐승과 새의 신화적 특징에 대한 이야기들이 동물에 부여하고 있는 특징들을 고려하고 있다.

중세의 직유의 이데올로기적 성격은 근대 문학에 매우 특징적인 인상주의적인 다양성을 허락하지 않는다.

중세 작가의 상상력은 끊임없이 특정한 이념 영역 속에서 회전한다. 대신 이 이념 영역 속으로 들어온 이후 작가는 가능한 넓게 그 이념 영역을 포착하고자 한다. 작가는 하나의 직유에 만족하지 않고 자신의 작품 속으로 그에게 친숙한 형상들의 사슬을 끌어들인다. 작가가 종종 하

---

52) O. M. 프레이덴베르그, 「서사시적 직유의 발생(『일리아드』를 자료로 해서)」, 『기념 학술 정기회의 논문집. 1819~1944』, 레닌그라드, 1946, 113쪽.

나 혹은 두 개의 직유에 그치지 않고 직유를 쌓아놓는 것은 바로 이 때문이다. 근대 문학의 방법의 관점에서 보았을 때 우리는 그와 같은 많은 직유의 공존이 한편으로는 그 직유들 각각을, 다른 한편으로는 그 전체를 약화시킨다는 사실을 인정해야만 할 것이다. 하지만 중세의 작가는 명료성을 지향하지 않았다. 비교되는 대상의 내적 의미를 떠올리는 것, 그 성질과 특징과 기능을 떠올리는 것, 이것이 그에게는 필요한 것이다.

『이파티예프 연대기』에서 다닐 로마노비치 갈리츠키 공은 동시에 사자, 살쾡이, 악어, 독수리 그리고 황소에 비교된다. "사자와도 같이 이교도들을 추적하고, 살쾡이와 악어처럼 화를 내며, 이교도의 땅에 들어갈 때에는 독수리와도 같고, 용맹하기는 황소와도 같도다."[53] 동물과 새의 직유가 풍부한 것은 『이고리 원정기』의 특징이기도 하다. 하지만 『이고리 원정기』는 민속 문학과 밀접하게 연관되어 있으며 직유를 위해 고대 러시아에 실제로 존재했던 짐승과 새만을 취하고 있다. 『이고리 원정기』의 등장인물들은 늑대, 회청색 독수리(보얀)에 비교된다. 보얀의 손가락은 열 마리의 매에, 군대는 '갈가마귀 떼', 매들, 회색 늑대들(쿠랴닌인들)에 비교된다. 수레는 백조에 비교되고, 이교도 폴로베츠인들은 검은 까마귀, 그자크는 회색 늑대, 브세볼로드는 황소, 이고르와 브세볼로드는 까치에, 폴로베츠인들은 표범의 둥지에, 야로슬라브나는 갈매기에, 폴로베츠인 그자크와 콘차크는 까치에 비교된다. 짐승과 새의 이 다양한 모든 비유는 오직 기능에 따라 만들어지고 있다.

사람과 동물의 이러한 직유에 대해서 더 이상 다루지는 않을 것이다. 이 문제를 자세하게 연구한다면 그것은 고대 러시아의 동물 사담(saga)에 대한 연구의 영역으로 나아가게 될 것이다. 마찬가지로 고대 러시아의 직유가 가진 이데올로기적 토대를 자세하게 연구한다면 이는 그 시대의 신학적 사유의 영역으로 나아가게 될 것이다.

물론 중세 비유의 이데올로기적 이면이 신학적 이데올로기에 의해 다

---

53) 『이파티예프 연대기』, 1201년 항.

해결되지는 않는다. 여기에는 세속적인 봉건제의 이데올로기도 나타난다. 한 가지 예를 들어보기로 하자. 봉건적인 환경에서는 무기 숭배가 존재했다. 무기의 이상적인 속성은 여러 번 연대기의 직유 속에서 강조된다. 잘 만들어진 무기는 반드시 빛이 나야 한다. 그리고 우리는 무기의 광택을 얼음의 광택이나 햇빛, 아침노을의 빛에 비교하는, 중세에 전형적인 이상화하는 직유들을 볼 수 있다.

군사들은 "마치 온통 얼음을 입은 듯, 갑옷을 입고 있다".[54] 군대에 대해서는 다음과 같이 이야기된다. "마치 해처럼 갑옷과 무기들이 빛났다."[55] "그들의 방패는 아침노을 같았고, 그들의 투구는 떠오르는 해와 같았다."[56]

이 직유들은 중세에 전형적인 이데올로기적 토대를 가지고 있다. 하지만 이 직유들은 비유되는 대상들을 좀더 명시적으로 생각할 수 있게 해주는 근대의 직유들에 가깝다. 물론 이러한 사실은 이 직유들이 연대기에 등장한다는 사실, 즉 당대의 신학적 해석으로부터 자유로운 세속적인 예술적 힘에 의한 것으로 설명할 수 있다.

지금까지 살펴본 사실은 중세의 작가는 현실을 관찰할 능력이 없었으며, 현실을 자신의 작품 속에 반영할 능력이 없었다는 것을 의미할까? 그렇지는 않다. 문제는 중세 작가의 무능력이 아니라 다른 예술 체계다. 만일 우리가 직유들 속에서 현실 인식의 직접적인 흔적들을 발견하고자 한다면 작가의 관찰력을 잘 드러내주는 예들을 찾아낼 수 있다. 아무데서나 찾아낼 수 있는 예들을 보기로 하자. "말은 전투 중에도 고삐를 알아듣는다. 좋은 친구는 슬픔 중에도 친구를 도와준다."[57] 분명한 것은 이것을 쓴 사람은 말이 전투 중에 기수를 따른다는 것을 알고 그것에 놀라워할 수 있다는 사실이다. 작가의 관찰력을 보여주는 다른 예들을 보

54) 같은 책, 1176년 항.
55) 같은 책, 1231년 항.
56) 같은 책, 1252년 항.
57) S. P. 로자노프, 『러시아『꿀벌』의 역사에 대한 자료』, 37쪽.

자. "지혜 없이 책을 읽는 자는 장님과 같다. 장님은 지팡이로 이어 붙인 판을 두드려 길을 가다 잘못된 곳으로 간다. 이처럼 지혜 없이 책을 읽는 자도 책에 대해 토론하고, 책을 열고, 그것을 읽지만, 이를 잊어버린다."[58] 또 다른 예. "도장이 초에 각인되면 뚜렷한 형상이 나타나듯이 선한 사람은 죽어서 선한 흔적을 남긴다."[59]

중세의 직유를 근대의 직유와 구별시켜주는 또 다른 성질을 살펴보기로 하자.

잘 알려져 있듯이 근대의 직유는 작품의 정서적 분위기를 만드는 데 크게 기여한다.[60] 중세의 직유가 가지고 있는 '이성적인', 이데올로기적인 특징은 이러한 가능성을 훨씬 제한한다. 고대 러시아 문학에서 직유는 세계에 대한 감각이 아니라 세계관에 의해 전달된다.

14~15세기 문학의 표현적-정서적 문체에서조차도 문학적 정서의 종류는 제한되어 있다. 그것은 위대함, 끔찍함, 거대함, 중요함의 정서다…… "레프[사자] 황제는 마치 끔찍한 짐승처럼 거룩한 성상을 숭배하는 육체를 먹었다."[61] 바로 이 레프 황제는 "마치 거대한 뱀처럼 기어가서, 끔찍하게 입을 벌리고, 마치 새둥지의 깃털도 제대로 나지 않은 어린 새처럼, 교회를 꿀꺽 삼켜버렸다."[62]

잘 알려져 있듯이 직유의 장점은 그 완전성, 다양성에 있다. 직유가 하나의 특징이 아니라 많은 특징을 건드릴 수 있게 하는 것이 중요하다.

---

58) 같은 책, 46쪽.
59) 같은 책, 46쪽.
60) 쉽게 찾아볼 수 있는 예를 들어보자. A. 아흐마토바의 시들 중 한 편에서 여주인공이 사랑하는 사람에게 가고 있다. "마치 투명한 유리에 부딪히는 새처럼／온 몸으로 겨울의 악천후에 부딪히면서"(「6권의 책으로부터」, 레닌그라드, 1940, 78쪽). 유리에 부딪히는 새와 겨울의 악천후 속에서 사랑하는 사람을 찾아가는 여인의 직유는 독자들에게 정서를 전달해주고 많은 연상을 만들어낸다. 그리고 사랑하는 사람들 사이의 균열에 대한 상상을 일깨운다.
61) 「러시아 역대기」, 『러시아 연대기 전집』, 제12권, 상트페테르부르크, 1911, 334쪽.
62) 같은 책, 332쪽.

그럴 경우 직유는 매우 성공적인 것으로 인정된다. 때로 직유를 하나의 완전한 그림, 조그마한 이야기로 만들었던 고대 러시아의 작가들은 이 원칙을 완벽하게 지키고 있다. 가령 페오도시 페체르스키는 「인내와 자비에 대한 교훈」에서 수도사를 군사에 비교하고 있다. 수도사, 이는 그리스도의 군사다. 군사 나팔은 군사를 전투로 불러낸다. 예배를 알리는 교회 종은 수도사를 영혼의 전투로 불러낸다. 페오도시는 수도사들에게 "남자답게 인내할 것", "인내로써 무장할 것", 그리고 수련에 정진할 것을 요구한다. "전투가 시작되고 군사 나팔이 불면 누구도 잘 수 없다. 그리스도의 군사가 게으르다면 어리석은 일이 아닌가?" 계속해서 페오도시는 군사는 명예를 위해 아내도, 아이도, 재산도 생각하지 않는다고 쓰고 있다. 더 나아가서 군사는 치욕을 당하지 않기 위해 자신의 목숨도 생각하지 않으며 수도사도 그러하다. 그런 다음 수도사는 군사에 대비된다. 군사의 명예, 이는 일시적인 것이며 군사의 삶이 끝나는 것과 동시에 끝난다. 하지만 인간의 적과 싸우는 수도사의 명예는 영원하다.[63]

따라서 지상과 천상, 물질적인 세계와 정신적인 세계는 병치되고 있을 뿐만 아니라 대립된다. 중세의 직유에서 이러한 대립의 요소는 거의 항상 존재한다. 그것은 직유에서 일상적인 예술적 부정확성을 허용하지 않는 중세의 직유가 가진 이데올로기적 성격에서 유래하는 필연적인 결과다.

마지막으로 중세의 직유의 또 다른 특징을 살펴보자.

그 '이데올로기적' 혹은 '이념적인' 성격으로 인해 중세의 직유는 상대적으로 쉽게 텍스트의 맥락에서 벗어난다. 중세의 직유는 종종 독자성을 획득하고 내적인 사유의 종결성을 가지고 쉽게 경구가 되어버린다.

중세의 경구적 사유의 예술은 앞에서 언급했던, 중세의 비유가 가지고 있는 모든 특징과 밀접하게 관련되어 있다. 경구적 직유는 중세 언어

---

63) 『고대 러시아 교회-설교 문학 작품들』, 제1권(A. I. 포노마르예프 편집), 상트 페테르부르크, 1894, 39쪽.

체를 관통하고 있다.

독자 자신이 중세의 직유가 가지는 특징적인 성격을 규정하고 있는 『꿀벌』의 경구들 중 몇 가지를 살펴보자. "어리석은 자들은 시간을 통해 슬픔을 잊지만 현명한 자들은 말씀을 통해 슬픔을 잊는다."[64] "칼은 몸을 상하게 하지만 말은 영혼을 상하게 한다."[65] "제비가 끊임없이 노래를 해서 노래의 달콤함을 쫓아내버리듯이, 수다스러운 자는 자주 논쟁하여 듣기에 달콤하지 않게 된다."[66]

러시아 중세의 직유의 시학의 영역에 대한 길지 않은 관람은 여기서 마치기로 하겠다. 다른 시학적 비유인 고정 형용구(ephitet) 연구가 갖는 의미에 대해서 베셀롭스키가 언젠가 말했던 것을 상기시키고자 한다. 그는 다음과 같이 말한다. "고정 형용구의 역사는 시 문체의 역사의 축소판이라고 말해도 과장이 아닐 것이다."[67] 중세의 직유에 대한 자세하고도 체계적인 연구가 미래에 러시아 중세의 시 문체 전체가 가진 많은 특수성들 위를 덮고 있는 장막들을 열어줄 수 있을 것이라고 해도 과장이 아닐 것이다.

중세의 직유에 대한 연구는 두 가지 방향으로 진행되어야 한다. 한편으로 문학 발전의 연대적 시기에 따라 직유의 역사적 변화가 연구되어야 한다. 다른 한편으로 개별적인 문학 장르들에 따라 직유가 연구되어야 한다. 이때 목적은 직유가 갖는 매우 본질적인 장르적 차이들을 밝히는 것이 되어야 할 것이다.

---

64) S. P. 로자노프, 『러시아 『꿀벌』의 역사에 대한 자료』, 82쪽.
65) 같은 책, 55쪽
66) 같은 책, 77쪽.
67) A. N. 베셀롭스키, 『고정 형용구의 역사로부터』, 『전집』, 제1권, 상트페테르부르크, 1913, 58쪽.

비양식화된 모방

문학 연구에서 '양식화'와 '모방'이라는 용어는 흔히 상호 대체적으로 사용되곤 한다. 이 두 용어는 구별되지 않는 것이다. 그러나 각 용어가 지시하는 현상은 서로 다르며, 이는 특히 이 두 용어에 역사적으로 접근할 때 분명하게 드러난다.

실제로 모방 현상은 문학 그 자체만큼이나 오래된 반면, 양식화는 작가들의 개별적인 문체가 발전하고 그에 따라 타자의 문체에 대한 감각이 성장함과 더불어 상대적으로 늦게 나타났다. 러시아 문학에서 양식화가 처음 나타난 시기는 19세기 초반이다. 새로운 것이 나타날 때에는 언제나 그러하듯이 새로운 것은 사람들을 매혹하며, 양식화 또한 한시적으로 문학의 유행이 된다.

푸시킨의 시대에 '모방'이라고 일컬어졌던 것은 본질적으로 양식화된 모방이었다. 푸시킨에게 양식화란 일종의 자신의 개별적 문체를 추출하기 위한 학교였던 것이다. 그는 자신이 모방했던 작가의 양식과 내용을 유형화시키면서 일종의 실험을 했던 것이다. 비노그라도프는 "푸시킨은 러시아와 세계문학의 매우 다양한 여러 양식을 바탕으로 새로운 문학 형식을 창조했다"고 말한다.[68] "트레디야콥스키, 로모노소프, 수마로코프, 페트로프, 데르쟈빈, 호보스토프의 문체와 주콥스키, 바튜시코프, 바라틴스키, 뱌젬스키, 코즐로프, 이지코프, 큐헬베케르, 다비도프, 델비그, 그네디치의 문체, 바이런과 세니에 호라이스, 오비디우스, 워즈워스, 셰익스피어, 뮈세, 베랑제, 단테, 페트라르카, 하피즈와 다른, 세계문학의 작가들이 독창적 창작을 위한 자료였다."[69] 따라서 푸시킨의 양식화는 창조적 성격을 갖는다. 원작의 내용과 형식이 유형화되지 않고 지속되는 양식화 역시 좀 덜하지만 창조적 성격을 갖는다.

---

68) V. V. 비노그라도프, 『푸시킨의 문체』, 모스크바, 1941, 484쪽.
69) 같은 책.

예를 들어, 하피즈의 동방 계승자들은 하피즈의 시 형식과 전체적인 내용을 그대로 이용하면서, 작품들마다 약간 변형시키기만 했다.[70] 독자들만이 그러한 시들을 하피즈의 시로 여긴 것이 아니다. 작가들은 진심으로 자기 자신을 그 시들의 '작가'라고 생각하지 않았다. 작품에 하피즈라는 이름을 명기하면서 그 작가들은 하피즈가 자신들의 시적 영감을 불러일으켜주었을 뿐 아니라, 자신들의 시의 일종의 작가라고 생각했다. 이 시들의 시학은 본질적으로 하피즈의 시들이 갖는 시학과 다르지 않다. 바로 그러한 이유 때문에 하피즈의 것으로 기록되는 시들 중에서 진짜 하피즈의 시를 가려내기가 대단히 어렵다.

이러한 상황은 무명의 작가들이 오마르 하이얌[71]의 주제를 가지고 그 양식을 모방하여 쓴 '루바이' 연작인 『하이야미아다』에도 적용된다.[72] 이렇게 양식화된 모방은 일종의 독특한 '공동창작'의 결과다. 즉 모방자들은 본질적으로 어떤 시적 권위자의 계승자들이기 때문이다.

그런데 앞으로 이야기할 모방들은 완전히 다른, 기계적인 특성을 띤다. 우선 원작의 형식에서 개별적인 기존의 완성된 요소들을 차용하지만, 원작을 창조적으로 보충하지도, 발전시키지도 않는 경우들이기 때문이다. 이러한 모방들은 양식화가 아니다. 이러한 비양식화된 모방들은 대개 문학적 사유재산 개념이 부재하거나 덜 발달되었던 시기에 존재했다. 옛 형식의 개별 요소들은 새로운 작품들 속에서 마치 장식처럼 사용되는데, 그러한 장식들로 새로운 모자이크 구성이 탄생한다. 이때

---

70) 하피즈(1320경~1390경): 페르시아의 시인 모하메드 샴세딘(Shamseddin Mohammad)의 필명. 가난한 가정에서 태어났으나 신학 교육을 받고 '하피즈', 즉 '코란을 다 외우고 있는 자'가 되었다. 사후 그의 저작은 『디반』이라는 제목으로 묶였으며(16세기 말 1차 편집본이 나옴) 이 책은 세계적으로 인기를 얻는다. 『디반』은 여러 유럽어와 아시아어로 번역되었다—옮긴이.

71) 오마르 하이얌(1048경~1122경): 페르시아와 타지크의 시인, 수학자이자 철학자. 연작시 「루바이야트(Rubaiyat)」로 유명하다—옮긴이.

72) 더 자세한 것은 R. M. 알리예프, M. N. 오스마노프, 『오마르 하이얌』, 모스크바, 1959를 참조하라.

종종 옛 형식의 요소들은 새로운 내용에 맞춰 변형되고 단순화되고 축소되었다. 원작의 모든 요소가 아니라 그것의 일부만이 차용되었고, 이 일부 요소들은 새로운 작품에서 몇 번씩 반복된다. 즉 모방자는 원작에서 자신의 마음에 들었던 것만을 고집했던 것이다.

비양식화된 모방은 14~15세기 고대 러시아 문학에서 대단히 발전했으며, 그 이후에도 상당히 지속되었는데, 이를 몇 가지 이유로 설명할 수 있다. 그중 가장 중요한 원인은 러시아 문학의 발전을 지체시킨 150년간의 외세의 압제 이후 14세기 말부터 15세기 초 사이 러시아 문학이 서서히 부활하기 시작했다는 것이다. 여전히 몽골 타타르의 압제가 지속되었지만, 이미 1380년의 쿨리코보에서의 승리 이후 그 힘은 상당히 약화되었다. 그리고 러시아인들은 몽골 침입 이전의 고대 러시아 시대의 문화적 전통에 관심을 기울이기 시작했고, 그 속에서 문화적 부활을 위한 토대를 찾았으며, 옛것으로부터 차용을 위한 형상들과 영감을 모색했다. 이러한 독립 시대로의 회귀는 건축과 미술, 역사 사상과 정치 이념과 서사시들에서 뚜렷하게 나타났으나, 문학에서 특히 두드러졌다.

문학에서는 11~13세기의 몇몇 작품에 대한 수많은 비양식화된 모방이 나타났다. 이러한 모방은 고대 문학의 개화기의 가장 뛰어난 작품들에서 차용한 개별적인 양식적 공식들이나 개별적인 형상들, 혹은 심지어 단락 전체를 자기 텍스트 속에 끼워넣는다. 14세기 말에서 15세기의 작가들은 장식을 위해서 전체 구도와 비율을 고려하지 않은 채 고전 시대 건축의 잔재——원주, 기둥머리와 다듬어진 대리석 조각들——들을 부수어 자신의 건축 구조에 포함시켰던 문화 몰락기의 탈취자들과 유사하다.

14세기 말~15세기의 고대 러시아의 언어체 전체가 그 개화 시기의 문학에 대한 관심으로 가득했다. 14~15세기 초에 콘스탄티노플과 아테네의 수도원들에서 러시아인 필사가들이 그리스어와 슬라브어 필사본을 가지고 작업하고 있었다. 아마도 몽골 타타르의 침입 이전에 고대 러시아에서 작성된 거대한 세계역사의 편집물인 『헬레니즘과 로마 연대기』

가 콘스탄티노플의 문서 보관소들에만 보존되어 있었던 듯하다.

14세기 고대 러시아로 돌아온 이 연대기는 세계역사를 다루는 다른 러시아 작품들을 위한 토대가 되었다. 14세기 말에는 새로운 연대기들이 편찬되기 시작한다. 새로운 연대기들은 기존의 연대기들을 바탕으로 하면서, 자기들의 시대까지 새로운 기록들을 보충하면서 옛 키예프 시대의 연대기들의 뒤를 잇는다. 특히 옛 키예프 시대의 작품들의 새로운 편집본들이 대폭적으로 필사되고 만들어진다. 양식적으로 화려한 11~13세기의 몇몇 작품——키예프 대주교였던 일라리온의 「율법과 은총에 대한 말씀」(11세기), 투로프의 주교였던 키릴의 설교문들(12세기), 『원초 연대기』(12세기 초), 『이고리 원정기』(12세기), 『알렉산드르 넵스키의 생애전』(13세기)과 『러시아 몰락에 대한 말씀』(13세기) 등——이 14세기 말~15세기의 러시아 문학에 영향을 끼쳤다.

일례로 14세기 말에서 15세기의 수많은 문학작품이 1380년의 쿨리코보 전투에서의 승리에 관한 것이었다(『마마이 전투』). 이 작품들의 작가들은 작품에 가능한 한 화려한 성격을 부여하려고 했다. 이를 위해 작가들은 개별적인 양식적 공식을 얻기 위해 11~13세기 작품들에 주목했다.

그리하여, 예를 들어, 솔로비요프와 나자로프의 뒤를 이어 샴비나고는 「마마이 전투에 관한 연대기 이야기」에 미친 『알렉산드르 넵스키의 생애전』의 영향을 지적하고 있다. 샴비나고의 지적에 따르면, 이러한 영향력은 생애전으로부터 양식적 공식이나, 개별 표현들, 심지어 연대기 이야기의 구도 자체를 차용한 것에서 잘 드러나는데,[73] 문제는 연대기 이야기가 이러한 생애전의 개별 양식적 공식들을 과거장(過去帳)의 양

---

73) S. K. 샴비나고, 『마마이 전투 이야기』, 상트페테르부르크. 1906, 61~71, 72~73쪽. 샴비나고의 책에 대한 서평에서 샤흐마토프는 연대기 이야기 서술자가 생애전 제2편집본을 사용했다는 샴비나고의 주장에 대해 반대한다(A. A. 샤흐마토프, 『대주교 마카리의 제12판단에 대하여』, 상트페테르부르크, 1910, 122쪽).

식과 혼합함으로써, 결과적으로 연대기 이야기의 문체는 『알렉산드르 넵스키의 생애전』에는 존재하고 있었던 통일성을 결여하게 되었다는 것 이다.[74]

클류쳅스키가 지적하듯이[75] 『러시아의 황제, 드미트리 이바노비치의 삶과 죽음에 관한 이야기』의 저자도 역시 『알렉산드르 넵스키의 생애 전』을 모방했다. 그러나 그는 생애전으로부터의 여러 가지 차용을 몽고 시기 이전의 다른 문헌들의 공식들과 결합시켰다.

15세기 말에 만들어진 표도르 초르니(야로슬랍스키)의 생애전은 그 서문에서 『러시아 몰락에 대한 말씀』을 모방하고 있다. "오, 밝고 밝은 러시아 땅이여, 수많은 강, 갖가지 새와 짐승, 그리고 오만가지 물건으 로 현란히 장식된 러시아 땅이여 〔……〕 위대한 도시들과 교회 사원들 이 가득한……"[76]

14세기 말~15세기의 다른 작품들에서도 우리는 시적 공식을 유사하 게 차용하는 예를 발견할 수 있다. 예를 들어 토호타미시에 의한 모스크 바 패망에 관한 연대기 이야기(여러 연대기에서 1382항에 기록되어있 다)[77]는 『바투에 의한 랴잔 몰락의 이야기』의 여러 시적 상용구를 취하 고 있다. 특히 토호타미시에 의한 모스크바 패망에 관한 연대기 이야기 에서는 기계적이고 비양식화된 모방의 시학적 요소들이 나타난다. 차용 된 시적 상용구들이 연대기의 정확하고 결코 시적이라 할 수 없는 서술 들 속으로 독특하게 삽입된다. 특히 작가의 마음에 든 몇 가지 표현은

---

74) 같은 책, 72~73쪽.
75) V. 클류쳅스키, 『역사 자료로서의 고대 러시아의 성자 생애전』, 모스크바, 1871, 169쪽.
76) 같은 책, 173쪽. 『러시아 몰락에 대한 말씀』과 비교해보라. "오, 밝고도 밝은, 아름답게 장식된 땅 러시아여! 수많은 아름다움으로 놀랍도다. 수많은 호수, 강도 놀랍도다. 갖가지 짐승과, 셀 수 없이 다양한 새, 위대한 도시들과 놀라 운 마을들, 수도원의 정원들과 교회의 건물들……"(프스코프-페체르스크 판 본).
77) 앞으로 텍스트는 노브고로드 제4연대기에 따라 인용된다. 『러시아 연대기 전 집』, 제4권, 제1부, 제2책, 레닌그라드, 1925, 326~339쪽.

몇 번씩 반복 사용된다.

"현과 마을을 불태우고 도적질했으며, 농민들을 칼로 베고, 닥치는 대로 죽였으며, 다른 사람들은 포로로 잡아갔다"(330). 그리고 계속하여 "현을 정복하고, 마을을 불태웠으며, 수도원들을 강탈하고, 농민들을 마구 베어 넘겼다. 그리고 다른 많은 사람을 포로로 데려갔다"(337). 혹은 "랴잔 땅을 정복하고선 그것을 불태웠고, 사람들을 마구 베었다", "다른 사람들은 사방으로 도망쳤으나, 수없이 많은 포로는 한국(汗國)으로 데려갔다"(337~338). 그 이후 다시 "수많은 현을 정복했을 뿐만 아니라, 불태우고 칼로 베어 죽였으며, 포로로 데려갔다"(338). 혹은 다시 "그 땅을 한 치도 남김없이 정복했으며, 황폐화시켰다"(338~339). 인용된 반복들은 모두 『바투에 의한 랴잔 몰락의 이야기』에서 차용된 것들이다.

한편 여기서 특이한 것은 연대기의 사무적인 문체가 시적인 차용들과 결합되었다는 사실이다. 예컨대 『바투에 의한 랴잔 몰락의 이야기』에서의 차용인, 패망한 모스크바에 대한 시적인 애가 이후에 작가는 마치 상인처럼 (전반적으로 토흐타미시의 침략에 대한 이야기는 상인들에 대한 공감을 표현하고 있다) '손해'와 '손실'들을 나열한다. 죽은 자들을 묻는 데만 "40명에는 은화 반 루블을, 50명에는 1루블을 주었는데, 전부 합하여 망자를 장례지내는 데 300루블이 들었다"(338)고 적고 있다. 전체 손실은 다음과 같았다. "모든 손실과 재난과 불행을 셈해낼 수 있다 하더라도, 나는 감히 말할 수 없으리. 생각건대, 수천 곱에 수천의 루블로도 모자랄 테니"(338).

15세기 초의 작품인 『러시아의 황제, 드미트리 이바노비치 대공의 삶과 죽음에 관한 이야기』에는 『랴잔 공후들의 혈통에 바치는 찬양』에서 차용한 것들을 많이 발견할 수 있다. 『찬양』을 『삶과 죽음에 관한 이야기』와 비교해보면 우리는 『찬양』이 뚜렷한 문체적 통일성을 가지고 있으며 공통된 리듬으로 통일되어 있다는 사실을 볼 수 있다. 반면 『삶과 죽음에 관한 이야기』는 『찬양』에서 차용한 것들을 그것들과 이질적인 당대의 '말엮기'와 결합시키고 있다. 게다가『삶과 죽음에 관한 이야기』에서는『찬양』으로부터 개별 양식적 공식을 기계적으로 옮겨오면서 발생한 문법적인, 양식적인 부조화가 종종 발견된다.[78]

또한『삶과 죽음에 관한 이야기』에서 차용된 요소들의 반복을 관찰할 수 있다는 사실도 중요하다. 예를 들어『찬양』에서 다음과 같은 구절이 있다. "전투에서는 언제나 무서웠으며, 그들에게 반발하는 수많은 적을 무찔렀다."[79] 이를『삶과 죽음에 관한 이야기』의 다음 부분과 비교해보라. "전투에서는 언제나 무서웠고, 그에 대항하여 일어난 수많은 적을 무찔렀다."[80] "당신들과 함께 여러 나라에 대항해 싸웠고, 전투에서는 저항하는 자들에게 무서웠다."[81] 혹은『찬양』에서는 "그리고 결혼 후에는 순결하게 살았고 [……] 결혼 후에 자신의 몸을 깨끗이 지키며……"였다면,[82]『삶과 죽음에 관한 이야기』에서는 "……결혼 후에 순결하게 살았으며",[83] "자신의 몸을 정결함 속에 지켰다",[84] "결혼을 통한 결합 이후 역시 죄에 빠지지 않도록 몸을 정결하게 지켰다",[85] "아내가 있었으며 순결함 속에 살았다",[86] "결혼이 다가오기 전에 순결함을 지키며"[87] 등의 표현들이 있다.

『찬양』에서 차용한 동종의 개별 표현들은『삶과 죽음에 관한 이야기』전체에서 찾아볼 수 있다. 예를 들어『찬양』에 "그리고 모든 신성한 정

---

78) D. 리하초프, 「15세기 초반『바투에 의한 랴잔 몰락의 이야기』의 문학적 운명」,『고대 러시아 문학에 대한 연구와 자료』, 모스크바, 1961, 21~22쪽.
79) D. 리하초프, 「니콜라 자라즈스키에 관한 이야기」,『고대 러시아 연구』, 제7권, 모스크바-레닌그라드, 1949, 320쪽.
80) 노브고로드 제4연대기, 352쪽.
81) 같은 책, 357쪽.
82) D. 리하초프, 「니콜라 자라즈스키에 관한 이야기」, 321쪽.
83) 노브고로드 제4연대기, 352쪽.
84) 같은 책, 355쪽.
85) 같은 책.
86) 같은 책, 362쪽.
87) 같은 책, 364쪽.

진일에 참여했다" 같은 표현이 나타나는데,[88] 이 표현은 "밤마다", "날마다", "시간마다", "주일마다" 등으로 여러 번 변이되어 나타난다.[89]

『삶과 죽음에 관한 이야기』는 불완전한 모방에 속한다. 이 이야기에는 『랴잔 공후들의 혈통에 바치는 찬양』 외에 다른 차용들도 나타나는데, 예를 들면 대주교 일라리온의 『율법과 은총에 대한 말씀』에서의 인용이 그것이다.[90]

15, 16세기 『자돈시나』 역시 모방들을 낳았는데, 이 모방들 역시 비양식화된 유형이다. 즉 시적 요소들을 다른 종류의 텍스트에 끼워넣고, 상이한 문체들을 혼합하고 있다. 이는 모방이지 양식화가 아니다. 나는 『마마이 전투 이야기』의 여러 편집본이나 『프스코프 연대기』의 1514년 오르샤 전투에 대한 이야기를 염두에 둔 것이다.[91]

비양식화된 모방에서는 보통 문체적으로 현란한 작품들 혹은 독특한 작품이 모방 대상으로 선택되는 것이 전형적이다.

이러한 상황은 앞서 언급한 예들을 통해서 다시 한 번 확인할 수 있다. 즉 14세기 말에서 15세기에 모방 대상이 되는 것은 『알렉산드르 넵스키의 생애전』, 일라리온의 「율법과 은총에 대한 말씀」, 『러시아 몰락에 대한 말씀』, 『바투에 의한 랴잔 몰락의 이야기』, 『랴잔 공후들의 혈통에 바치는 찬양』 들이다.

『자돈시나』의 예를 통해 14세기 말과 15세기의 비양식화된 모방에서 주로 사용된 기법들을 살펴보기로 하자. 『자돈시나』는 14세기와 15세기의 경계에 창작된, 그리 크지 않은 작품으로서 '돈 강 너머에서'('돈 강 너머에서', 바로 여기서 필사본들 중 하나에 나타난 이 작품의 이름인

---

88) D. 리하초프, 「니콜라 자라즈스키에 관한 이야기」, 321쪽.

89) 노브고로드 제4연대기, 356쪽 등.

90) 이에 대해서는 A. V. 솔로비요프의 논문을 보라. 『러시아의 황제, 드미트리 이바노비치 대공의 삶과 죽음에 관한 이야기』의 작가로서의 현자 예피파니」, 『고대 러시아 연구』, 제17권, 모스크바-레닌그라드, 1961, 100~102쪽.

91) 『프스코프 연대기』, 제1부, 모스크바-레닌그라드, 1941, 98쪽.

'자돈시나'가 유래한다)의 쿨리코보 승전을 칭송하고 있다.[92] 『자돈시나』 또한 고대 러시아가 독립적이던 시대의 작품인 『이고리 원정기』에 대한 비양식화된 모방이다.

*　*　*

『이고리 원정기』(이하 『원정기』로 줄여 씀)와는 달리 『자돈시나』는 문체적으로 동질적이지 않다. 『자돈시나』의 모든 필사본에서 세 개의 문체적 구조를 쉽게 구별해낼 수 있다. 첫째는 『원정기』에 가까운 문체적 층위, 원정기의 개별 요소들을 축어적으로 반복하는 층위, 둘째는 『원정기』에는 없는, '행정어적' 양식의 층위, 셋째는 민담적 층위다. 처음의 두 층위는 『자돈시나』의 모든 필사본에 대단히 특징적인데, 서로 매우 날카로운 부조화를 이룬다. 민담적 층위는 첫 번째의 층위에 가까운데 그다지 대단치 않다. 이는 그저 표현 몇 가지의 경우에 해당한다.

『자돈시나』에 나타나는 양식적 부조화의 예들을 보자.[93] 『원정기』에는 다음과 같은 부분이 있다. "오, 보얀이여, 옛 시절의 꾀꼬리여! 만약 네가 이 군대들을 노래불렀더라면." 그리고 그다음에 다음과 같은 구절이 등장한다. "나의 쿠르스크인들, 노련한 전사들. 나팔 소리 아래 모이고, 투구 아래에서 길러진 자들, 창끝에서부터 자란 자들. 그들에게는 이미 익숙한 길과 골짜기. 그들의 활은 이미 팽팽하게 당겨져 있고, 화

---

92) '돈 강 너머'(za Don)에서 '자돈시나'(Zadonshchina)라는 말이 유래한다—옮긴이.

93) 이후로 『자돈시나』의 필사본들을 다음과 같이 표현하기로 한다. K-B: 키릴 벨로제르스키본(No. 9/1086, 페테르부르크의 러시아 민족 도서관 소장); I-1: 국립 역사 박물관 소장본(No. 2060); I-2: 국립 역사 박물관 소장본(No. 3045); U: 운돌스키 본(No. 632, 국립 레닌 도서관 소장); S: 시노달본(시노달 도서관 컬렉션의 No. 790, 국립 역사 박물관 소장). 『자돈시나』의 필사본 텍스트들은 A. V. 아드리아노바 페레츠, 「『자돈시나』—텍스트 재구성의 시도」, 『고대 러시아 연구』, 제4권, 모스크바-레닌그라드, 1948을 기준으로 인용한다.

살통은 이미 열려 있으며, 장검은 날카롭게 연마되어 있도다. 마치 들판의 잿빛 늑대들처럼 자신들의 명예와 공후의 영광을 찾아 날뛴다."『원정기』의 이 두 부분을 바탕으로『자돈시나』의 저자는 러시아 군 장수들을 열거함으로써 좀더 구체화시키는 동시에 바로 그렇게 함으로써 동시에 시적 통일성을 희생하며, 다음의 텍스트를 창조해냈다. "오, 꾀꼬리, 여름새여! 네가 드미트리 이바노비치 대공과 그의 형인 블라디미르 안드레예비치 공, 저 땅에서 온 두 올게르도비치 형제들과 드미트리의 형제인 안드레이와 드미트리 볼린스키를 노래불러준다면! 이들은 용감한 아들들로서, 전시에는 용감한 매들, 칭송받는 대장들이며, 리트비아 땅에서 나팔 소리와 투구 아래에서 즐거워한 이들이다"(I-1본. K-B, U, S본 등과 비교).

역시『원정기』에서의 차용을 바탕으로 구성된 드미트리 돈스코이의 출정에 대한 묘사에서 갑자기 연대기적, 교회예식적인 지시가 나타난다. "9월 8일 성모 탄신일 수요일 태양이 동쪽에서 그를 밝게 비추며 그에게 길을 가르쳐주고, 보리스와 글렙은 자신들의 후손들을 위하여 기도를 올린다"(K-B본). 그러한 지시가 없는『원정기』의 이고리 스뱌토슬라비치 공후의 출정 묘사와 비교해보자. "태양이 어두움으로 그의 길을 막아서고 밤은 신음하며 그에게 뇌우로 새들을 깨우노니." '행정적인' 연대기식의 시간 지시 표현이 침투해 있는 또 다른 예를 비교해보자. "아킴과 안나의 날, 일요일에 새들은 콜롬나의 성벽에서 새벽부터 구슬픈 노래를 불렀다"(I-1본. I-2, S본 등과 비교).

연대기적인 구체화는 주인공들의 말과 같이 가장 부적절해 보이는 텍스트들에도 드러나 있다. "친애하는 형제여, 우리는 서로서로 두 형제로서, 이반 다닐레발츠 카메타 대공의 아들들이요, 다닐 알렉산드로비치 대공의 손자들이다. 용맹한 70명의 보야르들과 벨로제르스크에서 온 공후들, 표도르 세묘노비치, 두 올게로도비치 형제들, 안드레이 브란스키 공과 드미트리 볼린스키 공, 티모페이 볼로에비치와 안드레이 세르키조비치와 미하일 이바노비치가 우리의 장군들이며, 전장에서는 무장을 한 30만 군사가 있고……"(S본. U본 등과 비교).

때때로 『자돈시나』에서 시적인 고급 문체와 행정적인 산문체의 두 문체가 혼합된 경우는 곧바로 우스꽝스러운 인상을 준다. 예컨대 행정적인 문체는 심지어 모스크바 여인들의 애가에도 침투되고 있다. 『원정기』에서 러시아 장수들의 아내들이 깊은 상실의 고통으로 특징지을 수 있는 시적 형상으로서 일단의 군중의 형태로 언급이 되고 있다. "러시아의 여인들은 이렇게 탄식하며 통곡했다. '이미 우리는 우리의 사랑스런 남편들을 마음속에 그릴 수도 없고, 기억 속에서 생각할 수도 없고, 눈으로 볼 수도 없으며, 금은보화를 손에 쥘 수도 없구나.'"

사무적 정확성과 모스크바의 관료주의의 관등숭상주의에 익숙했던 『자돈시나』의 작가는 부인들 중 누가 누구에 대해서 애도했는지 분명히 밝히고 있다. 이는 공식적인 모스크바 관료계 아내들의 애도에 대한 공식적 보고와 다름이 없다. "새들이 구슬픈 노래를 부르기 시작했고, 이에 모든 죽은 자들의 대귀족 부인들과, 장수들의 아내들이 통곡했다. 미쿨라 바실리예비치의 아내인 마리야 드미트리예바는 새벽부터 모스크바 강가의 성벽에 올라 다음과 같이 말하며 울었다. '돈 강이여, 돈 강이여, 빠른 강이여, 너는 돌산을 파헤치고, 폴로베츠 땅으로 흐르는구나, 내 주인 미쿨라 바실리예비치를 내게 실어 보내다오.' 티모페이 볼루예비치의 아내인 페도시야는 이렇게 탄식하며 울었다. '여기 이미 나의 기쁨이 영광의 도시 모스크바에서 사라졌으니, 나는 더 이상 내 주인 티모페이 볼루예비치를 살아서 보지 못하리니.' 그리고 안드레이의 아내인 마리야와 미하일의 아내인 오크세니야는 새벽부터 울었다. '이미 우리 둘에게는 태양이 영광의 도시 모스크바에서 저물었구나'"(I-1본. S, U본 등과 비교). 이것은 시적 애도가 아니라 애도에 대한 공식적 보고다. 시적 문체는 행정적인 정확성과 뚜렷한 부조화를 이루고 있는 것이다.

14~15세기의 전형적인 모스크바 관료주의는 문체뿐만 아니라 내용에서도 드러난다. '장소들', 집무 상황에 대한 걱정들이 그 예다. 드미트리 돈스코이는 원정 출정 전에 자신들의 귀족들에게 다음과 같이 말한다. "바로 이곳에서 너희들과 네 아내들의 자리를 얻으리라"(U본. I-1,

I-2, S본 등과 비교). 공식적 에티켓을 준수하고자 하는 경향도 존재한다. 출정 전 드미트리 돈스코이의 연설 속에는 모스크바 관례에 따른 기도문이 포함되어 있는 것이다.

천편일률적으로 '그리고 말했다'라는 단어들로 도입되는 『자돈시나』의 직접화법들 역시 그러한 기록문서적 특성을 지니는데, 이때 호소하는 주체의 정확한 이름이 열거되며, 호소 대상의 부칭과 관등이 명시되고 있다. "그리고 드미트리 이바노비치 대공이 자신의 대귀족들과 장군들과 대귀족의 자식들에게 말했다"(I-2본과 기타 등등).

서로 다른 이본들의 『자돈시나』의 텍스트들이 서로 매우 다르며, 그 중 특히 키릴 벨로제르스키본의 텍스트에 대해서는 그것이 『자돈시나』의 최초의 편집본이라는 견해도 있다. 따라서 모든 이본에서 모방의 징후가 관찰되고 있는가 하는 질문이 자연스럽게 제기된다. 지금까지 살펴본 징후뿐만 아니라 앞으로 살펴보게 될 나머지 다른 모방의 징후들도 전 필사본에 두루 지속적으로 퍼져 있다. 키릴 벨로제르스키본에서 『원정기』와 유사한 시적 문체와 사무적이고도 행정적인 문체의 혼합을 드러내주는 예들을 살펴보기로 하겠다.

1) "그 전투에서 마마이 전투에 이르기까지." 2) "이는 나 드미트리 이바노비치 대공과 그의 형제 블라디미르 안드레예비치 공." 그리고 계속해서 이러한 사무적인 문체와 선명한 대조를 이루는 "용기로 자신의 심장을 날카롭게 단련했다" 등의 표현. 3) "이렇게 드미트리 이바노비치 대공이 자신의 형제들인 러시아 공후들에게 말했다." 4) "9월 8일 성 모탄신일 수요일 태양이 동쪽에서 그를 향해 선명히 빛난다." 5) "이교도에게 당한 대공후들, 대귀족들과, 표도르 로마노비치 벨로제르스키 공과 그의 아들 이반 공, 미쿨라 바실리예비치와 표도르 멤코, 이반 사노, 미하일로 브렌코프와 야코프 오슬레뱌틴, 흑승 페레스베트와 다른 많은 장수의 죽음을 소리 높여 울었다."[94]

---

94) 앞으로 나는 우리가 살펴보고 있는 현상이 전 판본에 걸쳐 특징적이라는 사

이제 다시 『원정기』를 살펴보면 이 작품이 문체상 동질적일 뿐만 아니라 『원정기』에는 일체의 불협화음도 없다는 사실을 알 수 있다. 비록 『원정기』의 몇몇 형상이 좀더 민속적인 반면 다른 형상들이 좀더 문어적이기는 하지만(예를 들어 『원정기』의 처음처럼) 이 모든 것이 예술적 구조를 파괴하지는 않는다.

* * *

『자돈시나』에서 비양식화된 모방의 시학은 이 같은 두 문체의 혼합과 같은 문제에 국한된 것은 아니다. 대개 모방자는 자신이 모방하는 원본의 모든 문체적 요소를 다 인지하는 것이 아니라, 가장 그의 눈에 잘 들어오거나 그의 주의를 끌었던 요소들만을 반복한다. 따라서 모방에서는 보통 동일한 문체적 기법이 몇 번씩이나 반복되고 있는 것을 볼 수 있다.

바로 그러한 종류의 반복을 『자돈시나』에서도 관찰할 수 있다. 예를 들어 『원정기』에서 프세볼로드 부이 투르[황소]는 다음과 같이 이야기된다. "황소여, 그대가 자신의 황금 투구를 번쩍이며 질주하는 곳이면 어디건." 『자돈시나』에서 이 부분은 네 번이나 표현된다(I-1본에서 인용). "그리고 그 속에서 황금빛 갑옷이 빛난다." "그리고 황금 갑옷을 번쩍였다." "블라지미르 공후는 [……] 황금빛 투구를 번쩍였다." "황금빛 투구로 비추었다."

『원정기』에서 "폴로베츠인들의 투구에 부딪혀 검들이 무디어진다"라고 표현된다면, 『자돈시나』에서는 다음과 같이 이야기된다(I-1본에서 인용). "……우리들의 리투아니아의 검은 타타르인들의 투구에 부딪혀 시험해보자." "강철검을 이교도의 투구에 부딪혔다." "러시아의 공후들은 검을 이교도들의 투구에 부딪혔다." "검들을 이교도들의 투구에 부

실, 다시 말해 『자돈시나』 그 자체의 고유한 특징이라는 사실을 보여주기 위해 다양한 판본에서 예문들을 발췌할 것이다.

딪힌다." 또한 『자돈시나』에서 다음과 같은 부분을 비교해보자. "형제여, 이미 영광의 도시 모스크바에서는 문을 두드리고 천둥을 친다. 이는, 형제여, 알다시피 문을 두드리는 소리도, 천둥 치는 소리도 아니요, 이반 드미트리예비치 대공의 강한 군대가 치는 소리요, 용감한 무사들이 황금빛 투구와 주홍빛 방패로 치는 소리다"(K-B본). 또한 K-B본에서 또 다시 이러한 표현이 나타나는데, 다음과 같다. "동이 트기 전 새벽부터 이미 문을 두드리고 천둥을 친다. 이는 문 두드리는 소리도, 천둥 치는 소리도 아니요, 블라디미르 안드레예비치 공후가 자신의 수비군대를 빠른 돈 강으로 이끄는 소리다."

『원정기』의 문체적 요소의 영향으로 『자돈시나』에서는 두 번씩이나 다음과 같은 구절이 반복된다. "형제들이여, 이미 바다에서 돈 강과 드네프르 강의 기슭으로 강한 바람이 불었고, 거대한 먹구름들이 바다를 따라 러시아 땅으로 불어왔으며, 그것으로부터 핏빛 노을이 번지고 있으며, 그 속에서는 강렬한 번개가 번뜩이고 있다"(I-1본 등). 그리고 또한 "그때 강한 먹구름들이 함께 몰려왔고, 함께 강한 번개와 천둥이 커다랗게 울려퍼졌다. 이때 러시아의 아들들은 모욕을 씻기 위해 이교도 타타르인들과 충돌했으며, 그 속에서 황금빛 갑옷이 빛나고, 러시아의 공후들은 검을 이교도들의 투구에 부딪혔다"(I-1본 등). 『자돈시나』에서 동질적인 요소가 반복되는 다른 예들과 비교해보라(I-1본에서 인용). 1) "러시아 땅으로 공격하고 싶어한다." 2) "이교도들이 평원을 침범하고 있다." 3) "이교도들이 우리의 평원을 침범하고 있다." 4) "그때 대공은 평원으로 진격한다."

그런데 『자돈시나』에서 이러한 문체상의 반복을 관찰할 때는 다음의 두 가지 사실에 유의해야 한다. 1) 반복은 『원정기』와 직접적으로 관련된 문체요소들만 연관되는 것으로서 이는 이들 반복이 모방에 있어서는 전형적이라는 점을 증명해준다. (모방자는 원본의 형식을 재생하면서 그 문체에서 가장 선명한 특성에만 주의를 기울이며 자신이 그러한 특성들을 반복하고 있다는 것을 알아차리지 못한 채 자신의 작품 속에 기계적으로 도입한다.) 2) 이들 반복은 예술적인 기능을 수행하는 것이 아니라, 오히려 그 반대로 작품의 예술성을 파괴하며, 그 의도에 모순된다. 후자의 사실을 인지하는 것은 매우 중요한데, 왜냐하면 『원정기』에도 드물게 몇몇 반복이 나타나지만, 그것은 모두 예술적 기능을 지닐 뿐만 아니라, 시학의 용어(동일한 시작이나 후렴 등)로 정의될 수 있기 때문이다.

* * *

문체적으로 『자돈시나』는 『원정기』보다 빈약하다. 『자돈시나』의 모든 시적 표현은 『원정기』에서 그 상응하는 표현을 찾을 수 있고, 몇몇 표현은 구전문학에서 찾을 수 있다. 그런데 『원정기』에는 『원정기』 문체의 전체 구성과 동질적이지만, 직접 그에 상응하는 표현을 『자돈시나』에서는 찾을 수 없는, 독특한 문체의 표현들이 많이 존재한다.

『자돈시나』의 전체적인 문체적인 빈곤 외에도 『자돈시나』의 개별 형상들을 그와 관련되어 있는 『원정기』의 형상들과 비교해보면 『자돈시나』의 그것이 상대적으로 매우 빈약함을 알 수 있다. 예를 들어 『원정기』에 다음과 같은 구절이 나온다. "말발굽 아래 검은 땅에 뼈들이 흩뿌려지고 피로 뒤덮였다. 그것들이 슬픔이 되어 러시아 땅에서 피어올랐다." 『자돈시나』에서 이 형상은 '상승' 없이 남는다. "말발굽 아래 검은 땅, 들판에는 타타르인들의 뼈들이 흩뿌려지고 피로 뒤덮였다"(I-1본. U, S본 등과 비교). "그때 들판에는 뼈들이 흩뿌려지고, 피로 뒤덮였다"(K-B본). 『자돈시나』에서는 용감한 러시아인들이 주인들이고, 적들이 중매쟁이가 되는, '전투-잔치'라는 다소 복잡한 형상이 완성되지 않는다.[95] 또한 『자돈시나』에서는 네미가에서의 '전투-벼베기'라는 형상 역

---

95) 『원정기』에 등장하는 '전투-잔치'의 형상은 다음과 같은 구절에 나타난다. "물살 빠른 카얄라 강가에서 헤어졌다. 거기서 붉은 포도주가 다 떨어졌다. 거기서 용맹한 러시아인들이 잔치를 끝냈다. 중매쟁이를 만취 상태로 만든 다음

시 완성되지 않는다. 『자돈시나』에서는 야로슬라브나의 애가에 등장하는 형상들이 축소되어 있으며, 다만 강을 향한 호소만이 남았고(『원정기』에서는 드네프르 강으로, 『자돈시나』에서는 돈 강과 모스크바 강을 향한 호소가 이뤄진다), 애가 부분에서 바람과 태양에 대한 호소들은 사라졌다. 갈매기가 되어 두나이 강을 따라 날아가는 야로슬라브나의 비상도 없다.

『자돈시나』에서 형상은 매우 자주 빈약해지는데, 이는 이들 형상이 문맥에서 동떨어져 그 일부분만 포착되기 때문이다. 『원정기』에서 프세볼로드 부이 투르는 다음과 같이 이야기된다. "불같은 투르 프세볼로드여! 너는 전방에 서서 군사들에게 화살을 쏘고 강철검들로 투구를 치는구나. 투르여, 네가 황금빛 투구를 번쩍이며 질주하는 곳에는 이교도 폴로베츠인들의 머리들이 즐비하도다." 이것은 프세볼로드, 즉 영웅적이고 다소 과장된 억양 속에서 절제되어 있는 그의 강하고 남성적인 형상을 그리고 있는 그림의 일부일 뿐이다. 그런데 『자돈시나』에서는 이 모든 형상 중에서 오직 무의미한 구절만 남는다. "이미 투르는 방어하기 위해 일어섰다"(I-1본), "이미 투르는 전방에 섰다"(U본) 같은 경우나, 블라디미르 안드레예비치에게 전이되어 사용되는 몇몇 구절을 보자. "공후 블라디미르 안드레예비치는 소리치고서는, 자신의 재빠른 말을 타고 달리며, 황금빛 갑옷을 번쩍이며 이교도 타타르들의 군대를 향해 말을 타고 질주했다. 강철검들이 타타르의 투구에 부딪혀 천둥소리를 낸다"(S본). 『자돈시나』에서 프세볼로드의 형상의 빈곤화와 '분해'를 보여주는 분명한 예들이다.

*   *   *

『자돈시나』는 개별적인 공식이나 표현, 형상들뿐만 아니라 사건 서술

자신들도 러시아 땅을 위해 쓰러졌다" —옮긴이.

의 순차성에서도 『원정기』에 상응한다.

　『원정기』와 『자돈시나』 모두 보얀이 상기되고 있는 도입부 이후에 군대 소집과 출정에 대한 묘사로 이동한다. 이고리 스뱌토슬라비치와 프세볼로드 부이 투르에 대한 성격 묘사는 드미트리 이바노비치와 블라디미르 안드레예비치에 대한 성격 묘사에 상응한다. 『원정기』에서는 두 번의 전투가 있다. 첫 번째는 승리의 전투였고, 두 번째는 패배로 끝나는 전투였다. 『자돈시나』의 전투는 한 번이지만, 그 속에는 두 번의 계기가 있다. 첫 번째 계기는 러시아인들에게 불운한 계기였지만, 두 번째 계기는 승리를 가져다준다. 스뱌토슬라프의 꿈과 그의 '금언'(金言)은 『자돈시나』에서 드미트리 이바노비치의 예언과 전조에 대한 묘사에 해당한다. 야로슬라브나의 애가는 『자돈시나』에서는 죽은 자에 대한 몇몇 귀족 부인의 애가에 상응한다. 이고리의 포로상태에서의 도주는 마마이의 도주와 상당히 일치하며, 그자크와 콘차크의 대화와 그들의 분노는 『자돈시나』에서 타타르인들의 분노와 마마이에 대한 외국인들의 말에 해당한다.

　두 작품의 구성을 살펴보면 『자돈시나』의 구성이 『원정기』의 구성보다 훨씬 덜 복잡하다는 것을 알 수 있다. 『자돈시나』의 구성은 역사적인 회고나 서정적인 명상들로 가득 차 있지 않아 훨씬 더 단순하다. 그런데 두 작품의 구성 면에서 공통적 요소들이 갖는 예술적 의미는 상이하다. 『원정기』에서 각각의 구성요소들은 더욱 견고하고 명확하게 주어진 예술적 기능을 수행한다.

　먼저 도입부를 살펴보기로 하자. 『원정기』에서 도입부는 고양된 웅변적, 생애전적인 서술 문학작품에 일반적인 부분으로서 여기에서는 이후의 모든 서술을 어떤 문체 양식으로 진행할 것인가의 선택에 대한 고려와 선행자의 문학 양식에 대한 태도의 규정이 나타난다. 그러한 서문을 우리는 키릴 투롭스키의 설교들이나,[96] 『콘스탄틴 마나시의 역대기』(두

---

96) I. P. 예료민, 「키릴 투롭스키의 문학적 유산」, 『고대 러시아 연구』, 제15권, 모

번)[97] 혹은 고대 러시아의 다른 원전 또는 번역 작품들에서 발견할 수 있다.

『원정기』에서 보얀에 대한 전체 문단 또한 바로 이러한 고려와 연관해서 살펴보아야 한다. 『원정기』의 작가는 옛 시인인 보얀의 문체적 양식을 따라야 할 것인지 말아야 할 것인지 판단한다. 여기서 이 모든 것은 분명하고 예술적으로도 지극히 타당하다. 『자돈시나』에서도 보얀이 나타나지만, 그의 등장은 동기화되어 있지 않다.

보얀에 대한 텍스트가 가장 완전하게 보존되어 있는 키릴 벨로제르스 키본에는 단지 다음과 같이 서술되어 있을 뿐이다. "가자, 형제들이여, 북쪽의 나라, 노아의 아들 야페트의 나라로. 그로부터 영광스러운 러시아가 탄생했다. 여기서 키예프의 산들로 올라가자. 누구보다도 먼저 들어가서 도시 키예프에서 예지의 보얀을, 뛰어난 현악사를 찬양하자. 이 예지의 보얀은 황금 손가락으로 살아 있는 현들을 튕겨 러시아 공후들의 영광을, 최초의 공후 류리크와 이고르 류리코비치와 스뱌토슬라브 야로슬라비치와 야로슬라브 블라디미로비치의 영광을 노래했다네. 노래들과 강렬한 구슬리의 언어로 러시아의 군주이신 드미트리 이바노비치 공과 그의 형제 블라디미르 안드레예비치 공을, 그들에게 러시아 땅과 기독교 믿음을 수호하려는 용기와 열망이 있었기에, 찬양했다네."

I-1본의 경우 보얀의 이름은 훼손되어 있지만, 동일한 생각이 남아 있다. 작가는 그와 함께 키예프의 언덕으로 올라가서 최초의 순간들을 회고하고 그 손가락을 예지의 현 위에 올려 고대의 공후들의 영광을 노래했던 키예프의 '뛰어난 현악사', '예지의 보이나고'(веща боинаго)(이 단어는 '보야린'боярина일 수도 있을 것이다)를 칭송하자고 청한다.[98]

스크바-레닌그라드, 1958, 340, 344쪽.

97) *Cronica lui Constăntin Vanasses*, traducerer mediobulgară, Text și glosar de Ioan Bogdan, București, 1922, pp.1, 36.

98) 리하초프가 지적하고 있듯이 '보이나고'는 '보얀'의 훼손된 이름일 수도, '보야린'일 수도 있다―옮긴이.

I-1본에는 드미트리 이바노비치와 블라디미르 안드레예비치에게 바치는, '뛰어난 현악사'의 찬가가 없다. U본에는 이후의 서술 문체에 대한 선택의 모티프가 비록 매우 불분명하긴 하지만 나타나는 듯도 하다. 하지만 이 선택의 모티프는 보얀에게 바치는 찬가와 완전히 분리되어 있으며, 여기서 보얀에게 바치는 찬가의 의미는 여전히 이해 불가능한 상태로 남아 있다. 『원정기』에서 명백했던 것들이 『자돈시나』에서는 수수께끼같이 이해 불가능한 것이 된다. 오직 『원정기』의 도입부만이 『자돈시나』를 설명해줄 수 있다.

이미 잘 알려져 있듯이 『원정기』에는 야로슬라브나의 애가가 있고, 러시아 여인들의 애도가 짧게 언급되고 있다. 『원정기』에서 이러한 애가들이 갖는 구성적 역할은 대단히 명백하다. 야로슬라브나의 대(大) 애가는 이고리의 도주 전에 나타난다. 자연이 마치 야로슬라브나의 애가에 답하여 이고리의 도주를 돕는 듯하다. 신 자신이 바다에서 불어온 회오리바람으로 이고리에게 러시아로 가는 길을 가르쳐준다. 러시아 여인들의 애도는 러시아 전체의 고통을 묘사하는 전체 그림 속에 삽입되어 있다. 어떤 애가들도 서로서로를 반복하지 않는다.

『자돈시나』에서는 다르다. 여기에서는 미쿨라의 아내인 마리야가 울자, 그녀의 뒤를 따라 이반 혹은 티모페이 볼루에비치의 아내인 페도시야가, 그 뒤를 이어 안드레예프의 아내인 마리야와 미하일로프의 아내인 오크세니야가 울며, 마지막으로 콜롬나의 여인들이 울고 있다. 이 모든 여인의 애가들은 모두 매우 간결하며, 전체적으로 서로서로를 반복하고 있다.

『원정기』의 야로슬라브나의 애가 중에서 강에 대한 호소만이 보존되어 있다(『자돈시나』에서는 돈 강과 모스크바 강에 호소하고 있다). 『원정기』에서 드네프르 강에 대한 호소와 밀접하게 연관되어 나타나는, 태양과 바람에 대한 야로슬라브나의 호소는 『자돈시나』에서는 나타나지 않는다.

애가가 만들어내는 인상은 이러한 '다성성', 언급의 간결성과 동일한 반복들이 주는 산문성으로 인해 약화된다. 『자돈시나』에서의 애가들은 마치 죽은 자들의 미망인들을 열거하는 것과 결합되어 있는 것처럼 보인다. 이것은 마치 망자들의 목록에 첨부된 부록과 같다. 『자돈시나』의 작가가 가지고 있는 '행정적인' 태도는 여기서도 드러나고 있다.

이고리 스뱌토슬라비치의 병사들과 공후들에 대한 호소, 프세볼로드 부이 투르의 호소, '금언'에서의 스뱌토슬라프의 호소는 내적으로 동기화되어 있다. 구체적인 상황들이 이들의 호소를 불러낸다. 이고리는 일식 기간에 떨어진 자신의 군대와 공후들의 사기를 고양시키기 위해 그들에게 호소한다. 프세볼로드 부이 투르는 자신과 자신의 병사들이 이미 준비되었음을 알리기 위해, 자신을 기다리고 있었던 이고리를 향해 말한다. 스뱌토슬라프는 귀족들이 해몽할 수 있도록 자신의 꿈을 이야기한다. 스뱌토슬라프의 '금언'과 그의 러시아 공후들에 대한 호소는 러시아 수호를 위해 나서도록 공후들을 각성시키고자 하는 목적을 갖는다. 이러한 '금언'에서 각각의 공후들을 향한 호소는 매우 구체적이어서, 왜 공후가 조국을 위해 일어서야만 하는지를 언급하면서, 공후 각자의 힘과 용기, 명예와 의무를 상기시킨다.

『자돈시나』에서 공후들의 말은 다른 성격을 가진다. 이미 "돕기 위해" 드미트리 이바노비치에게 모여든 러시아의 공후들은 타타르에 대항하여 그와 함께 나설 것임을 그에게 확인시켜준다(K-B, I-1, U본). 그러자 드미트리 이바노비치가 이미 소집된 러시아 공후들을 향해 러시아를 수호할 것을 요청하면서 호소한다(K-B, I-1본). 그런 다음 이미 출정에 대한 아무런 외적, 심리적 방해물이 없는데도 블라디미르 안드레예비치와 드미트리 돈스코이는 타타르에 대항하여 출정하기를 서로서로 격려하고 호소한다(I-1, S, U본).

『자돈시나』의 직접화법엔 또 한 가지 특징이 있다. 거기에는 구어적 양식과 특징이 상실되어 있는 것이다. 모든 호소는 구어적인 연설들에서는 불가능한 문어적 요소들을 갖고 있다. 이 점은 『원정기』의 직접화법과 뚜렷하게 구별된다. 『원정기』의 직접화법은 11~13세기 문학 전통을 엄격하게 지키면서 군인이나 웅변적 호소들의 특성들(스뱌토슬라프의 '금언'의 경우를 보라)을 보존하면서도 어떠한 문어적인 요소들도 갖고 있지 않다.

『자돈시나』의 또 다른 뚜렷한 특징은 시간적 비순차다. 이러한 비순차성은 작가의 예술적 구상에 포함되지 않는다. 전체 구도상 사건들은 순차적으로 발전한다. 우선 군대의 소집이 이뤄지고, 성공적이지 못했던 전투의 전반부의 뒤를 이어 성공적인 전투의 후반부와 승리, 그리고 바마이의 도주가 뒤따른다. 그러나 개별적인 경우들의 각 장면들은 서로 연결되어 있지 않다. 장면들은 따로 떨어져 있거나 아니면 섞여 있는 것이다. 작가는 좀더 이후의 전투 장면에서 좀더 이전의 전투 장면으로 옮겨가며, 다른 장면으로 발전되어가는 것을 기다리지 못하고 다시 앞의 장면으로 되돌아간다. 개별적인 경우들에서 사건의 묘사는 제자리에서 맴돌고, 서술의 논리는 파괴된다.

작가는 마치 엄격한 질서를 지키지 않은 채 돈 강 전투에 대한 묘사를 『원정기』의 문체적 기법에 맞추어 몰아가려고 시도하는 듯하다. 예를 들어 운돌스키본에서 드미트리 이바노비치 공과 블라디미르 안드레예비치 공은 (그들이 아직 콜롬나에서 합류하기 이전에) 먼저 "러시아의 용맹한 군장들을" "배치하고" 그런 다음 자신의 선조인 키예프의 대공 블라디미르를 추모한다. 그리고 난 후 러시아에서 있었던 여러 가지 사건이 언급되며, 그다음에는 성 소피아에 모여 있는 노브고로드인들이 언급된다. 그다음에는 무엇 때문인지 두나이 강가에 머물면서 동시에 "추로프와 미하일로프" 사이의 메치 강가에 머물고 있는 타타르인들에 대해 이야기하는 러시아 공후들의 소집이 언급된다. 그다음에는 블라디미르 안드레예비치와 리투아니아 공후들을 향해 이루어지는 드미트리 이바노비치의 호소가 이어진다. 그런 다음 안드레이 올게르도비치의 말이 전달되고 다시 그를 향한 드미트리 이바노비치의 다소 장황스러운 말이 전달된다. 이 말 속에서 드미트리 이바노비치는 "돈 강과 드네프르 강" 사이의 네프랴드바 강가에서 이루어질 전투를 경고하고 있다. 다시 돈 강과 드네프르 강 사이로 타타르인들이 진군하고 있으며, 회색 늑대 타타르인들이 "메치 강을 건너 러시아로 침범하려 한다"는 사실이 언급된다. 서정적인 토로 이후에 드미트리 이바노비치가 출정했으며, 동시에 블라디미르 안드레예비치가 출정한다는 전언이 뒤따른다. 드미트리 이바노비치와 블라디미르 안드레예비치의 새로운 대화가 등장하고 이 대화 속에서 그들은 각자 자신의 군대를 묘사한다.

그 후 전투가 서술되는데, 이때 이 전투는 승전으로 묘사되며, 그것이 갖는 전 세계적으로 드높은 영광이 서술된다. 이때 군대들이 성모탄신일 토요일 아침부터 정오까지 싸웠다는 사실이 언급되며, 승리에 대한 이러한 묘사들의 뒤를 이어 갑자기 전투의 전반부에 있었던 러시아인들의 죽음과 패배에 대해 이야기된다. 그런 다음에 그보다 훨씬 전에 있었던 랴잔의 패망과 전사자들에 대한 공녀, 귀족부인들, 무사들의 아내들의 애도가 나타나며, 콜롬나 여인들의 애도가 뒤따른다. 그러고 난 뒤에는 갑작스런 전환이 이루어지는데, 작가의 생각이 승리의 주제로 되돌아가버리는 것이다. "바로 그날 토요일에" 기독교도들이 쿨리코보 들판에서 이교도들의 군대들을 무찔렀다고 언급될 뿐만 아니라, 블라디미르 안드레예비치와 드미트리 이바노비치를 고무하기 위한 연설들이 도입되고 있다. 러시아 군대들은 공격하고, 타타르인들은 도주하며, "이미 투르는 전방에 나섰다"(마지막 구절은 여러 필사본에서 변이되고 있으며 그 의미가 분명치 않다).

엄격한 시간적 순차성의 부재와 하나의 주제에서 다른 테마로 건너갈 때의 동기 부재는 『자돈시나』의 키릴 벨로제르스키본에 보존되어 있는 동일 부분에서도 주목을 끈다. 예를 들어 돈 강으로 군대들이 다가가기도 전에, 그리고 블라디미르 안드레예비치가 자신들의 전진부대를 돈 강으로 행군시키기도 전에, 드미트리 이바노비치가 "황금 등자에 올라" 연설을 하기도 전에, "위대한 돈 강가에 군기들이 위용을 자랑하며 서 있는" 것이다. 드미트리 이바노비치와 블라디미르 안드레예비치의 **영광**을 노래하도록 종달새를 불러내는 행위도 전투보다 앞서 있다. 작가가 마마이의 침입에 대해 언급하기도 전에 드미트리 이바노비치에게로 모인 공후들은 그에게 "부정한 이교도 타타르인들이 우리의 들판으로 쳐들어오고 있다"고 말한다.

전투에 대한 소식은 전투가 채 끝나기도 전에, 즉 오슬랴바가 다가올 결투에서 페레스베트의 죽음을 예언하기도 전에 이미 "조국의 땅을 따라", "볼가 너머, 철의 문으로, 로마로, 체레미스와 체히와 랴히 땅, 일렁이는 바다 건너 이교도 타타르인들의 우스튜그에까지" 퍼진다.

공후들의 대화와 연설들은 구체적인 상황들 속에서 만들어지는 것이 아니라, 마치 시간과 공간을 벗어나 있는 듯하다. 공간적으로 멀리 떨어져 있는 주인공들이 서로에게 말을 건다. 키릴 벨로제르스키본의 텍스트에서도 시간적 순차성은 대략적으로만 지켜지고 있다는 사실이 명백하다. 근본적으로 『자돈시나』의 키릴 벨로제르스키본에서도 사건들의 순차성은 존재하지 않는다. 여기에도 『원정기』의 순차성에 의해 대부분이 결정되는, 개별 발화와 형상들, 문체적 공식들의 순차성이 존재하는 것이다.[99]

실제로 다음과 같은 사실에 주목해보자. 『자돈시나』에서 여인들과 과부들의 애도가 마치 전투 중에 일어나는 것처럼 표현되는 것은 당연히 『원정기』에서 러시아 여인들의 울음이 작품의 중간에 위치하고 있다는 점으로 설명될 수 있다. 『원정기』에서처럼 전투가 있기 전에 "러시아의 영광"이 "전 러시아 땅에"(I-1본. K-B, U, S본 등과 비교) 울려 퍼진다.

---

99) 나는 키릴 벨로제르스키본에서 발견할 수 있는 다음과 같은 순차성의 결여, 가령 러시아인들의 최후 승리에 대한 이야기에 의해 뒷받침되지 못함으로써 일련의 길조들의 의미가 사라져버리게 된다거나, 승리에 대한 이야기의 부재로 종달새가 찬미하는 영광이 동기화되지 못한 채 남게 된다거나 하는 것에 대해서 이야기하고 있는 것이 아니다. 이러한 순차성의 결여는 '모방의 시학'으로 설명되지 않는다. 여기서 분명한 것은 키릴 벨로제르스키본 『자돈시나』를 독특한, 하나의 완전한 작품으로 간주하는 체코 연구자 프르체크의 견해와 달리 그것이 종결 부분 없이 오늘날까지 전달되었다는 사실이다. 그러나 이는 『자돈시나』의 판본들에 대한 문헌학적 연구의 대상이지 작품 자체의 시학의 문제는 아니다.

하지만 원래 『원정기』에서 그 영광은 스뱌토슬라브에 대한 것으로서 그의 과거의 승리들이 언급되는 곳에 위치한다. 드미트리 이바노비치와 블라디미르 안드레예비치의 개별 연설들 역시 그들의 원판에, 즉 『원정기』 속에 존재하는 서술 순서를 따르고 있다. 러시아 군대와 타타르인들의 출정과 관련된 시간적 혼동은 (실제로는 이미 잘 알려져 있듯 마마이를 수장으로 한 타타르인들이 먼저 출정했으며, 이로 인해 군대가 소집되고, 이어 타타르인들에 대항하는 출정이 이루어진다) 『원정기』에서 먼저 출정한 것은 러시아인들이며, 이고리의 출정에 대한 응답으로써 폴로베츠인들이 소집되기 시작했다는 사실로 설명될 수 있다.

* * *

모방이 다른 시간대에 속하고 다른 내용을 소재로 하는 원전(原典)에 외적으로 좌우되기 때문에, 모방에는 언제나 새로운 내용과의 다양한 불일치나 원전으로 채택되었던 작품의 '잔해들'이 나타나게 된다. 모방에서는 여러 가지 형태로 자신의 시대와의 다양한 불일치, 가령 언어, 역사적인 현실, 문학적 전통과의 불일치가 등장한다.

『자돈시나』에는 『원정기』의 그러한 '잔해들'이 대단히 많다. 그런데 『자돈시나』에는 전혀 어울리지 않고 오직 『원정기』의 도움을 통해서만 이해될 수 있는 그런 '잔해들'도 적지 않다.

무엇보다 『자돈시나』(U본)에는 이고리 스뱌토슬라비치가 폴로베츠인들과 격전을 치른 '카얄라'라는 작은 강의 이름이 남아 있다. 이 강은 『원정기』와, 『원정기』가 서술하고 있는 이고리의 원정에 대한 『이파티예프 연대기』의 연대기적 이야기(летописный рассказ)에서만 언급된다. 이는 납득할 만한 사실이다. 그런데 다른 역사적 사료들에서는 더 이상 찾아볼 수 없는 이 강이 『자돈시나』에서 작품의 내용과 특별한 관련 없이 언급되고 있는 것이다.

주지하다시피 야로슬라브나는 포로로 잡힌 자신의 남편 이고르를 못

잊어 눈물을 흘리며 그의 귀환을 기도하고 드네프르 강에게 남편을 자신의 곁으로 보내줄 것을 애원했다. "돌려주오, 주인님이여, 내 님을 내게 돌려주오. 이른 아침 그를 향해 바다 쪽으로 눈물 뿌리지 않도록." 『자돈시나』에서 러시아 여인들은 이와 유사한 표현으로 죽은 남편들을 애도한다. 그들의 남편, 공후들이 아직 아무도 포로로 잡히지 않았음에도 부인들에게 '불행한 소식', 또는 '불행한 말'(I-1 사본), 즉 공후 생포에 대한 소식[100]이 전달되고 부인들은 '불행한 이들', '불행한 부인들' 즉 포로의 아내라고 불린다. 이 경우 『자돈시나』의 작가가 쿨리코보 승전의 영향이 아니라 『원정기』의 사건들에 대한 인상에 사로잡혀 있다는 사실이 명백하다.

야로슬라브나가 드네프르 강에 호소한 것처럼, 『자돈시나』에서 미쿨라 바실리예비치의 아내도 돈 강에게 자신의 남편이 돌아올 수 있게 해달라고 호소한다. 그런데 그녀의 남편은 이고르처럼 포로가 된 것이 아니라 살해되었으며 돈 강을 따라 모스크바로 돌아오는 길은 없다(I-1, I-2, U, S 사본). 『원정기』의 야로슬라브나의 애가가 매우 뛰어난 것임에 반해서, 『자돈시나』에서의 미쿨라 바실리예비치의 미망인의 애가는 그것의 실패한 개작이라는 사실은 명백하다.

『원정기』에서 강들에 대한 언급은 모두 납득할 만하다. 연대기에 따르면 이고리의 러시아 군대는 돈 강을 넘어 폴로베츠인들에 대한 원정을 나갔고, 드네프르 강은 그 당시 키예프 공국의 대동맥 수로였고, 두나이 강 유역은 12세기경 아직 러시아인 거주지가 위치했던 지역이다. 반면 『자돈시나』에서 모스크바 공후의 영지에서 수백 베르스타 떨어진 드네프르 강이 끊임없이 언급되는 것이나, 두나이 강이 거명되는 것(U 본에서)은 전혀 이해할 수 없는 것이다. 이 현상은 『원정기』의 흔적으로만 설명될 수 있을 것이다.

---

100) 『프스코프 제1연대기』, 1509년 항과 비교해보라. "프스코프 사람들도 필립에게서 '불행한 소식'을 들었다"(프스코프 시장들과 다른 프스코프 사람들이 포로가 되었다는 소식).

『자돈시나』에서 모스크바의 공후가 "노로써 드네프르 강을 막을" 수 있다는 구절이 나온다. 드네프르에서의 모스크바 공후가 갖는 이 대단한 위력은 납득하기 힘들다. 그러나 만약『원정기』에서 수즈달의 프세볼로드——그는 1183년 실제로 볼가 강 유역의 불가리아인들에게 승리를 거둔 바 있다——가 "노로써 볼가 강을 뒤집어버릴" 수 있다고 한 구절을 상기한다면 이해할 수 있다.

14세기 킵차크한국(汗國)의 중심은 볼가 강에 있었으며 타타르인들은 바로 여기로부터 러시아로 들어왔으나,『자돈시나』에서 마마이의 타타르인들은 볼가 강이 아닌 흑해로부터, 즉 돈 강과 드네프르 강 사이의 지역으로부터 러시아로 진입하고 있다.『자돈시나』에서 돈 강과 드네프르 강 하구 사이의 흑해 연안에서 이루어지고 있는 타타르인들의 이동은『원정기』와의 연관 하에서만 이해될 수 있다. 12세기의 통상적인 겨울 유목지인 바로 그 지역으로부터 폴로베츠인들이 이고르의 군대를 맞이하여 진격해 나왔기 때문이다(『원정기』의 "바다로부터 검은 먹구름이 밀려온다", "스트리보그의 손자인 바람이 바다로부터 화살이 되어 불어온다" 등을 비교해보라).

『자돈시나』에서의 지리적인 불일치도 지적해둘 만하다.『원정기』에서 야로슬라브나가 드네프르 강에 호소하는 부분에 드네프르 강이 폴로베츠의 땅을 지나 바위산을 "꿰뚫었다"는 구절이 있다. 드네프르 강은 실제로 유목 민족들이 가장 빈번하게 러시아 대형 선단을 공격하던 바로 그 지역의 돌 여울목을 관통한다. 이곳은 폴로베츠 지역에서 가장 위험한 장소였다.『자돈시나』의 러시아 여인들의 애가에서는 다소 다르게 이야기된다. "돈 강이여, 돈 강이여, 빨리 흐르는 강이여, 바위산을 파헤치고서 폴로베츠의 땅으로 흐르는구나"(I-1과 다른 사본 비교).[101] 그러

---

101) K-B본에서는 다소 다르다. "돈 강이여, 돈 강이여, 빨리 흐르는 돈 강이여, 폴로베츠의 땅을 지나가는구나. 무쇠 같은 강변(берези хараужныя)을 뚫었구나." 그러나 '무쇠 같은 강변'(берези хараужныя) 혹은 '무쇠 같은'(харалужные)이 무엇을 뜻하는 것인지 매우 불분명하다. 이는『자돈시나』

나 돈 강의 물줄기가 지나는 곳에는 급류가 흐르는 여울목이 없으며, 강의 우안(右岸)은 "바위산을 파헤치고서"라고 말할 수 있을 정도로 험준한 비탈이라 결코 말할 수 없다. 돌 여울목은 드네프르 강에만 있다. 따라서 여기에서도 『원정기』로부터의 기계적인 차용이라 설명될 수 있는 『자돈시나』의 명백한 불일치가 드러난다.

12세기 이고리 스뱌토슬라비치 시대에는 그의 군대와 부장(副將) 공후들에 대해 올레그의 용감무쌍한 자손들이 "매나 송골매, 너, 검은 까마귀, 이교도 폴로베츠 따위에게 모욕 받으려고 태어난 것이 아니다"라고 말하는 것이 자연스러웠다. 이고리 스뱌토슬라비치는 러시아의 유목민 적군에게 포로로 잡힌 최초의 러시아 공후였다. 그전까지 올레그 가문의 러시아의 공후들이 폴로베츠인들에게 '모욕당한' 일은 한 번도 없었다. 14~15세기 아직 끝나지 않은 한 세기 반 동안의 킵차크한국의 속박 이후, 러시아의 모든 공후에 대해 똑같이 말한다는 것은 전혀 불가능하다. 『자돈시나』에서 대공 드미트리 이바노비치는 말한다. "형제들이여, 러시아의 공후들이여. 키예프 대공 블라디미르의 한 자손들이여! 우리는 매, 송골매, 검은 까마귀, 이교도 마마이 따위의 모욕을 받기 위해 태어나지 않았다"(U본. K-B, I-1, C본 등과 비교). 이러한 불일치 또한 『자돈시나』의 기계적 모방의 결과로 생겨난 것이 분명하다.

『자돈시나』에서는 끊임없이 '폴로베츠', '폴로베츠의 들판', '폴로베츠의 땅'이 언급된다. 물론 14세기 말에서 15세기 초 타타르인들은 폴로베츠인들과 동일시되었다. 그런데도 폴로베츠라는 민족을 자신들의 고유명칭인 폴로베츠로 명명하는 것이 『자돈시나』에서처럼 타타르 같은 다른 민족을 폴로베츠로 집요하게 부르는 것보다 훨씬 자연스럽다. 폴로베츠인들은 12세기, 『이고리 원정기』 시대 러시아 정부의 적이었지 14세기 말의 적은 아니었다.

『원정기』에서 두 번 되풀이되고 있는 서정적 후렴구 "오 러시아 땅이

필사본에 가득한 '의미가 불분명한 곳'(темные места) 중의 하나다.

여! 이미 언덕 너머에"(즉 "오 러시아 땅이여! 이미 너는 언덕 너머로 사라졌구나!")는 『자돈시나』에 나타나는, 의미상 전혀 불분명하게 뒤섞인 다음의 구절보다 적절하다. "너 러시아 땅이여, 지금까지 솔로몬 황제 아래 있어왔듯, 이제부터는 드미트리 이바노비치 대공의 보호 아래 있으라"(K-B본. I-1, U, C본 등과 비교). 마존(Мазон A)은 『도시 예루살렘 이야기』에 따르면 성경의 솔로몬 황제가 한때 러시아 땅의 지배자였던 것으로 되어 있으며 따라서 여기서 솔로몬은 성경의 솔로몬 황제로 이해해야 한다고 설명한다. 하지만 이 설명을 받아들인다고 하더라도 『자돈시나』 텍스트와 『자돈시나』에서 이 부분이 등장하게 된 논리 자체는 『원정기』가 없다면 이해할 수 없게 된다. 실제로 『원정기』에서 서술되고 있는 것은 러시아 군대가 스텝 지역 깊숙이 들어갔다는 사실과 이후 다가올 불행에 대한 위협적인 전조들이다. 국경의 언덕 너머로 가려진 조국에 대한 회상은 『원정기』의 이 부분 이야기 전체를 관통하는 이러한 불안을 지속시키는 듯하다. 불안은 점점 더 커져가고, 적들은 가까이 다가오고, 그리고 다시 『원정기』에는 애처로운 후렴구가 들린다. 『자돈시나』에서 솔로몬에 대한 구절은 러시아의 운명의 행복한 전환을 예고하는 듯하다. 드미트리 이바노비치가 장차 솔로몬 황제를 대신하게 될 것이다. 그러나 『도시 예루살렘 이야기』에 따르면 솔로몬의 이름은 머나먼 성서 속의 과거에 은폐되어 있어, 러시아에서 드미트리가 유대의 황제 솔로몬을 '대신할' 수는 결코 없었다.

'언덕'(шеломени/shelomeni)의 '솔로몬'(Соломон/Solomon)으로의 대체는, 『원정기』의 다른 대목들에서도 나타나는, s, z음이 sh, zh음처럼 발음되는 프스코프 지방 방언의 독특한 현상(шепелявость)으로 설명될 수 있다. 그러나 's'가 'sh'로 바뀌는 반대의 경우, 즉 '솔로몬'이 '언덕'으로 바뀌는 것은 방언 현상으로는 도저히 설명 불가능하며, 만약 가정한다면, 『원정기』가 『자돈시나』 이후의 작품이라고 하는 경우에만 가능하다.

주지하다시피 『원정기』에는 고대 러시아의 이중신앙이 광범위하게 반영되어 있다. 특히 이 이중신앙은 자연의 의인화에서 현저하게 나타난다. 이러한 점에서 비탄에 젖어 쓰러지는 풀들과 슬픔에 겨워 아래로 처지는 나무가 이해될 수 있다("풀들은 비탄에 젖어 고개를 숙이고 나무들은 슬픔에 겨워 땅 위에 엎드렸다"). 하지만 『자돈시나』에서는 이교신앙과 이중신앙의 모든 흔적이 제거되어 있기 때문에 "풀들은 피를 흘렸고 나무들은 슬픔에 겨워 땅 위에 엎드렸다"(I-1본. U, S본 등과 비교)는 작가의 묘사는 부자연스러워 보인다.

『자돈시나』에서 이중신앙의 기이한 잔재는 때로 타타르인들의 칼 밑에서 울어대거나 그 반대로 타타르 편에 있는 것 같아 보이는 '야생 괴조'(диво)다. 이 러시아어 단어 '야생 괴조'(диво)는 『원정기』에서 언급되는 투르크계 신인 '디브'(див)의 흔적임이 명백하다.

얼핏 아주 '자연스러워' 보이지만 결코 그에 상응하는 유사한 『원정기』 텍스트를 만들어낼 수 없는, 몇몇 부분을 『자돈시나』에서 지적할 수 있을 것이다. 하지만 그러한 부분들은 의심할 여지 없이 『원정기』에 대한 모방의 결과다.

가령 예를 들어, 『원정기』에서는 이고르의 출정에 즈음하여 개기일식이 발생하는데, 이는 불길한 전조로 작용한다. "그때 이고르는 황금 등자에 올라 드넓은 들판을 향해 출발했다. 태양이 암흑으로 그의 길을 막았다." 한편 『자돈시나』에서 드미트리 이바노비치 공의 원정은 이와 유사한 표현들로 묘사되며 이는 『원정기』와 『자돈시나』의 이 두 묘사가 텍스트적으로 연관되어 있음을 보여준다. 다만 『자돈시나』에서 전조는 행운을 나타내는 것이다. 쿨리코보 전투는 승리인 것이다. "그때 드미트리 이바노비치 공후는 황금 등자를 딛고 자신의 준마에 올라타고 오른손에 창을 움켜쥐었다. 9월 8일 성모탄신일 수요일 동틀 무렵 태양은 밝게 빛났다……"(K-B본. I-1, U, S본 등과 비교).

대체 어떤 텍스트가 일차적인가? 개기일식에 대해 언급하는 텍스트인가, 아니면 밝게 빛나는 태양에 대해 언급하는 텍스트인가? 물론 개기일식에 대해 언급하는 텍스트가 일차적이다. 왜냐하면 개기일식 자체가 실제로 드문 현상이기 때문이다. 만일『원정기』의 작가가 18세기에 살았더라면, 쿨리코보 전투의 승전을 알려주는 행운의 전조를 이고르 패전의 위협적인 전조로 바꾸어버림으로써『자돈시나』텍스트를 '뒤집을' 수 있도록 하기 위해, 천문학자들이 정확하게 1185년 5월 1일로 계산해낸 개기일식을[102] 태양이 '밝게 빛나는'『자돈시나』의 해당 부분에 상응해서 '설정하는 것'이 불가능했을 것이다.

*   *   *

『자돈시나』, 이는 고대 러시아의 독립 시대, 즉 쿨리코보 승전 이후 전체 러시아 문화가 지향했던 바로 그 시대의 작품에 대한, 14세기 말~15세기 초에 전형적이었던 비양식화된 모방이다.

지금까지 살펴보았던 것처럼『자돈시나』에서 나타나고 있는 모방의 유형의 문제는『원정기』의 진본성의 문제와 직접적으로 관련되어 있다. 『원정기』가 후대에 만들어졌다고 주장하는 연구자들은『자돈시나』가 『원정기』를 모방한 것이 아니라『원정기』가『자돈시나』를 모방하여 18세기 말에 창작된 것이라고 주장한다.『원정기』에 대한 기계적인 모방의 결과로『자돈시나』에 나타나는 온갖 부조화와 불일치에 대해선 잠깐 동안 잊어두기로 하고, 만일『원정기』가 후대의 모방이었을 경우 그것이 어떤 유형의 모방으로 나타날 수 있었을까를 생각해보기로 하자.

무엇보다 다음과 같은 사실에 주목해보자. 만약 우리가『원정기』에서 차용한 부분을『자돈시나』에서 모두 지워버린다고 하면『자돈시나』에는 『원정기』와 유사한 어떠한 문체 요소도 남지 않게 될 것이다. 즉『원정기』에 대한『자돈시나』의 문체적 유사성은 전적으로 기계적 차용으로 한

---

102) N. 스테파노프,「연대기의 시간 문제를 해결하기 위한 도표들」,『학술원 러시아어와 문학 분과 소식지』, 제2부, 1908, 127~128쪽; D. O. 스뱌트스키, 「과학적-비판적 관점에서 바라본 러시아 연대기에서의 천문 현상들」, 같은 책, 제1부, 1915, 111~112쪽.

정되어 있다. 그런데 만약『원정기』에서『자돈시나』에 가까운 기계적 요소들을 지워버린다고 하면『원정기』에 남게 되는 많은 부분은『원정기』의 지워진 부분과 문체적으로 일치할 것이다. 즉『원정기』에서 지워진 부분은 남게 되는 부분의 창조적 속편처럼 될 것이다. 다시 말해 만일『원정기』가『자돈시나』를 모방했다면,『원정기』는 기계적인(비양식화된) 모방이 되면서 동시에 창조적(양식화된) 모방이 되는 것이다. 그런데 그런 유형의 모방은 일반적으로 알려져 있지 않다. 18세기 말엽의 러시아에서든 다른 시대에서든 그런 유형의 모방은 전혀 알려져 있지 않다. 이는『원정기』의『자돈시나』에 대한 일차성을 증명해주는 아주 중요한 논거다.

그러나 이러한 논거만이 중요한 것은 아니다.『원정기』의 작가는 자신의 작품에서『자돈시나』에서 매우 잘 나타나고 있는 개별적인 문체 공식의 기계적인 반복을 제거해야만 했을 것이다. 그는『자돈시나』의 단조로운 형상들을 풍부한 형상으로 발전시켜야만 했을 것이며 이와 함께『자돈시나』에는 없는, 새로운 풍부한 형상들을 창조해야만 했을 것이다.

그는 한편으로는『자돈시나』에서 모든 동질적인 문체 요소를 꼼꼼하게 골라내서 그것들을 하나도 놓치지 않고 조심스럽게 보존한 다음 발전시켜야만 했을 것이다. 다른 한편으로 그는『자돈시나』텍스트에 조금도 외적으로 근거하지 않으면서 전적으로 새롭게 형상들을 창조해야만 했을 것이다. 즉『원정기』의 작가는『자돈시나』텍스트를 모방의 전범으로 따라야 하면서도 동시에 따르지 않아야만 했을 것이다. 게다가 그는『자돈시나』의 모든 '산문성'을 폐기하고『자돈시나』에 광범위하게 만연한 연대기적 문체 요소를 조금도 활용하지 말아야만 했을 것이다.

그리고 이런 복잡한 형태의 모방이 고대 러시아 작품에 대한 모방이 전혀 존재하지 않았던 시대에 이루어졌어야 했다!

사실『원정기』는 다수의 다른 역사적 문헌들이 발견되어 수집되고, 러시아 역사의 기념비적 사료가 출판되었지만 이들 모두가 역사적 자료로서 평가되었지 문학작품으로 평가되지는 않았던 그런 상황에서 발견되었다. 고전주의의 취향의 관점에서 보자면 위의 문헌들은 미적 가치가 없는 것이었으며 이제 막 사회를 장악해나가기 시작했던 전(前) 낭만주의적 분위기는 이러한 상황을 별로 변화시킬 수 없었다.

역사적인 주제들이 문학으로 침투했지만 이 주제들은 정서적인 선언의 반(反)역사주의적 정신 속에서 독자들에게 전달되었다. 역사적 주제에 대한 이들 선언은 고대 언어나 민중의 언어로 결코 양식화되지 못했다. 비노그라도프는 18세기 문학에 있어 역사적 주제의 가공에 대한 적절한 성격 규정을 보여준다.

"역사적 주제들에 주목하면서, 18세기 러시아 작가들은 사실은 모험소설과 철학소설을 썼다. 이러한 소설들은 때로 당대로의 사회평론적 편향, 즉 당면한 정치적 계기에 대한 사유와 분위기를 경향적으로 반영하는 사회평론적인 편향을 갖는다(헤라스코프의 「누마」, 「카드크와 가르모니야」, 「폴리토르」 등을 보라). '신화의 매력'과 '허구'가 역사적 핍진성에 대해 승리를 거두었다. 대표적인 작가로 헤라스코프, 자하리인(「용감한 라케데몬의 황태자 클레안드르의 모험」의 작가), 프라쿠딘(「발레리」의 작가), 에민 등이 있다. 문체적으로는 매우 상이하지만 이 작가들은 문체상의 모든 차이에도 불구하고 이들은 언어 예술적 표현 수단의 도움으로(하다못해 현대 문학어로서), 서술되는 사건의 역사적, 인종지학(人種誌學)적 또는 지역적 색채를 살리려는 노력과는 한결같이 거리가 멀었다. 출코프의 「러시아인들의 이야기」(1780), 「슬라브인들의 이야기」(1770), 「조롱자」(1776)나, 포포프의 「슬라브인들의 고대 풍속」(1770), 레프신의 「저녁 시간, 혹은 고대 드레블닌인들의 이야기」(1787)와 18세기 후반의 몇몇 다른 작품에서 볼 수 있는, 동슬라브 고대 영웅 서사시의 주인공을 조명하려는 시도 역시 고전주의 시대의 영웅 서사시와 기사도 소설의 전통적인 상황과 문체 형식들로 가득 차 있다."[103] 19세기 초에 들어와서야 연대기로부터 플롯을 취하는 역사적 작품들이 등장한다. 하지만 플롯이었을 뿐 여전히 문체는 아니었던 것이다!

18세기 말엽에는 민중 시가의 모방도 불가능했다. 18세기 말엽과 19세기 초엽에 민속문학은 저급한 종류의 예술에 속한 것으로 받아들여졌다. 민속문학의 모티프는 풍자, 희극, 가볍고 우스운 노래에 도입될 수 있었다. 민중 속담과 격언은 쿠르가노프의 『모범서한문집』에 이용되었다. 민속문학의 언어는 일반 민중의 언어와 동일시되었다.

그러나 『원정기』는 그 주제에 있어서 '고급' 문학에 속했다. 『원정기』는 로모노소프가 확립한 문학 장르의 수직적 위계체계에서 고급 장르에 속했다. 『원정기』에는 '영웅주의와 고매한 사상'이 표현되어 있다. 『원정기』는 오직 영웅 서사시로, '노래'로 받아들여질 수밖에 없었으며 실제로 동시대인들은 그렇게 받아들였다(『원정기』의 초판 간행자들이 작품에 붙인 제목, 『노브고로드-세베르스크 지방 공후 이고리 스뱌토슬라비치의 폴로베츠 원정에 대한 영웅적 노래』라는 제목을 보라). 따라서 『원정기』가 보여주는 민중 시가에 대한 관심은 기이한 것이자 이해될 수 없는 것이었다. 『원정기』의 민중성, 민중 시가와의 관련성은 푸시킨과 막시모비치 이전에는 결코 받아들여질 수 없었고 따라서 18세기의 가상의 작가에 의해 도입될 수도 없었다.

18세기 말에 민속문학을 어떻게 이해했는가는 출코프, 포포프와 레프신의 작품들에 나타난 민속문학에 대한 관계에서 분명하게 드러난다. 민속문학은 무엇보다 속어로, 문체의 하락으로(즉 『원정기』에서 민속문학이 갖는 예술적 기능과 정면으로 대립되는 것으로) 받아들여졌다. 이 때문에 민속문학은 풍자 잡지에서 이용했다. 문학으로 침투한 것은 무엇보다 속담, 노벨라적 이야기, 우화, 노래였다.

18세기 말 민속문학 자료를 다루는 선집들은 모두 민속문학을 민속문학적이지 않은 기원의 작품들과 함께 게재하고 있다. 예를 들어 레프신

---

103) V. V. 비노그라도프, 『예술 문학의 언어에 대하여』, 모스크바, 1959, 516~517쪽.

의 선집에 대해 아자돕스키는 다음과 같이 서술하고 있다. "레프신의 선집들에 실린 자료들은 작가가 구전 시가에 대해 매우 정통하다는 점을 보여준다. 의심할 여지 없이 그는 진짜 민중적인 고대 영웅 서사시를 알고 있으며 동화 역시 알고 있다. 그는 이를 매우 독특한 방법으로 이용하고 있다. 물론 여기서는 민중적 문학작품의 정확한 전달에 대해 말하는 것이 아니다. 레프신은 이들 자료를 자유스럽게 다루며 다양한 플롯을 결합시키고 동화와 고대의 영웅 서사시를 결합시키면서 전체적으로 이 모든 것을 서구의 기사도 모험소설의 문체에 맞추고 있다. 그의 이야기들 속에서 우리는 바실리 보구슬라비치와 도브르냐 니키티치, 알료샤 포포비치, 추릴 그리고 다른 고대 영웅 서사시의 용사들의 이름을 만날 수 있다. 하지만 그의 이야기 속에는 이름을 제외하고는 러시아 서사시에서 유래한 그 어떤 것도 없다."[104]

바꿔 말하면 이런 태도는 민속문학에 대한 『원정기』의 태도와 정면으로 배치되는 것이다. 『원정기』에는 민속문학에서 유래한 등장인물의 이름은 없으나 민속문학의 문체를 고상한 문체로 이해하는 예리한 통찰이 보이며, 민속문학적 형상과 상용구, 민속문학적 은유와 부정적 대조, 자연에 대한 민속문학적 태도가 존재하는데 한마디로 이들 모두는 민속문학 연구의 영역에서 수십 년 뒤에 밝혀진 것들이다.

초기 푸시킨조차도 자신의 첫 작품들에서는 민속문학에 대한 레프신의 이러한 이해에서 멀리 벗어나지 못했다는 사실은 특징적이다. 자신의 첫 포에마 「루슬란과 류드밀라」를 구상할 때 푸시킨은 다름 아닌 레프신에 주목했던 것이다.[105]

민속문학에 대한 조심스런 접근은 18세기 계몽주의자들, 진보적 태도를 견지하는 작가들에게서 아주 잘 드러난다. 아자돕스키는 다음과 같이 말한다. "계몽주의자들의 생각에 따르면 민중 창작 작품은 민중들에

---

104) M. K. 아자돕스키, 『러시아 민속학의 역사』, 제1권, 모스크바, 1958, 67쪽.
105) V. V. 시폽스키, 「「루슬란과 류드밀라」─포에마의 문학적 역사에 대하여」, 『푸시킨과 그의 동시대인들』, 제4권, 상트페테르부르크, 1906.

게 만연한 미신, 편견과 뗄 수 없는 관련을 맺고 있으며, 따라서 후자와의 투쟁은 민중 창작 전체를 투쟁 범위로 포함하게 되었다. 진보와 문화를 위한 투쟁은 비문화적인 대중과 이러저러하게 유기적으로 연관된 것들에 대한 집착과 양립할 수 없는 것처럼 보인다. 민중가요, 동화, 민중적 제의 등은 계몽주의자들의 눈에는 민중의 무지몽매함의 발현으로 비춰졌으며, 자연히 부정적인, 혹은 부정적이지는 않다 하더라도 냉담한 태도를 야기했다. 러시아 계몽주의만이 민중 창작을 그렇게 이해하는 것은 아니다. 모든 합리주의적 계몽주의 전체가 그러하다. 러시아의 경우 타티셰프, 볼틴, 데르자빈, 폰비진, 부분적으로는 로모노소프와 바튜시코프, 그리고 이후의 서구주의자와 극단주의자에 이르기까지 많은 작가가 이러한 관점을 일정 정도 공유하고 있다."[106]

바로 이런 이유들 때문에 『원정기』의 최초의 간행자들도, 그 최초의 연구자들도 『원정기』가 가지고 있는 민중가요적 토대들을 이해할 수 없었다. 『원정기』의 민중-시학적 요소들을 이해하고 발견하고 평가한 최초의 인물은 19세기 30년대의 푸시킨과 막시모비치다. 그러나 푸시킨도, 막시모비치도 『원정기』의 모든 민중-시학적 요소에 주목한 것은 전혀 아니다.

초판본 간행자들은 『원정기』에서 그 속에 존재하지 않았던 오시안주의란 것을 찾아냈다. 그들은 이후 1852년 발견된 『자돈시나』에서 역시 오시안주의의 요소들(애가적인 음조, 한 명의 공후이자 영웅의 눈물, 예언적인 새['야생 괴조'], 자연 풍경 등)을 지적해내며 『원정기』에서도 그러한 모든 요소를 '찾아낸' 것이다.

사실 다음과 같은 반론이 제기될 수 있다(또한 이는 이 책의 초판에 대한 피가레프의 서평에서 실제로 제기되었다). "러시아 문학에서 양식화가 출현한 시점이 19세기 초"라는 사실과 이미 17세기에 패러디가 등장했다는 사실은 모순되지 않는가? 피가레프가 주장하듯이, 패러디란

---

106) M. K. 아자돕스키, 같은 책, 제1권, 80~81쪽.

것은 필연적으로 양식화를 전제한다.[107] 하지만 17세기에 패러디된 것은 개인적 문체가 아니라 교회에서의 예배, 지참금 목록, 법정 기록 문헌 등의 장르의 문체적 특징이었다. 개인적 문체는 아직 패러디되지 않았다. 17세기에는 시메온 폴로츠키나 아바쿰에 대한 패러디는 없었다.[108]

결론적으로 『자돈시나』는 고대 러시아 독립 시대의 작품에 대한 14세기 말 15세기 초의 전형적인 모방이다. 『자돈시나』는 한 세기 반 동안의 이국인들의 속박이 원인이 돼 발생한 정체 이후 러시아 문학이 서서히 되살아나기 시작했을 무렵의 작품이다. 이 시기의 작품들은 고대 러시아의 번영과 독립 시대의 최고의 걸작품들을 마치 자신의 교본처럼 대했다. 그러나 이런 태도에는 나름의 독특함이 있었다. 과거의 작품들에서 이미지, 표현법, 공식 들이 추출되어 당대를 다루는 작품들 속에 각인되었다.

『자돈시나』는 비양식화된 모방의 모든 특징적 면모를 모두 가지고 있으며, 이들 특징은 고대 러시아 문학에 널리 나타나고 있는 것들이었다.

* * *

은유-상징, 문체적 대칭, 직유, 비양식화된 모방 등을 살펴보았지만 이것들만으로 고대 러시아 문학의 예술적 표현 수단 전체를 알아보았다고는 생각하지 않는다. 중세와 근대의 문체 표현 수단의 차이를 드러내 보이기 위해 가장 전형적인 것만을 골랐을 뿐이다.

---

107) K. V. 피가레프, 「과거의 가치들—미래에 대한 봉사」, 『문학의 문제들』, 제7호, 1968, 208쪽.
108) 이에 대해선 다음을 보라. D. N. 메드리시, 「고대 러시아 문학의 개성」, 『러시아 문학의 문제들』, 제1권(10), 리보프, 1969, 85~86쪽.

제4장 예술적 시간의 시간

문학작품의 예술적 시간

사람들은 움직이는 것을 알아채고, 움직이지 않는 것은 보지 못한다. 움직임을 알아챈다는 것은 움직이는 대상을 알아챈다는 것도 의미한다. 이것은 시간 속에서의 변화에 관한 것이기도 하다.

실제로, 고대나 중세에 세계가 어떻게 이해되었는가를 살펴보면 우리는 그 시대인들이 이 세계에서 많은 것을 알아채지 못했다는 것을 알게 된다. 이것은 시간 속에서의 세계의 가변성에 대한 이해가 좁았기 때문에 일어난 일이었다. 세계의 사회적 · 정치적 구조, 일상 생활, 사람들의 풍습과 다른 많은 것이 불변적이고 영원히 고정된 것으로 여겨졌다. 때문에 동시대인들은 그것들을 알아채지 못했고, 문학작품과 역사 저술에서 그것들을 묘사하지 않았다. 연대기자들과 역대기자들은 대사건, 넓은 의미에서의 사건들만 기록했다. 그들은 나머지 것들을 보지 않는다.

시간의 범주는 현대적인 세계 이해와 이 세계의 현대적인 예술적 반영에서 점점 더 큰 의미를 가진다.

시간에 대한 이해의 발전은 근대 문학에서 가장 중요한 성취 중의 하나다. 존재의 모든 면, 즉 인간 세계, 동물계, 식물계, 광물계(지구의 지질 구조)와 별들의 세계는 점차 가변적인 것으로 드러났다. 물질적, 정신적 세계에 대한 역사적 이해는 과학, 철학과 모든 형태의 예술을 점령한다. '역사성'은 더욱더 광범위한 현상계로 확산되고 있다. 문학에서는

움직임의 다양한 형태에 대한 인식, 동시에 전 세계적인 움직임의 통일
성에 관한 인식이 점점 더 강하게 나타난다.

시간은 인간의 의식에서 더욱 커다란 부분을 쟁취하고 자신에게 종속
시킨다. 현실에 대한 역사적 이해는 예술 창조의 모든 형식과 모든 구성
소 속으로 스며든다. 그러나 문제는 역사성에 있는 게 아니라, 시간을
통해, 시간 속에서 세계 전체를 지각하고자 하는 데 있다. 문학은 다른
어떤 예술보다도 더욱더 시간 예술이 되고 있다. 시간은 시간 예술의 대
상이자, 주체이며, 묘사 수단이다. 움직임과 세계의 가변성에 대한 의식
과 감각은 다양한 시간 형태로 문학에 스며든다.

최근에 문학에서의 시간을 다룬 많은 연구가 나왔다. 문학 속의 시간
에 대해 몇 가지 접근법이 있을 수 있다. 이를테면 문학에서의 문법적
시간을 연구할 수도 있다. 이것은 특히 서정시와 관련하여 대단히 유익
하다. 야콥슨의 개별 논문들이 이를 다룬다.[1] 그러나 시간의 문제에 대
한 작가의 견해를 연구할 수도 있다. 풀레[2]와 마이어호프의 논문들이
그 예다.

마이어호프의 저서 『문학 속의 시간』(*Time in Literature*)[3]은 시간
의 철학적 문제가 마르셀 프루스트, 제임스 조이스, 버지니아 울프, 스
콧 피츠제럴드, 토마스 만, 토머스 울프 같은 20세기 작가들의 문학작품
에서 어떻게 제기되고 어떻게 해결되고 있나 하는 것을 분석한다.

마이어호프는 문학과 과학에 나타나는 시간 이해의 현상을 분석하고,
현대 문학에서 시간의 문제에 대한 관심이 점차 커져왔음을 확인하면서
문학, 과학, 철학 등등에서 시간의 문제가 갖는 의미에 대해 가설을 제

---

1) Jakobson, R., "Poetry of Grammar and Grammar of Poetry", *Poetics*,
   Warszawa, 1961.
2) Poulet, G., *Études sur le temps humain*, Edinburgh, 1949; 2ᵉ ed., Paris,
   1950; 3ᵉ ed., Paris, 1956; Idem, *La distance intérieure*(*Études sur le
   temps humain*, 2ᵉ série), Paris, 1952; 2ᵉ ed., Paris, 1958.
3) Meyerhoff, Hans, *Time in Literature*, Berkeley-Los Angeles, 1960.

시한다.

문학 연구에서 가장 본질적인 것은 **예술적인** 시간의 연구, 즉 문학작품 속에서 재현되는 시간, 문학의 예술적 요소로서의 시간에 대한 연구다. 예술적 시간은 시간의 문제에 대한 견해가 아니라, 예술작품 속에서 재현되고 묘사되는 시간 그 자체다. 이러저러한 작가들에 의해 말해지는 시간관의 연구가 아니라, 바로 이 예술적 시간에 대한 연구가 문학예술의 미적 본질을 이해하는 데 가장 큰 의미를 갖는다.[4]

러시아 문학에서의 예술적 시간은 간헐적으로 연구되었다. 도스토옙스키의 장편소설들,[5] 푸시킨의 「스페이드의 여왕」,[6] 고리키의 『아르타모노프 가(家)의 사업』,[7] 톨스토이의 초기 작품들[8]에서의 예술적 시간이 연구되었다. 시클롭스키의 『예술 산문』[9]은 소설의 시간에 대한 흥미 있는 이해를 담고 있다.

---

4) Staiger, E., *Die Zeit als Einbildungskraft des Dichters*, 1953 ; Lixačev, D. S., Time in ressian folklore, *International Journal of Slavic linguistics and poetics*, V. Hague, 1962 ; Vachon, A., Le temps et l'éspace dans l'oeuvre de Paul Claudel. *Expérience chrétienne et imagination poétique*, Paris, 1955 등.

5) A. G. 체이틀린, 「도스토옙스키 소설에서의 시간」, 『중등 학교에서의 러시아어』 제5호, 1927 ; G. 볼로시노프, 「도스토옙스키에게서의 공간과 시간」, 슬라비아, 1933, roč. XII, seš. 1~2.

6) V. V. 비노그라도프, 「「스페이드의 여왕」의 문체」, 『푸시킨 연구 정기 학술지』, 제2권, 모스크바-레닌그라드, 1936.

7) Ya. O. 준델로비치, 「고리키의 연대기-소설 『아르타모노프 가의 사업』-소설에 있어 시간의 주제」, 『우즈베크 국립대 논총』, 신총서, 제64호, 사마르칸트, 1956, 3~27쪽.

8) B. I. 부르소프, 『레프 톨스토이』, 모스크바, 1960, 385~388쪽.

9) V. B. 시클롭스키, 『예술 산문-고찰과 해석』, 모스크바, 1961(「소설 속의 시간」장, 326~339쪽).

문법적 시간과도 다르고 개별 작가들의 철학적인 시간에 대한 이해와
도 구별되는 문학작품의 예술적 시간이란 대체 무엇인가? 예술적 시간
은 문학작품의 예술적 직조 자체의 현상이다. 예술적 시간은 문법적 시
간도, 시간에 대한 작가의 철학적 이해도 자신의 예술적 과제로 종속시
킨다.

문학작품은 시간 속에서 전개된다. 문학작품을 지각하고, 문학작품을
쓰는 데는 시간이 필요하다. 바로 이런 이유에서 예술가-창소자는 작품
의 이 '자연적인', 실제적인 시간을 고려한다. 그러나 시간은 묘사되어
지기도 한다. 시간은 묘사의 대상이다. 작가는 길거나 짧은 기간의 시간
을 묘사할 수 있으며, 시간이 천천히 또는 빠르게 흘러가게 할 수 있고,
시간을 끊임없이 흐르거나, 끊기면서 흐르는 것으로, 일관되게, 또는 일
관되지 않게 흐르는 (뒤로 돌아가거나, '앞지르기' 하는 시간 등등) 것
으로 묘사할 수 있다. 작가는 작품의 시간을 역사적 시간과 긴밀하게 결
합된 것으로, 또는 그것과 분리되어 그 자체로 완결된 것으로 묘사할 수
있으며, 과거, 현재, 미래를 다양하게 결합시키면서 묘사할 수 있다.

예술적 시간은, 객관적으로 주어진 시간과 달리, 다양한 주관적인 시
간 감각을 이용한다. 인간의 시간 감각은, 잘 알려져 있다시피, 대단히
주관적이다. 시간은 '질질 끌' 수도 있고, '달려갈' 수도 있다. 순간이
'정지'할 수도 있고, 긴 기간이 '어렴풋이 보일' 수도 있다. 예술작품은
이 주관적인 시간 감각을 현실 묘사의 한 형식으로 만든다. 그러나 객관
적 시간도 동시에 이용된다. 이때 작가는 때로는 프랑스 고전주의 극작
법에서의 사건의 시간과 독자-관객의 시간의 통일성 법칙을 존중하기
도 하고, 때로는 이 법칙을 거부하고 차이를 강조하면서, 주로 주관적인
시간의 관점에서 서술을 이끌어간다.

작품 속에서 작가가 눈에 띄는 역할을 하는 경우, 작가가 예술적 의도
의 독특한 '중계자'라 할 수 있는 허구적인 작가의 형상, 화자의 형상,

서술자의 형상을 만들어내는 경우에는, 플롯 시간의 묘사에 작가 시간의 묘사, 실연자 시간의 묘사가 더해지면서 아주 다양한 배합을 이룬다. 작가의 시간이 강조되고, 서술 시간과 작가 시간의 차이가 강조되는 것은 감상주의에 고유한 특성이었다. 스턴과 필딩의 작품에서 이것은 특징적이다.

어떤 경우에는 서로 '겹치면서' 묘사되는 이 두 시간에 독자나 청자의 묘사된 시간이 덧붙여진다. 중요한 것은 작가가 그의 작품이 독자나 청자에게 얼마만큼의 시간을 요구하는지 언제나 어느 정도는 미리 계산하고 있다는 사실이다. 이것이 작품의 진짜 '길이'다.

그러나 가끔은 이 시간의 길이가 실제적('자연적')일 뿐만 아니라 묘사된 것이기도 하다. 이런 경우 시간은 언제나 독자의 형상과 결합되어 있다. 이는 작가 시간의 묘사가 작가의 형상과 결합되어 있는 것과 마찬가지다. 독자 시간의 묘사 또한 길고 짧을 수 있으며, 일관되고 일관되지 않을 수 있고, 연속적이고 불연속적일 수 있다. 그것은 대개 미래로 묘사되지만, 현재일 수도 있고 심지어 과거일 수도 있다.

이해를 돕기 위해 투르게네프의 『사냥꾼의 수기』에서 몇 편의 이야기를 인용하겠다. 여기에서는 작가의 사냥 동행자이자 말동무이고 친구인 독자가 묘사된다. 투르게네프는 자신의 주인공들에게 이 독자를 소개하고, 그와 얘기를 나누고 동등한 원칙 하에서 그를 친절하게 이끈다. 이 허구적 독자 역시 자신의 시간을 갖는다. 독자는 일정한 길이의 시간 동안 묘사된다.

실제적 시간과 묘사된 시간은 예술적 전체로서의 작품에서 본질적인 측면들이다. 이 시간들은 끝없이 다양한 변종을 갖는다. 그것들은 작품의 예술적 의도와 결합하며, 작품의 예술적 총체성에 끊임없이 종속된다. 체호프의 단편소설 「자고 싶다」를 떠올려보자. 여기서 서술의 시간은 모든 측면에서 ——실제적 시간과 묘사된 시간 모두에서 —— 의도적으로 지체된 더딘 시간이다. 이야기의 지체성은 자신을 괴롭히는 어린 아이를 살해하는 소녀의 반수(半睡) 상태를 전해준다. 그리고 이 지체성이야말로 그녀의 범행에 예술적 정당성을 부여한다.

작가의 시간은 작가가 사건에 참여하느냐 하지 않느냐에 따라 변한다. 작가의 시간은 그가 이야기를 이끌어나가는 하나의 점에 집중되어 있는 듯 전혀 움직이지 않을 수도 있고, 작품 속에서 자신의 플롯 라인을 가지면서 독자적으로 움직일 수도 있다. 작가의 시간은 때로는 서술을 앞지를 수도 있고 서술에 뒤처질 수도 있다.

고골은 「옛 기질의 지주들」에서 이렇게 쓴다. "얼마 전에 나는 그(아파나시 이바노비치―리하초프)의 죽음에 관해 들었다⋯⋯" 그러니까 고골은 자신의 '작가적' 시간을 마치 그가 서술하는 시간에 추월당하는 시간처럼 묘사한다. 즉 이야기를 시작할 때 그는 아파나시 이바노비치가 죽었는지에 관해 아직 모르고 있다. 고골의 단편소설 「이반 이바노비치가 이반 니키포로비치와 싸운 이야기」에서 이야기되는 시간은 작가가 글을 쓰는 동안에도 계속되고, 부분적으로는 그의 일을 앞지른다.

작가는 소설을 한참 쓰고 있던 중에 자신의 이야기의 장소로 가며, 거기서 그것의 계속에 관해 알게 된다. 이렇게 해서 작가는 자신을 사건의 동시대인으로 묘사할 수 있고, 사건의 '발뒤꿈치'를 좇아갈 수 있으며, 사건은 작가를 추월할 수 있다(일기, 소설, 편지 등등에서처럼). 작가는 자신을 사건이 어떻게 끝나게 될지 모르면서 이야기를 시작하는 사건의 참여자로 그릴 수 있다. 그러나 작가는 자신을 작품 속에 묘사된 사건의 시간으로부터 커다란 시간적 간격을 두고 분리시킬 수도 있고, 사건에 대해 마치 자신이나 타인의 회상에 따라, 기록에 따라 쓰는 것처럼 할 수 있다. 사건은 그에게서 먼 시간 속에서 전개될 수 있다. 작가는 자신을 사건의 자초지종을 알고 있는 사람으로 묘사할 수 있으며, 이야기의 맨 첫머리에서 사건이 장차 어떻게 결말날 것인가에 대해 암시하거나 직설적으로 가르쳐줄 수 있다.

예술 문학에서의 시간은 사건들의 연관에 힘입어 지각된다. 그것은 인과 관계일 수도 있고, 심리적이고 연상적인 연관일 수도 있다. 예술작품 속의 시간은 달력에 따라 계산되는 것만이 아니며, 그보다는 오히려 사건들 간의 상호연관이다. 문학은 자신만의 '상대성 법칙'을 갖는다. 플롯 속에서 사건들은 서로에 앞서 일어나고 서로에 뒤이어 일어나면서 복잡한 줄을 지어 정렬한다. 덕분에 독자는 시간에 대해 특별한 언급이 없을 때에도 예술작품 속에서 시간을 인지할 수 있다. 사건이 없는 곳엔 시간도 없다. 정적인 현상들에 관한 묘사, 이를테면 풍경이나 등장인물의 초상과 성격 묘사, 작가의 철학적 사색(이것은 시간 속에서 흘러가는 등장인물들의 철학적 사색이나 내면의 독백과는 구별돼야 한다)이 그러하다.

예술적 시간의 연구에서 가장 복잡한 문제의 하나는 몇 개의 플롯 라인을 갖는 작품 속에서 시간의 흐름의 통일성에 관한 것이다. 시간의 흐름, 역사적 시간의 통일성에 관한 의식은 민속과 문학에 일시에 들어오지는 않았다.

민속에서, 그리고 문학 발전의 시작 단계에서, 여러 플롯의 사건은 다른 것에 종속되지 않는 각각 자신만의 시간의 열(列) 속에서 일어날 수 있었다. 그러나 시간의 통일성에 대한 의식이 우세하게 되자, 이 통일성을 파괴하고 시간 속에서 서로 다른 플롯들을 구별하는 것 자체가 초자연적이고 기이한 일로 지각되기 시작한다.

14세기 초의 것으로 추정되는 이탈리아의 선집 『노벨리노』 또는 『백 편의 옛날 이야기』에는 「프리드리히 2세와 마술사들」이라는 이야기가 들어 있다. 황제 앞에서 기적을 행하는 마술사들은 기사를 데리고 가서 그에게 전(全) 생애를 살게 한다. 기사는 여러 승리를 거두고, 나라를 정복하고, 결혼을 하고, 아이들을 낳고, 늙는다. 이 모든 것이 프리드리히 황제가 손도 채 씻지 못하는 단 한순간에 일어난다.[10]

한편으로 작품의 시간은 작품의 경계 밖에서 일어나는 사건들이나 역사적 시간과는 관련없이, 오직 플롯 안에서만 이루어지는 '닫힌' 시간,

---

10) 『이탈리아 르네상스 소설』, 제1부, P. 무라토프 편역, 모스크바, 1912, 40~41쪽.

안에서 걸어 잠근 시간일 수 있다. 다른 한편, 작품의 시간은 '열려 있고', 더 넓은 시간의 흐름을 포괄하며, 특정한 역사적 시대를 배경으로 펼쳐지는 것일 수 있다. 작품의 '열린' 시간은 현실로부터 작품을 구분짓는 분명한 틀을 배제하지 않는다. 이 '열린 시간'은 작품과 플롯의 경계 너머에서 동시에 일어나고 있는 다른 사건들의 존재를 전제한다.

묘사되는 시간에 대한 작가의 관계 역시 모든 측면에서 상이할 수 있다. 작가는 빠르게 변화하는 사건들을 '따라잡지 못할' 수도 있다. 그는 '순가쁘게' 사건을 뒤쫓는 것처럼 묘사할 수도 있고, 침착하게 관조하면서 묘사할 수도 있다. 이를테면『미성년』에서 도스토옙스키는 과거에 대해서, 그러나 매우 가까운 현재의 관점에서 쓴다. 과거는 매우 생생하며, 신경질적으로 흥분되어 있고, 소설에 묘사된 이 소설의 미성년 작가의 현재를 계속 불안하게 한다.

프루스트의 경우는 완전히 다르다. 그도 역시 잃어버린 시간을 찾고 있으나, 그것은 시간의 추격이 아니라, 과거에 대한 체계적인 연구, 침착하고 질서정연한 연구다. 여기서도 모든 디테일이 상기되지만, 그것은 작가의 기이하고 불안한 현재를 설명하기 위해서가 아니라, 자신의 빈약한 현재를 살고 있는 작가에게 과거의 모든 경험이 특별한 가치를 지니기 때문이다.

작가는 영화 제작에서의 편집자와도 같다. 그는 자신의 예술적 고려에 따라 작품의 시간을 느리게도 빠르게도 할 수 있다. 하지만 그는 시간을 얼마 동안 정지시킬 수도 있고, 작품에서 아예 '빼버릴' 수도 있다. 이것은 대개 일반화를 제시하기 위해 필요하다. 톨스토이의『전쟁과 평화』에서의 철학적 일탈, 투르게네프의『사냥꾼의 수기』에서 서술적 일탈이 그런 경우다.

사건의 진행은 정지되고 작가는 독자와 함께 사색한다. 이 사색은 독자를 다른 세계로 이끌며, 이곳으로부터 독자는 철학적 명상의 높이, 영원한 자연의 높이에서 사건을 바라본다. 이 일탈에서 독자에게 사건들은 사소해 보이며, 사람들은 난쟁이같이 여겨진다. 그러나 사건이 다시 진행되면 사람들과 그들의 일도 다시금 정상적인 크기를 획득하고, 시간도 자신의 정상적인 속도를 낸다.

플롯의 시간은 빨라질 수도 느려질 수도 있다. 특히 장편소설에서 그렇다. 장편소설은 '숨을 쉰다.' 사건 진행을 빠르게 하는 것은 일종의 총결산으로서도 이용될 수 있다. 소설의 에필로그에서 사건 진행의 가속은 날숨과도 같다. 그것은 결말을 만들어낸다. 소설의 시작이 사건들로 포화되어 빠르게 전개되는(도스토옙스키의 장편소설들이 그렇다) 경우는 훨씬 드물다. 이것은 '들숨'이다. 사건 진행의 시간이 균등하게 자신의 템포를 늦추거나 높이는 경우도 아주 빈번하다(마지막의 경우는 고리키의 『어머니』에서 볼 수 있다).

플롯의 시간은 시간 의식에 고유한 일련의 개별적인 형식들로 나누어질 수 있다(비노그라도프는 푸시킨의 「스페이드의 여왕」에서 이것을 훌륭하게 제시했다[11]). 한 작품 전체가 서로 다른 템포로 전개되는 몇 개의 시간 형식을 가질 수 있으며, 시간의 한 흐름에서 다른 흐름으로, 앞으로, 뒤로 건너갈 수 있다(폐딘의 『도시와 세월』에서 그러하다).

시간의 묘사는 가상주의적일 수도 있고(특히 감상주의적 사조의 작품들), 독자를 비현실적이고 비사실적인 영역으로 이끌 수도 있다. 시간의 묘사는, 앞에서 이미 말했듯, 작가의 예술적 의도에 종속되지만, 시간의 움직임에 관해 자신의 시대가 일반적으로 가지고 있는 자연스러운 이해에 의해서도 좌우될 수 있다. 후자의 경우는 고대 문학과 중세 문학작품에서 뚜렷하게 나타난다. 여기서는 작가의 예술적 의지가 그 자신은 의식하지 못하는, 그의 동시대인들의 고유한 시간 이해 위에 '얹혀진' 듯한 모습이다.

예를 들어 미래를 우리의 앞에, 과거를 뒤에 배치하는 우리의 시간 이해와 달리, 중세 러시아의 시간 이해는 과거의 사건들을 '앞의 사건들

---

11) V. V. 비노그라도프, 「「스페이드의 여왕」의 문체」, 제6장 '서술 시간의 주관적 형식들과 그것들의 플롯적 교체', 114~117쪽.

이라 불렀고, 시간을 (우리에 비해) 자기중심적으로가 아니라, 시초부터 현재의 '맨 끝' 시간에 이르는, 언제나 통일된 자신의 계열 속에 배치했다.[12]

　문학작품에서 시간의 묘사 문제는 문법의 문제가 아니다. 동사는 현재 시제로 사용되었을 수 있지만, 독자는 과거에 대해서 이야기되고 있다는 것을 분명하게 의식한다. 동사는 또 과거 시제로도, 미래 시제로도 사용되었을 수 있지만, 묘사된 시간은 현재임이 드러난다. 문법적 시간과 문학작품의 시간은 본질적으로 어긋날 수 있다. 사건의 시간과 작가의 시간, 독자의 시간은 많은 요인의 총합에 의해 창조된다. 그것들 가운데 문법적 시간은 한 부분일 따름이다. 물론 여기서 문법과 예술적 의도의 불일치는 외적인 것에 불과하다. 작품의 문법적 시간 자체가 더욱 높은 예술적 의도, 즉 작품의 메타예술적인 구조 속으로 들어가는 경우는 빈번하다. 문법은 문학작품의 전체적인 모자이크 그림에 들어 있는 색유리 조각과도 같다. 각각의 이 색유리 조각들의 실제 색깔은 그림 전체에서 나타나는 그 색깔이 결코 아닐 수 있다. 이 문법의 메타예술성은 전문가에게만 보인다.

　이해를 돕기 위해서 유례없는 보기 하나를 투르게네프의 『사냥꾼의 일기』에서 가져오겠다. 투르게네프는 그의 허구적 독자의 '손을' 잡고 자신과 함께 이끈다. 그는 이 상상의 산책에서 그들에게 일어나는 일을 기술한다. 이 산책이 갖는 모든 의미는 그것이 '현재'에 일어난다는 것, 독자가 그의 소설을 읽는 바로 그 순간에 일어난다는 데 있다.

　"바로 여기(BOT) 짐마차에 양탄자를 까는 거요. 〔……〕 당신은 앉았어요. 〔……〕 당신은 갑니다. 〔……〕 좀 추워요, 외투 깃으로 얼굴을 가립니다. 졸음이 오지요. 〔……〕 자, 그렇지만, 4베르스타[13]가량을 왔습니

---

12) 『이고리 원정기』에 반영된 이 중세적 시간 이해에 대해서는 D. 리하초프, 「『이고리 원정기』의 어휘에 대한 고찰에서」, 『학술원 소식지』 제6호, 1949, 551～554쪽.
13) 베르스타: 러시아의 거리 단위, 1베르스타는 약 1,067킬로미터다―옮긴이.

다.”[14] 여기서 이야기는, 현재와 과거 시제의 문법적 형태가 다 사용되고 있는데도, 현재 시간에서 서술된다. 계속해서 이야기는 과거 시제로도, 현재 시제로도 진행되지만, 이 모든 문법적 범주는 현재에 종속되어 있다.

"하지만 당신은 인가에서 멀리 떨어진 사냥터로, 스텝으로 **출발했지요**. 10베르스트가량을 시골길로 고생스레 **지나왔어요** ── 그러자 드디어 큰길이 나타납니다. 끝없는 짐마차들의 행렬을 지나, 처마 아래서 사모바르가 쉬쉬 소리를 내고 있고 문들이 활짝 열려 있고 우물이 있는 작은 여인숙을 지나, 한 마을에서 다른 마을로, 망망한 들판을 지나, 푸른 삼밭을 따라, 오래, 오래 당신은 갑니다. 까치들이 버드나무에서 버드나무로 **날아다닙니다**. 농군 아낙네들이 긴 쇠스랑을 손에 들고 들에서 **어슬렁거리며 다닙니다**. 낡은 남경 무명 카프탄 차림의 나그네가 배낭을 어깨에 메고 지친 발걸음을 **옮깁니다**. 〔……〕 산에서 **바라보니** ── 얼마나 멋진 풍경인지요!"[15]

이렇듯, 문학작품에 묘사된 시간의 모든 측면이 다 문법으로 귀착될 수는 없다. 더욱이 문법은 예술적 시간의 창조에서 가장 특징적인 요인도 아니다. 시간의 기능은 서술의 모든 디테일이 함께 갖는다. 무엇보다, 시간의 흐름은 사건이 얼마나 **빽빽하게**, '조밀하게' 묘사되느냐에 달려 있다. 사건(가장 넓은 의미에서의 사건) 바깥에 시간은 없다. 짧은 시간에 많은 사건이 일어날 때는 시간이 **빠르게** 흐른다는 인상을 준다. 반대로 적은 수의 사건은 느린 인상을 낳는다. 묘사(특히 자연 묘사)는 시간을 정지시킨다.

그 때문에 투르게네프처럼 서술하는 시간을 느리게 하려는 작가에게서, 이런 특성은 자연 묘사에 끌리는 그의 취향과 유기적으로 결합되어 있다. 반면에 시간의 **빠른** 흐름을 만들어내고자 하는 소설가들은 정적

---

14) I. S. 투르게네프, 『전집』, 제1권, 모스크바, 1954, 445쪽.
15) 같은 책, 449~450쪽.

인 묘사를 대체로 삼가한다(도스토옙스키). 실제 시간과 서술된 시간, 플롯의 시간과 작가의 시간, 독자의 시간과 실연(實演)의 시간(이후 우리는 이 실연의 시간을 민담에서 보게 될 것이다), 이것들의 모든 발현 형태는 예술작품의 문체적 현상들이다.

모든 문학 유파는 각각 시간에 대한 자신의 관계를 발전시키고, 시간 묘사 영역에서 자신의 것을 '발견'한다. 서로 상이한 시간 유형은 서로 상이한 문학 유파에 특징적이다. 감상주의는 플롯의 시간에 근접한 작가 시간의 묘사를 발전시켰다. 자연주의는 묘사된 시간을 때로는 '정지'시키고, '생리학적 오체르크(스케치)'에서 현실의 '은판 사진'을 만들어내고자 했다. '열린' 시간은 19세기 리얼리즘의 특징이다. 개별 장르들은 시간의 묘사에서 자신만의 특성을 갖는다(서정시에서는 현재 시간이 특징적이고, 오체르크, 장편소설에서는 플롯 시간의 잦은 중단이 특징적이다).

초시간성, '영원성'의 묘사 문제도 시간의 묘사와 긴밀하게 연관되어 있다. 이 문제는 문학에서의 시간 묘사라는 총체적인 문제의 일부다. 초시간성의 묘사 문제는 중세 문학에서 특별한 의미를 갖는다. 이 문제는 몇몇 중세 장르에서 전적으로 예외적인 자리를 점한다. 이를테면 여러 축일에 부치는 장엄한 강론(말씀), 교훈 문학, 역대기 유형의 역사 저술 등에서가 그러하다. 이것은 연대기나 몇몇 다른 역사 저술에서의 자연주의적인 시간 묘사에 변증법적으로 대립된다. 중세 문학에서 초시간성은 시간과 마찬가지로 서술적 창작의 한 요소였다.

그렇다고 해서 초시간성이 오로지 중세 문학에만 속하는 것이라고 생각해서는 안 된다. 근대 문학작품에서 이루어지는 일반화도 어떤 경우나 초시간성을 포함하고 있다. 인간의 전형은 몇몇 사람의 일반화다. 그리고 전형이 일정 수의 사람들, 일정 수의 현상들을 일반화하는 만큼 어떤 점에선 시간을 극복한다. 그것은 하나의 개별적인 경우를 초월해 있을 뿐만 아니라, 정확하게 고정된 시간을 초월해 있다. 바로 이런 까닭에 풍습과 사람들, 일정한 사회적 현상의 예술적 일반화를 목표로 삼는 문학 장르들이 달력상의 정확한 시간에 사건을 고정시키는 일은 대단히 드물다.

부닌의 단편소설 「수렵 담당관」은 유일한 경우의 묘사로 시작하는 것처럼 보인다. 그러나 소설의 끝에 가면, 작가가 몇몇 같은 종류의 경우, 즉 수렵 담당관의 몇 차례의 방문을 묘사하고 있다는 것이 분명해진다. 묘사 대상은 시간적으로 정확하게 고정되지 않고, 시간 위에 떠 있는 것이 분명하다.

역사의 감각 또한 시간의 감각과 결합되어 있다. 어떤 작가들에게서는 이 역사의 감각이 좀더 강하고, 어떤 작가들에게서는 좀더 약하다. 이것은 작가에 따라 어떤 작가는 역사적 주제를 택하고, 어떤 작가는 그런 주제에 관심이 없다는 것에서만 나타나지 않는다. 풍경이나 생활 관습에 대한 접근에서도 역사의 감각은 때로는 더 많이, 때로는 덜 표현될 수 있다. 이런 관점에서 체호프와 부닌 같은 작가들을 비교해볼 때, 체호프는 역사에 대한 관심이 거의 없는 반면, 부닌의 경우엔 이 관심이 그를 온통 삼켜버리고 있다는 것을 알게 된다. 부닌에게는 러시아의 강과 길들, 스텝조차 모두 역사적 회상으로 채워져 있었다. 역사의 감각은 「사이렌들의 섬」이나 「로마로 돌아가며」 같은 역사 작품에서뿐만 아니라 세태소설 「무라프스키로(路)」에서도 기본적이다.

부닌의 역사 감각은 망명기에 쓴 작품들에서 특히 강해졌다. 망명자 부닌에게는 그 언젠가 러시아에서 일어났던 모든 것, 러시아의 세태와 러시아의 사람들이 그저 과거가 아니라 역사다. 거리(距離)의 파토스는 시간의 파토스를 더욱 강하게 했다. 단편소설 「수선화」는 그의 망명자 기분을 단적으로 드러내는 말로 시작한다. "언젠가 러시아가 있었다……" 그에게 러시아는 되돌이킬 수 없는 것이다. 러시아는 과거에 있다. 과거에 모스크바가, 과거에 오룔이 있었고, 과거에 러시아인들이 있었다…… 러시아와 관련된 모든 것은 그에게 역사가 되었다.

끝으로, 예술적 시간의 또 한 가지 측면에 주목할 필요가 있다. 모든 종류의 예술은 시간의 흐름에서의 자신만의 형식, 예술적 시간의 자신만의 관점, 시간의 지속에서의 자신만의 형식을 갖는다. 나의 생각을 설명하기 위해서 아키모프의 말을 몇 부분 가져오겠다.

"누구든 영화관에서 일하게 된 연극인들에겐 이 두 예술에서의 시간의 가격 차이가 눈에 띄었다. 그들은 영화관에서의 일 분이 결코 극장에서의 그 일 분이 아니라는 것을 알아챘다. 삼사 분 동안 영화 필름의 영사가 중단되면, 그건 바로 재난이고 참사다. 그러나 연극의 각 장면 사이에서 일어나는 그런 중단은 정상적인 현상이다." "극장 같으면 보통 네 시간가량이 소요되는 완성된 소설을 영화(물론 상업 영화가 아닌 예술작품인 경우를 전제한다)가 두 시간이 채 안 되는 시간에 관객에게 전하는 상황은 오늘날의 도시 생활 조건에서 중요한 요소다."[16]

* * *

예술적 시간에 관해 방금 말한 모든 것은 문학작품에서 시간의 문제의 복잡성과 이 문제가 지닌 다양한 측면, 그리고 그것들의 중요성을 제시하기 위해서였다. 아래에서 나는 옛 문학작품의 예술적 시간에 대한 고찰을 민속 문학과 고대 러시아 문학에서부터 시작한다.

근대 문학의 일반적인 특성들은 고대와 근대 문학을 비교 연구하지 않고서는 이해할 수 없다. 모든 것은 비교를 통해 인식된다. 현대 문학에서 예술적 시간이 어떻게 이용되는지, 그 특성을 이해하려면 선행한 시대들을 들여다보아야 한다. 고대 문학과 민속 문학에서 예술적 시간이 행하는 소박한 역할은 19세기와 20세기에 나타나는 예술적 시간의 다양한 모습을 이해하는 데 도움이 될 것이다.

우리 시대의 문학에는 세계의 가변성에 대한 느낌, 시간의 느낌이 스며 있다. 이 시간은 다양한 형식을 갖는다. 어느 두 작가도 똑같은 방식으로 시간을 예술 수단으로 사용할 수는 없을 것이다. 이것은 수세기의

---

16) N. P. 아키모프, 『연극에 관하여』, 모스크바-레닌그라드, 1962, 177쪽.

발전을 통해 문학이 이룬 업적이다.

이제, 예술적 시간의 역사, 문학에서의 시간의 역사를 다룰 차례다. 아래에 제시하는 관찰들은 문제를 제기할 따름이다.

민속 문학에서의 예술적 시간

앞에서 우리는 문학작품 일반에서 예술적 시간의 문제가 갖는 다양한 측면을 설명하고자 했다. 이는 민속 문학에서의 시간의 문제를 검토해 보기 위한 준비 작업이기도 했다.

민중 서정시가의 실연(實演) 시간

민중 서정시가(народная лирика)에서 시간 묘사의 특성은 그 속에 실제 작가도 허구적 작가도 없다는 상황과 긴밀하게 연관되어 있다. 이 점에서 민중 서정시가는 책을 통해 발표되는 서적 서정시와 근본적으로 구별된다. 서적 서정시에는 작가가 반드시 있을 뿐만 아니라, 작품의 '서정적 주인공'으로서 매우 중요한 역할을 행하기 때문이다. 러시아 민중 서정시가는 '창조'되기보다 실연된다. 거기서 작가의 자리를 대신하는 것은 실연자다. 그것의 '서정적 주인공'은 상당 정도는 실연자 자신이다. 가수는 자신에 대해 노래하고, 청중 또한 자신에 대해 듣는다. 실연자와 청중은 (청중은 마음속으로 실연자를 따라 부르며, 이런 관점에서 그 또한 어느 정도는 실연자다) 자신을 민요의 서정적 주인공과 동일시하고자 한다. 민요는 여기에 부응한다. 때문에 민요의 주인공들은 이름이 불리지 않는다. 그들은 '훌륭한 젊은이', '아름다운 처녀', '젊은 아내', '젊은 카자크인' 등등이다.

여기서는 누가, 어떤 상황에서 노래하는가가 중요하다. 노래는 서정적인 분위기와 실연자의 고유한 전기적 상황에 화답하는 것이어야 한다. 때문에 서정민요는 서정적 상황을 일반화하려고 애쓴다.[17]

민중 서정시가의 주제들은 우연하고 개인적인 모티프가 들어 있지 않는 극단적으로 일반화된 것들이다. 이 주제들은 계층 전체의 주민들(신병의 노래, 전사의 노래, 병사의 노래, 배를 끄는 인부의 노래, 강도의 노래)과 삶에서 반복되는 상황들을 다룬다(월령가, 제례에서 부르는 만가나 혼례가 같은 노래들).

서적 서정시에서 서정적 주인공은 날카롭게 개별화된 작가다. 독자는 그와 개인적으로 어느 정도 가까워질 수는 있으나, 그렇다고 해서 결코 작가의 존재를 잊지는 않는다. 반면에 민중 서정시가에서 서정적 '나'는 실연자의 '나'다. 이 '나'는 매번 새롭고, 노래 작가에 관한 어떤 관념에 대해서도 완전히 자유롭다.

민요에서의 작가의 부재는 실제적인 사실(작품 텍스트사의 사실)이라기보다 민요 시학 자체의 현상이며, 민요의 내적 구조의 현상이다.

실연자는 자신에 대해 생각하며, 자신에 대해 노래한다. 그에겐 노래의 작가에 대한 관념이 전혀 없다.

어떻게, 사랑하는 벗님의 눈을 보며,
사랑하는 벗님 건강하온지 묻고,
사랑하는 벗님 건강하온지 묻고,
내 사는 걸 그에게 얘기할까……[18]

실연자는 마음속으로 자신과 노래의 서정적 주인공이 처한 상황 사이에 어떤 차이를 발견해낼 수도 있다. 그러나 그것이 실연자와 서정적 주

---

17) N. P. 콜파코바는 서정가요의 주제를 사랑, 가족, 신병, 병사, 감옥 등으로 분류한다(『러시아 민중 세태 가요』, 모스크바-레닌그라드, 1962, 149~152쪽). 콜파코바는 서정적 서술-가요와 함께, 서정적인 분위기만 확인되는 느린 토로-가요와 서정적인 사색-가요가 있다고 지적한다(175쪽). 서정가요들의 모든 주제, 모티프, 심지어 분위기까지도 극도의 일반성을 특징으로 하며, 따라서 노래를 부르는 사람의 유사한 상황에 쉽게 적용될 수 있다.

18) I. M. 쿠드랴체프, 「17세기에 채록된 두 편의 서정시가」, 『고대 러시아 연구』, 제9권, 385쪽.

인공의 내적 동일시를 방해하지는 않는다(이에 관해서는 아래를 참조하라).

서정민요에는 작가가 없는 탓에, 묘사된 작가의 시간과 '독자'-실연자 간에는, '개인적'인 문학작품에 특징적인 단절이 없다. 민중 서정시에서 작가의 시간과 독자의 시간은 실연자의 시간 속에서 합쳐진다. 본질적으로, 이것은 현재의 시간이며, 노래를 연주하는 바로 그 순간의 시간이다. 어떤 문법적 시제로 노래가 씌어졌건, 실연자는 자신에 대해 노래부르며, 노래를 부르는 '지금' 이 순간의 그의 내면적 상황과 일치하는 것을 노래 속에서 찾는다. 이 현재의 시간은 인간의 삶에 '항상 있는 것'의 일반화이며, 매번 노래를 부를 때마다 그 순간의 현재 시간이다.

서정민요에는 보통 어떤 상황에서 노래가 불려지는지를 짤막하게 설명하는 제시부가 있다. 이 제시부는 미래의 상황도 과거나 현재의 상황도 묘사할 수 있다. 서정민요는 어떤 시간, 어떤 화법으로도 시작될 수 있다.

> 지금 우리집 마당엔 기쁨이 넘쳐,
> 새벽엔 제비가 지저귀었네.[19]

> 대문 밖에 나가, 먼 곳을 바라봐야지,
> 풀밭과 늪이 있는 먼 곳을 바라봐야지.[20]

> 아, 밤아, 너, 어두운 밤아,
> 너, 어두운 가을 밤아!
> 나는 어이 밤을 보낼꼬,
> 가을 밤을 어이 보낼꼬?[21]

---

19) I. 크라프첸코, 『돈 카자크의 노래』, 모스크바, 1939, No. 153.
20) E. E. 리뇨바, 『대러시아의 화성 민요』, 제1권, 상트페테르부르크, 1904, No. 13.

솟아라, 솟아라, 붉은 햇님아,
저 높은 저 산 위로 솟아올라라.[22]

이렇듯, 제시부는 어떤 문법적 시제나 어떤 화법으로도 가져올 수 있
다. 그러나 제시부 다음에는 보통 가장 서정적인 토로가 따른다. 그것은
'젊은이', '처녀', '카자크인', '젊은 아내', '독수리', '제비'에 의해 이
루어진다. 노래는 삼인칭(제시부가 삼인칭으로 말해진 경우)에서 일인
칭으로 빠르게 옮겨가고, 직접화법으로 끝난다. 이 직접화법은 노래에
깊은 서정적 성격을 부여한다.

가수는 처음에 마치 다른 사람에 대해서 노래부르는 듯이 할 수 있다.
그런 다음, 이 다른 사람의 말을 인용한다. 그러나 곧 그것이 그 자신에
관한 얘기임이 분명해진다. 이때 가수는 노래의 시작 부분에서 누구에
관해 얘기가 되었던가 하는 것조차 잊어버리는 듯하다. 예를 들어 노래
는 숫오리에 대해 이야기를 하다가, 이 숫오리가 말을 하기 시작하고,
그 말은 서정적 노래의 제시부에서 묘사된 상징적 상황과는 이미 일치
하지 않는다. 숫오리는 사람임이 드러나고, 그의 말은 실연자가 자기 자
신에 대해 하는 말이다. 마찬가지로 노래에서 암오리는 소녀이고, 독수
리는 훌륭한 젊은이다.

러시아의 서정가요에서 제시부는 오래 계속되는 어떤 것에 대해 말한
다. 그러나 이 오래 계속되는 것은 제시부에서의 과거가 마치 현재의 설
명처럼 주어지는 덕분에 단축되는 것처럼 여겨진다. 이것은 과거에 대
한 이야기가 아니라 현재의 서정적 설명이다. 제시부 다음에는 보통 가
수-시인의 하소연이 이어진다.

실연자는 노래하면 노래할수록, 그만큼 더 자신의 주인공과 자신을
동일시한다. 삼인칭으로 시작한 노래는 일인칭으로 끝난다. 가수는 노

---

21)『대러시아의 민요』, 제3권, A. I. 소볼렙스키 편찬, 상트페테르부르크, 1897,
   No. 233(이후엔 소볼렙스키로 줄여 씀).
22) 같은 책, 제6권, 1900, No. 178.

래의 서정적 주인공에게서 자기 자신을 보는 듯하며, 노래 가사를 자신에게 적용한다. 그는 노래 주인공의 직접화법을 마침내 자신의 말로 느낀다. 문법적 과거로 시작했던 노래는 현재로 끝난다. 현재는 서정민요의 지배적인 시간이다. 모든 형태의 과거와 미래는 이 현재에 종속되어 있다.

'서정적 주인공'과 실연자의 동일시는 서정가요의 '플롯'과 노래를 부르는 순간의 현실의 동일시다.

그런즉, 서정민요는 실연자가 노래부르는 순간에 생각하는 것에 대해, 현재의 그의 처지에 대해, 그가 지금 하고 있는 것에 대해 노래한다. 바로 이런 까닭에 노래부르기 그 자체, 비탄, 하소연, 호소, 심지어 절규가 서정민요의 내용이 되는 경우가 허다하다. 실연자는 그가 노래한다는 것에 관해 노래한다. 이것은 다른 거울 속에서 끝없이 되비치는 거울이다. 젊은 포로가 두나이 강 언덕에서 노래부르고,[23] 젊은 아내가 훌륭한 젊은이를 애도하여 울고,[24] 용감한 카자크가 말을 '달리며' 외치고,[25] 소녀가 물살 빠른 테레크 강 언덕에서 부르짖고,[26] 소녀가 '들판 너머로 말한다'.[27]

노래의 가장 흔한 내용은 노래에 대한 노래다.

함께 가세, 형제여, 길을 따라,
노래하세, 형제여, 새로운 노래를,
우리 노래 말고——볼가 강의 노래를.[28]

23) A. I. 먀쿠틴, 『오렌부르크 카자크의 노래』, 제1~4권, 오렌부르크, 1904~1910, 88쪽(이후 먀쿠틴으로 줄여 씀).
24) 소볼렙스키, 제4권, No. 472.
25) 먀쿠틴, 제2권, 82쪽.
26) 소볼렙스키, 제4권, No. 368.
27) 같은 책, No. 278.
28) 같은 책, No. 10.

그러나 뒤에 가면 이 노래 역시 볼가 강에 관한 것이 아니라 '자신들에 관한' 것임이 밝혀진다.

형제여, 뻐꾸기가 습한 침엽수림에서 지저귄 것도,
꾀꼬리가 푸른 뜰에서 큰 소리로 우는 것도 아닐세, ——
포로가 된 청년이 눈물을 흘리며 슬피 우는 것이네.[29]

푸시킨의 『대위의 딸』에 인용되어 있는 유명한 강도의 노래도 이런 유형의 노래에 대한 노래에 속한다.

웅성거리지 마, 어머니 푸른 참나무 숲이여,
방해하지 마, 젊은 내가 생각하는 걸.[30]

서정민요는 '생각에 잠겨' 노래된다. 때문에 노래에서 슬픈 '생각'에 대해 아주 자주 이야기되는 것은 우연한 일이 아니다.
노래에서는 연주와 노래의 여러 부속품이 말해진다.

구슬리[31]를 켜면서,
드디어 말하리니,
나의 괴로움을 찬양하리라.[32]

때로 가수는 노래 속에서 자신의 악기에게 직접 말을 건네기도 한다.

구슬리여, 나의 낭랑한 구슬리여,

29) 『러시아의 노래들─P. I. 야쿠슈킨의 채록에서』, 모스크바, 1860, 555쪽.
30) M. D. 출코프, 『전집』, 제1권, 상트페테르부르크, 1913, 173쪽.
31) 구슬리: 러시아의 전통적인 현악기─옮긴이.
32) A. 리스토파도프, 『돈 카자크의 노래』, 제4권, 모스크바, 1953, No. 112.

나의 불행에 대해, 구슬리여, 말해다오.[33]

민요가 노래에 대한 노래인 탓에, 현재는 민요의 특별한 시간이다. 현재는 '반복성'의 능력을 지닌다. 매번의 실연에서 이 현재 시간은 새로운 시간, 실연의 시간이 된다. 현재 시간의 이 '반복성'은 서정민요의 시간이 닫혀 있다는 것과 연관되어 있다. 서정민요의 시간은 플롯 속에 닫혀 있고, 플롯에 의해 소진된다. 서정민요의 시간이 열려 있고, 노래의 경계를 자주 넘어서는 많은 사실과 결합되어 있다면, 그것의 '반복성'은 어려워질 것이다.

모든 개인적인 것, 모든 디테일, 모든 확고한 역사적 확정성은 작품의 예술적 시간의 닫혀 있음을 파괴하고, 그것의 '반복성'을 방해할 것이다. 바로 이 때문에 서정민요는 자신의 닫혀 있는 시간 속에 있을 뿐만 아니라 극도로 일반화되어 있다.

물론 우리는 서정민요에 특정한 시대와 관련된 많은 역사적 디테일이 들어 있다는 것을 알고 있다. 그러나 지금 얘기하고 있는 이 경우에, 문제는, 노래가 비기교적인 실연자들의 의식에 의해, 다시 말해 그것을 타인의 노래로 감상하는 그 시대의 지적인 청중이 아니라, 자신에 관한 자신의 노래로 받아들이는 민중 실연자들의 의식에 의해 어떻게 지각되는가 하는 것이다. 노래는 자주 있는 일, 삶에서 반복되는 일에 관하여 노래한다.

앞에서 말한 모든 것이, 강도의 노래는 강도만이 부를 수 있고 신병의 노래는 신병만이 부를 수 있다는 것, 먼 타향 땅에 대한 노래는 고향에서 멀리 떨어져서만 부를 수 있다는 것을 의미하지 않는다. 이것이 의미하는 바는, 실연자는 자신을 어느 정도 자신의 노래의 주인공과 동일시한다는 것, 자신과 자신이 노래 속에서 노래하는 사람 간의 공통점을 발견한다는 것이다. 설령 언제나 그렇지는 않다 해도, 실연자가 심혈을 기

---

33) 소볼렙스키, 제5권, No. 470.

울여 노래할 때는 언제나 그럴 것이다. 그렇기 때문에 일반적으로 남자가 소녀의 노래를 부르지 않게 되며, 소녀가 남자의 노래를 부르지 않게 된다.

이는 서정민요에 연주의 요소가 있기 때문이다. 실연자가 언제나 글자 그대로의 의미에서 자기 자신에 대해 노래하는 것은 아니다. 그는 마치 자기 자신에 관해서 노래하는 것처럼 노래한다. 그는 자신이 그의 노래의 서정적 주인공인 것처럼 상상한다. 그는 '노래를 연주한다'(우연치 않게도 '노래를 연주한다'играть песню라는 이 표현은 민중어 고유의 것이다). 이런 이유에서 서정가요는 민중극에 가깝다. 서정민요의 연주에는 때때로 묘사의 요소가 들어 있다. 그 때문에 거기엔 자주 대화가 나온다. 실연자는 자신의 노래에서 자신의 말〔馬〕, 길, 어두운 밤, 빠른 시냇물, 붉은 태양, 자신의 백발, 자신의 상처, 길가의 숲, 사악한 적에게 말을 걸며, 그들과 담화한다. 그는 자신을 담화하는 자로 상상한다. 마찬가지로 자신이 인생의 어떤 상황에 처한 사람인 것처럼, 부상자인 것처럼, 이별한 자인 것처럼 상상한다. 이것은 관객을 위한 것이 아닌 자신을 위한 연기다. 이것은 실연자와 관객-청중이 하나로 합쳐지는 '자신을 위한 연극'이다.

서정가요에서 「작은 배」 유형의 민중극이 탄생했다. 이것은 관객이 아니라 실연자를 위해 상연되는 드라마다.[34] 사실, 관객들에게는 그것을 보는 게 재미없었다. 반면에 실연자들에게는 재미있으며, 민중극 「작은 배」에는 실연자들이 많다. 실연자들이 관객보다 많은 경우는 자주 있다.

이것은 마치 아이들이 자신들을 위해 하는 연극 놀이와도 같다. 아이들은 과거와 미래의 사건이 아니라, 여기서 일어나고 있는, 현재의 사건을 묘사한다. 서정민요의 현재 시간도 다름 아닌 그러한 현재 시간이다.

---

34) 이 주제는 A. N. 베셀로프스키가 연구한 종합주의와 관련이 있다.

동화의 닫힌 시간

동화에는 많은 종류가 있다. 시간 묘사의 전통적 통일성은 동화에서 심하게 파괴된다. 그럼에도 불구하고 동화의 예술적 시간이 지닌 몇 가지 예술적 특성을 확인해보자.

우리는 이미 민중 서정시가의 예에서 실연과 시학 간에 어떤 연관이 존재한다는 것을 보았다. 그러므로 먼저 서정가요의 실연과 동화의 구연이 근본적으로 어떻게 다른가 하는 점부터 주목해보자. 동화는 자신을 위해서 구연될 수 없다. 이야기꾼이 설령 혼자인 가운데 동화를 이야기한다 해도, 그는 분명 청중이 자기 앞에 있다고 상상한다. 그의 이야기는 어느 정도 연기이기도 하다.[35] 그러나 그것은 서정가요의 연주와 달리, 자신을 위한 것이 아니라 다른 사람들을 위한 연기다. 서정가요는 현재에 대해서 노래하지만 동화는 과거에 대해서, 언젠가, 어디에선가 있었던 일에 대해 이야기한다. 서정가요에 현재 시간이 특징적인 만큼, 동화에는 과거 시간이 특징적이며, 동화에서 이 과거 시간은 일련의 특성을 갖는다.

동화의 시간은 플롯과 긴밀하게 연관되어 있다. 동화는 자주 시간에 대해 말하나, 시간의 계산은 한 에피소드에서 다른 에피소드로 넘어가며 행해진다. 시간은 맨 마지막 사건으로부터 '일 년 뒤', '하루 뒤', '다음날 아침' 하는 식으로 계산된다. 시간의 중단은 플롯 발전의 휴지(休止)다. '다음날 아침에', '하루 뒤에', '일 년 뒤에' 다음 사건이, 다음 에피소드가 벌어진다. 이때 시간은 전통적인 동화 관습을 따른다 할 수 있다. 예를 들어 사건의 발전을 지연시키는 에피소드의 반복성이 3항(項) 구조의 법칙과 결합되어 있는 경우는 매우 빈번하다. 행동은 '아침이 저녁보다 지혜롭다'라는 공식에 힘입어 아침으로 미루어진다.

많은 다른 전통적 공식도 시간적인 의미를 갖는다. 그것들은 사건 전

---

35) M. K. 아자돕스키, 「러시아의 옛날 이야기꾼」, 『러시아 동화─선발된 명인들』, 레닌그라드, 1932, 69쪽.

개를 지연시키고, 사건의 시간적 지속과 이 사건에 대한 이야기의 속도 사이에 심한 불균형이 눈에 띄는 곳에서는 사건을 정지시킨다. 이야기꾼이 자신의 청중에게 마치 용서를 구하는 듯 보이는 "조만간", "말은 쉽지만, 행동은 어렵다", "이야기는 빨라도 사건은 더딘 법", "가깝든, 멀든, 낮든 높든"[36] 같은 공식적인 표현들은 사건의 시간과 그 사건에 대한 이야기의 시간 사이에 놓인 뚜렷하게 감지되는 감당하기 힘든 불일치를 주지시킨다. 이 표현들은 시간의 통일성, 즉 구연의 시간과 사건 그 자체에 소요될 수밖에 없는 시간의 통일을 지키려는 노력을 강조해준다. 물론 시간의 통일은 도달 불가능하며, 오직 사건 자체의 지속과 그것에 관한 이야기의 길이 사이의 일정한 조건적 비례에 도달할 수 있을 뿐이다. 이때 사건 발전의 중단은 '덧붙임 이야기'들로 가려진다.

동화 속에서 시간은 언제나 일관되게 한 방향으로 움직이며 결코 뒤로 돌아가지 않는다. 이야기는 시간을 언제나 앞으로 움직인다. 바로 이런 까닭에 동화에는 정적인 묘사가 없다. 자연을 묘사할 때에도 그것은 오직 움직임 속에서이며, 자연의 묘사는 사건을 계속하여 발전시킨다. 아자돕스키는 동화의 풍경 묘사와 관련하여 이렇게 쓴다. "동화에서 풍경 묘사, 자연의 형상은 비교적 미미하게 발전해 있다. 전통적인 동화 시학에서 풍경 묘사는 가장 사소한 역할을 행하며, 보통은 풍경을 가까스로 알아볼 수 있을 정도에 그친다. 심지어 어떤 연구자들은 '자연 묘사는 민중시에 전적으로 낯선 것이다'라고까지 말한다."[37]

이런 견해를 반박하기 위해 아자돕스키는 러시아 동화 이야기꾼들 가운데 '풍경 묘사의 명인들'을 예로 든다. 그러나 그가 드는 예들은 러시아 동화에는 정적인 풍경 묘사가 없고, 오직 사건을 발전시키는 역동적인 풍경 묘사가 존재할 뿐이라는 것을 도리어 선명하게 예증해준다. 그것은 사건을 설명하는 데 필수적인 풍경으로, 그 속에서 자연은 사건의

---

36) 같은 책, 114쪽.
37) 같은 책, 73쪽.

장식적인 액자가 아니다. 자연은 이야기에 개입하는 능동적인 힘으로 등장하며, 따라서 사건의 부단한 전진 발전을 정지시키지 않는다. 아자둡스키는 이렇게 쓴다.

"안톤 치로시니크는 옛날 동화와 옛날 이야기꾼들이 전혀 알지 못했던 세부적인 것들을 동화 속에 가지고 온 풍경 묘사의 대가였다. 유모 류바바가 여주인의 아들을 수도원에 버리는 장면을 이야기하면서 그는 '달이 이지러져 있었다'라고 덧붙인다. 마리아 공주에 대한 동화에서는 처녀들이 목욕하는 장면을 아주 자세하게 묘사한다. '……이미 한낮이었다. 타는 듯한 태양이 폭염을 내뿜고, 어찌나 끔찍하게 더운지(후텁지근……) 숨이 턱 막힐 지경이었다. 〔……〕 정말로 조용했다. 사방에 아무것도 보이지 않았고 말소리 하나 들리지 않았다'……"[38]

이야기꾼의 뛰어난 풍경 묘사에 대한 예로 아자둡스키가 들고 있는 이 두 가지는 동화에서의 풍경의 능동성을 명료하게 입증한다. 첫 번째 경우, '이지러진' 달에 대한 언급은 유모가 아기를 버릴 때의 그 깜깜한 어둠을 나타내 보이기 위해서 꼭 필요했으며, 두 번째 경우, 폭염과 정적의 묘사는 처녀들이 목욕하고 그들을 몰래 훔쳐보는 장면을 설명하고 있다.

요컨대 동화에서 시간은 자연 묘사를 위해 정지하지 않는다. 시간은 이야기가 계속되는 동안 내내 같은 속도로 움직인다. 동화는 정적인 순간을 모른다.

동화적 시간의 관례성은 그것의 닫혀 있음과 긴밀하게 연관되어 있다. 동화의 시간은 동화의 경계 밖으로 나가지 않는다. 그것은 플롯 속에 완전히 닫혀 있다. 그것은 동화가 시작되기 전에도 동화가 끝난 후에도 없는 것이나 다름없다. 그것은 역사적 시간의 흐름 속에서 규정되지 않는다. 몇몇 예외를 제외하면 우리는 동화 속의 사건이 동화를 듣는 시간으로부터 멀리 떨어져 있는지 어떤지 알지 못한다. 동화는 마치 무

---

38) 같은 책, 74쪽.

(無)로부터, 시간과 사건의 부재로부터 시작되는 듯 보인다. "옛날 옛적에 살고 있었다", "왕에겐 세 아들이 있었다", "어느 왕국, 어느 나라에", "옛날 옛적에 어느 나라의 임금님이 평평한 곳에서 식탁보 위의 치즈처럼 살고 있었다",[39] "어느 임금님이 축하 잔치를 베풀었다."[40]

동화의 끝에서도 동화적 시간의 정지는 강조된다. 동화는 사건의 '부재'가 시작되었음을 확인시켜주는 무사안녕, 죽음, 결혼식, 잔치 등으로 끝난다. 동화를 끝맺는 공식적인 종결구들은 이 정지를 고착시킨다. "재산을 불리며, 아무 걱정 없이 잘살게 되었다",[41] "햇빛이 환한 왕국으로 가서, 행복하게 아주 잘 살고 있고 자신과 자식들이 오래오래 편안하도록 기원하고 있다……",[42] "이로써 그의 생애도 끝이 났다."[43] 최종적인 무사안녕함——이것이 동화적 시간의 끝이다.

동화적 시간으로부터 현실로 나가는 것은 이야기꾼의 자기폭로, 즉 동화 이야기꾼의 진지하지 못함, 그가 이야기하는 모든 것의 비현실성, 환상의 박탈 등에 힘입어 이루어지기도 한다. 이것은 '삶의 산문'으로의 회귀이며, 삶의 근심걱정과 곤궁함에 대한 상기, 삶의 물질적 측면에 대한 환기다.

동화 「고레-고랴닌, 귀족 다닐 이야기」는 이렇게 끝난다. "블라디미르 공(公) 아저씨가 도착했어. 맥주고 포도주고 빚고 담그고 할 것도 없었지. 모든 것이——준비 완료! 결혼식을 위한 기쁜 잔치이잖은가. 그들은 결혼식을 올리고 오래오래 풍족하게 잘 살게 되었어. 아무렴, 나도 그 자리에 있었지. 맥주를 마셨는데 수염으로 줄줄 흘러내리는 바람에 한 방울도 맛을 못 봤어. 나에게 고깔모자를 주더니 거기다 내 목을 쑤

---

39) 「임금님과 재봉사 이야기」, 『19세기 전반에 채록되고 출판된 러시아 동화들』, N. V. 노비코프의 편찬과 서론, 모스크바-레닌그라드, 1961, 285쪽.
40) 「처녀 임금님 이야기」, 같은 책, 267쪽.
41) 같은 책, 238쪽.
42) 같은 책, 276쪽.
43) 같은 책, 285쪽.

셔박더라구. 두건도 주기에 개구멍으로 뛰어들었지!"[44]

때때로 종결구는 이야기꾼이 직업적인 이야기꾼이고 자신의 구연에 대해 보수를 요구한다는 것을 상기시킨다. "자 이야기를 해주었으니 기름 한 항아리는 내 몫이오."[45] 시간은 동화의 플롯과 분리될 수 없다. 동화가 끝나면 동화적인 시간도 끝난다. "이렇게 그들의 생애는 끝이 났다", "이로써 또한 모든 것이 끝났다" 등등.

동화의 닫힌 시간은 자신 속에 닫혀 있을 뿐만 아니라, '이곳이 아닌' 어떤 다른 공간 속에서 닫혀 있다. 동화는, 서정민요와 달리, 여기에 있는 것에 대해서가 아니라, '어딘가에서', '어느 왕국, 어느 나라에서', 아홉의 세 배가 되는 땅 너머에서, 바다 너머 숲 너머 '머나먼 곳에서' 일어나는 일에 대해 이야기한다. 예술적 시간과 예술적 공간은 긴밀하게 연관되어 있다.[46]

19세기와 20세기에 동화는 지역적으로 정확하게 국한되기 시작한다. 사건은 모스크바에서, 볼가 강가에서, 안가라 강가에서 하는 식으로, 일정한 지역에서 일어난다. 그러나 동화가 시간적으로 정확하게 규정되는 경우는 대단히 드물다. 이따금 병사들에 관한 동화에서나 동화를 러시아 전쟁사의 이런저런 사건들에 고정시키려는 시도를 볼 수 있다. 이 원칙은 병사 동화가 동화 장르의 경계를 넘어서고 있음을 증명하고 확인시켜주는 예외적인 원칙이다.

빌리나의 서사시적 시간

다른 민속 문학 장르와 마찬가지로 빌리나(былина)도 작가의 시간을 갖지 않는다. 그것의 시간은 사건의 시간이며, 실연의 시간이다. 빌리나에서 사건의 시간은, 동화에서와 마찬가지로, 과거다.

포테브냐에 따르면, "서정시는 현재(praesens)다. 그것은 감정을 객

---

44) 같은 책, 267쪽.
45) 같은 책, 262쪽.
46) 문학에서의 예술적 공간에 대해서는 이 책의 519~543쪽을 보라.

관화시키고, 사유 아래에 둠으로써 이 감정을 진정시킨다. 서사시는 완료(perfectum)다. 여기서 고요한 관조, 객관성이 나온다(묘사되는 사물과 사건에 대해서, 묘사 자체가 가능하기 위해 필요한 관심 이외에 다른 개인적 관심은 존재하지 않는다)."[47]

동화에서 과거는 결코 역사의 일반적 흐름 속에서 규정되지 않는다. 그것은 닫혀 있으면서, 동화가 새로 구연될 때마다 매번 재현되며, 덕분에 동화의 묘사적이고 연희적인 측면이 강화된다. 반면 빌리나에서 사건의 시간은 이 과거 속에 엄격하게 국한되어 있는 것과 같다. 이 과거는 러시아의 과거를 상징하는 조건적이고 비사실적인 시대로서 '서사시적 시대'라고 불러도 좋을 것이다. 빌리나의 한 부분, 큰 부분에 있어 이것은 이상화된 키예프의 블라디미르 공의 시대이며, 다른 부분의 빌리나에서는 노브고로드의 자유 시대다.

그러나 이 두 시대는 본질적으로 구별되지 않는다. 여기서나 저기서나, 또는 그 특징들이 노브고로드나 키예프와 확실하게 일치한다고 규정하기 어려운 제3의 빌리나들에서도, 빌리나의 사건은 러시아의 독자성과 영광과 강대함의 시대, 공후와 보가티리(용사) 친위대의 가부장적인 상호관계의 시대, 민중이 보가티리들과 더불어 승리할 수 있었던 시대, 보가티리들이 나라의 운명에 영향을 미칠 수 있었던 시대, 다시 말해 하나의 공통적이고 조건적인 '서사시적 시대'에 일어난다.

이 '서사시적 시대'는 새로운 시대로의 직접적인 통로를 가지고 있지 않은 어떤 이상적인 '고대'다. 이 시대에는 블라디미르 공이 그의 공국을 '영원히' 지배하고, 보가티리들이 영원히 살며, 많은 사건이 일어난다. 이것은 동화의 시간과는 달리 역사이지만, 다른 시대들과 통로가 연결되어 있지 않은, 마치 '섬'과 같은 위치를 점하고 있는 역사다.

빌리나와 달리, 역사 가요 속의 사건은 13세기에서 19세기에 이르는 여러 상이한 시간에 일어난다. 역사 가요는 마치 러시아 역사와 동행하

---

47) A. A. 포테브냐, 『문학 이론에 관한 메모에서』, 하리코프, 1905, 531~532쪽.

듯 하면서, 그것의 가장 두드러진 사건들에 대해 말한다. 반면에 빌리나에서 사건의 시간은 러시아 고대의 어떤 상징적이고 조건적인 시대, 그러나 그것의 모든 관례성과 비사실성에도 불구하고 역사적 시간으로, '사실담'(事實談)으로 받아들여지는 시대에 속한다.

빌리나의 사건은 14~17세기의 사회적 상황에 밀착될 수가 없었다. 그 속에서는 보가티리들과 공후의 빌리나적인 관계가 불가능했기 때문이다. 이 시대의 사건들을 반영하기 위해서 민중은 다른 종류의 서사적 창작을 만들어냈다. 역사 가요가 그것으로, 거기엔 보가티리들을 위한 자리가 없었다. 자신의 고용 군인에 대한 공후와 차르의 새로운 관계와 사회적인 불평등은 이 고용 군인을 빌리나처럼 이상화하고 보가티리로 만들 수 없게 했다. 마찬가지로 이반 4세의 궁정과 같은 분령후(分領候)의 궁정에서 농부-보가티리를 상상하기는 어려운 노릇이다.

언제 지어진 것이건, 어떤 실제적 사건을 반영하건, 빌리나는 자신의 사건을 독특한 '서사시적 시간' 속으로, 노브고로드로, 블라디미르 공의 궁정 등으로 옮긴다. 러시아의 빌리나는 다름 아닌 이 시대의 사회적 관계와 역사적 상황의 세계를 재현한다. 그리고 오직 키예프 사이클의 영웅들만을 보가티리라고 부른다. 여러 새로운 플롯으로 보강된 빌리나는 그 플롯들을 10세기의 반(半)가부장제적인, 물론 대단히 이상화된 관계로 옮겨놓는다.

빌리나에서의 사건의 시간을 조건적인 것으로 규정하면서, 우리는 그것이 그럼에도 불구하고 환상적인 것이 아니라, 엄밀하게 역사적이고 실제로 존재한 것으로 받아들여졌다는 점을 염두에 두어야 한다. 바로 그런 까닭에 민중은 역사 서사시의 영웅들에게 결코 지어낸 이름을 붙이지 않으며, 빌리나의 사건은 실제로 존재한 도시와 마을에서 일어난다. 보가티리들, 블라디미르 공과 빌리나의 다른 영웅들의 이름은 민중에게 역사적인 이름들이었고, 때문에 그 이름들은 그만큼 전통적이고 변하지 않는다.

이런 의미에서 빌리나에서 역사적인 원형(原型)과 역사적인 '원사건'

(原事件)들을 찾는 일은 타당성을 가질 수도 있다. 서사시 연구에서 역사학파의 대표자들은 빌리나의 예술적 본질을 무시한 것은 아니지만 한때 집요하게 이 일에 몰두했다. 북방의 빌리나 가수들이 키예프에 오면 '마린카 거리'를 찾았고, 키예프 사이클 빌리나에 나오는 사건의 장소들을 찾았다는 것은 알려진 사실이다. 빌리나는 그들에게 역사였고, 빌리나의 사건들은 역사적 현실이었으며, 보가티리와 공후들은 역사적 인물들이었다.

이미 말했다시피, 러시아의 빌리나는 후대의 역사적 플롯, 모티프, 14~17세기의 에피소드들을 적지 않게 받아들였다. 그렇지만 빌리나에서 무엇보다도 고대 모스크바 러시아의 반영을 본다면 잘못이다. 빌리나는 다층적이며, 민중에 의해 여러 세기에 걸쳐 창조되었다. 빌리나에는 가장 고대의 서사시, '키예프 이전'과 '노브고로드 이전'에 이미 존재했던 서사시의 플롯들도, 다음 세기들의 플롯들도 반영되었다. 그렇지만 어느 경우에나 빌리나는 빌리나이며, 다만 사건을 이 '서사시적 시대'로, 그 시대의 조건적인 역사 상황으로 옮겨놓고 있을 따름이다. 독특한 서사시적 시대로서 러시아 역사의 '키예프' 시대에 대한 표상은 러시아 빌리나의 가장 뚜렷한 특성을 이룬다. 새로운 영웅들은 빌리나 영웅들의 오래된 '역사적' 이름을 자신의 이름으로 받아들였다.

상징적이고 조건적인 러시아의 과거를 이상화한 이 시대의 특성에 관해서 나는 이미 다른 논문에서 다룬 바 있다.[48] 따라서 여기서는 이 서사시적 시간 표상의 '내용물'에 대한 문제는 건드리지 않겠다. 지금 가장 나의 관심을 끄는 것은 묘사되는 시간과 실제 시간의 여러 측면 간의 상호관계, 빌리나 장르의 시간 구조다.

---

48) D. 리하초프, 「러시아 빌리나의 서사시적 시간」, 『학술원 회원 B. D. 그레코프에게 바치는 논문집』, 모스크바-레닌그라드, 1952, 55~63쪽. 서사시 전체의 역사적 관념에 대한 연구가 필요한 것과 마찬가지로 이 '서사시적 시대'의 사회적 관계, 국가 체제의 형식들, 공후와 보가티리의 관계, 보가티리 상호간의 관계, 스텝에 관한 러시아의 태도 등도 계속 면밀한 연구를 요한다.

그런즉, 빌리나의 사건은 모두 과거에 일어나나, 그것은 동화의 막연한 비사실적 과거가 아니라, 엄격하게 한정되고 이상화된 서사시적 시간이다. 그 속에는 고대 러시아의 특별한 사회적 관계와 특별한 풍습, 특별한 국가적 상황이 존재하며, 보가티리들과 러시아의 적들의 행위는 특별한 조건적인 동기화, 특별한 심리적 법칙들에 지배된다.

이 서사시적 시간 속에서 얼마든지 다양한 사건이 일어날 수 있으며, 이 사건들은 일반적으로 언제나 러시아에게 상당히 만족스럽게 끝난다. 빌리나의 사건들은 동화와 달리 러시아 역사의 사건들로 지각되며, 상징적인 러시아의 고대에 속하는 것으로 간주된다.

빌리나에서 사건의 시간은 그럼에도 불구하고 닫혀 있으며, 마치 이중으로 닫혀 있는 것 같다. 첫째로, 러시아 역사 속에서 마치 '섬과 같은 위치'를 점하면서 나머지 러시아 역사와는 그 어떤 통로로도 연결되어 있지 않은 서사시적 시간 그 자체가 닫혀 있다. 둘째로, 빌리나 자체의 사건이 닫혀 있다. 빌리나의 시간은, 동화와 마찬가지로, 플롯의 시작으로 시작하여 플롯의 종말로 끝난다. 대개 빌리나의 끝은 보가티리의 위업의 끝이다(일리야 무로메츠와 강도 꾀꼬리, 수호만에 대한 빌리나는 제외된다. 여기서는 보가티리에 대한 블라디미르 공의 태도를 폭로하기 위하여 빌리나가 계속된다). 빌리나는 주(主)영웅을 가장 부각시키는 원칙에 따라 전개되며, 그 때문에 빌리나의 사건은 보가티리와 그의 운명에 집중된다. 보가티리의 행위와 연관된 사건들의 시간적 길이는 곧 빌리나 플롯의 시간적 길이다. 플롯 발전의 경계를 넘어서는 사건에 대해서는 어떤 언급도 빌리나에 나오지 않는다.

서사시에서의 예술적 시간의 성격에 대해 바흐친은 그의 논문 「서사시와 장편소설」에서 흥미있게 서술하고 있다. "그것(서사시적 시간—리하초프)은 뒤이어 오는 모든 시간으로부터, 특히 가수와 그의 청중이 자리하는 시간으로부터, 절대적인 경계에 의해 격리되어 있다. 따라서 이 경계는 서사시의 형식 자체에 내재하며, 서사시의 모든 말 속에서 느껴지고 울린다. 이 경계를 파괴하는 것은 서사시 장르의 형식을 파괴하는 것을 의미한다. 그러나 이후의 모든 시간으로부터 격리되어 있다는 바로 그 이유 때문에 서사시적인 과거는 절대적이며 종결되어 있다. 그것은 원처럼 닫혀 있으며, 그 속에서 모든 것은 완전히 완료되고 종결되어 있다. 서사시적 세계에는 어떤 비종결성, 미해결성, 문제성의 자리도 없다. 그 속에는 미래로 빠져나갈 수 있는 어떤 구멍도 없다. 서사시적 과거는 자족적이며, 어떤 지속도 필요로 하지 않고 요구하지 않는다. 시간적이고 가치적인 규정은 여기서 (마치 그것들이 언어의 고대적인 의미 층위에서 하나로 융합되어 있듯이) 나눌 수 없는 하나의 전체로 융합되어 있다. 이 과거에 참여하는 모든 것은 그로써 진정한 본질과 의미에 참여하지만, 그와 동시에 완료성과 종결성을 획득한다. 다시 말해 이른바 현실적인 지속에 대한 모든 권리와 가능성을 상실하는 것이다. 절대적인 완료성과 종결성은 서사시적 과거의 현저한 가치적-시간적 특성이다."[49]

모든 '절대적인 종결성'에도 불구하고 서사시적 시간은 형식적으로만 종결되어 있다. 이데올로기적 측면에서 서사시적 시간은 러시아 고대의 시간이며, 러시아 민족의 영웅적 과거이기 때문이다. 그것은 러시아 역사의 독자적인 부분이다.

서사시적 시간의 형식적인 종결성은 그 속에서 플롯이 주로 하나이고 시간은 한 방향으로, '하나의 선에 따라' 흐르게끔 한다.

실제로 작품 속에서 시간이 '열린 채', 역사적 시각과 연관되어 흐를 때는, 작품에 몇 개의 시간적 열(列)이 쉽게 결합될 수 있고, 사건의 순차성이 뒤바뀔 수 있다(나중에 일어난 사건이 먼저 얘기되고, 먼저 일어난 사건이 나중에 얘기된다). 그러나 모든 자리바꿈과 모든 시간의 열은 역사적 시간을 배경으로 이루어진다. 그 때문에 독자나 청중은 사건의 실제적인 순서를 쉽게 식별할 수 있다. 사건은 실제적 시간에 대해 어떤

---

49) M. 바흐친, 「서사시와 소설—소설 연구의 방법론에 관하여」, 『문학의 문제들』, 1970, No. 1, 104쪽.

밀착성을 갖는다. 작품 속의 사건의 순서 뒤에는 역사적인 순서가 서 있다. 이 후자의 순서는 전자의 순서를 '자유롭게 한다.' 만약 작품의 시간이 자기 자신 속에 닫혀 있고 역사적 시간과 연관되어 있지 않다면, 자리 바꾸기는 어려워지고 플롯의 여러 선(線)을 지각하기도 어려워진다.

빌리나 속의 시간은, 다른 민속 문학 장르에서와 마찬가지로, 한 방향으로만 전개된다. 그것은 뒤돌아가기와 앞지르기를 알지 못한다. 기실, 빌리나에는 어떤 초시간적인 의식이 함께 존재한다 할 수 있다. 이것은 청중으로 하여금 모든 것이 잘 끝나게 되리라는 것, 주인공이 승리하리라는 것 등등을 짐작게 해준다. 그러나 이것이 사건 발전의 근본적인 '단선성'(單線性)을 방해하지는 않는다.

종결되고 서로 독립적인 완전히 독자적인 많은 수의 에피소드로 이루어진 혼성 빌리나에서조차도, 이 독자적인 에피소드들은 빌리나에 묘사되는 사건의 시간의 단선적인 흐름을 방해하지 않는다. 에피소드들은 절대로 주인공을 뒤로 돌리지 않는다. 러시아 빌리나 시학의 뛰어난 연구가인 스깝티모프는 빌리나 가수들이 일리야 무로메츠의 어떤 위업을 노래하든, 반드시 '보가티리로서의 그의 길의 첫 지점으로부터', 즉 편력자에 의해 그가 완치되는 데서부터 시작하는 습관이 있음을 지적했다.[50]

혼성 빌리나에서 플롯은 엄격한 시간적 순서에 따라 배열된다. 물론 그러한 순서를 어떤 방식으로든 확립할 수 있을 때에 해당한다. 때로, 시간적 순차성을 위해 불가피한 경우에는, 한 플롯이 다른 플롯을 끊어버릴 수도 있다. 예를 들어 일리야에 의한 도시(세베시, 키도시, 체르니고프 등등) 해방을 이야기하는 빌리나들은 으레 어려움에 대해 말하는데, 때로는 여기에 강도 꾀꼬리에 대한 일리야 무로메츠의 승리 이야기가 삽입되기도 한다. 그 이야기가 길의 어려움을 아주 생생하게 묘사하

---

50) A. P. 스깝티모프, 『빌리나의 시학과 기원론―개요』, 모스크바―사라토프, 1924, 71쪽을 보라.

고 있기 때문이다. 빌리나에서 사건 발전의 순차성은 시간을 자주 언급함으로써 강조된다.

삼 년 동안 도브리뉴시카는 식사 시중에,
삼 년 동안 니키치치는 식객 노릇.
구 년을 식사 시중에 술잔치,
십 년째가 되자 바깥 구경이 하고 싶어졌다.[51]

키르샤 다닐로프의 선집에 들어 있는 볼흐 프세슬라비예비치에 대한 빌리나는 어머니가 그를 '잉태한' 순간에서 시작해, 그의 출생에 대한 이야기로 이어지고, 그런 다음 그의 전 양육 단계가 이렇게 언급된다.

볼흐가 태어나 한 시간 반이 되자……
볼흐가 일곱 살이 되자……
볼흐가 열 살이 되자……
볼흐가 열두 살이 되자……
볼흐 그 자신도 열다섯 살이었다……[52]

사건의 시간적 순서는 통례적인 표현인 '그때'에 의해서도 강조된다. "그때 공후는 유쾌해졌다", "그때 공후가 그에게 묻는다", "그때 이반이 그의 아내에게 말했다", "그때 이반 고디노비치는 수도 키예프로 갔다", "그때 공후 부인은 공후와 심하게 다투기 시작했다" 등등.

하나의 선에 따라 발전되는 빌리나의 시간은 때로는 느려지고 때로는 빨라지면서 고르지 않은 속도로 흐른다. 주인공이 적에게 가는가 했더

51) 『키르샤 다닐로프가 수집한 고대 러시아의 시』, A. P. 예브게니예바, B. N. 푸칠로프 편집, 발행, 모스크바-레닌그라드, 1958, 52쪽(빌리나 「삼 년 동안 도브리뉴슈카는 식사 시중을 들었다」)(이후 『키르샤 다닐로프』로 줄여 씀).
52) 『키르샤 다닐로프』, 39~40쪽(빌리나 「볼흐 프세슬라비예비치」).

니 어느새 그와 전투를 벌이고 있다. 반대로 말에 안장을 얹는 것, 보가티리의 '짧은 여행', 활쏘기는 천천히 이루어진다. 심지어 편지를 받아들고 읽는 일도 긴 시간이 걸린다.

상인 드미트리는 봉인을 뜯고, 들여다본다,
꼼꼼히 살펴보고 그러고는 읽는다.[53]

이것은 앞에서 말한 바 있는 바로 그 '상대성 원칙'에 따라서 일어난다. 빌리나의 시간은 '사건의 밀도'와 사건의 성격과 합치한다. 묘사되는 대상의 성격과 그것이 서술에서 차지하는 시간 사이에는 정밀한 분석을 요하는 일정한 법칙성이 존재한다. 그와 함께, 시간의 중단에도 고유한 법칙성이 있다. 빌리나에서 플롯의 발전은 곳곳에서 중단되며, 전체적으로 이 중단들은 동화에서보다 훨씬 큰 규모다.

동화에서 에피소드들이 '하루 뒤', '다음날 아침' 등등에 이루어진다면, '빌리나의 보폭'은 더 크다. 사건은 일 년 동안, 삼 년 동안, 삼십삼 년 동안 중단된다. 빌리나의 시간은 더 천천히 흐른다. 플롯은 더 오랫동안 펼쳐진다. 우리 앞에는 이야기가 아니라 역사가 놓여 있다. 차르 칼린의 침입 때, 일리야 무로메츠는 '꼬박 삼 년'을 움 속에서 보냈다. 다른 빌리나들에서도 사건은 때때로 보가티리의 새로운 평상적인 부재가 '꼬박 삼십 년 하고도 삼 년'이 걸릴 정도로 지연된다.

빌리나에서 시간이 고르지 않은 속도로 흐르는 것은, 상당 정도, 사건이 보가티리에게 집중되어 있기 때문이다. 보가티리는 힘이다. 그는 적극적이다. 그는 싸우고, 사건을 지배하고, 심지어 시간을 움직인다. 빌리나의 예술적 시간은 보가티리에 달려 있으며, 플롯 속에서의 그의 적극성에 달려 있다. "주인공을 최대로 부각시키는",[54] 빌리나 고유의 경

---

53) 같은 책, 98쪽(빌리나 「이반 가데노비치」).
54) 스칼티모프, 같은 책, 60쪽.

향은 빌리나의 예술적 시간에까지 확장된다.

빌리나에서 시간의 고르지 않은 흐름은 보가티리의 행위가 시간적으로 고르지 않음을 나타낸다. 시간은 보가티리의 위업에 의해 움직인다. 보가티리는 마치 시간을 밀어제치는 것 같다. 그는 자신의 갑작스런 행동으로, 힘의 경주로, 시간을 움직인다.

보가티리의 위업은 빠르다. 그의 승리는 눈 깜짝할 새에 이루어진다. 패배를 할 때나(보가티리들의 파멸에 관한 빌리나), 보가티리가 정당하지 못할 때만, 싸움은 오래 계속된다.

빌리나는 돌연성, 의외성의 효과를 매우 자주 낳는다. 이 의외성의 효과는 무서운 전조, 예언, 경고에 의해 예술적으로 준비된다. 그러나 '피할 수 없는 불행'은 일어나지 않는 수가 많다. 일리야 무로메츠에게 주어지는 강도 꾀꼬리에 대한 예언, 어느 길을 가든 도브리냐 니키치치를 파멸로 이끌 것이라는 세 길에 대한 예언은 이루어지지 않는다. 보가티리는 예언을 극복한다. 그는 숙명보다, 운명보다, 어두운 전조보다 높다.

이미 보았듯이 빌리나는 개별적으로 이런저런 구체적인 행위, 사건, 에피소드의 긴 지속을 강조한다. 이 지속은 묘사성을 위해 필요하다. 빌리나의 묘사성은, 동화에서와 마찬가지로, 빌리나의 실연 시간을 그 속에 나오는 사건의 시간에 조건적으로 맞추려는 노력과 결합되어 있다. 그러나 이 시간 맞추기는, 동화에서도 그렇지만, 묘사되는 시간의 모든 전선에서 행해지지 않고, 빌리나가 가장 큰 묘사성에 도달하고, 일어나는 일이 실제 현실인 듯한 착각을 낳는 곳에서만 행해진다.

빌리나가 가장 큰 묘사성을 추구하는 에피소드들에서는 사건의 시간이 실연의 시간과 거의 일치한다. 말에 안장을 얹고, 활을 쏘는 에피소드들이 그렇다. 사건의 시간적 지속이 실연의 길이에 맞추어지지 않고 훨씬 느려지는 에피소드들도 있다. 보가티리의 키예프 도착, 보가티리를 태운 배의 도착, 주연의 장면 등이 그 예다. 시간은 보가티리의 힘과 그의 적의 힘에 대한 묘사, 보가티리의 예의바른 태도의 묘사, 보가티리에 대한 경고 등에 의해 지연된다. 이 모든 것은 빌리나의 실연을 사건의 묘사로써 반주하고 빌리나의 연희적 측면을 강화하기 위하여 필수적이다. 그러나 빌리나의 시간은 보가티리 자신이 느리게 행동하는 곳, 그가 점잖고 느릿느릿하게 예의를 차리는 곳, 그가 일없이 힘자랑을 하고, 휴식하고, 말에 안장을 얹거나 벗기는 곳, 담소를 나누며 기분을 푸는 곳 등에서도 느리게 흐른다는 것을 유념해야 한다.

이러저러한 에피소드의 지속성이 실연의 길이에 의해서만 전달되는 것은 아니다. 그것은 행위의 지속성을 가리키는 문법적이고 어휘적인 형태들을 통해서도 묘사된다.

동사의 어휘적이고 문법적인 형태들은 일어나고 있는 사건의 지속성을 강조한다. '끌어내었다'(вывел)가 아니라 '끌어내고 있었다' (выводил), '다 썼다'(написал)가 아니라 '쓰고 있었다'(писал), '말했다'(сказал)가 아니라 '말하고 있었다'(говорил), '대답했다' (ответил)가 아니라 '대답하고 있었다'(отвечал), '앉았다'(сел)가 아니라 '앉는 중이었다'(садился), '쥐었다'(взял)가 아니라, '쥐고 있었다'(брал) 하는 식이다.[55]

빛나는 매가 저 멀리 날아가고 있었듯(вылетывал),
흰 매가 저 멀리 날개를 퍼득이며 날아가고 있었듯(выпархивал),
용감하고 훌륭한 젊은이가 길을 떠나고 있었다(выезжал).[56]

빠른 드네프르 강에 닻을 내리고 있었다(метали),
가파르고 아름다운 강 언덕에 잔교를 던지고 있었다(бросали),
솔로베이가 친위대와 함께 밖으로 나가고 있었다(выходили).[57]

---

55) 나는 여기서 빌리나의 언어에 관한 수많은 논문을 인용하지 않는다. 그것들은 모두 빌리나의 언어 형식을 시학의 문제와 관련짓지 않고 고찰하고 있기 때문이다. 민속 문학의 언어를 민속 문학의 시학과 연관지어 연구하는 논문들도 반드시 나와야 한다.

56) 『키르샤 다닐로프』, 22쪽(빌리나 「듀크 스체파노비치」).

사슬을 채운 궤를 열고 있었다(отмыкал),

돈 백 루블을 꺼내고 있었다(вынимал).[58]

일리야는 한 손으로 맥주를 들고(брал),

단숨에 마셔버리는 중이었다(выпивал).

그때 사람들이 말들을 하고 있었다(говорили) ― 순례자들이라고.[59]

아래의 에피소드들에서 사건의 시간과 실연 시간의 일치를 특별하게 도와주는 것은 현재 시간이다. 여기서 빌리나 실연자의 연희적 묘사성은 특별히 풍부하게 표현된다.

알료샤가 잠에서 깨어난다(пробуждается),

일찍, 아주 일찍 일어난다(встает),

아침 노을에 몸을 씻는다(умывается),

흰 수건으로 몸을 닦는다(утирается),

동쪽을 향해, 알료샤는, 신께 기도한다(молится).[60]

코스탸 니키치치가 고물을 잡고 있고(держит),

작은 포타냐는 뱃머리에 서 있다(стоит),

바실리는 배 안에서 천천히 거닐면서(похаживает),

이렇게 가끔 말한다(поговаривает).[61]

---

57) 같은 책, 15쪽(빌리나 「솔로베이 부디미로비치」).

58) 같은 책, 18쪽(빌리나 「상인 테렌치슈」).

59) 『페초라 강과 지마 강 언덕의 빌리나들―새로운 채록』. A. M. 아스타호바, É. G. 보로디나-모로조바, N. P. 콜파코바, N. P. 미트로폴스카야, F. V. 소콜로프 편집, 발행, 모스크바-레닌그라드, 1961, 258쪽(빌리나 「일리야 무로메츠, 그는 어떠했고, 어떻게 살았고, 어떻게 태어났는가」).

60) 『키르샤 다닐로프』, 127쪽(빌리나 「알료샤 포포비치」).

(솔로베이 부디미로비치는) 밝은 친위병 숙소로 간다(идет),
문들은 활짝 열려 있다.
목욕을 하고서 젊은이가 친위병 숙소로 간다(идет),
솔로베이 부디미로비치의 젊은 아들이,
주님의 성상에 기도를 올린다(молится),
블라디미르 공에게 절하고(кланеется),
공후 부인 아프레크세브나에겐 따로,
그리고 공후에게 값비싼 선물을 바친다(подносит).[62]

빌리나에서 사건이 빠르게 일어나는 에피소드들은 문법적 과거 시제로 재현되며, 사건이 느려지는 에피소드들은 현재 시제로 제시된다. 보가티리가 말을 타고 간다. 이 여행은 과거 시제로 묘사되고, 그가 말에서 내리는 장면은 현재 시제로 묘사된다. 보가티리가 거친 행동을 하는 것은 과거 시제다. 그가 정중한 예의를 보이는 것은 현재 시제다.

한달음에 이반은 궁정으로 달려왔다(прибежал),
블라디(지)미르 대공이 있는
밝은 친위병 숙소에 이른다(приходит),
주님의 성상에 기도를 올리고(молится),
블라디(지)미르 공에게 절한다(кланяется).[63]

빌리나에서 현재 시간과 연희적 요소의 결합은 소리꾼 크리보폴레노바(Кривополенова)의 빌리나 실연에서 특히 분명하게 나타났다. 그녀는 이런 경우에 제스처로써 개별 에피소드들을 묘사했다. 빌리나에서 특징적인 것은 '왔다갔다 한다'(похаживает), '잠시 이야기한다'(пого-

---

61) 같은 책, 117쪽(빌리나 「바실리 부슬라예프는 기도하러 갔다」).
62) 같은 책, 11쪽(빌리나 「솔로베이 부디미로비치」).
63) 같은 책, 98쪽(빌리나 「이반 가데노비치」).

варивает), '이리저리, 얼마 동안 헤엄친다'(плавает-поплавает),
'잠깐 잠수한다'(поныривает)처럼, 끝까지 실행되지 못한 듯한 행위
를 나타내는 동사들이다. 이 동사들은 행위의 비완결성, 행위의 '불완
전한 힘'을 통해, 지속성과 함께 실연의 연희적 성격을 강조할 수 있게
한다.

현재 시간을 가장 자주 만나게 되는 곳은 일어나고 있는 사건의 느림
을 특별히 강조해야 하는 곳에서다.

그들은 한 주일 내내 가고 있다(едут),
다음 주도 계속해 가고 있다(едут).[64]

그는 날이 저물 때까지 하루 종일 치고 싸우고 있다(дерется-
бьется).[65]

그는 벌써 다음 주야도 가고 있다(едет),
네 번째 주야에 발자취를 찾아냈다.[66]

하루 또 하루 새가 날고 있듯이(летит),
한 주 또 한 주 비가 오고 있듯이(дожжит),
한 해 또 한 해 풀이 자란다(ростет).[67]

블라디미르 공은 크게 웃었다,
밝은 친위병 숙소에서 천천히 거닐면서(похаживает)

64) 같은 책, 123쪽(빌리나 「바실리 부슬라예프는 기도하러 갔다」).
65) 같은 책, 66쪽(빌리나 「바실리 부슬라예프」).
66) 같은 책, 74쪽(빌리나 「블라디미르 공의 결혼」).
67) 『오네가의 빌리나, A. F. 힐퍼딩 채록』, 제1권, 모스크바-레닌그라드, 1949,
    No. 23, 33, 38, 65쪽 등.

이런 말들을 가끔 말한다(поговаривает).[68]

빌리나와 동화의 예에서 볼 수 있듯이 민속 문학은 인물들이 살고 있는 주관적 시간과 시간의 객관적 의미 사이의 차이를 줄이거나, 심지어 없애고자 한다. 이야기의 시간과 이야기되는 것의 시간은 거의 동일시되거나 서로 접근한다. 이야기의 시간과 이야기되는 것의 시간을 동일시하고자 하는 노력은 느리게 전개되는 사건들에 대한 느린 묘사에서, 대화를 완전하고 자세하게 재현하고자 하는 경향에서, 사건의 반복을 다룰 때 이야기를 모든 세세한 부분까지 반복하려는 시도 등에서 나타난다. 마지막으로, 이 현상은 실연자와 서정적 주인공, 작가와 실연자를 동일시하려는 민속 문학의 지향이 나타나는 곳에서도 드러난다. 사건 발전의 '단선성'(單線性), 앞지르기와 되돌아가기의 부재는 민속 문학에서 작가의 부재와 연관되어 있다.

민속 문학작품에 작가가 없는 것은, 작가가 있었던 경우라 할지라도 그에 대한 정보가 상실되었기 때문만이 아니라, 그가 민속 문학의 시학 자체에서 빠지기 때문이다. 그는 작품 구조의 관점에서 불필요하다. 민속 문학작품에는 실연자, 이야기꾼, 소리꾼이 있을 수 있지만 작품의 예술적 구조 자체의 요소로서 작가, 저자는 없다. 작가가 없다면 문학작품의 그토록 필수적인 구성소인 작가적 시간도 없다. 그리고 이야기를 서술하는 특수한 시간적 입장으로서의 이야기꾼의 시간이 없다면, 열린 채 앞지르기를 하고, 뒤로 돌아갈 수 있는 가능성도 없다. 민속 문학에서는 오직 '예감'을 통해, 다시 말해 현재를 떠나지 않으면서만, 미래로 향할 수 있고, 오직 회상과 상기를 통해서만 과거로 향할 수 있다.

시간 속에서 잠깐 멈추는 것은 표지판의 역할을 한다. 이 표지판의 순간으로부터 이야기는 이끌어진다. 그것은 플롯의 연결을 놓쳐버릴 위험이 없이 이야기 속에서 시간을 능숙하게 조종하는 데 반드시 필요한 끈

---

68) 『키르샤 다닐로프』, 48쪽(빌리나 「상인의 아들 이반」).

을 위해 도움이 될 수 있을 것이다. 작가가 없다면 사건의 시간을 어떤 일정한 시간의 지점으로부터 바라볼 수가 없다. 달리 말해 민속 문학에는 작가의 개성에 의해 결정되는 시간적 퍼스펙티브가 없다. 이는 중세 미술에서, 자연을 관찰하는 화가의 움직이지 않는 눈의 위치에 의해 결정되는 공간적 퍼스펙티브가 없는 것과 마찬가지다. 두 경우 모두에서, 퍼스펙티브의 부재는 자신의 작품과 긴밀하고 공고하게 결합되어 있는 듯한 창작자 개성의 부재로 결정된다.

창조자로부터 자유로운 피조물은 독자적인 삶을 살고자 한다. 민중적인 창작품은 마치 이야기 자체 속에서 사건이 반복될 수 있다고 믿는 듯하다. 빌리나의 청중은 영웅들의 현실성을, 사건의 현실성을 믿으며, 빌리나의 반복적인 실연에서 다른 결말을 기다린다. 마치 영화 「차파예프」를 몇 번씩이나 보러 가면서, 언젠가는 차파예프가 헤엄쳐 나와 물에 빠져 죽지 않기를 바라는 소년들처럼.

지금까지 말한 모든 것과 관련하여 민중적 즉흥 창작에 관한 문제를 살펴보는 것은 대단히 중요한 일이다. 이를 위해 즉흥 창작이 핵심을 이루는 민속 문학 장르인 만가(輓歌)에 시선을 돌려보자.

만가의 제례적 시간

제례시(祭禮詩)의 예술적 시간은 현재다. 제례시는 제례에 수반되면서, 제례에 '형식을 부여'하고, 제례를 주석하고, 제례의 일부를 이룬다. 제례는 과거에 대한 회상과 결합될 수도 있고(예컨대 고인에 대한, 고인의 삶에 대한 회상과 결합된 장례의식), 미래에 대한 생각과도 결합될 수 있다(예컨대 미래의 수확에 대한 염려가 배어 있는 다양한 봄맞이 제례들). 그러나 제례에서 근본적인 것은 어떤 사건, 비록 그것이 죽음처럼 과거에 일어난 것이긴 하나 그 결과로 인하여 현재의 순간 속으로 들어와 있는 사건을 계기로 많은 사람이 모인 가운데 지금 일어나고 있는 일이다.

제례시의 즉흥 창작성은 현재 시간의 지배와 연관되어 있다. 제례시에서의 현재 시간의 성격을 만가 장르의 예에서 분석해보자.

현재를 묘사하고 주석하는 까닭에, 제례시는 민속 문학의 다른 장르들만큼 고정된 텍스트를 가질 수가 없다.[69] 고정된 텍스트는 제례 자체가 고정된 정도로만 존재한다. 대부분 개인적인 편차가 없는 사건들에 관한 텍스트는 고정적이다. 결혼식은 죽음에 비해 즉흥 창작의 계기를 덜 제공한다. 죽음은 '다양'해서, 매번 새로운 텍스트를 요구하기 때문이다. 인생의 다른 슬픈 사건들도 마찬가지다.

그것 때문에 죽은 사람에 대한 만가는 다른 모든 만가와 마찬가지로 가장 즉흥적이며, 그것의 텍스트는 현재와 현실의 모든 변화와 가장 밀접하게 연관되어 있다.

만가는 예술적 현재 시간으로 진행될 뿐만 아니라 현실의 현재 시간을 반영한다. 이 현재 시간은 조건적이고 예술적인 것이 아니라 실제적이다. 이것은 현재 시간의 환상이 아닌 현실이다. 만가는 보통 바로 그곳에서 일어나는 사건들에 바쳐져 있다. 이것은 만가의 즉흥 창작성 덕분에 가능하다. 이 경우 즉흥 창작은 예술과 현실을 잇는 다리다.

만가가 정확하게 반복될 수 없다는 것은 이미 연구 문헌에서 지적되었다. 만약 만가 수집자가 곡(哭)하는 여자에게 조금 전에 했던 곡을 그대로 다시 해달라고 부탁한다 해도 정확한 재현은 나오지 않을 것이다. 심지어 만가의 장르도 변한다. 예를 들어 반복된 장송 만가는 추도가가 된다.

치스토프는 기록을 위해 특별히 이루어진 '병사를 전송하는 애가'의 반복 실연에 관하여 이렇게 쓰고 있다. "특징적이게도 이 텍스트에는

---

69) P. G. 보가티료프는 그의 논문 「민중적 창작에서의 전통과 즉흥」(7차 인류학과 인종학 국제 학술 대회, 모스크바, 1964)에서 제례시를 가장 전통적인 시의 하나로 간주한다. 실제로 전통성은 실연 순간의 현실과 텍스트의 결합에 의해 규정된다. 전통성은 제례시에서 특히 강하지만, 다만 제례 자체, '제의 행위'(действо) 자체가 전통적인 곳에서만 그러하다. 제례에 의해 형식화되는 현실이 '규범'에서 벗어날 때, 텍스트는 즉흥적으로 창작된다(물론 전통의 틀 속에서다).

'전송할 때의 애가'뿐만이 아니라, 병사가 단기 휴가를 받아 집에 오기 전까지의 '애가'와 그가 도착한 때의 '애가'가 주어져 있고, 징병과, 집으로 오는 그의 길과, 가족 친척들과의 만남에 대한 병사의 이야기도 포함되어 있다. 마지막 행들만이 휴가를 마친 병사의 전송과 실제로 관련되어 있다."[70] "이것은 제례 바깥에서 이루어지는 실연 조건 하에서 만가에 뿌리를 두고 자라 나온, 병사의 삶에 대한 이야기다."[71]

치스토프는 기록을 위한 반복 실연에서 만가의 성격이 변화하는 것에 대해 이렇게 말한다. "만가의 채록을 주의 깊게 분석해보면, 빌리나, 동화, 민요와 일련의 다른 민중시 창작의 채록들과는 다른 현저한 차이가 드러난다. 기록을 위한 동화, 빌리나, 민요의 실연은, 채록자가 어느 정도 경험을 갖추고 있는 경우, 자연적인 조건 속에서 이루어지는 보통의 실연과 전혀 구별될 수 없다. 빌리나, 동화, 민요의 텍스트는 비교적 고정적이고 쉽게 반복될 수 있으며, 실연 자체도 (장르에 따라) 정도의 차이는 있을지라도 뚜렷하게 예술로 의식되기 때문이다. 그러므로 우리가 채록집에서 보게 되는 빌리나, 동화, 민요 등등의 텍스트들은 글자 그대로의 의미에서 실제로 존재하고 있거나 존재했던 텍스트들의 재현이다. 반면에 만가의 전통은 의미 있는 이념적·예술적 가치들을 끊임없이 낳아왔음에도 불구하고 일상 생활과 예술의 경계에 서 있다. 그것은 의식적으로 미적인 것이 아닌 일상 생활적이고 의례적·제례적인 것을 자신의 목적으로 한다(고인을 애도하고, 신병, 신부의 떠남을 슬퍼함). 만가의 '자연스러운' 실연은 전적으로 특정한 계기에 따라 일어나며, 채록의 조건에서뿐만 아니라 그다음의 만가에서도 반복될 수 없는 특별한 감정적 분위기를 갖는다. 그것 때문에 만가의 텍스트도 원칙적으로 반복될 수 없다. 심지어 전통에 의해 만들어졌고, 의례적이고 의무적인 것이 되어버린 일반적이고 공식적인 것들만을 고려한다 해도, 그런 경우에조차

---

70) K. V. 치스토프, 『민중의 여류 시인 I. A. 페도소바—삶과 창작의 스케치』, 페트로자보드스크, 1955, 264쪽.

71) 같은 책, 265쪽.

우리는 관습적이고 의례적-의무적인 요소들이 매번 실연이 반복될 때마다 개성적이고 반복될 수 없는 결합을 만들어낸다는 사실을 인정하지 않을 수 없다. 실연의 바탕에는 자신만의 구체적인 윤곽을 가진 사실이 놓여 있으며, 이것은 새로운 뉘앙스와 선(線)을 불러낸다. 이것은 본질적으로——즉흥 창작이다. 바로 이런 연유에서, 신병 전송 밖에서 신병 애가가 불려지거나 장례식 밖에서 장송 만가가 불려지는 등등의 경우는 생각할 수 없다."[72]

그러므로 만가는 지금 일어나고 있는 일에 대한 작품이며, 그것의 시간은 현재다. 이 현재는 예술적인 현재이며, 동시에 실제적인 현재다. 지금 일어나고 있는 일이 묘사되기 때문이다. 더 정확히 말하면, 이것은 일어나고 있는 일의 묘사가 아니라 그것에 대한 감정적인 반향이다. 물론 만가에는 지금 일어나고 있는 그 일이 어떻게 해서 일어났는가, 그리고 일어난 일의 결과로 장차 무슨 일이 일어나게 될 것인가에 대한 이야기가 들어 있다. 그렇지만 이 과거와 이 미래는 살아 있는 현재에 종속되어 있다. 현재는 과거의 결과이며, 미래는 현재의 결말이다. 심지어 이렇게도 말할 수 있을 것이다. 과거와 미래가 만가에서 매우 큰 역할을 하지만, 그것은 과거에 대해서 아무것도 말하지 않고 미래에 대해서 아무것도 생각하지 않으면서 그저 현재에 동행할 경우, 현재를 매우 빈약하게 만들 수 있기 때문이다라고.

치스토프는, "페도소바는 죽음 전에 일어났고, 중요한 '등장인물들'의 상호 관계에 특징적인 사건들에 대해서 이야기하려고 노력한다"[73]라고 쓰고 있다. 그녀는 모든 사람의 눈앞에서 지금 벌어지고 있는 사건의 '전사'(前史)에 대해 이야기한다.

만가를 불러달라는 초대를 받고 나타난 페도소바가 이런저런 사건들에 관해 캐묻고 알아내고, 상황을 파악하고, 그것에 관계된 사람들과 사

---

72) 같은 책, 260~261쪽.
73) 같은 책, 268쪽.

귀고 하는 일련의 일들은 특징적이다. 지어내고 꾸며내는 것이 없는 것은 이 때문이다. 만가에서의 일반화는 전달 과정에서 왜곡되지 않는 유일한 사실의 일반화다.

"보그다노프의 회상에 따르면, 페도소바는 즉흥 창작에 앞서 사건의 모든 정황, 또는 적어도 많은 정황에 대해 이것저것 물어보았고, 심지어 그녀의 텍스트에 불필요한 것이 확실한 것들에 대해서도 물었다. (그녀의 관점에서) 모든 것을 안 다음, 예술적인 형상을 만드는 데 꼭 필요한 것들을 골라내었다. 아마도 그녀는 자기 마을에서의 즉흥 창작에서도 완전히 같은 방식으로 임했을 것이다"라고 치스토프는 말한다.[74]

현재의 사건에 대한 반향은 만가의 억양을 통해서도 표현된다. 치스토프의 지적에 따르면,[75] 페도소바의 만가는 영탄과 의문 구문으로 가득하다. 여기서 중요한 것은 단지 이 구문들이 만가를 더욱 감정적으로 만든다는 데만 있지 않다. 이 구문들은 곡하는 여자로서는 그 자리에 있는 친척들이나 이웃 사람들에게 별로 이야기해줄 것이 없는 현재에 대해 반응하는 가장 간단한 방법이다.

직업적으로 곡하는 여자가 아닌, 우리 시대의 단순한 여자 농부들의 애가에서 예를 가져와보자. 만가에서 그들은 자신들이 살아온 전 인생에 대해 자주 이야기한다. 그러나 이 이야기들은 서사적이지 않고 서정적이며, 본질적으로 현재에 대해 말한다. 과거의 불행들은 현재의 암담함을 예증한다. 이것은, 본질적으로, 곡하는 여자들 자신 위에 드리워진, 그들의 현재를 짓누르고 있는 숙명, 운명의 묘사다.

나는 이미 오랜 시절을 살았다네.
어린 시절도 지나왔고 청춘도 지나왔다네.
산전수전 겪으며 한세상을 굴러왔다네.
뜨거운 눈물을 흘린 것도,

---

74) 같은 책, 283쪽.

이미 한 해도, 두 해도 아니고, 어져, 한 5년이 된다네.

내 하얗던 얼굴도 늙어버렸지.

그동안에 나는 한때,

나의 사랑스러운 연인이 나타나길 기다렸다네.

그때는 행복하고 즐거웠지.

그때는, 어져, 이 사랑스런 젊은이가

나를 떠날 거라고는 생각조차 하지 못했지.

그런데 그는 내가 채 늙기도 전에,

이 불쌍한 복 없는 년을 버렸다네.

나는 그의 사랑도 받지 못하는 부인이 되었고,

가정은 행복하지 않았고,

내가 흘린 뜨거운 눈물은 강이 될 정도였지.

산이 나를 불렀고,

그다음에는 나를 낳은 어머니가 나를 먹여살렸지.

그리고는 붉은 태양뿐.

불쌍한 내 팔자, 나는 또,

아들의 친구에게로, 아버지의 친구에게로 내팽개쳐졌고,

그리고 용감하고 선량한 젊은이에게도 가게 되었지.

복도 지지리 없는 것, 나는

또 다른 사랑스러운 젊은이와도 헤어졌고,

결혼식이며 약혼식은 언감생심,

이제 아예 생각도 하지 않는다네.[76]

더 이상 인용하지는 않겠다. 애가 전체가 곡하는 여자의 슬픈 운명을 그리고 있다.

---

75) 같은 책, 306~307쪽.
76) 『러시아 민중 세태 서정시—북쪽 지역의 만가』(V. G. 바자노프, A. P. 라주모바 채록), 모스크바—레닌그라드, 1962, 47~48쪽.

만가에서 현재는 미래에 대한 생각과 결합되어 있다.

　아흐, 애재라, 오호, 통재라.
　이제 곧 그 시간이 오겠지.
　내 마음속의 님을 만날 날이 오겠지.
　사랑스러운 님을 볼 날이 오겠지.
　그가, 이 불쌍한, 복 없는 년을 찾아주겠지.
　그가 내 하얀 얼굴을 웃게 해주겠지.
　이 뛰는 심장을 즐겁게 해주겠지.[77)]

미래에 대한 이 생각들은 때로 예언적인 꿈의 형식을 취하기도 한다.

　어두운 오늘 밤
　이 불쌍한, 복 없는 년이 꿈을 꾸었다네.
　험한 산에서 내려오듯이,
　나는 급하게 꿈에서 깨었지,
　나에게 붉은 태양이 찾아왔지.
　커다란 문이 열린다네.
　그 문 안으로 내 마음의 님을 보네.
　내 젊은 님이 왔다네.
　이 불쌍한, 복 없는 년은 기억하지 못한다네.
　내가 어떻게 침대에서 일어났었는지를,
　내가 어떻게 그에게 하얀 두 손을 내어주고,
　내가 어떻게 그의 꿀같은 입술에 입 맞추었는지를.
　나는 기억하지 못한다네, 얼마나 즐거웠는지를.
　나는 기억하지 못한다네, 얼마나 기뻤는지를.

---

77) 같은 책, 66쪽.

오늘은 그 어느 때보다도 밝은 날이었고,
붉은 태양은 그 어느 때보다도 뜨거웠다네.[78]

만가에는 공상도 표현된다.

내게 거위의 날개가 있다면
내가 태어나지 않은 온갖 곳들을 다 둘러볼 터인데.
나는 울창한 숲들을,
나는 높은 산들을,
나는 둥근 호수들을,
나는 깊은 바다를,
나는 낯선 도시들을,
뒤져서 내 마음의 님들을 찾아낼 터인데.
그들의 다정한 무덤들에
구슬프고 애처로운 목소리를 풀어낼 터인데.
나는 이 낯선 도시들에서
나는 사랑스러운 님들에게 물어볼 터인데,
어떻게 그들이 이 슬픈 광활한 세상과 작별했는지를,
어떻게 슬픈 청춘을 보냈는지를.[79]

만가에서 '초시간적인' 모티프들은 특별한 의미를 갖는다. 숙명-운명, 슬픔, 죽음, 이별은 그 자체가 삶 위에, 시간 위에 초월해 있는 어떤 현상들로 묘사된다.

이를테면 죽은 사람과 이별하는 장면에 대한 묘사는 독특한 죽음의 철학을 보여준다.

---

78) 같은 책, 66쪽.
79) 같은 책, 232쪽.

하얀 팔에서 나는 그대를 내려놓았네.

흐려진 눈들에서 그대가 사라지네.

나는 그리 멀게 그대를 배웅하지 않았네.

나는 그리 깊지 않게 그대를 묻었네.

저 길로부터, 저 오솔길로부터,

잘생긴 매들은 날아오르지 않을 것이고,

하얀 백조들도 날아오르지 않을 것이네.

축축한 어머니 대지로부터,

축축한 대지로부터, 언덕으로부터,

편지도, 서한도,

탄원서도 오지 않을 것이네.

아름다운 아가씨들의 무리 속에서도,

착한 청년들의 무리 속에서도,

나는 찾지도, 찾아가지도 못할 것이네.

그대는 젊은 아내를 늙게 만들지도 않았고,

어린아이들을 남기지도 않았네.[80)]

곡하는 여자가 죽은 사람에게 표하는 감사도 현재 시간과 결합해 있다.

아, 그대, 나의 착한 할머니,

그대는 나의 할머니 아가피유슈카,

나의 아가피유슈카 아브라모브나.

고마운 일들로 그대에게 감사해요.

그대는 나를 보살펴주시고, 달래주셨지요,

내가 아주 어린 아기 시절부터

네 살이 될 때까지, 오랜 시간을.

---

80) 같은 책, 77쪽.

이 광활한 넓은 세상에서 살아갈 때,

그대는 내게 온갖 인형들을 만들어주셨죠,

온갖 인형들, 할머니 인형들……[81]

그러나 우리가 만가의 예술적 시간을 분석할 때 특별히 유념해야 할 것은 과거에 대한 이야기가 언제나 사건의 시간적 순서에 따라 진행된다는 점이다. 많은 경우, 이야기는 어린 시절에서부터 시작하며, 그런 다음 단계적으로, 앞지르기도 뒤돌아가기도 없는 고른 속도로 만가의 주된 사건에 이른다. 현재 시간은 과거 시간 뒤에 온다. 그리하여 만가는 미래에 대한 생각으로 끝난다. 현재 시간——지금 일어난 모든 것, 애도를 불러일으킨 모든 것은 과거 속에도, 미래 속에도 존재한다.

그런데도 이러한 현재의 존재가, 더 정확히는 예술적 현재 시간의 지배가 시간적 순서를 파괴하지는 못한다. 곡하는 여자(이를테면 페도소바)가 다른 사람들을 위해 울어야 할 경우에는, 자신의 시간적인 순서에다 그가 울어주어야 하는 각각의 사람들의 운명을 연결시키고 있는 것은 주목할 만하다. 이것은 한 편의 만가가 아니라 몇 편의 만가이며, 기계적으로 서로 연결된, 결코 끊어지지 않는 독백적 즉흥 창작이다. 독백들은 결코 대화로 건너가지 못한다. 인간의 운명은 자기 자신 속에 갇혀 있으며, 엄격하게 개인적이다. 인간의 운명은 '몰아'의 상태에서 얘기된다.

치스토프의 말을 인용해보자. "일상 관습의 전통에서도 그렇듯이, 페도소바는 결코 자신의 이름으로, 작가의 이름으로 말하지 않는다. 그녀는 언제나 등장인물 중의 한 사람을 대신하여 말한다. 때로는 젊은 과부로, 때로는 그녀의 딸로, 그런 다음 그녀의 이웃집 여자인 늙은 과부로, 그다음엔 친척 중의 누군가로, 그런 다음 다시 젊은 과부가 되어 모든 등장인물의 행위와 감정과 상호 관계에 대해 말한다. 인물들이 이 끝없

---

81) 같은 책, 74쪽.

는 독백의 교환에서 발언권을 얻건 얻지 못하건 그것은 상관이 없다. 하지만 이를 두고 페도소바에게서 플롯의 희곡화가 나타난다고 말하는 것은 타당하지 못할 것이다. 그녀가 구현하는 인물들은 독백을 할 뿐이다. 그들은 서로 다투지 않고 서로 대답하지도 않는다. 그들은 몰아적으로 자신의 감정과 생각에 대해 토로하며, 다른 사람들의 행위와 감정에 대한 자신의 관계에 대해 이야기한다. 그들은 그들 각자를 불안하게 하는 모든 것에 대해 이야기하고, 현재 일어나고 있는 일을 과거와 미래에 대한 이야기에 의거하여 의미 부여하고 평가한다…… 플롯적인 서술도 다름 아닌 이 독백들의 구성소로서 생겨난다. 따라서 촌장의 죽음 전에 일어났던 모든 사건에 관한 이야기는 촌장 부인의 이름으로 진행된다."[82]

현대의 서정시는 현재 시간이되, 열려 있는 예술적 시간에 종속되어 있다. 그 때문에 그것은 자신의 서정적 직조 속에 다른 사람들의 운명과 자신의 시대의 사건들을 가져올 수 있다. 서정적 즉흥 창작(즉흥성은 어떤 측면에서 서정시의 특징이다)은 어떤 사건도 포착할 수 있으며, 시인을 에워싸고 있는 모든 현실에 반향할 수 있고, 시대를 호흡할 수 있고, 블로크가 그랬던 것처럼, '자신의 시대의 음악'을 재현할 수 있다. 현대 서정시의 이 열린 시간과 달리, 그것의 '역사성'과 달리, 만가의 예술적 현재는 닫혀 있다. 만가는 하나의 운명에 대해, 한 사람의 운명, 또는 한 가족의 운명에 대해 이야기한다. 과거와 미래를 자신에게 종속시키면서, 예술적 현재는 자신의 서정적 이야기를 '단선적'으로, 사건의 순서에 따라 끌어간다. 만가의 예술적 현재는 한 인간이나 가족의 운명에 자리하는 모든 것 위로 초월해 있는 현재다.

이런 까닭에 만가에서는 숙명, 운명, 슬픔, 팔자, 모욕의 형상이 모든 것을 제압한다. 만가에서 이 형상들은 모두 시간의 문제와 관련되어 있다. 숙명, 운명, 슬픔은 과거 속에서 모습을 드러내고, 곡하는 여자의 상상의 눈앞에서 미래 속에 펼쳐지면서, 초시간적인 현재를 표현한다. 이

---

82) K. V. 치스토프, 같은 책, 288쪽.

시간이 만가의 예술적 지배소다.

제례시의 나머지 모든 형식, 예를 들어 서원가(誓願歌)도 현재 시간과 결합되어 있다. 콜파코바에 따르면, "성탄절 전야나 섣달그믐날 밤에 부르는 농경 서원시가는 특정한 집주인을 향하고 있었다."[83] 실제로 이 노래들은 아주 구체적이고 유일한 경우를 염두에 두고 있었고, 특정한 집주인들에게 풍족함을 기원했다. 젊은 남녀들이 집집마다 돌아다니며 불렀던 성탄절 축가는 이해의 풍년을, 이 집주인들과 그들의 이 들판의 풍년을 기원했다. 봄에 바치는 노래인 '봄의 찬가'(веснянки)는 그해의 봄을 서원했다. 곡식을 다 베어낸 들판에서 추수꾼들이 마지막 곡식단을 묶는 제례에서 불렀던 노래는 바로 이 수확에 대한 것이었다.

자연에 대한 서원가의 요구는 특정한 그 순간의 요구였다. 그것은 특정한 구체적인 인간 공동체의 불가결한 필요 때문에 발생한 것이었다. 이 노래들에서 사람들은 가축이 새끼를 많이 낳기를, 가족의 수가 늘어나기를 기원했고, 지금 이 순간 또는 가까운 장래에 필요한 부, 풍족함, 가정의 행복에 관해서 말했다. 이것은 특정한 사람들의 요구였다. 서원가는 특정한, 구체적인 자연에 호소했고, 자연을 활동적으로 만들었고, 자신들의 이익의 협조자로 만들었다.

콜파코바는 "농경 서원의 본래 실연 형식이 언제나 군중 연극화와 결합해 있었다"[84]고 여긴다. 물론 어느 정도는 그렇다. 어떤 제례들에서는 서원가를 상연했다. 그러나 이 연극적 연희는 과거를 묘사한 것이 아니라 현재를 연극화했다. 이 연희-제례에는 관객이 없고 참여자들만이 있었다.

서원가의 형식이 아무리 전통적일지라도, 매번 새로운 실연은, 설령 텍스트가 변한 것이 전혀 없다 해도, 일종의 독특한 즉흥 창작이었다. 즉흥 창작은 옛 텍스트를 새롭고 완전히 구체적이고 유일한 현재의 상

83) N. P. 콜파코바, 『러시아의 민중 세태 가요』, 34쪽.
84) 같은 책, 35쪽.

황에 사용하는 데 그 본질이 있었다.

민속 문학에서의 예술적 시간에 관한 몇 가지 일반적인 언급

우리는 위에서 민속 문학의 개별 장르들이 예술적 시간에 대한 관계에서 서로 뚜렷하게 구별되는 것을 보았다. 우리의 고찰은 네 가지의 주요 장르, 즉 서정가요, 동화, 빌리나, 만가에 국한되었다. 이 네 가지 장르는 시간에 있어 서로 가장 첨예하게 대비된다. 역사가요, 종교시, 발라드, 치스투슈카(частушка, 속요) 등은 살펴보지 못했다. 그런데도 우리는 우리가 살펴보지 못한 장르들이 예술적 시간의 측면에서 우리가 살펴본 장르들 사이의 중간 위치를 차지한다는 점을 고려하여 민속 문학에서의 시간의 묘사와 관련하여 몇 가지 결론을 내릴 수 있다.

민속 문학작품의 기본적인 장르에서 예술적 시간은 언제나 닫혀 있다. 그것은 심지어 만가의 즉흥 창작에서조차도 닫혀 있다. 그것은 작품의 시작과 함께 시작하여 작품 속에서 끝난다. 서정가요와 동화와 빌리나에서 예술적 시간은 역사적인 시간 속에서 엄밀하게 규정되지 않는다. 시간이 닫혀 있는 덕분에 그것은 실연에서 '반복'될 수 있다. 열거한 장르의 민속 문학작품들은 모두가 사건의 시간을 실연의 시간에 접근시키려고 애쓴다. 이것은 전자의 조건성과 후자의 인위적인 연장(조건적인 경계 내에서의 연장)을 통해, 다시 말해 이야기되는 사건의 느림을 전달하기 위하여 서술을 느리게 함으로써, 실현된다.

만가 장르에서는 즉흥 창작이 지배적이며, 그런 만큼 실연의 순간에 일어나는 사건들과 결합된 예술적 현재가 지배적이다. 이 현재는 엄격하게 닫혀 있다. 애가를 읊는 사람은 자신의 운명과 가족의 운명 속에 완전히 잠겨 있다.

민속 문학작품 속에서 우리는 다른 세계, 비사실적이고 조건적인 세계로 들어선다. 이 세계에서 사건은 조건적인 시간 속에서 진행된다. 이 점에서 민속 문학은 리얼리즘 예술작품들과 뚜렷이 구별된다. 거기서는 시간이 언제나 '열려 있고', 플롯의 경계를 넘어 역사적 시간의 통일된 흐름 속으로 건너가기 때문이다.

작품의 시간이 '열린 채' 흐르고, 역사적 시간과 연관되어 있다면, 작품 속에서 몇 개의 시간적 열(列)이 쉽게 함께 진행될 수 있고, 사건의 순서가 쉽게 바뀔 수 있다. 하지만 이 경우 순서 바꾸기는 역사적 시간을 배경으로 하여 일어난다. 그 때문에 독자나 청중은 사건의 실제 순서를 쉽게 알아낼 수 있으며, 그 순서를 재구할 수 있다. 사건은 어떤 점착성과도 같은 것을 지닌다. 작품 속에서 사건의 순서 뒤에는 다른 순서, 즉 역사적이고 실제적인 순서가 서 있다. 그러나 작품의 시간이 역사적 시간과 연관되지 않고 자기 자신 속에 닫혀 있는 경우에는, 작품 속에서 사건의 순서를 바꾸기가 어렵다. 독자가 쉽게 방향타를 잃어버릴 수 있기 때문이다.

또한 묘사된 시간의 흐름에서의 순서 바꾸기는 작품의 시간과 작품의 실연 시간 간의 접근을 방해한다.

묘사되는 대상의 관례적인 시간과 작품 실연의 실제적 시간 사이의 접근은 민속 문학작품의 시간이 한 방향으로만 흐르는 통일된 움직임에서 결코 벗어나지 않게 만든다. 이야기는 사건의 순서를 지키며, 급격한 되돌아가기나 앞지르기에 의해 중단되지 않는다. 한 선으로부터 다른 선으로 수시로 건너가는 플롯의 병행적인 발전도 여기서는 곤란하다.

플롯 시간의 관례성, 플롯 시간과 민속 문학작품의 실연 시간 간의 긴밀한 결합은 마치 사건이 작품의 실연 순간에 일어나고 있는 것처럼 착각할 수 있게 하고, 이를 통해 실연의 연희적 요소를 강화시킨다. 이것은 '시간의 통일성'이라는 연극 원칙의 독특한 민속 문학적 변종이다.

민속 문학작품에서 시간의 특성은 그것의 실연이 사건에 대한 이야기일 뿐만 아니라, 그 사건의 묘사(혹은 만가나 다른 몇몇 장르의 제례시에서처럼 그 사건에 연희적演戲的으로 참가하는 것)이기도 하다는 점과 관련되어 있다. 기실, 묘사되는 사건들은 그저 언급만 되는 사건들과 번갈아 나타날 수도 있다(특히 빌리나에서 그렇다). 그러나 그 때문에 실연의 연희적 요소가 줄어들지는 않는다. 연희적 요소는 일종의 발췌적인 성격을 지닌다.

그렇기 때문에 러시아 민속 문학에서 시간의 묘사, 작품의 실연, 작품의 시학 사이에는 일정한 연관이 존재한다. 그것들은 상호의존적이다.

고대 러시아 문학에서의 예술적 시간

문학 장르들의 예술적 시간의 닫혀 있음

고대 러시아 문학에서 예술적 시간은 근대 문학에서의 그것과 첨예하게 구별된다.

때로는 느리게 흘러가고, 때로는 빠르게 달려가고, 때로는 고르게 물결치며 나아가고, 때로는 뜀박질하고, 끊어지면서 움직이는 듯 보이는 시간의 주관적 측면은 중세에는 아직 발견되지 않았다. 근대 문학에서 시간이 작품의 등장인물에게 지각되는 대로, 또는 작가나 작가의 '대리인'인 서정적 주인공, '서술자 형상' 등에게 생각되는 대로 묘사되는 경우가 대단히 빈번하다면, 고대 러시아 문학에서 작가는 시간이 어떻게 지각되느냐에 관계없이 객관적으로 존재하는 시간을 묘사하고자 한다. 시간은 오직 그것의 객관적인 소여 속에서 존재하고 있다고 여겨졌다. 심지어 현재에 일어나고 있는 일조차도 시간의 주체와 무관하게 지각되었다. 고대 러시아 작가에게 시간은 인간의 의식의 현상이 아니었다. 따라서 고대 러시아의 문학에는 이야기의 속도를 변화시킴으로써 서술의 '분위기'를 만들어내려는 시도는 없었다. 서술적 시간은 서술 자체의 요구에 따라 느려지거나 빨라졌다. 이를테면 서술자가 사건을 모든 세세한 부분까지 전달하고자 할 때에는 서술이 느려지는 듯했다. 행위에 대화가 개입하거나 등장인물이 독백을 말할 때, 또는 이 독백이 '내면'의 것이거나 기도일 때도 서술은 느려졌다. 생생한 사실적 묘사가 요구될 때에는 행위가 거의 실제 수준으로 느려졌다. 러시아 빌리나에서 보가티리가 말에 안장을 얹는 장면, 보가티리가 적과 대화하는 장면, 전투장면, 주연 묘사에서 사건 전개가 그처럼 지연되는 것을 볼 수 있다. 이 시간은 '예술적 불완료 시제'로 규정될 수 있다. 빌리나에서 이 예술적 불완료 시제는 문법적 불완료 시제와 보통 일치한다. 이에 비해 고대 러시아 문학작품에서 예술적 시간이 문법적 시간과 일치하는 경우는 드물다.

고대 러시아 문학에서 서술의 속도는 서술 자체의 포화도에 의해 현저하게 좌우되었다. 이런저런 분위기를 만들어내려는 작가의 의도나 여러 예술적 효과를 낳기 위해 시간을 조종하려는 작가의 노력은 이렇다 할 힘을 발휘하지 못했다. 바로 이런 이유에서 고대 러시아 문학에서 시간의 문제는 근대 문학에서보다 작가의 주의를 덜 끌었다. 근대 문학에서 예술적 시간이 자신의 독자적인 발전을 위해 필요한 정도의 독립성을 플롯으로부터 확보하고 있었던 것과 달리, 고대 문학에서는 그렇지 못했다.

시간은 플롯 위에 서 있지 않았다. 시간은 플롯에 종속되어 있었다. 때문에 시간은 훨씬 객관적이고 서사적이며, 덜 다양하고, 덜 역사와 결합되어 있는 것으로 나타났다. 물론 이때 역사란 근대에 비해 아주 협소하게 이해된 것이었다. 그것은 삶의 양식의 변화가 아닌 사건들의 교체를 의미했다. 중세에는 자신의 진행 속에서 시간은 지금 우리의 의식 속에서 차지하고 있는 것보다 훨씬 좁은 범위의 현상들을 포괄한다.

중세에 시간은 이중으로 축소되었다. 한편으로는 일련의 현상들이 '영원성'의 범주(이 범주는 앞으로 다시 다루게 될 것이다)로 분리되었고, 다른 한편으로는 일련의 현상의 가변성에 대한 관념이 존재하지 않았다. 한편으로는 높고 종교적인 의미에서의 '영원한' 현상들, '다른 세계들과의 접촉'을 특징으로 갖는 현상이 존재했고, 다른 한편으로는 '낮은' 삶의 대단히 많은 현상이 시간 속에서 변화하지 않는 것으로 간주되었다. 고대 러시아인의 의식 속에서 그들의 생활 방식, 경제적이고 사회적인 제도, 세계의 일반적인 구조, 기술, 언어, 예술, 심지어 학문 등등은 변화하지 않는 것이었다.

따라서 종교적 관점에서 유일하게 가치 있는 '영원성'의 초의식적 영역에 속하는 것은 시간의 보편적인 흐름에서 완전히 제외되었고, 시간 속에서 의식되지 않던 것, 개벽 이래 고정되어 있고 신에 의해 단 한 번에 영원히 창조된 것도 마찬가지로 제외되었다.

* * *

그러나 예술적 시간의 이러한 협소함이 고대 러시아 문학에서 예술적 시간의 역할까지도 근대 문학에서보다 작았음을 의미하는 것은 아니었다. 협소성은 빈약함이 아니라 '조밀성'으로 간주되어야 한다. 예술적 시간의 이용에서 이 조밀성은 중세 미술의 법칙, 즉 묘사의 전일성 법칙을 예술적 시간에 적용한 예에서 쉽게 제시될 수 있다.

묘사의 전일성 법칙이란 무엇인가? 이 법칙은 고대 러시아 미술에서나, 고대 러시아 문학에서나 동일하게 무조건적으로 작용한다. 17세기에 이르기까지 고대 러시아의 화가는 자신의 작품에서 어떤 중요한 대상도 전체가 아닌 부분으로 그리지 않았다. 나무의 일부를 묘사의 경계 바깥에 남겨두고 그리는 것은 고대 러시아의 화가에겐 있을 수 없는 일이었다. 그 때문에 그는 나무의 크기를 줄여서 그 전체를 그림 속에 가져오는 쪽을 택한다. 인간의 얼굴과 상반신(중세적 이해에 따르면 인간의 몸의 '순수한' 부분이다)은 어떤 전일성이다. 때문에 그것들은 성상화에서 개별적으로 그려질 수 있다. 그렇지만 인간이나 인간의 얼굴이 성상화의 틀에 의해 수직이나 수평으로 잘린 채 묘사되는 것은 상상할 수 없다. 묘사의 대상은 전체로서만 제시될 수 있다.

중세의 화가는 대상을 주어진 바 전체로 묘사하고자 했다. 그는 인간의 두 대칭적인 면, 두 손, 얼굴의 좌우면 등이 다 보이게끔 인간을 정면으로 세웠다. 고대 러시아 미술의 초기 단계에서처럼 우연한 각도, 우연한 위치, 우연한 경계 안에서 사람의 형상을 그리는 가상주의적 묘사는 화가를 만족시키지 못한다. 14세기에 나타난 옆얼굴 묘사(악마나 「최후의 만찬」에서의 유다, 또는 부차적 인물들에만 국한되지 않는다)[85]와 움직임의 묘사는 좀더 정확한 현실 묘사로 나아가는 엄청난 전진이었다.

중세의 화가는 대상을 모든 중요한 디테일이 펼쳐진 형태로 그리고자 했다. 탁자 상판은 그 위에 놓여 있는 모든 사물이 다 보이도록 위에서 보고 그려졌다. 탁자의 다리들도 가능한 한 모두 그려졌다. 화가는 대상 전체를 그려넣기 위해서 개별 대상들의 크기와 수를 줄일 수밖에 없었다. 이를테면 성상화에서 건물은 사람보다 작을 수도 있고, 사람 크기만 할 수도 있었다. 나뭇잎들은 가지가 우거진 전체적인 수관(樹冠)의 모습으로가 아니라 낱장의 나뭇잎으로 그려졌고, 그 수도 때로는 두셋으로 축소되었다. 중세의 회화는 그 어떤 것도 보는 사람이 묘사의 경계 너머를 짐작해야만 하게끔 내버려두지 않았다. 묘사된 것은 전체가 그림 속에 들어갔다. '르네상스 이후'의 근대 회화는 다르다. 여기서 그림의 틀은 세계의 한 부분만을, 가장 중요한 부분만을 포착하고 있는 듯하다. 그러나 이 부분은 결코 자신으로 완결되지 않으며, 자신 속에 닫혀 있지 않다.

같은 것을 우리는 고대 러시아 문학에서 본다. 여기에서도 묘사의 전일성 원칙이 작용한다. 성상화에서 그 어떤 중요한 것도 성상화의 '궤', 성상화의 틀의 경계 밖으로 나가지 않듯이, 고대 러시아 문학작품 속에서도 서술의 경계를 넘어설 수 있는 것은 아무것도 없다. 서술에는 전체로서 이야기될 수 있는 것만 선택되며, 이 선택된 것은 '축소'되고, 도식화되고 조밀해진 것이기도 하다. 고대 러시아의 작가들은 역사적인 사실에 대해서 자신의 교육적 규범과 문학적 에티켓에 따라 그들이 중요하다고 여기는 것만을 이야기한다. 그들이 서술하는 사실은 독자에게 더욱 잘 지각되고 더욱 잘 기억되기 위하여 필요한 경계 내에서 도식화된다. 디테일은 온갖 우연한 특성들을 지닌 실제 그대로의 모습으로 묘

---

85) 비잔틴 미술에서 부차적 형상들의 옆얼굴 묘사에 관해서는 O. Demus, *Byzantine Mosaic Decoration*, London, 1947, 8쪽을 보라. 체코의 중세 세밀화에서 옆얼굴 묘사에 관해서는 A. Matějček, *Velislavova bible a její misto vývoji knižni ilustrace gotické*, Prague, 1926.

사되지 않고, 독자에게 하나의 전일한 것으로 지각되기 위하여 묘사 대상의 문장(紋章), 표장(標章)처럼 묘사된다.

고대 예술은 생생하게 보여주고 그린다기보다는 상징하고 신호를 보낸다. 어떤 사건들은 마치 새로 각색되고, 대사를 통해 극화되고, 추측적인 설명으로 보완되는 것처럼 보인다. 이 모든 것은 서술의 경계 너머에 아무것도 남겨두지 않기 위해, 서술 대상을 절대적으로 분명하게 하기 위해 행해진다. 서술의 대상은 '닫혀 있다.' 그것은 자기 자신에게 만족한다.

고대 러시아 문학작품에서도 예술적 시간은 묘사의 전일성이라는 동일한 법칙을 따른다. 사건에 대해서는 그 사건의 처음부터 끝까지 이야기된다. 독자는 서술의 경계 너머에서 일어난 것에 대해 추측해야 할 필요가 없다. 성인의 생애가 이야기될 때는, 먼저 그의 출생에 대해, 다음엔 어린 시절에 대해, 그의 경건함의 시작에 대해 이야기되고, 이어 그의 생애에서 가장 중요한(그의 존재의 내적, 외적 의미의 관점에서 가장 중요한) 사건들이 오고, 그다음엔 죽음과 사후의 기적에 대해 말해진다.

어떤 역사적 사건(이를테면 전투나 성지 '순례' 등)에 관해 이야기되는 경우, 이 이야기 역시 사건의 발생 자체에서 시작하여, 그것의 종결로 끝난다. 사건의 시작은 이야기의 시작이고, 사건의 종결은 이야기의 종결이다. '순례기'에서 여행 준비나 여정의 어려움에 대해서 아무것도 말해지지 않는다면, 그것은 그 모든 것이 주목할 만한 가치가 없다고 간주되기 때문이다. 따라서 중세의 순례자는 이야기의 의미가 여행 자체가 아닌 여행에서 본 것의 묘사에 있다고 보았다. 역대기나 팔레야에서 전 세계의 역사가 이야기될 때, 그것은 '아담에게서' 시작하거나 중세인들이 개별 민족들의 유래가 시작된 사건으로 보았던 바빌론 탑의 건설에서 시작한다.

고대 러시아 문학에서 묘사의 전일성 법칙은 예술적 시간이 자신의 처음과 끝을 가질 뿐만 아니라, 그 시간의 전 구간에서 어떤 폐쇄성을 가지게 되는 결과를 가져왔다. 사건의 열(列)은 인접한 사건의 열들과 분리되어 있고, 그것들과 연결되어 있지 않은 모습이다. 비록 러시아 역사와 이어주는 '가교'가 지속적으로 건설되면서 외적인 연결의 성격을 보여주고 있다 하여도 마찬가지다.

묘사의 전일성 법칙의 다른 결과는 예술적 시간의 일방향성(一方向性)이다. 서술은 결코 뒤로 돌아가거나 앞지르지 않는다. 때로 성인의 생애전에서 그를 기다리는 죽음에 대해 이야기되거나, 역사적 사건에 관한 이야기에서 흉조나 길조가 인용되는 경우도 있다. 그러나 이것은 시간적 순서의 파괴가 아니라 사건의 초시간적인 의미를 시사하려는 시도다. 이렇게 미래로 시선을 향하는 것은, 중세 작가들의 생각에 따르면, 현실 자체에 근거하고 있다. 징후나 조짐은 그들의 생각에 따르면 사실 자체에 자리하고 있으며, 모든 인간의 운명은 처음부터 알려져 있고 예정되어 있었다. 따라서 그렇게 미래로 시선을 향하는 것이 전체적으로 시간 속에서의 이동을 모르는 서술의 일방향성에 대한 파괴로 간주되어서는 안 된다. 서술자는 사건의 실제적 순서를 파괴하지 않으면서 사건을 뒤쫓는다.

묘사의 전일성 법칙은 사건의 발전을 지연시켰고, 그것에 서사적 고요를 부여했다. 등장인물들의 말은 사건에 대한 그들의 근본적인 관계를 상세하고 완전하게 표현하고, 이 사건들의 의미를 밝혀내야 했다. 때문에 그들의 말 또한 자족적인 의미를 획득했다. 등장인물들은 어떤 상황에서는 도저히 불가능할 정도로 상세하고 신중하게 말하곤 했다. 이교도들이 「시편」을 인용하고 자신들의 옳지 못한 믿음에 대해 말하는가 하면, 죄인들이 자신들의 죄악에 대해 증언했다.

세르비아판 『알렉산더 대왕 이야기』에서 페르시아의 다리 왕은 죽으면서 긴 연설을 한다. 거기서 그는 죽음에 대한 자신의 태도를 상세하게 밝히고, 자신은 지옥으로 내려간다고 선언한다. 『키예프-페체르스키 수도원 교부서』에서는 예프스트라티의 죽음이 말해진다. 예프스트라티는 포로가 되어 십자가형에 처해졌다. 십자가 위에서 그는, 끔찍한 고통에도 불구하고, 그리스도의 죽음과도 비슷한 십자가 위의 죽음이 그에게 무엇을 의미하는지에 대해 이야기하고, 자신의 생각에 대한 증거로 성경을 인용한다. 이 모든 죽음은 연극적이며, 오래 계속되고, 그것이 지닌 영원한 의미의 모든 디테일을 펼쳐 보이며 상세하게 제시된다.

모든 문학작품은 시간 속에서 전개된다. 작품을 읽으면서 우리는 그것의 시작으로부터 끝을 향하여 움직인다. 이것은 문학작품 일반의 한 특성이며, 독자가 작품을 지각하는 방식의 한 특성이다.[86] 그러나 이 원칙은 끊임없는 파괴의 경계에 서 있다. 이 원칙은 다른 원칙에 의해 깨진다. 문학작품은 독자에게 동시에 하나의 통일적인 전체로서 존재하기 때문이다. 독자의 주의가 어떤 구체적인 순간에 작품의 어느 지점에 머무르고 있건, 그는 앞서 읽었던 모든 것을 기억하고 있으며, 작가의 뜻과는 별도로 앞으로의 일을 미리 추측하고자 한다. 읽기의 과정이 끝나면 그제야 비로소 그의 앞에는 작품이 전체로서 나타나게 된다. 반복하여 읽기는 통일된 전체로서의 작품에 대한 지각을 강화시킨다.

따라서 문학작품은 시간 속에서 존재할 뿐만 아니라 초시간적으로도 존재한다. 이 초시간적인 존재는 고대 러시아 문학작품들에서 특히 강력했다. 주로 시간 속에서의 문학작품의 지각에 의해 야기된 줄거리에 대한 관심은 고대 러시아 문학에서 약하게 제시되었다. 문학작품들은 여러 번에 걸친 독서를 아주 많이 염두에 두고 있었다. 이것은 기도문이 여러 차례 반복되는 읽기와 낭송을 겨냥하고 있었던 것과도 유사하다. 기도문은 암송되고 노래되었다. 예배는 일정한 날, 일정한 시간에 반복되었다. 당연히 미네이와 프롤록으로 구성되었던 중세 문사들의 크지 않은 독서 목록은 일 년 주기로 각 날들로 할당되었다. 독서는 의례의 집행에 가까웠고, 바로 의례가 되어버리는 경우도 자주 있었으며, 하루, 일주일, 일 년의 기간 내에서 완결되어졌다. 이런 이유에서 고대 러시아의 작품들에서 초시간적인 원칙은 특별히 강력하게 나타났다. 의식(儀式)과 연관된 교회 서적뿐만 아니라 세속적이고 역사적인 작품들에서도

---

86) R. 잉가르덴, 『미학 연구』, 모스크바, 1962, 22쪽.

그러했다.

위에서 서술한 모든 것이 고대 러시아의 언어체 전체에 해당되는 것은 물론 아니다. 고유한 의미에서의 문학작품들만이 시간의 닫혀 있음을 특성으로 가지며, 묘사의 전일성 법칙에 따른다. 그러나 문학작품들 속에도 이 두 가지의 파괴는 매우 일찍 나타났다. 이 파괴는 한 줄 꿰기 (enfilade) 구성 원칙과 함께 문학으로 들어왔다.

플롯 시간의 닫혀 있음은 매우 일찍 파괴되기 시작했다. 이것은 고대 러시아 문학에서 편작, 전서(全書), 여러 플롯의 때로는 순전히 기계적인 결합과 연결이 확산되던 현상과 관련되어 있었다. 각 방의 문이 일직선상에 있게끔 여러 개의 방이 한 줄로 연결되는 방식으로 여러 작품이 기계적으로 서로 연결되는 경우가 빈번했다.[87]

성자의 생애전에 부치는 서문에 이미 그의 생애의 가장 중요한 어떤 사건들에 대한 정보가 포함될 수 있다. 끝 부분의 찬양에는 생애전에서 이미 말해진 사실들 중 많은 것이 반복될 수 있다. 서문, 생애전, 성자에게 바치는 찬양, 그의 사후 기적에 대한 묘사——이 모든 것은 서로 장르를 달리하는 작품들로, 오직 성자 자신의 인성(личность)에 의해 한 줄로 연결되고 결합되어 있다. 이 각각의 작품들은 통일적이고 훨씬 규모가 큰 하나의 전체 속으로 들어오면서 제 나름대로 완결되어 있다.

각각의 작품의 예술적 시간도 완결적 성격을 지닌다. 연대기, 역대기, 교부서, 체티 미네이, 팔레야뿐만 아니라 종류가 일정치 않은 글들로 이루어진 일부 선집들조차도 한 줄 꿰기식으로 구성되어 있다. 규모가 큰 이 모든 작품 속에서 그것에 의해 연결된 좀더 작은 작품들은 각각 자신의 완결된 시간을 점유한다. 그러나 이 작은 작품들 속에서 사건은 반복될 수 있다. 여기서 고대 러시아의 문학작품이 지닌 시간의 닫혀 있음에 최초의 파열이 일어난다.

---

87) 편작의 한 줄 꿰기(앙필라드) 구성 원칙에 대해서는 D. S. 리하초프, 「고대 러시아 미학에서의 앙상블 원칙」, 『고대 러시아 문화』, 모스크바, 1966, 118~120쪽을 참조하라.

이 점에서 고대 러시아 문학작품의 시간은 민속 문학의 서사시적 시간과 구별된다. 후자는 한 줄 꿰기 구성을 알지 못한다.

이상적으로 완결되어 있고 시간 속에 닫혀 있는 서사적 민속 문학작품들은 플롯의 시간에 종속되어 있다. 시간은 플롯의 시작과 함께 시작하고 플롯에 의해 끝난다. 반면에 고대 러시아 문학작품들은 이미 플롯과 함께 끝나지 않고 현재 속에서 영원히 계속되는 역사적 시간에 대한 관념을 가지고 있다. 그 때문에 고대 러시아 문학에는 플롯의 지속에 의해 플롯을 덧자라나게 하려는 끊임없는 추구가 있다. 이런 이유에서, 고대 러시아 문학에서 이루어진, 예술적 시간의 닫혀 있음의 두 번째 파열은 현재를 향한 파열이었다. 성자전은 사후의 '기적들'에 대한 서술에 의해 덧자란다. 연대기와 역대기는 이어지는 사건들에 대한 이야기로 덧자란다. 하나의 선으로 길게 늘어서서, 하나의 직선 방향으로 바통을 건네주는 서술의 사슬, 보도와 정보의 사슬이 만들어진다.

연대기의 시간

플롯 시간의 닫혀 있음과 첨예한 갈등을 빚은 최초의 문학 장르는 연대기다.

연대기에서 시간은 통일되어 있지 않다. 여러 연대기와 연대기의 여러 부분에는 그것들이 존재해온 수세기 동안의 다양한 시간 체계가 반영되어 있다. 러시아 연대기는 정반대되는 두 개의 근본적인 시간관 사이의 거대한 투쟁의 장이다. 그 하나는 개별적인 시간의 열들로 나누어져 있는 매우 오래되고, 전(前) 역사적이고, 서사시적인 시간관이며, 다른 하나는 좀더 새롭고, 좀더 복잡하며, 모든 사건을 어떤 역사적 통일체로 결합시키는 시간관이다. 이 후자의 시간관은 러시아사와 세계사에 대한 새로운 관념의 영향 아래 발전해갔으며, 세계사와 세계의 여러 국가 사이에서의 자신의 위치를 의식하고 있는 통일된 러시아 국가의 형성과 더불어 출현했다.

서사시적 시간은 좀더 새롭고 '역사적'인 이 시간관과 훌륭하게 결합한다. 이는 봉건사회에서 옛 사회 형태의 잔재들이 새로운 봉건적 사회 형태와 결합하고 있고, 자연적이고 공동체적-가부장제적인 경제 요소들이 봉건적 경제에서 보존되고 있는 것과 마찬가지다.

서사시적 시간과 새로운 역사적 관념의 시간은 연대기에서 수세기 동안 계속되는 줄기찬 투쟁을 벌인다. 전체 러시아 땅과 세계사 전체를 포괄하는 하나의 통일된 흐름으로 시간을 이해하는 새로운 시간 인식이 승리할 것이라는 확실한 조짐은 16세기에 와서야 분명해진다.

두 유형의 시간관과 그것들 사이의 투쟁에 관해 좀더 자세하게 살펴보자.

* * *

러시아어에 의해 증명되는 가장 고대적인 시간관은 우리의 현대적 시간관만큼 자기중심적이지 않았다. 지금 우리는 미래가 우리 자신의 앞에 있고, 과거는 자신의 뒤에, 현재는 마치 우리를 에워싸고 있는 것처럼 우리 자신과 나란히 어딘가에 자리하는 것으로 생각한다. 반면에 고대 러시아에서 시간은 우리와 무관하게 존재하는 것으로 여겨졌다. 연대기 편자들은 '앞'의 공후들에 대해, 즉 먼 과거의 공후들에 대해 말했다. 과거는 앞의 어딘가에, 사건들의 시작에 있었고, 그 사건들의 열은 그것을 지각하는 주체와 연관되어 있지 않았다. '뒤'의 사건들은 현재나 미래의 사건들이었다. '뒤'는 죽은 자로부터 남겨진 유산이며, 그를 우리와 연결시켜주는 '최근'의 것이다. '앞의 영광'은 먼 과거의, '첫' 시대의 영광이며, '뒤의 영광'은 최근의 행위들의 영광이다.[88] '앞'과 '뒤'에 대한 이러한 이해가 가능했던 것은 시간이 그것을 지각하는 주체

---

88) 진기하게도 귀요는 미래는 처음부터 언제나 우리의 앞쪽에 놓여 있고 우리가 추구하는 것으로 여겨졌으며, 과거는 인간이 떠났왔고 다시 돌아가지 못하는 뒤에 놓여 있는 것으로 생각되었다고 간주한다. M. 귀요, 『시간 관념의 기원』, 상트페테르부르크, 1899, 39쪽.

에 정향되지 않았기 때문이다. 사람들은 시간이 객관적으로, 독자적으로 존재한다고 생각했다.

시간의 흐름은 여기서 통일된 것이 아니었다. 다수의 시간의 열과 인과의 열이 있었다. 각각의 열은 자신의 '앞', 자신의 시작과 자신의 끝, 자신의 '뒤' 가장자리를 가지고 있었다. 이 가장 고대적인 시간관은 빌리나의 예술적 시간에 어느 정도 반영되었다. 여기에도 역시 완결되고 플롯과 긴밀하게 연관된 시간의 열들이 존재한다. 여러 빌리나의 시간들을 하나의 통일된 시간으로 결합시키고, 혼성 빌리나와 집성 빌리나를 만들어내는 것은 비교적 늦게 나타난 현상이다.

러시아 빌리나에서 시간은 '일방향적'이다. 우리는 이것을 민속 문학의 예술적 시간에 관한 장에서 보았다. 빌리나의 사건은 결코 뒤로 돌아가지 않는다. 빌리나의 이야기는 사건의 실제 순서를 재현하고자 하는 듯 보인다. 이때 빌리나는 일어났거나 변화된 것에 대해서만 말하며, 변하지 않는다고 생각되는 것에 관해서는 말하지 않는다. 그 때문에 정적인 현상을 향하고 있는 순수하게 묘사적인 요소는 빌리나에서 대단히 미미하다. 빌리나의 서술은 사건을 선호하고 정지를 기피한다. 현실이 아니라 사건, 정태성이 아니라 역동성의 이해에 직접 필요한 것에 대해서만 이야기된다.[89]

'민속 문학에서의 예술적 시간' 장에서 우리는 이미 빌리나의 서사시적 시간이 플롯에 의해 닫혀 있는 모습임을 보았다. 빌리나에서 시간의 선(線)은 통일적이고 보통은 하나인 플롯의 경계 안에서 주로 전개된다. 역사적 시간과의 연관은 시대에 대한 일반적인 시사를 통해 설정된다. 빌리나의 사건은 어떤 조건적인 러시아 고대에——서사시적 공후인 블라디미르 시대에, 몽골-타타르족의 침입 때, 자유 노브고로드 시대에 일어난다.

빌리나가 묘사하는 시간은 조건적인 시대다. 그것은 먼 과거의 어떤

---

89) A. P. 스캅티모프, 같은 책, 90쪽을 보라.

가에 자리하고 있고, 현대와는 아무런 통로도 없이 대단히 부정확하게 연결되어 있다. 이 서사시적 시대는 일종의 시간 속의 '섬', '옛 시대' 속의 섬이다. 이미 16~17세기의 역사 가요들에는 이 서사시적 시간이 존재하지 않는다. 역사 가요는 단계적으로 더욱 새로운 역사 의식을 반영한다. 그 속에는 고대에 대한 관념뿐만이 아니라, 이미 역사와 역사의 움직임에 대한 관념이 있다. 민속 문학적 시간의 닫혀 있음은 역사 가요 속에서 파괴되기 시작한다. 역사 가요 속의 사건들은 동시대에서 계속된다.

구비 영웅서사시나 심지어 역사 가요에 비할 때도 연대기는 역사적 시간 관념의 발전에서 좀더 후기의 단계를 나타낸다. 연대기는 단계적으로 보아 빌리나와 역사 시가보다 젊다. 연대기에서 시간의 닫혀 있음은 역사 가요에서보다 더 강력하게 파괴된다.

실제로, 연대기 편자는, 한편으로는, 마치 시간의 닫혀 있음을 추구하는 듯하다. 러시아 역사(특히 가장 오래된 연대기 선집들에서의 러시아 역사)는 자신의 시작을 갖는다(하지만 시작은 이미 시간의 제한성을 말해주는 한 특징이다). 연대기 편자는 이 시작을, 때로는 공후 왕조의 토대를 놓은 바랴그인들의 초빙에서, 때로는 최초로 연대가 기입된 사건에서 찾는다. 이 사건으로부터 연대기 편자는 서술을 시작하고 '숫자를 적어 넣을 수' 있게 되었다. 공국과 도시들의 역사들은 자신의 시작을 갖는다(그렇지만 나중에 이 역사들은 자신의 도입부에서 러시아 역사와 자신을 연결시킴으로써 이 시작을 러시아 역사 속에 용해시킨다).

그러나 다른 한편으로 정확하게 명기된 시작을 가지면서도 연대기는 자주 끝을, '결말'을 갖지 않는다. 왜냐하면 끝은 자신을 향해 다가오는 현재에 의해, 새로운 사건들에 의해 끊임없이 무효화되기 때문이다. 동시대는 언제나 계속하여 자라나면서 서술자에게서 '달아난다.' 그렇긴 해도 연대기 편자는 조국과 공국과 도시에 대한 서술을 중대한 사건으로 끝맺고자 한다. 이를테면 한 공후의 죽음과 다른 공후의 등극, 승리, 다른 공국의 합병, 새로운 대주교의 출현, 칭호의 수령 등이 그것이다.

연대기를 종결짓는 이 사건은 실제 현실에서 유효한 만큼만 연대기에서도 유효하다. 그런 다음 연대기의 서술은 새로운 경계에 이를 때까지 계속되고, 이 경계는 얼마 동안 다시금 최종적인 것처럼 보인다. 닫혀 있는 시간의 타성은, 연대기가 전체적으로 가장 '열려 있는' 작품들 중의 하나임에도 불구하고, 연대기에서도 나타난다.

연대기는 역사의 움직임이 무궁하다는 인상을 낳으면서, 오직 일부의 사건들만을 기록한다. 연대기는 하나의 플롯(이를테면 전쟁이나 전투 이야기, 공후의 전기 등)으로 종결되지 않는다. 연대기의 서술 주제는 공국의 역사, 러시아의 역사 전체다. 그러나 연대기에서는 러시아의 역사도 닫혀 있지 않고, 자신의 시작에 의해 (중세적 의미에서의) '전 세계'의 역사와 결합되어 있다. 일반적으로 연대기에서 세계사는 러시아사를 예비한다. 많은 러시아 연대기는 시작 부분에서 역대기들(хроника)과 세계사서(хронограф)를 축약한다.

무수한 사건들의 흐름에서 때로는 이 사실, 때로는 저 사실을 뽑아내어 자신의 기록 속에 고정시키면서 연대기는 인간의 역사를 구성하는 사건들의 무궁무진함, 인간 역사의 현묘함, 위대함, 신의 섭리의 인상을 불러일으킨다.

그러나 연대기는 이런저런 나라나 땅에 대해서, 인류에 대해서, 민족에 대해서 이야기하지 않는다. 연대기는 오직 이 나라와 이 사람들에게 일어난 일에 대해서만 이야기한다. 연대기는, 심지어, 역사를 이야기하는 게 아니라 이 역사의 사건들을 이야기한다. 많은 것은 연대기 서술의 바깥에 머무르며, 이 연대기의 경계 너머에 있는 역사의 흐름은 여러 방식으로 독자에게 자신의 존재를 암시한다. 연대기 편자는 마치 일어나는 모든 일이 가지고 있는 포착 불가능성을 인식하고 있는 것 같다. 역사의 흐름은 그에 의해 부분적으로만 포착된다. 연대기 편자는 모든 것에 대해 말할 수 없는 자신의 무력함을 겸손하게 인식하고 있다.

연대기에서는 오직 가장 '공적인' 사건들, 분명하게 변화되는 것, 기억될 필요가 있는 것, 일어나고 있고 벌어지고 있는 일만이 언급된다.

연대기는 일상 관습을 묘사하지 않으며, 사회 제도를 다루거나, 국가의 정치 구조를 기록하지 않는다. 이 모든 것은 연대기 편자에게 불변의 것으로, 마치 개벽 이래 그렇게 확정되어 있는 듯한, 그렇기 때문에 주의를 기울일 필요가 없는 것으로 여겨진다. 연대기 편자는 삶의 역동성에 대해서만 이야기하지 정태성에 대해서는 이야기하지 않는다. 물론 그가 이해하는 이 역동성은 중세적으로 제한된 것이다.

연대기 편자가 언급하는 단조롭고 제한된 사건들은 역사의 반복성을 강조한다. 그것들은 존재의 초시간적인 의미의 관점에서 역사의 개별 사건들이 얼마나 '하찮은' 것인가를 강조하고, 동시에 영원한 것의 중요성을 강조한다. 연대기 서술이 이야기의 역동성을 저버리는 유일한 예외는 역사적 인물, 예컨대 공후나 교회 주교의 죽음이다. 여기서 사건의 흐름은 마치 중단되는 듯 보인다. 연대기 편자는 사건들의 흐름에 대한 묘사를 정지시키고 이야기를 중단한 다음, 애도사에서 고인을 추도하고, 영원한 가치의 관점에서 그를 특징짓고, 그의 미덕과 선행을 열거하고, 어떤 경우에는 그의 외모를 묘사하기도 한다. 죽음은 그 자체 정적이다. 그것은 삶을 중단시키고, 사건의 흐름을 정지시킨다. 이 정지는 지나간 삶의 의미에 대해 깊이 생각하고, 고인에 대해 평가를 하도록 요구하는 듯하다.

모든 사건은 자신의 내적인 면과 외적인 면을 갖는다. 연대기 편자에게 사건의 내적인 면은 그 속에 나타나는 신의 섭리에 있다. 때로 연대기 편자는 사건의 내면으로 깊이 들어가서 그것을 신학적으로 설명하기를 의식적으로 피한다. 그가 사건에 대한 자신의 '자기 생각 없는 요약'으로부터 물러서는 것은 초자연적인 원인들로써 사건을 설명할 수 있을 때, 사건에서 '신의 손가락', 신의 뜻을 볼 때, 또는 드문 경우이지만 독자들에게 훈계하기 위해서 사건의 서술을 잠시 멈출 때뿐이다. "오, 사랑하는 러시아의 공후들이여. 이 세상의 매혹적인 공허한 영광에 현혹되지 말지어다. 이 세계란 지나가는 유령과도 같은 빈약하고 빈약한 거미집이니, 이 세계로 그 무엇을 가져올 수도, 이 세계로부터 그 무엇을 가져갈 수도 없도다."[90]

따라서 연대기 편자가 그가 기록하는 개별 사건들 간의 실제적인 연관을 확인하지 않는 것은 그것을 알아채지 못하기 때문이 아니라, 그 자신의 관점이 그 위로 높이 올라서 있기 때문이다. 연대기 편자는 사건을 그것의 현실적인 의미가 아닌 '영원한' 의미의 높이에서 보고자 한다. 동기화의 부재, 인과관계를 확인하려는 시도의 부재, 사건의 실제적 설명에 대한 거부 등은, 자주, 역사의 흐름의 더 높은 예정성, 역사의 '영원한' 의미를 강조한다. 연대기 편자는 더 높은 연관을 보는 환시자다. 때때로 그는 자신의 이야기보다 자신의 침묵으로써 더 많은 것을 '말한다.' 그의 침묵은 의미심장하고 현명하다.

그러나 의미심장한 것에서 경건하게 침묵하는 그는 사소한 것에서 수다스럽다. 연대기는 개별적인 사실들을 가득 싣고 있다. 연대기의 항목들은 작은 토막들이 뒤섞인 파편적인 구성을 하고 있어서 자주 혼돈스럽게 보일 정도다. 여기에 쉽게 속아서, 우리는 이 같은 개별 사실들의 만재(滿載)가 연대기의 '사실성'의 특징이며, 모든 현세적인 것과 일상적인 것과 무미건조한 역사 현실에 대한, 공후들의 반목과 그들 간의 투쟁의 묘사에 대한, 전쟁에 대한, 봉건적 삶의 무질서에 대한 애착의 징후라고 생각할 수도 있다.

연대기 편자는 공후들의 등극, 그들의 죽음, 그들의 이동과 원정, 결혼, 음모 등에 대하여 쓴다. 그러나 바로, 우연해 보이는 사건들의 이 같은 기술(記述)에서, 삶 위로 올라서는 그의 종교적인 고양이 나타난다. 이 고양은 연대기 편자로 하여금 삶이 허깨비이고, 존재하는 모든 것은 덧없는 것임을 보여줄 수 있게 한다. 그는 마치 모든 사건을 평준화하여, 크고 작은 역사적 사건들 간에 특별한 차이를 보지 못하는 듯하다. 그는 선악에 냉담하며, 모든 것을 같게 만들어버리는 자신의 높은 관점에서 모든 사건을 바라본다. 그는 모든 새로운 소식들을 천편일률적으

---

90) 『시메오노프 연대기』, 6778년 항; 『러시아 연대기 전집』, 제18권, 1913, 73쪽.

로 '같은 해에', '같은 해 봄에', 또는 '같은 해 여름에'라는 말로 시작한다.

"6691년 로가티 가(街)에 예파티 라드코 성자 교회가 건립되었다. 같은 해에 브세볼로드가 자신의 전 지역구민들과 함께 불가리아로 출정하여 불가리아의 이쟈슬라프 글레보비치 공을 죽였다. 같은 해 겨울에 폴로츠크인들이 라트비아와 전쟁을 일으키니 폴로츠크인들이 저지른 악이 무수했다."[91]

"6666년 로스티슬라프가 공후 부인과 함께 스몰스크로 왔다. 자신의 아들 스뱌토슬라프를 노브고로드의 옥좌에, 그리고 다비드를 새 무역소에 앉혔다. 같은 해에 우리의 죄로 인해 무수히 많은 사람이 역병에 걸렸고, 무수히 많은 말이 죽었다. 도시를 통과해서나 배를 타고는 무역소로 갈 수 없었다. 악취로 인해 들판으로 나갈 수도 없었다. 뿔 달린 짐승들도 죽었다. 같은 해에 아르카드가 키예프로 와서 주교가 되었으니 코스탸틴 대주교께서 임명하신 것이다. 10월 13일 아르카드가 성(聖) 승천 예배를 위해 노브고로드로 왔다. 같은 해에 므스티슬라프 이쟈슬라비치가 다비도비치 이쟈슬라프를 이기고 그를 키예프에서 쫓아내었다. 그리고 자신의 숙부 로스티슬라프를 키예프의 옥좌로 불렀다. 같은 해 가을 디오니씨가 성 게오르기 사원의 수도원장이 되었다."[92]

연대기 편자는 역사적 삶을 높은 곳으로부터의 관점으로 바라본다. 거기서는 큰 것과 작은 것 사이의 차이가 이미 하찮게 된다. 모든 것이 평준화되어 한결같이 느리고 '서사적'으로 움직이는 것처럼 보인다.

삶은 종교라는 하나의 공통분모로 통분된다. 실제적 연관은 기술되지 않는다. 이는 연대기 편자가 그것을 알아챌 능력이 없어서가 아니라, 더욱 중요한 다른 연관이 존재함을 암시하기 위해서다. 실제적 연관은 사건들의 이 진지하고 종교적인 연관, 영원성에 바탕을 두는 연관의 지각

---

91) 『노브고로드 1차 연대기(신구본)』, 모스크바-레닌그라드, 1950, 37쪽.
92) 같은 책, 30쪽.

에 대립되지는 않지만 그것을 방해한다.

바로 이런 이유에서 연대기에는 사건에 대한 플롯적인 묘사도, 줄거리도, 전체적으로 정연하게 짜여진 역사 이야기도 없다. 개별적 사실들과 개별 사건들에 대한 개별 이야기들이 있을 뿐이다. 짜임새 있는 서술은 연대기의 구성 속에서 자신의 기능을 달리한다. 플롯과 실제적인 사실 설명을 갖는 짜여진 이야기가 연대기 서술의 유기적 부분으로 들어오게 되면, 그것은 역사적 사실을 고정시키는 짤막한 항목들이나 다를 바 없이 사건에 대한 요약으로 머무른다. 연대기 편자는 개별 사건들 위에 서 있는, 특별한 역사적 진실을 통찰한다.

역사적 사건들의 흐름을 묘사하는 연대기 편자의 체계는 '특별한 사유'의 결과가 아니라 특별한 역사철학의 결과다. 그는 역사의 흐름 전체를 묘사하지 사건들의 연관성을 묘사하지 않는다. 그는 수많은 사실 속에서 그것들의 움직임을 기술한다. 그는 사실들의 실제적인 연관을 포착하고자 애쓰지 않는다. 그에게는 사실들이 보편적으로 신의 뜻에 종속되어 있다는 것이 더 중요하기 때문이다. 사실과 사건들은 위로부터의 의지에 따라 발생하며, '지상'의 차원에 존재하는 다른 사건과 사실들에 의해 초래되지 않는다.

변덕스런 중단, 실제적이고 현실적인 설명의 빈약함은 삶이 더욱 심오한, 내세의 힘들에 의해 조종된다는 의식을 강조한다. 많은 것은 연대기 독자에게 무의미하고, 공허하고 '시시하게' 생각될 수 있다. 이것이 연대기 편자의 목적이기도 하다. 그는 역사의 '공허함'을 보여준다. "자, 무수한 전투와, 위대한 업적들과, 잦은 전쟁과, 많은 반란과, 잦은 봉기와, 많은 폭동의 이야기를 시작하자……"[93]라고 연대기 편자는 쓴다.

연대기에서 우리는 연대기 편자의 다음과 같은 발언도 만날 수 있다. "우리는 기록을 알고 있던 오래전의 사람들로부터 들었으며, 또한 옛날

---

93) 『이파티예프 연대기』, 1227년 항; 『이파츠키 필사본에 따른 연대기』, 상트페테르부르크, 1871, 501쪽.

위대한 노브고로드에 살았던 늙은 연대기자를 읽었던 자들에게 주목했으니, 다리 구조물이 많은 양의 물과 성난 파도에 의해 무너졌도다. 그 기록 속에서 어떤 일이 있었는지를 세세하게 알 수 있었으며, 또한 〔그 기록 속에는〕 다른 징조들도 있었으니, 옛 말씀을 읽기 좋아했던 현명한 자의 글과 말에서 우리에 대한 징벌을 볼 수 있음이라. 그리고 우리는 그들에게서 이를 들었으니, 이는 솔로몬이 말한 바대로라."[94] 신구약성서에 나오는 종교 역사와의 비교는 연대기 편자로 하여금 사건의 반복성과 그 의미를 설명하는 데 도움을 준다. 때로 연대기 편자는 좀더 간략하게 자신의 기록의 목적을 밝힌다. "그리하여 이것은 이후의 세대들에게 잊혀지지 않을 것이다."[95]

연대기 편자의 이 드문 발언은 기억을 위해 사건들을 기록하고, 기억을 위해 그것들을 다른 문서들에서 빼내오고자 하는 지향, 즉 역사를 이야기하는 것이 아니라, 역사적 사실들을 의식 속에 정착(定着)시키고자 하는 그의 지향을 확인시켜준다. 기억을 위한 사건의 정착, 이것에서 연대기 편자는 자신의 일의 교훈적인 의미를 본다.

성자의 생애전이나 『알렉산더 대왕 이야기』, 혹은 어떤 역사소설에서 사건들이 하나의 플롯 라인으로 연결될 때는 반드시 인간 역사의 공허함에 대해 상기시켜야 하고, 그것을 독자에게 설명해야 한다. 연대기에서는 그런 설명이 특별히 필요 없다. 그런 일은 매우 드물다. 역사의 공허함은 연대기에서 서술을 끌어나가는 예술적, 역사적 방법 자체에 의해 강조된다.

연대기에서 영원성은 시간성, 일시성의 양상으로 주어져 있다. 사건들의 시간성, 일시성이 더 강하게 강조될수록 그만큼 더 그것들이 가진 영원하고 초시간적인 의미가 드러난다. 연대기 편자가 쏜살같이 지나가는 존재의 덧없음과 찰나성을 더 자주 상기시킬수록 연대기의 서술은

---

94) 『아브림카 연대기』, 『러시아 연대기』, 제16권, 제1부, 상트페테르부르크, 1889, 173쪽.
95) 같은 책, 189쪽.

더욱더 느리고 서사적으로 된다. 시간은 영원에 종속되어 있다. 시간은 영원에 의해 진압되어서 천천히 흐른다. 연대기에서 모든 사건은 시간의 고르고 유유한 흐름에 종속되어 있다. 시간은 역사적 인물의 개인적인 운명에 대한 서술에서 빨라지지 않으며, 중요한 시간들에서 느려지지 않는다. 시간은 서사적으로 고요하게 흐르며, 사건의 시각을 뒤쫓지 않고, 연도를 좇으며, 드물게 일자를 좇는다. 연대기 편자는 일자와 연도의 침착한 리듬 속에 이어지는 사건들의 '고른' 흐름을 만들어낸다. 그는 인과관계의 고르지 않은 리듬을 용인하지 않는다.

시간의 장엄한 흐름은 소인과 대인, 강자와 약자, 중요한 사건과 사소한 사건, 역사의 중대한 순간과 하찮은 순간들을 평등하게 만든다. 사건의 진행은 서두르지도 않고, 뒤처지지도 않는다. 그것은 현실 위에 자리한다. 줄거리를 갖는 문학에서는 완전히 다르다. 거기에서는 정점(頂點)에 주의가 집중되고, 정점에 지체하면서, 시간이 고르지 않고 끊어지며 흐르게 한다.

역사소설에서 시간은 어떤 경우엔 더 천천히, 어떤 경우엔 더 빨리 흐른다.

연대의 엄격한 순서와 느린 이야기는 역사가 '가차 없고', 돌이킬 수 없으며, 숙명적이라는 인상을 낳는다. 모든 기록은 각각 어느 정도는 독자적이다. 그런데도 그것들 사이에는 깊숙이 스며든 연관성이 존재하며, 다른 사건들에 대한 다른 기록들의 가능성이 존재한다. 일련의 경우에서 서술들 사이의 통로 부재는 역사의 흐름이 불가피할 뿐만 아니라 상당히 단조롭다는 인상을 준다. 사건의 율동적인 행렬——이것은 역사의 발걸음이며, 도시의 '종루'에서 시계의 종이 울리는 소리이고, 시간의 '맥박'이며, 운명이 내리치는 소리들이다.

이 연대기적인 사건 묘사 방법은 연대기에서 러시아 역사에만 적용된다. '성스러운 역사', 세계사는 연대기에서(주로 시작 부분에서) 좀더 일반적이고 의미 있는 층위에서 묘사된다. 연대기적 역사 묘사 방법과 역대기적 역사 묘사 방법은 연대기 속에 동시에 존재하지만 극도로 구별된다.

구약과 신약의 사건들은 연대기에서와 같은 서사적인 경멸을 품고 묘사해서는 안 된다. 구약과 신약의 모든 사건은 각기 자신의 상징적이고 신학적인 의미를 지니고 있다. 그 때문에 성스러운 역사는 그 전체가 '영원한' 의미를 갖는다. 거기에는 역사의 공허함이 없다. 성스러운 역사에서 시간은 다르게 흐른다. 일어난 일은 사라지지 않고, 교회에 의해 계속 회상되고 교회의 예배에서 재현된다. 성스러운 역사의 '시간성' 속에는 더 많은 영원성이 있다. 이 때문에 역대기와 팔레야의 서술과 연대기의 서술에는 그 같은 차이가 있는 것이다.

*   *   *

연대기 편자의 이 시간관에서 많은 것은 그의 예술적이고 역사적인 방법의 결과이며, 많은 것은 연대기를 끌어나가는 방법의 영향 아래 연대기 속에서 저절로 생겨난다.

연대기를 끌어나가는 방법들은 그것의 예술적인 방법과 유기적으로 연관되어 있고, 그 방법의 예술적인 효과를 강화시킨다. 이 문제를 좀 더 자세히 살펴보기로 하자.

이미 보았다시피, 연대기에서는 사건의 기록이 사건에 대한 이야기를 압도한다. 연대기 편자는 이야기꾼이라기보다는 '조서 작성자'다. 그는 기록하고 정착시킨다. 그의 기록의 숨은 의미는 사건에 대한 상대적인 동시대성이다. 바로 이 때문에 연대기 편자는 선배들의 기록을 본래 형태대로 보존하고자 하지 자신의 말로 바꾸어 이야기하고자 하지 않는다. 연대기 편자에게 연대기의 선행 텍스트나 그가 이용하는 역사 이야기는 기록이다. 그것은 과거에 만들어진, 그 과거에 대한 기록이다. 연대기 편자 자신의 텍스트 또한 기록이다. 그러나 이 기록은 현재에 만들어진, 현재의 기록이다. 사건을 기록하고, 잊혀지지 않게 하고, 후세의 기억에서 사라지지 않게 하는 것, 이것이 연대기를 적어 나가는 연대기 편자의 기본 목표다. 그는 덧없는 것을 정착시킨다.

연대기의 기록은 현재가 과거로 이행하는 건널목에 서 있다. 이 이행의 과정은 연대기에서 대단히 본질적이다. 실제로 연대기 편자는 '거짓 없이' 현재의 사건, 그의 기억에 있는 것을 기록한다. 그러나 그는 그 후에 새로운 기록들을 축적하고, 연대기 텍스트들을 계속 옮겨 적음으로써 이 기록들을 과거로 밀어넣는다. 작성 순간에는 현재의 사건이나 불과 얼마 전에 일어난 사건에 관련되어 있던 연대기 기록이 점차 과거에 대한, 점점 더 먼 과거에 대한 기록으로 변하는 것이다. 사건을 적어 넣을 때 연대기 편자의 흥분, 그의 '공(共)체험', 그의 정치적인 관심을 표현했던 소견, 외침, 주석은 그 후에 침착한 기록이 된다. 그것들은 시간적인 순차성도, 연대기 편자의 서사적 평온도 깨뜨리지 못한다. 연대기 서술 속에 눈에 보이지 않게 존재하고 있는 연대기 편자의 예술적 형상은, 이런 관점에서 당연히, 현재의 사건을 기록하는 동시대인의 모습으로 독자의 의식 속에 떠오른다. 이것은 러시아 연대기 편찬에 관한 연구들에서 나타나는 것과 같은, 연대기 전집들을 편찬하는 '박식하고 탐구적인 역사가'의 모습이 아니다. 연대기 편자의 문학적인 형상은 실제적인 형상과 일치하지 않는다.

연대기 편자는 동시대의 사건에 생동적으로 반응한다. 그러나 뒤에 오는 편집자는 여러 연대기의 정보들을 기계적으로 결합시키면서 그것들에게 무표정한 성격을 부여한다. 연대기 기록의 수가 늘어날수록, 기계적인 결합을 통해 생겨나는 이 기록들의 다채로움이 커질수록, 연대기 기록 속에서 역사의 공허함은 더욱 강하게 나타난다. 연대기를 더 많이 옮겨 쓸수록, 연대기가 더 복합적이고 더 큰 부피를 갖게 될수록, 방대한 연대기 전집의 성격을 갖게 될수록 서술은 더욱 침착하고 '무심해'진다.

실제적인 연대기 편자와 그의 예술적 형상은, 이미 말했다시피, 서로 다르다. 실제적인 연대기 편자들은 젊은이(『라브렌티 연대기』의 편집자인 라브렌티), 노인, 수도승, 백승(白僧)의 대표자(노브고로드인인 게르

만 보야타Герман Воята), 공후(모노마흐와 그의 아들 므스티슬라프),
시(프스코프) 관청의 관리들이다. 그러나 예술적으로 연대기 편자의 형
상은 하나다. 그것은 선악을 무심하게 바라보는 고로(古老)다. 푸시킨은
이 형상을 피멘(Пимен)의 독백에서 천재적으로 재현했다.

이렇듯 연대기 편자의 예술적 형상은 연대기 편찬의 방식과 그 예술
적 방법에 의해 크게 좌우된다. 이 형상의 창조에서, 위에서 언급한, 연
대기 기록의 '노화'(老化)는 작지 않은 역할을 행했다. 연대기 기록의
'고대성'은 연대기 편자 자신을 '늙어 보이게 했고', 실제의 그보다 삶
에 대해 더 무심하게 만들었으며, 시간 위로 올라서게 했고, 일어나는
모든 일의 공허함을 더 강하게 인정하게 했다. 모든 연대기에서 한결같
은 연대기 편자의 모습은 연대기 편집의 방법 자체, 연대기 편찬의 과제
자체에 의해 창조되었다. 이 형상은 연대기 기록들의 다채로움과 기계
성, 그리고 '평온함'을 심화시키는 연대기 전집 편집자, 편찬자들의 뒤
이어 오는 작업 과정에서 더욱 확정적이고 완전하게 되었다.

이제, 앞에서 기술한 체계 내부에서 벌어진 투쟁의 결과로, 서사시적
시간이 역사적 시간에 어떤 식으로 점차 패배하게 되었는가를 살펴보자.

*　　*　　*

사건에 대한 이야기는 사건들을 내적으로 정돈하여 전달하는 것이다.
반면에 사건에 대한 기록은 단지 외적인 정돈만을 요구한다. 기록문서
에는 '철'(綴)이 필요하다. 연대기 기록-문서의 그러한 '철'은 연대기의
외적 형식, 즉 엄격한 연대 확정, 연도별 기록 구분이었다. 연대기 편자
는 '사건들의 사슬'을 만들어내고, 외적 기법에 의해 기록들을 엄격한
연대순으로 잇고자 한다.

이러한 연대기적 서술 형식에는 아직도 계속 작용하고 있는 서사시적
역사 의식에 대한 어떤 외적인 반작용이 들어 있다. 서사시에는 특별한
서사적 시간 묘사 방법이 적용된다. 시간은 플롯의 경계 내에서 발전하

며, 플롯의 사건들이 시간을 규정한다. 사건들이 많으면, 예술적 시간도 '많이', 다시 말해 길게 제시된다. 사건이 없으면, 예술적 시간은 '삼십 년 하고도 삼 년'과 같은 서사적 공식 속에 고작 반영되면서, 한순간에 휙 지나간다.

따라서 서사시의 시간은 사건 포화도에 따라 압축된다. 서사시에서 이 압축 방법은 연도별 기록에 힘입은 연대기에서의 시간 '늘이기'에 정반대가 된다. 연대기에서의 연도별 서술 방식, 연도별 기록은 연대기 편자가 사건 포화도와 무관한 시간의 고른 흐름을 객관적으로 묘사하기 위해 사용하는 독특한 '신장구'(伸張具)다. 이러한 노력은 대단히 확대되어서, 사건의 기록이 없는 해들에 대해서도 "6775년에는 아무 일도 없었다"[96]라고 연도를 그대로 남겨두거나, "평온함이 있었다"라고 쓴다. 다시 말해, 그럼에도 불구하고 그 무엇이 있었음을 지적하는 것이다. 이렇듯, 빌리나와 달리, 연대기에는 사건 포화도와 무관하게 객관적으로 존재하는 통일된 시간에 대한 관념이 있고, 서술을 일정한 리듬에 따라 나누고 이어주는 엄격한 연대망(年代網)을 창조함으로써 이 객관적 시간을 반영하려는 시도가 있다.

시간관의 발전이라는 측면에서 이것은 거대한 일보 전진이었다. 전진은 많은 연대기 편자, 특히 독자들의 의식이 허용할 수 있는 정도를 훨씬 넘어서는 것이었다. 이 모순은 연대기에서 끊임없이 나타났다. 우리는 연대기가 예전의 시간관으로 회귀하는 경우를 드물지 않게 만난다. 그러한 회귀의 한 형식이 시간의 **지역적 제한성**이었다. 연대기적 시간 지각의 이 '지역적 제한성'이 갖는 본질을 이해하기 위해서, 앞에서 이미 언급한 바 있는, 서사시에서도 고대 러시아 문학에서도 나타나는, 묘사의 전일성 원칙으로 되돌아갈 필요가 있다.

묘사의 전일성 원칙은 서사시적 의식 속에서 작용한다. 이 원칙은 빌리나에서 하나의 사건 열이 묘사되고, 하나의 플롯이 전개되게 한다. 우

---

96) 『시메오노프 연대기』, 72쪽.

리는 빌리나에서 플롯들의 결합을 보기도 하지만, 이 플롯들은 서술의 시간적 '일방향성'을 깨뜨리지 않는, 좀더 보편적인 플롯으로 연결되어 있다. 빌리나에서는 보가티리의 위업에 관한 여러 플롯을 토대로 그의 '전기'가 창조될 수 있다. 플롯들은, 그의 출생과 어린 시절로부터 죽음에 이르기까지, 시간적 순서에 따라 배열될 수 있다.

그래서 빌리나의 채록에는, 일리야 무로메츠에 관한 여러 빌리나가 하나의 전집적인 빌리나-서사시로 합쳐진 경우도 몇몇 있다. 일리야 무로메츠에 관한 플롯들의 연작 전체를 포괄하는 빌리나 채록도 있으며, 그런 경우에도 플롯들은 언제나 시간적 순서의 원칙에 따라 서로 연결된다.[97] 우리 앞에는 여러 빌리나의 한 줄 꿰기(앙필라드)식 연결 원칙이 놓여 있다.

연대기에서는 이야기에 대한 기록의 우위가 예술적 조망의 전일성과 통일성을 파괴하고자 하는 듯 보인다. 거기서는, 이미 말했다시피, 하나의 사건이 전개되거나 완전한 플롯이 전달되는 대신 수많은 단편적인 인상들이 주어진다. 그러나 이와 함께, 연대기는 묘사의 전일성이라는 같은 원칙에 종속되어 있다.

러시아 연대기들은 자신의 기록을 토대로 공국의 역사를 제시하고자 하며, 공국의 역사를 러시아 전체의 역사에 통합시키려 하고, 러시아의 역사를 세계사와 결합시키고자 한다. 번역된 비잔틴 연대기를 바탕으로 작성된 특별한 역대기적(хронографический) 도입부는 이를 위한 것이다.

가장 중요한 러시아 연대기들은 으레 세계 창조로부터, 노아의 홍수로부터 시작하거나, 성경에 따르면 세계의 모든 종족이 기원하게 된 바벨 탑 건설로부터 시작한다. 『원초 연대기』에서도 사건의 부채는 바벨 탑 건설로부터 펼쳐진다. 여기에서 슬라브인들은 자신의 기원을 갖는

---

97) A. N. 아스타호바, 「러시아 서사시 속의 일리야 무로메츠」, 『일리야 무로메츠』, A. M. 아스타호바에 의한 텍스트 편집, 논문, 주석, 모스크바-레닌그라드, 1958, 393쪽.

다. 슬라브인들의 기원은 슬라브인들의 분족(分族)에 대한 보고로 넘어가고, 슬라브인들의 분족은 러시아 종족들에 대한 이야기로 넘어가고, 그런 다음 러시아 역사의 사건들의 사슬이 이어진다. 모든 것을 연결시키는 러시아 역사의 사건들의 매듭은 지역 연대기들의 바탕에도 놓여 있다. 『원초 연대기』나 그보다 앞서 생겨난 『원초 연대기 1차 선집』(*Начальный свод*)은 세계사적인 도입부와 함께 대다수의 러시아 연대기들의 바탕에 놓여 있다.

다시 말해서 연대기의 기록들은 연대기의 연대망에 의해서뿐만 아니라, 러시아의 땅들을 한데 모아주는 세계사 속의 공통된 기원에 의해서도 통합된다. 보고의 완전함에 대한 지향, 장엄함의 묘사에 대한 지향은 러시아 연대기에서 더할 나위 없이 훌륭하게 구현된다. 역사의 장엄한 흐름은 이 흐름을 이루는 개별적인 시간들의 공허함과 사소함에 대립되는 모습이다.

연대 순서의 통일된 원칙, 이것 역시 묘사의 완전함에 대한 지향이다. 사건의 연대순 배열은 연대기의 서술 양식에서, 전형적으로 단조로운 표현에서도 반영된다. 이것은 고른 '역사의 발걸음'을, 역사의 고른 걸음걸이와 리듬을 강조한다. 연대기 언어의 통사 구조도 시사적(示唆的)이다. 연대기에서는 통사적 병립 관계가 통사적 종속을 압도한다. 연대기의 통사 구조는 고대 러시아어의 가장 고대적인 시기에 특징적인 복합문의 구성이다. 한 문장이 다른 문장 뒤에 단순하게 이어지지만, 하나의 통일된 전체로서의 성격은 보존된다. 내용의 통일성이 이 문장들을 결합시키고 있기 때문이다.[98]

연대기 기록들에서 내용의 통일성은 영토 표식으로도 명백해진다. 연대기의 시간은 '지역적 시간'이기도 하다. 시간은 공국들의 영토 사이에서 분열되어 있는 모습이다. 그러나 봉건 러시아에서 구심적인 경향들

---

98) S. P. 오브노르스키, 『고대 러시아 표준어사 개요』, 모스크바-레닌그라드, 1946, 175~176쪽.

이 정치적 삶에서의 중앙집권적 지향과 조우했던 것과 흡사하게, 연대기에서는 '지역적 시간'이 통일적인 시간과 끊임없이 싸웠다. 모든 것위에 씌워져 있는 연대망을 통해 연대기 전집에 외형적으로 들어오게되는 통일된 시간이 투쟁의 대상이었다.

이 '지역적 시간'을 좀더 상세히 살펴보자.

중세 문학작품에서 시간의 여러 열이 공존할 수 있는 것은 성상화에서 여러 퍼스펙티브에서의 투사가 공존할 수 있는 것과 마찬가지다. 건축물의 어떤 디테일이 오른쪽에서 투사되어 그려지고, 같은 성상화에서다른 디테일은 왼쪽에서 투사되어 묘사된다. 세 번째 투사에서는 제일앞에 있는 탁자와 의자가 묘사된다(그 예로 루블료프의 「트로이챠」를보라).

시간 투사에 있어 이와 유사한 차이가 둘 이상의 플롯을 갖는 문학작품에서 가능하다. 연대기에도 이 서로 다른 시간 체계들이 존재한다(16세기 전까지). 그러나 이 체계들은 서술된 모든 것을 에워싸는 통일된연대망에 그것들을 종속시키려는 지향에 의해 제압당한다.

물론 이 지향이 언제나 완전하게 실현되지는 않는다. 상이한 시간적체계 사이의 '솔기'는 16세기에 이를 때까지 연대기에서 항상 볼 수 있다. 이때 상이한 여러 연대 체계는 논리정연한 서술에서처럼 여러 플롯때문에 야기되는 게 아니라(연대기는 일관된 플롯, 관통하는 플롯을 알지 못한다), 사건이 여러 공국에서, 러시아의 여러 도시에서 일어나기때문이다.

고대 러시아에서 시간과 공간의 결합은 늘 나타났다. 물론 그것은 모든 곳이 아니라, 자신의 역사를 지니고 있는 곳에서만 존재했다. 그 때문에 이 결합은 역사적인 곳, 숭배의 대상인 곳, 광휘로 에워싸인 곳에서 특히 강해진다. 시몬 주교는 폴리카르프에게 보낸 서한에서(이 서한은 키예프-페체르스키 수도원의 교부서에 들어 있다) 죄인들의 마을에서 천년을 사느니 키예프-페체르스키 수도원에서 하루를 살겠다고 말한다.[99] 그는 이어 자신의 생각을 페체르스키 수도원과 그것의 기원과 고행자들에 대한 이야기를 통해 예증한다. 장소의 신성함은 그것의 역사에 있다. 역사는 지역에 고정되어 있고, 지리적 지점들과 분리되지 않는다. 러시아의 역사는 러시아 땅의 역사, 러시아의 영토와 도시들, 공국들, 수도원들, 교회들의 역사다.

러시아 연대기의 기록들은 주로 지역적인 유래를 갖는 것들이었다. 반면에 이 기록들을 집성한 연대기 전집들은 정도는 다르지만 중앙집권적이다.

봉건 분할 시대, 러시아의 개별적인 지역들에는 자신만의 시간, 자신만의 시간관이 존재했다. 개별 공국들의 달력은, 러시아 연대기 사가들이 잘 제시해주고 있듯이, 서로 다를 수 있었으며, 때로는 1년, 2년씩 차이가 났다.

고대 러시아에는 3월 역법과 울트라 3월 역법, 9월 역법이 함께 존재했다.[100] 때로는 한 공국에서조차 연대기가 편집된 중심지에 따라 서로 다른 역법 체계가 존재했다. 이는 물론 부분적이긴 하나, 봉건사회의 교육받은 상층부만이 기독교적 역법을 따랐던 것이지 기독교적 역법 자체가 결코 일반적인 것은 아니었다는 사실을 증명해준다. 예를 들어, 샤흐마토프는 『라브렌티 연대기』의 개별적인 연대 불일치를 동일한 공후(페레야슬라블-유쥬니)의 지배 하에서 만들어진 공후 연대기와 주교 연대기에 서로 다른 역법이 존재한 결과라고 설명한다.

울트라 3월 역법의 유래를 연구하면서, 베레시코프는 그것이 오류나 왜곡의 결과가 아니라, 3월 역법과 나란히 존재했던 특별한 역법 양식

---

99) "성모의 집에서 머무르는 하루가 죄인들의 마을에서 사는 천년보다 훨씬 더 낫다"(D. 아브라모비치, 『키예프-페체르스키 수도원의 교부서』, 키예프, 1931, 103쪽).

100) 3월 역법, 9월 역법은 고대 러시아에서 새해의 첫날을 각각 3월 1일(라틴식), 9월 1일(비잔티움식)로 놓고 한 해를 계산하는 방식을 가리킨다. 울트라 3월 역법은 3월 1일을 새해 첫날로 계산한다는 점에서 3월 역법과 동일하지만 3월 역법이 1월 역법에 비해 2개월 늦은 것이라면 울트라 3월 역법은 1월 역법에 비해 10개월 빠르다는 차이를 갖는다—옮긴이.

이라고 규정했다. 15세기에 와서 이 두 가지의 양식에 9월 역법이 더해진다.[101] 울트라 3월 역법에 따른 연도 기록은 "뚜렷하게 경계지어진다. 즉 그것은 1110년대부터 14세기의 첫 몇 해까지 사용되었고, 그 후엔 완전히 사라져버린다."[102]

몇 가지의 역법 체계가 함께 존재했다는 것은, 결국, '지역 시간' 감각의 한 지표일 뿐, 그것의 본질 자체는 아니다. 의식은 아직 시간을 러시아 전체에 적용되는 어떤 통일된 것으로 이해할 수 없었다. 자신의 공국에서 일어나는 사건들을 다른 공국의 사건들과 시간적으로 함께 묶는다는 것이 연대기 편자에게 아직도 대단히 어려운 일이었을 것이다. 그는 연대기 전서를 편집하고, 모든 사건을 하나의 통일된 연대망 속에 집어넣음으로써 이것을 하려고 시도했다. 하지만 이것은 결코 간단한 일이 아니었다. 연대기 전서의 연대망이 가지고 있는 기계성과 '강제성'은 여기서 비롯된다.

연대기 편찬에서의 연대 계산을 주의 깊게 살펴보면, 그 속에서 지역 사건들과 긴밀하게 연관되어 있는 개별적이고 독자적인 선(線)들의 흔적을 알아차릴 수 있다. 지역 연대기들을 연대기 전서로 통합하는 방식으로 만들어지는 고대 러시아의 공통 역사는 상이한 시간 열들의 인위적이고 기계적인 연결을 바탕으로 만들어졌다. 그러나 이 시간 열들의 묶음이 항상 제대로 연결되는 것은 아니었다. 그런 까닭에 같은 사건이 때로는 두세 번씩 이야기될 수도 있었다.

전(全) 러시아 연대기 편자들, 즉 전 러시아 연대기 전서 편집자들은 서로 다른 이 시간의 선들을 하나의 통일된 줄기로 가져가기 위해 무척 노력했다. 그렇게 통일로 이끌어가는 몇 가지 기법이 있었다. 그러나 이 기법들 자체도, 그리고 러시아 연대기의 모든 시간의 열을 그런 방식으로 통일로 끌어가는 데서 발생한 오류들도, 통일된 역사적 시간이 아직,

---

101) N. G. 베레시코프, 『러시아 연대기 편찬의 연표』, 모스크바, 1963, 28쪽과 이어지는 쪽들을 참조하라.
102) 같은 책, 29쪽.

시행되기에는 지나치게 복잡한 것이었음을 증명해준다. 우리는 연대기에서 지역적 시간관과 전 러시아적 시간관의 투쟁을 목도한다.

역사적 시간의 통일성에 대한 관념은 단호하게 표명되었고, 중앙집권적이었다. 지역적 시간관을 가진 지역 연대기는 사적(私的)인 일일 수도 있었다(노브고로드의 개별 교회들의 연대기를 보라). 그러나 역사적 시간의 통일성에 대한 관념을 가진 전(全) 러시아 연대기 전서는 언제나 국가적 사업이었다.

지역적 정보들은 전 러시아의 연대기 전서에서 강제로 중앙집권화당했고, 러시아 전체에 유효한 통일된 연대망에 강압적으로 통합되었다. 연대기들은 개별 정보별로 쪼개어졌고, 확대된 연도별 항목들 속에서 다시 기계적으로 조립되었다.

시간의 개별적인 발현, 개별 지역적인 시간의 선(線)들을 공통되고 통일적인 '중앙화된' 시간을 창조하기 위해 공시화(共時化)하는 것은 사회적이고 국가적인 행위를 위하여 불가피했다. 봉건 분할의 시대에 전 러시아적인 연대기의 시간이 기계적으로, '강제적으로', 때로는 오류와 함께, 그러나 여하튼 만들어졌다는 것은, 원심적 경향과 구심적 경향을 함께 지녔던 봉건 분할 시대의 봉건적 국가 체계에 존재하던 내적인 모순을 반영했다.

*　　*　　*

연대기에서 개별 기록-정보들을 기계적으로 '철'하기와 나란히, 역사 서술의 다른 장르들에서는 독자적으로 정연하게 짜여진 역사 이야기도 언제나 존재했다. 역사 이야기에 대한 능력은 이미 서사시에서 드러났다. 고대 문학에서 이것은 번역된 역사 저술, 이를테면 역대기, 팔레야, 성경의 역사서 등에서 나타난다. 정연한 역사 서술은『알렉산더 대왕 이야기』,『예루살렘 파멸 이야기』같은 번역 '소설'에서 나타난다. 러시아에서 만들어진 역사 이야기(повесть)와 생애전도 같은 것을 증명해준다.

그러나 특징적이게도, 위에 열거한 모든 장르에서 정연한 이야기는 크든 작든 이야기의 경계에 의해 제한되고, 완결되어 있다. 연대기 속으로 들어가면서, 이 정연하고 완결되어 있는 역사 서술은 새로운 예술적 기능을 부여받았다. 완결성은 파괴되고, 이야기는 기록이 되며, 플롯은 사건으로 변한다. 이런저런 사건에 대한 정연하게 짜인 서술들이 연대기의 구성소가 될 경우, 연도별 항목으로 쪼개지지 않고 서술되는 사건들 중 하나의 연도 항목 하에 독자에게 제공되었다. 그럼으로써 그것들은 연대기에 기록되어 있는 나머지 지역적인 사건들과 긴밀한 연관을 맺지 않게 되었다. 이 연관은 유기적이라기보다 기계적인 것이었다. 몇 개의 폐쇄적인 시간적 열이 눈앞에 놓여 있을 따름이었다.

이미 『원초 연대기』에서 사건들 간의 시간적 연관은 연대기 편자의 플롯적 서술 도입에 의해 자주 파괴된다. 드레블랴네인들에 대한 올가의 복수 이야기, 벨로제르스크의 점성학자들 이야기, 「유훈」에 나오는 블라디미르 모노마흐의 원정 이야기 등이 그것이다.

13, 14세기의 연대기에 들어 있는 정연하게 짜여진 역사 서술의 일례는 『이파티예프 연대기』의 한 부분인데, 이 부분은 『갈리치-볼린 연대기』에 기원을 두고 있다. 연구자들이 여러 차례 지적했듯이, 『갈리치-볼린 연대기』는 처음에는 연도별로 구성되어 있지 않았다. 그러나 이 예외는 좀더 자세히 살펴볼 때 어떤 원칙을 강조해줄 뿐이다. 즉 『갈리치-볼린 연대기』는 러시아의 오직 한 지역의 역사를 다루고 있으며, 당연히, 이 지역은 역사가를 위한 자신의 통일된 시간을 가지고 있었다. 그러므로 이 지역의 역사가는 자신의 이야기를 연도별로 배열하지 않았다. 그럴 필요가 없었던 것이 이것은 고대 러시아의 한 지역에 관한 이야기였던 때문이다.

연대망이 『갈리치-볼린 연대기』에 들어온 것은 후에 좀더 큰 규모의 연대기 전집에 그것이 포함되면서였다. 그렇지만 『이파티예프 연대기』의 한 사본인 이른바 홀레브니코프 사본에서 갈리치-볼린 부분은, 초판과 마찬가지로, 연도별 항목으로 나뉘어 있지 않았다.

15, 16세기의 전 러시아 연대기 전서들에서도 정연하게 짜여진 서술이 계속해서 연대망 속으로 들어온다. 그 예가 「아파나시 니키친의 세 바다 너머로의 여행」이다. 이것은 단 한 해, 즉 1475년 항목 아래 연대기에 포함되어 있으나, 실제로는 6년간의 사건들을 포괄하고 있다. 연대기 편집자는 이 사건들을 여러 해의 항목으로 구분하여 기입할 수 없었다. 인도에서 일어난 사건들, 먼 나라들에서 일어난 사건들의 시간이 그의 의식 속에서 러시아 역사의 시간과 공시화(共時化)되지 못했기 때문이다. 그 사건들은 멀리 '세 바다 너머에서' 일어났고, 그곳, 그 나라들에는 자신만의 시간이 있었다. 연대기에 포함된 다른 부분들, 즉 러시아로부터 멀리 떨어진 곳에서 일어난 사건들과 연관된 부분들에 대해서도 같은 것을 말할 수 있다.

러시아의 사건들에 대한 정연하게 짜여진 서술들은, 러시아 땅으로부터 먼 곳에서 일어난 사건들의 이야기보다 훨씬 쉽게, 연대망의 그물코에 따라 구분되고 분류되었다. 러시아 성자전에서 가져온 부분들도 쉽게 삽입되었다. 그러나 러시아 땅의 경계를 넘어서는 여행기의 삽입은 쉽지 않았다. 이렇듯 시간과 영토는 연대기 편자의 의식 속에서 결합되어 있었다.

연대기적인 러시아 역사 서술 방법의 극복과 정연하게 짜여진 러시아 역사 서술로의 이행은 16세기에 와서 통일된 러시아 중앙집권 국가의 형성과 더불어 이루어졌다. 플롯적으로 좀더 제한된 주제들에 대한 정연하게 짜여진 서술은 이를 위한 과도적 단계였다. 카잔 왕국의 역사와 모스크바로의 합병(『카잔 역사』), 모스크바 군주 가문의 역사(『황제 계보서』), 이반 뇌제 이야기(차르 연대기와 모스크바의 대공 쿠르프스키 이야기)에 관한 서술이 그런 것들이다.

역사 서술은 연대기적 시간 묘사 방식을 연대기 안팎에서 붕괴시켜갔다. 문학은 기록을 극복해갔다. 방대한 연대기 전서들에 수집되어 있는 과거에 대한 기록들 대신에, 정연하게 짜여진 문학적 이야기 속에서 과거를 재구성하려는 경향이 점점 강하게 나타난다. 그러나 이 이야기들은 서사시에서처럼 완결되어 닫힌 시간을 갖는 게 아니라, 열린 시간, 즉 역사적 시간을 갖는 것이었다.

사건들은 단순한 연대적인 순차성으로부터 인과관계의 일관성에 따라 '정렬되었다.' 지금까지 시간은 단 한번도, 그것에 수반되는 현상과 사건들로부터 독자적으로, 순수하게, 홀로 받아들여질 수 없었다. 그러나 이제 시간은 지역적 계열과 협소한 영토적 지각으로부터 인과관계의 계열로 이행한다. 물론 이런 열들은, 이미 살펴보았듯이, 언제나 존재했다. 그러나 그것들은 서로 다른 범위의 역사를 위해 존재했다. 이제 연대기는 광대한 영역을 포괄하는 역사, 러시아 역사에 대한 독점권을 상실한다.

연대기적 시간의 역사는 의미심장하다. 땅과 그 위를 흐르는 시간은 사람들의 의식 속에서 어떤 하나의 전체였다. 그 때문에 연대기 편찬 형식의 역사와 연대기 시간의 역사는 러시아 지역의 통합의 역사와 긴밀히 연관되어 있었다. 여기에 연대기 편찬의 특별한 의미와 그것의 위대함이 있으며, 연대기가 다루고 있는 민족의 역사와의 결합이 있다.

연대기에서 '초개인적인' 원칙은 특별히 강했다. 그 때문에 연대기의 예술적 본질은 많은 점에서 모순적이다. 이 모순은 끊임없이 생겨나고, 제거되고, 되살아났다. 연대기 편자의 의식과 의지는 연대기의 실제 진행과 끊임없이 충돌했다. 그 때문에 빈번하게 지향과 결과가 일치하지 않았다. 독자에게 무의식적으로 떠오르는 연대기 편자의 예술적 형상은 실제 연대기 편자의 실제 모습과 일치하지 않았다. 연대기 편자에 의해 창조되는 시간의 모습도 연대기 편자가 지니고 있는 실제 시간관과 많은 점에서 불일치했다. 현세적인 열정과 종교적인 확신이 연대기 편자의 손을 이끌었으나, 연대기 편찬의 전 과정은 개별적인 연대기 편자들뿐만 아니라 어느 정도는 국가 통일의 역사적 과정 전체에 의해 조종되었다.

설교 문학에서의 '영원성'의 양상

중세 문학, 특히 교회 문학은 예술적 시간만큼이나 예술적 '영원성'과도 자주 연관된다. 내가 '영원성'이라는 단어를 ' '부호 속에 넣는 것은, 이 '영원성'이 예술적 관점에서는 단지 예술적 시간의 여러 발현 방식 가운데 하나일 뿐이기 때문이다.

중세 문학은 초시간성을 지향한다. 중세 문학은 존재, 즉 신에 의한 세계규정성의 가장 높은 발현들을 묘사하는 데 있어 시간을 극복하고자 한다. 그러나 중세 문학의 초시간성 안에도 그것의 가장 낮은 형식들과 가장 높은 형식들이 있다. 초시간성의 가장 낮은 형식은 존재의 어떤 현상들, 이를테면 삶의 사회적, 정치적, 생활 관습적 제도의 불변성으로서, 이런 것들의 변화는 때로 중세인들에게는 아예 인식되지 않았다. 이것은 한 번에 영원히 신에 의해 확정된 것으로 보였던 세계 질서, 세계 구조의 불변성이다.

초시간성의 이러한 측면은 고대 러시아 문학에서 암시되고 있는 듯하지만 기술되지는 않았다. 이러한 초시간성의 관념이 문학에 미친 영향은, 주로, 문학이 일어나고 있는 변화들을 기술하지 않는 데서 드러났다. 방대한 규모의 시간 속에서 작가들은 현실의 많은 변화를 보지 못했다. 연대기는 생활 관습이나 지상의 정치 사회적 제도의 묘사에 주의를 기울이지 않았는데, 연대기 작가에게 이 모든 것은 늘 변함없이 존재하는 까닭에 새삼스레 묘사하지 않아도 독자가 알고 있으리라 여겨졌기 때문이다.

『원초 연대기』는 여러 민족의 풍습의 차이를 기술하지만, 역사적 발전 과정 속에서 그 풍습들이 변화하는 양상을 묘사하지는 않는다.

방금 언급된 초시간성의 이러한 측면은 고대 러시아 작가가 미처 인식하지 못하는 것으로서 이는 그가 갖는 일종의 '역사적 제약성'의 결과였다.

초시간성의 또 다른 양상은 개별적이고 역사적이고 일시적, 찰나적인 현상들이 갖는 영원한 의미다. 고대 러시아 작가의 관점에서 볼 때, 세

계에는 두 세계, 즉 신적인 세계와 지상 세계 간의 영원한 상호연관성이
존재한다. 지상적이고 일시적인 세계는 초시간적이고 초세계적인 의미
를 지닌다. 이 의미는 추상적인 것이 아니며, 인간의 사고에 의해 세계
에 부여된 것도 아니다. 중세 작가의 관점에서 그것은 전적으로 구체적
이며 실제로 존재하는 의미였다.

그 결과, 고대 러시아 작가는 우연하고 일시적인 것에서 영원의 기호
를 보았던 반면에 불변적이고 고정적인 것에서는 주목할 만한 가치가
없는 일시적이고 지상적인 것을 보았다.

기독교의 축일들은 단순히 성스러운 역사의 사건이나 성자들에 대한
기념이 아니다. 사건들은 매년 같은 때에 새롭게 반복하여 일어난다.[103]
그것들은 사라지지 않고, 영원한 세계 속에 존재하며, 기독교의 교회력
에 따라 반복됨으로써 일시적인 것, 시간적인 것 속에 존재하기를 지속
한다. 그 때문에 기독교 예배는 그 사건들을 '기억'해낼 뿐만 아니라 축
제의 순간에 일어나고 있는 것으로 여기며, 심지어 그것들을 부분적으
로 재현한다. 따라서 많은 교회 예배나 개별적인 찬송가, 기도 들은 현
재 시제의 형식을 띤다.

성스러운 역사——구약과 신약——의 사건들 속에는 덧없이 지나가
버리지 않는 현상들이 드러나 있다. 그것들은 마치 영원히 살아 있는 것
같고, 매해 1년을 주기로 축일과 그것들뿐만 아니라 성스러운 사건들의
이러저러한 기념과 연관된 모든 요일이 순환하는 가운데 반복된다. 문
학적 자료를 달력에 따라 배열한 여러 유형의 혼성 저작들(여러 유형의
트리오지, 예배서, 프롤록, 체티 미네이, 아프라코스 복음서 등)이 많이
씌어진 것도 이러한 이유에서였다.

---

103) 이에 관하여, 특히, 매튜는 이렇게 쓴다. "비잔틴 종교는 그 자체가 신성한
드라마인 성체예의(聖體禮儀)의 거행에 전적으로 집중되어 있었다. 그것은
축제가 아니라 재현이었다. 육(肉)이 된 신성의 무한함은 시간과 공간에 스
며드는 실재를 체현에 부여했다"(S. Mathew, *Byzantine Aesthetics*,
London, 1963, p.7).

구약과 신약의 사건들은 중세의 시간 인식 체계에서 전적으로 특별한 위치를 차지한다. 그것들은 과거에 속함에도 불구하고 어떤 점에서는 동시에 현재의 사실이기도 하다.

예를 들어 키릴 투롭스키는 도마의 주간에 부치는 그의 설교에서 일어나고 있는 모든 것은 지금, 이날, 이 순간에 일어나고 있음을 그토록 집요하게 강조한다. "오늘 오래된 끝을 맞이했고 [……] 이제 하늘도 광명을 얻었으며 [……] 이제 태양이 밝게 빛나며 높은 곳을 향해 떠오르고, 기뻐하며 땅에 온기를 더하고 있다. 이제 위로부터 내려온 달은 더 거대한 천체에 영광을 바치도다. [……] 이제 죄많은 겨울은 참회하며 그쳤으며, 불신의 얼음은 신의 현명함으로 인해 녹아 [……] 오늘 봄은 땅 위의 존재들에게 생기를 불어넣으며 아름답게 피어오르고, 광포한 바람들은 고요히 불어 열매들을 풍성하게 하며, 씨앗들을 먹이는 땅은 녹색빛 풀을 낳도다. [……] 이제 새로 태어난 양들과 소들은 재빨리 길을 딛고서 뛰어 나가고, 곧 어미에게 되돌아와 즐거워하도다. [……] 이제 나무들은 나이테를 만들고, 꽃들은 향기를 풍겨낸다. [……] 이제 언어의 농부는 송아지를 영혼의 고삐로 이끌며, 사고의 고랑으로 쟁기를 던지고, 참회의 고랑을 그려내고, 영혼의 씨앗을 뿌려 넣으며, 미래의 복락에 대한 희망으로 즐거워하도다. 오늘 옛 종말을 맞이했고, 부활로 모든 것이 새롭도다. 이제 사도들의 강은 넘쳐나고, 이교의 물고기들은 열매를 내어놓고, 인간으로 태어나신 신의 그 깊음을 경험한 어부들은 교회의 가득 찬 고기그물을 얻도다. [……] 이제 교회의 탄성을 올리는, 아름답게 지저귀는 모든 새는 둥지를 틀고 기뻐하도다."[104]

성스러운 역사의 사건들은 현재 일어나고 있는 사건들에 의미를 부여한다. 그것들은 우주의 상태와 신에 대한 인간의 위치를 설명해준다. 이 사건들은 '영원성'의 징후 아래 일어났고, 그 때문에 계속하여 존재하고

---

104) I. P. 예료민, 「키릴 투롭스키의 문학적 유산」, 『고대 러시아 연구』, 제13권,
    1957, 416~417쪽.

430

재차 일어난다. 예를 들어 인류의 구원은 한 차례 일어났던 예수 그리스
도의 죽음과 부활의 결과로 이루어지고 있는 영원한 행위다. 성스러운
역사의 사건을 묘사할 때 과거 시제와 현재 시제의 형식이 혼합되는 것
은 이로부터 기인한다.

"우리의 신, 자애로운 주여, 우리들이 그러한 악에 빠진 것을 보고 참
지 않으시어 당신이 하신 일들을 잊지 않으셨고, 하늘을 기울여 우리의
구원을 위해 내려오셨으며, 우리의 육체로 두르셨도다. 그 신성함으로
우리를 신께 가까이 이끄시려는 분께서 우리를 짐승과 같은 삶으로부터
구원하시기 위해, 안개로 땅을 휘감으며 마치 어린아이처럼 강보에 싸
시고, 헤루빔 군사들의 보호 속에 쉬시며 마치 어린아이처럼 구유에 누
이시네. 이로 인해 이제 우리는 창조되지 않은 분이 자신의 창조물 속에
자리하신 것을, 감지할 수 없는 분이 감지되심을, 처녀의 아들이 신의
인간 아들임을, 그러나 완전한 인간임을 보는구나."[105]

어떤 사건을 기리는 예배 시간 동안에 그 사건이 마치 일어나고 있는
것처럼 사건 자체를 '묘사'하는 것과 사건에 대한 이야기나 찬양의 차이
가 어디에 있는지 이해하기 위해 축일 예배와 '축일 반환일'('축제'의
마지막 날) 예배의 차이를 살펴보자. 축일에는 사건이 찬양되고 묘사된
다. 사건이 축일에 일어나고 있기 때문이다. '반환일'의 예배 순서는 축
일과 동일하다. 그러나 사건을 지금 일어나고 있는 것으로 묘사하는 찬
송가는 제외된다. 니콜스키는 이렇게 쓴다.

"축일 당일 예배와 축일 반환일의 예배는 다음과 같은 차이를 갖는다.
1) 축일 당일에는 밤 기도가 있으나 반환일에는 없다. 2) 반환일에는 저
녁 예배 때 a) 입장, b) 축일의 금언이 없다. 3) 반환일의 아침 예배에서
는 a) 성유 뿌리기가 없고, b) 축일 복음집을 읽지 않는다. 4) 전례(典禮)
에서 축일 「사도행전」을 읽지 않는다. 그러나 반환일에는 언제나 「시편」

---

105) 『고대 러시아 교부 문학의 기념비들』 제2호, 『슬라브-러시아의 프롤록』 제
　　2부, 9~12월, A. I. 포노마료프 편집, 제2권, 상트페테르부르크, 1986, 121~
　　122쪽.

찬송, 여호와 찬송, 성찬식의 찬송을 부르지만 주님 제일의 반환일에는 축일 복음집을 읽지 않는다(성모 제일에는 읽는다)."

니콜스키는 이렇게 결론짓는다. "그러므로, 반환일에는 축일의 사건 자체를 표현하는 것, 실제로 그 사건을 묘사하는 듯한 것은 제식에서 제외된다. 우리는 사건을 몇 번이고 이야기하고 찬양할 수 있다. 그러나 그것이 역사에서 (해마다 돌아오며—리하초프) 반복되지 않았기 때문에, 교회는 1년 주기로 사건을 기념할 때 축일의 반환일에는 그것을 반복하지 않고, 그것을 묘사하지 않는다."[106]

* * *

예술적 시간이 예배에서만 차이가 나는 것은 아니다(위에서 우리는 축일과 축일 반환일의 예배에서 시간의 차이를 보았다). 축일 설교의 예술적 시간과 교훈의 예술적 시간도 서로 다르다. 축일 설교는 축일 예배의 일부다. 교훈은 종종 특정 사건과 결부되어 있다(세라피온 블라디미르스키의 한 설교가 지진 때문에 이루어진 것임을 우리는 기억한다). 설교도 기아나 이민족의 침입이 계기가 될 수 있다. 그러나 사건은 아무리 동시대에 가까운 것이라 할지라도 어쨌건 과거에 속한다. 이에 비해 습속을 교정시키는 과제는 현재의 과제다.

여기서 두 장르, 즉 축일 설교와 설교-교훈에서의 예술적 시간의 차이가 생긴다. 그러나 동일한 한 장르 안에서도 두 시간 동안의 진동과 복합을 볼 수 있다.

축일 설교의 예술적 시간이 갖는 여러 양상은 『프롤록』에서 보통 12월 9일(구력)에 기록되는 「성모 수태에 부치는 교훈」의 예에서 잘 드러난다.

---

106) K. 니콜스키, 『교회 규약과의 관계에서 살펴본 러시아 정교회 예배서의 개관』, 상트페테르부르크, 1858, 88쪽.

성모 수태 축일에 관련된 설교는 지금, 이 순간에 일어나고 있는 사건에 대한 확인으로 시작한다. "사랑받는 이여, 오늘 우리들의 구원의 씨앗이 시작되었으며, 정의로운 안나의 자궁 안에 잉태되었도다." 이어 그것이 인류에게 가져온 결과가 이야기되고, 그로 인해 이 사건은 과거에 속하게 된다. 이 경우 문법적 시간도 과거다. "이로써 세상은 거짓으로부터 자유로워졌다. 그녀에게서 우리 주 예수 그리스도께서 태어나실 것을 알았던 예언자들은 이에 대해 기뻐했도다."

그런 다음 설교자는 다시 그의 청중을 향하며, 여기서 예술적 시간의 새로운 양상, 즉 설교가 행해질 때마다 매번 반복되는 현재가 나타난다. 그러나 이 설교는 일 년에 단 한 번, 성모 수태 축일(12월 9일)에만 행해질 수 있기 때문에 그것은 교회력상의 현재다. "사랑받은 이들이여, 오늘 우리가 순결한 성모마리아의 잉태를 경축하고 있음을 알고 있도다. 그렇게 우리는 기뻐하며 그녀의 교회로 서둘러 달려가, 두려움에 기도하고, 정진과 기도, 자선으로 하늘 왕국의 문을 열며, 금욕으로 단장하고, 그로써 정결하게 보내자. 순결한 성모마리아의 영광된 잉태를 기쁨으로 경축하며."[107]

이렇게 해서 축일은 모든 인류에게 초시간적인 결과를 가지는 자신의 영원한 본질 속에서, 교회력에 따른 자신의 반복성 속에서, 그리고 과거에 일어난 사건에 대한 상기로서 나타난다. 축일의 시간이 지닌 이 다양한 양상은 그 자체 두 가지의 양상을 갖는 설교의 현재 시간을 통해 나타난다. 그것은 이 설교를 처음 행하는 작가의 현재 시간과 이 설교를 말하거나 읽을 때마다 반복되는 현재, 다시 말해 설교문을 반복하여 말함에 따라 점점 사라져가는 작가의 현재에 근거하여 생겨나는 실연자의 현재다.

작가적 근원은 실연자의 예술적 시간을 방해한다.

---

107) 『고대 러시아 교부 문학의 기념비들』 제2호, 『슬라브-러시아의 프롤록』 제1부, 11~12월, 114쪽.

설교에는 예술적 시간의 또 하나의 양상이 있다. 그것은 매우 폭넓게 영향력을 미치는 양상으로서, 인류의 삶 전부를 포괄하는 현재 시간이 바로 그것이다. 설교에서는 아주 빈번하게 인간의 악덕과 죄악과 미덕에 대해 말한다. 이것들은 설교자의 관점에서 볼 때, 인류의 전 역사를 통해 많은 사람에게 존재해온 것으로서, 그것을 교정하고자 하는 호소는 어느 한 역사 시대의 어떤 특정한 사람들이 아니라, 모든 시대, 모든 민족의 사람들을 염두에 둔다. 이것은 신학적 일반화의 현재 시간이다.

"알지어다. 올바른 재산으로 자선을 베푸는 자, 신에 순종해 살고, 모든 선행을 행하는 자는 하늘 왕국에 있음을. 수난과 고통, 모든 공격을 견디고자 하지 않는 자는 신의 앞에 설 수 없으리⋯⋯"[108]; "황금이 불꽃에 끌리듯, 성자는 수난에 끌린다. 그러나 이것으로부터 자유로운 죄인들은 그들의 소원과 반대로 신은 그들에게 그들이 영원의 양식을 얻을 수 없고, 순간적인 이 삶에 묶이도록 하셨다. 그러므로 그 유혹으로부터 절제하세, 그러면 신이 우리에게 풍요히 주시리, 이 삶을 좇고 사랑하는 자들은 그것을 얻지 못하리니."[109]

이 신학적 일반화의 현재 시간은 설교의 서두에 특히 자주 나타난다. "이제 오라, 교회의 아이들아, 일상을 위한 말씀을 네게 주리니"; "사랑하는 이, 곧 이 정진이 끝나기를 원하니"; "마치 이 정진의 시간이 바다의 풍랑을 건너왔듯"; "땅 위의 이 거대한 고요는 무엇인가?"[110] 등.

교훈, 알레고리, 상징은 대체로 어느 정도 시간 바깥에 자리한다. 이이야기의 도덕률도 시간 바깥에 자리한다. 물론 교훈, 알레고리, 상징은 자신의 서술을 위해서 시간을 필요로 하지만 이것은 어떤 문학작품에나 다 있는 시간이다. 모든 문학작품은 자신을 펼치기 위해 시간을 필요로 하기 때문이다. 그러나 작품의 내용 자체가 지닌 특별한 양상으로서의

---

108) 같은 책, 106쪽(진정한 자비에 대한 요한 즐라토우스트의 설법, 11월 15일).

109) 같은 책, 107쪽.

110) I. M. 쿠드랴체프 감수, 『레닌 국립 도서관의 박물관 소장 필사본들』, 모스크바, 1961.

예술적 시간에 대해 말하고자 할 때, 우리는 내용이 철학적이고 교훈적인 부분에서는 초시간성이 지배적임을 알아차리게 된다. 교훈이나 철학적 설명과 관계 있는 장르들이 아주 많은 부분에서, 일시적인 것이 아닌, 초시간적인 것을 표현하고 있는 것도 바로 이러한 연유다. 교훈적인 설교와 교훈, 끝마무리 교훈을 갖는 우화와 다른 많은 장르가 그렇다. 또 이 때문에 설교나 교훈에서 얘기된 구체적인 경우도 일반화된 '영원한' 의미를 갖는다. 이것은 특히, 교훈에서 이야기된 경우들이, 대단히 자주, 추상적이고 비구체적인 성격을 지닌다는 것에 의해 강조된다. 우화에서는 사건이 동물들의 세계로 옮겨지고, 동물들이 사람들처럼 행동함으로써 같은 효과가 얻어진다. '우연'은 명백한 비현실성에 의해 일반화되어 있다. 작가가 사건의 순전한 '우연성'을 강조할 때, 그 사건에는 초시간성이 부여될 수 있다. 되는 대로 가져온 사건. 이 말은 곧 그런 사건들이 많다라는 것을 의미한다. 우연은 '영원한' 의미를 지니는 '우연하지 않은 것'임이 드러난다.

모든 종류의 교훈적 이야기에서 결론에 해당하는 훈계는 서술의 예술적 시간에 대단히 중요하다. 결론적인 훈계와 모든 종류의 교훈은, 설령 그것들이 이야기 속에서 은밀히 표현된다 하더라도, 서술된 사건을 시간적, 공간적으로 정확하게 지정할 수 없는 지점으로 고양시키는 것 같다. 그것들은 사건에 일반적이고 초시간적인 의미를 부여하며 역사성을 앗아간다. 그 결과, 교훈적인 서술에서 등장인물들은 자주 이름이 없으며, 그들의 직위는 일반화된 형식을 통해 알려진다('어떤 지방 장관', '어떤 고관'). 또한 사건이 일어나는 장소는 언급되지 않는다. 그 때문에 『프롤록』의 9월 5일에 기록되어 있는 이야기 「파트리키에게 십자가를 만들어준 소년에 대해」에서 결론적 교훈("이것에 대해 지금 여기서, 그리고 앞으로도 그에게 믿음으로 선물을 바치는 자들에게 상을 주시는 신을 우리도 찬양하세")[111]과 주인공의 이름이 나타나지 않는 머리말

---

111) 『고대 러시아 교부 문학의 기념비들』 제2호, 『슬라브-러시아의 프롤록』 제

("금으로 모든 용기를 만드는 솜씨 좋은 어느 젊은이가 있었다")[112) 사이에는 일정한 예술적 연관이 존재한다. 즉 추상성은 이야기가 갖는 교훈적 특성에 의해 달성된 탈시간성의 결과인 것이다.

*　　*　　*

고대 러시아 문학의 개별 장르들에서 예술적 시간의 개념은 유사한 러시아 민속 문학 장르들에서의 예술 시간 개념과 몇 가지 일치점을 보인다. 전례와 축일 설교의 예술적 시간은 제례시, 특히 만가의 예술적 시간에 가깝다.

축일 설교의 현재 시간은 설교의 중심 사건이 설교가 행해지는 그 순간에 마치 반복되는 듯하다는 점에 기인한다. 설교자는 마치 사건이 주어진 그 순간에 일어나는 것처럼 묘사한다. 제례를 위한 작품들과 연관된 사건들도 주어진 그 순간에 일어나므로, 제례시의 예술적 시간도 역시 현재 시간이다. 그러나 기독교 예배와 제례시 사이에는 예술적 시간에 대한 관계에서 본질적인 차이들도 존재한다. 기도하는 사람들은 제례적 민속 문학 덕분에 예배의 현재 시간을 좀더 쉽게 이해할 수 있게 되었지만 제의나 축일 설교의 예술적 시간은 제례 민속 문학의 예술적 시간보다 훨씬 복잡하다.

제례 민속 문학에서 제례의 중심에 있는 사건은 주어진 그 순간에 실제로 일어난다. 그것은 제례 속에서 완전한 모습으로 제시된다. 동지와 하지 같은 태양의 지점(支点), 추수, 죽음, 결혼 등이 그렇다. 이교의 축일 쿠팔라는 지금 일어난다. 거기에는 과거의 사건에 대한 회상이 없다. 제례적 민속 문학에도 '회상'의 요소는 없다. 제례적인 월령가는 지금 일어나고 있는 사건에 대해 말한다. 추수는 지금 이루어지며, 태양의 지

1부, 11~12월, 130쪽.
112) 같은 책, 129쪽.

점은 이 순간에 일어난다(적어도 축제의 제례를 행하는 사람들에겐 그렇게 여겨졌다).

이교의 종교극(действо)과 기독교 축제의 차이는 후자가 좀더 '역사적'이라는 데 있다. 부활제는 현재(무엇인가가 부활절 날 축제의 그 순간에 일어난다. 이 점에서는 이교의 종교극과 마찬가지다)만이 아니라 과거 속에도 있다. 그것은 그리스도의 부활에 대한 회상이다. 기독교 예배와 그것과 관련된 문학작품들은 성스러운 사건에 대한 회상과 사건 그 자체, 즉 주어진 그 순간, 제례나 성찬식, 성례가 행해지는 그 순간, 설교와 기도가 말해지는 그 순간에 반복되는 듯 보이는 그 사건 자체에 동시에 바쳐져 있다. 민중적 이교에는 회상의 요소가 없고 과거가 없다. 오직 현재의 사건들, 매년 반복되긴 하지만 결코 회상되지는 않는 사건들만이 있다.

기독교와 이교의 차이는 제례와 관련된 사건의 이해에도 존재한다. 그 것은 성상화와 우상의 차이와 동일하다. 성상화는 성스러운 물건이기도 하고, 성상화 바깥에 존재하고 있는 신 또는 성자의 묘사이기도 하다. 이 것은 상상된 것, 육화된 것의 묘사다. 반면에 우상은 신 그 자체다.

이런 이유에서 예배의 현재 시간과 제례적 민속 문학의 현재 사이에 존재하는 차이는 본질적이다. 전자의 경우, 이것은 지금 일어나고 있는 사건의 현재이며, 동시에 '영원'의 묘사다. 후자의 이것은 본래의 의미에서의 현재다.

기독교 예배의 현재 시간은 서술적 현재에 부분적으로만 가까운, 복잡한 시간이다. 중세의 관점에서 이것은 '영원성의 양상들' 가운데 하나다.

러시아 『황제 계보서』에서 시간의 공간적 묘사

이미 10~11세기에 역사 이야기가 존재했지만(이미 최초의 고유한 러시아 작품인 10세기의 「철학자의 연설」은 역사 이야기였다), 연대기 선집들에서의 사건 기록이 러시아 역사에 대한 역사 서술로 이행하는 것은 힘들고도 오랜 과정이었다. 문제는 어떤 역사 이야기든지 어느 정도 플롯적으로 제한되어 있었다는 것, 다시 말해 역사 이야기는 하나의 사건이나 한 명의 역사적 인물만을 다루었다는 점에 있었다. 반면에 많은 공국의 역사를 통합한 전체로서의 러시아 역사는 무한했다. 그 역사를 플롯상 통일된 하나의 이야기로 서술한다는 것은 쉬운 일이 아니었다. 여기에 도움이 되었던 것이 중세에 특징적인, 시간에 대한 공간적인 지각이었다.

러시아 땅의 역사에 대한 일관되고 하나의 관점으로 통일된 최초의 서술은 『황제 계보서』다. 여기서 서술의 정연한 체계성은 러시아 역사를 공간적으로 묘사함으로써 달성되었다. 『황제 계보서』는 시간 속에서 펼쳐지는 주제에서 공간적인 구성을 만들어내려는 시도를 구현하고 있다.

『황제 계보서』의 작가는 러시아 역사의 모든 등장인물과 심지어 그것의 가장 중요한 사건들까지 '계단'(лествица) 구성 속에 펼쳐 보이기 위해 애쓴다.

『황제 계보서』의 작가는 자신의 서언에서 바로 그러한 공간적 그림을 묘사하고 있다. "신에 의해 결정되었고, 러시아 땅에서 빛났던 왕권의 지배자들의 계보서이니, 그들은 마치 낙원의 나무들처럼, 물가에 신에 의해 심어졌고, 신의 영광된 광휘 속에서 자신을 드러낸 자, 마치 넓게 펼쳐 자라서, 향기로운 잘 익은 열매로 가득하고, 멋진 잎들을 달고 꽃 피는 정원처럼, 올바름과 믿음으로 실컷 마시고, 현명함과 은총 속에서 자란 자, 높은 왕관을 쓰고 어린 가지들처럼 많은 자손으로 번창하며, 신을 위한 덕행들을 행하는 자다. 그들 중 많은 이가 뿌리와 줄기로부터 마치 황금계단과 같은 갖가지 공적들을 행함으로써 하늘로 이끄는 흔들림 없는 사다리를 올리니, 이 다리를 따라 자신과 자신 이후에 올 자들을 위해 신에게로 향하는 탄탄한 길이 열렸다."[113] 하늘로 오르는 계단이 있는 이런 그림은 이 시대의 러시아 회화에 때마침 알려져 있었다.

---

113) 『러시아 연대기 전집』, 제19권, 제1부, 1908, 5쪽.

바로 요한 레스트비치니크의 환시에 나타나는 '야곱의 계단'(лествица Якова)이 그것이다.

러시아 역사를 공간적 구성으로 옮기는 것——이것은 '영원성의 측면'에서 역사를 독특하게 해석한 것이다. 시간 속에서 모든 사건은 소멸하고, 현재에서 사라진다. 그러나 '계단'의 공간 구성 속으로 취해진 것은 거기서 견고하고 중요하며 변하지 않는 자리를 갖게 된다. 공간은 영원성에 대한 독특한 지각이다. 시간은 공간적 형식들 속에 정착되었다. 움직이는 것이 움직이지 않게 되었다. 그와 함께, 공간 속에서의 묘사는 러시아 역사에 어떤 장중함, 웅장함을 부여했다. 여기엔 중세의 특징인 묘사의 장엄함, 웅장함, 완결성에 대한 추구가 드러나 있다.

『황제 계보서』는 세계 해석 면에서 많은 점에서 16, 17세기에 특징적인 상징적인 성상화들과 닮았다. 시몬 우샤코프가 1668년에 그린 성상화 「모스크바 공국의 나무——블라디미르의 성모에 바치는 찬양」을 예로 들겠다. 여기에는 모스크바 크레믈린의 우스펜스키 사원에서 자라나는 나무가 그려져 있고, 나뭇가지에는 모스크바의 대공들, 차르들, 대주교들의 모습이 열매처럼 배치되어 있다.

중세는 시간을 달리하는 사건들을 서로 결합시켜 묘사했고, 그렇게 함으로써 시간의 흐름을 전달하고자 했다. 살인자가 칼을 쳐들고 있는데 사형수는 이미 머리가 잘려 있다. 각 인물들은 자신의 시간 속에 살고 있으며, 또한, 자신의 퍼스펙티브 속에서, 자신의 '근본적인' 상태로 제시된다. 『황제 계보서』에서도 마찬가지다. 거기에 등장하는 모든 인물은 '초시간적'으로 특징지어져 있고, 이 인물들의 행위는 대부분 이러한 특성 묘사를 예증한다.

『황제 계보서』에서 러시아 역사의 시간은 각각 특정한 한 인물과 관련된 많은 독자적인 단편으로 나누어진다. 그 결과, 전체 구성은 좀 작지만 어느 정도 독자적인 단위들을 독특하게 '집성'해놓은 듯하다. 이것은 우리가 고대 러시아의 다른 작품들에서도 알게 된 바 있는 한 줄 꿰기식 구성이다. 규모가 큰 작품들의 한 줄 꿰기식 구성 방식은 고대 러시아 예술이 추구했던 장엄함의 느낌을 더없이 훌륭하게 나타내었다.

『황제 계보서』가 통독이 아니라 이런저런 인물과 사건에 대한 기억과 연계된 선별적 읽기를 염두에 두고 있었다는 사실은 특징적이다. 그 때문에 책은 독자가 쉽게 그에게 필요한 자료를 찾을 수 있게끔 구성되었다. "놀라운 이야기들은 우리가 할 수 있는 한 부분적으로 모은 것으로서, 여기 이 책에서는 계단에 따라 배열되었으며, 각각의 면으로 구분되었으며, 제목이 있는 장으로 명명되었다. 이를 통해 이 책에 씌어진 모든 이야기는 지체없이 찾을 수 있다."[114]

『황제 계보서』는 역사에 대한 것이지만, 공간적 표상 속에서 해석된 그 예술적 시간은 현재 시간이며, 현재인 동시에 초시간적인 시간이다. 이것은 현재의 모스크바 군주 가문을 찬양한다는 계보서의 목적에도 부합한다. 과거는 단지 모스크바, 다시 말해 모스크바 군주들과 교회 주교들의 현재의 장엄함을 뒷받침할 따름이다.

『황제 계보서』는 사람들의 모든 활동을 총계할 뿐만 아니라 존재하는 모든 성물도 한데 모으는 듯 보인다. 성물에 대한 이야기에는 그 현재 소재지가 언급된다. 이를테면 성 올가에 대해서, 그녀가 프스코프에 "십자가를 세웠고, 지금까지 그 십자가가 있다"[115]고 이야기된다. 성 레온티이의 로스토프 땅 세례에 대해 이야기하면서 계보서의 작가는 "이로부터 로스토프에서는 신에 대한 경건함이 지금까지도 완전히 정착되었다"[116]고 말한다. 성 블라디미르의 안장에 대해 계보서의 저자는 다음과 같이 말한다. "그에 의해 도시 키예프에 만들어진 성모의 교회에 그를 영예롭게 안장했으며 지금까지도 그곳에 그의 명예로운 유골이 천사장들의 우렁찬 나팔소리를 기다리며 안면하고 있다."[117]

『황제 계보서』는 당대의 고대 러시아, 성스럽고 강대한 러시아에 대

---

114) 같은 책, 5쪽.
115) 같은 책, 22쪽.
116) 같은 책, 115쪽.
117) 같은 책, 131쪽.

한 안내서 같은 것이지만 그 자체가 또한 명승고적이자 성물이다. 『황제계보서』는 모스크바 공국의 '모든 성자'의 성상화, 시간적(일시적)인 것에 초시간적인 의미가 부여된 성상화와도 같다.

16, 17세기의 역사 서술에서의 현재 시간

16, 17세기의 역사 서술에서는 문법적 현재가 점점 자주 사용되기 시작한다. 역사 서술의 문체에서 문법적 현재의 역할이 강화되는 듯 보인다. 그러나 이것은 역사 서술이 작품을 예술적 현재로 옮기고자 하는 것을 의미하지 않는다. 역사 서술은 역사적인 것으로, 즉 과거에 대해 말하는 것으로만 머무른다. 여기서 문법적 시간과 예술적 시간 사이의 날카로운 결렬이 눈에 띈다. 역사소설 문체의 문법적 현재 지향은 동사 불완료상의 역할 강화와 연관되어 있으며, 병립 관계의 통사에 비해 모든 방식의 종속 관계의 통사가 강화된 것과도 연관되어 있다. 이 모든 것은 역사 서술에서 점점 강력해져갔던 묘사성의 추구로 설명된다.

실제로 문학작품에서 사건에 대한 정보의 보도와 사건에 대한 이야기와 사건의 묘사는 구별되어야 한다. 16, 17세기에 러시아 문학이 중세적 서술 원칙으로부터 해방됨에 따라, 사건의 묘사에 대한 지향이 점점 더 큰 자리를 차지하기 시작한다. 예술적 상상력은 현실에 대해서 더욱 정확하게 이야기할 수 있게 될 뿐만 아니라 현실을 재현하고, 현실성의 환상을 만들어내고, 독자에게 작품 속에서 사건이 일어나고 있는 그 자리에 직접 있는 듯한 느낌을 불러일으킬 수 있게 된다. 16, 17세기 문학에서 이렇듯 묘사성이 커져감과 함께, 예술적 현재 시간의 역할도 점점 커진다. 이 과정에서 예술적 현재 시간은 점점 더 완전하게 되어간다.

역사 묘사는 기술적(記述的) 요소들의 강화로 귀결될 뿐만 아니라 사건의 속도, 사건의 실제 시간을 전하려는 시도로도 나타난다. 사건에 대한 이야기는 그 자체 느려지고, 사건의 시간을 생생하게 묘사한다. 묘사는 일어나고 있는 사건의 느림과 진중함, 나라의 여러 구석에서 동시에 일어나는 사건들의 장엄함과 웅장함을 강조한다. 서술 문체의 '장식성'

도 독자에게 사건의 느림을 보여주는 한 방법이다. 서술은 느려지고, 사건의 속도와 시간적 순서 그대로 사건을 재현하고자 한다.

따라서 문법적 현재는 역사적 작품을 현재로 옮겨놓지 않는다. 그것은 계속 과거에 대해 이야기한다. 다만 그 과거를 더욱 '회화적'이고 더욱 느리게 만든다. 시간은 그것이 지연됨으로써 지각되기 시작한다.

그렇지만 문법적 현재 속에는 현재의 요소도 있다. 그것은 '상대적인' 현재다. 16, 17세기의 역사 서술에서 문법적 현재는 현재로 묘사되는 사건이 어떤 다른 사건, 그러나 역사적 과거에 일어난 사건에 대해 동시성을 가짐을 시사한다. 화자는 마치, 현재로 묘사되는 사건들이 어떤 '동-시대'(co-временность)에 속했음을, 그가 이미 이야기했거나 더 이야기하게 될 어떤 중요한 사건과 동시의 것임을 확언하는 듯하다.

작가의 사건 지각의 이 '동-시대성'에 대한 예를 「주님의 옷에 대해」라는 연대기적 단편에서 찾아 들어보자. "주께서 자신의 높은 곳으로부터 자신의 순종적이고 신실한 종이자 영광된 황제, 전 루시의 대공인 미하일 표도로비치를 굽어보셨다. 신의 교회에 근면할 것, 정교의 신앙을 엄격히 지킬 것, 공경의 교리로 통치할 것과 같은, 신성한 금계들을 수행하는 그의 일들을 보시고서는 그에게 부유하지만 훔칠 수 없는 보배를 보내신다. 이는 그의 품의 병자들에게 치료약을 주고, 그의 믿음과 온화함을 증거하니, 그가 직접 말씀하셨듯이, 내 말에 떨고, 온화하고 침묵하는 자를 보리라 하시니, 그에게 그 노력에 대한 대가를 주시고, 그에게 천국의 선물을 보내신다."[118]

인용한 단락에서 분명히 알 수 있는 문법적 현재로 묘사되는 지상의 사건은 그것과 동시적이고 '동-시대적'인 신의 섭리의 결과로 지각된다. 그러나 지상적인 것과 천상적인 것의 이 동시성은 비교적 드문 경우다. 훨씬 많은 경우, 문법적 현재는 평범한 두 역사적 사건의 '동-시대

---

118) 「역대기 제2편집본」, 『러시아 편집본 역대기에 삽입된 슬라브와 러시아의 작품 모음집』, A. 포포프 편집, 모스크바, 1869, 207쪽.

성'이나, 심지어 사건들이 특정한 날짜에 시간적으로 일치함을 강조한다. 한 구문 안에서 현재와 과거가 자주 함께하는 것은 이 때문이다. 종속 문장에서 현재 시제 동사가 압도적인 것도 역시 이 때문이다.

역사 서술에서 작가는 자주 사건의 날짜를 언급한 뒤에 바로 문법적 현재를 가져온다. "7106년 1월 7일에 루시 나라의 촛불이 꺼졌고, 정교의 빛이 스러졌다. 전 러시아의 전권자, 차르 표도르 이바노비치 대공께서 죽음의 구름의 침입을 받으시어, 일시적인 왕국을 저버리고, 영원한 삶으로 떠나신다. 13년 7개월 10일 동안 재위하셨다."[119]

이에 못지않게 특징적인 것은 '이 때문에'(сего ради)라는 말 뒤에 오는 문법적 현재다. 이 경우 현재는 다른 사건들의 결과로 일어나는 사건을 묘사하기 위한 것이다. "……이 때문에 황제의 혈통들의 가지를 소멸시키려 꾀했으며, 사악한 열매처럼 악한 충고를 버렸고, 그를 심판하여 포모리야 지방으로 보내고, 거기서 그를 성부 안토니이 시스키의 수도원에서 삭발하도록 명령한다",[120] "이 때문에 성스러운 그리스도를 위한 수난자의 유골을 우글리치로 보낸다", "이 때문에 폭동자들은 성공을 거두고, 반면 전 러시아는 포로가 된다.", "이 때문에 모두 투슈노라 불리는 장소의 도시 근처의 적진으로 뛰어갔고, 그곳에서는 모든 늑대와 야수, 모든 도시의 폭도들이 자지 않고 있다. 대신 상세히 연구하고 나쁜 생각을 하고 뭔가를 꾀하고 있다."[121]

문법적 현재로 묘사되는 사건이 더욱 중요한 어떤 다른 사건에 대해 갖는 동시성은 '그때'(тогда)라는 말로써 강조된다. "그때 마치 아주 선량한 소녀와 매우 아름다운 약혼녀를 창조하셨고, 성스러운 사도의 교회는 다시 자신의 장식과 보기 좋은 아름다움을 얻는다."[122]

현재는 또한 과거의 반복적인 사건을 기술하기 위해서나, 역시 동일

---

119) 같은 책, 188쪽.
120) 같은 책, 189쪽.
121) 같은 책, 195, 198~199쪽.
122) 같은 책, 204쪽.

한 조건 하에서의 사건들의 통례성, 불변성을 강조하기 위해서도 사용된다. "언젠가 사람들이 전쟁터에서 죽었고, 몇몇 사람이 날카로운 무기들에 의해 조용해졌다. 다시 로즈스트리 가의 무리들이 도적들을 일으키고, 또다시 모든 도시에 불행이 밀려들고, 또다시 가련하게도 민중들은 불안해한다."[123]

사건의 동시성을 나타내기 위해 문법적 현재를 사용한 가장 간단한 예들은 형동사를 갖는 통사 구조. "이반 고두노프를 포획한 그들의 군장이 그를 푸티블 도시로, 자신들의 대장인 그리고리에게 보낸다."[124]

16, 17세기의 역사 서술은 느린 속도로 진행된다. 묘사성을 추구하면서 서술은 속도를 낮춘다. 사건의 서술에 요구되는 시간은 이 사건이 일어나는 데 꼭 필요했던 시간과 일치하고자 하는 것처럼 보인다. 현실이 서술을 늦춘다. 사건의 시간은 묘사의 시간과 일치하는 정도까지는 아니어도, 그것을 느리게 한다. 물론 일치나 접근조차 일어나지 않았고, 일어날 수도 없었다. 그러나 묘사의 필요 때문에 야기된 '마찰'이 나타났고, 어느 정도 묘사성이 증대되었다.

이야기의 지연은 독자가 사건에 '입회'하고 있는 듯한 환상을 낳을 수 있었고, 독자를 '사건의 발판'으로 옮겨주었다.

지금까지 말한 것에서 분명해지듯이, 16, 17세기의 역사 서술에서 현재는 역사적 사건에 대한 실제적 진술의 발전 결과였다. 현재가 사용된 것은 연대기적 서술의 엄격한 '단선성'(單線性)이 물러나기 시작했을 때, 사건들의 동시성과 사건들 간의 실제적이고 인과적인 상호연관성이 좀더 상세하게 묘사되어야 할 필요성이 대두됐을 때였다.

이 현재의 역할은 매우 제한적이었다. 그것은 완전히 과거에 종속되어 있었다. 예술적 과거 시간은 여전히 역사 서술을 지배했다. 그러나 이 과거의 성격은 변했다. 과거는 이미 과거에 대한 보도에 집중되어 있

---

123) 같은 책, 195쪽.
124) 「역대기 제3편집본」, 같은 책, 229쪽.

지 않았다. 과거는 생생하게 펼쳐진 자신의 구체성과 사실성 속에서 마치 현재를 모방하는 듯 보였다. 느릿느릿 펼쳐지는 과거는 막 과거로 물러서고 있는 현재로 지각되었다. 서술은 마치 과거를 소생시켜 현재로 다시 데려오고, 생생한 비례와 속도로써 묘사하고, 과거를 시간 속에 멀리 떨어진 것으로 만드는 '원근법적 축소'로부터 해방시키려는 것 같았다.

과거에 대한 이야기는 과거의 정착(定着)으로부터 점점 더 과거의 재구성이 되어갔다. 이것은 과거로 사라져가는 현실의 왜곡에 맞선 투쟁의 한 형식이었고, 과거의 불멸을 위한 투쟁이었다. 그리고 이것은 정규 극장과 드라마의 출현을 가능하게 했다.

초기 러시아 극예술에서의 '과거의 부활'

고대 문학에서 묘사 원칙이 발전함에 따라 예술적 시간도 발전해갔다. 예술적 현재의 복잡화는 특별한 의미를 가지고 있었다. 이 예술적 현재의 완성은 예술적 상상의 완성, 현실로부터 예술적 상상의 해방, 상상의 자유의 증대와 직결되어 있었다. 이것은 더 큰 묘사성을 위해서도 필수적인 것들이었다.

그러나 고대 문학에서 작품과 실용적 요구 간에 존재했던 기능적 연결은 문학의 묘사성의 발전을 저해했다. 문학은 제례의 한 부분이었고, 이런저런 실용적 기능을 지니고 있었다. 문학은 현실을 묘사하지 않고 현실에 봉사했으며, 현실에——주로 그 '축제적'인 면에 '형식을 부여했다.' 생애전과 설교는 교회 관습의 일부였고, 연대기는 세속적인 관습의 일부였다(그것은 독서를 위한 것이라기보다 역사적, 외교적 조회照會에 봉사했다).

문학이 실용적이고 제례적인 기능에서 점점 더 자유로워짐에 따라 문학의 묘사성도 커져갔다. 현실과의 실용적인 연관에서 벗어나면서 문학은 다른 방식, 즉 현실을 '모방'하면서 현실에 접근했다. 중세의 역사성에서 해방된 예술적 상상은 현실을 더욱더 정확하게 묘사하고, 현실의 가상을, 즉 작품 속의 사건이 독자, 관객, 청중 앞에서 '일어나는 것'일 수 있다는 가상을 만들어낼 수 있게 되었다. 이와 관련하여 현재 시간의 역할도 점점 더 커졌으며, 이는 17세기의 극예술에서 최고점에 달하게 된다.

고대 러시아 문학과 민속 문학에서의 현재 시간은, 근본적으로, 현실과 작품 내용의 접근이 가져온 결과였다. 서정가요의 현재 시간은 연주자의 현재였다. 가수는 실제 현재에 대해, 그 자신이 처해 있는 현재에 대해, 자신의 노래를 불렀다. 제례시의 현재도 마찬가지로 실제 현재, 즉 제례가 거행되는 순간에 일어나는 것에 속했다. 설교와 예배시의 현재도 현실과 문학을 실연자의 현재 안에서, 이런저런 정도로, 이런저런 점에서 접근시켰다. 빌리나와 연대기에서의 현재는 이와 달랐다. 그것의 현재는 과거에 종속되어 있었다. 그것은 마치 과거의 경계 안에 있는 듯한 현재, 과거의 어떤 사건에 대한 현재였다. 역사적 작품들의 이 현재는 길고 상세하게 묘사되는 어떤 사건과 바로 그 순간에 일어나는 다른 사건 간의 시간적인 일치를 가리켰다. 이 현재는 독자를 과거로 데려갔고, 그 과거 속에서, 마치 현재에서의 시간의 고요한 흐름을 모방이라도 하는 듯이, 느림보처럼 지체했다. 문법적 현재는 묘사를 위해 사건의 전개를 느리게 만드는 방법이었다. 우리는 이것을 16, 17세기의 역사 서술을 다룬 앞 장에서 이미 살펴보았다.

현실의 예술적 가상을 만들어내기 위해서는 작가, 독자, 실연자의 실제 현실로부터 완전히 차단되어 있고, 마치 제2의 현실과도 같은 예술적 현실의 인상을 주며, 독자와 청중을 자신의 특별한 세계, 예술작품의 세계에 온통 빠지게 할 수 있는 그러한 현재 시간이 필수적이었다.

사건을 그처럼 완전하게 현재로 옮겨놓는 것은 주로 연극 극장에서 가능했다.[125] 그러나 연극 극장은, 실연의 현재에 대한 연관으로부터도, 과거로부터도 모두 자유로워진 이 예술적 현재에 대한 발전된 관념이

---

125) 제의극이나 인형극, 광대극이 아닌 드라마 극장을 말한다.

등장했을 때, 그것을 토대로 비로소 나타날 수 있었다. 더불어 극장 자체도 현재에 대한 이러한 관념을 발전시켰다. 그것은 극장 자신을 위해 필수적이었으며, 그뿐만 아니라 근본적으로 묘사 원칙을 복잡하고 정확하게 하는 방향으로 나아가고 있던 문학 전반을 위해서도 필수적인 것이었다. 여기에서 분명해지듯이 러시아인의 삶에서 극장은 예술적 시간이 문학에서 일정한 단계에 이르렀을 때 비로소 출현할 수 있었다.

* * *

러시아인의 삶에서 극장의 출현은 예술적 현재 시간의 감각이 발전하지 않고서는 불가능했다. 연극은, 다른 어떤 예술 창작보다 더, 과거를 현재로 옮겨놓는다. 제례의 거행만이 예외다. 제례의 현재 시간은 실제의 현재다. 제례에 의해 형식화된 사건(장례식, 결혼식, 축제 등)은 실제로도 현재에, 지금 여기서, 일어났다. 관객들은 그것의 참가자였다. 그 때문에 제례시의 현재, 제례 거행의 현재 시간은 제례의 참가자들에게 예술적 현재로서가 아니라 실제적 현재로 받아들여졌다. 바로 그런 이유에서 제례는 아직 연극이 아니었고, 제례 거행에서 연극으로의 이행은 매우 힘들고 오랜 시간이 필요했다. 이것이 이루어지려면 과거 사건을 묘사할 때 예술적 현재 시간을 허용할 수 있는 특별한 예술 의식이 발전해야 했다. 현실의 예술적 환상을 위해 독자, 관객, 청중을 작가와 실연자의 실제 현실로부터 완전하게 차단시키고, '제2의' 현실, 예술적 현실의 인상을 불러일으키고, 관객과 청중을 자신의 특별한 세계, 예술 작품의 세계 속에 완전히 빠뜨릴 수 있는 그러한 현재 시간이 예술 의식에 등장해야 했다.

17세기 러시아 연극 레퍼토리의 첫 작품인 「아르탁세르세스 극」 (Артаксерксово действо)은 연극 공연에서 필수적인 이 예술적 현재 시간이 최초의 러시아 관객들의 의식 속에서 부딪치게 된 난관을 생생하게 보여준다. 현재의 사건에 대한 주석과 다름이 없었고, 그럼으로써 예술적 현재가 정당화되었던 제의극과 달리, 「아르탁세르세스 극」은 과거의 사건들, 성경에 나오는 역사적인 사건들을 묘사했다. 관객들은 이런 식으로 과거를 현재로 완전하게 옮겨놓는 것에 익숙하지 않았으므로, 그들을 어떻게든 준비시켜야만 했다. 이를 위해 이 번역극에 러시아 관객을 위한 특별한 '머리말'이 만들어졌고, 특별한 등장인물인 마무르자(Мамурза, 등장인물 '목록'에 나와 있는 바대로 "머리말과 맺음말을 말하는 차르들의 연설가"다)가 이것을 말했다. 마무르자는 공연의 주관객이자 기본적으로 이 희곡이 씌어진 대상이자 계기가 되었던 차르 알렉세이 미하일로비치(Алексей Михайлович)를 향해 말을 걸고, 그에게 새로운 오락의 예술적 본질에 대해 설명한다. 즉 어떻게 과거가 차르의 눈앞에서 현재가 되는가 하는 예술적 현재 시간의 문제에 대해 설명한다. 이를 위해 마무르자는 옛날부터 고대 러시아에서 과거의 불멸에 대한 관념과 결합되어 있던 '영광'의 개념에 의지한다.

마무르자는 알렉세이 미하일로비치에게, 많은 역사적 영웅의 영광이 남았듯이, 그의 영광도 영원히 남게 된다는 것을 상세하고 교육적으로 설명한다. '자연'이 알렉세이 미하일로비치로 하여금 그의 '왕홀'을 놓게 해도, 다시 말해 죽게 해도, 그의 영광은 불멸할 것인 것이다. 이어 마무르자는 알렉세이 미하일로비치에게 이제 그의 눈앞에 이미 이천 년 넘게 무덤 속에 갇혀 있는 '군주'(потентат)인 아르탁세르세스가 나타날 것이라고 설명한다. 알렉세이 미하일로비치가 과거의 인물들을 살아 있는 사람들로 쉽게 받아들일 수 있도록 작가는 이 인물들도 스스로를 부활했다고 느끼게 한다. 관객들만 자신들의 눈앞에 역사적인 인물들——아르탁세르세스, 에스더, 마르도헤이, 아만 등을 볼 뿐 아니라 이 등장인물들도 관객들을 보고 자신들이 어디에 와 있는지 놀라워하며, 알렉세이 미하일로비치와 그의 왕국에 감탄해 마지않는다. 등장인물들과 관객들의 독특한 교제가, 서로 간의 사귐이 이루어진다.

이런 종류의 '가상의 과장'은 대단히 특징적이다. 이것은 그들로서는 새로운 종류의 예술을 접하는 최초의 러시아 관객들에게 발생한 어려움에 대한 반응이다.

관객들이 무대 위의 사건을 볼 뿐만 아니라 등장인물들도 관객을 보고 그들에게 말을 거는 기법은 지금까지도 아동극에서 이따금 사용된다. 이 기법은 관객이 무대 위에서 벌어지는 사건을 믿게끔 하기 위해 필수적이다. 이것은 모든 종류의 예술 발전 과정 중 그 초기 단계의 전형적인 '자연주의'다. 관례성을 지각할 줄 아는 능력은 예술 발전의 다음 단계에서 발전된다. 그러나 첫 단계에서는 완전한 가상과 심지어 '가상의 과장'이 언제나 필수적이다.

마무르자는 차르에게 '메디아와 페르시아에서' 온 아르탁세르세스가 지금 떨면서 그의 앞에 서 있다고 말한다. 그 언젠가 아르탁세르세스의 권력은 위대했으나, 지금 그의 권력은 '그렇지 못하다.' 아르탁세르세스는 알렉세이 미하일로비치 앞에 서서, 그의 권력을 보고, '왕국을 둘러보며', 그 강대함에 경탄한다. 아르탁세르세스는 마치 부활한 것 같다. 작가는 부활하여 생전 알지도 못하는 알렉세이 미하일로비치의 왕국에 와 있는 자의 느낌을 전달하기 위하여 애쓴다.

작품의 내용을 짧게 설명하면서, 마무르자는 관객을 그에게 익숙하지 않은 극장 세계로 안내하고, 과거의 사건이 현재에 반복된다는 놀라운 일을 강조하기 위해 갖은 노력을 한다.

그렇지만 끝 부분에서 마무르자는 과거의 부활이라는 환상을 깨뜨려 버린다. 그의 장황한 설명은 관객을 동화적 시간에서 끌어내는 일종의 동화적인 덧붙임 이야기로 끝맺는다. "만약에 신이 우리의 완전하지 못한 노력이, 오 차르여, 당신의 위대함에 훌륭히 봉사할 수 있다고 축복하신다면, 그때는 페르시아로 그 은혜의 빛을 보내지 않을 것이고, 그때 아르탁세르세스의 사람들은 정확히 독일인이 될 것입니다."

이 말의 의미는, 「아르탁세르세스 극」의 주해자인 쿠드랴브체프가 풀이하듯, 다음과 같다. "연극이 마음에 드신다면, 차르께서는 배우들에게 틀림없이 자비를 베푸실 것입니다. 이들은 다름 아닌 모스크바 교외의 외국인 거류지에서 온 외국인들의 아이들인 독일인들이었습니다."[126]

궁 안의 별채에 사는 노인들을 통해 동화 듣기를 좋아했던 알렉세이 미하일로비치는 동화에 전형적인 이 '현실로 건너가는 다리'의 예술적 의미를 완전하게 이해할 수 있었다. 동화는 보통 이야기꾼들이 자신에게 상을 줄 것을 청하는 '덧붙임 이야기'(присказка)로 끝났기 때문이다.

연극의 사건이 시작되면서 아르탁세르세스가 말하는 첫 대사는, 관객 앞에 과거에 대한 이야기가 펼쳐지는 것이 아니라 마치 과거 자체가 부활해서 '지금'(ныне) 벌어지고 있는 것과도 같음을 강조한다.

> 즐거워하라 내 공후들이여, 이를 지금 즐거워하라.
> 페르시아와 메디아의 칭송받는 민족이여, 기뻐하라.
> 이는 이제 내 자신이 기쁨 속에 있으며,
> 또한 당신들의 즐거움에 대해서도 결코 의심하지 않소.
> 이제 고백하시오, 내게 충성한다고……

사건이 '지금' 벌어지고 있다는 것은 희곡 전편을 통해 등장인물들의 대사에서 계속 상기된다. "그렇지 않으면 이제 나는 본다", "너의 사랑과 위대한 명예가 이제 내게 복수하는구나", "이제 오만한 아스틴이 거부당하리니" 등등에서 그러하다.

과거에 대해 이야기하는 것이 아니라 과거를 앞에 내세우고 과거를 묘사하고 있다는 것을 등장인물들은 관객에게 끈질기게 상기시키는 모습이다. 그런데도 러시아 레퍼토리가 된 이 첫 희곡에는 이야기(рассказ)의 요소들이 여전히 보존되어 있다. 등장인물들은 관객을 향하고, 그들에게 말을 하고 있는 것 같으며, 결코 한순간도 그들을 잊지 않는다. 그들은 관객을 위해 무대 위에서 벌어지는 일과 그 자신들의 행동에 코멘

---

126) 『아르탁세르세스 극』—17세기 러시아 연극의 첫 희곡』, I. M. 쿠드랴브체프의 텍스트 편집, 논문, 주석, 모스크바-레닌그라드, 1957, 306쪽. 또한 K. 귄터, 「최초의 러시아 연극에 대한 새로운 독일 자료」, 『슬라브 학술지』, 제8권 제5호, 1963도 참조하라.

트를 하고, 관객을 위해 자신의 생각을 소리 내어 말하고, 관객이 그것을 듣고 이해하게 한다. 등장인물들은 그들이 누구인지 관객에게 상기시키기 위해, 때로는 자신들의 이름을 부르기까지 한다. "이렇게 나 아스틴이 버림받게 되는가?" 하고 왕후는 자신의 백성들에게 묻는다.

*   *   *

린후버의 증언에 따르면, 차르 알렉세이 미하일로비치는 꼬박 일곱 시간 동안 자리에서 한 번도 일어나지 않고서 연극을 보았다.[127] 이는 공연이 막간 휴식 없이 계속되었다는 말이다. 막간 휴식은 그토록 공들여 만들어낸, 현재에 일어나고 있는 '행위극'(действво)의 가상을 파괴하게 될 것이기 때문이다. 희곡의 개별 막들 사이에는 시간적 단절이 전제되지 않았다. 무대 위의 시간과 관중석의 시간은 통일되어 있었다. 우리는 여기서 시간 통일의 법칙이 극도로 융통성 없이 준수되고 있는 실례를 본다.

공연의 끝에 가서 가상에서 빠져나오는 것은 '머리말'을 말했던 바로 그 '황제의 연설자'인 마무르자의 등장에 의해 이루어져야 했다. 「코미디에 등장하는 소년의 역할에 대한 목록」(Росписи, которым отроком в коих чинех быть в комедии)에는 마무르자가 '머리말' 뿐만 아니라 '맺음말'도 말하게끔 되어 있다. 그러나 '맺음말'의 텍스트는 보존된 두 사본(리용 사본과 소연방 레닌 국립 도서관에 보관된 사본)에 모두 들어 있지 않다. 추측건대 이 맺음말은 원래 존재했으나 오늘날까지 전해지지는 못한 것으로 보인다.

그렇긴 하나 희곡에는 '가상으로부터의 출구'가 또 하나 있었다. 마지막 막인 제7막에서 아르탁세르세스는 순종과 충실과 순결의 승리를 선

---

127) 『로렌트 린후버의 1684년 러시아 여행기』, 고타 공작 공공 도서관에 보관된 원본에 따른 최초의 출판, 베를린, 1883, 29쪽.

언하면서 그 자리에 있는 모든 이(관객도 포함)에게 함께 노래하며 흥겹게 마음껏 즐기자고 제안한다. 모든 등장인물은 외친다.

에이, 에이, 에이, 에이!
위대한 모스크바여, 우리와 함께 즐기자!

극장은 극장의 현재 시간이 생겨나고, 그것이 관객들에게 이해될 수 있는 전제가 만들어지기 전에는 불가능했다. 그렇지만 이 극장의 현재 시간이란 무엇인가? 그것은 관객의 눈앞에서 벌어지는 공연의 현재 시간이다. 그것은 사건의 부활, 등장인물들의 부활과 함께 시간의 부활이며, 이 부활은 관객들이 그들 앞에 있는 것이 과거라는 것을 잊어야만 가능하다. 이것은 현재의 진짜 가상으로서, 그 속에서 배우는 그가 묘사하는 인물과 하나로 합쳐지고, 마찬가지로 연극 무대에서 묘사되는 시간은 관중석에 앉아 있는 관객들의 시간과 융합된다. 이 예술적 시간은 조건적이 아니다. 조건적인 것은 단지 연극의 줄거리 그 자체다.

극장은, 문학에서 이 '제2의' 시간, 해방된 시간을 갖는 작품이 가능하기 전에는, 문학의 묘사적 측면이 충분하게 발전하기 전에는 나타날 수가 없었다. 그와 더불어, 이번에는 거꾸로, 이 연극의 현재 시간이 문학의 묘사성의 발전에 중요한 요인이 되면서 문학에 영향을 미치기 시작했다. 문학은 자신의 이야기 대상을 독자에게 점점 더 적극적으로 '앞에 내어놓게' 되었다. 이런 의미에서 극장은 문학에도 결정적인 전환을 가져왔다. 18세기에 연극 장르들이 문학에서 하나의 지도적인 위치를 점하고, 다른 문학 장르들의 예술 구조에 영향을 미치게 된 것은 우연한 일이 아니었다.

18세기의 고전주의는 극예술에서 세 가지의 통일, 즉 시간, 장소, 줄거리의 통일을 요구했다. 사건의 통일된 시간은 사건이 관객의 눈앞에서 일어나고 있다는 가상을 만들어내기 위해서 불가피했다. 이 가상은 관객들에게 처음에는 힘들었다. 그들은 아직 묘사와 공연의 조건성에 익숙하지 못했다. 그 때문에 극장적이고 극예술적인 시간은 중단되어서는 안 되었다. 관객이 자신의 가상 속으로 '들어가고,' 그 가상 밖으로 '나가는 것'은 가능한 한 드물게 일어나야 했다. 현재 시간의 가상은 중단 없는 연속성을 지향한다. 18세기 극예술에서 시간의 통일 원칙도 여기서 비롯된다.

나중에, 미적 문화가 발전하면서, 시간의 통일 원칙은 구속력을 상실하게 되었다. 관객과 독자에게 극장의 시간과 연극의 시간은 희곡과 무대에서 묘사되는 시간이 독자의 시간과 배우의 연기의 시간과 통일성을 갖게 되는 정도로만 '통일적'으로 머물렀다. 이런저런 사건이나 마음의 동요를 연극적으로 묘사하거나 연기해서는 안 되고, 독백을 소리 내어 말해서도 안 되며, 대화에 참여하는 데에도 현실에서보다 빠르거나 늦어서는 안 된다. 현실의 이 가능한 시간은 지금까지도 극예술에서 고려되지 않을 수 없다. 그러나 연극에서 시간의 연속성은, 관객의 예술 문화가 성장함에 따라, 더 이상 요구되지 않는다.

*   *   *

민중극은 18세기와 19세기에도 계속 존재했다. 그런데도 민중극은 알렉세이 미하일로비치의 궁정 극장에서 생겨난 17세기 말의 러시아 연극 공연들보다 더 오래된 단계에 속한다.

민중극은 제례와의 연관성을 오랫동안 보존하고 있었다. 민중극의 예술적 시간은 상당 정도 제례시의 예술적 현재 시간이었다.

예컨대 수많은 필사본집에 기록되어 있는 마슬레니차(대재大齋 전주) 맞이와 배웅 제례의 여러 연극적 변형은[128] 마슬레니차의 코미디-연회와 공연 당시와 공연 후의 여러 다른 오락 간의 직접적인 연관을 증명해 준다.

---

128) V. D. 쿠즈미나, 『18세기 러시아 민주 연극』, 모스크바, 1958, 50쪽.

마슬레니차를 맞이하는 것은 그것을 맞이하는 '행위극'(действо)에서 직접적으로 어떤 역을 맡은 사람들 외에 모든 민중, 모여든 관중 모두였다. 마슬레니차 맞이는 일종의 카니발로 변모한다. 마슬레니차는 어릿광대 행렬의 선두에 등장하고, 그 자리에 모인 사람들 모두가 그 행렬에 합류한다.

마슬레니차를 맞는 이 코미디-연희를 연구하는 쿠즈미나(В. Д. Кузмин)는 이 연희에 민중들이 참여했다는 것을 강조한다. 그 때문에 이 민중 연희는 과거의 어떤 무엇을 '묘사'하지 않았고, 그것 자체가 진정한 '행위극'(действо), 즉 축제, 오늘 이날의 축제를 행하는 의식(儀式)이었다. 그것의 예술적 시간은 묘사적 현재가 아니라 모든 제례에서와 마찬가지로 진정한 현재였다. 여주인들은 마슬레니차에게 말한다.

> 우린 기쁘게 마슬레니차를 맞이한다,
> 기쁘게 부젓가락도 손에 든다.
> 벌써 그대 앞에 줄지어 서서,
> 부젓가락, 쇠젓가락으로 존경을 표할 참이라.
> 우리 여자들은 모든 준비 곧 완료,
> 냄비 집게를 들고 정식으로 나갈 거라네.
> 전병이며 기름떡을 오래전부터 구우며,
> 마슬레니차를 즐기는 중.
> 기름떡도, 전병도, 기름과자도 다 구웠으니,
> 멋진 청년들아, 우리에게 모여라,
> 우리랑 친구하며 한판 즐기자,
> 그런 다음 썰매로 산에서 미끄럼을 타자.[129]

코미디-연희는 '현재'에 이루어지는 손님 접대와 '현재'에 행해지는

---

129) 같은 책, 57쪽.

마슬레니차 오락으로 끝났다. 따라서 이 마슬레니차 연희의 예술적 시간도 역시 현재였다. 이것은 실연자가 작가보다 텍스트에서 더 큰 역할을 행하는 민중시에 전형적인 실연의 현재였다. 다른 민중 공연들에서의 예술적 시간도 같은 성격을 띠었다.

그런즉 민중극은 제례와 연관된 자신의 이 측면 때문에 아직 진정한 의미에서의 연극이 아니었다. 따라서 알렉세이 미하일로비치 재위기에 러시아에 출현한 극장은 예술적 묘사성의 발전에 실질적으로 어떤 새로운 것을 가지고 왔다. 그것은 예술적 시간이 실제 시간과의 연관으로부터 단계적으로 자유로워지는 과정에서, 그리고 그 연관에서 벗어나 그 실제 시간을 예술적으로 묘사할 수 있는 해방된 예술적 시간의 창조 과정 중 새로운 단계였다.

최초의 러시아 연극 작품에서의 예술적 시간 분석은 이 작품이 예술에 가져온 원칙적으로 새로운 것을 이해할 수 있게 도와준다.

연극 공연은 제례극과도 카니발에 가까운 민중 공연과도 원칙적으로 구별된다.

러시아에서 극장은 예술적 현재 시간이 이해될 수 있는 전제가 마련되기 전에는, 문학이 사건에 대한 이야기로부터 이 사건의 재현과 묘사로 이행해가기 전에는 생겨날 수 없었다.

아바쿰의 『생애전』에 나타난 '시간의 퍼스펙티브'

아바쿰의 『생애전』에 나타난 예술적 시간은 근대 문학과의 접경에 위치하고 있다. 아바쿰의 『생애전』에는 연대기에서와 같은 역사적 시간의 연속성이 없으며, 플롯을 가지는 역사적 이야기에 전형적인 시간의 폐쇄성도 없다. 『생애전』에는 시간의 연장선상에서 사건의 위치를 공고히 잡아주는 날짜 지정마저도 드물다. 작품에서 지배적인 것은 아바쿰의 비극적 세계관과 연관된 심리적, 주관적 시간인 '내적 시간'으로서 이는 객관적인 시간의 고착성보다 많은 부분 사건의 연속적 순차성을 드러낸다. 아바쿰은 자신의 시간 인식에서는 극도로 자기중심적이다.

아바쿰은 다음과 같은 말로써 사건의 연속적 순차성을 제시한다. "그후"(146, 150, 170, 172 외),[130] "나중에"(149, 151, 156, 168, 169 외), "그러고 나서 얼마 후"(144), "얼마 후"(145), "그 후 곧"(146), "결국"(146), "그때"(147, 167), "그 당시"(144, 148, 156), "그 후"(156), "그 당시"(169), "그 순간"(160), "이듬해"(163), "그 무렵"(163), "나를 데려왔을 때"(167), "지금"(169) 등등. 사실보다 자세한 시간의 제시 또한 단지 '내적 시간'만을 강조할 뿐이지 이야기의 사건이나 정확한 연월일의 날짜와는 아무런 관련이 없다. "세 번째 되는 날 난 허기졌다"(147), "여기서 4주일을 지냈다"(148), "일 년 반 동안 다섯 차례나 국사범으로 밀고되고"(148), "한 달 전부터 고생했다"(148), "3일마다"(148), "다섯 주 동안을 맨 빙판을 썰매로 가다"(154), "일 년 조금 못 되는 기간을 묶여 있었다"(165) 등등.

아바쿰이 정확한 시간을 지적하는 경우는 대부분 자기 자신의 삶에서 일어난 사건을 고려한 것이다. "······그런데 그때 나는 시베리아에 있었다"(175), "머리를 깎던 해에 (그녀는) 내 아이들과 함께 고생을 했다"(175), "그런데 그때도 난 여전히 평사제였다"(175), "그때 난 토볼스크로 왔다"(177) 등등. 이 모두는 아바쿰 삶 자체의 내적 단계다.

정확한 시간을 잴 수 없을 때 아바쿰은 이를 개략적으로 표현한다. "다우리아 땅에는 6, 7년 동안 엄청난 기근이 들었다. 어떤 해에는 즐거운 일도 있긴 했지만"(152), "나는 꼭 개들과 싸우듯이 악마들과 싸웠다,──한 3주 동안 내 죄로 말미암아"(173).

아바쿰이 시간의 지속성에 대한 정확한 제시를 경시하는 것도 아마 그에게는 시간의 불확정성, 비명료성, 유동성, 지칠 듯한 지속성이 더욱 중요했기 때문인 것 같다.

게다가 그는 일반화를 한다. 즉 과거에 있었던 것을 이야기하는 것이

---

130) 인용은 다음의 판본에 따른다. A. N. 로빈손, 『아바쿰과 예피파니의 생애전, 연구와 텍스트』, 모스크바, 1963.

아니라 종종 일어나곤 했던 것들을 이야기한다. 여기에서 시간의 지속을 나타내는 동사 형태가 생겨난다. "데리고 오곤 했다"(177), "악마가 나를 겁을 주곤 했다"(177). 여기서부터 행위의 다회성과 아바쿰에게 일어났던 모든 사건을 다 열거할 수 없음이 강조된다. "……다른 어떤 무언가가 있었고, 얘기할 것도 많다"(161), "그리고 다른 것들이 거기에 많이 말해졌다"(170). 삶은 그것에 관한 이야기 이상의 것이다. 모든 것을 다 이야기한다는 것은 불가능하다. 이것은 삶의 복잡함과 그 다양한 형태 앞에서의 놀라움이며 삶의 예사스럽지 않은 시간적 포용에 대한 느낌이다. 아바쿰은 또 다른 경우 각기 사건의 연속성을 과장하기도 하며, 만약 과장하지 않으면, 그는 사건을 비정상적으로 길고 오래도록 느낀다. 사건의 길이는 그에게 있어 어느 정도까지는 사건의 중요성에 대한 기호다. 이때 모든 사건은 그만큼의 연속된 시간을 갖는다. 아바쿰은 이런 개별 사건들 사이의 관계를 설정하고 전반적인 삶의 흐름을 수립하는 데 고민하지 않는다. 아바쿰의『생애전』은 전대의 작품들에서 그랬던 것처럼 시간을 일방향적인 것으로는 전혀 묘사하지 않는다. 아바쿰에게는 사건의 외적 순차성이 아니라 내적 순차성이 더 중요했다. 이 내적 순차성이 항상 아바쿰을 과거로 돌아가게도 미래로 앞질러 나가게도 하는 것이다.

『생애전』은 옛날식으로 출생에서부터 시작한다. 그러나 모든 생애전의 이러한 전통적인 시작 이후로는 서술할 때 전통적 순차성이 보이지 않는다. 묘사되는 사건의 순서와 그에 대한 이야기의 순서는 일치하지 않는다. 아바쿰은 다음과 같이 쓴다. "나는 니제고로드 지방 쿠지마 강 건너 그리고로보 마을에서 태어났다. 나의 아버지는 사제 표트르였고 어머니는 마리야, 수녀명으로는 마르파였다"(143). 그 후 햇수가 헤아려진다. "부제 서약을 한 것이 스물 하고도 하나가 되었을 때였고 두 해가 지나 사제가 되었습니다. 평사제로 8년을 지낸 후 주교들에 의해 주사제로 승격되었습니다. 그 후 스무 해가 흘렀으니 성직에 있은 지 도합 30여 년 가까이 지났습니다"(143).

두 번째 진술은 독자에게 마치 생애전이 쓰어지던 시기를 상키시키는 것 같다. 이후 이러한 제시는 점점 더 빈번하게 나타난다. 아바쿰은 자신의 생애전을 마치 현재의 어느 한 일정한 시점에서 바라보는 듯하며 이 시점은 그의 서술에서 대단히 중요하다. 이 현재 시점은 **시간의 퍼스펙티브**라 부를 수 있을 만한 것을 규정하며 그의 작품을 단순히 자신의 삶에 대한 서술이 아니라 상황에 의의를 부여하는 서술, 즉 그가 지하 감옥에서 생애전을 쓸 때 자신의 인생에서 가장 감정적 순간의 상황을 이해하게 해주는 서술로 만든다. 회화에서 퍼스펙티브는 한 명의 관객인 예술가 자신의 관점에서 현실을 묘사할 필요가 있을 때 생겨난다. 러시아에서 이러한 경향은 17세기 후반에 나타났다. 시간의 퍼스펙티브도 바로 그때 등장했다. 이는 서술이 진행됨에 있어 글쓰는 사람이 처한 순간에 대해 잊지 말 것을 요구하는 것이다.

아바쿰은 다음과 같이 쓰고 있는데, "그때에 내 아들 프로코페이가 태어났다. 지금은 제 어미와 함께 감옥에 갇혀 있다"(144). '갇혀 있다'는 생애전을 쓰는 현재 순간의 상황이다. "삭발 당하지 않은 채 시베리아 관청으로 보내져 서기 트레티야크 바슈마크에게 넘겨졌습니다. 지금 그는 수사 사바테이가 되어 노보스파스키 지하 감옥에서 그리스도를 위해 고통받고 있습니다. 주여, 그를 구원하소서! 그때도 그는 내게 잘해주었습니다"(147). "마트페이 롬코프라는 자가 나를 자주 따라다녔습니다. 수도명은 미트로판이라고 하는 인물이었습니다. 나중에는 모스크바로가 수석 대주교 파벨의 집사가 되었습니다. 그는 서기인 아파나시와 함께 회당 교회에서 내 머리를 깎아주었습니다. 그때는 선했으나 지금은 악마가 그를 삼켜버리고 말았습니다"(148). "그때 네로노프가 차르에게 교회가 분리되어 세 가지 파멸이 있을 거라 했습니다. 돌림병과 칼과 분열입니다. 그것들이 지금 오늘 우리 시대에 이루어지고 있습니다"(148). "내 딸, 불쌍하고 가련한 오그로페나는 몰래 그녀의 창 밑으로 가곤 했습니다. 그때는 조그만 아이였는데 지금은 벌써 스물일곱의 성장한 처녀입니다. 불쌍한 내 딸, 메젠에서 제 여동생들을 데리고 힘겹게 눈물로 살아가고 있습니다. 어머니와 형제들은 감옥에 갇혀 있습니다. 그러나 무슨 일을 할 수 있을까? 불행한 자들은 모두 그리스도를 위해 괴로움을 당하는 법이니!"(152).

아바쿰은 자신의 과거를 현재 시각에서 보고 있으며 그 당시 일어난 일을 현재와 연관시키며 현재를 설명하기 위해 과거에 의존한다. '시간의 퍼스펙티브' 역시 회화의 퍼스펙티브처럼 '자기중심적'이다. 이 '현재의 자기중심주의'는 아바쿰 자서전주의의 특징적 면모다. 그는 과거에 대한 자신의 현재 처지를 표명하며, 지금 과거 자신의 박해자들과 결별하거나 그들에게 욕설을 퍼부으며 지금 과거 자신과 함께 고통받았던 자들을 축복하며, 박해 뒤 그들에게 무슨 일이 일어났는지 현재 그들에게 무슨 일이 일어나고 있는지 그들이 지금 어디에 있는지 믿음을 지키고 있는지에 대해 회고한다. 그에게 과거는 어느 정도 현재다. 17세기 러시아 회화에 나타났던 선형 원근법에선 관객의 시점이 피사체를 지배하며 그림에 묘사된 것이 관객과 연결되었듯이 아바쿰의 시간 퍼스펙티브는 자신과 자신의 독자를 그의 삶의 사건과 연결시켰으며 양자 모두를 현재 순간의 시점에서 과거를 평가하도록 강하게 이끌고 있다.

아바쿰은 자신이 치료한 과부들에 대해 다음과 같이 쓰고 있다. "총애받는 자녀가 되어 방종을 끊고 정진하게 되었다. 모스크바에서는 주인 마님과 함께 보즈니센스키 수도원으로 들어갔다. 그들을 위해 하느님께 영광 있기를!"(154). 하루에 두 개의 알을 낳아주던 암탉을 회상하면서도 아바쿰은 이를 현재의 사건으로 말한다. "지금도 그 닭이 생각날 때면 안타까운 생각이 든다"(155).

아바쿰의 『생애전』에서 현재는 과거를 심판한다. 현재에서의 과거에 대한 이 시점은 중세에는 생소한 것이었기에 아바쿰은 특별한 희열감에 젖어 이것을 발전시켰으며, 이는 마치 어떤 종류의 새로운 발견처럼 그에게 완전한 예술적 즐거움을 가져다주었고 자연히 이 시점은 종종 사용되었으며 꾸준히 발전했으며 과장된 평가에 이르렀다.

"그 변절자들의 금지 조치에 대해선 난 그리스도의 이름으로 내팽개

처버릴 것이며, 그자들의 저주로 말할 것 같으면, 막말로, 뒤나 닦아버리릴 것이다. 나를 축복해준 사람들은 모스크바의 성부 표트르와 알렉세이와 이오나와 필립 같은 분들이다. 나는 그분들의 책을 통해 깨끗한 양심으로 나의 신을 믿고 그분을 섬긴다. 나는 변절자들을 부정하고 저주한다. 그들은 하느님의 적이며 그리스도와 함께 사는 나는 그들을 두려워하지 않는다! 그자들이 내게 돌을 던진다 하더라도 난 교부들의 전통을 지키며 돌 세례를 피하지 않을 것이다. 비열한 도둑놈과 같은 니콘주의자들의 저주는 더 이상 말해 무엇하겠는가? 그들의 하는 짓하며 예배의식하며 새로 찍은 책들에 침을 뱉어야 마땅하다. 그리스도와 지순한 성모를 어떻게 기쁘게 해드려야 할 것인지 얘기해보자. 그들의 도둑놈 짓거리에 대해선 이미 얘기할 만큼 얘기했다. 니콘주의자 형제들이여, 당신들을 욕한 것을 용서하시오, 당신네들은 살고 싶은 대로 사시오. 난 또다시 나의 슬픔에 대해 말할 것이니. 당신네들이 어떻게 나를 불쌍히 여겨 떠받들었는지 말이오. 20년이 이미 흘렀으니 하느님께서 다시 한번 내가 그런 고통을 당하도록 하신다 한들 우리 주님과 구세주 예수 그리스도를 위해 내가 무엇이 달라지겠소? 그리스도가 주시는 만큼 살면 그만인 것을. 자 이제 그만합시다. 너무 옆으로 빠졌군요. 먼저 이야기로 되돌아갑시다"(158~159).

아바쿰의 『생애전』 전체는 니콘주의자들이 그를 어떻게 "불쌍히 여겨 떠받들었는지"에 대한 이야기다. 이 이야기는 무슨 일이 있었으며, 중요한 것은, 지금 무슨 일이 벌어지고 있는가에 대한 것이다. 아바쿰이 덧붙이듯이 "20년이 이미 흘렀으나" 사실상 달라진 것은 아무것도 없다. 투쟁은 과거에 있었고 지금도 있으며 예전에 진행되어왔으며 지금도 진행되고 있다. 박해 역시 마찬가지다. 인생 전체가 하나의 영웅적 업적이며 이는 아직 끝나지 않았다. 따라서 아바쿰이 말하는 에피소드 중 그 어느 것도 과거 시점에서는 종결되지 않았다. 그것은 계속 진행 중이며 현재에 의지하고 있다. 이러저러한 인물들에 대해 이야기하면서 아바쿰은 현재의 자신의 운명에 대해서도 회상한다. 즉 자신은 무엇이 되었으며, 어디에서 박해를 받았는지 또는 어디서 또 다른 사람들을 박해하는지에 대해서다.

따라서 아바쿰은 과거에 대해 이미 완료된, 일회적인 것처럼 이야기하는 것이 아니라 계속 진행되는 것으로 여러 번 반복되는 것처럼 이야기하며 과거에 일어난 사건과 현재 일어나는 사건의 비확정성과 비종결성을 강조하며 이에 상응하는 단어와 문법적 표현을 선별한다. "불쌍한 주사제 부인은 터벅터벅 걷다 넘어지곤 했습니다. 얼마나 미끄러운지!", "한번은 터벅대며 걷던 (불쌍한 주사제 부인이—리하초프) 넘어졌습니다. 그런데 또 다른 한번은 또 다른 한 남자가 그녀와 부딪치며 그녀 위에 넘어졌습니다"(154). "또 다른 한번은 나를 두들겨 팬 후 꼬챙이에 꿰어 죽이려고 했었습니다만, 신이 도우셔서 살아남았지요!"(158).

여기서부터 다회체 형태가 등장한다. "집으로 어머니들은 자기 어린애들을 데리고 오곤 했다"(177). "악마가 나를 겁주곤 했다"(177). 또한 여기에서부터 이야기된 것은 일어난 사건의 일부분에 지나지 않음이 강조된다. "그리고 다른 사건들도 있지만 말할 필요가 있을까? 다 지난 일인데!"(161), "게다가 그때 무슨 일들이 있었나 하는 것도 그녀에게 얘기했다"(163), "그것에 관해서는 할 말이 많지만 하느님께서 용서하시기를! 나는 나 자신의 고통에 대해 그들의 책임을 묻지 않으며 먼 훗날에라도 그럴 것이다"(165). 여기에서도 아바쿰은 자신은 회상하는 것만을 쓸 뿐이지 그 이상은 아니라는 사실을 항상 독자에게 환기시키고 있다. "사람들이 오피메이야라고 불렀던 것이 생각난다"(176). 여기에서 청자, 독자 그리고 무엇보다 자신과 감옥살이를 함께했던 예피파니에게 여러 번 말을 건네고 있다. "사제님(예피파니—리하초프), 만약 그리스도의 종의 이야기에 싫증이 나지 않으셨다면 죄 많은 제가 또 다른 이야기를 하도록 하지요. 다우리아 지방에 있을 때 말이죠, 기력이 다 떨어지고 엄청난 기근 때문에 기도를 제대로 못 드리고 있었습니다"(162), "그러고 나서 곧 나를 고문하려고 했다. 들어보시오, 무슨 일이 있었는지"(156), "여러분, 자 보시오, 예레메이는 우리를 위해 고통받은 것이 아니오?"(157), "여러분에게 또 이르노니"(167), "수도사님, 얘기 하나 더 해드릴까요?"(167), "아이구, 수도사님, 제 웅얼거리는 주절거림을 너무 많이 들으셨군요"(178). 『생애전』의 한 장면에서는 청자와 옥살이를 함께한 예피파니에 대한 부름이 직접적인 대화로 옮겨간다. 이를테면, 아바쿰은 예피파니에게 서면으로 질문을 하고 예피파니가 자기 손으로 수사본에 직접 적어 넣은 대답을 곧바로 받게 된다(158).

본질적으로, 아바쿰의 『생애전』은 설교자가 단 일 분도 어디에서 어떤 조건으로 그가 말하고 있는지를 잊지 않고 있는 설교문이다.

우리는 이미 위에서 설교가 현재 시제로 행해지고 있음을 보았다. 아바쿰은 『생애전』을 또한 현재 시제의 설교로 종종 이끌어나가는데 특히 그가 보편적 문제를 진술하고 세상의 질서, 자연, 인간 세상 전반의 도덕을 묘사하는 부분에서 이는 두드러지게 나타난다.

설교의 성격을 정의하는 것은 또한 이야기되는 단편적 일화들의 자유스러운 배열이다. 이들 모두는 교훈적 성격을 지니고 있다. 바로 이 때문에 아바쿰에게는 자신의 삶의 이러저러한 사건이 어떤 역사적 순간에 일어나느냐 하는 것은 중요하지 않으며 엄격한 시간적 순서도 중요하지 않은 것이다. 그는 사건의 대략적인 앞뒤 순서와 차례, 『생애전』의 서두에 언급된 것만을 준수하며 작품의 각 단편들을 전체 러시아 사실과 관련시키지 않으며 자유롭게 배열한다. 끝으로 갈수록 그의 이야기는 자유스러워진다. 그는 각각의 단편들을 회상하며 그것들을 시간적 순서라기보단 주제론적으로 배열한다.

아바쿰이 단편적 일화를 자신의 이야기에 '연결시키는' 도입어는 이런 맥락에서 전형적이다. "아직도 당신에게 제 무식함에 대해 이야기하는 것을 용서하십시오"(172), "조금 더 당신에게 말씀드리겠습니다"(176), "수도사님께 좀더 이야기해드릴까요?"(176).

아바쿰은 이야기에 이야기를 꿰고 있다. 이야기들은 현재 세상에서 무엇이 일어나고 있는지를 말하는 보편적인 고찰로 종종 끝을 맺곤 한다. "이렇게 신이 자신의 사람을 만드신다!"(144), "이렇게 주님은 교만

한 자들에 반대하시고, 겸손한 자들에 복을 주신다"(145), "주사제는 영광을 좇았지. 불행한 자여, 이제는 끝까지 참는 것도 사랑하라"(152), "신에게는 모든 것이 다 필요하다. 조그마한 집짐승도, 작은 새도 지순한 창조주의 영광을 위해, 그리고 인간을 위해 존재한다"(155), "우리의 빛 그리스도의 이 모든 것이 인간이 평안을 얻으며 신을 찬미하도록 준비된 것이다. 그러나 허망한 인간의 삶은 그저 그림자처럼 지나가버린다. 인간은 염소처럼 펄쩍펄쩍 뛰어오르고, 거품처럼 부풀어오르며, 여우처럼 화를 내고, 뱀처럼 통째 먹어 삼키려 들며, 남의 아름다움을 보면 당나귀처럼 콧김을 내뿜으며 힝힝거리고, 악귀처럼 교활하게 굴며, 배불리 퍼먹고 기도도 드리지 않고 잠들고, 신에게 빌지도 않으며, 늙을 때까지 회개도 하지 않다가 결국 어디론가 사라져버린다. 그러면 나도 모른다, 그가 빛의 세계로 사라지는지 어둠의 세계로 사라지는지. 최후의 심판에 도래해 이 모든 것이 보여질 것이다!"(159).

아바쿰의 이야기 전체를 관통하는 예술적, 문법적 현재 그리고 당대성에 대한 꾸준한 주시와 현재의 상황과의 대비, 이 모두는 작품의 교화 효과를 높여주며, 어떻게 작가가 신앙을 믿으며 고백하고 살고 죽는지를 보여주고자 하는 작품의 목적 또한 강화하고 있다. "이렇게, 나, 부사제 이바쿰은, 믿으며, 이렇게 고백하며, 이렇게 살고 죽어가고 있습니다"(143).

그런데도 아바쿰의 『생애전』은 설교가 아니다. 작품은 이보다 훨씬 더 복잡하다. 게다가 당연히 설교에서보다 예술적 시간의 문제가 더욱 복잡하다. 전체 『생애전』은 종말, 죽음 그리고 더욱 끔찍한 임박한 고통에 대한 기다림으로 가득 차 있다. 작품에서의 중요도에도 불구하고 현재는 찰나적인 스쳐 지나감이다. 현재는 유동적이다. 아바쿰은 자신의 종말만을 기다리는 것이 아니라 일단의 무리들에 대한 징벌과 다른 무리들에 대한 포상도 기다린다. 자신을 파프누티예프 수도원에서 후견해 준 코지마에 대해 이야기하며 아바쿰은 말한다. "신만이 그에게 무슨 일이 있을지 안다!"(164).

자신의 과거와 현재에 대한 아바쿰의 관심은 '역사적'인 것도 자서전적인 것도 아닌 '철학적'인 것이다. 이것은 자아성찰과 스스로에 대한 보고서, 내세의 미래로 침잠하기 위한 하나의 동기에 불과하다. 아바쿰은 극도로 자기중심적이다. 그를 둘러싸고 있는 것은 고통으로 가득 찬 세계이나 그 고통에 대해 생각하고 글을 쓰는 것은 '자신의 수난기'를 저술하려 함이 아니라, 자신의 미래에 대해 스스로 생각하게 하고 타인 역시 그들의 미래에 대해 생각하게 하려 함이다. 이것은 자신에 대한 심판이자 다른 이들에 대한 심판이다. 즉 이는 아바쿰이 줄곧 심각하게 생각하는 최후의 심판의 문 바로 앞에 다다른 듯한 모습이다. 이러한 관점에서 그는 또한 자신과 자신의 투쟁에 대해, 자신과 신앙에 대한 차르의 우유부단한 관계, 그리고 개별 인물들의 행동 등에 대해 쓰고 있다. 이는 단순히 모든 설교자가 훈화를 목적으로 한 자신의 설교를 가득 채워넣는 교훈적인 예시일 뿐 아니라 스스로와 주변 사람들에 대한 선고이기도 하다.

가끔 아주 오래된 사건을 묘사하며 아바쿰은 스스로 몇 마디를 덧붙인다. "신이 그들을 용서하기를!"(165), "그를 구원하소서, 주여!"(147), "그들에게 신의 영광이!"(154). 그는 모든 사람의 다가올 미래의 운명까지 간섭하려 들기도 한다. "지금의 죄 많은 나처럼, 가능하면 그를 위해 신께 기도 드립니다"(169). 그를 괴롭히는 것은 자신이 오래전에 말한 거짓이며 이에 대해 용서를 구한다(158). 아바쿰은 자신의 길이 올바른 것인지를 확인한다. 그에게는 그 어떤 것도 비밀로 덮여 있지 않았으며 어떤 것도 그냥 흘러가지 않았다. 그는 신 앞에선 모든 이가 심판받는 것을 알고 있다. 삶을 살아가며 얽히게 되는 인생의 모든 매듭을 푸는 것에 대해, 자신과 다른 사람들이 행한 모든 것을 분명하게 밝히는 것에 대해 아바쿰은 또한 노심초사한다. 어떤 이들을 위해서 그는 기도하지만 다른 이들에게는 신의 징벌을 바라고 비난한다. 모두에게 포상과 처벌이 돌아올 것이다. 따라서 아바쿰에게 과거는 현재로 향할 뿐만 아니라 대부분 궁극적으로는 미래로 정향(定向)지어진다. 가장 평범한 사건들도 '영원성의 표지 아래에' 행해지며 다가올 최후의 심판의 표지 아래 행해지는 것이다.

'시간의 뒤섞음'과 관련한 이런 아바쿰의 태도는 작품에 직접 제시되고 있다. "주님의 업적은 놀랍고 조물주에 의한 우리들의 운명은 알 수가 없습니다. 형벌을 받도록 내버려두시지만 치유해주시고 은총을 베푸십니다. 더 이상 무슨 말이 필요하겠습니까? 신은 최고(最古)의 기적 창조자로서 무에서 유를 만드십니다. 따라서 최후의 심판일에 모든 인간의 육신을 순식간에 부활시킬 것입니다. 누가 이를 판단할 수 있겠습니까? 신은 신입니다. 새 것을 만드시고 낡은 것을 새롭게 하시니. 모든 것에 신의 영광!"(170).

아바쿰의 『생애전』 또한 새 것을 만들고 '낡은 것을 새롭게' 한다. 『생애전』은 존재했던 모든 것을 동시성의 차원으로, 현재로 옮겨놓으며 현재는 미래로 인입(引入)해 들어간다.

근대 문학의 특징적 조건인 시간의 주관성, 과거에 대한 작가적 현재에서의 시선, 독특한 시간 퍼스펙티브, 개인화된 작가적 개성의 등장 등 아바쿰 『생애전』의 많은 것이 작품의 예술적 시간을 근대 문학의 그것에 근접시킨다. 서술할 때 현재를 도입하는 여러 기교, 이야기에서의 사건의 재배치 등은 그 자체로서 근대 문학에서의 유사한 현상을 상기시킨다. 그러나 『생애전』의 예술적 시간과 근대 문학작품의 예술적 시간은 많은 점에서 차이가 난다. 종말을 향한 세계의 총체적인 움직임을 배경으로 인식되는 독특한 현재 시제, 죽음과 최후의 심판을 기다리는 상태 등은 고대 러시아 문학의 특징인 '영원성의 측면'이란 잔영을 남기면서 아바쿰 『생애전』의 예술적 시간을 근대 문학의 예술적 시간과 완연히 구별시킨다. 사실 고대 러시아의 '영원성'은 인간 바깥에 존재하는 것이었지만 이러한 '영원성'은 지극히 주관적이었다. 아바쿰은 내부에서 자신을 불태웠던 불길 속에서 타올랐던 것이다.

근대 문학에서 고대 러시아적인 예술적 시간의 운명

곤차로프의 풍속지적 시간

고대 러시아의 교훈 문학은 현재 시간을 풍속 묘사와 훈계라는 과제에 종속시켰다. 이미 보았다시피 인간 본성의 '영원한' 결함과 습관적인 '죄'와 관련된 이 훈계는 인간의 결함을 일반화하는 현재 시간에서 행해졌다. 폭로적이고 교훈적인 문학의 이 '현재 시간'은 프랑스의 문학 오체르크(очерк)의 영향 아래 있었던 19세기 전반의 풍속지적(風俗誌的) 오체르크에서 흥미 있게 계속되었다. 오체르크가 목표로 삼은 것은 풍속과 관습을 일반화하는 것이었지만, 그것은 약간 다른 유형에서였다. 오체르크는 인식적 목표를 맨 앞에 내세웠다. 그 때문에 오체르크의 예술적 시간의 본질은 훨씬 더 복잡하다.

현재 시간을 갖는 오체르크는 러시아 문학에서는 학교 역할을 했다. 그곳에서 많은 러시아 작가가 전형화의 기법과 예술적 시간에 대한 이해를 습득했다. 현상은 현재 시간 속에서 묘사되었다. 현상의 일반화는 무엇보다도 시간 속에서 현상의 불변성, 지속성, 빈번한 반복성에 대한 확인으로 귀착되었다. 전형화는 삶이 지닌 일정한 리듬의 폭로와 결합되어 있었다. 그것은 주로 느리고, 언제나 같은 것으로 되돌아가며, 관습적이고, 날마다 해마다 되풀이되는 순환의 리듬이었다. 사건의 흐름은 조용했고, 거기엔 어떤 의외성도 없었다. 작가의 과제는 매일 또는 매년 변함없이 행해지는 것, 오랫동안 살아 있는 것, 습관적인 것을 기술하는 데 있다고 여겨졌다. 오체르크는 이미 K. N. 바튜시코프의 「모스크바 산책」(1811), K. F. 릴레예프의 「페테르부르크의 시골사람」(1821), D. N. 베기체프의 「홀름스키 가족」(1832), V. F. 오도옙스키의 몇몇 작품, N. A. 폴레보이의 「사회와 문학의 새로운 화가」, 끝으로 A. S. 푸시킨의 「아르즈룸 여행」과 M. Yu. 레르몬토프의 「카프카즈인」을 통해 소개되었다. N. V. 고골, I. A. 곤차로프, I. S. 투르게네프 같은 작가들도 어느 창작 시기에는 오체르크의 영향을 받았다. 넵스키 거리의 하루, 옛 기질의 지주들의 하루, 「오블로모프의 꿈」에서 오블로모프의 하루, 이 하루의 느림과 반복성, 전형적인 러시아 시골이나 도시 풍경의 정태적 묘사는 일반화의 과제에 들어맞는 것들이었다.

자연파에서 으레 사용된 일반화와 전형화의 기법들은 문학의 예술적 시간을 느리게 했고, 그 흐름을 조용하게 만들었다. 이 기법들은 작가로 하여금 오블로모프나 바슈마치킨이나 옛 기질의 지주들처럼 정해진 박자에 따라 살아가는 사람들의 전형에 주의를 기울이게 했고, '잉여 인간'의 전형과도 조응했다. 꿈과 환상은 문학에서 더욱 큰 자리를 차지했다. 반복성과 불변성이 작가들의 주의를 나태함과 우유부단에 쏠리게 했기 때문이다. 러시아 귀족계급이 지닌 이 자질들의 폭로는 전형화의 요구와도 맞아떨어지는 것이었다 할 수 있다.

새로운 전형의 예술적 일반화를 보여주는 한 예로서 『오블로모프』를 자세히 다루고자 한다. 『오블로모프』는 자연파의 생리학적 오체르크를 학습한 리얼리즘적 서술에서 시간의 문제가 어떻게 해결되고 있는가 하는 관점에서 매우 흥미 있는 작품이다.[131] 나태한 인간, 느리게 살고 많이 자고, 현실에서 받는 인상을 자신의 자유로운 의식의 흐름을 통해 대폭 일반화시키고(이를 통해 작가는 일반화의 한 부분을 주인공에게 전가시킬 수 있게 된다) 생략해버리는 인간——이 주제는 시간에 대한 새롭고 리얼리즘적인 관계와 놀랄 만큼 정확하게 결부되어 있다.

『오블로모프』에서 묘사 대상과 시간의 묘사 방법은 엄밀하게 합치한다. 소설은 오블로모프의 아침을 묘사하는 것으로 시작한다. 그것은 구체적이고 특정한 아침이지만, 이 묘사에서는 반복적인 일상성, 전형성이 느껴진다. 묘사는 주로 과거의 불완료상, 다시 말해 끊임없이 현재로 넘어가는 과거의 문법적 시제로 진행된다. 오블로모프의 외모에 대한 묘사는 그가 침대에 누워 있는 순간에 고정되어 있다. 그러나 이 묘사는

---

131) 생리학적 오체르크가 「오블로모프의 꿈」에 미친 영향에 대해서는 A. G. 체이틀린, 『러시아 문학에서 리얼리즘의 형성─러시아의 생리학적 오체르크』, 모스크바, 1965, 287~288쪽을 보라.

누워 있는 상태와는 맞지 않는다. 묘사되는 것은 오블로모프의 우아한 동작과 그의 미소, 차갑고 피상적으로 관찰하는 사람들과 더욱 깊이 있고 호의적인 사람들이 그에게 보여주는 태도에 대해서다. 그의 실내복, 그가 집 안에서 걸어다니는 모습 등등에 대해서도 얘기된다. "그가 신고 있는 실내화는 길쭉하고 부드럽고 넓었다. 쳐다보지도 않고 침대 아래로 발을 늘어뜨리면 두 발은 어김없이 슬리퍼 속으로 쑥 들어갔다." 분명 여기서 말하고 있는 것은 주어진 어느 날 아침에 대해서가 아니라, 오블로모프의 임의의 일반적인 아침에 대해서다. 그러나 이 긴 묘사를 오블로모프가 침대에 누워 있는 순간에 고정시킴으로써, 작가는 이 누워 있는 상태가 오래 계속되는 것임을 강조할 수 있고, 오블로모프의 집에서 시간이 아주 느리게 흘러간다는 느낌을 독자에게 불러일으킬 수 있다. 누워 있는 오블로모프의 묘사로부터 곤차로프는 그의 방에 대한 묘사로 옮겨간다. 우리 앞엔 다시금 이 순간 또는 그 순간이 아니라(이 묘사가 외적으로는 어떤 특정한 아침에 고정되어 있음에도 불구하고), 매일매일 습관적으로 반복되는 일상성이 제시된다. 그것은 변하지 않는 방의 모습이며, 때문에 작가는 특별한 만족감이라도 느끼는 듯, 방이 정신없이 어질러져 있고 먼지투성이이고 거미줄이 늘어져 있고 치운 흔적이라곤 보이지 않는다는 것을 열심히 강조한다.

"벽에는, 그림 주위에, 먼지로 뒤덮인 거미줄이 꽃무늬 장식처럼 처져 있었다. 거울은 사물을 비쳐주는 대신 오히려 두껍게 쌓인 먼지 위에다 어떤 메모라도 써둘 칠판으로 사용해도 괜찮을 정도였다. 양탄자는 얼룩투성이였고, 소파에는 잃어버린 손수건이 놓여 있었다. 식탁 위에는 전날 저녁 식사를 하고 치우지 않은 접시가 소금 그릇과 뜯어먹고 남은 뼈다귀와 함께 놓여 있지 않은 **아침이 드물었다**. 거기엔 언제나 **빵 부스러기**가 굴러다녔다. 이 접시가 아니라면, 방금 다 피우고 침대 옆에 비스듬히 세워놓은 파이프가 아니라면, 그리고 침대 위에 누워 있는 집주인이 아니라면, 이곳에 아무도 살지 않는다고 생각할 수도 있을 터였다. 그렇게 모든 것이 먼지투성이였고, 빛이 바랬고, 도무지 사람이 거기 있다는 살아 있는 흔적이라곤 없었다. 하긴, 선반이 딸린 장에 두세 권의 책이 펼쳐진 채 놓여 있고, 신문이 널려 있고, 큰 책상 위엔 잉크병이 펜과 함께 놓여 있었다. 그러나 책이 펼쳐진 페이지들은 먼지를 부옇게 덮어쓴 채였고 색깔도 누렇게 바랜 것으로 보아 오래전에 팽개쳐버린 게 분명했다. 신문 호수는 지난해의 것이었고, 잉크병에 펜을 적시려고 할 요량이면 깜짝 놀란 파리가 윙윙대면서 병 밖으로 튀어나올 뿐이었으리라."[132]

우리가 보듯이, 전형화란 언제나 사건의 반복성을 함께 나타내며, 시간의 흐름의 진부함과 느림을 요구한다. 전형화에 가장 적합한 것은 느리고 나태한 사람들, 뒤죽박죽인 살림살이, 명상벽(瞑想癖), 하는 일 없는 게으른 관찰력이다. 이 관찰력은 사소한 것들에 오래 머물러야 하는 작가 자신의 관찰을 용이하게 하고 정당화해줄 수 있다.

오블로모프의 방에 대한 묘사로부터 소설은 주어진 날의 아침에 대한 묘사로, 소설의 플롯을 출발시키는 구체적이고 유일한 사건에 대한 묘사로 점점 가까이 다가간다. 주인공은 행동하기 시작한다. 그는 아직 일어나지 않는다. 단지 하인을 부를 따름이다. 그것도 몇 차례 반복해 부른다. 그럼으로써 그는 전형화된다. 하인을 반복해서 부르는 것은 주인공의 성격에 의해 정당화된다. 그는 게으르고 건망증이 심하다. 이어 방문객-손님들이 모두 동일한 상황에서 한 사람씩 차례로 나타난다. 우리 눈앞으로, 생리학적 오체르크에서처럼, 그야말로 하나의 화랑 전체가 지나간다. 아침이 이미 구체적이고 하나뿐인 아침이 되었음에도 전형화의 근거가 되는 반복성과의 연관성은 아직 사라지지 않았다. 아침은 전형적이고('손님들'의 방문은 의외의 사건, 유별난 일이 아니다), 손님들도 '평상적'이다. 다시 말해 그들은 오블로모프에게 전형적이며, 페테르부르크에서, 러시아의 생활에서 전형적이다. 그런 까닭에 방문 자체도 주어진

---

132) I. A. 곤차로프, 『8권 전집』, 제4권, 모스크바, 1953, 9~10쪽. 앞으로 이 책에서 인용할 때는 텍스트 속에서 쪽수만 명기한다. 강조는 계속하여 필자 리하초프가 한 것이다.

아침의 방문이라기보다 오블로모프를 찾아오는 일반적인 방문이다.

전형화 기법과 예술적 시간의 결합은 오블로모프의 꿈에서 특히 선명하게 드러난다. 곤차로프는 오블로모프의 꿈에 꿈의 성격을 부여하려 하지 않는다. 그는 오블로모프의 꿈이 우리를 데려가는 세계를 묘사하지 꿈 자체를 묘사하지 않는다. 꿈은 꿈의 왕국인 오블로모브카(Обломо-вка)의 상징이다. 꿈은 이 오블로모브카에서 시간의 느린 흐름을 정당화해주는 기제다. 꿈은 전형화의 방법으로서, 그것의 핵심은 가변성의 느림, 혹은 느림의 불변성, 교체의 율동성, 마치 졸음에, 가수(假睡)상태에 빠진 듯한 사건의 반복성과 비변별성을 가리키는 데 있다. 잠자는 것은 오블로모프가 아니다. 자연이 잠자고, 오블로모브카가 잠자고, 생활이 잠잔다. 초시간성이 잠자고 있고 변화하지 않는 생활에 종속되어 있다. 오블로모브카에서는 갑작스러운 것, 달력에 따라 일어나지 않는 일은 아무것도 없다.

"달력이 가리키는 대로, 3월이면 봄이 와서, 더러운 시냇물이 언덕에서 흘러내리고, 땅이 녹고, 따뜻한 김을 뿜어낼 것이다. 농부는 털가죽 반외투를 벗고 루바슈카만 걸친 채 바깥으로 나갈 것이다. 그리고 손으로 눈을 가린 채 만족감에 어깨를 으쓱해하며 오랫동안 햇빛을 즐길 것이다. 그런 다음, 뒤엎어놓았던 수레를 이쪽 채에, 저쪽 채에 매고, 처마 밑에 한가롭게 누워 있는 쟁기를 바라보며 발로 툭툭 치고선, 으레 해온 일을 준비할 것이다. 봄에는 갑작스런 눈보라가 찾아와서 들을 뒤덮고 무겁게 쌓인 눈이 나뭇가지를 부러뜨리지 않는다. 겨울은 가까이 다가갈 수 없는 차가운 미녀처럼 정해진 따뜻한 때가 올 때까지 자신의 성격을 지킨다. 예기치 못한 해빙으로 약을 올리지도 않고, 들어본 적도 없는 무서운 혹한으로 위협을 하지도 않는다. 모든 것은 예로부터 그래온, 자연이 정해둔 일반적인 질서에 따라 진행된다"(104).

조금 더 가면 이렇게 얘기된다. "이 벽촌을 이루는 조그만 서너 개 마을에서는 모든 것이 얼마나 조용하고, 모든 것이 얼마나 꿈에 잠긴 듯한가! 마을들은 서로 멀리 떨어져 있지 않았다. 그것들은 마치 어떤 거대한 손에 의해 우연히 내던져져서 여러 방향으로 흩어졌고, 그때부터 계속 그렇게 머물러온 듯이 보였다. 농가 한 채는 골짜기의 낭떠러지 위에 떨어져서 기억도 할 수 없는 그때부터 반은 공중에 뜬 채 세 개의 긴 통나무에 의지하고서 계속 그곳에 매달려 있다. 그 안에서 서너 세대가 조용하고 행복하게 살았었다"(107).

"사소한 것 하나도, 선(線) 하나도, 무엇이든 알고 싶어 못 배기는 어린아이의 주의를 피해가지 못한다"(113)라고 곤차로프는 쓴다. 이 말을 통해 그는 사소한 것들에 대한 자신의 주의와 '어린아이 같은' 관심을 정당화하고 있는 듯 보인다. 어린아이는 일어나고 있는 일의 의미를 완전히 이해하지 못하면서 그것을 관찰하고 일반화한다. 그럼으로써 어린아이는 비사색적이고 무사태평하며 영원히 주어져 있는 사건의 질서를, 일상적인 삶의 게으른 무사태평을 강조하는 셈이다. 오블로모브카의 묘사에서 문법적 형태와 상들은 하나의 구(句) 안에서 서로 결합되어 있다. 과거로부터 현재로, 미래로부터 과거로의 이행은 오블로모브카에서 시간이 특별한 의미를 갖지 못함을 역설한다. 어떤 무엇이 한 번 또는 여러 번 일어났건, 또는 영원히 주어져 있는 질서 속에서 언제나 일어나고 있건, 그것은 작가에게 특별한 의미를 갖지 못하며, 오블로모브카의 주민들에게도 아무런 의미를 갖지 못한다. "아무것도 필요치 않다. 삶은 조용한 강물처럼 그들 곁을 흘러가고 있었다. 그들에게 남은 일은 단지 이 강의 언덕에 앉아서 부르지 않았는데도 그들 각자 앞에 차례로 나타나는 불가피한 현상들을 관찰하는 것이었다"(126~127).

그뿐만 아니라 사람들의 생각까지도 그들의 일상적인 반복성에 얽매여 있다. 이 반복되는 상황 속에서 똑같은 생각들이 '갑자기' 등장인물들에게 떠오른다. 작은 창 밖으로 허물어지고 있는 회랑의 지붕과 난간을 볼 때면 오블로모프 노인은 '언제나' 수리를 해야 할 텐데 하는 생각에 근심에 잠긴다(129). 등장인물들의 '철학'도 작가의 일반화 기법에 들어맞는다. "그게 바로 인생이라네! ——하고 일리야 이바노비치가 가르치듯 말했다——어떤 사람은 죽고, 어떤 사람은 태어나고, 또 어떤 사람은 결혼을 하고, 우리는 점점 늙어가는 거야. 이젠 한 해 또 한 해가 아니라 하루하루를 세어야 할걸세. 왜냐고? 매일매일이 어제 같고, 어제가 내일 같다면, 그거야말로 일일 테지! 생각하면 서글퍼⋯⋯"(134).

전체적으로 「오블로모프의 꿈」은 있었던 것에 대한 이야기가 아니다. 그것은 늘 있었던 것, 늘 일어났던 일, 그리고 어디선가 아마 계속되고 있을 것에 관한 이야기다.

꿈, 환상, 졸음, 반쯤 꺼진 의식을 통한 '일반화'는 소설 속에서 계속 만나게 된다. 특별히 놀라운 한 대목을 인용하겠다. 종말이, 오블로모프의 종말과 소설의 종말이 다가온다. 오블로모프는 방안에 앉아 있다. 그에겐 자신에게 일어나고 있는 모든 일이 이미 지나간 과거로 여겨진다. 느낌에 대한 분석은 프루스트나 조이스에 앞선다. 우리 앞에는 '의식의 흐름'이 놓여 있다. 이 대목을 완전하게 인용해보겠다.

오블로모프는 조용히 침묵과 명상에 빠져들었다. 이 명상은 잠도 아니고 깨어 있는 것도 아니었다. 그는 생각을 무엇에 집중시키지 않고 그냥 마음대로 떠돌아다니게 내버려두었다. 가만히 심장의 규칙적인 맥박 소리를 들었고, 무엇을 보지도 않으면서 앞을 응시하고 있는 사람처럼 아주 가끔씩 눈을 깜박거렸다. 그는 애매한, 수수께끼 같은 상태, 일종의 환각상태에 빠져들었다.

인간에겐 가끔 마치 자신이 언젠가 어디선가 이미 겪었던 순간을 다시 한 번 경험하고 있는 것처럼 여겨지는 그런 드물고도 짧은 명상적인 순간이 찾아온다. 그의 앞에 일어나고 있는 일을 꿈에서 보았던 것인지, 혹은 언젠가 한번 실제로 경험했던 것인지는, 그래, 잊어버렸다. 어쨌든 그는 그때 앉아 있었던 바로 그 사람들이 그의 주위에 둘러앉아 있고, 똑같은 말들이 이미 한번 말해졌던 것임을 본다. 상상력은 그를 다시 그곳으로 데려가기에는 너무 약하다. 기억은 과거를 되살리지 못하고 사색을 불러온다.

지금 오블로모프가 바로 그랬다. 이미 어디에선가 있었던 어떤 고요가 그를 사로잡았다. 이미 알고 있는 시계추가 흔들리고 있고, 물어 뜯는 실이 터지는 소리가 들린다. 알고 있는 말들과 속삭임이 반복된다. "도저히 난 실을 바늘귀에 못 꿰겠어. 자, 이거, 마샤, 넌 눈이 밝잖아!"

그는 게으르게 기계적으로, 마치 기억을 상실한 사람처럼, 주부의 얼굴을 들여다보았다. 기억의 밑바닥으로부터 어디선가 본 적이 있는 아는 모습이 떠올랐다. 언제 어디서 이걸 들었더라…… 그는 골똘히 생각했다.

그러자 수지로 만든 초가 켜져 있는, 부모님 집의 크고 어두운 응접실과 둥근 탁자 앞에 앉아 있는 어머니와 어머니의 손님들이 보인다. 그들은 말없이 바느질을 하고 있다. 아버지는 말없이 방안을 왔다갔다 한다. 현재와 과거가 합쳐져서 뒤섞였다.

그는 자신이 꿀과 젖이 흐르고 일하지 않고 빵을 먹고 금실 은실로 옷을 해 입고 다니는 약속의 땅에 도달한 꿈을 꾼다……

꿈풀이, 징조에 관한 이야기들, 접시가 부딪치는 소리, 칼이 딸그락거리는 소리가 들린다. 그는 유모에게 달라붙어, 그녀의 늙고 힘없이 떨리는 목소리에 귀를 기울인다. "밀리트리사 키르비티예브나!" 하고 그녀는 말하면서 그에게 주부를 가리킨다.

그에겐, 그때와 똑같은 구름 조각이 푸른 하늘에 떠다니고, 그때와 똑같은 미풍이 창으로 불어 들어와 그의 머리카락을 만지고 있으며, 오블로모프카의 칠면조가 창문 아래에서 왔다갔다 하며 꿱꿱 소리를 지르고 있다고 여겨진다.

그때 개가 짖어대기 시작했다. 분명, 손님이 온 모양이다. 안드레이는 그의 아버지와 함께 베르흘료보에서 이미 도착하지 않았던가? 그에겐 축제날이었는데. 정말, 그가 온 모양이다. 발소리가 점점 가까워진다. 문이 열린다…… "안드레이!" 하고 그가 말한다. 실제로 그의 앞엔 안드레이가, 그러나 어린 소년이 아니라 어른인 남자가 서 있다.

오블로모프는 정신을 차렸다. 그의 앞엔 환각이 아니라 실제로, 진

짜 슈톨츠가 서 있었다. (493~494)

인용한 부분은 소설에서 가장 의미 있는 한 장면이다. 여기에는 반수면 상태, 졸음이 있고, '일반화시키면서' 느리게 시간이 흘러가는 진짜 꿈도 있다. 이 꿈에서 주목해야 할 것은, 앞의 경우들에서는 사건의 반복성에 대한 시사를 통해 이루어졌던 일반화가 이번에는 유일하고 반복될 수 없는 경우, 그런데도 그것이 어쩌면 언젠가 옛날에 있었던 일이라는 것을 시사함으로써 마치 반복적인 것처럼 보이는 경우의 전형화에 이르고 있다는 점이다.

오블로모프에게는 그에게 일어나고 있는 일이 이미 '언젠가' 있었던 일로 여겨진다. 그리고 바로 그 덕분에 지금 일어나고 있는 일이 전형화된다. 그러나 전형화되는 것은 주어진 순간에 일어나고 있는 일만이 아니다. 그것과 함께, 그에게 일어나고 있는 모든 것이 언젠가 있었던 일이며, 우연하지 않고 합법칙적인 것이라는 점이 명백해진다.

이렇게 해서 예술적 시간에 대한 리얼리즘적인 관계는 생리학적 오체르크의 자연파적인 시간으로부터 이탈하며, 동시에 고대 러시아 교훈문학의 현재 시간으로부터도 멀리 이탈한다.

물론 리얼리즘 소설에서 느리게 흐르는 현재 시간의 일반화 형식이 『오블로모프』에서만 제시된 것은 아니다. 이 장(章)의 서두에서 말했듯, 느려진 템포의 현재 시간은 고골과 투르게네프, 그리고 대단히 많은 19세기 러시아 리얼리즘 소설의 전형적인 특성이었다.

연대기에서는 일상생활이 묘사되지 않는다. 그것의 변화가 눈에 띄지 않기 때문이다. 19세기 전반기의 근대 문학에서는 일상생활이 눈에 띈다. 그것의 변화가 묘사되기 때문이다…… 그러나 전형화되고 일반화되기 위해서는 이 가변성이 중단되어야 된다. 바로 이런 이유에서 작가들은 변화란 거의 없고 모든 것은 달력에 의해 일어나며, 모든 것은 잠에 빠져 있고 모든 것은 반복된다는 것을 독자에게 확신시키려고 애쓴다. 유일한 것을 일반화하고, 개별적인 경우에서 의미 있는 것을 포착하는 능력은 좀더 뒤에 나타나게 된다. 그때엔 소설의 빨라진 사건이 귀족의 영지와 생활에 편리한 도시 주택으로부터 도시의 거리와 가난한 사람들의 셋방으로 옮겨진다.

예술적 일반화를 위한 시간의 템포 이용에서 근본적은 전환은 도스토옙스키의 작품에서 이루어졌다.

도스토옙스키의 '연대기적 시간'

시간의 문제를 특별하게 중시하지 않고, 그 때문에 예술적 시간의 전통적인 방법들로 만족하는 작가들이 있다. 반면에 도스토옙스키에게 예술적 시간은 예술적 형상화의 가장 본질적인 측면 중의 하나였다. 그는 과정, 행위, 시간의 지속성, 시간에 따른 관점의 이동을 묘사하기 위해 끊임없이 새로운 형식들을 모색했다. 그에게서 시간의 문제는 영원성의 문제, 초시간성의 문제와 결합되어 있었다. 이 문제는 그의 세계관에서는 가장 본질적인 것에 속했다. 시간적인 것은 그에게는 영원성의 실현 형식이었다. 시간적인 것을 통해 그는 영원한 것을 추구하고, 이 영원하고 초시간적인 것을 열어보였다.

도스토옙스키의 예술적 시간은 체이틀린의 논문 「도스토옙스키 소설에서의 시간」[133]에서 다루어진 바 있다. 이것은 예술작품 속의 시간에 대한 연구를 과제로 내세운 최초의 연구에 속한다. 이 점에서 그의 논문은 커다란 업적이다. 이 논문의 결론을 검토할 생각은 없다. 체이틀린의 고찰은 타당하고 흥미롭다. 그는 논문에서 주로 도스토옙스키에게서의 시간의 지속성에 관하여 말하고 있다. 그는 소설에서 사건들이 일어나는 날과 시각을 계산하여 흥미롭게 제시한다. 내가 살펴보고자 하는 것은 좀 다른 것들이다. 나의 관심은 도스토옙스키가 몇몇 고대 러시아적 시간 형상화 원칙을 어떻게 사용하고 있는가 하는 데 있다.

이것은 고대 러시아 문학과 도스토옙스키에게 있어 시간의 유사점과

---

133) A. G. 체이틀린, 『학교에서의 러시아어』, 1927, No. 5.

차이점을 지적하고, '시간의 역사'를 점선으로나마 그려볼 수 있게 해줄 것이다.

도스토옙스키는 "흐르는 현재에 대한 우수에 사로잡힌"[134] 작가다. 그는 이 '흐르는 현재에 대한 우수'를 대개 수기 형식으로 표현한다. 그의 작품의 허구적 저자는 주로 작가다. 그것도 대부분은 인정받지 못한, 비공식적인 작가, 우연한 계기로 펜을 들게 된 작가, 일기와도 같은 수기를 써나가면서 가능한 한 사건이 일어남과 동시에 그것을 기록하려고 애쓰는 작가다.

「프로하르친 씨」의 허구적 저자는 자신을 "전기작가"(I, 393)라 부른다. 「정직한 도둑」은 '무명씨의 수기에서'라는 부제가 붙어 있다. 같은 부제가 「크리스마스 트리와 결혼식」에도 붙어 있다. 「백야」는 '어느 몽상가의 회상에서'라는 부제가 붙어 있으나, 이 회상 역시 구술적 이야기가 아니라 글의 형식으로 펼쳐진다. 『네토치카 네즈바노바』는 동명의 여주인공이 쓰는 수기다. 그런데 특이하게도 「아저씨의 꿈」은 '모르다소보의 연대기에서'라는 부제를 달고 있다. 이 연대기의 편자는 사건들을 일단 가장 간단한 형식으로 기록하고 그다음에 비로소 그것을 "문학적으로 다듬기로"(II, 227) 결심한다. 3년 후, 이 수기들에 다시금 연대기적 서술이 추가된다. 『학대받은 사람들』은 이런저런 잡지에 조그만 글들을 기고하는 실패한 작가의 수기다. 여기에 『죽음의 집의 기록』이 이어진다. 「하상동기」는 허구적 저자가 여름 동안의 유럽 여행 직후에 쓰는 글이다. 「지하생활자의 수기」는 저자인 '역설가'의 거대한 내적 독백이다. 그러나 그것은 그에 의해 말해진 독백이 아니라 글로 씌어진 독백이다. '수기'의 허구적 저자인 '지하생활자'는 결코 수기를 종결시킬 수 없다. 수기는 '미발표'로 계속된다. 『도박사』는 '한 청년의 수기에서'라는 부제를 달고 있다. 이 수기는 서로 다른 여러 시간에 씌어지지

---

134) F. M. 도스토옙스키, 『미성년』, 『10권 전집』, 제8권, 모스크바, 1957, 625쪽. 앞으로 『미성년』에서의 인용은 이 판본의 쪽수만을 명기하며, 도스토옙스키의 다른 작품들의 경우엔 권수와 쪽수를 명기한다.

만, 대부분은 사건이 일어난 후 얼마 되지 않아 씌어지며, 어떤 부분은 바로 직후에 씌어진다("놀라운 소식이 있다. 이건 방금 우리 유모한테서 들은 것인데……"〔IV, 325〕).

도스토옙스키의 주요 소설들은 모두 '순간 전달 장치로'(на коротком приводе) 씌어진 것들이다. 사건의 시간과 그것에 대한 기록 사이에는 보통 아주 짧은 시간적 간격이 놓여 있을 뿐이다. 도스토옙스키의 허구적 연대기 편자는 사건의 '발뒤꿈치에 바싹 붙어' 다니고, 거의 사건을 따라잡는다. 그는 사건을 충분히 파악하기도 전에 벌써 기록하려고 서두른다. 그는 사건이 어떻게 무엇으로 끝날지 알지 못하며, 사건의 갑작스러움과 급격한 전환과 스캔들에 어리둥절해한다. 그는 되풀이해서 사건의 비종결성을 주지시킨다. 이야기를 이끌어가는 저자나 '연대기 편자'는 이야기 한복판에서 사건에 대한 자신의 평가를 바꾼다. 그는 무슨 일이 일어날까 하는 긴장에 찬 기대와 이미 일어난 일의 핵심을 제대로 전달했을까 하는 자신 없는 의구심과 미래에 대한 불안에 싸여 있다. 예감, 예견은 미래에 대해 알지 못하는 이 불안감과 결합되어 있다. 이런 가운데 저자와 저자에 의해 창조된 화자는 사건에 대한 자신의 해석을 신뢰하지 않는 듯 보이며, 이 때문에 사건을 개별 인물의 관점에서 평가하고 끊임없이 자신의 견해를 수정한다.

사건의 시간을 바싹 추격하는 것은 극적인 긴장을 낳는다. 그러나 이 긴장은 부수적 현상의 하나에 불과하다. 이 '순간 전달 장치'에서 중요한 것은 여기에 있지 않다. 그러나 먼저 이 '순간 전달 장치'가 어떻게 실현되는지부터 살펴보자.

『가난한 사람들』은 서한체 소설이다. 이 형식은 도스토옙스키 시대에 이미 새로운 것이 아니었을뿐더러 아주 구식에 속했다. 그것은 감상주의에서 이미 애용했던 것이다.[135] 하지만 다음과 같은 상황에 주목해

---

135) Yu. 티냐노프, 『전통주의자와 혁신주의자』, 레닌그라드, 1929, 21~24쪽을 보라.

보자.

편지를 주고받는 사람들은 매일, 때로는 하루에 두 번씩 서로에게 편지를 쓴다. 이것은 그들로 하여금 먼 과거의 일들에 대해서만이 아니라 방금 일어난 일, 심지어 편지를 쓰고 있는 바로 그 순간에 일어나고 있는 일에 대해서 쓸 수 있게 해준다. 각자의 편지는 각각 하나의 독백, 우리가 지금 '내면의 독백'이라 부르는 것이 되어버린다. 두 등장인물은 마치 하나의 중단되지 않는 대화를 나누고 있는 것 같다. 이 대화는 행동을 동반하며, 그 자체가 행동이다. 이 같은 서신 왕래는 비현실적이다. 그렇게 장황한 왕복 서한이 가능한 상황을 상상할 수 없기 때문이다. 더욱이 두 등장인물이 처한 사회적 위치는 그처럼 높은 문학적 문화를 허용하지 않는다. 이 때문에 두 사람의 편지는 등장인물의 편지일 뿐만 아니라 그들의 입을 통한 작가 도스토옙스키 자신의 말이기도 하다.

그렇다면 작가와 작가적 인물(특히 데부슈킨)의 이 같은 혼합은 리얼리즘으로부터의, 그리고 예술성으로부터의 후퇴가 아닐까? 그렇지 않다. 『가난한 사람들』에는 두 영혼의 대화가 묘사되어 있다. 영혼은 그들의 시간적인 언어에 의지하지 않는다. 영혼은 일상적인 눌변과 교양 없음과 학식 없음의 모든 장애를 넘어설 수 있다. 인물들은 그들이 실제 생활에서 말할 수 있을 법한 것보다 더 많은 것을 말한다. 그들의 대화는 삶과 일상생활을 넘어선 성격을 지닌다. 그들의 대화는 그들의 본질, 본성의 대화다.

그런데도 삶, 일상생활, 직장에서의 위치, 생계 수단의 결핍, 혐오스런 주거 환경은 두 사람을 짓누른다. 이 모든 것은 두 사람을 질식시킨다. 그리고 이 모든 것은 두 사람의 초시간적이고 영원한 본질을 보여주기 위하여 불가피한 것들이다. 내세에서의, 영원한 세상에서의 진정한 결합을 위해, 나이의 차이가 그들을 갈라놓고 있고, 그들이 깊이 불행하다는 것을 보여주어야 한다. 시간적인 면에서도 마찬가지다. 시간성은 인물들에게서 영원한 것, 그들의 초현세적인 본질을 보여주기 위해 불가결하다. 두 인물은 어떤 점에서는 일상생활을 극복하고 그것 위에 선다. 작가는 작가 나름대로 시간을 극복한다. 그는 시간을 자신의 추격자로, 자신을 시간에 쫓기는 자로 묘사한다. 그는 숨을 헐떡이고, 제때에 제대로 해내지 못한다. 여러 걱정, 작가로서의 실패, 말에 대한 추구가 그를 억누르며, 그를 불행하게 만든다. 그는 그 자신과 그가 창조한 형상인 서술자-서신교환자 사이에서 분열되어 있다. 이후의 소설에서 서신교환자는 연대기 편자로 변하며, 마치 작가와 '싸우듯' 작가의 말을 가로막고 가로채는 화자로 변한다.

도스토옙스키는 소설의 주인공과 심지어 화자조차 해방시키고, 마찬가지로 시간도 '해방'시킨다. 그는 그들이 마치 작가에게서 독립한 것처럼 스스로 행동하게 내버려주고자 하며, 마찬가지로 시간에 대해서도 자신의 시간에 종속되지 않고 자유롭게 흐를 수 있도록 보장해주고자 한다. 그 때문에 도스토옙스키에게선 사건이 '갑자기', '어떻게 갑자기', '이 순간에' 일어나는 수가 매우 잦다. 사건은 인물뿐만 아니라 작가 자신에게도 갑작스럽게 일어난다. 시간은 빠르게 흐르며, 작가는 시간을 따라잡을 수가 없다. 그렇게 해서 시간은 작가에게서 독립적이 되며, '가차없이' 움직인다. 사건들은 서로 아무 연관이 없는 것처럼 흘러간다. 화자는 이 연관을 나중에야 의식한다.

화자-연대기 편자는 일어나고 있는 일의 의미를 이해하고 있지 못하는 것으로 보인다. 사건은 우선 기록되고, 나중에 가서야 비로소 이해된다. '혼돈스러운' 수기는 삶의 혼돈에 대한 표상을 제공해야 한다. 이런 이유에서 도스토옙스키는 그의 소설에 연대기 편자를 등장시킨다. 그의 소설(예컨대 『미성년』)의 허구적 저자는 연대기 편자와 마찬가지로 사건의 의미에 대한 이해에 '이르지 못한다.' 이 때문에 많은 것은 독자 스스로의 추측에 맡긴다. 말하자면 독자는 도스토옙스키 소설의 허구적 화자-연대기 편자가 분명하고 의식적으로 알게 해주는 것보다 더 많은 것을 이해한다. 사건의 인과관계는 허구적 저자에게 충분히 분명하게 드러나지 않는다. 화자는 많은 것을 나중에야 이해하게 되는 것이다. 화자(허구적 저자)는 때로 어떤 것을 앞질러 말하기도 하지만, 이 앞질러 말하기는 과거에 대해, 이미 일어난 사건에 대해 이야기하는 작가의 태도와 구별되지 않는다. 이 때문에 화자가 막 일어나고 있는 일의 의미에 대해 이야기한다 해도 그의 이야기는 모든 것이 분명하게 된 미래의 시점에서 말하고 있는 것과 다름이 없다.

　주위 세계의 유동성, 불안정성은 연대기적인 묘사 방식에 의해 강조된다. 도스토옙스키의 동명 소설에서 미성년은 가능한 한 기교를 부리지 않고, '연대기적인' 방법으로 "인생의 무대에 첫발을 내딛은 자신의 역사를 기록"하려고 애쓴다. 미성년의 입을 빌려 도스토옙스키는 문학과 문학적 기교에 대한 자신의 저항을 선언한다. 미성년은 "모든 부차적인 것, 하지만 무엇보다도 문학적 아름다움을 전력적으로 피하면서"(5) 사건을 기술할 것이라고 쓰고 있다. 그 때문에 소설에는 다음과 같은 선언들이 많이 나온다. "내가 이것을 이야기하는 것은 독자의 이해를 돕기 위해서 그리고 나 자신 이 목록을 장차 이 이야기의 어디에 갖다 붙여야 할지 알 수 없기 때문이다"(85). 그런즉 이야기의 구성은 무엇인가를 어디엔가 '갖다 붙이는' 데 그 본질이 있다. 이것은 작가의 작업에 대한 신랄한 비하다. 구성의 '우연성'은 도스토옙스키가 다양한 '앞질러 말하기'에 대해 말할 때에도 강조된다. "그러나 나는 다시금, 사건의 흐름을 앞지르면서, 독자에게 조금이나마 미리 설명해둘 필요가 있다고 생각한다. 왜냐하면 이 이야기의 논리적 흐름에는 너무나도 많은 우연이 섞여 있어서 미리 설명을 하지 않고서는 도무지 종잡을 수 없기 때문이다"(551). "혼란이 생기지 않도록, 파국의 묘사로 옮겨가기 전에 나는 모든 진상을 설명해두겠다. 그래서 마지막으로 또 한 번 앞질러 말하겠다"(606). "두세 마디 앞질러 말해두겠다"(539). 미성년은 때로는 사건 직후에 이야기하듯 뛰어가면서 이야기하고, 때로는 '나중에 가서야' 이야기한다. 시간 속에서 수기 저자의 위치는 끊임없이 바뀐다. 이것은 극도로 비논리적이고 반자연적이만, 결코 '예술적인 불찰'로 간주되어서는 안 된다.

　문제의 핵심은 묘사의 사실성(事實性), 기록성에 있다. 이때 서술의 사실적(事實的) 측면에서 중요한 것은 미성년-저자가 현학자라는 점이다. 그는 자신의 옷을 손질하는 특별한 방식을 가지고 있고, 심지어 구두가 닳지 않게 걷는 특별한 방식의 걸음걸이를 고안해냈다. 그리고 이것에 관해 스스로 상세하게 적고 있다. 사소하고 자질구레한 개인적인 일상생활과 습관에 대한 이 같은 관심은 사실 재현에 있어 그의 소심함과 꼼꼼함을 설명해준다. 사건의 실제 시간을 제시하지 못하는 자신의 무력함에 대한 저자의 '솔직한' 언급도 이와 연관되어 있다. "우리는 그때 저녁 내내 이야기를 계속했고 밤중까지 함께 앉아 있었으니 그 모든 이야기를 다 인용하진 않겠다. 다만 그의 생애에서 하나의 수수께끼 같은 것을 내게 드디어 설명해준 그 이야기만을 옮기도록 하겠다"(521).

이와 함께 도스토옙스키는 실제 시간의 무가치함과 덧없음을 강조한다. 미성년이 베르실로프와 이야기를 나눌 때, 베르실로프는 대화를 시작하면서 그에게 알려준다. "하지만, 도대체 어디서 전에 우리가 서로를 이해하게 될 수 있었겠느냐, 내가 나 자신을 이해한 것이 겨우 오늘 오후 다섯시, 마카르 이바노비치가 죽기 꼭 두 시간 전이었다면 말이다…… 평생을 방랑과 의혹 속에 살아오다가 갑자기 ──그것들이 어느 날 오후 다섯시에 한꺼번에 다 해결되다니! 모욕적이기조차 한 일이야, 안 그러냐? 얼마 전만 같았어도 정말 모욕을 느꼈을 거다"(510).

도스토옙스키는 독자에게 사건에 대한 통찰의 길을 처음부터 끝까지 그와 함께 걸을 것을 요구한다. 그는 독자에게 함께 경험하고 함께 인식할 것을 요구한다. 텍스트 속의 유보, 평가를 망설이는 것은 이를 위해 의도된 것이다. 이 때문에 도스토옙스키는 사건에 대한 자신의 해석이 올바른 것인지 스스로 확신하지 못하는 듯한 태도를 취한다. 그래서 그는 자신의 견해를 끊임없이 수정하고, 사건을 곧장 기록하려고 애쓴다. 이미 말한 바 있는 이 같은 시간의 추적은 극적 긴장을 낳으면서 불확실성의 느낌, 기대의 감각을 예민하게 한다.

소설 『미성년』의 연대기 편자가 미성숙한 젊은이라는 점은 특별히 주목할 필요가 있다. 그는 충분히 이해하지 못한 채 세계를 본다. 독자는 모든 것을 삼켜버리는 자신의 '이념'에 사로잡힌 이 미성년의 심리를 통하여 사건을 지각한다. 이것은 불공평하게 삶에서 정직(停職)당하고 삶에 이미 초연하게 돼버린 고령의 연대기 편자(피멘의 모습)의 순진함이 아니라, 무슨 대가를 치르고서라도 삶 속에 견고하게 자리 잡고자 하는, 삶의 소용돌이 속으로 뛰어든 혈기 왕성한 청년의 순진함이다. 그는 활발하게 움직이는 청년이며, 이 운동성은 그로 하여금 많은 사건의 목격자가 될 수 있게 하고, 이야기의 템포만큼 빠르게 행동할 수 있게 한다. 그는 모든 사건의 상대성을 보여주는 끊임없이 '흔들리는' 관점에서 세계를 지각한다. 때때로 미성년은 사건을 전혀 이해할 수 없으며, 그런 때면 연대기 편자처럼 오직 사실만을 기록하려고 노력한다. "……나의 혼란스런 느낌을 서술하진 않겠다. [……] 오직 사실에 따라서 계속 쓰겠다. [……] 사실, 사실에 따라서! 지금도 기억하지만, 그때, 바로 이 사실이라는 것들이 나 자신을 짓눌러서 아무것도 이해하지 못하게 만들었기 때문에, 그날이 끝날 무렵엔 내 머릿속이 완전히 뒤죽박죽이 되고 말았다"(539).

사실은 그 자체로선 무의미하다. 그것엔 진실이 결여되어 있다. 사실은 공허하다. 의미는 사실의 경계 너머 어딘가에, 사실의 밑바닥에, 사실의 본질 속에 있다. 사실은 신기루다. 사실을 기술하기 위해선 바로 그 같은 미성년이 필요하다. 사실 자체에 어떤 의미를 삽입해선 안 되며, 오로지 사실 기록자, 연대기 편자여야 한다.

그러나 미성년은 참지 못하고 사건을 해석한다. 그는 사건을 분명히 틀리게 해석한다. 그는 미성년이고 미숙하며, 게다가 모욕당한 마음에서 생겨난 '이념'에 사로잡혀 있기 때문이다. 그의 '이념'은 주위 세계에 대한 증오로 가득 차 있는 탓에 독자의 공감을 불러일으킬 수 없다. 그러므로 그의 해석은 독자에게 받아들여질 수 없으며 진지하게 여겨질 수도 없다.

그렇지만 미성년의 판단에는 많은 이해력이 깃들어 있다. 그는 자신의 의지에 반하여, 나름대로 현명한 생각을 말하고 심오한 해석을 제시한다. 독자는 어리석고 '젖비린내 나는' 것들로부터 현명한 것을 스스로 골라내야 한다. 그렇게 해서 예술적 일반화의 객관성이 생겨난다. 독자는 도스토옙스키가 그에게 은밀하게 속삭이기만 한 것을 스스로 일반화 시켜야 한다.

오직 사실만을 전달하고자 노력하는(이것은 미성년의 입을 통해 선언된 것이다) 이 소설에는 대단히 많은 판단과 평가가 포함되어 있다. 그것들은 제멋대로 소설의 직조 속으로 밀고 들어간다.

소설의 끝부분에서, 미성년의 양육자였던 니콜라이 세묘노비치의 비평적인 편지는 미성년의 수기에 대해 그것이 "온통 혼돈스럽고 우연적인 것임에도 불구하고", "혼란스러운 시대"를 그리기 위한 "자료를 제공할" 수 있을 것이라고 적고 있다(625). 더 정확히 말하면, 미성년의 수기는 혼동성과 우연성에도 불구하고가 아니라 바로 그 점 때문에 그의 시대를 그리는 것이 된다. 사물의 본질이 다름 아닌 혼동성과 우연성 속에서 드러나고 있기 때문이다. 그것들은 작가의 교묘한 끼워넣기가 아니라 연대기 편자의 사실 고정을 통해 만들어지는 그림에 객관성을 담보해준다.

사실 자체를 공허한 것, 미덥지 못한 것, 확실하지 못한 무엇으로 경멸하면서 동시에 사실 기록에 대해 보여주는 연대기적 충실함은 『미성년』뿐만 아니라 도스토옙스키의 다른 소설들에서도 나타난다. 『백치』에서 도스토옙스키는 이렇게 쓰고 있다. "……우리는 가능하면 특별한 설명 없이 사실의 단순한 기술에 국한해야 한다고 느낀다. 그것도 우리 자신이 많은 경우 사건을 설명하기가 난처하다는 너무도 단순한 이유에서"(VI, 648). 그러나 조금 뒤, 작가는 다르게 쓴다. "우리 앞에는 그러한 기이한 사실들이 매우 많지만, 그것들은 문제를 설명해주기는커녕 일의 이해를 오히려 어렵게 한다고 생각한다"(651). 『카라마조프 가의 형제들』에서는 그 도시의 주민인 화자가 이렇게 말한다. "하지만 이런 식으로 계속 쓸 수는 없다. 내가 많은 것을 제대로 듣지 못했고 어떤 것은 얘기하는 걸 깜박 잊어버렸기 때문에도 그렇지만, 무엇보다도

[……] 만약 얘기된 것, 일어난 일을 모두 생각해낸다면, 글자 그대로 시간도 공간도 내겐 부족할 것이기 때문이다"(Ⅹ, 191~192).

도스토옙스키는 연대기 편자의 지식이 제한적인 것임을 강조한다. 연대기 편자는 모든 것을 알지 못하거나 나중에야 알게 된다. 『악령』에서 연대기 편자는 계속하여 천명한다. "지금 밝혀진 바에 따르면", "나중에 밝혀진 바", "그는 기억이 났다", "모든 징후로 보아 그는 숨어 있다", "지금도 나는 그가 누군지 정확히 모른다" 등등. 때로 연대기 편자는 어떤 정보를 알려주기를 단호히 거부한다. "물론 한 가지 점에 대해서만은 어느 누구도 화자인 나에게 정도 이상의 정확하고 상세한 것을 요구할 권리가 없다. 여기엔 비밀이, 여성이 있기 때문이다"(Ⅶ, 490). 도스토옙스키는 그의 연대기 편자가 단지 현상의 외면만을 포착할 뿐이라고 강조한다.

『악령』의 연대기 편자는 선언한다. "당연히, 나는 인간의 내면에 무엇이 있었는지 알지 못한다. 나는 밖에서 본다"(Ⅶ, 219).

이와 함께 도스토옙스키의 모든 소설에서 화자의 형상은 소설의 전개와 함께 끊임없이 변한다. 이 변화를 준델로비치는 "소설의 관념적, 예술적 약점을 나타내는 문체적 지표의 하나"로 여긴다(『악령』을 두고 내리는 평가다).[136] 작가 자신-도스토옙스키와 그의 허구적 화자는 서로의 말에 간섭한다. 화자-연대기 편자에게서 도스토옙스키가 자주 기웃거리고, 도스토옙스키에게서 화자-연대기 편자가 기웃거린다. 그러나 이러한 화자 얼굴의 변화, 한 서술자가 다른 서술자의 영역에 참견하는 것——이것이 그냥 우연한 것이고 나쁜 것일까? 단순한 예술적 결함이 아니라 진정으로 새로운 예술적 방법이 여기에서 그 특성을 드러내고 있는 게 아닐까?

무엇보다도 나는 준델로비치가 제안하는 경계 획정에 수정을 가했으면 한다. 그의 관점에 따르면, 소설은 때로는 '순수 작가', 때로는 '순수

---

136) Ya. O. 준델로비치, 『도스토옙스키의 소설-논문집』, 타슈켄트, 1963, 110쪽.

서술자', 때로는 양자의 혼합 형상에 의해 이야기된다.[137] 그러나 문제는 도스토옙스키에게서는 작가도 서술자도 결코 '순수한' 모습으로는 거의 나타나지 않는다는 데 있다. 도스토옙스키에게서 서술자의 형상은 비사실적이며 조건적이다. 그는, 제2의 도스토옙스키가 있을 수 없는 것처럼, 현실에서는 있을 수 없다. 도스토옙스키는 그에게 자신의 명민함과, 자신의 예술적 기질과, 사건에 대한 자신의 깊은 지적 통찰력을 부여했다. 이 서술자의 형상은 작가 자신-도스토옙스키와 비교할 때 다만 일상생활과 시간성의 견지에서 약간 낮게 위치할 뿐이다.

『악령』에서 연대기 편자의 형상이 이를테면 그러하다. 그는 스테판 트로피모비치의 심복이며, 그 도시의 수다쟁이고, 부인네들의 '시중을 들고' 싶어서 언제나 안달인 젊은이다. 그러나 바로 이 인물은 도스토옙스키 자신과 마찬가지로 예리한 심리학자에다 억누를 수 없는 창작열을 지니고 있고, 도스토옙스키와 마찬가지로 사건의 중요성을 이해하며, 일어나고 있는 모든 사건의 뒤를 좇는다. 그는 자신이 지닌 모든 '변변찮음'에도 불구하고 여전히 '우리 도시의 연대기 편자'다. 그의 '변변찮음'은 중대한 의미를 갖는다. 그것은 '우리 도시의 연대기 편자'가 전해주는 사실들의 사실적(事實的) 측면의 공허함을 나타내기 때문이다. 도스토옙스키의 연대기 편자는 그저 아무것도 모르는 척할 뿐 실제로는 독자가 사건의 본질을 통찰하도록 도와준다.

작가의 말에서 서술자의 말로 눈에 띄지 않게 넘어가는 빠른 전환은 도스토옙스키 소설의 전 과정에서 일어난다. 두 명의 화자가 서로 섞인다. 더 정확히 말해 이들은 화자가 아니라 사건을 바라보는 두 개의 관점이다. 두 관점은 사건을 '뒤좇는' 과정에서 서로 가까워질 수도 있고 멀어질 수도 있다. 영화의 용어를 빌려 말하자면, 하나의 관점이 일종의 오버랩을 통해, 서술자와 서술되는 사건 간의 거리의 축소 또는 확장을 통해, 다른 관점으로 넘어간다.

---

137) 같은 책, 40~51쪽(소설 『죄와 벌』에 대해 얘기된다).

무엇 때문에 이 모든 것이 필요한가? 작가와 작가가 창조한 서술자 간의 '분업'이 도스토옙스키에게 필요했던 것은 행동, 사건, 개성을 모든 측면에서 파악하기 위해, 사실들을 가능한 한 다양한 시각에서 제시하기 위해서였다. 이 '분업'은 조건적이며 결코 완전하지 않다. 뚜렷하게 성격 규정된 완성된 서술자 형상을 창조하는 것은 도스토옙스키에겐 전혀 중요하지 않다. 그에게 중요한 것은 다양한 관점의 창조다.

나의 견해를 회화의 역사에서 가져온 한 예를 통해 설명해보겠다. 르네상스는 직선 퍼스펙티브를 만들어냈다. 이 직선 퍼스펙티브는 그림 앞에 있는 단 한 명의 관객, 그것도 그림에 묘사된 풍경이나 건축을 마치 극장 좌석에 앉아 있는 것처럼 엄격하게 지정된 그의 자리에서 보는 절대부동의 관객을 전제한다. 르네상스 미술에서 직선 퍼스펙티브의 발견은 회화가 발전하는 데 커다란 업적으로 간주된다. 이를 두고 논쟁하지는 않겠다. 그러나 예술사에서 진보는 언제나 어떤 예술적 성취의 상실과 결합되어 있다. 이런 이유에서 모든 시대의 예술작품을 보존하고 연구하는 것은 중요하다.

르네상스 이전 미술에서의 공간 묘사에 대해 잠깐 살펴보자. 미술사가들은 이른바 역(逆)퍼스펙티브에 대해 상당히 많이들 써왔다. 그러나 이것은 정확한 용어가 아니다. 이것은 마치 모든 시대에 단 하나의 '원(原)'퍼스펙티브가 존재하고, 그것이 때때로 거꾸로 뒤집어진 '역'이 될 수도 있다는 듯한 인상을 불러일으키기 때문이다. 역퍼스펙티브는 부동의 관객을 그림 앞이 아닌 그림 뒤에 앉혀놓고 그림 위의 모든 것을 마치 그림 뒤쪽에서 보는 것처럼 그리게 할 수 있는 경우에나 상상할 수 있을 것이다. 그러나 그런 그림은 지금까지 그려지지 않았다.

비잔틴 회화와 밀접하게 연관되어 있었던 르네상스 이전의 이탈리아 회화에서는 러시아 성상화에서처럼 상황이 좀더 단순했다. 그림의 구성 전체에 대한 유일한 관객 시점이 아예 없었기 때문이다. 구성의 일부는 하나의 관점에서 묘사되었고, 다른 부분은 다른 관점에서 묘사되었다. 탁자는 관객이 탁자의 상판을 볼 수 있도록, 그 위에 놓인 것들을 볼 수 있도록, 조금 위쪽에서 보고 그려졌다. 대상의 크기도 그것이 지닌 내적 의미에 따라 순서가 정해졌다. 나무는 작게, 사람은 크게 그렸다. 대상의 위치도 바뀌곤 했다. 사람은 사건이 일어나고 있다고 여겨지는 집이나 사원 앞에 그렸다. 이 모든 것은 대상을 모든 면에서, 그리고 가장 좋은 관점에서 포착하기 위해서였다. 성상화는 관객과 관객의 관점에 종속되지 않고, 자신의 내적인 삶을 살았다. 그렇기 때문에 모든 대상, 모든 사물은 그것이 가장 잘 보일 수 있는 관점, 다시 말해 자신에게 속하는 고유한 관점으로부터 묘사되었다. 앞서 말한 바 있는 부동의 유일 관점은 존재하지 않았다. 우리는 이것을 건물 내부의 벽화에서 가장 잘 볼 수 있다.

오흐리드(Охрид)의 소피아 사원을 찾은 사람은 벽화가 본당 안에서 앞으로 걸어가면서 보는 사람을 염두에 두고 매우 특별하게 그려진 것임을 금방 깨닫게 된다. 아치형의 천장에 그려진 천사들은 마치 관객과 동행하는 것 같으며, 관객이 앞으로 나아가는 리듬에 맞춰, 혹은 그의 눈이 움직이는 리듬에 맞춰 자신의 자세를 바꾼다. 어떤 복제화도 이 사원에서 만들어지는 인상을 재현할 수는 없다. 그나마 움직이는 '관점'을 가진 영화가 벽화를 가장 잘 재현할 수 있을 것이다. 20세기의 회화는 많은 경우 르네상스 이전의 회화 기법들에 다시 눈을 돌렸다.[138]

도스토옙스키에 바로 앞서 활동한 작가들이나 동시대 작가들은 시간을 유일 관점, 그것도 부동의 관점에서 묘사했다. 화자(작가 자신 또는 '화자의 형상')는 마치 독자 앞에서 상상 속의 안락의자(투르게네프의 경우엔 상당히 나으리 냄새가 난다)에라도 앉아 있는 듯한 모습으로, 그 자신은 이미 자초지종을 다 알고 있는 이야기를 시작했다. 작가는 마치 독자에게 그의 이야기에 귀를 기울이도록 종용하는 것 같았으며, 그 이

---

138) B. A. 우스펜스키의 대단히 흥미 있는 저서인 『구성 시학—예술 텍스트의 구조와 구성 형식의 유형학』은 특별히 시점의 문제와 관련된 구성적 가능성의 유형학을 다루고 있다. 이 책은 『고대 러시아 문학의 시학』 초판이 발행된 후 이미 쓰여졌다.

야기 속에서 작가 자신은 벌써 일어났고 이미 끝난 사건에 대해 이야기하는 사건 목격자의 움직이지 않는 확고한 위치를 점유했다. 『서한 소설』(이것에 관해서는 앞에서 이미 말했다)과 일기식의 수기도 이와 별반 다르지 않다.

그러나 도스토옙스키에게서 서술자의 관점은 완전히 다르다. 서술자는 온 도시를 쏘다니며, 일어난 사건에 대해 이것저것 물어보고, 때로는 커튼 뒤에 숨으면서까지(『미성년』에서처럼) 엿보고, 엿듣는다. 그는 '걸어가면서' 쓰고 기록한다. 그의 활동에는 저널리스트적인 무엇이 있다. 우연치 않게, 도스토옙스키 자신도 저널리스트적 활동을 대단히 마음에 들어했다. 그의 『작가 일기』는 '순간 전달 장치' 위에서 이루어지는 동시간성에 대한 몰이사냥과 다름이 없다.

그뿐만 아니다. 도스토옙스키는 유일 관점이라는 것에 도무지 만족할 줄 모른다. 설령 그 하나의 관점이 대단히 잘 움직이고 역동적이고 방금 일어난 사건 뒤에서 자유롭게 위치를 옮길 수 있는 것일지라도 마찬가지다. 사건과 인물을 모든 측면에서 기술하고 묘사에 상당 정도의 '입체성'을 부여하기 위해서 그에겐 적어도 두 가지 관점, 즉 작가의 관점과 서술자의 관점이 필요하다. 작가는 사건을 약간 높은 곳에서 바라본다. 그는 화자로부터 시간적으로 좀더 멀리 떨어져 있다. 그는 사건과 사람들을 그들의 '영원한' 의미의 관점에서 판단할 수 있다. 연대기 편자는 공허한 소동의 한복판에 빠져들어가 있다. 그는 거의 아무런 간격을 두지 않고 사건을 뒤좇는다.

이러한 이중적 묘사의 결과, 도스토옙스키에게서 모든 인물과 모든 사건은 르네상스 이전의 회화에서처럼 여러 측면에서 동시에 제시되거나 가장 분명하게 바라볼 수 있는 측면에서 제시된다. 결국 바로 이런 이유에서 도스토옙스키는 사실 기록자, '동시대의 연대기 편자'(도스토옙스키 자신의 표현이다)의 형상에 기꺼이 의지한다. 연대기에도 유일한 관점, 유일한 화자는 없다. 그렇기 때문에 연대기에는 의미 있는 사건이나 의미 없는 사건이나 모두 들어온다. 이것은 지상적 존재의 공허

함, 무상함의 효과를 낳는다. 앞으로 살펴보겠지만 도스토옙스키에게
이 효과는 대단히 중요하다.

그렇지만 도스토옙스키의 서술자와 고대의 연대기 서술자의 차이는
연대기가 '실제로' 다수의 연대기 편자에 의해 씌어졌다는 데 있다. 각
각의 연대기는 여러 연대기 편자의 다양한 관점을 합성해놓은 많은 연
대기로 구성되었다. 반면에 도스토옙스키에게서 이것은 의도적인 기법
이었다. 이 기법은 유럽 회화가 대상의 동시다면적인 '둘러보기'로 회귀
할 것을 결심하기 전에 이미 도스토옙스키에 의해 만들어졌다.

그러나 도스토옙스키의 작품들은 그 내용이 매우 중대해서 두 사람의
화자가 동원되어도 그것을 다 이야기할 수가 없다. 바로 그 때문에 도스
토옙스키는 대단히 자주 소문이나 수다, 인물들의 이야기, 문학작품에
서의 인용에 의지하고, 작가의 형상을 만들어내며(『스테판치코보 마을』
의 포마 포미치 오피스킨조차도 '작가'다), 자신의 많은 주인공으로 하
여금 펜을 들게 한다. 허구적 인물인 이반 카라마조프의 작품으로 되어
있는 대심문관에 대한 전설에서 도스토옙스키는 푸시킨의 표현을 빌려
세빌랴의 밤을 묘사한다. 대기는 "월계수와 레몬 냄새를 풍긴다." 그는
이 지역의 독특한 분위기를 묘사하기 위해 자신의 말을 찾아낼 생각이
없어 보인다. 그런 독특한 분위기며 색조 따윈 전혀 중요하지 않다. 그
것은 마치 동화 첫머리의 상투적인 '어느 왕국, 어느 나라에'와도 같은
것이며, 가장 중요한 본질과 이념만을 남겨두기 위해서 곧장 흩어져버
릴 신기루에 지나지 않는다.

작가는 등장인물들의 이야기를 빌려 사건을 전한다. 때로 이 등장인
물들은 마치 작가의 의뢰를 받기라도 한 것처럼 직접 엿보고 방안에 몸
을 숨긴다. 대개 그들 자신이 그래야만 할 필요는 전혀 없기 때문이다.
때때로 작가는 자세한 부분들을 알아내지 못했음을 실토하면서, 아무도
그에게 증인이 되어주지 못한다고 푸념한다. 그러다 갑자기, 어떻게 기
적적으로, 현지사인 렘케가 그의 부인과 한밤중에 나눈 대화의 내용을
상세하게 알게 된다. "우리는 그들이 무엇에 관해 말했는지 알지 못한

다"라고 도스토옙스키는 쓴다. 이것 또한 특이하다. 그런 은밀한 대화는 그에게 특별히 중요하고 흥미 있는 것이기 때문이다.

실제로 인물들은 도스토옙스키가 현상을 여러 측면에서 바라볼 수 있도록 도와준다. 이 인물들의 목소리에는 자주(다른 작가들에게서보다 훨씬 자주) 도스토옙스키 자신의 목소리가 울린다. 조시마, 베르실로프, 이반 카라마조프, 스타브로긴, 므이슈킨 등등의 말 속에서 우리는 도스토옙스키 자신의 목소리를 읽어낼 수 있다. 만약 이것이 다성악이라면, 서정적 작품의 다성악, 즉 작가의 감정, 사상, '사상-감정'의 표현에 종속된 다성악이다.[139] 그의 소설은 '서정적 연대기'다.

도스토옙스키에 관한 문헌에서는 그의 주인공들의 견해를 도스토옙스키 자신의 견해와 동일시해서는 안 된다고 반복해서 말하고 있다. 맞는 말이다. 그럼에도 다른 어떤 작가도 자신의 사상을 그처럼 자주 주인공의 입을 통해 말하지는 않았다는 것에 주목하지 않을 수 없다. 그리고 이와 관련하여 도스토옙스키에게는 '순수 작가'가 없는 것과 마찬가지로 '순수 주인공'도 없다는 사실을 다시 한 번 강조해둘 필요가 있다.

이렇듯 작가가 인물의 말과 행동, 판단에 간섭함으로써 작가와 서술자의 형상은 그 자체 결코 뚜렷한 윤곽을 지니지 못한다. 게다가 그들에겐 뚜렷한 윤곽이 필요하지 않다. 끊임없이 움직이는 까닭에 그들에게 '초점'을 맞출 수가 없다. 그들의 초상은 움직임에 의해 인상파 그림처럼 윤곽이 희미해져 있다. 이것은 예술적인 기법이다. 중요한 것은 행동, 사건, 인물이지 서술자가 아니다. 때로 독자는 그가 도대체 누구인지조차 금방 알아채지 못한다. 『악령』에서 독자는 사실 보고자의 이름과 부칭(안톤 라브렌티예비치)을 아주 우연히 알게 되며, 다시 잊어버려도 상관없다. 그는 중요하지 않다. 도스토옙스키 소설에서 서술자는 현실성이 결여된 조건적인 존재인 경우가 많다. 그들은 어느 정도 잊어

---

139) 도스토옙스키 소설의 '다성악주의'라는 개념을 나는 M. M. 바흐친이 서술한 바 있는 내용으로 사용한다. 그의 저서 『도스토옙스키 시학의 제 문제』, 제2판, 모스크바, 1963을 보라.

버려야 할 존재들이다. 이것은 무대 위에서 검은 옷을 입은 배우들이 관객의 눈앞에서 인형을 이리저리 움직이는 일본 인형극에서와 거의 마찬가지다. 관객은 그들을 알아채서는 안 되며 실제로 알아채지도 못한다. 연기하는 것은 인형들이다. 인형은 살아 있는 배우보다 때때로 더 많은 것을 묘사할 수 있다. 인형을 움직이는 사람들을 등장인물로 간주해서는 안 된다. 도스토옙스키에게서 작가와 서술자는 독자가 눈앞의 모든 사건을 그때그때 가장 좋은 위치에서 바라볼 수 있게 도와주는 무대 도구 담당계다. 그 때문에 그들은 그렇듯 바삐 뛰어다닌다……

도스토옙스키는 시간을 추격하지만, 프루스트처럼 '잃어버린 시간', 언젠가 있었지만 지나가버린, 그래서 지금은 회상되는 시간을 추격하는 게 아니다. 도스토옙스키는 지금 눈앞에 있는 시간, 막 지나가고 있는 시간을 뒤좇는다. 고대의 연대기 편자처럼 그는 스쳐 지나가는 것을 재빨리 기록함으로써 그것을 단단하게 고정시키고, 그 속에서 영원한 것을 밝혀내고자 한다.

도스토옙스키는 아직 차갑게 식지 않은 과거에 대해, 아직도 현재이기를 멈추지 않은 과거에 대해 쓴다. 그의 연대기는 '신속한 연대기'며, 그의 연대기 편자는 리포터와 매우 흡사하다. 그런 까닭에 그는 피멘과 달리 민첩하게 움직이며, 피멘과 달리 젊다. 그런데도 여전히 피멘과의 공통점은 있다. 도스토옙스키는 고대의 연대기 편자처럼 의미 있는 것에나 의미 없는 것에나 한결같은 의미를 부여하며, 주된 것과 부차적인 것을 자신의 서술에서 결합시킨다. 이것은 그에게 사소한 것들 속에서 영원성의 기호와, 미래의 예감과, 아직 태어나지 않은 미래 자체를 볼 수 있게 해준다.

도스토옙스키는 온 힘을 다하여 객관성과 신빙성을 추구했다. 사소한 것(디테일)과 중요한 것(일반적인 것)에 똑같이 주의를 기울임으로써 그는 객관성을 유지할 수 있었다. 관점의 변동은 일어나고 있는 일의 신빙성에 대한 의식을 확고하게 해준다.

어떤 사람에게는 사건이 이렇게 생각되고, 다른 사람에게는 다르게 생각되나, 사건에 대한 다양한 판단이 존재한다는 사실 자체가 그 사건을 실제로 있었던 일로 간주하게 한다. 그것은 신기루가 아니다. 그리고 여러 관점에 공통된 것은 일반적이고 객관적인 것이다. 사건을 좇는 화자의 '신속한' 추격을 배경으로, 미래를 향한 작가의 모든 일탈은 '예언'으로서, 예견으로서, 사건의 영원한 본질에 대한 확인으로서 지각된다.

도스토옙스키 소설의 '신속한 연대기'는 동시대적인 문학 형식이다. 이것은 결코 서술을 고대화한다든지, 잊어버린 예술적 시간의 형식들을 기계적으로 소생시킨다든지 하는 따위의 시도가 아니다. 이것은 때로는 속기록이다. 속기록적인 성격은 연대기의 구성 기법과 합쳐져서 도스토옙스키의 문체에 영향을 미쳤다. 이를테면 도스토옙스키가 『악령』에서 혁명가들 집회에서의 연설을 묘사하면서 괄호 속에 넣어 제시하고 있는 관찰들을 보라.

"(웃음소리가 들렸다)", "(다시금 웃음)"(VII, 421), "(일동의 동요와 찬성)", "(다시금 동요, 몇몇 후두음)", "(외치는 소리: 그렇소, 그렇소! 일동의 성원)"(VII, 567) 등등. 여기에는 속기록 언어의 경직성까지도 재현되어 있다("동요!"). 속기록은 연대기와 문서화된 기록의 현대적 형식이다. 기록자-연대기 편자가 그에 의해 재현된 발화의 조서적(調書的) 정확성을 강조하는 것은 우연이 아니다. "나는 토막토막 끊어지고 앞뒤가 맞지 않는 이 연설을 한마디 한마디 인용한다"(VII, 492).[140]

도스토옙스키는 언제까지라도 영원히 사건을 뒤좇는다. 연대기 편자로서 그에게는 신빙성이 필요하기 때문이다. 한 달이 채 지나지 않아——진실은 이미 사라져버린다. 이반 카라마조프에 대한 재판이 이를 증명한다. 과거의 신빙성은 확인할 수 없다. 먼 과거에 대해선 전설만이 존재한다.

---

140) 도스토옙스키 작품의 속기에 관해서는 B. N. 카펠류시, Ch. M. 포세만스카야, 「A. G. 도스토옙스카야의 속기」, 『문학 고문헌집—문학사와 사회 운동에 관한 자료들』, 제6권, 모스크바-레닌그라드, 1961을 보라. 하지만 도스토옙스키 작품의 문체에 끼친 속기록의 영향 문제는 연구되지 않았다.

그럼에도 도스토옙스키는 과거의 이야기 방식에, 따라서 중세 문학 장르의 환상적 시간에 끌린다. 이런 일은 그가 순수한 이념을 묘사해야 할 때 일어난다. 이반 카라마조프가 동생 알료샤에게 '현대의 리얼리즘'이 그를 '응석쟁이'로 만들었고, '환상적인 것은 어떤 것도 받아들이지 못한다'고 비난하는 것은 우연이 아니다. 대심문관의 전설은 이반의 말을 따르자면 "문학작품에서 천상의 힘들을 지상으로 불러내는 일이 다반사였던"(IX, 309) 16세기로 무대가 옮겨져 있다. 조시마 장로의 수기 역시 고대적 이야기 형식을 부활시키려는 시도라는 점은 의미심장하다.[141] 파르페니 장로의 수기가 그것의 문체를 위한 전범이 되었다는 것은 우연이 아니다. 파르페니의 수기는 19세기에 씌어졌음에도 고대 러시아 문학의 전통, 성지 순례기 장르의 전통을 따르고 있다. 그의 책은 여러 언어와 문체의 독특한 혼합으로, 모든 시간적인 것의 공허함과 초시간적인 것의 의미를 묘사하는 옛 기법들의 강인한 생명력을 과시하는 것이었다. 그렇지만 도스토옙스키는 그의 근본적인 문체 양식과 비교할 때 부차적인 것인 삽입 텍스트에서만 이 고대 러시아적인 방법을 사용했다.

본질적으로 도스토옙스키에게는 당대성에 가까운 사실들의 공허한 퇴적 속에서 신뢰할 수 있는 '영원한' 진리의 징후를 발견하는 일이 중요했다. 이 탐색의 안내자로 그는 허구적인 기록자-연대기 편자……, 중요한 것을 의미 없는 것과 때로는 구별할 줄 모르고 우연히 본질적인 것에 부딪히고 덕분에 가장 객관적인 증언을 하기도 하는 서투른 작가를 택했다.

이제 시간에 대한 고대의 연대기 편자들과 도스토옙스키의 태도에서 가장 중요한 차이를 언급할 차례다. 전자에게서 연대기적 시간이란 역사와 당대성과 사건의 세계에 대한 그들의 태도를 나타내는 자연스러운

141) 『아테네의 수도사, 성산의 수도승의 러시아, 몰다비아, 터키 그리고 성지 편력과 여행에 대한 이야기』), 제2판, 모스크바, 1856.

것이었다. 그것은 장르 자체에 반영되어 있는 서사적이고 집단적인 시간 의식이었다. 반면에 도스토옙스키에게서 연대기적 시간은 세계 묘사를 위한 예술적 수단이다. 그는 연대기적 시간을 예술가로서 인위적으로 재현하며, 보고자-연대기 편자의 형상을 창조함으로써 이 연대기적 시간 자체를 묘사한다. 고대 연대기 편자들에게 연대기적 시간은 그들의 본성, 그들 세계관의 본질이었다. 도스토옙스키에게서 연대기적 시간은 위대한 예술가가 그린 풍경화다. 이때 도스토옙스키는 고대 연대기 편자의 연대기적 시간을 부활시키려고 하지 않는다. 그는 다만 영원성의 관점에서 사건을 묘사하기 위해 이 고대적 수단이 이룩한 바를 이용한다. 그는 이 수단을 창조적으로 가공하고 변형시키고 놀랄 만큼 기동성 있게 만든다.

고대 문학의 예술적 성취는 개별적인 줄거리나 주제, 모티프를 통해서만 근대 문학 속으로 들어가지는 않았다. 그것은 천년의 경험을 가진 문학의 전선(戰線) 전체를 따라 근대 문학 속으로 진입했다.

살티코프-셰드린의 '연대기적 시간'

어떤 장르를 패러디하는 작품에서의 예술적 시간에 대한 문제는 가장 어려운 문제의 한 가지다. 여기에는 서로 다른 계열에 속하는 시간들, 즉 작가의 시간과 패러디되는 작가의 시간이 불가피하게 결합되기 때문이다.

살티코프-셰드린의 『어느 도시의 역사』는 연대기를 바탕으로 연대기를 부분적으로 이용하면서 씌어진 역사 저술을 패러디한다. 거기에는 서로 다른 체계의 예술적 시간이 교차한다. 다름 아닌 살티코프-셰드린이 저자인 작품의 예술적 시간, 허구적인 '발행인'이 저자인 패러디되는 역사 저술의 예술적 시간, 그리고 모든 것의 바탕에 놓여 있는 가상의 '글루포프 연대기'의 예술적 시간(만약 그것을 예술적이라고 부를 수 있다면)이 그것들이다. 후자의 두 예술적 시간 체계는 패러디의 핵심이나 다를 바 없는 의도적이고 순전히 조건적인 '불이해'에 의해 상당히 왜곡되어 있다. 이렇게 하여 이루어지는, 한 시간으로부터 다른 시간으로의 이행에 힘입어, 살티코프-셰드린은 과거를 구실로 현대에 관하여 쓸 수 있게 된다.

*　*　*

『어느 도시의 역사』의 바탕에는 허구적인 '글루포프 연대기'가 놓여 있다. 우리 앞에는 그로테스크한 내용 기술과 새로 조립되고 개조된 중세 연대기의 방법들이 펼쳐진다. 이것은 제목에서부터 강조되고 있다. 완전한 제목은 "어느 도시의 역사. 진본 자료에 의거하여 M. E. 살티코프-셰드린이 발행함"[142]이다.

작품은 '글루포프 연대기'의 필사본에 대한 고문헌학적 기술로 시작된다. "연대기는 네 명의 시(市) 고문서 계원에 의해 계승 집필되었으며 1731년부터 1825년까지의 시기를 다룬다. 보건대 이해에는 고문서 계원들조차 문필 활동이 용이하지 않았던 듯하다. '연대기'의 외형은 가장 진본 같은 모습, 다시 말해 한순간이라도 그것의 진본성을 의심할 수 없게 하는 모습을 하고 있다. 종이장도 포고딘 고대 기록 보관소의 고대 문헌들처럼 누렇고, 갈겨쓴 글씨로 가득하며, 쥐가 갉아먹고, 파리똥으로 얼룩져 있다"(276).

필사본의 구성에 대한 묘사는 실제 연대기의 편집을 패러디한다. "연대기 앞에는 특별전집 혹은 마지막 연대기 편자에 의해 편집된 것이 분명한 '명부'(опись)가 붙어 있다. 그뿐만 아니라 행정-이론적 내용의 여러 주제에 관한 독창적인 내용을 담고 있는 몇 권의 아동 학습장도 증거 서류로 첨부되어 있다. 예컨대 이런 고찰들이 그러하다. '모든 시장

---

142) N. 셰드린(E. 살티코프), 『전집』, 제9권, 레닌그라드, 1934, 273쪽. 앞으로 인용은 이 판본에 따르며, 괄호 속에 쪽수만을 명기한다.

의 행정적인 동일 사상에 관하여', '시장들의 보기 좋은 외모에 관하여', '진압의 유익함에 관하여(삽화 첨부)', '체납금 징수에 관한 견해', '시간의 왜곡된 흐름', 마지막으로 상당히 부피가 큰 학위논문 '엄중함에 관하여'"(276).

살티코프-셰드린은 후대의, 주로 17세기의 연대기와 역대기의 필사본들을 잘 알고 있었던 듯하다. 그는 연대기라는 것이 여러 연대기 편자들의 저작을 집성한 것임을 알고 있었고, 그것의 이야기적인 성격과 그 속에 들어 있는 개별 논문, 부록 등의 성격을 알고 있었다. '글루포프 연대기'는 '독자에 대한 호소'로 시작하는데, 이것은 몇몇 후대의 연대기나 역대기 제3편집본, 러시아 황제 계보서에 딸린 서문을 연상시킨다. 그렇지만 '글루포프 연대기'의 텍스트를 그대로 가져오고 있는 듯 보이는 것은 이 독자에 대한 호소가 전부다. 『어느 도시의 역사』는 '글루포프 연대기' 그 자체가 아니라 그것에 관한 서술임을 내세우고 있기 때문이다.

『어느 도시의 역사』는 처음 몇 줄에서 『이고리 원정기』의 수사적인 시작을 패러디한 다음, 17세기의 역사적 신화를 연상시키는 글루포프 시(市)의 신화적 기원으로 넘어간다.

이미 보았듯이 연대기에서 시간은 정확한 연대 표식, '세계 창조'로부터 계산한 연도를 특징으로 한다. 조금 더 큰 단위의 연대 표식은 공후 교체다. 러시아 황제 계보서에서 역사 기술은 역사적 계단의 각 단에 따라 나뉜다. 이 계단에서 각각의 단은 공후의 통치 혹은 대주교의 지배를 나타낸다. 『어느 도시의 역사』의 풍자적 의도에 따라서 '글루포프 연대기'에서도 이 같은 역사 구분이 강조된다. 즉 역사는 통치자에 따라 여러 장(章)으로 나뉜다. 한 시장이 다른 시장을 교체하고, 이것은 곧 한 역사 시기로부터 다른 역사 시기로의 이행을 나타낸다. 역사의 운동은 시장 교체와 매우 긴밀히 연관되어 있다. 그리하여 우그륨-부르체예프가 "마치 공기 속에서 용해되어버리듯 일순간에 사라지자", "역사는 자신의 흐름을 중단했다"(426).

『어느 도시의 역사』에는, 연대기에서와 마찬가지로, 정확한 날짜가 제시되며(시장 브루다스트이는 1762년 8월에 글루포프에 도착했다), 다른 시장들과 '시장 명부'에 따른 그들의 번호가 인용된다. 예를 들어 주민들은 "심지어 그리스인 탈주자 람브로카키스를 기억해냈고('명부' No. 5)", "바클란 준장이 1756년에 도착한 것도 기억해냈다('명부' No. 6)"(291). 역사적 비교도 나온다(이것은 역대기에 특징적이며, 연대기에서도 볼 수 있다). "이 도시에서 오래 산 주민들의 말에 따르면 투시노의 소왕(小王) 시대에도 비슷한 일이 있었으며, 비론 시대만 하더라도 방탕한 여자인 곰보 탄카 때문에 온 도시가 체형을 당하다시피 한 일이 있었다 한다"(292).

글루포프 연대기에는 '역사적' 시간이 정확히 제시되기도 하는데, 이 또한 연대기 편집의 특성에 속한다. 예컨대 5장에서 "소요가 있은 후 엿새째 되는 날이었다"(310), "소요가 시작된 후 이레째 되는 날이었다"(312), "마침내, 이레째 되는 날 오후 2시에 그(신임 시장—리하초프)가 도착했다"(312) 같은 기술을 보라.

살티코프-셰드린이 연대기의 시간 묘사 방식을 알고 있었음을 말해주는 다른 많은 징후를 더 많이 들 수도 있을 것이다. 그러나 나의 과제는 그가 '글루포프 연대기'를 패러디하면서 연대기적인 시간 표시 방법을 어떤 정도로든 재현했다는 것을 제시하는 데만 있지 않다. 문제는 훨씬 복잡하다.

연대기적 시간에 관한 장에서 우리는 연대기가 하나의 인과관계로만 연결되지 않는 여러 잡다한 사건을 하나의 연대망(網) 속에서 한 연도 아래 기계적으로 결합시킴으로써, '이 세계의 공허함'을 강조했다는 것을 살펴보았다. 한 연도의 항목 속에서 다양한 여러 소식의 이 기계적인 결합은 연대기 편자의 신의설적(神意設的) 관점을 강조해주었고, 이 특별한 '역사철학'은 그를 교회의 대표자들과 결합시켜주었다. 연대기 편자는 연대기에 기록될 가치가 있다고 여겨지는 사건들(공후 교체, 그들의 사망과 탄생, 전쟁과 평화조약 체결 등)의 좁은 범위 속에서만 움직임을 보았고, 그럼으로써 나머지 모든 것들의 불변성과 세계 역사의 '공허함'을 강조한 셈이었다(물론 성경에 얘기된 역사에 대한 관계는 완전히 달랐으며, 그 역사는 당연히 다른 방법으로 서술되었다).

살티코프-셰드린은 『어느 도시의 역사』에서 연대기의 이 외형적인 방법들을 사용했다. 그러나 그것은 '역사의 공허함'을 보여주기 위해서가 아니라, 역사의 유일한 결정자인 시장들의 행위가 지닌 무의미성을 보여주기 위해서였다. 고대 러시아의 연대기에서 사건 기술의 전통적 방식이었던 것이 살티코프-셰드린에 와서 사건의 본질 그 자체로 변한 것이다. 연대기적인 시간 묘사는 역사 과정의 본질 그 자체에 대한 묘사로 지각되었고, 역사 과정을 무의미한 것으로 만들었다. 바로 여기에 연대기의 패러디가 갖는 의미가 있다. 연대기적인 묘사 방식은 현실을 풍자적으로 묘사하고 통치 행위의 우둔함과 무의미성을 강조할 수 있는 가능성을 제공했다.

실제로 연대기적인 보고의 나열은 『어느 도시의 역사』에서 사건의 무의미한 교체로 옮겨져 있다. 연대기가 서로 다른 성격의 잡다한 사건들을 함께 가지고 옴으로써 세계의 공허함을 보여주었다면, 살티코프-셰드린은 사건들 간의 실질적인 연관성을 부정하면서 동일한 방법을 사용하여 인간들 자신, 즉 '역사의 활동가들' 자신의 행위가 무의미한 것임을 보여준다. 고대 러시아의 연대기 편자에게 지상의 존재, 지상의 소동이란 모두 가상임을 드러내주는 시간의 특별한 흐름의 증거였던 것이 『어느 도시의 역사』의 허구적 '발행인'에게는 글루포프인들 자신이 행하는 행위의 무동기성일 따름이었다. 연대기 편자에게 시간의 역사적 흐름의 본질이었던 것이 『어느 도시의 역사』의 저자에게는 목적 없는 '우둔한'(глупые) 행동으로 사건의 혼란만을 초래하는 글루포프 (Глупов) 시장들 자신의 본질이다.[143] 연대기의 형이상학적 층위로부

---

143) 도시의 이름인 글루포프는 '우둔한'이라는 의미를 갖는 형용사 글루피(глупый) 에서 유래했다—옮긴이.

터 살티코프-셰드린은 동일한 성격의 서술을 현실적이고 인과적인 층위로 옮긴다. 고대의 연대기 편자에게서 역사적 사건의 인과적 발전이 신의 뜻의 개입으로 깨뜨려진다면 글루포프 연대기 편자에게서 사건의 인과관계는 무의미한 명령, 지시로 파괴된다.

연대기는 일반적으로 공후의 결정을 동기화한다. 이를 위해 연대기는 결단의 순간에 공후가 행했던 '역사적인 연설'을 다시 그의 입을 통해 말하게 한다. 살티코프-셰드린도 시장들이 '역사적인 말'을 하게 만든다. 그러나 이번에도 이것은 그들의 행위의 우둔함을 보여주기 위해서이다. 말의 무의미성은 시장들이 내리는 지시의 무의미성과 무동기성을 강조하고, 나아가 그들의 위압적인 명령에 의해 조종되는 역사 자체의 무의미를 강조한다.

시장들의 말은 결코 그들의 행위를 동기화하지 못하고, 직접적으로 사건을 야기했다. 그 결과 그들의 말뿐만 아니라 이 말에 의해 야기된 사건도 아무런 논리를 갖지 못했다. 시 당국의 말이 역사의 유일한 추동력임이 밝혀졌다. 그 말은 반박을 불러일으키지도 않았고, 그럴 수도 없었다. 그것은 오직 복종만을 요구하는 놀라운 말이었다. 시장이 아무런 반박에 부딪히지 않고, 절대로 그에게 반론을 펴서는 안 되는 만큼, 그의 명령과 지시는 한 음절의 말이었고, 외침과 감탄으로 귀착되었다. 행정가의 말에는, 설령 그 말이 아무리 백치 같은 것일지라도, 즉각적인 실현이 뒤따랐다.

사건들 사이에 실제적인 연관의 부재는 연대기에서도 드물지 않은 현상이지만, 『어느 도시의 역사』에서 이것은, 앞서 말한 이유로 인해, 기본적인 인간적 논리의 부재로 변모해 있다. 동기는 있지만, 그것은 우둔하다. 그리고 역사가 흐르고 있는 도시는 글루포프-우둔한 도시다(이이름은 시 당국에 의해 네프레클론스크Непреклонск〔불굴시不屈市〕로 개칭되었다. 이 개칭은 중요하다. 그것은 역사를 자신의 지시 아래 종속시키려 하는 시장들의 의도를 단적으로 보여주기 때문이다).

통치자의 말은 어떤 경우에도 반박에 부딪히지 않고 즉각 실현된다.

이 즉각성은 글루포프인들이 공후를 초빙하는 장면에서 분명하게 나타난다. 공후는 소총을 쏘고 군도를 휘두르며 숲속의 초지(草地) 한가운데 앉아 있다. 이 '앉음새'는 연대기나 축소화에서 보통 사신을 영접하고 파견할 때 공후가 취하고 있는 성직자 같은 자세를 패러디하는 듯 보인다. 글루포프인들이 공후의 빛나는 눈앞에 서고, 대화가 시작된다. 대화는 때로는 연대기의 대화를, 때로는 동화의 대화를 연상시킨다. 공후는 묻고, 글루포프인들은 대답하고, 그에게 자신들의 청을 말한다.

우리에게 오시어 '다스려' 주시옵소서. 이에 공후는 조건을 제시하고, 글루포프인들은 모든 것에 대해 '예'라고 답한다. 그들은 감히 반박을 할 능력이 없다.

"좋아. 너희들을 다스리지, ──하고 공후가 말했다. ──그렇지만 너희들에게로 와서 살지는 않겠다! 왜냐하면 너희들은 짐승같이 살고 있으니까. 너희들은 쓰레기에서 껍데기를 벗겨내고(с беспробного золота пенки снимаете), 며느릴 욕보이지! 그러니 나 대신에 이 혁신자-도적을 보내겠다. 그가 집에서 너희들을 다스릴 것이고, 나는 여기서 그와 너희들을 내 마음대로 부릴 것이다.

대갈장이들이 고개를 조아리고 말했다.

──예!

──또 너희들은 나에게 많은 조공을 바쳐야 할 것이다, ──공후가 계속 말했다. ──암양이 새끼를 낳게 되면, 어미 양은 나에게 바치고, 새끼 양은 자신이 가져라. 동전이라도 한 푼 생기면 그걸 4등분하라. 첫 번째 것은 나에게, 두 번째 것도 나에게, 세 번째 것도 다시 나에게 바치고, 네 번째 것은 자신이 그냥 가져라. 만약 내가 전쟁에 나가게 되면, 너희들이 나가라! 그 밖의 일은 너희들에게 아무 상관이 없다!

──예! ──하고 엉터리들이 대답했다.

──너희들 중에 아무것도 아무 상관이 없다는 자들은 내가 어여삐 여길 것이오, 나머지 자들은 모조리 ──사형에 처하겠다.

―예!――하고 엉터리들이 대답했다.

―너희들은 자신의 자유를 누리며 살지 못하고 어리석게도 스스로 노예의 신분이 되길 원했으니 이제부터 너희들을 대갈쟁이가 아니라 멍청이(глуповцы, 글루포프치)라 부르겠다.

―예!――하고 엉터리들이 대답했다.

그런 다음 공후는 사신들에게 보드카를 나누어주고, 피로그와 붉은 스카프를 선물하도록 명하고 많은 공물을 부과한 다음 영광스럽게도 자신에게서 놓아주었다.

대갈쟁이들은 집으로 가면서 한숨을 쉬었다. '기운이 없어서 한숨을 쉰 게 아니라, 힘차게 외쳤다!'라고 연대기 편자는 증언한다. '과연, 공후님 말씀은 정말로 지당하셔!' 그러고는 덧붙였다. '예, 예 했어, 우린 예, 예 했다구, 아무렴, 예, 예 했지!'"(284)

19세기 역사가의 눈으로 읽은 연대기는 행정가들의 무의미한 행위의 사슬로 변해 있다. 이 세계의 '공허함'은 자신을 가로막는 어떤 장애도 알지 못하는 행정가들의 우둔함으로 변해 있다.

연대기에는 공후의 교체가 있고 글루포프의 역사에는 시장의 교체가 있다. 봉건제적 관념은 관리들의 관념으로 변형된다. 역사적 인물들의 입을 빌려 그들의 '역사적인 말'을 말하게 하는 연대기의 방식도 패러디된다. 통치자들의 이 '역사적인 말'은 마치 역사의 본질 자체처럼 된다.

칼랴진(калязин)인이 세메댜예베즈인들(семендяевцы)과 자오제레츠인들(заозёрцы)을 선동하여 "그들을 죽이고 불태웠을" 때, 공후는 눈을 부릅뜨고 외친다.

―멍청함보다 더 불행한 멍청함은 없다!

그러고는 몸소 글루포프로 와서 소릴 질렀다.

―쳐죽이리라!

이 말과 함께 역사 시대가 시작되었다. (286)

제12장 '재신(財神) 숭배와 참회'에는 역사의 흐름에 대해 다음과 같은 고찰이 나온다. "인생은 꿈이다, 라고 철학자, 심령학자 들은 말한다. 만약 그들이 완전히 논리적이라면, 이렇게 덧붙일 것이다: 그리고 역사 또한 꿈이다, 라고. 물론, 절대적으로 보자면, 이 두 비교는 똑같이 불합리하다. 그렇지만 실제로 역사의 곳곳에서 인간의 사고가 주저없이 그 앞에 서 있을 수 없는 무서운 낭떠러지를 만나게 된다는 것을 인정하지 않을 수 없다. 삶의 급류가 자연스러운 흐름을 중단시키고 소용돌이를 일으키는 것처럼 보인다. 소용돌이는 한곳에서 맴돌면서 포말을 내뿜고 탁한 거품으로 뒤덮어서, 그 사이로는 선명하고 전형적인 선(線)도, 심지어 그 어떤 특수한 현상조차도 구별할 수가 없다. 지리멸렬하고 의미화되지 않은 사건들이 아무 연관 없이 이어지고, 사람들은, 보건대, 오늘을 지키는 것 외에는 다른 아무 목표도 추구하지 않는다. 그들은 번갈아가며 때로는 두려움에 떨고 때로는 승리에 의기양양해한다. 스스로 굴욕감을 강하게 느낄수록 승리는 더욱 잔인하고 더욱 복수심에 불타게 된다. 이 두려움의 근원은 이미 흐려졌다. 투쟁의 깃발을 올리게 했던 근본 원칙들은 그늘에 묻혀버렸다. 투쟁을 위한 투쟁이 남아 있으며, 형틀과 바큇살 고문(хождение по спицам) 따위를 고안해내는 예술을 위한 예술이 남아 있다"(375~376).

이처럼 살티코프-셰드린에게서 연대기적 역사 묘사의 특성은 활발한 행정가들이 만드는 역사 그 자체로 전이되어 있다. "지리멸렬하고 의미화되지 않은 사건들이 아무 연관 없이 이어진다." 이것은 역사 전체에 대한 시선이 아니다. 이것은 관리들의 개입에 역사를 붙들어매어놓고 있는 역사의 그 '낭떠러지'에 대한 시선이다. 연대기 편자에게는 역사에서 신의 섭리의 위대함을 그대로 보여주는 증거였던 것이 살티코프-셰드린에게는 글루포프 시장들의 행정적 열의의 무의미임이 확인된다. 자연력에 대항한 행정 당국의 투쟁 그 자체가 자연력(стихия)으로 변한다. 사람들은 오직 '오늘의 수호'에 열중해 있다. "투쟁의 깃발을 올리게 했던 근본 원칙들은 그늘에 묻혀버렸다. 투쟁을 위한 투쟁이 남아 있으며, 〔……〕 예술을 위한 예술이 남아 있다."

살티코프-셰드린이 러시아 연대기를 패러디한 최초의 작가는 아니었다. 그보다 몇 해 앞서, 1854년에, 귀스타브 도레(Густав Доре)는 프랑스에서 서화첩 『성(聖) 러시아』(*La sainte Rusi*)를 출판했다. 도레와 살티코프-셰드린의 차이는 도레가 러시아 역사를 패러디한 데 반해, 살티코프-셰드린은 러시아 연대기를 패러디했다는 것이다. 도레는 러시아 역사의 무의미성을 제시하고자 했고, 살티코프-셰드린은 연대기적인 서술 방식을 그의 동시대로 옮겨옴으로써 그로테스크를 만들어냈다. 도레가 역사에 대한 패러디를 보여준다면, 살티코프-셰드린은 동시대에 대한 패러디를 보여준다. 이것은 살티코프-셰드린의 거의 동시대인의 눈으로 읽은 연대기다. 그렇지만 누가 이 살티코프-셰드린의 '거의 동시대인'이며, 무엇 때문에 다름 아닌 그의 눈으로 연대기를 읽어야 했던 것일까? 이 물음에 답하면서 우리는 살티코프-셰드린의 예술적 구상에서 가장 본질적인 핵심에 가까이 다가가게 될 것이다.

살티코프-셰드린은 『어느 도시의 역사』에서 연대기를 패러디한다기보다 연대기를 연구하고 주해하고 발행하는 러시아 역사가들을 패러디한다.

시대를 바꾸어놓으면서 살티코프-셰드린은 '글루포프 연대기'의 연대기 편자들이 "하나같이 똑같은 것을 우려하고 있었는데, 그것은 우리의 필기장이 행여 바르테네프(Бартенев) 씨의 손에 들어가지 않을까, 그가 이것을 자신의 「고문서실」(Архив)지(誌)에 게재하지 않을까 하는 것이었다"(279)라고 쓰고 있다. 이것은 기우가 아니었다. 사람들은 글루포프 연대기를 찾아내서 『글루포프의 역사』를 위한 사료로 사용했다. 앞에서 이미 인용했던 서문 '발행인으로부터'는 당대의 역사가와 문예학자들인 포고딘(М. П. Погодин), 코스토마로프(Н. И. Костомаров), 필린(А. Н. Пылин)의 고문헌학적 서문을 패러디하고 있다. 살티코프-셰드린은 연대기 편자들보다도 바로 이들 학자를 희화적인 모습으로 내세우고 있는 것이다.

앞에서 보았듯이 살티코프-셰드린은, 마치 연대기의 정신을 이해하지 못하기라도 하는 것처럼, 연대기의 사건 묘사를 글자 그대로 이해한다. 연대기적인 사건 묘사 방식은 그의 펜 아래서 역사의 본질이 된다. 그는 이러한 연대기의 우둔화에 대한 책임을 러시아 역사가들, 즉 자신의 동시대인들에게 전가한다. 이를 위해 그는 글루포프 연대기의 '발행인', 즉 그것의 재(再)서술자, 주석자의 형상을 만들어낸다. 이 형상은 『어느 도시의 역사』에서 대단히 중요하다. 이 책의 구상에 대해 많은 것을 이해하게 해주기 때문이다. 학술적 주해는 지배자들의 명령에 조종받으면서 흘러가는 역사의 무의미를 더욱 강조한다.

이를테면 허구적 주석자는 5등 문관 이바노프의 파멸에 관한 이야기가 두 가지 이본으로 존재한다고 쓰고 있다. "하나는, 이바노프가 그로서는 도무지 이해할 수 없는 원로원의 매우 광범위한 명령을 받고 놀라서 죽었다는 것이다. 다른 하나는, 이반이 죽은 게 전혀 아니라 (사용불필요성으로 인한) 진행성 뇌건조증으로 머리가 원시 상태로 변해버렸기 때문에 퇴직당한 것이라고 주장하고 있다. 그 후에도 그는 자신의 영지에서 오랫동안 살았고, 거기서 오늘까지도 존재하고 있는 모든 이상단두(異狀短頭) 개체의 기원이 되는 데 성공했다는 것이다. 이 두 이본 가운데 어느 것이 더 신빙성이 있는지는 판별하기 어렵다. 그러나 공정성을 위해 말해두어야 할 것은, 머리와 같이 중요한 기관의 퇴화가 그렇게 짧은 시간 안에 이루어지기는 거의 불가능했으리라는 점이다"(379).

출판된 사료에 대한 학문적 주석을 패러디한 다른 예들을 더 들지는 않겠다.

여기서 다음과 같은 물음이 제기된다. 살티코프-셰드린이 그의 패러디를 위해 역사 주해의 형식만을 이용했는가, 아니면 그의 패러디는 더욱 깊이 들어가서 사료의 본질 자체를 건드리는 것이었는가? 이 물음에 대한 답을 우리는 『어느 도시의 역사』의 제12장에서 발견한다.

살티코프-셰드린의 패러디는 역사 주해의 방식에 국한되지 않는다. 그가 패러디하는 것은 오히려 자기 시대의 역사 이론이다. 그의 풍자는

'학술성'이 아니라 역사가들의 '학설'이다. 제12장 '재신 숭배와 참회'에서 그는 이렇게 쓴다. "우리는 연대기 편자가 이른바 천중(賤衆)에 대해 주로 말하고 있는 바를 잊지 않을 것이다. 이들은 역사의 경계 바깥에 서 있다고 오늘날까지도 간주되는 사람들이다. 연대기 편자의 지적인 눈앞에는, 한편으로는 멀리서 슬금슬금 다가오면서 스스로를 조직하고 강화할 수 있었던 힘이, 다른 한편으로는 구석에 흩어져 있고 언제나 불의의 습격에 노출되어 있는 쓸모없는 인간들과 고아들이 떠오른다. 이토록 상호 대립적인 자연력의 대비에서 생겨나게 될 관계가 어떤 성격을 띨 것인가에 대해 무슨 의혹이 있을 수 있겠는가? 문제의 힘이 결코 지어낸 것이 아님은 그 힘에 대한 관념이 심지어 한 역사학파 전체의 초석이 되었다는 점으로도 증명된다.[144] 이 학파의 대표자들은 더 많은 주민을 소탕할수록 그들 자신은 더욱 편안하게 되고 역사 자체도 더욱 찬란하게 된다고 완전히 진심에서 선전하고 있다"(377).

살티코프-셰드린이 말하고 있는 이 역사학파란 대체 무엇인가?『어느 도시의 역사』에서 서술 전체를 이끌어나가는 그의 역사가도 분명 이 학파에 속한다.

부시민은 그의 저서『살티코프-셰드린의 풍자』에서 상당히 타당성이 있는 견해를 피력한다. "『어느 도시의 역사』에는 연구자들의 다양한 판단과 논쟁을 야기하는 특별한 점이 있다. 그것은 국가기구가 이 작품에서, 비록 정도의 차이가 있긴 하나, 모든 사람을 억압하는 초계급적인 강압 기관처럼 묘사되어 있다는 점이다. 그 결과 관료제와 몇몇 사람의 전횡이 외부에서 온 무시무시한 괴물 같은 힘의 모습으로 등장한다. 글루포프 주민들은 텅 빈 거대한 공간을 사이에 두고 두 개의 극으로 분열되어 있는 것으로 드러났다. 그리하여 한쪽엔 전횡적 관료제, 다른 한쪽엔 시 통치자들의 전횡에 억압받고 위협받는, 거의 구별되지 않는 대중이 자리한다. 이 작품에는 공포 때문이 아니라 계급적 이익을 위해서 보

---

144) 이 인용과 앞으로의 인용에서 강조는 나에 의한 것이다(리하초프).

로다브킨과 우그륨-부르체예프 같은 자들을 지지하는 사회적 계층도 아주 미약한 정도로만 제시되어 있다."[145]

나아가 부시민은 이렇게 쓴다. "여기서 셰드린은 전제정치를 지주 국가로 보는 계급적 해석을 거부하는 듯이 보인다. 우리는 초기의 형상들이 우그륨-부르체예프와 말없이 그 앞에 엎드려 있는 글루포프의 나머지 모든 주민보다 전제정치의 계급적 본질을 원칙적으로 더 충실하게 나타냈다는 것을 상기시키고자 한다. 거기에서는 전제국가가 다계층적 사회 피라미드로서 (「뒤얽힌 일」Запутанное дело, 또는 노예[이바누시카]들에 대한 지주[시도르이치] 계급 전체의 지배로서[「글루포프와 글루포프 주민들」]) 제시되었기 때문이다.[146]

이렇게 살티코프-셰드린이 그의 원래 주장에서 물러서고 있는 것을 부시민은 다음과 같이 설명한다. "그의 과제는 전제정치가 착취계급에게 가져다준 이익을 보여주는 데 있지 않고, 그것이 예속된 대중에게 초래한 불행과 재앙을 보여주는 데 있었다. 풍자작가는 피억압 대중의 절대적인 복종 상태에서 왕정주의적 전제정치가 얼마나 기형적인 형태로까지 나아갈 수 있는지를 보여준 것이다." 그의 글은 계속된다. "따라서 『어느 도시의 역사』는 사회의 사회학이 아닌 전제정치의 행정적-정치적 체제를 묘사한다. 작가의 사회학적 견해를 이해하기 위해서는 다른 작품들을 읽어야 할 것이다."[147]

그렇다면 어떤 방법으로 살티코프-셰드린은 역사적 진실로부터의 '후퇴'를 예술적으로 정당화하는가?

이 '후퇴'의 수수께끼에 대한 열쇠는 다음에 있다. 살티코프-셰드린의 '후퇴'는 그가 역사학에서 국가학파의 주장을 패러디한 결과다. 이 '역사학파'의 견해에 대해 살티코프-셰드린은 『어느 도시의 역사』의 제

---

145) A. S. 부시민, 『살티코프-셰드린의 풍자』, 모스크바-레닌그라드, 1959, 76~77쪽.

146) 같은 책, 78쪽.

147) 같은 책, 78, 79쪽.

12장에서 쓰고 있으나, 그것의 정체는 K. D. 카벨린과 B. N. 치체린의 저술에서 가장 분명하게 드러났고, 또 살티코프-셰드린이 『어느 도시의 역사』에서 상기시키고 있는 M. P. 포고딘, P. I. 바르체네프, N. I. 코스토마로프의 저작에도 반영되어 있다.

이 학파의 주장은 살티코프-셰드린에게 왕정주의적, 좀더 정확히 말해 관료주의적 전제정치를 묘사할 수 있는 가능성을 제공했다. 그는 연대기를 패러디한다기보다 역사 과정에 대한 연대기적 묘사의 특성을 자신들의 주장을 정당화하고 공고히하는 데 이용한 국가학파 역사가들을 패러디한다. 그는 반동적이고 수구적인 태도를 취한 국가학파의 입장이 결국엔 부조리한 것임을 증명해 보인다. 이를 위해 그는 전제정치의 전횡을 그것의 옹호자들의 관점에서 묘사하는 것이다. 이것은 물론 자신의 견해로부터의 후퇴가 아니라 반대자들의 견해를 논파할 수 있는 예술적인 기법이다. 다시 말해 예술적인 부조리로의 환원(reductio ad absurdum)이다.

치체린에게서도 우리는, 살티코프-셰드린에게서처럼, 국가와 민중의 직접적인 대립을 본다. 치체린에게 국가는 독립적이고 자족적인 권력이다. 그에 따르면 "국가는 위로부터, 정부의 행위에 의해 조직된 것이지 시민들의 독자적인 노력에 의한 것이 아니다." 그는 이렇게 썼다. "사회 안에 유목생활에 대한 더욱 큰 성향이 존재할수록, 모든 것이 드넓은 스텝의 공간으로 흩어질수록, 그만큼 더 강하게 국가는 흩어지는 대중을 제지하고 그들을 단단한 동맹으로 묶어 사회적 목적을 위해 일하게 하는 것이 필요했다. 부족한 자금과 적은 인구를 감안할 때 광활한 광야에서 사람을 붙잡고 자신의 의무를 수행하도록 만드는 것은 쉬운 일이 아니었다."[148]

살티코프-셰드린은 바로 이 국가학파의 주장을 염두에 두고 다음과

---

148) B. N. 치체린, 『러시아 법의 역사에 관한 시론』, 모스크바, 1858, 381~382 쪽('고대 러시아 행정의 발달'에 관한 장).

같이 쓴다. "우리는 연대기 편자가 이른바 천중에 대해 주로 말하고 있는 바를 잊지 않을 것이다. 이들은 역사의 경계 바깥에 서 있다고 오늘날까지도 간주되는 사람들이다. 연대기 편자의 지적인 눈앞에는, 한편으로는 멀리서 슬금슬금 다가오면서 스스로를 조직하고 강화할 수 있었던 힘이, 다른 한편으로는 구석에 흩어져 있고 언제나 불의의 공습에 노출되어 있는 쓸모없는 인간들과 고아들이 떠오른다"(377). 흥미롭게도 마지막 구절은 앞에서 인용한 치체린의 말을 떠올리게 한다. 두 곳 모두 광활한 러시아의 공간에서 쓸모없는 인간들을 사냥하는 국가가 같은 모습으로 그려져 있다.

그러나 문제는 이것이 아니다. 문제는 국가의 역할 증대가 국가 행정기관과 위정자들의 역할 증대로 나아갔다는 데 있다.

국가학파의 관점에서 볼 때, 국가는 초계층적이고 초계급적인 성격을 가지며, 민족·민중의 발전 과정 중 모든 진보성은 국가로부터 나온다. 민중은 수동적인 대중에 지나지 않는다. 이반 뇌제와 표트르 대제의 진보적 역할에 대한 확대 해석은 여기에서 비롯되며,[149] 국가 권력의 잔혹함과 강압성에 대한 정당화도 여기에서 비롯된다. 카벨린의 관점에서 보자면, "우리의 민중은 아직 형성되지 못했으며, 자리 잡지 못했다. 그들은 형성 단계에 있다. 그것은 어떤 인종학적인 원형질이나 진흙 반죽과도 같은 것이다."[150] 카벨린은 러시아 민중을 '바보 이바누시카'라 불렀다.

국가학파의 대표자들은 그들의 사상을 직선적으로, 자기 패러디에 가깝게 표현했다. "유럽에는 사회 계층이 있으나 우리에게는 없다. 유럽에는 귀족계급이 있으나 우리에게는 없다. 거기에는 특별한 도시 조직이

---

149) K. D. 카벨린, 「러시아사에 관한 연구 논문」, 『전집』, 제1권, 상트페테르부르크, 1897, 45, 51쪽과 다음 쪽들을 보라.

150) D. A. 코르사코프가 기록해놓은 카벨린의 사상이다. 「콘스탄틴 드미트리예비치 카벨린―전기를 위한 자료. 가족 서한과 회상에서」, 『유럽 통보』 제10호, 1886, 745~746쪽.

있고 중간 계층이 있으나 우리에게선 도시와 농촌의 조직이 모두 똑같고, 다른 계층이 없듯이 중간 계층도 없다. 유럽에는 기사 계급이 있으나 우리에게는 없다."[151]

살티코프-셰드린도 그의 글루포프 시(市)를 사회 계층도 계급도 없고 귀족계급도 없는 바로 그런 모습으로 묘사했다. 그러나 그는 국가학파가 바랴그인들의 역할과 공후들의 사명을 묘사할 때 으레 보여주는 그 특유의 과장을 비웃어주는 것 또한 잊지 않았다. '통치자들'의 역할을 과장하는 것은 국가학파의 특징이었다. 이 학파의 가장 현명하고 온건한 대표자인 솔로비요프조차도 역사가는 "통치자들의 활동을 연구해야 한다. 왜냐하면 거기에는 민중의 삶을 연구하는 데 가장 훌륭하고 가장 풍부한 자료가 들어 있기 때문이다"[152]라고 썼다.

국가학파의 대표자들은 유기적이고 합법칙적인 현상으로서의 역사 과정 자체를 부정하기에 이른다. 그들에 따르면, 사회는 '국가로부터 존재를 부여받았다.' 러시아에서는 모든 것이 서방과 다르다. 거기엔 법의 원칙이 있고, 우리에게는 권력의 원칙이 있다는 것이다.

국가학파의 태도는 그들의 가장 현명한 대표자들에게서도 일종의 독특한 풍자적인 역사 묘사를 초래했다. 솔로비요프의 『나의 수기』의 마지막 페이지들은 살티코프-셰드린에 가깝다.[153]

물론 살티코프-셰드린은 『어느 도시의 역사』에서 치체린이나 카벨린을 겨냥하지 않았다. 그가 특히 염두에 두었던 것은 민중에 국가를 대립시키는 국가관을 가장 강력하게 옹호했던 코스토마로프였다. 이미 1860년에 체르니솁스키는 코스토마로프가 포고딘과 타협했다고 그를 신랄하게 비난했다.[154]

---

151) K. D. 카벨린, 『전집』, 제1권, 6쪽.

152) S. M. 솔로비요프, 「제 민족의 역사적 삶에 대한 관찰」, 『전집』, 상트페테르부르크, 1900, 1123~24쪽.

153) S. M. 솔로비요프, 『나의 아이들을 위한, 가능하다면 또한 다른 아이들을 위한 나의 수기』, 페트로그라드, 발행 연도 미상, 148~174쪽을 보라.

어떤 방법으로 역사 과정의 연대기적 기술이 『어느 도시의 역사』에서 국가학파의 역사 과정 묘사에 대한 패러디, 그리고 그것의 부조리성의 폭로와 결합할 수 있었을까? 결론은 『어느 도시의 역사』에서 고대 러시아적인 역사의식과 함께 살티코프-셰드린에게 동시대적인 역사의식이 패러디되었다는 것이다. 그렇다. 사실이다. 그리고 이 패러디의 모든 의미는 국가주의자-수구주의자들의 현학적인 역사학파가 지닌 근본적인 '연대기적 원시성'을 보여주는 데 있었다.

문제는 국가학파 역사가들이 그들의 역사관에서 실제로 퓨트르 1세 이전의 러시아사에 대한 기본적인 사료로서 연대기를 거의 그대로 따랐다는 데 있다. 이것은 국가학파의 연구가 갖는 사료학적 토대의 취약성에도 부분적으로 기인하지만, 그보다도 더욱 분명하게 드러나는 것은 역사가들과 연대기 편자들이 취했던 공식적 태도의 공통성이다.

연대기 편자들이나 국가학파의 대표자들이나 그들 모두의 공통된 속성에 속했던 바, 통치자와 정부 명령의 역할을 과대평가하고, 정부를 삶의 모든 변혁의 주창자와 실행자로 여기고, 민중의 진정한 역할을 무시하고, 사회 계층들 위에 권력을 세우고, 그것을 공정한 초계층적 힘으로 묘사했다. 국가학파는 바랴그인들의 문제를 묘사하는 데 전적으로 연대기를 따랐고, 이것 역시 『어느 도시의 역사』에서 패러디적으로 반영되었다.

살티코프-셰드린은 연대기와 국가학파, 이 두 관점의 친연성을 천재적으로 보여주었다. 이를 통해 그는 수구적인 국가학파의 대표자들을 폭로했고, 이 학파의 주장을 끝까지 발전시켜 오히려 그것의 부조리성을 입증함으로써, 국가학파가 그렇게 불러주었던 '통치'자들의 행위 자체를 폭로했다. 덧붙여 말하고 싶은 것은, 국가학파의 주장이 자신의 경계를 넘어 멀리까지 이르렀다는 사실이다. 국가학파의 등장 이전에도(특

---

154) N. G. 체르니솁스키, 『15권 전집』, 제4권, 모스크바, 1948, 296~299쪽을 보라.

510

히 셰르바토프와 카람진에게서 분명하게 나타난다), 퇴장 후에도, 이 학파의 개별적인 주장들은 광범위하게 수용되었다. 19세기의 러시아 역사학은 전체적으로 연대기를 따라 국가와 위정자들의 역할을 과대평가했다. 여기에는 특별한 이유가 있었으나 여기에서 본격적으로 다룰 계제는 아니다. 상술한 바로부터 분명한 것은 『어느 도시의 역사』를 '반(反)러시아적'인 것으로 묘사하려는 시도는 전혀 근거가 없다는 사실이다.

* * *

대체로 『어느 도시의 역사』에는 역사적 시간이 지배적이라고 말해야 할 것이다. 거기에는 날짜가 있고, 글루포프 시 역사의 사건들과 러시아 역사 사이에 정확한 상관성이 있고, 어느 군주 시대에 어떤 글루포프 시장이 활동했는가 하는 것이 제시된다. 그러나 살티코프-셰드린은 그의 이야기의 이 모든 역사적 측면이 진짜가 아니고 가짜이며, 비사실적이고 순전히 조건적인 것임을 깨닫게 해준다. 진짜 발라간 극에서 배우는 때때로 이 구경거리 연극의 조건성을 강조하고, 관객에게 혀를 내보이거나 상스런 손가락질로 모욕을 주고, 그렇게 해서 연극을 현실인 양 바라보는 착각을 깨뜨린다. 마찬가지로 살티코프-셰드린도 『어느 도시의 역사』에서 때때로 역사적 시간의 착각을 깨뜨리고, 독자에게 그들 앞에는 역사가 아니라 동시대가 있음을 상기시키려고 노력한다.

1815년에 글루포프에 부임한 시장(市長) 비콩트 드 샤리오의 집정기에 "고귀한 분들이 거리를 거닐며 「내게로, 나의 방울 리본이여」(A moi l'pompon)나 「당근을 가진 비너스」(La Vénus aux carottes)를 노래했다"(382). 그러나 이 노래들은 19세기 초가 아니라 『어느 도시의 역사』가 쓰어진 시기에 유행했다.

비콩트 드 샤리오의 후임자인 에라스트 그루스틸로프의 집정기에는 이교의 부흥이 있었다. 그루스틸로프가 시(市)로 들어갈 때 군중들이 들것에 페룬(Перун)의 우상을 싣고 왔다. 행렬은 광장까지 이어졌고,

사람들은 폐룬을 단 위에 세웠다. 귀족단장의 부인은 무릎을 꿇고 앉아서 큰 소리로 보보리킨의 「저녁 제물」을 읽었다(383).

바로 이 그루스틸로프의 집정기에 광적인 의식을 올리는 분리종파들이 나타났으며, 이들은 종교 의식을 올리는 동안 뛰고 빙빙 돌고 스트라호프의 논문을 읽었다(401).

아락체예프 시대에 살았던 우그륨-부르체예프 시장의 집정기에 철도 이권에 대해 말한다.

이러한 시대착오는 필사본 발행자의 학술적인 주(註)에 의해 강조된다. 이를테면 브루다스트 시장의 재임기에 체납금 장부를 언급하는 대목에서 독자는 다음과 같은 각주를 보게 된다. "명백한 시대착오다. 1762년에는 체납금 장부가 없었고, 얼마를 누구에게서 거두어야 한다고 하면 무조건 징수했다. 따라서 비판적인 분석도 없었다. 그러나 이것은 시대착오라기보다 연대기 편자의 통찰력으로, 이 통찰력은 독자가 아주 편안하게 있을 수 없을 정도로 강력하게 곳곳에서 드러난다. 그리하여 그는 예컨대(우리는 이것을 계속 보게 될 것이다) 전신(電信)의 발명을 예견했고, 심지어 현청 기관까지도 예견했다. 발행인"(293).

다음 페이지에서는 빈터할터의 페테르부르크 상점이 언급된다. 이 대목에서 우리는 주를 읽게 된다. "통찰력의 새로운 예. 1762년에는 빈터할터가 없었다. 발행인"(296).

계속하여 '런던 선동요원'(게르첸과 그의 동료들을 가리킨다)에 대해 말할 때도 다음의 주가 따른다. "이것까지도 '연대기 편자'는 예견했던 것이다!—발행인"(296).

분명한 시대착오에 독자의 주의를 돌리게 하는 이러한 주는 마라에 대한 언급에도 붙는다. 그러나 이번에는 단순히 시대착오에 대한 지적을 넘어서서 연대기의 시대착오에 대한 학술적 설명을 패러디하고자 한다. "당시에 마라는 유행하지 않았다. 그러나 이 오류는 '연대기 편자'가 아마도 사건을 발생 직후 곧바로가 아닌 몇 년이 지난 후에 기술했기 때문이라고 설명할 수 있다.—발행인"(301). 이를 통해 살티코프-셰드린은 연대기 편자가 그의 동시대인이며, 『어느 도시의 역사』에서는 본질적으로 역사적 현상들이 아니라 동시대의 현상들이 기술되고 있다는 것을 알게 해준다. 그는 역사를 구실로 현재에 대해 쓴다. 따라서 『어느 도시의 역사』의 진정한 시간은 현재다. 다만 그것은 역사적이고 연대기적인 시간의 패러디적 재현 아래 숨어 있을 따름이다. 연대기 편자의 '통찰력'은 역사 뒤에 숨어 있는 이 현재를 끊임없이 상기시킬 수 있게 한다. 이것이 『어느 도시의 역사』에서 예술적 일반화의 형식이다.

살티코프-셰드린은 1871년 4월 2일 피핀에게 보내는 편지에서 『어느 도시의 역사』와 관련하여 직접 이렇게 쓴 바 있다. "나의 작품을 역사적 풍자로 보는 비평가(A. S. 수보린—리하초프)의 견해는 전적으로 그릇된 것이오. 나는 역사와는 아무 상관이 없소. 나는 오직 현재를 염두에 둘 뿐이오. 역사적인 이야기 형식이 나에게 편했던 것은 그것이 내게 좀더 자유로이 삶의 일정한 현상들을 향할 수 있게 해주었기 때문이오."[155]

서술의 과거 시간을 파괴하고 그 과거의 조건성을 강조하는 것은 살티코프-셰드린의 다른 작품들, 이를테면 『동화』에서도 볼 수 있다.

「한 농부가 두 장군을 먹여 살린 이야기」에서 사건은 조건적인 동화의 시간 속에서 일어난다. "옛날옛적에 두 장군이 살고 있었다." 이렇게 이야기는 시작한다. 그러나 두 장군은 정신을 차려보니 무인도에 있다. 여기서 그들은 『모스크바 통보』의 한 「호」를 발견한다. 그들은 이따금 이 「호」를 읽는다. 이를 통해 동화적 시간의 조건성이 파괴되고, 사건은 현재 시간으로 옮겨져 있는 듯 보이면서 과거의 알레고리즘이 강조된다.

국가학파의 주장을 현재의 묘사에 이용하기가 좀더 용이했던 것은 국가학파의 대표자들 자신이나 이 학파에 종속되어 있던 역사가들도 그렇게 했기 때문이다.

---

155) N. 셰드린(E. 살티코프), 『전집』, 제18권, 레닌그라드, 1937, 233쪽.

한 권씩 차례로 발행된 솔로비요프의 『러시아 역사』에서조차 솔로비요프의 동시대 현실에 대한 지속적인 암시가 포함되어 있다. 클류쳅스키는 그의 연설 「S. M. 솔로비요프를 추억하며」(Памяти С. М. Соловьёва)에서 이 점을 잘 지적했다. "늘 교제가 거의 없이 생활하면서 엄격하게 정해진 연구 활동을 했음에도 솔로비요프는 그 불안한 시대의 중요한 사건들을 민감하고 주의 깊게 지켜보았다."[156]

클류쳅스키는, 일례로, 『러시아사』에서 표트르 1세의 개혁에 대한 묘사는 솔로비요프가 알렉산드르 2세의 개혁을 통해 받았던 인상 아래서 이루어진 것임을 지적했다. 솔로비요프의 역사 연구가 동시대를 이해하는 데 갖는 깊은 의미에 대해 말하면서 그는 이렇게 쓴다. "얼마 전만 해도 이렇게들 생각했다. 앞에 저토록 많은 일이 있고 저토록 환한데 무엇하러 뒤를 돌아보아야 하는가? 이제는 이렇게들 생각하게 되었다. 우리가 과거와 모든 연을 끊었고 우리의 삶이 새로운 토대 위로 돌이킬 수 없이 넘어온 마당에, 우리의 과거가 우리에게 무엇을 가르칠 수 있겠는가? 그러나 여기에는 중요한 오류가 들어 있다. 개혁이 러시아의 옛날을 변모시킨 것에 도취하여 러시아의 옛날이 개혁을 변모시켰음을 간과한 것이다."[157]

살티코프-셰드린은 글루포프의 옛날을 다루면서 실제로는 그의 동시대 현실에 대해 썼다. 이 점에서 그는 그의 시대의 역사 사상을 따랐지만, 훨씬 멀리 나아갔다. 그는 동시대의 인상 아래서 역사를 기술한 게 아니라 역사의 인상 아래서, 역사의 형식으로 동시대에 대해서 썼다.

그리하여 우리는 『어느 도시의 역사』에서 몇 개의 층위와 몇 개의 시간 도면을 본다. 가장 깊숙이 자리하고 있는 시간 도면은 글루포프 연대기 편자의 것이다. 여기서 시간은 연대기적인, 그러나 패러디된 시간이다. 여러 계열의 잡다한 사건들을 한자리에 함께 가져오는 연대기적 방

---

156) V. O. 클류쳅스키, 『스케치와 연설―제2논문집』, 모스크바, 발행 연도 미상, 51쪽.

157) 같은 책, 50쪽.

식을 통해 연대기 편자는 자신의 '역사철학'을 표명하고, 역사의 '공허함'을 보여줄 수 있었다. 그러나 살티코프-셰드린은 사건 자체의 무의미성을 폭로하고 통치자들의 행위에는 그 어떤 법칙도 존재하지 않는다는 것('바보에게 씌어진 법은 없다'하므로)을 드러내 보이기 위해 이 연대기적 방법을 이용한다.

그러나 이 도면은 진지하지 않고 패러디적이다. 그 위에는 두 번째 도면이 놓여 있는데, 역사가에 의한, 역사학에서 국가학파 추종자에 의한 연대기의 재편집은 이 도면 위에 자리한다. 이 도면 또한 패러디적이며, 살티코프-셰드린으로 하여금 국가의 지지자들, 즉 국가학파 역사가들의 사상을 부조리로 환원시킴으로써 국가를 비웃을 수 있게 해준다. 이를 위해 또 하나의 도면이 존재한다. 그것은 다름 아닌 살티코프-셰드린 자신이 위치하는 도면으로서, 글루포프 연대기 편자가 말하는 것도, 그의 주석자와 발행인이 말하는 것도 이 도면의 것으로 인정될 수 없다. 이것은 그의 동시대의 민중 억압적인 국가 기계에 분명하게 대립하고 있는 도면이다.

이에 따라 독자는 하나의 서술 시간으로부터 다른 서술 시간으로 끊임없이 건너간다. 연대기적 시간으로부터 역사가-주석자가 글을 쓰고 있는 시간으로, 역사가의 시간으로부터 『어느 도시의 역사』의 진짜 작가인 살티코프-셰드린의 시간으로 건너가는 것이다. 이 마지막의 시간이 『어느 도시의 역사』의 유일하게 진정한 시간, 패러디되지 않은 시간이다.

문학에서의 시간의 극복

우리는 문학작품에서의 다양한 예술적 시간 형식을 살펴보았다. 이 모든 형식은 시간에 대한 투쟁의 형식이다. 예술적 시간은 예술작품을 현실적 시간으로부터 차단시키고자 하며, 그리하여 현실적 시간에 종속되지 않는 자기 자신의 시간을 창조하고자 한다.

민속 문학에서 작품은 실연(實演) 시간과 아직도 대단히 밀접하게 결합되어 있다. 고대 러시아 문학에서는 다양한 장르에서 예술적 시간이 읽기와 실연의 시간과 점차 분리된다. 이 분리는 문학이 실제적이고 제례적인 기능에서 해방되는 것과 병행하여 이루어진다. 시간에 대한 협소하고 원시적인 이해는 극복된다. 연대기는 수세기 동안의 발전 과정을 통해 플롯에 의한 시간의 닫혀 있음을 깨뜨리고, 시간의 '분열성'을 극복하고, 역사의 통일적인 시간에 대한 관념을 창조한다. 러시아 국 (國)의 모든 부분에 있어서 시간의 통일성에 대한 이 관념은 러시아 땅의 통일과 전국(全國) 의식의 성장을 토대로 자라났다.

문학작품 속에서는 '자신'의 고유한 시간, 즉 문학작품 속에서 일어나는 사건의 시간을 창조하기 위한 투쟁이 펼쳐진다. 이것이 성공할 때 ——드라마, 극장이 생겨난다. 그러나 어떤 승리도 완전하지 못하다. 작품은 자신의 시간 속에서뿐만 아니라 현실적인 시간 속에서 살기 때문이다. 작품의 시간은 독자의 시간과 언제나 갈등 관계에 놓인다.

전체적으로 이것은 예술작품의 불멸을 위한 투쟁이며, 예술작품을 통해 현실적 시간을 극복하려는 투쟁이다.

예술적 시간은 작품의 장르, 예술적 방법, 문학적 이해, 문학적 방향과 밀접하게 연관되어 있다. 이 때문에 예술적 시간의 형식은 변화하며 다양하다. 그러나 예술적 시간에서의 모든 변화는 어떤 공통된 발전 방향으로 합류한다. 그리고 이 방향은 문학 전체의 공통된 발전 방향과 연관된 것이다.

10~17세기 러시아 문학의 전체 역사를 통해 우리는 그것이 더욱더 큰 묘사성을 향해 발전해갔음을 알 수 있다. 표식과 기호와 상징으로부터 문학은 점차 묘사로, 다시 말해 현실의 환상을 만들어내는 것으로 옮겨간다. 바로 이와의 연관 속에서 예술적 시간은 현실적인 시간으로부터 점차 해방되고, 독자성과 내적인 완결성을 획득한다.

이러한 시간의 해방에서 그 핵심은 리얼리즘 작품 속에 묘사된 과거가 자신의 고유한 존재성을 부여받아, 자기 자신 속에서, 자신의 고유한 순차성 속에서, 선명하게, '가시적으로' 발전될 수 있고, 시간의 현실적인 발전의 환상을 낳는다는 데 있다. 그 결과 이 과거는 마치 현재처럼 나타난다. 작품 속의 과거에 매혹되어 그 과거 속으로 건너간 독자의 현재처럼 나타나는 것이다. 독자는 자신이 과거의 사건들과 관계하고 있다는 것을 의식하고 있다. 그러나 그 속에 빠져든 나머지 이 과거를 일정 정도 자신의 현재로 느끼기 시작한다. 말하자면 그는 두 가지 삶을 산다. 그 자신의 삶과 그가 읽는 작품의 삶이 그것이다.

바로 이런 이유에서 예술적 시간의 발전은 결국 그것의 한 형식, 즉 예술적 현재 시간의 발전이다.

개별 작품과 개별 장르의 예술적 시간에 대해선 지금 열심히, 그리고 많이 연구되고 있다. 그러나 예술적 시간의 역사와 그것의 발전의 역사, 즉 시간에 대한 관념이 어떻게 발전해왔으며, 예술작품 속에서, 문학사 속에서 그 관념의 반영이 어떻게 발전해왔나 하는 것을 면밀하게 연구하는 것 또한 반드시 필요하다. 예술적 시간은 작가가 자신의 작품 속에서 창조하는 세계의 중요한 일면이다.

제5장 예술적 공간의 시학

문학작품의 예술적 공간

예술작품의 내적 세계는 물론 그 자체로서, 그것 자체를 위해 존재하지 않으며, 이는 대단히 중요한 문제다. 이 세계는 자율적이지 않다. 그것은 현실에 종속되며 현실 세계를 '반영'한다. 그러나 예술에 의해 이루어지는 이 세계의 예술적 변형은 통일성과 분명한 목적성을 갖는다. 현실의 변형은 작품의 이념과 연관되어 있으며, 예술가가 자신에게 내세우고 있는 과제들과 연관되어 있다. 예술작품의 세계는 소극적인 현실 지각의 현상이 아니라, 정도는 다를지라도 언제나 적극적으로 행해지는 현실 변형의 현상이다.

자신의 작품에서 작가는 사건이 일어나는 일정한 공간을 창조한다. 이 공간은 넓어서 일련의 나라들을 포함할 수 있고(여행소설의 경우), 지구 혹성의 경계를 넘어설 수 있기까지 하지만(환상소설과 낭만적 경향의 소설들) 방(房)의 좁은 경계로 축소될 수도 있다. 작가가 자신의 작품 속에서 창조하는 공간은 독특한 '지리적' 특성을 지닐 수 있다. 그것은 실제 공간일 수도 있고(연대기나 역사소설), 상상의 공간일 수도 있다(동화).

예술적 공간은 이러저러한 특성을 지닐 수 있고, 작품 속의 사건을 이러저러하게 '조직'할 수 있다. 후자의 특성은 문학과 민속 문학에서 특히 중요하다. 문제는 문학작품 속의 공간이 예술적 시간과 직접적으로 연관되어 있다는 데 있다. 이 공간은 역동적이다. 그것은 움직임을 위한 환경을 만들어내며 스스로도 변화하고 움직인다. 이 움직임은 (움직임 속에서 공간과 시간이 합쳐진다) 쉬울 수도 있고 어려울 수도 있으며, 빠를 수도 있고 느릴 수도 있다. 그것은 주위 환경의 일정한 저항, 인과 관계와 관련된 것일 수도 있다.

동화의 예술적 공간

러시아 동화의 내적 세계가 지닌 기본적인 특성의 하나는 물질적 환경의 소(小)저항성, 공간의 '초전도성'(超傳導性)이다. 동화의 다른 특성인 플롯 구성, 형상 체계 등도 이것과 연관되어 있다.

그러나 우선 예술작품의 내적 세계에서 '환경의 저항'이라는 용어가 무엇을 가리키는 것인지부터 설명해보자. 예술작품 속의 모든 행위는 크건 작건 환경의 저항에 부딪힐 수 있다. 이와 관련하여 작품 속의 행위는 빠르게 전개될 수도 있고, 지체되면서 느리게 전개될 수도 있다. 행위는 크고 작은 공간을 점유할 수 있다. 환경의 저항은 균등할 수도 있고 불균등할 수도 있다. 이에 따라 행위는 뜻밖의 장애에 부딪히거나 아무런 장애도 만나지 않으면서 때로는 거칠게 요동치고 때로는 평탄하고 평온하게(평온하게 빨리 또는 평온하게 천천히) 진행될 수 있다. 대체로 행위는 환경의 저항에 따라 매우 다양한 성격을 가질 수 있다.

어떤 작품들에서는 잠재적인 장애가 낮아 인물들의 소원이 쉽게 이루어지는 특성이 있는가 하면 어떤 작품들에서는 그것이 높아 넘기 힘들기도 하다. 이 때문에 개별 작품들에서 사건 전개는 각각 서로 다른 정도의 예언가능성을 갖는다고 말할 수 있다. 이것은 '읽기의 흥미'를 결정하는 조건들을 연구하는 데 대단히 중요하다. '교란 운동', '저항의 위기', '유동성', '운동의 점성(粘性)', '확산', '엔트로피'(나는 의도적으로 '정밀'과학의 용어들을 사용한다) 등과 같은 현상들은 문학작품의 내적 세계와 그것의 예술적 공간, 환경이 지닌 역동적 구조의 본질적 특성을 이룰 수 있다.

러시아 동화에는 환경의 저항이 거의 없다. 주인공들은 비상하게 빠른 속도로 움직인다. 그들의 길은 힘들지도 않고 쉽지도 않다. '그는 길을 간다. 넓은 길을 계속 가다가 불새의 황금 깃털과 마주쳤다.' 주인공이 길에서 만나는 장애는 플롯적인 장애일 뿐 자연적인 장애, 자연스러운 장애가 아니다. 동화의 물리적 환경은 그 자체 어떤 저항을 알지 못하는 것처럼 보인다. 그렇기 때문에 동화에는 '말한 대로 되었다'라는 식의 공식적 표현들이 대단히 자주 나온다.

동화에는 심리적 타성도 없다. 주인공은 망설임을 모른다. 그는 결심하고 곧바로 행동했으며, 잠깐 생각하고 곧바로 출발했다. 주인공은 오랫동안 심사숙고하지 않고 언제나 빠르게 결심한다. 그는 길을 따라, 조금도 지치지 않고, 도중에 곤란한 처지에 놓이거나 병에 걸리지도 않고, 플롯과 관계 없는 우연하고 부수적인 만남 때문에 지체되는 일도 없이, 목적지에 도착한다. 그의 앞에 놓인 길은 으레 '똑바르고', '넓다'. 길은 때로 '봉해져'버릴 수도 있지만 그것은 길의 상태에 자연스럽지 않은 것이며, 누군가가 마법을 걸었기 때문이다. 폭풍은 주인공의 적이 개입할 때에만 일어난다. 환경의 저항은 '목적 지향적'이며 기능적이고, 플롯에 기인하는 것이다.

그러므로 동화 속의 공간은 행위를 어렵게 하기 위한 것이 아니다. 아무리 먼 거리일지라도 동화의 전개를 방해하지 못한다. 거리는 동화에 커다란 규모, 중대한 의미, 독특한 파토스를 가져다줄 따름이다. 공간에 의해 사건과 행위의 중대성이 평가되는 것이다.

동화에는 환경의 타성이 나타나지 않는다. 공격의 힘은 주로 '정신적'인 것으로서 판단력의 싸움, 의도의 싸움, 마법의 힘들 간의 싸움이 전개된다. 의도는 환경의 저항에 부딪히는 게 아니라 다른 의도, 동기화되지 않은 경우가 많은 다른 의도들과 충돌한다. 그 때문에 동화에서 장애는 예견된 것일 수 없다. 장애는 갑작스럽다. 이것은 독특한 공놀이다. 공을 던지고 되받아치지만, 공중을 날아가는 공 자체는 공기의 저항을 받지 않고 중력을 알지 못한다.

동화에서 일어나는 모든 일은 뜻밖이다. "그들은 계속해서 갔다. 갑자기……", "계속 걸어가고 있었는데, 작은 강이 나타났다……"(A. H. 아파나시예프,[1] 『러시아 민담』, No. 260). 동화 속의 사건 전개는 주인공의 소원에 전적으로 호응하는 듯 보인다. 적을 어떻게 처치할까 하고 주인공이 막 생각해보려 하자, 바바 야가가 와서 조언을 해준다(아파나시예프, No. 212). 여주인공이 달아나야 할 때엔 나는 양탄자를 꺼내어 그 위에 앉아 새처럼 날아간다(아파나시예프, No. 267). 동화에서 돈은 일을 해서 버는 게 아니라, 우연히 얻는 것이다. 누군가가 주인공에게 축축한 참나무 밑을 파보라고 일러준다(아파나시예프, No. 259). 전투에서, 싸움에서, 결투에서 주인공들은 서로 길게 대치하지 않는다. 결투의 결말은 물리적인 힘보다 지혜와 꾀, 마법에 의해 결정된다.

동화의 동적인 용이함은 주인공들이 서로를 쉽게 이해하고, 동물이 말을 할 수 있고, 나무가 주인공의 말을 이해하는 것과도 조응한다. 주인공은 쉽게 움직일 뿐 아니라 쉽게 동물로, 식물로, 사물로 변신한다. 주인공의 실패는 보통 그의 실수와 건망증의 결과이며, 말을 듣지 않았거나 누군가가 그를 속이고 그에게 마법을 건 결과다. 그것이 주인공의 신체적 허약함, 질병, 피로, 그의 앞에 놓인 과제의 어려움 때문인 예는 매우 드물다. 동화에서 모든 것은 쉽게 그리고 금방 이루어진다—— '마치 동화에서처럼.'

동화의 동적인 용이함은 예술적 공간을 극단적으로 확장시킨다. 주인공은 자신의 위업을 위해 머나먼 땅, 머나먼 나라로 간다. 그는 '세상의 끝'에 있는 여주인공을 찾아낸다. 씩씩하고 젊은 사냥꾼은 '세상의 맨끝'에서 왕의 신붓감을 구한다(아파나시예프, No. 169). 모든 위업은 각기 새로운 장소에서 이루어진다. 「이반 왕자와 불새와 회색 늑대에 대한 이야기」(아파나시예프, No. 168)를 보라. 처음, 이 동화에서 행위는 '어느 왕국, 어느 나라에서' 이루어진다. 바로 이곳에서 이반 왕자는 불

---

1) A. H. 아파나시예프(1826~71): 러시아 민속학자. 러시아 민담의 체계적인 수집가였다—옮긴이.

새의 깃털을 손에 넣는, 그의 첫 위업을 행한다. 두 번째 위업을 위해 그는 '어디로 가는지 자신도 모르면서' 발길 닿는 대로 간다. 두 번째 위업의 장소로부터 이반 왕자는 다시 세 번째 위업을 위해 '머나먼 땅, 머나먼 나라'로 간다. 그런 후 네 번째 위업을 위해 새로운 머나먼 나라로 건너간다.

동화의 공간은 비상하게 크다. 그것은 경계가 없고 끝이 없으며, 동시에 행위와 밀접하게 연관되어 있다. 그것은 독자적이지는 않지만 현실 공간과는 아무 상관이 없다.

앞으로 보게 되겠지만, 연대기 속의 공간 역시 대단히 크다. 연대기에서 사건은 한 지리적 지점으로부터 다른 지점으로 쉽게 옮겨간다. 연대기 편자는 자신의 연대기의 한 행에서는 노브고로드에서 일어난 일에 관해, 다음 행에서는 키예프에서 일어난 일에 관해, 그다음 행에서는 차르그라드〔콘스탄티노플〕에서 일어난 일에 관해 보고할 수 있다. 그렇지만 연대기에서 지리적 공간은 실제 공간이다. 우리는 심지어 어느 도시에서 연대기자가 쓰고 있는지까지도 (늘 그런 것은 아니지만) 짐작할 수 있으며, 실제 사건이 실제의 도시와 마을이 있는 현실적인 지리적 공간 어디에서 일어나고 있는지도 정확하게 알고 있다. 이와 달리 동화의 공간은 이야기꾼이 살고 있고 청중들이 동화를 듣는 실제 공간과는 아무런 관계가 없다. 그것은 꿈의 공간처럼 완전히 특별하고 다른 공간이다.

이런 관점에서 주인공의 행위에 따르는 동화적 표현 문구 —— '가깝든 멀든, 낮든 높든'은 대단히 중요하다. 이런 표현 공식은 동화의 예술적 시간과 관련하여 계속된다. '이야기는 빠르나 사건은 더딘 법.' 동화의 시간 역시 실제 시간과는 상관이 없다. 동화 속의 사건이 오래전에 일어났는지 얼마 전에 일어났는지는 알 수 없다. 동화 속의 시간은 특별한 시간, '빠른' 시간이다. 사건은 서른세 해에 걸쳐 일어날 수도 있지만, 단 하룻동안에 일어날 수도 있다. 거기에 특별한 차이는 없다. 주인공은 지루해하지 않고, 지치지 않으며, 늙지 않고, 병들지 않는다. 실제 시간은 그들에게 힘이 없다. 오직 사건의 시간만이 힘이 있다. 오직 사건의 순차성만이 있으며, 바로 이 사건의 순차성이 다름 아닌 동화의 예술적 시간이다. 그렇기 때문에 이야기는 뒤로 돌아갈 수 없으며, 사건의 순차성을 건너뛸 수도 없다. 사건은 한 방향으로 일어나며, 예술적 시간은 이것과 긴밀하게 연관되어 있다.

예술적 공간과 시간의 특성 덕분에 동화는 사건의 진전에 특별히 유리한 조건을 갖추고 있다. 동화에서 행위는 다른 어떤 민속 문학 장르에서보다 쉽게 이루어진다.

동화에서 이루어지는 모든 행위의 용이함이 마술 동화와 직접적으로 연관된 것임은 어렵지 않게 알 수 있다. 동화 속의 행위는 환경의 저항에 부딪히지 않을뿐더러 다양한 형태의 마법과 나는 양탄자, 마법의 식탁보, 마법의 공, 마법의 거울, 빛나는 매 피니스트[2]의 깃털, 마법의 셔츠 같은 마법적인 사물에 의해 더욱 쉬워진다. 동화 「나도 모르는 곳으로 가서, 나도 모르는 것을 가져오너라」(아파나시예프, No. 212)에서는 마법의 공이 동화 주인공인 사냥꾼 앞에서 굴러간다. "……강을 만나게 되면, 작은 공이 길게 늘어나 다리를 놓아주고, 사냥꾼이 쉬고 싶어질 때면, 작은 공이 부풀어올라 푹신푹신한 깃털 침대로 변한다." 이른바 '도우미 동물들'(회색 늑대, 곱사등이 망아지……), 주인공이 알고 있는 마법의 주문, 살아 있는 물과 죽은 물도 이 마법의 조력자에 속한다.

마법에 의한 주인공들 행위의 용이함을 환경의 무저항과 대비시키면서, 우리는 동화의 이 두 본질적 특성이 동일한 태생의 것이 아님을 알 수 있다. 한 현상은 분명 좀더 이른 시기에 발생한 것이며, 다른 한 현상은 좀더 늦게 생겨났다. 추측건대 동화에서 마법은 일차적인 것이 아니라 부차적인 것이다. 다시 말해 마법에 무저항이 덧붙여진 게 아니라 환경의 무저항이 마법 속에서 자신의 '정당화'와 설명을 요구했다. 마법이 다른 어떤 장르보다 동화 속으로 강력하게 진입할 수 있었던 것은, 어떻게 주인공이 그토록 빠르게 한곳에서 다른 곳으로 이동하며, 왜 의식이

---

2) 피니스트: 러시아 민담에 등장하는 매의 형상을 한 상상의 동물—옮긴이.

이해할 수 없는 이러저러한 사건들이 일어나는가를 '실제적으로' 설명해주기 위해서였다. 사건의 확인에 만족해하지 못하고 설명을 요구하기 시작한 의식에게 마법이 그 설명이 되어주어야 했던 것이다.

매우 역설적이긴 하지만 동화에서 마법은 개개의 사건, 변신, 탈출, 위업, 발견 등이 그렇게 기적적으로 쉽게 이루어지는 것을 '유물론적으로 설명'해주는 요소다. 실제로 마술, 요소, 점성술, 주문, 주술 등등은 그 자체가 기적이 아니라, 동화의 내적 세계의 기적적인 용이함에 대한 '설명'일 따름이다. 동화에서 환경의 무저항, 자연 법칙의 지속적인 극복은 그것 자체가 독특한 기적으로서 설명을 요구한다. 동화에서 마법적 사물, 도와주는 동물들, 나무의 마법적인 특성, 요술 같은 모든 '기술적 상상'도 이 '설명'과 다름이 없다.

동화에서 환경의 무저항성의 일차성과 마법의 부차성은 다음 상황을 고려할 때 더욱 확실해진다. 동화에서는 환경 전체가 전적으로 저항을 모른다. 마법 또한 동화의 기적적인 용이함에서 어떤 한 부분, 그것도 미미한 부분을 설명해줄 따름이다. 만약 마법이 일차적인 것이라면, 환경의 무저항은 마법이 등장하는 길 위에서만 동화에 나타날 것이다. 그러나 동화에는 행위가 마법에 의하지 않고 '그냥 그렇게' 아주 쉽게 전개되는 경우가 대단히 많다.

일례로 동화 「개구리 공주」(아파나시예프, No. 267)에서 왕은 세 아들에게 활을 쏘게 하고 '화살을 가져오는 여자를 신부로 맞아야 한다'고 명한다. 세 아들이 쏜 세 개의 화살을 모두 여자가 가져온다. 첫 두 화살은 '공후의 딸과 장군의 딸'이 가져오고, 세 번째 화살만 개구리로 변한 공주가 가져온다. 그렇지만 이런 방법으로 세 아들에게 신붓감을 찾아주려 한 왕에게도, 첫 두 신붓감에게도 마법은 개입하지 않았다. 마법은 동화의 기적을 다 '덮지' 않고, 다 설명해주지 않는다. 쓰고 있는 사람을 보이지 않게 해주는 요술 모자나 나는 양탄자를 비롯한 이 모든 것은 동화의 몸에는 너무 '작다.' 그러므로 그것들은 분명히 나중에 들어온 것들이다.

고대 러시아 문학의 예술적 공간

동화의 공간은 고대 러시아 문학의 공간에 매우 가깝다.

고대 러시아 문학에서 예술적 공간의 형식들은 예술적 시간의 형식만큼 다양하지 않다. 그것들은 장르에 따라 변화하지 않는다. 그것들은 문학에만 속하는 게 아니어서 회화, 건축, 연대기, 생애전, 설교 문학과 일상 관습에서조차도 대체로 동일한 공간 형식을 볼 수 있다. 마지막에 든 일상 관습은 공간 형식의 예술적인 성격을 배제하지 않는다. 오히려 그것은 미적 지각과 미적인 세계 인식의 권위적인 지배에 대하여 말해 준다.

중세인의 의식 속에서 세계는 단일한 공간적 틀에 종속되어 있다. 그것은 모든 것을 포괄하는 나누어질 수 없는 틀, 모든 간격을 축소시켜주는 틀이다. 그 속에는 대상에 대한 개인적인 관점이 존재하지 않고, 그 대상에 대한 초세계적인 의식 같은 것이 존재한다. 그것은 현실 위로 올라서는 종교적 고양으로서, 현실을 거대한 규모로 인입(引入)시킨 속에서뿐만 아니라 강하게 축소시킨 속에서도 바라볼 수 있게 해준다.

이 중세적 공간 지각은 아마도 조형예술의 예에서 가장 간단하게 보여줄 수 있을 것이다. 앞에서 이미 썼듯이(이 책 486~487쪽), 고대 러시아 미술은 현대적 의미에서의 퍼스펙티브를 알지 못했다. 세계에 대한 개인적이고 유일한 관점이 존재하지 않았기 때문이다. 르네상스 화가들에게 열려 있던 '세계로 난 창'은 아직 없었다. 화가는 세계를 움직이지 않는 어떤 하나의 위치에서 바라보지 않았다. 그는 그림 속에서 그 자신의 관점을 구현하지 않았다. 모든 묘사 대상은 각각 관찰하기 가장 좋은 관점에서 그려졌다. 그 때문에 그림(성상화, 벽화, 모자이크 구성 등)에는 그 속에 묘사된 개별 대상의 수만큼이나 많은 관점이 들어 있었다. 이로 인하여 묘사의 통일성이 상실되는 법은 없었다. 그림은 묘사 대상의 엄격한 위계 질서를 통해 통일성을 획득했다. 이 위계 질서는 그림 속에서 1차적인 대상들에 대한 2차적인 대상들의 종속성을 미리 규정했다. 이 종속 관계는 묘사 대상들의 크기로 표현되었고, 묘사 대상이 그림을 보는 사람 쪽을 향하게 그림으로써도 표현되었다.

실제로 성상화에서 묘사 대상들 간의 크기의 서열은 어떤 모습으로 나타나는가? 그리스도, 성모, 성인들처럼 가장 중요한 묘사 대상은 그림을 보는 사람에게 가장 가까이 그려진다. 건물(때로는 묘사된 사건이 그 안에서 일어나고 있음이 분명한 건물들조차도), 나무는 조금 떨어져서 아주 축소된 크기로 그려진다. 크기의 축소는 비례적인 것이 아니라 일종의 도식화를 통해 이루어진다. 수관(樹冠)의 크기뿐 아니라 그것의 나뭇잎 수까지도 때로는 둘, 셋으로 축소된다. 축소화에는 도시 전체가 묘사되지만, 이 도시는 강하게 도식화된 도시의 탑으로 축소되어 있다. 탑이 도시를 대신하고 있는 듯하다. 이것은 도시의 상징이다. 가구와 생활용품들(탁자, 의자, 와상臥床, 그릇 등)은 사람의 형상에 비해 상대적으로 덜 축소되어 있다. 양자는 서로 대단히 긴밀하게 연관되어 있다. 말〔馬〕도 사람과의 실제적인 관계 속에서 그려진다. 반면에 부차적인 성인들(그 자체로서 부차적인 것이 아니라 성상화에서 갖는 의미에 있어 부차적임을 말한다)의 크기는 축소되고, 그들과 관련된 것들(무기, 작은 의자, 말 등)도 그들에 엄격하게 비례하여 축소된다.

결과적으로 성상화의 내부에는 묘사의 어떤 크기 서열이 만들어진다.

이것은 성상화의 세계를 나머지 세계와는 비슷하지 않은 것으로 만든다. 그렇기 때문에 성상화는 '사물'이며 '물체'다. 성상화의 그림은 물체 위에 그려진다(화포 위의 그림은 사물이 아니라 묘사다). 성상화는 두께를 가지며, 이 두께는 나무판(лузга)에 의해 강조된다. 액자는 그림 속이나 화포 위에 있지 않다. 그것은 묘사와 분리되어 있으며, 묘사에 틀을 두른다. 반대로 성상화에서 가장자리는 성상화의 일부이며, 묘사와 하나로 결합되어 있다. 이 때문에 성상화에서 모든 묘사는 조밀하고, 구성은 포화되어 있고, '공기'가 없으며, 성상화의 묘사를 나머지 세계와 이어줄 수 있는 비어 있는 공간이 없다.

묘사된 것을 어떤 하나의 전체로 통일시키는 또 다른 기법은 다음과 같다. 앞에서 말했듯이, 대상들은 중심(성상화의 약간 앞에 위치한다)

쪽을, 기도하는 사람(단순한 관객이 아니라 기도하는 사람) 쪽을 향하고 있다. 성상화는 무엇보다도 숭배의 대상이며, 이것은 성상화의 미적 체계를 분석할 때 결코 잊어서는 안 되는 사실이다. 묘사된 얼굴들은 마치 기도하는 사람을 향하고 있고, 그에게로 돌려져 있는 듯하다. 그들은 기도하는 사람과 접촉하고 있다. 혹은 자신들이 기도하는 사람의 '앞에 서 있는' 것처럼 그를 똑바로 응시하고 있다. 플롯의 의미에 따라 그들끼리 서로를 향하고 있어야 하는 경우에조차 기도하는 사람 쪽으로 가볍게 몸을 돌리고 있다(예를 들어 '봉헌일'의 장면, '그리스도 탄생', '수태고지' 등의 구성). 그러나 이것은 그리스도, 성모, 성인들에게만 해당된다. 악마들은 결코 관객을 쳐다보지 않는다. 그들은 언제나 관객에게 옆얼굴을 보이고 있다. 유다도 옆얼굴을 보인다. 그도 역시 기도하는 사람과 접촉해서는 안 되기 때문이다. 천사들도 옆얼굴로 그려질 수 있다('수태고지' 장면에서도 수태를 고지하는 대천사 가브리엘이 기도하는 사람에게 옆얼굴을 향하고 있을 수 있다). 건물과 일상 용품들도 기도하는 사람 쪽을 향해 있다. 전체 구성은 성상화 앞에 서 있는 사람을 향하고 있다. 자신의 내용 전체를 통해 성상화는 기도하는 사람과의 정신적 연결을 확인하고, 그의 기도에 '답하고자' 한다.[3]

성상화 바깥에 있는 기도하는 사람이 중심이 되고, 성상화에 묘사된 모든 것이 이 중심을 향하고 있는 만큼, 개별 대상과 건물의 묘사에서 '역(逆)퍼스펙티브'의 외관이 생겨난다. 이 용어는 결코 정확하지 못하다. 왜냐하면 중세적 퍼스펙티브 이전에 어떤 '바른'[正], '곧은'[直] 퍼스펙티브가 있었던 것이 아니기 때문이다.[4] 그렇지만 이 용어는 실제로

---

3) 묘사와 관객의 '접촉'에 관해서는 Mathew, G., *Byzantine Aesthetics*, London, 1963, 107쪽을 보라.
4) '역퍼스펙티브'라는 개념을 처음 도입한 사람은 불프다. O. 불프, 『역퍼스펙티브와 내려다보기』, 라이프치히, 1908을 보라. 그라바르가 '역퍼스펙티브'를 플로티노스(Plotinos)의 철학으로 설명하고 있는 것은 매우 타당해 보인다. 플로티노스에 따르면, 시각적 인상은 마음속에서가 아니라 대상이 자리하고 있는 곳에서 생겨난다(Grabar, A., "Plotin et les origines de l'ésthétique médiéval",

대상들이 근대에서 받아들여지는 것과는 반대되는 모습으로 개별적으로 펼쳐지게 되는 대상 묘사의 외적 효과를 매개한다. 역퍼스펙티브에 의한 대상 묘사에서는 보는 사람으로부터 가장 멀리 떨어져 있는 부분들이 그에게 가까이 있는 부분들보다 크다. 그리하여 보는 사람에게 가장 가까운 탁자 모서리가 그에게서 먼 모서리보다 보통 더 작게 그려진다. 건물의 앞부분은 뒷부분보다 작다. 건물, 탁자, 의자, 와상은 마치 보는 사람을 향하고 있는 것처럼 그림 속에 배치되어 있으며, 자신들의 수평선을 통해 그에게서 서로 만난다.

사람들 외에도, 성상화의 나머지 전 세계가 약간 위에서 조감(鳥瞰)하여 묘사된다. 사물들은 기도하는 사람을 향해 있으면서 동시에 약간 위에서 제시된 모습으로 펼쳐져 있다. 위로부터의 묘사는 성상화의 지평선이 빈번하게 위로 끌어올려져 있다는 점에 의해서도 강조된다. 이 지평선은 근대 회화에서보다 대체로 높다. 그러나 이런 종류의 묘사에는 엄격한 체계가 없다. 각각의 대상은 다른 대상으로부터 독립적으로, 앞에서 이미 말했듯이 '자신'의 관점으로 묘사되어 있다.

가상주의('투시화법') 회화에서 그림의 평면은 세계가 투영되는 영사막이다. 회화 속의 퍼스펙티브는 그림의 물질성을 파괴한다. 그것은 환등(幻燈)의 '선(先)발명'과도 같다. 반면에 '다관점'(多觀点) 퍼스펙티브에서 평면은 물질적이다. 바로 그 때문에 이 평면은 아마포나 어떤 다른 '이차원적' 물질 위에 있지 않고 나무나 벽 위에 있다. 바로 그 때문

Cahiers Archéologiques, fasc. I, Paris, 1945). 그라바르는 중세의 화가는 마치 묘사되는 대상이 차지하고 있는 자리에 화가 자신이 위치하고 있는 것처럼 대상을 바라본다고 여긴다. 비잔틴 회화에서의 퍼스펙티브에 관해서는 Michelis, P. A., *Esthétique de l'art Byzantine*, Paris, 1959, 179~203쪽을 보라. 이미 나의 저서의 초판에서도(1967) 언급했던 '역퍼스펙티브' 용어의 부정확성에 대한 견해는 B. V. 라우셴바흐의 매우 중요하고 면밀한 관찰을 보여주는『고대 러시아 회화의 공간 구성』(모스크바, 1975), 특히 이 책의 특별한 장인「역퍼스펙티브」(50~80쪽)에서 그 정당성을 인정받았다. 이 장에는 또한 이 문제에 대한 모든 참고 문헌이 제시되어 있다.

에 묘사의 평면은 묘사가 자리하고 있는 '사물'의 평면, '물체'의 평면을 파괴하지 않는다.

공간의 축소 기법은 고대 러시아의 예술적 공간 지각에서 특별한 의미를 가지고 있었다. 성상화, 벽화 구성, 축소화는 거대한 공간을 자신 속에 인입(引入)시켰다. 『라드지빌로프 연대기』의 삽화에는 두 개의 도시 또는 모든 도시 전체, 천문 현상들, 황야 일반, 양쪽의 군대, 그들을 나누어놓고 있는 강 등등이 동시에 묘사되어 있다. 지리적 경계의 인입은 대단히 넓다. 이것은 중세인이 세계를 자신의 지각 속에서 축소시켜, 마치 소세계(小世界)처럼 세계의 모델을 만들어내면서, 가능한 한 완전하고 폭넓게 세계를 끌어들이려고 하기 때문이다. 그리고 이것은 언제나 그렇다.

중세인은 언제나 세계의 사방(四方)——동, 서, 남, 북을 지각하는 듯하다. 그는 사방과의 관계 속에서 자신의 위치를 느낀다. 교회의 모든 제단은 동쪽을 향해 있다. 자신의 집에서, 자신의 농가에서 그는 성상화를 동쪽 구석에 걸었고, 이 구석을 '붉은 구석'(красный угол)이라 불렀다. 심지어 죽은 사람을 무덤에 묻을 때도 얼굴이 동쪽을 향하게 했다. 사방에 따라 지옥과 천국도 세계 속에서 배치되었다. 천국은 동쪽, 지옥은 서쪽에 자리했다.

교회 벽화의 체계도 이러한 세계관에 합치했다. 교회는 벽화에다 우주의 구조와 우주의 역사를 재현함으로써, 그 자체 소세계가 되었다. 역사도 사방으로 배치되었다. 앞쪽, 동쪽에는 세계의 시작과 천국이 있었고, 뒤쪽, 서쪽에는 세계의 종말, 세계의 미래, 최후의 심판이 있었다. 역사의 운동은 동쪽에서 서쪽으로 태양의 운동을 따른다. 지리학과 역사는 서로 조응했다.

사원에서 기도를 올리며 서 있는 사람의 상태에 대해 불가리아 교구장 요한은 이렇게 쓰고 있다. "네 정신이 하늘 위로 올라가서, 숭고하고, 영광되며, 밝은 이곳들을 보게 되었고, 성자들과 함께 그 아름다운 장소들에서 신을 찬양하고선 기뻐했다. 또한 너는 놀라운 풍경과 즐거움을 본다. 유한한 육체 속에 정신과 이 영혼이 갇혀 있듯이 사원은 자신 위에 지붕을, 그 위에 다시 공기와 에피르와 전 하늘이 있다. 그곳에서 생각을 통해 보이지 않는 신에게로 올라간다. 그리고 어떻게 너의 영혼이 일별의 순간보다 더 빨리 날아서 성당 너머 저 높은 곳, 하늘을 날아가는지……"[5]

그러나 문학작품에서 이루어지는 묘사의 광범위함도 성상화에서처럼 묘사의 조밀함, 묘사의 '축소성'을 요구했다. 작가는, 화가와 마찬가지로, 세계를 조건적 상호관계 속에서 바라본다. 예를 들어 키릴 투롭스키의 설교 '성지(聖枝) 주간에 부쳐'(В неделю цветную)에서 그리스도와 우주는 상호 연관되어 있다. 키릴은 그리스도에 대해 이렇게 말한다. "이제 하늘을 한 뼘으로, 땅을 손바닥으로 가늠하실 수 있는 이가 길을 예루살렘으로 향하셨으니, 하늘로도 다 담을 수 없는 이가 이제 교회로 들어가신다."[6] 키릴은 성상화에서처럼 그리스도를 그를 에워싸고 있는 세계보다 크게 그려낸다.

로트만은 고대 러시아 텍스트에서의 지리적 표상에 관해 의미 있는 내용의 논문을 썼다. 여기서 그 내용을 설명하지는 않겠다. 독자는 직접 그의 논문을 접할 수 있을 것이다.[7] 우리에게 중요한 것은 그가 논문에서 내리고 있는 한 가지 결론, 즉 지리적 표상과 윤리적 표상 역시 서로 연관되어 있었다는 점이다. 이것은 영원에 대한 표상이 불멸에 관한 표상과 결합해 있었다는 것으로 설명되는 것 같다. 그 때문에 세계는 과거와 미래의 존재들과 사건들(특히 성스러운 역사의 사건들)이 거주하고 있는 곳(나라면, 그들로 인구과밀이 된 곳이라고 말하겠다)으로 나타났다. 중세인의 소세계에서 미래('세계의 종말')는——서쪽에——이미 존

---

5) 『불가리아 교구장 요한의 6일간의 천지창조 이야기』, 모스크바 시노달 도서관 소장 1263년 양피지 판본, 모스크바, 1879, 199장.
6) 『고대 러시아 연구』, 제8권, 1957, 411쪽.
7) Yu. M. 로트만, 「중세 러시아 텍스트에서 공간의 개념」, 『기호 체계에 관한 논문집』, 제2권, 타르투, 1965, 210~216쪽(타르투 대학 학술지, 제181권).

재하고, 성스러운 과거는——동쪽에——아직 존재한다. 위에는——하늘과 모든 신적인 것이 존재한다. 세계에 대한 이러한 표상은 사원의 구조와 벽화에서 재현되었다. 교회 안에 서서 기도하는 자는 자신의 주위에서 세계 전체를 본다. 하늘과 땅, 그리고 그 둘의 연관. 교회는 그 자체로서 땅 위의 하늘을 상징했다. 일상성 위로 올라서는 것, 그것은 중세인의 요구였다.

*　*　*

　문학으로 시선을 돌리자.
　연대기, 성자전, 역사소설에서 사건은 주로 공간에서의 이동이다. 거대한 지리적 공간을 포괄하는 원정과 횡단, 행군의 결과인 승리와 패배의 결과인 행군, 성자와 성물의 러시아로의 이전, 또 러시아로부터의 이전, 초빙 받은 공후의 도착과 축출에 해당하는 그의 출발 등이 그렇다. 공후나 수도원장, 주교의 직을 맡는 것도 위(位)에 이르고, 위에 오르는 것(등위登位)으로 생각된다. 수도원장의 직을 박탈하면, 그가 수도원에서 '쫓겨났다'(изведен)고 말한다. 공후에게 공국을 줄 때는 그가 공위에 '올려졌다'(возведен)고 통보된다. 마찬가지로 죽음은 다른 세계——'천국'(порода)이나 지옥으로 건너가는 것으로, 출생은 세상에 오는 것으로 여겨진다. 삶은 공간 속에서 자신을 발현하는 것이다. 그것은 속세의 바다 한가운데를 배를 타고 가는 여행이다. 어떤 사람이 수도원으로 들어갈 때, 이 '세상을 멀리함'은 주로 부동(不動)의 상태로 건너가는 것으로, 모든 이동을 중지하는 것으로 여겨지며, 삶의 파란만장한 흐름에 대한 거부로 생각된다. 삭발례는 무덤에 들어갈 때까지 성스러운 곳에 머무르겠다는 맹세와 결합되어 있다. 연대기가 드물게 역사적 활동가에 대해 말하고 있는 경우에도, 그가 생각한 것은 역시 공간적 형식으로 표현된다. 즉 지혜와 사상이 하늘을 날아 구름을 향해 올라간다. 사유는 새의 비상과 비교된다. 페오도시 페체르스키가 안토니 페체르스키에게 가려고 생각했을 때, 그는 '지혜의 나래를 펴고서' 그의 동굴로 향했다.

불가리아 교구장 요한은 세계에 관한 인간의 사상을 환희에 넘쳐 묘사한다. "그렇게 작은 육체 속에 모든 땅을 지나 하늘보다 높이 올라가는 그 높은 생각이 담겨 있다. 그럼, 정신은 어디에 들어 있는가? 어떻게 몸에서 나와, 자신 위의 모든 덮개를 통과하고, 공기와 구름, 해와 달, 모든 천상의 지대들과, 별들, 에피르와 모든 하늘을 지나는가? 게다가 그와 동시에 자신의 육체 속에 머문다. 어떤 날개로 날아올랐고, 어떤 길로 날아갔는가? 그 뒤를 좇을 수가 없구나!"[8]

'도착'이 이야기의 발단이 되는 예는 아주 많다. 스칸디나비아로부터 바랴그인 시몬의 '도착'이 그렇고(키예프-페체르스키 수도원 교부서의 시작), 차르그라드로부터 명인들의 '도착'이 그렇다(키예프 동굴 수도원의 우스펜스키 사원 건축에 대한 이야기). 블라디미르 모노마흐는 자신의 생애에 대해 얘기하면서 주로 자신의 '길', 원정, 원거리 이동에 따르는 사냥에 대해 말한다. 그는 자신의 모든 여정과 여러 도시에서의 체류를 일일이 다 열거하고자 한다. 위대한 삶은——대이동이므로.

블라디미르 모노마흐는 자신의 삶을 13세 때 그의 첫 '길'이 시작되었던 순간으로부터 이야기하기 시작한다. "맨 처음 나는 뱌티치인들이 사는 지역을 지나 로스토프로 갔다. 아버님께서는 나를 그곳으로 보내시고 당신 자신은 쿠르스크로 가셨다. 그다음 나는 두 번째로 스타브코 고르댜티치와 함께 스몰렌스크로 갔다. 스타브코 고르댜티치는 그후 이자슬라프와 함께 베레스치예로 돌아갔지만 나는 스몰렌스크로 보냈다. 스몰렌스크에서 나는 블라디미르로 갔다. 같은 해 겨울, 나의 형제들은 나를

---

8) 『불가리아 교구장 요한의 6일간의 천지창조 이야기』, 196장~196장 뒷면, "생각의 기화"에 대해서는 199, 212, 216장에 있다. 한편, 『이고리 원정기』에서 "생각이 나무들을 따라 퍼져가고, 회색 늑대처럼 땅을 따라 달리고, 독수리로 구름 아래를 날아다니니", "생각 속에서 구름 아래를 날아다니고" 등과 비교해 보라.

폴란드인들이 불을 지른 베레스치예로 보냈다. 나는 도시가 평온하게 머무르도록 보살폈다. 그런 다음 나는 페레야슬라블에 있는 아버님께 갔다. 부활절이 지난 후 페레야슬라블에서 블라디미르로 갔고, 폴란드인들과 강화조약을 맺기 위해 수테이스크로 갔다. 그곳에서 나는 여름에 다시 블라디미르로 갔다. 그러자 스뱌토슬라프가 나를 폴란드로 보냈다. 나는 글로가우를 지나 체코 숲에 도착했고, 넉 달 동안 그 나라를 여행했다……" 이런 식으로 생애 전체가 묘사된다. 그는 자신의 모든 이동을 다 언급하고자 하며, 그 빠른 속도와 많은 횟수를 자랑스러워한다. "체르니고프에서 아버님이 계신 키예프로 백 번도 넘게 갔으며, 저녁 예배 때까지 하루 만에 이동했다. 나는 도합 팔십 하고도 세 번의 큰 원정을 행했고, 나머지 작은 것들에 대해서는 기억조차 할 수 없다."[9]

공후의 생애뿐 아니라 탈속한 수도승이 아니라면 성인의 생애도 같은 식으로 기술된다. "성스러운 보리스는 군사들을 이끌고 적을 향해 갔고, 그 모든 사실에 대해 알지 못했다. 적들은 보리스가 군사들을 이끌고 온다는 사실을 들은 듯, 도망쳤다. 그들은 성스러운 이에게 감히 맞서지 못했던 것이다. 그리하여 당도한 성자는 모든 도시를 평정하고, 다시 되돌아갔다. 그가 가는 도중에 사람들이 그에게 아버지가 죽었으며, 그의 가장 맏형인 스뱌토폴크가 아버지의 왕좌에 올랐다는 사실들을 알렸다."[10] 원정에서 보리스는 스뱌토폴크가 보낸 살인자들에 의해 살해된다. 죽은 뒤 그의 몸은 다시금 원정에 나서는 듯 보인다. 사람들은 그를 비슈고로드로 옮기고 운반한다. 글렙도 원정에서 살해당한다. 사람들은 그의 몸을 "끌어내어" "통나무 판"으로 덮어 황야에 "던져버리고", "배"에 실어 옮긴다. 도망가는 동안, 그들의 살인자인 스뱌토폴크가 "차히(Чахы)와 랴히(Ляхы)" 사이의 황야에서 죽는다. 거리는 엄청나다. 이동은 신속하다. 이동이 묘사되지 않고 아무런 디테일 없이 말해짐으로

---

9) 『라브렌티 연대기』, 1097년 항.
10) 「수난자 성 보리스와 글렙의 생애전」, 8쪽.

써 이동의 속도는 더욱 빨라진다. 연대기의 등장인물들은 한곳에서 다른 곳으로 이동하지만, 독자는 이 이동의 어려움을 잊어버린다. 그 이동들은 도식적이며, 중세의 그림에서의 나무들, 도시들과 강들처럼, 거기엔 적은 수의 '구성 요소'만 있다.

연대기자가 이야기를 끌어가는 '조감'(鳥瞰)의 느낌은 그가 러시아 땅의 여러 곳에서 일어나는 여러 사건에 관한 이야기를 뚜렷한 실제적 연관 없이 함께 연결시킴으로써 더욱 강해진다. 그는 끊임없이 한곳에서 다른 곳으로 이동한다. 키예프에서 있었던 사건을 짤막하게 보고하고, 이어 다음 구(句)에서 스몰렌스크나 블라디미르에서의 사건에 대해 이야기하는 것이 그에게는 아무 일도 아니다. 그에겐 거리가 존재하지 않는다. 어떤 경우에도 거리는 그의 이야기를 방해하지 못한다.

6619년 스뱌토폴크, 블라디미르, 다비드와 거의 전 러시아 땅이 폴로베츠로 진군했고, 승리했다. 그리하여 그들의 아이들을 취하고, 돈강의 도시들과, 수르토프와 샤루칸을 점령했다. 그때 키예프 포돌리예와 체르니고프, 스몰렌스크, 노브고로드를 불태웠다. 같은 해 체르니고프의 주교 요안이 돌아가셨다. 같은 해 므스티슬라프가 오첼라로 갔다.

6620년.

6621년 스뱌토폴크의 아들, 야로슬라프가 야트바가로 갔고, 군사들을 이끌고 와 므스티슬라프의 딸을 취했다. 같은 해 스뱌토폴크가 돌아가셨고, 블라디미르가 키예프의 공후에 올랐다. 같은 해 다비드 이고레비치가 돌아가셨다. 같은 해 므스티슬라프가 보르에서 추드를 이겼다. 같은 해 노브고로드에 성 니콜라이 교회가 세워졌다. 같은 해 그것이 불탔고, 같은 방향의 도시 크로멘의 루킨에서 화재가 났다.

6622년 페레야슬라블의 스뱌토슬라프가 돌아가셨다. 같은 해 체르니고프의 주교로 펙티스트를 임명했다.

6623년 비슈고로드에서 형제들이 모였는데, 블라디미르, 올레그,

다비드와 전 러시아 땅이 모여 5월 1일 석조 성당을 봉헌하고, 2일 보리스와 글렙을 이장했는데, 때는 제8인딕트였다. 같은 해 태양의 징후가 있었으니, 파멸을 의미하는 듯했다. 그리하여 가을에 스뱌토슬라프의 아들 올레그가 8월 1일 죽었다. 노브고로드에서는 므스티슬라프와 그의 장수들의 말들이 죽었다. 같은 해 4월 28일 보이고스티가 성 표도르 티론의 교회를 건축했다.[11]

연대기에서 공간의 거대한 인입은 분명한 플롯 라인의 부재와 명백하게 연관되어 있다. 서술은 한 사건에서 다른 사건으로 옮겨가고, 그와 함께한 지리적 지점에서 다른 지점으로 옮겨간다. 여러 지리적 지점의 소식들을 이렇게 혼합하는 데에는 현실 위로 올라서는 종교적 고양뿐만 아니라, 당시 정치적 차원에서는 거의 상실되다시피 했던 러시아 땅의 통일에 대한 의식이 매우 뚜렷하게 드러난다.

연대기의 러시아 땅은 지도의 모습으로 독자 앞에 나타난다. 물론 그것은 중세의 지도로서 그 속에서 도시들은 때로 그들의 상징에 의해, 수호 사원에 의해 대체된다. 노브고로드에 대해서는 소피야(Софья)로 얘기되고, 체르니고프에 대해서는 구세주(Спас)로 얘기된다. 예지로써 사건들 위로 올라선 중세의 작가는 마치 위에서 내려다보듯 나라를 바라본다. 러시아 땅 전체가 작가의 시야 속으로 들어온다.

여기 그 예로 『원초 연대기』에 나오는 러시아 땅에 대한 묘사를 보라. "폴랴네인들이 스스로 이 산들에서 살았을 때, 거기에 바랴그에서 그리스로, 그리스에서 드네프르 강으로 가는 길이 있었다. 드네프르의 상류에는 로보티까지 이르는 지류가 있었는데, 로보티를 따라서 거대한 호수 일멘에 이를 수 있다. 이 호수에서 볼호프 강이 흘러나와 거대한 네보 호수에 이르고, 이 네보 호수의 하류가 바랴그 해로 흐른다. 이 바다를 따라서 로마에까지 이를 수 있고, 로마에서 역시 같은 바다를 따라

---

11) 『노브고로드 제1연대기』, 시노달본.

차르그라드에 이를 수 있으며, 차르그라드에서 다시 드네프르 강이 흘러드는 폰트 바다에 이를 수 있다. 드네프르 강은 오코 숲에서 흘러나와 남으로 흐르는 반면에 드비나는 같은 숲에서 북방으로 흘러 바랴그 해로 흐른다. 또한 같은 숲에서 시작된 볼가 강이 동으로 흐르는데, 70개의 지류로 흐발리스 해로 빠진다. 따라서 루시에서 볼가를 따라가면 불가리아와 흐발리스로 항해할 수 있으며, 동으로 가면 셈족(Сим)의 영토로 갈 수 있으며, 드비나를 따라가면 바랴그인들에게 갈 수 있고, 바랴그 땅으로부터는 로마까지, 로마에서는 함(Хам)의 종족들에게까지 이른다. 드네프르 강은 세 지류가 폰트 해로 흘러들어간다. 이 바다가 러시아 해로서, 그 바다를 따라 베드로의 동생인 성 안드레이가 다니며 가르쳤는데, 말하기를……"[12]

이 러시아 땅의 그림에서 핵심적인 것은 '능동적'인 특성이다. 이것은 움직이지 않는 그림이 아니다. 이것은 역사적 인물들의 미래의 행위, 그들의 '길'과 왕래에 대한 서술로, 그 주된 요소는——수로(水路), 원정로, 무역로, '사건의 경로', 세계의 다른 나라들 사이에서의 러시아 땅의 위치에 대한 서술이다. 이러한 인상은 이에 바로 앞서 세계에 대한 서술이 나오고 온 땅에 민족들이 흩어지게 된 과정이 이야기됨으로써 더욱 강렬하게 된다. 전 세계와 그 세계의 거대성에 대한 인지, 세계의 일부로서의 러시아 땅에 대한 느낌은 이후의 서술에서도 연대기자를 떠나지 않는다.

가장 강력한 공후들과 그들의 업적을 둘러싼 영광이 러시아 땅 전체와 그 이웃들을 포괄하는 행위 속에서 이해되는 것 또한 우연하지 않다. 모노마흐가 죽었을 때, 그의 "명성이 모든 나라에 퍼졌다."[13] 그의 아들 므스티슬라프는 "폴로베츠인들을 돈 강 너머로, 볼가 강 너머로, 야이크(우랄) 강 너머로 쫓아냈다."[14]

---

12) 『원초 연대기』, 제1권, V. P. 아드리아노바-페레츠 편집, 모스크바-상트페테르부르크, 1950. 11~12쪽.
13) 『이파티예프 연대기』, 1126년 항.

러시아 땅의 경계에 대한 서술은 『러시아 몰락에 대한 말씀』에서 중요한 요소다. 알렉산드르 넵스키의 생애전에서도 그의 영광은 지리적 범위로 말해진다. "그의 이름은 바랴그들의 바다로부터 폰티크 바다까지, 티베르의 나라에까지, 가바트 산의 나라, 대로마에 이르기까지 들렸고, 그의 이름은 어둠 속의 어둠까지, 수천 중의 수천에 이르기까지 퍼졌다."[15]

트베리(Тверь)의 공후 보리스 알렉산드로비치의 명성은 "온 땅과 그 끝까지" 퍼져 나갔다(『정교를 믿는 위대한 공후 보리스 알렉산드로비치에 관한 수도승 포마의 찬사』). 보리스 알렉산드로비치는 여러 도시의 건설자, 여러 수도원의 건립자로 찬양 받는다. 세계 공회에 파견된 그의 사자(使者)는 노브고로드 땅을 지나고, 그다음엔 프스코프 땅을 지나고, "거기서부터 독일 땅으로, 그곳으로부터 쿠라 땅으로, 다시 그곳으로부터 조모트 땅으로, 그곳으로부터 다시 프루시야 땅으로, 그곳으로부터 슬로베니아 땅으로, 그곳으로부터 다시 주부트 땅으로, 거기서 모리아 땅으로, 거기서 다시 주냐 땅으로, 거기서부터 스위스 땅으로, 거기서부터 플로렌스로."[16]

여러 국가, 강, 도시, 국경 지대의 열거는 지리를 제시해준다. 현자 예피파니가 쓴 수사적인 『스테판 페름스키의 생애전』은 페름 땅 주위에 살고 있는 종족들의 이름과 강의 이름을 일종의 장식으로서 열거한다. "이는 장소와 나라들, 땅, 그리고 페름의 주변에 살고 있는 이종족들의 이름들로, 드비냐인, 우스튜그인들, 빌레그인들, 브이체그인들, 페네그인, 유그인, 스이리야인, 갈리치인, 뱌트가인, 로피, 코렐라, 유그라, 페초라, 고굴리치, 사모예드, 페르타스이, 추소프라 불리는 대페름이 그것

---

14) 같은 책, 1140년 항.

15) V. 만시카, 『알렉산드르 넵스키의 생애전』, 상트페테르부르크, 1913, 부록, 11쪽.

16) 『정교를 믿는 위대한 공후 보리스 알렉산드로비치에 관한 수도승 포마의 찬사』, 상트페테르부르크, 1908, 5쪽.

이다. 강은 하나로서, 그 이름은 브임이며, 온 페름 땅을 휘돌아 지나 브이체그다로 흘러간다. 브이체그다라는 이름의 또 다른 강은 페름 땅에서 흘러나와 북쪽으로 향하며, 그 강변을 따라 드비나로, 50포프리시 거리의 우스튜그 시로 흘러간다"[17] 등등.

『이고리 원정기』에서도 다른 모든 고대 러시아 문학작품에서 보는 것과 동일한 공간 표상을 만난다는 것은 의미심장하다. 『이고리 원정기』에서 사건이 일어나는 장소는 북쪽의 노브고로드에서 남쪽의 트무토로칸에 이르고, 동쪽의 볼가 강에서 서쪽의 우고르 산맥(카르파티아 산맥)에 이르는 러시아의 땅 전체다.

『이고리 원정기』의 세계는 난관에 부딪히지 않는 용이한 행위들의 커다란 세계, 거대한 공간에서 펼쳐지는 신속한 사건들의 세계다. 이 세계에서 주인공들은 환상적인 속도로 움직이며, 거의 아무런 힘도 들이지 않고 행동한다. 역시 위로부터의 관점이 지배한다(고대 러시아의 축소화와 성상화에서의 '끌어올려진 지평선'과 비교해보라). 작가는 러시아 땅을 마치 아주 높은 곳에서 바라보는 것 같고, 거대한 공간을 상상의 눈으로 껴안아, "상상 속에서 구름 아래를 날아다니고", "들판을 가로질러 산 위로 달려나가는" 듯이 보인다.

세계에서 가장 용이한 이 세계에서는 말들이 술라 강 너머에서 울부짖기 시작하면, 이미 노브고로드에 승리의 영광이 울려 퍼진다. 노브고로드-세베르스키에서 나팔 소리가 울려 퍼지기 시작하자마자, 푸치블에 이미 군기(軍旗)들이 서 있고, 군대는 출정할 채비를 갖추고 있다. 처녀들이 두나이 강가에서 노래 부르면, 그들의 목소리가 바다 건너 키예프까지 퍼져 나간다(두나이 강에서 시작되는 길은 바닷길이었다).

작가는 이야기를 한 지역에서 다른 지역으로 가볍게 옮겨간다. 멀리 떨어진 곳에서도 종소리가 들린다. 종소리는 폴로츠크에서 키예프까지가 닿는다. 심지어 트무토로칸에서 나는 등자(子) 소리가 체르니고프

---

17)『스테판 페름스키의 생애전』, 9쪽.

에서도 들린다.

등장인물들이 이동하는 빠른 속도는 특징적이다. 동물과 새는 질주하고, 빨리 날고, 뛰고, 줄달음치고, 거대한 공간을 날아서 이동한다. 사람들은 늑대처럼 들판을 가로질러 달리고, 구름을 타고 빠르게 이동하고, 독수리처럼 날개를 펼치고 하늘 높이 난다. 말 위에 앉기만 하면 벌써 돈 강을 볼 수 있다. 메마른 초원을 며칠씩 걸려 힘들게 이동하는 일은 결코 없다. 공후는 "멀리서" 날아올 수 있다. 그는 바람에 날개를 퍼덕이며 높이 날 수 있다. 그의 뇌우는 순식간에 여러 땅을 지나간다. 야로슬라브나는 자신을 새와 비교하면서 새처럼 날아가고 싶어한다. 전사들은 매처럼, 갈가마귀처럼 날쌔다. 그들은 살아 있는 무기들(шереширы)──화살이다.

주인공들은 쉽게 움직일 뿐만 아니라 힘 하나 안 들이고 적을 찌르고 벤다. 그들은 짐승처럼, 들소처럼, 표범처럼, 늑대처럼 강하다. 쿠르스크인들에게 어려움은 없다. 노력 따위도 없다. 그들은 활시위를 팽팽하게 당긴 채 달린다(달리면서 활을 당기기는 대단히 힘들다). 그들의 화살통은 열려 있고, 군도(軍刀)는 날카롭다. 그들은 회색 늑대처럼 들판으로 내달린다. 그들은 모든 길과 협곡을 속속들이 알고 있다. 프세볼로드의 전사들은 배의 노를 저어 볼가 강물을 다 튀겨버릴 수 있고, 투구로 돈 강물을 다 퍼낼 수 있다.

사람들은 짐승처럼 강할 뿐만 아니라 새처럼 가볍다. 『이고리 원정기』에서 모든 행동은 특별한 물리적 긴장 없이 저절로 이루어지는 것처럼 보인다. 바람은 화살을 가볍게 나른다. 손가락을 현 위에 올려놓자마자, 현이 스스로 소리 내어 공후의 영광을 노래한다. 모든 행동이 쉽게 이루어지는 이런 상황에서 부이 투르(Буй Тур)의 과장된 위업도 가능해진다.

『이고리 원정기』의 뛰어난 역동성도 이 '용이한' 공간과 연관되어 있다. 『이고리 원정기』의 작가는 정적인 묘사보다 역동적인 묘사를 좋아한다. 그는 행동을 묘사하지 움직이지 않는 상태를 묘사하지 않는다. 자연에 대해 말하면서 그는 풍경을 전하는 게 아니라, 사람들에게 일어나고 있는 사건에 대해 자연이 보이는 반응을 묘사한다. 그는 몰려오는 뇌우, 이고르의 탈출을 돕는 자연, 새와 동물들의 행동, 자연의 슬픔 또는 기쁨을 묘사한다. 『이고리 원정기』의 자연은 사건의 배경이 아니며, 사건이 일어나는 무대 장치도 아니다. 자연은 그 자신 행동하는 등장인물이며, 고대 비극의 합창단과도 같은 무엇이다. 자연은 사건에 대해 독특한 '화자'로서 반응하며, 작가의 견해와 작가의 감정을 표현한다.

『이고리 원정기』에서 공간과 환경의 '용이함'은 동화의 그것과 모든 점에서 비슷하지는 않다. 그것은 차라리 성상화의 '용이함'에 더 가깝다. 『이고리 원정기』에서 공간은 예술적으로 축소되었고, '그룹화'되었고 상징화되었다. 사람들은 사건에 대해 무리지어 반응하며, 민족들은 마치 단일한 전체처럼 행동한다. 독일인들, 베니스인들, 그리스인들, 모라비아인들은 스뱌토슬라프의 영광을 노래하고 이고르 공을 "비난한다." 고트족의 아름다운 처녀들, 폴로베츠인들, 친위병들은 단일한 전체처럼, 성상화에 그려진 '무리'지은 사람들처럼 행동한다. 공후들의 행동은, 성상화에서처럼, 상징적이고 표장적이다. 이고르는 황금 안장에서 내려 코시체이(Кощей)의 안장으로 옮겨 앉는다. 이것은 이고르가 새롭게 처한 포로 상태를 상징한다. 카얄라 강 위에서 어둠이 빛을 가리고, 이를 통하여 패배가 상징된다. 추상적인 개념——슬픔, 울분, 영광은 의인화되고 물체화되어 사람이나 생물, 또는 무생물처럼 행동 능력을 획득한다. 울분이 몸을 일으켜 트로얀의 땅에 처녀가 되어 들어서고, 백조의 날개를 퍼덕인다. 거짓이 깨어나고, 깨어난 거짓을 다시 잠재운다. 기쁨이 고개를 떨구고, 비애가 이성을 사로잡으면서 온 러시아 땅에서 솟아오른다. 내란이 씨 뿌려지고 자라나며, 슬픔이 흐르고, 우수가 범람한다.

'용이한' 공간은 주위 자연의 인간성과 조응한다. 공간 속에서 모든 것은 물리적으로뿐만 아니라 감정적으로, 도덕적으로 서로 결합되어 있다.

자연은 러시아인들을 동정한다. 러시아인들의 운명에 짐승도, 새도, 식물도, 강도, 기상 현상(뇌우, 바람, 구름)도 참여한다. 태양은 공후를 위해 빛나며, 밤은 그에게 위험을 경고하면서 신음 소릴 낸다. 괴조는 볼가, 포모리예, 포술리예, 수로지, 코르순, 트무토로칸이 들을 수 있도록 커다랗게 외쳐댄다. 풀이 고개를 숙이고, 나무가 슬픔에 젖어 땅에 엎드린다. 도시의 성벽들까지도 사건에 반응한다.

사건들을 묘사하고 사건에 대한 작가의 관계를 표현하는 이 기법은 『이고리 원정기』에서 대단히 특징적이다. 이것은 『이고리 원정기』에 감정성을 부여하며, 동시에 이 감정성에 특별한 절실함을 부여한다. 이것은 주위 사물에 대한, 사람들과 민족들에 대한, 그리고 자연 그 자체에 대한 호소와도 같은 것이다.

작가의 것이 아니라, 주위 환경 속에 객관적으로 존재하는 듯한 이 감정성은 공간에 '범람하며', 공간에 흐른다.

그리하여 감정성은 작가로부터 나오지 않으며, '감정적 퍼스펙티브'는 성상화에서처럼 다관점적인 것이 된다. 감정성은 마치 사건 자체와 자연 자체에 고유한 것 같다. 감정성은 주위의 모든 것을 자신으로 포화시킨다. 작가는 그의 바깥에 객관적으로 존재하는 감정성의 표현자로 등장한다.

이 모든 것은 동화에는 없다. 그렇지만 『이고리 원정기』의 많은 것은 연대기와 여타 고대 러시아 문학작품들에 의해 암시된다.

* * *

16, 17세기에 지리적 공간의 지각은 점차적으로 변화했다. 원정과 이동은 여행길의 인상과 사건들로 채워진다. 아바쿰의 고난은 아직도 그의 이동과 관련되어 있으나 생애전의 파란만장함은 이미 그런 이동들로 귀착되지 않는다. 아바쿰은 이미 모노마흐처럼 자신의 이동들을 열거하지 않는다. 그는 그 이동들을 묘사한다. 온 시베리아와 온 러시아에 걸

친 아바쿰의 이동은 영적인 체험, 만남, 정신적 투쟁의 풍부한 내용들로 꽉 차 있다. 그는 자신의 생애를 그가 꿈에서 본 적이 있는 배에 비교한다. 그러나 그의 생애는 결코 이 배의 공간적인 이동에 국한되지 않는다. 아바쿰의 생애는, 설령 그가 아무 곳에도 가지 않고 모스크바나 러시아 땅의 어느 다른 곳에 머물렀다 해도, 사건이 덜 풍부하지는 않았을 것이다. 그는 세계를 하늘 높은 곳에서 보지 않고 사람의 보통 키 높이에서 바라본다. 그 때문에 아바쿰의 세계는 공간적 형식에서도 인간적이다.

디테일로 가득 채워지면서 17세기 문학작품은 이미 삶 위로 올라서는 종교적 고양의 높이에서 사건을 바라보지 않는다. 실제로 사소한 사건과 대사건, 일상적 관습, 영적인 움직임이 구별되기 시작한다. 문학에는 봉건사회적인 위계질서 속에서의 그들의 위치에 관계없이 개별적 인간들의 개성이 등장하고, 그뿐만 아니라 개별 지역의 개성, 자연의 개성도 등장한다.

작가들에게 예술적 비상은 더 느리고, 더 낮고, 삶의 디테일에 더욱 예민해진다. 예술적 공간은 이미 '용이'하지 않고, '초전도적'(超傳導的)이지 않다.

우리는 단지 공간적 '세계 모델'의 몇 가지 문제만을 언급했다. 그러나 훨씬 더 많은 문제가 있으며, 공간적 '세계 모델들'은 그 모델들의 변화와 연관지어 연구되어야 할 것이다.

왜 고대 러시아 문학의 시학을 연구하는가?

• 결론을 대신하여

현대로부터 그토록 멀리 떨어진 고대 러시아 문학의 시학을 왜 연구해야 하는가 하는 물음은 이 책을 끝맺으면서가 아니라 시작하면서 제기되어야 했을 수도 있다. 그러나 문제는 책의 첫머리에서 그것에 답하기에는 지나치게 긴 대답이 되었으리라는 데 있다. 그뿐만 아니라 이것은 우리를 훨씬 더 복잡하고 중대한 다른 문제, 즉 과거 문화 일반의 미적인 자기화의 의미에 대한 문제로 이끈다.

문학을 포함한 고대 예술작품들에 대한 미학적 연구는 나에게 대단히 중요하고 절박한 일로 생각된다. 우리는 고대 문화의 유산들이 미래를 위한 것이 되게 해야 한다. 과거의 가치들이 현재의 삶에 능동적인 참여자가 되어야 하며, 우리의 전우가 되어야 한다. 문화와 개별 문명을 해석하는 문제는 지금 전 세계에서 역사가와 철학가들, 예술사가와 문학 연구가들의 관심을 끌고 있다.

그러나 먼저 문화 발전의 몇 가지 특성에 대해 얘기해보자.

문화의 역사는 인류의 일반적인 역사적 발전 속에서도 특별히 구별된다. 그것은 많은 실로 짜여진 세계사 속에서 특별하고도 중심적인 실이다. '시민' 역사의 일반적인 움직임과 달리 문화사의 과정은 변화의 과정일 뿐만 아니라 과거 보존의 과정이다. 옛것 속에서 새로운 것을 발견하고 문화적 가치들을 쌓아나가는 과정이다. 가장 훌륭한 문화 작품들, 특히 문학작품들은 인류의 삶에 계속하여 참여한다. 과거의 작가들은 그들이 계속 읽히고 계속하여 영향을 미치는 한, 우리의 동시대인이다.

그리고 우리의 이 훌륭한 동시대인들은 더욱 많아져야 한다. 휴머니즘적인, 가장 높은 의미에서 인간적인 작품들 속에서 문화는 노화를 알지 못한다.

　계승은 문화적 가치의 가장 중요한 특성이다. "역사란 개별 세대들의 순차적인 교체와 다름이 없다"라고 엥겔스는 썼다. "각 세대는 모든 앞 세대들이 그에게 넘겨준 자료, 자본, 생산력을 이용한다……"[1] 우리의 역사적 지식과 과거 문화에 대한 평가 능력이 발전하고 깊어짐에 따라, 인류는 모든 문화 유산에 의지할 수 있는 가능성을 부여받는다. 엥겔스가 썼듯이, 노예제 사회에서의 문화 융성이 없었다면 "우리의 모든 경제적, 정치적, 지적 발전이……"[2] 불가능했을 것이다. 모든 형태의 사회적 의식은 결국 문화의 물질적 토대에 기인하지만, 동시에 그것은 앞 세대들에 의해 축적된 사상적 자료와 여러 다양한 문화의 상호 영향에 직접적으로 좌우된다.

　바로 이런 이유에서 문학, 회화, 건축, 음악의 역사에 대한 객관적 연구는 문화 유산의 보존 그 자체만큼이나 중요하다. 여기서 우리는 문화의 '살아 있는' 유산들을 선정하는 데 있어 근시안적이어서는 안 된다. 다양한 전문 분야의 문화사가들에게 주어진 커다란 과제는 우리의 시야, 특히 미적 시야를 넓히는 데 있다. 지적인 인간일수록 더 많은 것을 이해하고 자기 것으로 만들 수 있으며, 더 넓은 시야에서 과거와 현재의 문화적 가치를 이해하고 수용할 수 있다. 문화적 시야가 좁은 인간일수록 모든 새로운 것과 '너무도 오래된' 모든 것에 대해 더욱 비관용적이 되고, 자신의 습관적인 관념에 더욱 지배당하며, 더욱 둔감하고 편협하고 의심이 많게 된다.

　문화의 진보를 보여주는 가장 중요한 증거의 하나는 과거의 문화적 가치와 다른 민족들의 문화에 대한 이해의 발전이며, 그것들을 보호하

---

1) K. 마르크스, F. 엥겔스, 『저작집』, 제2판, 제3권, 44~45쪽.
2) F. 엥겔스, 『안티-뒤링』, 『저작집』, 제20권, 185~186쪽.

고 축적하고 그것들의 미적 가치를 지각할 줄 아는 능력이다. 인류 문화의 전체 역사는 새로운 가치의 창조사일 뿐만 아니라 옛 가치의 발견의 역사다. 그리고 타문화에 대한 이해의 발전은 일정 정도 휴머니즘의 역사와 함께한다. 그것은 가장 훌륭한 의미에서의 관용성의 발전이고, 평화 사랑의 발전이며, 인간과 타민족에 대한 존경의 발전이다.

몇 가지 사실을 상기해보자. 중세는 역사적 감각을 갖지 못했다. 중세는 고대 그리스 로마 문화를 이해하지 못했거나, 그것을 그저 자신의 관점에서만 이해했다. 중세가 역사에 시선을 돌렸을 때에도, 역사에게 자신의 의상, 자신의 동시대적인 의상을 입혔다. 르네상스의 위대함은 고대 그리스 로마 문화의 발견, 무엇보다도 그것의 미적 가치의 발견과 연관되어 있었다. 옛것 속에서 새로운 것의 발견은 휴머니즘의 전진, 발전과 동시에 일어났다. 진정한 가치의 창조자는 자신의 선행자들에게 언제나 공정하다.

이탈리아 조각을 부흥시키고 개혁시킨 가장 대표적인 한 사람인 니콜라 피사노는 고대 문화와 사랑에 빠져 있었다. 선행자들의 예술적 성취에 대한 민감함은 13~14세기 회화에서 가장 강력한 혁신적 전환을 가져온 조토(Giotto di Bondone)의 특성이었다. 뒤에, 빙켈만이나 레싱의 활동과 연관되어 18세기에 일어났던 고대 예술에 대한 미적 이해의 확대가 고대 문화 유산의 수집과 보존만이 아니라 그들의 동시대 예술에서의 변혁으로 나아갔고, 휴머니즘과 관용성의 새로운 발전으로 나아갔다는 것은 잘 알려진 사실이다.

세계 문화의 움직임은 현재의 문화를 풍요롭게 하기 위하여 과거 문화와 타민족 문화에 대한 이해를 점차 확대하는 방향으로 나아갔으나, 그것이 고른 속도로 쉽게 진행된 것은 아니었다. 이 움직임은 저항에 부딪히면서 자주 후퇴하기도 했다. 초기 기독교는 고대 그리스 로마 문화를 증오했다. 고대 문화는 이교와 연상결합되었다. 그것은 로마 황제들의 우상 숭배와 부도덕한 제사를 상기시켰다. 초기 기독교도들은 이교 신들에 대한 미신적 공포를 숨기면서 고대의 신상들을 파괴했고, 노인과 노파들이 아직도 이교 신들을 숭배하고 있다는 이유를 내세워 자신들의 야만 행위를 정당화했다. 마르쿠스 아우렐리우스의 기마상이 보존된 것은 순전히 그것을 신성한 기독교도 황제인 콘스탄티누스 대제의 조각상으로 잘못 알았기 때문이었다.

이 '이데올로기적인' 이유 때문에 얼마나 많은 최고의 고대 입상들의 머리가 잘렸고, 얼마나 많은 문학작품들이 돌이킬 수 없이 상실되고 말았던가. 옛 종교의 자리를 차지한 새로운 종교는 언제나 옛 문화유산에 대해 극단적인 비관용성을 드러내 보였고 파괴 행위를 일삼았다. 고대 기독교 안에서 전개되었던 성상 파괴 운동은 수천 점에 달하는 고대 비잔틴 회화의 걸작들을 파괴했다.

중세에 와서 주피터와 주노의 대리석 사원이 있는 로마의 카피톨 언덕에는 채석장이 만들어졌고, 회화의 위대한 혁신자였던 위대한 라파엘(Raphaello Santi)에 이르러서야 거기서 최초로 발굴 작업이 이루어졌다. 스스로 삶의 과격한 개혁자임을 자부했던 십자군사들은 할리카르나소스에 있는 마우솔로스(Mausolos)의 영묘를 파괴하고, 그 돌로 정복된 나라를 예속시키기 위한 성을 건설했다.

세계 문화사에서 19세기의 문화적 업적은 특별히 중요한 의미를 갖는다. 지난 시대의 정신적 삶의 풍요로움을 발견해낸 것은 세계 문화를 통틀어 가장 위대한 업적의 하나였다(여기에는 특히 헤겔이 엄청난 공헌을 했다). 19세기는 인류 전체의 발전이 갖는 공통성을 확인했고, 과거 문화들의 평등한 권리를 확인했다. 이 모든 성취는 19세기가 지니고 있었던 심오한 역사주의의 증거였다. 19세기는 유럽 문화가 다른 모든 문화보다 우월하다는 생각을 몰아냈다. 물론 19세기에도 많은 것은 아직 불분명했고, 다양한 관점 간의 내적 투쟁이 있었다. 19세기의 역사주의가 언제나 승리를 거두기만 한 것은 아니었으며, 심지어 인간 혐오가 부활하고 파시즘이 출현할 수 있었던 것도 19세기였다.

오늘날 인문학은 세계 문화의 발전에서 더욱 큰 의미를 획득하고 있다. 20세기에 와서 기술이 발전한 덕분에 거리가 줄어들었다고 말하는 것은 진부하게 되었다. 그러나 인문학의 발전에 힘입어 사람들 사이의, 국가 간의, 문화 간의, 시대 간의 거리가 더욱 줄어들었다고 말하는 것은 결코 진부한 문구가 아닐 것이다. 인문학은 인류의 발전에서 중요한 도덕적 힘이 되고 있기 때문이다.

타민족의 문화를 말살하려는 파시스트들의 시도 때문에, 그 문화에 깃들어 있는 어떤 가치도 인정하지 않으려는 태도 때문에, 인류가 얼마나 고통받았는지 우리는 알고 있다. 비유럽 문명의 문화유산 말살은 식민주의 시대에 무서운 힘을 얻었다. 세계 문화의 역사는 가장 외적인 현상에서조차 식민주의 체제에 의해 유린당했다. 홍콩과 여타 도시들의 '유럽 구역'은 그들 나라의 역사와 무엇으로도 결합되어 있지 않다. 그것은 이물체로서, 민족의 문화, 민족의 역사를 고려하기 싫어하는 도시 건설자들의 혐오감을 반영하며, 피억압 민족에 대한 지배 민족의 우월성을 확인시키려는 시도, 지역 고유의 건축 양식과 문화 전통의 모든 다양성을 무시하고 그 위에 이른바 '국제적' 미국 스타일을 확립시키려는 시도를 증명한다.

지금 세계학(世界學) 앞에는 커다란 과제가 놓여 있다. 그것은 아프리카와 아시아 민족들의 문화유산을 연구, 이해, 보존하고 그들의 문화를 현대 문화 속으로 진입시키는 일이다. 우리나라의 과거 문화 역사와 관련해서도 같은 과제가 주어져 있다.[3]

러시아의 첫 7~8세기 동안의 문화유산에 대한 연구 상황은 어떠한가? 러시아의 옛 문화유산을 평가하고 이해하는 능력은 아주 늦게 생겨났다. 「모스크바의 고적에 관한 노트」에서 다른 사람도 아닌 카람진조차 콜로멘스코예 마을에 관해 말하면서 지금은 세계적으로 유명해진 예수승천교회(церковь Вознесения)에 대해 한마디 언급도 않고 있다. 그리고로비치는 1826년 논문 「러시아의 예술 상황」에서 이렇게 썼다.

---

3) 이에 관해서는 N. I. 콘라드의 탁월한 논문 「역사의 의미에 관한 소고」, 『세계 문화사 통보』 제2호, 1961에서 잘 얘기되고 있다. 콘라드의 『서와 동』, 모스크바, 1966도 참조하라.

"고풍의 애호가들이 루블료프 같은 화가들과 표트르의 치세 훨씬 이전에 살았던 그 밖의 다른 화가들에게 바쳐진 찬미에 아무리 맞장구친다 해도, 나 자신은 그런 칭송을 그다지 신뢰하지 않는다. [……] 러시아의 예술은 표트르 대제에 의해 확립되었다."[4]

19세기는 고대 러시아의 회화를 인정하지 않았다. 고대 러시아의 화가들은 '보고마즈'(богомаз, 서투른 성상화가)라 불렸다. 20세기 초에 와서야 주로 그라바르와 그의 지기들이 활동한 덕분에 고대 러시아 예술의 가치가 발견되었다. 이 예술은 오늘날 전 세계적으로 인정받고 있고, 세계의 많은 예술가의 예술에 유익하고도 혁신적인 영향을 미치고 있다. 루블료프 성상화의 복제화들은 서구에서 라파엘 작품의 복제화와 함께 팔리고 있고, 세계 회화의 걸작들에 바쳐진 간행물들은 루블료프의 「성삼위일체」(Троица)의 복사로 첫 장을 연다.

그러나 서구는 고대 러시아의 성상화와 부분적으로 건축을 인정했지만, 고대 러시아 문화에서 다른 것은 아직 아무것도 밝혀내지 못했다. 그런 까닭에 고대 러시아의 문화는 '벙어리' 예술의 모습으로만 생각되고 있으며, 사람들은 그것에 관해 마치 '지적인 침묵'의 문화처럼 말하고 있다.[5]

여기서 분명해지는데, 고대 러시아의 문학작품들, 결코 '벙어리'로 간주될 수 없는 예술의 문화유산이 지닌 미적 가치를 발견하는 일은 대단히 중요한 과제다. 이 시도는 부슬라예프, 오를로프, 구드지, 아드리아노바-페레츠, 예료민 등이 행했으며, 이들은 고대 러시아 문학을 예술로 이해하는 데 크게 기여했다. 그러나 고대 러시아 문학의 시학 연구를

---

4) V. I. 그리고로비치, 『북방의 꽃, 1826년』, 상트페테르부르크, 9~11쪽.
5) 이에 관해 제임스 빌링턴 교수의 논문 「모스크바의 이미지」(*Slavic Review*, No. 3, 1962)를 보라. 빌링턴은 고대 러시아의 문화가 근대 러시아의 문화에서 계속되지 못했고, 뒤에 오는 표트르 이후의 러시아에 이질적이고 이해할 수 없는 것으로 드러났으며, 특히 고대 러시아 문화의 기념비들에 대한 경멸과 무시도 이것에 의해 설명될 수 있다고 주장한다.

위해서는 앞으로 해야 할 일이 많이 남아 있다.

이 연구는 고대 러시아 문학의 미적 특성을 밝혀내는 일에서 시작해야 한다. 고대 러시아 문학을 근대 러시아 문학과 구별짓게 하는 그것에서 시작해야만 한다. 주로 차이점에 집중해야 하지만, 학문적 연구는 과거의 문화적 가치의 인식 가능성에 대한 확신, 그 가치의 미적 자기화 가능성에 대한 확신에 기초해야 한다. 고대 러시아 문학의 이 미적 자기화에 시학 연구의 주도적 역할이 있음은 두말할 나위도 없으나, 어떤 경우에도 그것에 국한해서는 안 된다. 예술적 분석은 반드시 문학의 모든 면에 대한, 문학의 지향성과 현실 연관성 전체에 대한 분석을 전제한다. 자신의 역사적 환경으로부터 떼어낸 작품은 어떤 작품이든, 마치 위대한 건축가의 건축물에서 떼어낸 벽돌 조각처럼 자신의 미적 가치를 잃어버린다. 고대의 문학작품이 지닌 예술적 본질을 진정으로 이해받으려면 그 작품의 모든 '비예술적'(으로 보이는) 측면들부터 자세하게 설명해야 한다. 과거의 문학유산에 대한 미적 분석은 엄청난 양의 현실적 주석에 기초해야 한다. 시대를 알고, 작가의 전기와 당시의 예술을 알고, 역사적-문학적 과정의 법칙성을 알고, 언어를——비문학적인 언어에 대하여 문학적인 언어 등등을 알아야 한다. 그렇기 때문에 시학을 연구하기 위해서는 역사적-문학적 과정 전체를 현실과의 다양한 연관 속에서 고찰하는 연구가 토대가 되어야 한다. 고대 러시아 문학 시학의 전문가는 동시에 문학사가여야 하고, 텍스트들과 남아 있는 필사본 전체에 정통해야 한다.

다른 시대들, 다른 민족들의 미적 의식을 탐구하면서 우리는 무엇보다도 그것들이 서로 어떻게 다르며, 우리의 미적 의식, 근대의 미적 의식과는 어떻게 다른가를 연구해야 한다. 우리는 무엇보다도 민족들과 지난 시대들의 독특성, 반복될 수 없는 것, '개성'을 연구해야 한다. 다름 아닌 이 미적 의식의 다양함에 그들의 유익함, 그들의 부(富)가 있으며, 그들을 현대의 예술 창조에 이용할 수 있게 하는 담보가 있다. 오직 현대의 미적 규범의 관점에서 고대 예술과 다른 나라들의 예술에 접근하는 것, 오직 우리 자신에게 가까운 것만을 찾는 것 ——이것은 미적 유산을 극도로 빈약하게 만드는 것을 의미한다.

인간의 의식은 다른 사람들의 의식을 통찰할 수 있고, 모든 차이에도 불구하고 그것을 이해할 수 있는 비상한 능력을 지닌다. 나아가 의식은 의식이 아닌 것, 본질상 다른 것까지도 인식한다. 그러므로 반복 불가능한 것이 파악 불가능한 것은 아니다. 타자의 의식에 대한 통찰은 인식하는 자를 풍요롭게 하며, 그를 전진시키고 성장시키고 발전시킨다. 인간의 의식은 타문화를 많이 습득할수록 그만큼 풍요로워지고, 유연해지고, 활동적으로 된다.

그러나 타자에 대한 이해 능력이 타자 수용에서의 비선택성을 의미하지는 않는다. 타문화의 이해를 넓히는 데에는 언제나 더 나은 것의 선택이 함께한다. 미적 의식들 간의 차이가 있음에도 거기에는 어떤 공통점이 존재하며, 이것이 그들의 평가와 이용을 가능하게 한다. 그렇지만 이 공통점은 차이의 확인이 선행될 때에만 발견 가능하다.

우리 시대에 고대 러시아 문학의 연구는 더욱더 불가피한 것이 되고 있다. 우리는 고전주의 시대 러시아 문학사의 많은 문제가 고대 러시아 문학과 관련짓지 않고서는 해결될 수 없다는 것을 조금씩 깨닫기 시작하고 있다.

표트르 1세의 개혁은 옛것으로부터 새로운 것으로의 이행을 알렸다. 그러나 그것은 단절이 아니라 선행한 시대 속에 숨어 있던 여러 경향의 영향 아래 새로운 자질들이 출현함을 의미했다. 이것은 분명하다. 10세기로부터 오늘에 이르기까지 러시아 문학의 발전이 도중에 어떤 굽이도 없었던 것 같은 하나의 통일된 전체로 나타나는 것만큼이나 이것은 분명한 사실이다. 우리는 우리 시대의 문학의 의미를 천년에 걸친 러시아 문학의 발전 전체 속에서만 이해하고 평가할 수 있다. 이 책에서 제기된 어떤 문제도 최종적으로 해결된 것으로 간주될 수는 없다. 이 책의 과제는 연구의 길을 표시하되, 학문적 사고의 운동을 위해 그 길을 닫지 않는 데 있다. 이 책이 많은 논쟁을 야기한다면 그만큼 더 좋은 일이다. 논쟁의 필요성에 대해선 의심할 여지가 없다. 마찬가지로 고대의 연구가 현대를 위하여 행해져야 한다는 것에도 의심할 여지가 있을 수 없다.

찾아보기

지은이 리하초프

리하초프(D.S. Likhachov, 1906~99)는 구소련과 포스트 소비에트 러시아의
대표적인 문학 연구자이자 지식인이다. 고대 러시아 문학 연구에서
독보적인 업적을 쌓았으며 현재 고대 러시아 문학 연구는 그의 저작들에 대한 독서로
시작된다고 해도 과언이 아니다. 후기 소련과 포스트 소비에트 이후
러시아 문화에 대한 대중적인 강연과 저술로 러시아인들의 사랑을 받았다.
그의 고향이자 활동무대였던 상트페테르부르크에는 그의 이름을 딴 학교와 광장,
거리가 만들어지고 있다.

1906년 귀족 가문에서 태어난 리하초프는 1928년 '우주적 학술원'이라는
단체의 활동에 참여했는데 '반혁명적 활동'이란 이유로 체포돼 5년형을 선고받았다.
이후 1931년까지 악명 높은 솔로베츠키 유형소에 감금되었고,
이후 1932년까지 발틱 유형소에서 역시 악명 높은 백해운하 건설에 동원되었다.
1938년부터 레닌그라드(지금의 상트페테르부르크) 러시아 문학 연구소에서
연구원으로 일하기 시작했으며 1954년부터 고대 러시아 문학 분과의
분과장으로 활동했다. 1947년 「11~16세기 연대기의 문학적 형식의 역사에 대한 고찰」로
박사학위를 받았다. 이후 『서지학: 10~17세기 러시아 문학 자료에 기초하여』(1962),
『고대 러시아 문학의 시학』(1967), 『고대 러시아 문학에서 인간』(1970),
『고대 러시아 문학의 발달: 시대와 양식』(1973), 『고대 러시아의 웃음』(1973) 등
고대 러시아 문학 연구 분야의 초석이 되는 저작들을 썼다.

옮긴이 김희숙 · 변현태

김희숙(金姬淑)은 1975년에 서울대학교 독어독문학과를 졸업하고
1977년에 서울대학교 대학원에서 독문학 석사를 받았다.
1979년 독일 뮌헨 대학교에서 러시아 문학을 연구하기 시작해
1989년에 「보리스 필냐크의 「이반 다 마리야」에 나타난 콤비나토릭의 기법과 의도」
(Verfahren und Intention des Kombinatorischen in B.A. Pil' njks Erzaehlung 'Ivan da
Marr' ja')로 박사학위를 받았다. 1989년부터 서울대학교 노어노문학과 교수로
재직 중이며 서울대학교 러시아 연구소 소장을 역임했다.
「연극성과 광대극 - 삶의 창조를 위한 형식」「현대러시아문학에서의 메타소설의 전통」
「'서투른' 작가의 반(反)소설: 아르카지의 수기」「러시아 상징주의 문학 속의 오르페우스」
등 20세기 모더니즘 문학, 현대 러시아 문학에 대한 다수의 논문을 집필했다.
저서로 『러시아 형식주의 연구』 등이 있으며
주요 전공인 20세기 모더니즘 외에도 19세기 러시아 문학과
러시아 문학 이론에 대한 연구를 활발하게 진행하고 있다.
주요 역서로서 『스페이드 여왕』『줄』『죄와 벌』 등이 있다.

변현태(卞鉉台)는 1989년 서울대학교 노어노문학과를 졸업하고
1994년에 서울대학교 대학원에서 석사를 받았다.
1996년에 노문학 박사과정을 수료하고, 모스크바 대학교 교환학생으로 연수를 마쳤다.
1997년에 모스크바 대학교 박사과정에 입학해 2000년에 고대 러시아 문학 분야의 논문
「17세기 러시아 웃음문학의 희극성」(Комическое в смеховойлитературе 17 в.)으로
박사학위를 받았다. 2003년부터 서울대학교 노어노문학과 교수로 재직 중이다.
「중세적 웃음의 이중적 의미론과 「주점에의 예배」의 희극성」
「『원초 연대기』와 고대 러시아적 역사 인식과 재현의 특수성에 대하여」
「『이고르 원정기』의 신화적 사유와 역사의식」 등 고대 러시아 문학에 대한 논문을 썼다.
고대 러시아 문학 외에도 러시아 문학 이론에 대해
지속적으로 연구하고 있으며, 「바흐친의 소설이론과 그 현재적 의미」
「문화기호학과 폭발: 로트만의 『문화와 폭발』을 중심으로」 등의 이론관련 논문을 썼다.
저서로는 『해석적 패러다임으로서의 반성과 지향』『다시 소설이론을 읽는다』(공저)
등이 있으며 도스토옙스키의 『스테판치코보 마을 사람들』을 번역했다.

한국연구재단 학술명저번역총서

서양편 ● 88 ●

'한국연구재단 학술명저번역총서'는
우리 시대 기초학문의 부흥을 위해
한국연구재단과 한길사가 공동으로 펼치는
서양고전 번역간행사업입니다.

고대 러시아 문학의 시학

지은이 리하초프
옮긴이 김희숙 변현태
펴낸이 김언호

펴낸곳 (주)도서출판 한길사
등록 1976년 12월 24일 제74호
주소 10881 경기도 파주시 광인사길 37
홈페이지 www.hangilsa.co.kr
전자우편 hangilsa@hangilsa.co.kr
전화 031-955-2000~3 팩스 031-955-2005

부사장 박관순 총괄이사 김서영 관리이사 곽명호
영업이사 이경호 경영담당이사 김관영
편집 김광연 백은숙 안민재 노유연 신종우 이경진 민현주
마케팅 윤민영 양아람 관리 이중환 김선희 문주상 이희문 원선아
디자인 창포 CTP 출력 및 인쇄 현문 제본 광성문화사

제1판 제1쇄 2017년 2월 28일

값 30,000원
ISBN 978-89-356-7028-4 94080
ISBN 978-89-356-5291-4 (세트)

• 잘못 만들어진 책은 구입하신 서점에서 바꿔드립니다.

한국연구재단 학술명저번역총서

● 서양편 ●

● 한국연구재단 학술명저번역총서 서양편은 계속 간행됩니다.